개정판

교원 임용고사

완전공략 가이드
전공 일본어

머리말

　이 책은 지난 2021년에 출판된 『교원 임용고사 완전공략 가이드 전공일본어』를 일부 개정한 것입니다. 개정하게 된 이유는, 지난 3년 동안 출제 경향에도 크고 작은 변화가 있었지만 무엇보다 2022 개정 교육과정이 발표되었기 때문에 그에 맞추어 고쳐 쓸 필요성을 느꼈기 때문입니다.

　2022 개정 교육과정을 살펴보면, 학습자 중심주의에 입각하여 의사소통 역량을 키우기 위한 여러 내용 외에도, 다른 문화에 대한 열린 마음으로 언어와 문화의 이해를 도모하고 서로 협력하여 소통하는 태도, 그리고 교사와 학습자의 디지털 기반 정보 활용 역량을 강조하고 있다는 점이 눈에 띕니다. 따라서 이번 개정판에서도 이러한 내용을 추가하고, 지난 3년 동안의 출제 이력 및 관련된 이론도 최대한 편집하여 넣음으로써 앞으로의 출제 경향에 대비할 수 있도록 하였습니다.

　이번 개정판에서도 일본어 작문과 강독, 회화 영역은 크게 다루지 않았으며 교육 이론이나 문화, 문학 영역은 주로 한국어를 사용하여 이해를 돕고, 어학 영역은 점진적으로 일본어로 쓰인 분량을 늘려 감으로써 일본어 문장으로 서술식 답안을 쓰는 작업에 익숙해질 수 있도록 하였습니다. 그리고 부록으로 2022 개정 교육과정의 개요를 정리하여, 임용시험을 준비하기 전에 먼저 교육과정에 대한 전반적인 이해가 이루어질 수 있도록 하였습니다.

　최근 3년 연속으로 일본어 과목 임용 티오가 발표되면서 제 강의를 듣고 이 수험서로 공부하신 분들이 교단에서 행복하고 보람찬 날들을 보내고 있다는 소식을 전해 옵니다. 2024학년도 임용시험에서도 공립과 사립 양쪽 모두에서, 많은 분들이 저에게 합격 소식을 알려 주었습니다. 부족한 책, 부족한 강의에도 불구하고, 여러 분들의 교직에 대한 순수한 열정과 남다른 노력이 맺은 결과라고 생각합니다.

　얼마 전 추운 겨울 하루의 소소한 일과를 간결한 문체로 담담하게 적은 나쓰메 소세키(夏目漱石)의 산문 "화로(火鉢)"를 읽다가 다음과 같은 하이쿠(俳句)가 머리에 떠올랐습니다.

学問の
さびしさに堪え
炭をつぐ

지금은 고인이 된, 야마구치 세이시(山口誓子)의 대표작 중 하나입니다. 1924년 작품이니 그 당시 일본 가옥 구조를 떠올려 볼 때, 그는 아마도 추운 겨울 밤에 자그마한 화로 하나를 벗 삼아 홀로 책을 마주하고 있었을 것 같습니다. 까만 숯이 빨간 불 속에서 다시 하얗게 변해 가는 모습을 보면서 공부의 외로움을 잠시 잊었을 테지요.

시험을 준비하는 과정은 외롭고 힘겨울 뿐더러 매우 지루합니다. 주요 과목이 아니라는 불가역적인 불리함은 제쳐두더라도, 학령 인구의 감소, 수험생을 당황하게 만드는 어려운 문제들, 교육과정 개편으로 인한 교육 현장의 변화 등, 임용시험을 준비하는 일은 매우 큰 용기와 각오를 필요로 합니다. 그럼에도 불구하고 전국 어딘가에는 이 좁은 문을 당당하게 통과하기 위해 노력하는 분들이 있습니다. 그 분들의 꿈을, 희망을, 아쉬움을, 막막함을, 도전을, 저는 몇 년 동안 지켜봐 왔습니다. 포기하지 않고 묵묵히 그 길고 외로운 시간을 버텨 내고 꿈을 이루는 분들을 보면서 저도 제 모습을 돌아보고 각오를 새로 다지게 됩니다.

지난 번 책에서도 그러했듯이 이 책의 많은 부분에 아이디어를 제공해 주신 민혜정 선생님, 그리고 바쁘신 와중에도 기꺼이 감수를 맡아 주신 부산대학교 하재필 교수님께 진심으로 감사드립니다. 무엇보다 책이 출간되기까지 애써 주신 우리교과서의 대표님과 관계자 여러분의 도움이 없었더라면 이 책은 나오지 못했을 것입니다. 진심으로 감사의 인사를 전합니다.

아이들을 사랑하고 가르치는 일을 천직으로 알고 오늘도 교육 현장 일선에서 묵묵히 자신의 맡은 역할을 다하여 학생들의 꿈을 키워 주고 계신 선생님들께 깊은 존경의 마음을 표하며, 어려운 상황에서도 자신이 꿈꾸는 인생을 위해 오늘도 외로운 이 밤을 견디고 계실 누군가를 위해 부족한 책을 또 다시 내보냅니다. 이 책이 추위와 외로움을 견디고 공부하는 누군가의 방 안 화로에 담긴 숯이 될 수 있다면 정말 기쁘겠습니다.

2024년 2월 동소현

이 책의 구성과 특징

PART 1 에서는 제2언어 습득 및 외국어교수법 관련 필수 이론, 코스 디자인, 교실활동 및 교재, 평가에 관한 내용을 다루었습니다. 특히 최근에 크게 달라지고 있는 교육 현장을 감안하여 교사라면 반드시 알아야 할 최신 교육 이론과 과정중심평가에 이르기까지 제2외국어 교사로서 갖추어야 할 기본적 내용을 중심으로 실었습니다.

PART 2 에서는 일본과 일본어를 이해하고 일본인과 소통하는 데 필요한 일본 사회와 문화에 대한 내용을 다루고 있습니다. 워낙 방대한 내용이지만 중고등학교 교과서의 내용을 중심으로 일본에 대한 개관, 전통문화, 문화적 특징 등을 다루었고 원활한 의사소통을 위해 필요한 언어 행동과 비언어 행동 등, 개정된 교육과정 목표에 맞춘 지식에 대해 정리하였습니다.

PART 3 에서는 일본 문학에 대해 상대부터 현대까지, 운문과 산문, 예능 영역에 이르기까지 각 시대별 배경과 특징, 주요 작품과 작가, 주요 문학이념 등에 대해 주로 기존에 출제되었던 내용을 중심으로 다루었습니다.

PART4 , **PART 5** 는 일본어학 내용입니다. **PART 1** 부터 **PART 3** 까지의 내용은 거의 한국어로 설명하였지만 책 후반부에서 어휘 부문부터는 일본어로 되어 있습니다. 먼저 **PART 4** 에서는 음성음운, 문자표기, 어휘 등에 대한 내용을 일본어의 특징을 강조하며 최대한 꼼꼼하게 다루었고 **PART 5** 에서는 시험에 자주 출제되는 문법 카테고리를 중심으로 문법론의 필수 이론을 다루었습니다. 개별 언어로서의 일본어의 특징을 일반 언어학적 지식에 비추어서 이해함으로써 언어 전문가로서의 소양을 키우고 한국인이 일본어를 배울 때 꼭 알아야 하는 문법 및 표현, 경어 등의 대우표현 등에 이르기까지 일본 문법학계의 주요 이론을 소개하고 임용고사에 자주 출제되는 문법을 예문을 통해 최대한 알기 쉽게 설명하고자 노력하였습니다.

〈일러두기〉 본서의 표기에 대해

1. * : 문법적으로 맞지 않는 문장(非文), 또는 부적절한 문장

2. ? : 非文이라고는 할 수 없으나 부자연스러운 문장이나 표현

3. ?? : 非文이라고는 할 수 없으나 매우 부자연스러운 문장이나 표현

4. 외국어교수법에 있어서의 용어 표기 : 한국어로 번역된 표현과, 일본어 표현, 영어 표현
   이 여러 개 공존하고 있을 때 어느 한쪽의 표기로 통일하지 않고 실제로 사용되는 표현
   을 그대로 실어서 어떤 표기로 출제되더라도 대응할 수 있도록 하였음

차례

PART 2 일본 사회와 문화

차례

차례

PART 5 일본어 문법

부록

■ 日本地図・行政区域と県庁所在地
■ 2022改定教育課程(概要)
■ 2022 개정 교육과정 일본어 意思疎通基本表現
■ 2022 개정 교육과정 일본어 基本語彙表
■ 참고문헌

일본어 교육론

제2언어 습득

 基本用語

1 アプローチ(approach) / メソッド(method)

アプローチ는 언어의 본질이나 그 습득 학습에 대해서 가설을 세우고 그것에 근거해서 체계화된 언어 학습 이론이다. 예를 들어, 오디오링구얼 어프로치(audio-lingual approach)는 "언어는 구조체이다."라든가 "언어는 본질적으로 음성이다."라는 가설을 근거로 하고 있는 데 반해, 내추럴 어프로치(natural approach)는 "제2언어의 능력은 습득에 의해 달성되며, 학습은 그것을 보충하고 정정하는 역할밖에 하지 않는다."라는 가설이 이론의 기초가 되고 있다. 한편 メソッド는 기초 이론인 어프로치에 근거해서 개발된 언어 교수법이다. 오디오링구얼 어프로치의 "언어의 습득은 습관 형성의 과정이다."라는 이론에 근거해서 '암기 모방'의 MIM MEM 연습이나 문형 연습이 개발된 것이 그 예이다.

2 習得(acquisition) / 学習(learning)

습득은 유아가 모어를 배우는 것처럼, 의미에 초점을 둔 자연스러운 커뮤니케이션을 통해 무의식적으로 일어나는 과정을 말하며 학습은 수업 등을 통해 목표언어의 문법 형식 등을 배워 가는 의식적인 과정을 말한다. Krashen은 성인이 제2언어를 배울 때에는 습득과 학습이라는 두 가지 과정이 있다고 주장하였는데 이를 습득 학습 가설(acquisition-learning hypothesis)이라고 한다.

3 第一言語 / 第二言語 / 目標言語(first language / second language / target language)

유아가 최초로 학습하는 언어를 제1언어라고 한다. 제2언어는 제1언어가 확립된 다음에 의식적으로 학습하는 언어를 말한다. 2언어 사용자(バイリンガル bilingual)의 경우는 어떤 것을 생각할 때에 주로 사용하는 언어가 제1언어가 된다. 목표언어는 학습의 대상이 되는 제1언어 이외의 언어이다.

4 コミュニケーション能力

언어적으로 올바른 문장을 만들어 낼 수 있는 능력 이외에도, 상황에 맞는 언어행동이 가능하고, 회화의 주제나 장소에 적절하며, 상대와의 인간관계를 양호하게 유지할 수 있는 회화 태도 등의 능력을 가리킨다. 이 능력은 (1)「言語能力」(2)「社会文化的能力」(3)「方策的能力」으로 구성된다.

5 言語行動 / 非言語行動(language behavior / non-language behavior)

언어행동이란 언어를 의사전달의 수단으로서 사용하는 행위이며, 비언어행동이란 표정이나 몸짓, 시선, 말할 때의 몸의 방향, 상대와의 거리 등이나 악센트 등의 주변언어(paralanguage, 話し手が聞き手に与える言語情報のうち、イントネーション、リズム、ポーズ、声質といった言語の周辺的側面)를 포함한 행동을 비언어행동이라고 한다. 언어행동은 말의 의미를 전달하고, 비언어행동은 화자의 기분이나 태도를 전달하기 때문에 경우에 따라서는 비언어행동이 더욱 중요한 메시지가 된다.

6 媒介語

외국어 교육에서 의미나 문법의 설명에 사용되는 언어. 보통은 학습자의 모어가 사용된다.

7 帰納的学習 / 演繹的学習

귀납적 학습이란 많은 실례를 접한 다음에 거기에서 규칙을 습득하는 학습 방법이며, 연역적 학습이란 규칙을 가르친 다음에 실례를 제시하고, 그것을 분석적으로 이해하는 학습 방법이다.

8 フォリナートーク(foreigner talk) `2012 기출`

모어 화자가 비모어 화자를 상대로 말하는 방식 중 하나로, 상대방의 언어 능력이 충분하지 않다는 것을 의식하여 자신이 구사하는 모어의 운용을 변경함으로써 원활한 커뮤니케이션을 도모하기 위해 언어 사용을 간략화하는 현상이다. 간단한 어휘나 문법을 사용하여 상대방이 알기 쉽게 천천히 말하거나, 지나치게 분명한 발음, 주제를 가장 먼저 말하기 등의 특징을 보인다.

9 ティーチャートーク(teacher talk) `2012 기출` `2023.A 기출`

제2언어를 학습하는 교실에서 교사가 학습자와 의사소통을 위해 구사하는 말투이다. 문법적인 오류가 있는 발화를 피하고 사용 빈도가 높은 단어를 일부러 사용하며 상대방이 이해했는지를 확인해 보는 등의 특징이 있다.

10 インテイク(intake)

학습자가 접촉을 통해 받아들이는 인풋(input) 내용이 완전히 이해되어 학습자의 언어 체계 내부에 자리를 잡음으로써 제2언어 습득에 도움을 주는 과정 및 그 언어 지식 그 자체이다.

11 フォーカス・オン・ミーニング(focus on meaning) `2019.B 기출`

학습의 목적을 의사소통으로 놓고 형식보다는 의미를 이해하는 것을 중시하는 지도법. 정확함보다는 유창함을 추구하고 문법은 중시하지 않는 커뮤니커티브 어프로치가 이에 해당한다.

12 フォーカス・オン・フォームズ(focus on forms) `2019.B 기출`

문법의 반복적인 연습이나 번역을 통한 학습을 중시하는 지도법. 文法訳読法이 대표적이다.

13 フォーカス・オン・フォーム(focus on form) `2019.B 기출`

의미 중심의 커뮤니케이션 활동을 수행하면서 그 속에서 특정 문법이나 어휘 등의 언어 형식에 초점을 맞추는 지도법. 포커스・온・미닝와 포커스・온・포ームズ의 통합이라고 할 수 있다. 과제(task) 중심의 수업에서 많이 사용된다.

14 リキャスト(recast 言い直し) `2009 기출` `2019.B 기출`

제2언어 학습자가 모어 화자와 대화를 주고받을 때 모어 화자가 학습자의 실수를 명시적으로 드러내지 않고 수정하는 피드백. 대화를 중단시키지 않고 자연스러운 흐름을 유지할 수 있으며 현장에서 오류를 깨닫게 되기 때문에 오류 수정에 효과적이다. 포커스・온・포ーム와 같은 지도법에서 사용된다.

15 明示的学習(指導) / 暗示的学習(指導)

명시적 학습이란 학습자가 연역적으로 언어 규칙을 학습하거나, 규칙에 관한 가설을 검증하는 등, 지도를 받으면서 규칙을 자신의 것으로 만드는 과정을 말한다. 이때 교사는 의도적인 개입을 통해 학습자에게 오류를 인식시키는 등의 피드백을 준다. 한편 암시적 학습은 학습자가 언어 사용례를 접하면서 귀납적으로 그 언어의 구조적인 특징을 익혀 가는 것이다. 이때 교사는 학습자의 발화에서 보이는 오류를 되풀이해서 말해 주거나 자연스럽게 고쳐 주는 등의 활동(リキャスト)을 통해 학습자 스스로 그 오류를 깨닫게 하는(気づき) 피드백을 준다.

16 明示的フィードバック / 暗示的フィードバック

학습자의 오용에 대한 정정 피드백의 종류이다. 명시적 피드백은 상대방의 발화 중에서 잘못된 부분이 있음을 분명하게 제시하는 스타일의 피드백이고 암시적 피드백은 대화의 흐름을 유지하면서 자연스러운 대답을 통해 잘못된 부분을 넌지시 알려주는 피드백이다.

17 プロンプト (prompt)

「자극 · 촉진」을 의미하는 영어 단어에서 온 표현이다. 학습자의 오용에 대한 정정 피드백(訂正フィードバック)에는 인풋(input) 유발형과 아웃풋(output) 촉진형이 있다. 인풋 유발형은 교사가 학습자에게 바른 단어나 표현 등을 모범 답안처럼 제시하는 것이고 아웃풋 촉진형은 학습자가 스스로 자신의 오류를 정정할 수 있도록 유도하는 피드백인데 후자와 같은 피드백 방법을 プロンプト라고 한다. プロンプト에는 明確化要求, 繰り返し, メタ言語的フィードバック, 誘導(引き出し)와 같은 것이 있다.

18 明確化要求

상대방의 발화가 분명하지 않아 이해할 수 없을 때 분명하게 다시 말해 달라고 요구하여 정확한 발화를 유도하는 정정 피드백(プロンプト)의 하나이다. 커뮤니케이션의 성공에 필요한 意味交渉을 통한 인터액션(interaction) 과정에서 사용되는 것으로 M. H. Long의 인터액션 가설에서 제시되었다.

19 メタ言語的フィードバック / 誘導(引き出し)

メタ言語的フィードバック는 오용과 관련된 문법에 대한 설명을 하거나 관련 정보를 제공하는 등의 피드백을 주면서 학습자에게 잘못된 부분이 있음을 명시적으로 알려주는 것이다. 그리고 誘導(引き出し)는 교사가 학습자에게 문장의 앞부분을 말해 주고 나서 나머지 부분을 제대로 말할 수 있도록 유도하는 방식의 피드백을 말한다. 둘 다 プロンプト에 해당된다.

20 確認チェック

M. H. Long의 인터액션 가설에서 제시되었다. 意味交渉을 통한 인터액션 과정에서 취할 수 있는 전략 중 하나로, 상대방의 발화를 내가 제대로 이해하고 있는지의 여부를 확인하는 것이다. 반대로 자신이 발화한 내용을 상대방이 제대로 이해했는지의 여부를 확인하는 것은 理解チェック라고 한다.

memo

1 제2언어 습득과 외국어 교육

인간이 태어나서 처음 배우는 언어를 모어라고 한다. 모어는 대개 부모에게서 배우게 되는데 처음 배우는 언어라는 의미에서 모어를 제1언어라고 부른다. 모어 이후에 배우게 되는 언어는 제2언어라고 부르는데 학습 환경에 따라 제2언어와 외국어가 구별되는 경우도 있지만 일반적으로는 제2언어와 외국어를 비슷한 개념으로 받아들인다. 또한 제2언어와 외국어는 둘 다 학습 목표가 되는 언어라고 보아, 이 두 가지를 묶어서 목표언어(Target Language)라고 부르기도 한다.

제2언어 습득에 관한 연구의 대상은, 인간이 모어 또는 제1언어가 아닌 다른 언어를 배워 가는 과정 전체가 된다. 다시 말해 제2언어를 배우는 학습자가 목표언어를 어떻게 습득해 가며 그 과정에 영향을 미치는 요인에는 어떠한 것들이 있는지를 살펴보고 지도 방법에 따라 습득 결과에는 어떠한 차이가 생기는지를 알아보며 제2언어를 배우는 과정은 제1언어를 배우는 과정과 비교했을 때 어떠한 특징을 보이는지 등을 연구하는 것이다.

모어인 제1언어를 습득하는 과정과 목표언어인 제2언어를 습득하는 과정에 대한 비교 분석 연구는 외국어를 가르치는 과정에서 시작되었기 때문에 제2언어 습득 연구는 외국어 교수법과도 밀접한 관련이 있으며 언어학 및 심리학 등의 이론이 이론적 배경을 이룬다. 예컨대, 1950~60년대의 구조주의 언어학이나 행동주의 심리학에 바탕을 둔 언어습득 이론이 주목을 받았을 때에는 모어와 목표언어와의 차이 때문에 외국어 학습에 어려움이 생긴다고 보는 시각이 주류를 이루었다. 그러나 실제로 학습자들이 자주 범하는 오류를 분석하는 과정을 통해, 모어의 영향을 그다지 받지 않고도 발생하는 오류도 많다는 사실이 드러나게 되었고 결국 제2언어를 배우고 익히게 되는 과정의 특징을 규명하고자 하는 많은 연구자들의 실험적 연구의 결과로 다양한 제2언어 습득 관련 이론이 발표되었다.

위와 같은 제2언어 습득에 관련된 이론적 배경을 바탕으로 외국어 교수법은 오랜 시간에 걸쳐 좀더 효율적인 지도와 학습을 가능하게 만드는 방향으로 꾸준히 발전해 왔다. 제2언어 습득을 언어적 면에서만 바라보지 않고 사회적, 문화적, 심리적 관점에서 바라보는 연구도 등장하였고, 인간의 내재적인 본능과 언어습득 처리에는 밀접한 관련이 있다는 주장이 제기되면서 외국어 교육의 방향도 크게 달라지게 되었다. 아울러 인간의 언어 사용의 진정한 목적은 의사소통이며, 사회적 관계 속에서 바람직한 의사소통을 가능하게 만드는 방향으로 제2언어 습득 및 학습이 이루어져야 한다는 주장에 힘입어, 담화의 의미와 기능을 강조하는 외국어 교수법이 유행하게 되었다. 한편으로 교육을 실시하는 입장이 아니라 교육을 받는 학습자의 입장에서 영향을 받게 되는 요소가 무엇인지에 초점을 두고 학습자에 대한 동기 부여나 인지적, 정의적인 면에서 미치게 되는 영향에 대한 연구도 활발하게 이루어지면서 인간이 지닌 언어 지식 획득 및 처리 방법과 제2언어 습득과의 관련, 그리고 인간의 인지적, 정의적 특징과 제2언어 학습과의 상관성에 바탕을 둔 다양한 외국어 교수법이 개발되었다.

memo

2 생득적 지식(生得的知識)과 보편문법(普遍文法 Universal Grammar)

(1) 보편문법(Universal Grammar)

변형생성문법학자인 촘스키(Avram Noam Chomsky)는 사람의 언어 능력을 생득적인 언어 기능(faculty of language)에서 비롯되는 것으로 보고 그 언어 기능에 내재된 문법을 보편문법이라고 하였다. 각 언어에는 모종의 공통된 규칙이 있으며 보편문법을 이해하는 힘은 인간의 두뇌에 이미 저장되어 있기 때문에 어린아이들은 문법을 배우지 않아도 태어날 때부터 보편적으로 내재된 공통 문법인 보편문법을 통해 자연스럽게 모국어를 이해할 수 있게 된다는 것이다.

(2) 언어습득장치(言語獲得[習得]裝置, Language Acquisition Device ; LAD) 2006 기출

인간의 두뇌에 프로그래밍되어 있는, 언어습득에 사용되는 장치. 촘스키는 모든 인간에게는 언어습득 과정에서 중심적 역할을 하는 언어습득장치가 태어날 때부터 있고 이 장치로 인해 모든 인간은 선천적으로 언어적 본능을 갖고 태어나기 때문에 배우는 과정(learning)이 없어도 그 언어에 접하게 되면 일차언어자료(primary linguistic data)를 기초로 하여 선천적으로 언어가 습득(acquisition)된다고 보았다. 따라서 문법을 배우지 않은 어린아이도 단기간 내에 문법 구조를 획득하여 무한한 문장을 생성해 낼 수 있는 것이며 언어습득은 특정 자극과 반응이 규칙적으로 만나 결부된 습관에 따라 이루어지는 것이 아니라고 주장하였다. 그러나 이 언어습득장치를 증명하기는 쉽지 않기 때문에 많은 논쟁을 일으키기도 하였다.

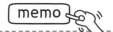

3 제2언어 습득에 관한 연구들

(1) 언어전이(言語転移 Language Transfer) 2010 기출 2011 기출 2012 기출 2018.B 기출

제2언어 습득에서 모어의 언어습관이 의식적, 혹은 무의식적으로 목표언어에 영향을 주는 것을 말한다. 이러한 전이는 문법, 어휘나 표현의 용법, 발음 등 모든 면에서 나타나는데 다음과 같이 나눌 수 있다.

① 正の転移(Positive Transfer) : 문법 규칙이나 발음이 비슷하여 모어의 지식이 제2언어 습득을 촉진하는 전이. 例 ・Tom's bike →トムの自転車 ・Mika's sister →ミカの姉

② 負の転移(Negative Transfer) : 모어의 지식이 제2언어 습득을 방해하거나 지연시키는 전이. 이러한 전이를 母語の干涉이라고도 한다.

例 ・家の屋根 → * the house's roof ・冷たいビール → * 今日はつめたいですね。

韓国人学習者によく見られる言語転移の例

1. 「つ」「ず」が言えず「ちゅ」「じゅ」になってしまう。(韓国語には[ts][z]の音がない)
2. 疑問文の発音が尻上がりになってしまう。(韓国語の疑問文のイントネーションは尻上がり)
3. 清音と濁音の区別が難しい。(韓国語は有声音/無声音の対立が日本語ほど明確ではない)

---

(2) 대조분석 가설(対照分析仮説 Contrastive Analysis Hypothesis) 2024.B 기출

① 행동주의 심리학자들과 구조주의 언어학자들이 외국어 습득 원리로 내세운 이론. 모어와 제2언어의 구조를 대조 분석하여 그 유사점과 차이점을 비교한 성과를 외국어 학습에 응용함으로써 학습의 난이도와 오류를 예측할 수 있다고 하였다.

② 양 언어 간에 비슷한 부분이 많을수록 학습하기 쉬워지고 차이점이 많을수록 학습이 어려워진다고 보며 그 차이점에 초점을 맞추면 효율적인 학습이 가능해진다고 하였다. 학습자가 저지르는 대부분의 오류는 전이 현상에 의한 모어의 간섭의 결과로 발생한다는 負の転移를 강조하고 있다.

③ 비판

　㉠ 모어가 다른 학습자들 사이에 같은 오용이 관찰되었다.

　㉡ 대조분석에 따라 예측한 학습상의 어려움이 실제와는 맞지 않는 경우가 있다.

　㉢ 언어 간의 상이점에 대한 기준이 불명확하며, 언어학적 상이점과 학습상의 어려움은 별개의 문제이다.

(3) **오용분석 연구(誤用分析研究)** 2024.B 기출

① **오용분석(Error Analysis ; EA)** : 학습자가 실제로 범한 오용을 수집하여 분류하는 것을 말한다. 오용분석의 목적은 오류의 원인과 과정을 분석하여 제2언어 교수 및 학습과정을 좀 더 잘 이해하고 개선하는 것이다.

② **오용의 중요성(S. P. Corder, 1981)** : 오용은 결코 나쁜 것이 아니라 필연적으로 나타나는 것이다.

ㄱ 교사 : 학습자의 진전 상황을 점검할 수 있다.

ㄴ 학습자 : 언어에 대한 가설을 검증하는 등 오용을 통해 언어 실력이 향상된다.

ㄷ 연구자 : 언어습득 과정을 알 수 있고, 해당 언어의 규칙을 더 잘 이해하게 된다.

③ **오용의 분류**

ㄱ **ミステイク(Mistake)와 エラー(Error)**

ⓐ **ミステイク** : 긴장이나 피곤, 부주의 등에 의해 일시적으로 나타나는 것으로 목표언어의 모어 화자도 범할 수 있는 것이며 규칙성이 없다.

ⓑ **エラー** : 어떤 장면이나 환경에서도 반복적이고 일관되게 나타나는 것으로 나름대로의 규칙성이 있다. 목표언어의 모어 화자는 범하지 않는 오류이다.

ㄴ **グローバル·エラー(Global Error)와 ローカル·エラー(Local Error)**

ⓐ **グローバル·エラー** : 문장 전체를 이해하기 어렵게 만들어 의사소통에 지장을 초래하는 오용이다.

ⓑ **ローカル·エラー** : 의사소통에는 지장을 주지 않는 부분적인 오용이다.

ㄷ **言語間エラー와 言語内エラー**

ⓐ **言語間エラー** : 모어와 목표언어 간에 나타나는 것으로 학습자의 모어의 영향으로 나타나는 오용이다. 例 ·薬を食べる ·ピアノを遊ぶ

ⓑ **言語内エラー** : 학습자의 모어와는 상관없이 목표언어 안에서 나타나는 오용으로 過剰(一)般化나 簡略化와 같은 현상이 나타난다.

(ⅰ) **過剰(一)般化** 2023.A 기출 : 学習者が目標言語の規則を過度に一般化することによって生じる言語内エラー

例 ·名詞＋の＋名詞(日本の車) → ＊あたらしいの車

(ⅱ) **簡略化** : 言語規則を単純化することによって生じる言語内エラー

例 ·＊東京行きます(助詞が抜ける誤り)
·「です」の普通体は「だ」 → ＊この車はあたらしいだ

④ **오용분석의 문제점** 2024.B 기출

ㄱ 오용의 판정 기준이 모호하여 분석자에 따라 오용의 범주가 달라질 수 있다.

ㄴ 학습자는 발음이나 어휘 등에 자신이 없을 때 아예 발화하지 않는 경향이 있는데 이러한 학습자의 전략을 회피(回避)라고 한다. 오용분석 시, 이처럼 발화로 나타나지 않는 회피에 대해서는 아무런 검토가 이루어지지 않는다.

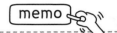

ⓒ 학습자들의 오류에만 지나친 주의를 기울여 제2언어 습득의 궁극적 목표인 유창성을 해칠 염려가 있다.

ⓓ 이해 자료를 무시한 표현 자료를 지나치게 강조하는 결과를 초래할 수 있다.

(4) 중간언어(中間言語 Interlanguage) <button>2006 기출</button> <button>2010 기출</button> <button>2011 기출</button> <button>2012 기출</button>

① 중간언어의 특징(ラリー・セリンカー Larry Selinker)

ㄱ 제2언어의 습득 과정상에 있는 언어 체계로, 모어와 목표언어 사이에 위치하고 있으며 오용을 포함하고 있다.

ㄴ 학습자에 의해 만들어지며, 목표언어의 정상적 체계를 향해 일종의 규칙성을 갖고 발달해 간다.

ㄷ 학습자의 모어의 체계와도, 목표언어의 체계와도 다른 독자의 시스템을 가지고 있다.

ㄹ 과잉일반화나 간략화, 회피, 특정 언어항목의 과도한 사용 등이 특징으로 나타난다.

ㅁ 때로는 습득되었다고 여겨지는 항목이나 규칙이 긴장이나 피곤 등의 이유로 다시 잘못 쓰이는 경우가 있는데 이러한 현상을 バックスライディング라고 한다.

ㅂ 그 발달 과정에 있어서 어떤 종류의 오용은 정착되어 버리고 반복적으로 나타나는데 이러한 현상을 화석화라고 한다.

② 화석화(化石化 Fossilization)를 일으키는 다섯 가지 요인

ㄱ 언어전이(言語転移 Language Transfer) : 학습자의 모어가 제2언어 습득에 영향을 주는 현상이다.

ㄴ 과잉일반화(過剰一般化 Overgeneralization) : 언어 내 에러의 일종으로 목표언어의 규칙을 예외 없이 적용시키는 것이다.

　　例 ・広い → 広かった　　・きれい → *きれかった

ㄷ 훈련상의 전이(訓練上の転移 Transfer of Training) : 교사의 지도 및 교재·연습 방법에 의해 오용이 나타나는 것이다.

ㄹ 학습 전략(学習ストラテジー Learning Strategy) : 학습 전략이란 노트 필기나 단어 카드 만들기 등, 새로운 지식의 획득이나 축적, 정보 사용 등을 돕고, 학습 항목을 분석하거나 또는 기억한 내용을 정착시키기 위해 학습자가 취하는 여러 가지 방법을 말한다. 이러한 행위가 부정적인 영향을 주게 되면 化石化를 일으킬 수 있다.

ㅁ 커뮤니케이션 전략(コミュニケーション・ストラテジー Communication Strategy) : 의사소통 전략. 커뮤니케이션을 용이하게 하기 위한 전략이 화석화되는 경우이다.

③ 중간언어의 문제점

ㄱ '중간언어'라는 용어가 하나의 의미가 아니라, 연구자에 의해 다양한 의미로 사용된다.

ㄴ 중간언어는 가변적이기 때문에 그 실체를 명확하게 파악하기는 어렵다.

(5) クラッシェン(S. D. Krashen)의 モニターモデル(monitor model)

2010 기출　2012 기출　2017 기출　2022.B 기출

내추럴 어프로치 및 커뮤니커티브 어프로치의 이론적 토대가 되었으며 아래 다섯 개 가설이 유명하다.

① 습득-학습 가설(習得-学習仮説 The Acquisition-Learning Hypothesis)

言語を身につける過程には、幼児が母語を無意識に身につけるような「習得」と、学校等で意識的に学んだ結果の「学習」があるとし、学習によって得られた知識は習得に繋がらないという仮説。

성인이 제2언어의 규칙을 내면화하는 데에는 습득과 학습의 두 가지 방법이 있는데 전자는 아동의 언어습득과 같은 무의식적 과정이며 후자는 학습의식적 과정이고 학습에 의해 얻어진 지식은 습득으로 이어지지 않는다고 주장하였다.

교실 수업에서 강조해 온 문법, 독해, 작문, 문형 연습, 발음 연습, 연습 문제 풀이 등은 모두 학습의 영역에 해당한다. 이처럼 의사소통과 관련이 없는 모든 언어 행위는 아래 표의 오른쪽에 제시한 학습의 영역이며 실제의 커뮤니케이션에서 중요한 요소가 되는 유창성으로는 이어지지 않는다.

습득	학습
아동의 제1언어 습득과 유사하다.	형식적 지식이다.
언어를 '줍기'	언어에 대해 '알기'
무의식적 과정	의식적 과정
암시적 지식	명시적 지식
형식적 교수는 도움이 되지 않는다.	형식적 교수가 도움이 된다.

② 자연습득 순서 가설(自然習得順序仮説 The Order of Acquisition Hypothesis)

目標言語の文法規則はある一定の決まった順序で習得されるという仮説。自然順序仮説(the natural order hypothesis)とも言う。

문법 구조의 습득 순서는 모어나 연령에 관계없이 자연적으로 습득되는 공통적 순서가 있기 때문에 실제로 가르치는 순서와는 그다지 관계가 없다는 가설이다. 이 순서는 특정 언어 요소의 난이도와는 관계가 없다(例 영어의 3인칭 단수 형태소 -s는 배우기 쉬운데도 실제로 습득하는 순서는 비교적 늦은 편이다).

③ 모니터 가설(モニター仮説 The Monitor Hypothesis)

「学習」した知識は、発話をする際にチェック・修正するモニターとして働くという仮説。「習得」된 지식이나 능력은 제2언어의 발화의 시작과 유창성에 관여하지만, 「学習」된 지식이나 능력은 학습자가 언어 규칙에 초점을 맞출 때에 자신의 발화를 규칙에 맞도록 점검하고 조정하는 모니터의 구실만 하므로 제2언어 발달에 있어서는 「習得」이 더 중요하다고 보았다. 또한 모니터링을 위해서는 발화자가 언어 규칙을 알고 있어야 하고 언어 규칙의 정확성에 초점을 맞추어야 하며 모니터링 시스템을 작동시키기에 충분한 시간이 있어야 하는 세 가지의 조건이 필요하다고 하였다.

④ 인풋 가설(インプット仮説, 入力仮説 The Input Hypothesis)

言語習得は理解可能なインプット「i+1」を通して進むという仮説。

여기서 말하는 「i」는 학습자가 현 시점에서 갖고 있는 언어능력을 말하며 「i+1」는 현재 수준보다 약간 높은 수준을 가리킨다. 효과적인 입력(input)은 「i」보다 조금 높은 수준이면서 주위 상황이나 문맥을 통해 이해될 수 있는 「i+1」인데 이러한 범위 내에서 입력(새로운 언어 항목의 도입)이 주어졌을 때 학습자는 자연스럽게 이를 이해하게 되어 언어 구조를 자연스럽게 습득하게 된다고 보았다. 따라서 학습자의 표현 능력은 학습이나 교육에 의한 것이 아니고 이러한 입력의 결과로서 나타나는 것으로 보고 이해 과정을 우선시하는 입장을 취하였다.

⑤ 태도-습득 가설 · 정의 필터 가설

(情意フィルター仮説 The Attitude-Acquisition Hypothesis · The Affective Filter Hypothesis)

学習者の言語に対する自信や不安、態度などの情意面での要因が目に見えないフィルターを作り、接触するインプットの量と吸収するインプットの量を左右するという仮説。

학습자가 충분한 학습동기와 자신감을 갖고 있는 경우에는 이 필터가 낮아져서 학습이 수월해지지만 반대의 경우에는 필터가 높아져서 학습이 곤란하게 된다는 것이다. 또한 학습자는 이 필터를 통과한 학습항목만을 취사 선택하여 기억하게 된다고 보았다.

1 전공일본어

ナチュラル・アプローチ(Natural Approach)

Stephen Krashenの理論(1980, 1985)に基づくアプローチとして、TerrellとKrashenが開発した。従来の文型練習や暗記型の学習から一線を画し、「意味」や情意面を強調している。できる限り第一言語習得に近いような環境で第二言語を学ばせるというもので、「質の高いインプットを多く聞く」ことに重きを置き、特に最初の方は、学習者に発話を求めることはない。しかし、このナチュラル・アプローチについては、カナダのイマージョンプログラムなどの結果から、理解可能なインプットを聞き続けていても、文法的間違いがいつまでも修正されずに化石化したり、聞き取り能力は伸びても産出能力が低かったりなどという問題も指摘されている。

---

(6) 아웃풋 가설(アウトプット仮説 The Output Hypothesis)

言語習得はインプットだけでは十分でなく、アウトプットも同様に重要であるという仮説。

Krashen(1985)은, 사람이 언어를 배우는 방법은 주로 메시지를 '이해하는 것'에 의해 이루어지며 '이해 가능한 인풋(comprehensible input)'이 충분히 주어진다면 그만큼 언어습득이 가능해지고, 아웃풋이나 의식적인 학습, 오류 정정 등은 매우 한정적인 역할밖에 하지 않는다고 주장하였다. 그 후 이러한 Krashen의 주장에 대해 M. Swain(1995)은 '이해 가능한 인풋'은 언어습득에 있어 필요한 것이지만 그것만으로는 충분하지 않다고 반론하였다. 그에 따르면 아웃풋(말하기, 쓰기)은 인풋보다 학습자에게 더 많은 지적 노력(mental effort)을 요구하며, 듣기나 읽기와 같은 행동으로는 이해 부족을 속일 수 있지만 말하기, 쓰기와 같은 산출(아웃풋) 행동에서는 자신의 이해 부족을 속일 수 없기 때문에 학습자들은 중간언어로 소통하는 과정에서 그 한계를 깨닫게 된다는 것이다. 또한 그 한계의 인식이 장차 그 부족을 메워 주는 인풋과 연결되었을 때 그 인풋은 효과적으로 수용되는데 이처럼 산출된 언어 형식의 정확성에 공헌하는 것은 인풋이 아니라 아웃풋이라고 주장하면서 아웃풋의 중요성을 강조하였다.

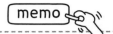

(7) 인터액션 가설(インターアクション仮説 The Interaction Hypothesis)**=相互交流仮説** `2019.A 기출`

学習者が目標言語の母語話者とやりとりする際に生じる意味交渉が習得に貢献するという仮説。

Krashen의 인풋 가설에 대한 반론으로 Michael H. Long(1983, 1996)이 제창하였다. 그는 제 2언어 습득은 대상 언어를 사용한 면대면(face to face)식 상호교류에 의해 촉진된다고 하면서 제 2언어 습득에서 '이해 가능한 인풋'의 중요성은 인정하지만 그뿐 아니라 이 '이해 가능한 인풋' 의 효과는 학습자가 '의미 협상(意味交渉 negotiate for meaning, 会話で意味がわからなくなった時 に頑張って意思疎通をしようとする工夫のこと)'을 해야만 하는 환경에 놓여 있을 때 제대로 발휘 된다고 주장하였다. 즉, 의미 협상의 종류에는 상대방이 말한 내용을 잘 이해하지 못했을 때 행 하는 明確化要求(clarification request), 자신이 제대로 이해했는지를 확인하는 確認チェック (confirmation check), 상대방이 잘 이해했는지를 확인하는 理解チェック(comprehension check) 등이 있는데 학습자가 모어 화자와의 인터액션에 참여하여 이러한 의미 협상을 할 때 모어 화 자에 의한 수정이 일어나서 '이해 가능한 인풋'이 가능해진다고 본 것이다. 나아가 Long(1996) 은 인터액션의 역할을 인풋의 이해를 촉진하는 것뿐 아니라 언어 형식에 주의를 기울이게 만드 는 것, 그리고 인풋과 아웃풋을 결부시키는 것까지 확대하였으며 학습자가 이해할 수 있도록 수정된 인풋이야말로 아웃풋으로 이어지게 된다고 주장하였다. 이처럼 개정된 인터액션 가설 은 인터액션을 하는 과정 중에 발생하는 정정 피드백 효과에 대해서도 언급하고 있는데 이러한 내용은 이후 다양한 피드백 연구에 있어서 중요한 이론적 기반을 제공하였다.

(8) 알아차리기 가설(気づき仮説 Noticing Hypothesis)

Richard Schmidt(1990)가 제창한 가설. 주목 가설이라고도 부른다. 모어 화자와의 무의식적 소통만으로는 언어 능력이 향상되지 않으며 인풋이 인테이크(intake)가 되기 위해서는 깨달음 (気づき)이 필요충분조건임을 주장하였다. 즉, 언어습득을 위해서는 학습자가 인풋된 내용 중 특정 언어 형식에 의식적으로 주의를 기울이는 것이 중요하며 이 과정에서 학습자가 스스로 깨 달은 내용이 인테이크로 받아들여진다는 것이다.

4 제2언어 습득과 개인적 요인

(1) 연령 요인과 임계기가설(臨界期仮説)

① E. Lenneberg(1967)의 臨界期仮説(Critical Period Hypothesis)에 따르면 언어습득에는 臨界期라고 불리는 시기가 있는데 그 연령을 넘어서면 언어습득이 곤란하다고 하였다.

② 일반적으로 臨界期의 上限은 7세~13세 무렵으로 보지만, 연구자들마다 의견이 다르며 臨界期의 존재를 인정하지 않는 연구자도 있다.

(2) 동기 부여(動機づけ) `2021.A 기출`

① 통합적 동기와 도구적 동기(Gardner and Lambert, Brown)

㉠ 통합적 동기(統合的動機付け Integrative Motivation) : 목표언어뿐 아니라 그 언어권의 문화를 좋아하여 그 문화에 자신을 일체화시키고 그 사회 구성원처럼 되고 싶어서 외국어를 배우려는 동기이다.

㉡ 도구적 동기(道具的動機付け Instrumental Motivation) : 도구적 목적을 얻기 위한 수단으로 언어를 배우고자 하는 동기를 말한다. 예를 들면 취직이나 승진, 진학을 위하여 외국어를 배운다거나, 전문서적을 읽고 번역을 하기 위하여 외국어를 배우는 등의 경우이다.

② 내재적 동기와 외재적 동기(Deci, Edward L. & Ryan, Richard M.의 認知評価理論)

㉠ 내재적 동기(内発的動機付け Intrinsic Motivation) : 학습자 자신의 흥미나 호기심과 같은 요인들에서 유래된 동기로 학습 내용을 재미있게 느끼고 학습 그 자체가 목적이 되는 동기를 말한다. 학습 의욕을 유지하는 데 있어 외재적 동기보다 더 효과적이며 내재적 동기가 강한 학습자는 어떻게 공부하는 것이 더 효과적인지 스스로 학습 전략을 찾아보게 된다.

㉡ 외재적 동기(外発的動機付け Extrinsic Motivation) : 보수나 칭찬 등, 외부로부터 얻게 될 이익을 위해 학습하고자 하는 동기. 이 동기를 높이는 방법으로는 보상 또는 벌을 주거나 경쟁의식을 불러일으키거나(例 성적 순위 공개) 구체적인 목표를 제시하거나(例 이번 주말까지 단어 50개 외우기) 피드백을 주는 등이 있다. 다만, 내재적으로 동기화된 행동에 외적 보상이 주어지면 내재적 동기가 삭감될 수 있는데 이를 過剰正当化効果(overjustification effect)라고 한다.

(3) 언어 적성

① 언어 적성(言語適性) : 외국어를 배울 때 필요한 능력을 말한다. 간단히 말하자면 언어를 배울 때의 감각이 있는지의 여부이다.

② MLAT(Modern Language Aptitude Test) : 제2언어 습득의 언어 적성 측정을 위한 최초의 적성 테스트로 Carroll and Sapon(1959)에 의해 만들어졌다. 이에 따르면 언어 적성의 구성 요소는 다음 네 가지인데 이 네 가지 요소를 다섯 개의 하위 테스트(サブテスト)를 통해 측정하게 된다.

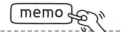

　　　㉠ 音韻符号化能力(음에 대한 민감도)
　　　㉡ 文法的敏感性(문법에 관한 민감도)
　　　㉢ 帰納的言語分析能力(의미와 형태와의 관련성 및 패턴을 발견해 내는 능력)
　　　㉣ 連合記憶(암기 능력)

(4) 언어 능력

　① 생활언어능력과 학습언어능력(カミンズ Cummins, 1984)
　　　㉠ **生活言語能力**(Basic Interpersonal Communicative Skills ; BICS) : 유아의 언어습득에서
　　　　사용되는 개념으로, 일상생활 장면에서 타인과 의사소통하기 위해 필요한 언어 능력을
　　　　말한다. 日常言語能力, 対人伝達言語能力, 基本的対人コミュニケーション能力
　　　　등으로도 알려져 있다.
　　　㉡ **学習言語能力**(Cognitive Academic Language Proficiency ; CALP) : 읽고 쓰기와 같은 학
　　　　교 공부 및 복잡한 토론 등에 필요한 추상적 사고나 분석력이 요구되는 언어 능력으로,
　　　　学力言語能力이나 認知学習言語能力이라고도 한다. 문맥의 도움을 거의 기대할 수
　　　　없기 때문에 인지적 부담이 크다.
　　　㉢ 아동이 제2언어를 배울 때, BICS는 6개월에서 1년이면 습득 가능하지만 CALP의 습득
　　　　에는 2년에서 5년 이상의 시간이 걸린다고 한다. 이는 상황이나 문맥에 따라서 의미를
　　　　유추(類推)할 수 있는 BICS와 달리 CALP는 유추가 어렵고 추상적인 사고력이나 인지
　　　　력이 필요하기 때문이다.
　② 분리기저 언어 능력 모델과 공유기저 언어 능력 모델(カミンズ Cummins, 1979)
　　　　2011 기출 ｜ 2021.A 기출
　　　㉠ **分離基底言語能力モデル**(Separate Underlying Proficiency Model : SUP Model) : 인간의
　　　　언어 능력은 유한하기 때문에 다언어 환경에 있을 때 하나의 언어가 우세해지면 다른 언
　　　　어는 열세해진다는 가설. 두 언어를 두 개의 풍선에 비유해서 설명하고 있다.
　　　㉡ **共有基底言語能力モデル**(Common Underlying Proficiency Model ; CUP Model) : 마치
　　　　두 개의 빙산처럼 표면적으로는 두 개의 언어가 제1언어와 제2언어로 분리되어 있으나
　　　　두 언어 모두 기저가 되는 언어 능력 부분은 공유하고 있다는 가설. 따라서 어떤 대상을
　　　　하나의 언어로 이해했다면 다른 언어로 전이가 일어나 언어 간에 서로 교류가 일어날 수
　　　　있다. 이 가설에 따라 이중언어 환경에 놓인 아동의 제2언어 사용 능력이 높은 이유가 밝
　　　　혀졌다.
　③ 학습 신념(ビリーフ Beliefs, 学習ビリーフ) 2014.B 기출 : 어떻게 하면 목표언어를 습득할 수 있
　　　을까 하는 사고방식이나 확신. 교육관이나 교사의 역할, 교수법, 수업 운영 등, 지도 내용이
　　　나 교수 과정 등에 관하여 교사가 품고 있는 학습 신념과 학습자의 학습 신념이 일치할 경우
　　　학습상의 시너지 효과를 기대할 수 있다. 가령 교사는 언어 형식을 더 중시하는데 학습자가
　　　의미를 더 중시한다면 서로의 학습 신념이 일치하지 않는 것이며 이는 학습에 부정적인 영
　　　향을 미칠 수도 있다.

memo

> **Jim Cummins의 発達相互依存仮説(Developmental Independence Hypothesis)**
>
> Cummins는 분리기저 언어능력 모델과 공유기저 언어능력 모델을 설명하면서 "어린이의 제1언어와 그에 따른 인지능력이 발달하면 할수록 제2언어도 발달하기 쉽고 제1언어가 낮은 발달단계를 보이면 제2언어와 인지능력의 발달도 어려워진다."고 하면서 발달상호 의존가설을 주장하였다. 그에 따르면 어린이가 언어를 배울 때 어느 쪽 언어든 그 언어로 인지능력을 발달시킬 수 있다면 그 능력은 다른 쪽 언어에도 전이된다. 만약 모어가 충분히 발달하지 못한 상태에서 해외 이주를 하게 되면 그 어린이는 모어가 충분히 발달한 후에 해외 이주한 어린이에 비해 제2언어 학습에 어려움을 겪게 된다는 것이다. 따라서 다언어 환경에 있는 어린이가 학습언어능력을 획득하기 위해서는 모어와 제2언어의 상호발달이 필요하다고 보았다.

(5) 언어습득 순서

① 습득 순서(習得順序 Acquisition Order)와 발달 순서(発達順序 Developmental Sequence) : 습득 순서는 여러 개의 문법항목(형식)을 습득할 때의 순서를 말하는 것으로, 어떤 언어에서나 학습자가 문법항목을 습득해 나가는 순서는 공통의 규칙성을 보인다고 한다. Krashen의 자연 습득순서 가설(The Natural Order Hypothesis)에 따르면, 모든 학습자는 거의 같은 순서대로 언어를 습득한다고 하는데 형태소를 예로 들어보면, '진행형 및 복수형→ 조동사와 관사 → 불규칙 과거형 → 규칙 과거형 및 3인칭 단수' 등의 순서로 습득하는 경향이 있다고 한다. 한편 발달 순서는 하나의 문법항목과 관련된 순서를 말하는 것으로 어떤 하나의 형식(예를 들면 진행형)이 부정문이나 의문문으로 전개되어 가는 발달 과정에 공통된 규칙성이 있다는 가설이다.

② 처리가능성 이론(処理可能性理論 Processability Theory) : 피네만(Manfred Pienemann)의 이론. 인간이 언어를 처리할 때에는 간단한 것부터 습득하고 복잡한 것일수록 나중에 습득하게 된다는 주장이다. 단어에 비해 구(句)나 문장은 복잡하기 때문에 나중에 습득하게 되는 것처럼 학습자는 인지적 부담이 적은 순서에 따라서 제2언어를 습득하게 된다고 보았다. 学習可能性理論, プロセサビリティーラ고도 한다.

③ 교수가능성 가설(教授可能性仮説 Teachability Hypothesis) : 処理可能性理論을 전제로 하여 ピーネマン이 내놓은 가설로, 그는 학습 준비가 되어 있지 않은 단계의 항목을 교사가 지도해도 학습 효과는 기대할 수 없기 때문에 학습자의 발달 단계에 맞추어서 학습자가 다음 단계로 갈 준비가 되어 있을 때에 지도해야만 학습 효과를 높일 수 있다고 하였다.

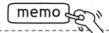

第2言語習得に影響を与える環境　2023.A 기출

1. 教室習得環境

学校などの教育機関で目標言語を学習する環境。学習者の言語レベルを考慮したクラス分けが行われ、学習者の誤りに対するフィードバックがもらえる。

2. 自然習得環境

教育機関に通わずに生活や仕事の中で目標言語を習得する環境。文法規則などを体系的に学習するのではなく、周囲のことば(インプット)を聞いて無意識に学んでいく。

(6) 바이링구얼(バイリンガル bilingual)과 언어습득

① 바이링구얼의 정의

　㉠ **均衡バイリンガル**(バランス・バイリンガル) : 두 언어를 모두 해당 연령에 상응하는 모어 화자 수준으로 구사할 수 있는 사람

　㉡ **偏重バイリンガル**(ドミナント・バイリンガル) : 두 언어 중에서 하나의 언어만 해당 연령에 상응하는 모어 화자 수준으로 구사할 수 있는 사람

　㉢ **限定的バイリンガル**(ダブル・リミテッド・バイリンガル) : 두 언어 중 어느 하나도 충분한 수준의 언어 능력을 갖추지는 못한 사람

② 바이링구얼 교육의 형태

二言語使用に 消極的	移行型バイリンガル教育	少数派言語(家庭での使用)から多数派言語(社会での使用)への移行を目標とする教育
	サブマージョン・プログラム	少数派言語を話す子供に対して、多数派言語のみで行う教育(同化主義にもとづく)
二言語使用に 積極的	維持型バイリンガル教育 (継承語バイリンガル教育)	子供の少数派言語能力を伸ばし、文化的アイデンティティーの強化を目標(継承語＝相続言語・民族語・コミュニティー語)
	イマージョン・プログラム	第二言語で学校の教科を教えること。いつ、どのように(全面的か部分的か)行うかによって呼び方が異なる。

③ 敷居理論（敷居仮説/闥仮説 Thresholds Hypothesis）

Cummins(1976)에 의해 제창된 이론. 바이링구얼의 형태와 인지적 발달과의 관계를 3층짜리 집 모형으로 제시하여 언어습득 단계와 인지 능력 사이의 관계를 설명하였다.

	バイリンガルのタイプ	二言語の到達レベル	認知力への影響
3階	均衡バイリンガル （バランス・バイリンガル）	二言語とも年齢相応のレベル	プラス
	第2の敷居（上の敷居）		
2階	偏重バイリンガル （ドミナント・バイリンガル）	一言語のみ年齢相応のレベル	プラスでもマイナスでもない
	第1の敷居（下の敷居）		
1階	限定的バイリンガル （ダブル・リミテッド・バイリンガル）	二言語とも年齢相応のレベルに達していない	マイナス

그는 두 언어를 같은 연령의 모어 화자 수준으로 구사할 수 있는 「均衡バイリンガル」이라면 인지 능력에 긍정적 영향을 주지만 어느 쪽도 충분한 언어 능력을 갖추지 못한 「限定的バイリンガル」의 경우에는 인지 능력에 부정적 영향을 준다고 주장하였다. 한편 「偏重バイリンガル」의 경우에는 인지 발달에 있어 긍정적인 영향도 부정적인 영향도 주지 않는다고 보았다.

5 학습자 유형

(1) 인지 스타일(認知スタイル)

새로운 정보를 접했을 때 그 정보를 어떻게 처리하는지, 그 경향을 인지 스타일이라고 한다. 인지 스타일은 학습 성과나 습득 여부에 크게 영향을 주는 요인이며 크게 場独立型과 場依存型으로 나눌 수 있다(熟慮型과 衝動型, 分析型과 統合型으로 나누는 분류 방식도 있다).

① 場独立(Field Independence)型
　㉠ 주위 상황과 관계없이 현상을 분석하고 사고한다. 혼자서 학습하는 것을 좋아한다.
　㉡ 각 요소를 제각기 독립된 것으로 파악하는 능력이 뛰어나므로 교실에서의 형식적인 외국어 학습과 문법 시험에서 두각을 나타낸다.

② 場依存(Field Dependence)型
　㉠ 주위 환경과 연관지어 현상을 파악하는 종합적인 사고방식을 지녔으며 다른 사람과 함께 학습하는 것을 좋아한다.
　㉡ 각 요소를 주위 환경과 관련지어 파악하려는 경향이 있으므로 자연스러운 커뮤니케이션 상황에서 능력을 발휘한다.

(2) 학습 전략(学習ストラテジー Learning Strategy) 2014.A 기출

학습자가 언어를 공부할 때 사용하는 전략. O'Malley 他(1990)는 학습자가 대상 언어를 배울 때 사용하는 26가지의 학습 전략을 관찰하여 メタ認知ストラテジー, 認知ストラテジー, 社会的仲介ストラテジー의 세 가지로 분류하였다. 그리고 R.Oxford(1990)는 학습 전략을 목표언어의 학습에 직접 관련된 直接ストラテジー와 학습을 간접적으로 지지하는 間接ストラテジー로 크게 나눈 후 이를 다시 하위 분류하였다.

① 直接ストラテジー : 언어 자료와 직접적인 연관이 있는 전략
　㉠ 記憶ストラテジー : 語呂合わせ를 이용하거나 類義語를 정리하는 등 암기 효율을 높이는 전략
　㉡ 認知ストラテジー : 반복, 항목 분석, 노트 필기, 밑줄, 모어와 비교·번역하거나 인지 능력을 향상시키는 전략
　㉢ 補償ストラテジー : 문맥으로부터의 유추 등 부족한 능력을 보충하기 위한 전략

② 間接ストラテジー : 언어 자료와 간접적인 연관이 있는 전략
　㉠ メタ認知ストラテジー : 학습을 계획하고 평가하거나 하는 전략
　㉡ 情意ストラテジー : 불안이나 긴장 등의 감정을 컨트롤하는 전략
　㉢ 社会的ストラテジー : 다른 사람에게 협조를 얻어 학습효과를 높이는 전략

R. Oxford(1990)の学習ストラテジー

A. 直接ストラテジー(Direct Strategies)

　1. 記憶ストラテジー(Memory Strategies)：語彙・文法などを覚えたりして暗記の効果をあげる。

　　　a. 知的連鎖を作る

　　　　① グループに分ける

　　　　② 連想をする/十分に練る

　　　　③ 文脈の中に新しい語を入れる

　　　b. イメージや音を結びつける

　　　　① イメージを使う

　　　　② 意味地図を作る

　　　　③ キーワードを使う

　　　　④ 記憶した音を表現する

　　　c. 繰り返し復習する

　　　　① 体系的に練習をする

　　　d. 動作に移す

　　　　① 身体的な反応や感覚を使う

　　　　② 機械的な手段を使う

　2. 認知ストラテジー(Cognitive Strategies)：学習した内容を理解しやすく分析し、認知能力を高める。

　　　a. 練習をする

　　　　① 繰り返す

　　　　② 音と文字システムをきちんと練習する

　　　　③ 決まった言い回しや文型を覚えて使う

　　　b. 情報内容を受け取ったり送ったりする

　　　　① 意図を素早くつかむ

　　　　② 情報内容を受け取ったり送ったりするために様々な資料を使う

　　　c. 分析したり推論したりする

　　　　① 演繹的に推論する

　　　　② 表現を分析する

　　　　③ (言語を)対照しながら分析する

　　　　④ 訳す

　　　　⑤ 転移をする

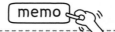

d. インプットとアウトプットのための構造を作る

① ノートを取る

② 要約をする

③ 強調をする

3. 補償ストラテジー(Compensation Strategies)：目標言語での理解や発話の際に足りないものを補う。

a. 知的に推測する(類推)

① 言葉的手掛かりを使う

② 非言語的手掛かりを使う

b. 話すことと書くことの限界を克服する

① 母語に変換する

② 助けを求める

③ 身ぶり手ぶりを使う

④ コミュニケーションを部分的に、あるいは、全く避ける

⑤ 話題を選択する

⑥ 情報内容を調整したりとらえたりする

⑦ 新語を造る

⑧ 婉曲的な表現や類義語を使う

B. 間接ストラテジー(Indirect Strategies)

1. メタ認知ストラテジー(Metacognitive Strategies)：学習を計画したり評価するなど、管理する。

a. 自分の学習を正しく位置づける

① 学習全体を見て既知の材料と結び付ける

② 注目する

③ 話すのを遅らせ、聞くことに集中する

b. 自分の学習を順序立て、計画する

① 言語学習について調べる

② 組織化する

③ 目標と目的を設定する

④ 言語学習タスクの目的を明確にする(目的をもって聞く・読む・話す・書く)

⑤ 言語学習タスクのために計画を立てる

⑥ 実践の機会を求める

c. 自分の学習をきちんと評価する
   ① 自己モニターする
   ② 自己評価する

2. 情意ストラテジー(Affective Strategies)：不安・緊張の感情や態度・動機などをコントロールする。
  a. 自分の不安を軽くする
   ① 漸進的リラックス法、呼吸法、黙想を活用する
   ② 音楽を使う
   ③ 笑いを使う
  b. 自分を勇気づける
   ① 自分を鼓舞する言葉を言う
   ② 適度に冒険をする
   ③ 自分を褒める
  c. 自分の感情をきちんと把握する
   ① 体の調子を診る
   ② チェック・リストを使う
   ③ 言語学習日記をつける
   ④ 他の人々と自分の感情について話し合う

3. 社会的ストラテジー(Social Strategies)：学習に関連して他者と関わり、協力を通して効果をあげる。
  a. 質問をする
   ① 明確化、あるいは確認を求める
   ② 訂正してもらう
  b. 他の人々と協力する
   ① 学習者どうしに協力する
   ② 外国語に堪能な人と協力する
  c. 他の人々への感情移入をする
   ① 文化を理解する力を高める
   ② 他の人々の考え方や感情を知る

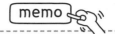

(3) **의사소통 전략**(コミュニケーション・ストラテジー Communication Strategy)

① **의사소통 전략** : 의사소통 전략은 상대방의 말을 이해할 수 없을 경우, 혹은 자신이 무언가 말하고 싶지만 적절하게 말할 수 없는 경우에 대처하는 방법이다. 커뮤니케이션 전략이라고도 한다.

② **의사소통 전략의 종류**

   ㉠ **言い換え** : 다른 말로 바꾸어 말하거나 설명하는 방법이다.

   예 「回転寿司屋」라는 단어를 모를 때

   • 「寿司屋」…類似表現や近い意味の単語を代用

   • 「回る寿司レストラン」… 自分で話をつくる

   • 「テーブルの上を寿司が回って、自分でとって食べるすし屋」… 詳しく説明する

   ㉡ **母語使用** : 모국어를 그대로 사용하거나(コード・スイッチング) 모국어를 목표언어로 축어식으로 직역하는 방법이다.

   ㉢ **援助要請** : 다시 한번 말해 달라고 부탁하기, 반복하여 되묻기(聞き返し), 제스처 쓰기 등을 통해 자신이 모르는 부분에 대한 보충 설명을 해 달라고 상대방에게 요청하는 방법이다.

   ㉣ **回避行動** : 해당 단어나 표현을 사용하지 않거나 화제 자체를 아예 다른 화제로 변경해 버리는 방법이다.

③ **제2언어 습득에 대한 영향**

   ㉠ **긍정적으로 보는 견해** : 학습자가 가지고 있는 어휘를 구사해서 가능한 한 커뮤니케이션을 달성하려고 하는 言い換え의 전략 등은 학습을 촉진시킨다.

   ㉡ **부정적으로 보는 견해** : 한정된 어휘로 커뮤니케이션이 달성된다면 더 이상 새로운 어휘나 표현을 학습할 필요가 없어져 언어 능력이 더 이상 발전하지 않는다.

memo

6 언어 지식의 습득과 기억

우리가 보통 '지식'이라고 부르는 것은 명시적 지식(explicit knowledge)이자 선언적 지식(declarative knowledge)이다. 명시적 지식은 주로 교과서나 교실활동을 통해서 의식적으로 획득된다. 학습자가 연역적으로 언어 규칙을 학습하거나 규칙에 관한 가설을 검증하거나 지도를 통해 규칙을 자신의 것으로 만들거나 하는 학습은 명시적 학습(明示的学習)이라고 하는데 제2언어 습득은 이 명시적 학습을 통해 명시적 지식이자 선언적 지식을 익히게 된다. 한편, 언어의 사용례를 접하면서 귀납적으로 그 언어의 구조적인 특징을 익히게 되는 경우가 있는데 이러한 지식은 암시적 지식이자 절차적 지식이다. 모국어 습득에서는 대부분 이와 같은 과정을 통해 언어 지식을 배우게 된다(例 일본어 모어 화자가 갖고 있는 조사「は」와「が」의 사용에 관한 언어 지식). 또한 명시적 지식이자 선언적 지식이 자동화(automatized)되면 암시적 지식이자 절차적 지식으로 이동하게 된다고 주장한 것이 自動化理論이다.

(1) 명시적 지식(明示的知識 Explicit Knowledge)과 암시적 지식(暗示的知識 Implicit Knowledge)

① **明示的知識**: 학습자가 가지고 있는 학습언어에 관한 지식 중에서 언어학적 지식에 근거해서 분석적으로 규칙을 설명할 수 있는 언어 지식. 주로 교과서나 교실활동에 의해서 획득된다.

② **暗示的知識**: 학습자의 직관적(直観的) 지식으로, 분명하게 설명은 할 수 없지만 감각적으로 알게 되는 언어 지식. 모어에 대한 언어 지식은 특별한 언어학적 훈련을 받지 않는다면 보통 암시적 지식이 된다.

(2) 선언적 지식(宣言的知識 Declarative Knowledge)과 절차적 지식(手続き的知識 Procedural Knowledge)

① **宣言的知識**: 사물이나 개념에 관한 지식으로 의식적으로 언어화하여 설명할 수 있다.

② **手続き的知識**: 선언적 지식을 어떻게 사용할 것인가 하는 '방법'에 관한 지식으로, 수영의 호흡법이나 골프의 스윙법처럼 의식적으로 언어화해서 설명할 수는 없더라도 그것을 사용해서 행동할 수 있는 지식을 말한다. 제2언어 습득에 있어서도, 학습자는 처음에는 문법이나 어휘에 관한 선언적 지식에 의존하면서 발화를 하지만, 연습이나 경험을 쌓은 후에는 선언적 지식이 자동화되어 절차적 지식으로 이동하게 된다.

(3) 장기 기억과 워킹 메모리(working memory)

① 단기 기억과 장기 기억

인간의 기억(Memory)은 정보를 유지하는 시간의 길이에 따라 분류된다. 먼저 감각 기억(Sensory Memory)은 여러 개의 정보 중에서 유입된 정보가 일시적으로 보존되는 것을 말하는데 그중에서 관심이 가는 정보만이 다음 단계로 보내지게 된다고 한다. 미국의 심리학자 애킨슨(Atkinson, R.C.)과 시핀(Shiffin, R.M.)이 제창한 이중저장 모델(二重貯蔵モデル,

Dual storage model)에 따르면 인간의 기억은 짧은 시간 동안 일시적으로 머무르는 단기 기억(STM=Short Term Memory)과 비교적 장기간 동안 머무르는 장기 기억(LTM=Long Term Memory)으로 구성된다.

② 워킹 메모리

단기 기억으로 들어간 정보의 일부는 리허설(rehearsal) 등의 과정을 거쳐서 장기 기억으로 보내지게 된다. 영국의 심리학자인 앨런 배들리(Alan Baddeley)는 단기 기억의 개념을 확장하여, 단기적인 기억 보존과 함께, 이해나 학습, 추론 등의 인지적 과제를 수행하면서 정보 처리를 동시에 하는 것을 '워킹 메모리(working memory)'라고 불렀다. 워킹 메모리는 용량이 제한되어 있고 여기에 머무르는 기억들은 추론이나 이해, 검색 등의 전략을 통해 장기 기억으로 보존된다고 한다.

③ 선언적 기억과 절차적 기억

한편 장기 기억은 선언적 기억(declarative memory)과 절차적 기억(procedural memory)으로 나누어지고 선언적 기억은 다시 의미 기억과 에피소드 기억으로 나누어진다. 의미 기억은 가족의 이름, 학교에서 배우는 언어의 의미나 문법 지식과 같은 기억을 말하지만, 좀처럼 잊혀지지 않는 개인적 추억이나 특정 시공간적 문맥을 동반하는 일련의 사건과 관련된 기억은 에피소드 기억으로 분류된다. 의미 기억이나 에피소드 기억과 같은 선언적 기억들은 어떤 지식이나 사건과 관련된 기억을 말하지만, 운전을 하거나 운동과 관련된 기능, 그리고 언어를 실제 상황에서 운용하는 기능과 관련된 기억은 절차적 기억에 해당된다. 외국어 학습 면에서 볼 때 이러한 절차적 기억에는 언어를 운용하는 데 필요한 다양한 기능의 통합 및 자동화가 작동하게 된다.

(4) 장기 기억과 언어 지식

외국어를 할 수 있게 되기 위해서는 어휘나 문법 등을 학습할 때 작동하는 의미 기억과 지금까지 무엇을 경험해 왔는지에 대한 에피소드 기억을 선언적 지식에서 절차적 지식으로 옮기는 과정이 필요한데 이 과정을 절차화(手続き化)라고 한다. 이후, 자동화(自動化)가 이루어지면 기억 속에 저장된 정보를 별다른 노력 없이 신속히 추출하여 유창하게 외국어를 말할 수 있는 상태가 된다.

	명시적 지식	암시적 지식
선언적 지식	• 학교에서 배우는 외국어 어휘 및 문법 지식	• 모어 습득 과정에서 익힌 어휘 및 문법 • 자연스럽게 알게 된 외국어 어휘
절차적 지식	• 학교에서 배우는 외국어의 발음	• 모어의 발음 • 자연스럽게 능숙해진 외국어 발음

외국어 교수법

1 문법 번역식 교수법 2022.B 기출
(文法訳読法/文法翻訳法 Grammar Translation Method)

16세기부터 18세기 초반까지 유행했던 라틴어 등의 교수법으로, 목표언어의 문법 규칙이나 어형 변화 등을 암기시키고 모어로 번역함에 따라 내용을 이해하고 어휘를 기억시키는 전통적인 교수법이다.

(1) 언어관 · 언어학습관
① 문학 작품 등 문자언어는 음성언어보다 뛰어나다.
② 목표언어의 모든 단어는 모어와 1 : 1 대응한다.
③ 번역할 수 있는 능력은 외국어학습의 성공을 의미한다.
④ 외국어학습은 지적 훈련에 도움이 된다.

(2) 장점
① 문학 작품 및 연구자료 등을 번역하는 데 유용하다.
② 사전이나 참고서를 이용하여 혼자서 학습할 수 있다.
③ 문법 규칙이 중요시되므로 정확성을 기할 수 있다.
④ 구두 언어 능력이 부족한 사람도 교사가 될 수 있고 다인수 학급을 대상으로 할 때 유용하다.

(3) 단점
① 모어로 번역하는 습관이 청해나 회화 학습에 장애를 초래하는 등, 구두 언어 능력 습득이 어렵다.
② 교사 중심으로 학습자 간 상호작용이 없다.

(4) 단점의 보완책
① 음성 지도를 중요하게 취급하여 구두 연습을 충분히 할 수 있도록 한다.
② 교재에 한정된 학습이 되기 쉬우므로, 교재 밖의 내용에 대한 실제적인 연습 기회를 제공하도록 한다.
③ 모어와 목표언어를 대조 · 비교하여 그것을 기초로 그 차이점을 가르치도록 한다.

2 직접법(直接法 Direct Method)

문법 번역식 교수법에 대한 비판과 회화 능력 향상을 요구하는 시대 상황을 반영하여, 19세기 말부터 20세기 초에 걸쳐 개발된 교수법의 총칭이다. 「直接法」이라는 명칭은 번역을 하는 대신에 장면이나 상황을 제시함으로써 文이나 語의 의미를 직접 목표언어의 형식으로 결부시켜서 이해시키려고 했던 것에 유래한다. 즉, 「直接法」이란 媒介語를 사용하지 않고 가르친다는 의미라기보다는 번역을 통하지 않는 이해를 최종 목표로 하는 교수법의 총칭이라고 할 수 있다.

(1) ナチュラル · メソッド(Natural Method)

외국어 습득의 이상적인 모델을 유아의 모어 습득 과정에서 찾은 교수법이다. 대표적인 교수법으로 프랑스인인 グアン이 제창한 グアン式教授法, 독일인인 ベルリッツ가 제창한 ベルリッツ · メソッド 등이 있다.

① **グアン式教授法(Gouin Method)** : グアン은 유아가 모어를 학습해 가는 과정을 자세히 관찰하고 거기에서 얻은 결론을 외국어 교육에 응용했다. 그리고 번역에 의해 모어를 습득한 유아는 없다고 강조하면서 유아가 모어를 암기하는 것과 마찬가지로 〈듣고 이해→말하기→읽기→쓰기〉의 순서로 매우 자연스러운 상황에서 목표언어와 접촉시키려고 했다. グアン式教授法은 유아의 심리 발달에 주목했다고 하여 「サイコロジカル · メソッド(Psychological Method 心理学的教授法)」 혹은 사건을 連続体로서 파악했기 때문에 「シリーズ · メソッド(Series Method 連続法)」라고도 한다.

② **ベルリッツ · メソッド(Berlitz Method)** : グアン과 마찬가지로 ベルリッツ도 외국어 학습에 모어 습득 과정을 재현하려고 했으나, ベルリッツ는 어휘 설명 및 문법 설명에 이르기까지 모어를 교실활동에서 철저하게 배제했다는 점에서 グアン과 다르다. 또한 ベルリッツ는 발음에 대해서도 교사를 모방하도록 할 뿐, 발음 방법의 설명이나 교정 등의 지도는 실시하지 않았다.

(2) フォネティック · メソッド(音声学的教授法 Phonetics Method)

언어란 음성언어가 중요하며 문자언어는 부차적인 것이라는 입장의 교수법으로, 음성을 중시한다는 점에 있어서는 ナチュラル · メソッド와 같다. 그러나 グアン式教授法이나 ベルリッツ · メソッド는 발음 연습을 교사의 발음을 모방하는 것에 그치고 있지만, フォネティック · メソッド에서는 음성기호를 사용한 계통적(系統的)인 음성 지도를 지향하고 있다는 점이 특징이다.

memo

(3) オーラル・メソッド(Oral Method)

20세기에 들어서 영국의 언어학자 H. E. Palmer가 제창한 교수법으로 전후의 일본어 교육에 큰 영향을 끼친 교수법이다. 그는 언어 교육의 대상은 언어의 '운용'이므로 '듣기·말하기'가 '읽기·쓰기'보다 우선되어야 한다고 보았고 실제로 사용 가능한 언어 능력을 갖추기 위해서 음성 중심의 발화 연습을 중시하였다. 언어 운용을 위해서는 직접법에 근거를 두고 음성을 듣고 따라하면서 언어를 배워야 한다고 주장하였으며 이를 위해 PPP(Presentation : 문형 제시 / Practice : 기본 연습 / Production : 응용 연습)라고 하는 연습 모형을 제안하였다. 직접법에 바탕을 두었기 때문에 발화 연습을 할 기회가 많다는 장점이 있지만 발화를 하기 전에 이해하기까지 시간이 많이 걸린다는 단점이 있다.

(4) 直接法의 지도 방법 및 특징 `2023.A 기출`

① 수업 중에는 목표언어만 사용하는 것이 원칙이다.
② 문법적 설명은 최소한으로 하고 예문을 통해 귀납적으로 설명한다.
③ 그림, 동작, 사진, 실물 등 시청각 교재를 효과적으로 사용한다.
④ 교사가 질문하고 학습자들이 답하는 형식을 취한다.

(5) 장점

① 학습자의 모어가 무엇이든 상관없이 지도할 수 있다.
② 학습자는 그림이나 실물을 보고 추리하고 이해하므로 학습한 내용을 오래 기억할 수 있다.
③ 외국어 접촉 기회가 많아 학습자가 외국어를 공부하고 있다는 만족감이 높다.

(6) 단점

① 소그룹 교육에 한정되며 교사 주도형이기 때문에 학습자의 자율적인 발화 육성이 어렵다.
② 추상적 개념의 도입이 어렵고 이해하는 데 필요한 시간이 지나치게 길어지는 경우가 있다.
③ 지식 수준이 높은 성인 학습자는 거부감을 나타내기도 한다.

(7) 단점의 보완책

① 직접법은 실제와 가까운 상황 속에서 언어를 이해하고 이를 사용해서 표현하는 습관을 기르는 것이다. 그러므로 단지 이해를 돕는 상황을 만들기보다는 학습 언어가 실제로 사용되는 상황을 만들어서 제공하는 것이 중요하다.
② 학습 언어가 실제로 사용되는 상황에 익숙해지도록 초기에는 시청각 교재를 사용하는 것이 좋다.
③ 배우지 않은 추상적 개념은 수업 중에 학습한 언어를 사용해서 그 의미를 파악하도록 하고 이해할 수 없는 경우에는 최소한의 대역어를 제공한다.
④ 교사는 목표언어만으로 수업을 진행하면서 매개어가 포함된 교재를 사용하거나, 교재는 목표언어만으로 구성되어 있지만 교사가 매개어를 사용하는 등의 절충법(折衷法)도 있다.

◈ 直接法은 원래 文法訳読法과는 달리 번역을 사용하지 않고 의미를 목표언어에 결부시켜서 가르친다는 개념으로 도입된 교수법이었으나 최근의 외국어 교육에서는 유아가 제1언어를 배우는 과정을 모방하여 학습자의 모어를 사용한 설명을 일체 배제하고 목표언어로만 가르치는 교수법을 가리키는 용어로 사용되는 경우가 많다.

3 구두 언어 교수법 〔1999 기출〕〔2004 기출〕
(オーディオ・リンガル・メソッド Audio-Lingual Method, A-L Method)

제2차 세계대전 이후 미국 미시간대학교의 프리즈(フリーズ C. C. Fries)에 의해 개발된 교수법으로 구조주의 언어학과 행동주의 심리학에 바탕을 두고 있다. 구조주의 언어학에 따라 언어는 음성이고, 음소·형태소·단어·문장과 같은 체계 및 구조(structure)를 지니고 있다고 보며 행동주의 심리학의 습관형성이론에 따라 언어 학습은 외부로부터의 자극에 대해 반응하는 반복적인 습관을 통해 이루어진다고 보았다.

(1) 언어관 : 構造言語学(Structural Linguistics)

① 언어는 **구조체**(structure)이다(音素 → 形態素 → 語 → 句 → 節 → 文).

'언어는 구조체이기 때문에 언어 교육은 구조의 교육이다.'라는 가설에 따라 이전의 문법중심의 교육과는 전혀 다른, 구조중심의 교육을 실시하였다.

② 언어는 본래 음성(speech)이며 문자(writing)가 아니다.

초급 교육에서는 구두언어(口頭言語) 교육이 중시되는데 이때 문자를 사용하지 않은 채 귀와 입의 훈련에 집중한다. 문자나 독해 훈련은 원칙적으로 회화 능력이 향상된 이후에 실시하도록 한다.

③ 언어에는 **型**(pattern)이 있다.

音の型, 語の型, 文の型와 같은 패턴(pattern)이 연구되고 이를 올바로 사용할 수 있도록 하기 위해 文型練習(pattern practice)이 중시되었다.

④ 언어는 과학적으로 분석할 수 있고 기술할 수 있다.

구조주의 언어학에서는 音韻이나 語의 형태, 文의 규칙 등을 과학적으로 분석하는 입장을 취한다. オーディオ・リンガル・メソッド에서도 과학적으로 분석 가능한 문형이나 語의 구조를 가르치는 것에 중점이 놓여 있다.

⑤ 언어는 모두 대립(contrast)으로 이루어져 있다.

언어의 구조 요소인 単音, アクセント, イントネーション, 語形, 語順 등은 모두 대립(対立)으로 이루어진다고 생각해서 최소대립(minimal pair) 연습을 개발했다.

⑥ 언어습득은 **習慣形成**(habit-forming)의 과정이다.

외국어 교육은 새로운 습관의 획득이라고 생각하여 습관 형성을 촉진할 수 있는 수단으로 반복 연습을 통해 문형을 암기하도록 하기 위한 ミム・メム(MIM-MEM = Mimicry Memorization)연습이나 문형연습을 채택하고 있다.

⑦ 언어는 그 모어 화자의 발화 그 자체이다.

オーディオ・リンガル・メソッド에서는 「母語話者並みの正確さ」를 추구하였다. 이를 위해서 발음, 문법, 속도, 유창함 등 모든 면에서 철저한 연습을 통해 정확성을 기하도록 지도하게 된다.

memo

(2) 언어학습관 : 行動主義心理學(Behaviorism)

① 인간을 포함한 모든 동물의 행동은 외계의 자극(stimulus)에 대한 강화(reinforcement)에 의해서 습관화된 반응(response)의 경향성이다.

行動主義心理学과 オーディオ · リンガル · メソッド

개인의 내면이나 의식을 연구 대상으로 삼았던 이전의 심리학과 달리 행동주의 심리학에서는 눈에 보이는 행동을 연구 대상으로 하여 관찰하고 이를 과학적으로 분석하고자 하였다. 습관(習慣)은 자극(刺激)과 반응(反応)의 반복에 의해 형성되며 반응이 적절할 경우에는 강화(強化)가 일어나고 이에 따라 더욱 확실하고 빠르게 습관이 형성된다는 행동주의 심리학의 이론은 외국어 교육을 새로운 습관의 획득이라고 보는 A-L 학습 이론에 영향을 주었다.

(3) **지도 방법**

① 문형이나 문법뿐 아니라 음운이나 형태소도 학습 항목으로 삼고 있다.

② 학습자의 모어에 대한 지식이나 언어 습관 때문에 외국어의 문법이나 음성 등의 습득이 방해를 받거나 잘못된 반응이 나오는 경우도 있는데, 이를 모어의 간섭(母語の干渉 interference)이라고 한다.

③ 교육 내용을 선정할 때에 학습자의 모어와 목표언어와의 차이를 연구하는 対照言語学 혹은 언어 対照研究의 성과를 도입하는 일이 많다.

(4) **정확성의 연습**

① 회화문 연습

㉠ オーディオ · リンガル · メソッド에 의한 교실활동의 기본은 회화문(dialogue)과 드릴(ドリル drill)이다.

㉡ 회화문은 목표언어 구조에 접촉 장면을 부여하여 어떠한 상황에서 그 구조가 사용되는지를 예시하는 역할을 한다.

㉢ 철저한 구두 반복 연습(模倣記憶練習 mimicry memorization practice)을 실시한다.

㉣ 발음, 악센트, 리듬, 인토네이션에 대해서도 정확성을 높이도록 연습한다.

② 文型練習(パターン · プラクティス) [2003 기출] [2007 기출]

회화문을 모두 암기한 후에 회화문 중의 문형을 선택해서 다음과 같은 드릴 연습을 실시한다.

㉠ 반복 연습(repetition) : 주어진 문장을 즉시 그대로 반복하는 연습

㉡ 대입 연습 · 치환 연습(substitution drill) : 주어진 문장의 일부를 바꾸어 넣는 연습

㉢ 완성 연습(completion) : 문장의 일부를 주고 나머지 부분을 보충하여 말하게 하는 연습

○ 模倣記憶練習(ミムメム練習) : 모방(mimicry)과 기억(memorization)을 통한 연습. 교사가 제시하는 문장의 형태를 그대로 모방하여 따라하면서 전체적인 틀을 그대로 기억하게 만드는 연습이다.

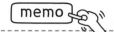

ⓔ 확장(확대) 연습(expansion drill) : 어휘나 표현을 추가하여 구문을 점점 확장하여 말하게 하는 연습

ⓜ 변환(변형) 연습(transformation drill) : 주어진 문장의 일부 또는 전체 구조를 바꾸는 연습

ⓗ 결합 연습(combination drill) : 2개의 문장을 조합하여 1개의 문장으로 만드는 연습

ⓢ 응답(문답) 연습(response drill) : 교사의 질문이나 지시에 지정된 문형으로 대답하는 연습

③ 最小対立練習(minimal pair practice)   2021.B 기출 : 음소의 대립을 기초로 한 발음 연습

ⓞ 母音の対比 : 書きます−書けます

ⓛ 子音の対比 : てんき(天気)−でんき(電気)

ⓒ 短音と長音の対比 : おばさん−おばあさん

ⓔ 促音の有無の対比 : 来てください−切ってください

ⓜ 撥音の有無の対比 : こま(駒) − こんま(comma)

(5) 장점

① 철저한 구두 연습을 통해 듣기와 말하기를 연습할 수 있다.

② 인원이 많은 집단이나, 학습자들 사이에 실력 차가 있을 때에도 사용할 수 있는 교수법이다.

③ 초급은 물론 중급에서도 사용할 수 있다.

④ 원칙적으로 원어민 화자가 교사이므로 정확한 발음을 습득할 수 있다.

(6) 단점

① 認知心理学과 変形生成文法理論의 비판에 의해 이론적 근거를 잃어버렸다.

② 기계적인 연습은 능숙하게 되어도 실제 커뮤니케이션에서는 응용하지 못하는 경우가 있다.

③ 상황과 문맥이 없는 기계적인 문형 연습은 학습 의욕을 떨어뜨릴 우려가 있다.

④ 초기 단계부터 원어민 화자 수준의 발음이나 속도를 요구하기 때문에 초보자는 지나치게 긴장하거나 자신감을 상실할 수 있다.

⑤ 문자에 대한 의존도가 높거나 문자에 관심이 있는 학습자는 불안이나 불만이 생길 수 있으며 이는 학습의 장애 요인이 된다.

⑥ 교사 주도형이기 때문에 학습자의 상상력이나 자율성 및 유창성을 살릴 수 없다.

⑦ 교사가 원어민이어야 이 교수법의 장점을 제대로 살릴 수 있다.

memo

4 전신 반응식 교수법 2022.B 기출
(トータル · フィジカル · リスポンス Total Physical Response ; TPR)

미국의 심리학자 제임스 애셔(アッシャー J. Asher)가 개발한, 청해를 우선시하는 교수법이다. 유아가 모어를 습득하는 과정을 지켜보면서 유아는 말하기 전에 상당 기간 동안 주위 사람들이 명령하는 말을 듣고 그 의미를 이해하려고 한다는 점에 착안하여 개발된 교수법이다.

이 교수법은 교사의 명령을 이해하는 좌뇌(左腦), 명령 내용을 실현하는 운동을 관장하는 우뇌(右腦)의 양쪽 두뇌를 모두 사용하면 학습 효과가 높아진다는 대뇌생리학(大腦生理學)의 입장과도 부합된다.

(1) 지도 방법 및 장점 2010 기출

① 발화력보다 먼저 청해력을 키우기 위해 학습자의 발화는 강요하지 않으며, 교사는 명령형으로 지시를 한 후에 학습자가 동작으로 대답하도록 한다.

② 처음에는 교사가 동작을 보여주고 학습자가 이를 모방한다.

③ 동사로만 이루어진 문장에서, 장면이나 상황을 설정한 복잡한 문장으로 발전시켜 간다.

④ 몸을 움직여 기억하기 때문에 집중력이 떨어지는 사람에게 효과가 있다.

(2) 단점

① 청해력에서 발화력으로 이행하는 것이 실제로는 어려울 수 있다.

② 추상적 개념의 도입이 어렵고 발음 지도나 교정이 부족하며 다양한 어휘나 문법 규칙을 설명하지 못한다.

③ 학습자 입장에서는 지도 과정을 유치하다고 느끼거나 명령 표현 위주의 수업 방식에 반감을 갖게 될 수도 있다.

 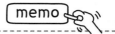

5 침묵식 교수법(サイレント·ウェイ Silent Way)

미국의 심리학자 가테뇨(ガテーニョ C. Gattegno)가 제창한 교수법으로, TPR처럼 제1언어 습득 과정을 참고로 하고 있으나 유아가 시행착오(試行錯誤)를 거듭해 가면서 올바른 언어를 말하게 된다는 점에 주목했다는 점에서 TPR과 차이가 있다.

(1) 특징

① 배우는 것이 가르치는 것보다 우선이며(教えることは学ぶことに従属している), 교사는 학습자의 자발적이고 창조적인 활동을 방해해서는 안 된다.

② 학습은 본래 모방이나 드릴이 아니라 지성(知性)에 의한 시행착오를 통해서 이루어진다.

③ 시행착오를 거치면서 학습이 이루어질 때, 기존에 배운 모든 지식이나 경험이 동원된다.

(2) 교수법

① 교사는 수업 중 가능하면 발언을 삼가고 학습자들의 발언에 실수가 있더라도 고쳐 주지 않으며, 학습자가 수업의 중심이 되어 서로 문제를 해결할 수 있도록 도와준다.

② 교사 자신이 필요 이상의 발화를 하지 않는 대신에 다양한 보조적 교재를 사용해야 한다. 예를 들면, 발음 지도에 カラー·チャート나 색이 칠해진 カラー·ロッド 등의 교구를 사용하여 학습자들의 발화를 유도한다.

③ 모방이나 반복 등의 기계적인 드릴은 실시하지 않는다.

(3) 단점

① 소인수 수업에 한정되며 학습 내용이 인공적인 것이 되기 쉽다.

② 교사의 역할이 매우 적기 때문에 교사에 대한 의존도가 높은 학습자에게는 부담이 될 수 있다.

③ 초기 단계부터 학습 내용을 교사가 조정하기 때문에 학습자들의 자율적인 발화를 기대할 수 없다.

④ カラー·チャート나 カラー·ロッド 등의 교구를 사용하기 위해서는 상당한 훈련 기간이 필요하다.

⑤ 누군가가 정답을 말할 때까지 교사는 침묵을 지켜야 하기 때문에 시간 소비가 많다.

⑥ 처음 사용되는 어휘가 상당히 특수한 것에 한정되고 단문 레벨의 학습이 많기 때문에 실제의 커뮤니케이션과 연결되는 데에 한계가 있다.

6 공동체 언어 학습법
(コミュニティ・ランゲージ・ラーニング Community Language Learning ; CLL)

오랫동안 카운슬링(counseling)에 종사했던 심리학자 커런(カラン C. A. Curan) 신부가 심리치료 테크닉을 언어 교육에 응용한 교수법으로 CL(Community Learning)이라고도 한다. 언어 학습을 전인적(全人的)인 변용(変容)이라고 보고 언어습득 과정을 교사에게 전면적으로 의존하는 태아기(胎児期)부터 교사가 불필요한 독립성인기(独立成人期)에 이르는 다섯 단계에 비유하였다.

(1) 특징

교실을 공동체 사회에 비유하고 학습은 교사(カウンセラー)와 학습자(クライアント)와의 상호작용에서 일어나며, 그 안에서 학습자는 교사에게 완전히 의존하는 상태에서 출발하여 완전히 독립된 상태로 성장해 간다는 입장을 취하고 있다. 교사는 필요할 때 조언을 하는 역할에 그치고 학습자들끼리 협력하여 과제를 자주적으로 해결하고 서로 도우면서 배우는 과정을 통해 의사소통 능력 향상을 도모하고자 하였다. 불안이나 긴장을 제거하는 것이 언어습득을 촉진시킨다고 보았으며 安心感, 注意力, 闘争心, 保持, 内省, 差別의 여섯 가지를 학습 성공의 요인으로 꼽았다.

(2) 교수법

① 그날의 주제(トピック)를 정하고 학습자들은 서로 얼굴이 보이도록 원형(円形)으로 둘러앉는다. 그리고 교사는 학습자의 질문에 언제든지 대답할 수 있도록 원형의 바깥쪽에서 대기한다.

② 교사는 학습자들의 대화(話し合い)에는 참여하지 않으며, 학생이 도움을 청할 때만 조언을 한다.

③ 학습자들의 이야기를 모두 녹음한다. 대화 시간이 끝난 후에 녹음된 내용을 들어가며 잘못된 곳을 깨닫게 되는데 교사는 이에 대해 설명하거나 연습을 하도록 한다.

④ 모든 설명이나 연습이 끝나면 학습 항목을 사용하여 그룹 토의(グループ・ディスカッション)나 페어 워크(ペア・ワーク)를 실시한다.

⑤ 학습자들은 자신이 말하고 싶은 바를 목표언어로 말하는(自分の言いたいことを目標言語で話す) 경험을 하게 되고 본인들이 말한 내용이 녹음되어 교재로 사용되기 때문에 학습 동기가 강화된다.

(3) 단점

① 소그룹 집단의 교육에 한정된다.

② 학습 내용이 학습자의 선택에 달려 있기 때문에 교사가 학습 항목을 체계화해서 도입하기 어렵고 녹음된 내용 중에서 학습 항목을 선택하기가 쉽지 않다.

③ 교사는 학습자의 모어에 대해서도 잘 알고 있어야 하고 카운슬링 기법에 대한 지식도 있어야 한다.

7 암시적 교수법(サジェストペディア Suggestopedia)

불가리아의 정신과 의사인 조지 로자노프(ロザノフ G. Lozanov)에 의해서 개발된 교수법으로 정신 요법의 이론을 언어 교육에 응용한 것이다. 단기간에 배우는 スピード · ラーニング를 목표로 하며, 긴장과 완화가 조화를 이루는 가운데 암시에 의해 학습자의 능력을 최대한까지 발휘시켜 스스로 배울 수 있도록 하면서 학습 효과의 향상을 도모하고자 했다.

(1) 특징

① 외국어를 학습할 때의 불안감, 긴장감을 없애기 위해 좋은 학습 환경을 만들어 주고 학습자가 편안한 상태에서 배울 수 있도록 한다.

② 교실에 예쁜 포스터를 붙이고 바로크 음악을 틀거나 요가의 호흡법을 도입하기도 한다.

③ 학습자는 긴장이 완화되고 집중력이 높아지며 긍정적인 사고로 변하여 자신감을 갖게 되고 잠재적인 능력을 개발하게 된다.

(2) 지도법

① 第1段階(Presession) : 교사는 학습자에게 회화를 읽어 준다(하나의 코스에는 원칙적으로 10개의 회화가 사용되며 각각의 회화에는 학습자의 모어가 쓰여 있다). 교사는 학습자의 질문에는 무엇이든지 대답하며, 학습자의 모어를 사용해서 설명해도 좋다(학습자의 불안 제거, 10~15분).

② 第2段階(Session) : 두 부분으로 나누어 모두 1시간 정도 실시한다. 전반에는 안락하고 쾌적한 방에서 안락의자에 앉아 요가 명상을 하고 있는 듯한 상태에서 교사가 읽는 회화를 듣는다. 모차르트나 베토벤과 같은 클래식 음악을 들으면서 하는 경우도 있다. 후반에는 안락의자에 앉아 템포가 느린 바로크 음악을 들으면서 다시 한번 교사가 읽는 회화를 듣는다. 교사는 편안한 음률에 맞추어 회화를 읽는다.

③ 第3段階(Postsession) : 언어 운용 능력을 높이기 위한 작업이 이루어진다. 듣기나 번역, 음악, 게임, 회화의 변형, 주어진 테마에 대한 회화, 롤 플레이(ロール · プレイ) 등의 활동을 한다.

(3) 단점

① 소인수 그룹에 한정되어 있다.

② 학습 환경을 갖추기 위해서 상당한 비용이 든다.

③ 학습자에게 정확하게 가르치지 않기 때문에 발화가 부정확해지기 쉽다.

④ 이 교수법을 사용할 수 있는 자질이 있는 교사를 양성하기 어렵다.

8 자연적 접근법(ナチュラル · アプローチ Natural Approach ; NA) 1999 기출

미국의 언어학자 크라셴(Stephen D. Krashen)과 테렐(Tracy D. Terrell)의 공동 연구에 의해 개발되어 1980년대 초부터 주목을 받기 시작한 교수법으로, 학습자를 편안한 상태에서 외국어 이해 활동만을 시키다 보면 자연히 표현 활동도 하게 된다는 교수법이다.

(1) 특징

구체적인 지도 방법이나 연습 방법보다는 교사가 지도할 때에 생각해야 하는 교육 이론이 중심을 이루고 있다. 크라셴이 주장한 習得学習仮説, 自然(習得)順序仮説, モニター仮説, インプット仮説, 情意フィルター仮説의 다섯 가지 가설에 이론적 바탕을 두고 있다.

(2) 지도법

① 자연적 접근법의 목표는 의사소통 기능(커뮤니케이션 능력의 향상)이다. 따라서 교실 수업도 전달장면(伝達場面)을 중시한 활동에 중점을 두어야 하므로 장면 실러버스를 사용한다.

② 이해(理解)가 표현(表現)보다 우선되어야 한다. 실제 의사소통 상황에서는 말하기보다 듣기를 훨씬 많이 시켜야 하며, 학습 초기에도 표현보다 듣기를 먼저 시켜야 한다.

③ 습득(習得)이 수업의 중심이 되어야 한다. 의식적인 학습(学習)은 커뮤니케이션 능력을 키우는 데에 오히려 장애가 된다. 습득이 진행되면 자연히 말을 할 수 있게 되므로 많이 듣고, 이해하고, 머리로 이루어지는 학습이 아닌 실제적인 커뮤니케이션을 통해 목표언어를 습득하는 것을 중시한다.

④ 교사는 정확성(正確さ)에 대해 관용적인 태도를 가져야 한다. 발화를 강요하거나 오류를 바로 정정해서는 안 된다. 학습자의 불완전한 표현을 긍정적으로 받아들이면서 학습자가 흥미를 보이는 내용을 입력 자료로 선정하여 학습자가 편안한 마음으로 학습에 임할 수 있도록 해야 한다.

⑤ 학습자의 정의 필터(情意フィルター)가 작동되지 않도록 해야 한다. 교실에서 습득이 이루어지려면 먼저 학습자의 불안 심리를 해소하고 교실 수업이 재미있어야 하며, 학습자가 점차 자신의 생각이나 감정으로 표현하는 단계로 나아가도록 이끌어야 한다.

⑥ 문자 학습은 발화가 시작되기 전에는 취급하지 않는다. 발화 이전에는 목표언어의 음운 체계의 내재화가 이루어지지 않은 상태에서 발음을 해야 되므로 부담을 느끼게 되어 역효과를 초래할 수 있다.

9 의사소통 중심 교수법 1997 기출 2000 기출
(コミュニカティブ・アプローチ Communicative Approach ; CA)

1970년대 초에 유럽평의회(欧州評議会)에 데이비드 윌킨스(David A. Wilkins)가 概念シラバス 중심의 교수법을 제출하면서 시작되었다. 편의상 교수법이라고 부르고 있으나 コミュニカティブ・アプローチ라는 명칭은 オーディオ・リンガル・メソッド가 문형연습과 같은 기계적 드릴에 치우친 나머지 실제적으로 필요한 의사소통 능력을 키우지 못한다는 비판으로부터 나타난 언어 학습관과 교육목표를 통틀어 부르는 표현이다. 이에 따르면 언어 학습에 있어서 정확성의 추구는 유창성과 커뮤니케이션 동기를 저해하는 것이며 의미 전달이 더 중요한 목표가 된다. 또한 실제로 사용되는 문장은 표면적인 의미 외의 역할을 수행하는 경우가 많다는 점을 강조하고 실제 상황 속에서 언어를 사용하여 유의미한 교섭(交渉)을 하는 것이 중요하다고 하였다. インフォメーション・ギャップ와 자유로운 選択権, フィードバック가 학습의 필수 요소이며 실제 커뮤니케이션 활동을 통해서 언어 학습을 진행하는 교수법으로 최근 가장 널리 활용되고 있다. コミュニカティブ・ランゲージ・ティーチング(CLT)라고도 한다.

(1) 이론적 배경

① 1960년대에 촘스키가 구조주의와 행동주의를 비판하고 변형생성문법을 제창하면서 시작되었다.

② 하임즈(Hymes)에 의해 의사소통 능력(communicative competence)이 정의되었다. 그는 의사소통 능력이란 곧 전달 능력이므로 단지 문법적으로 바른 문장을 만드는 것만이 아니라 언제 어디에서 누구에게 그 문장을 사용하면 좋은지에 대해서도 알아야 한다고 주장하였다. 그의 이러한 생각은 커넬(Canale)과 스웨인(Swain)에게 큰 영향을 주었다.

③ 마이클 커넬(M. Canale)과 메릴 스웨인(M. Swain)이 의사소통 능력은 문법적 능력, 사회언어 능력, 담화 능력, 방책적 능력으로 구성된다고 주장했고, 이들 능력은 커뮤니커티브 어프로치의 교육목표의 기초가 되었다.

- 文法力(grammatical competence) : 文法的に正しい文をつくる能力
- 社会言語能力(sociolinguistic competence) : 場面にふさわしい文をつくる能力
- 談話能力(discourse competence) : 話の流れに沿った文をつくる能力
- 方略的能力(strategic competence) : 言い換えたり、話を避けたりする能力

④ 윌킨스는 기능주의 언어학에 기초를 두고 개념 실러버스와 기능 실러버스를 제시하여 교육 방법에 도입했다.

⑤ 인지심리학의 학습 이론이 적용되어 정보를 들으면서 표나 그래프를 완성하는 インフォメーション・ギャップ, 상대방의 피드백을 활용하여 자신의 언어를 조정할 수 있는 タスク活動, プロジェクト・ワーク, シミュレーション, ロール・プレイ 등의 활동이 고안되었다.

memo

○ 의사소통 능력(communicative competence) : 촘스키가 언어 능력(competence)과 언어수행(performance)을 구분한 것에 대한 반발로 나온 개념으로, 언어의 체계뿐만 아니라 사용 방법도 포함한 지식과 운용 능력을 가리킨다.

○ 概念·機能シラバス (notional functional syllabus) : 언어의 커뮤니케이션 기능을 구성하는 의미 체계에 근거한 것으로, '概念(동작의 개시나 계속, 빈도나 순서, 행위자, 수단 등)'과 '전달기능(요구, 승낙, 거부, 감정 표명 등)'의 카테고리로 언어 교육 항목을 기술·분류한 실러버스이다.

⑥ 학습자의 요구(ニーズ)에 맞는 학습 내용이나 활동 형식을 설계하며, 교실 내 활동뿐만 아니라 별도의 커리큘럼을 제시해서 각자의 페이스에 맞춰 실시하는 자율적 학습을 지향하였다.

(2) 주요 기초 이론

① 기능주의 언어학

○ 기능주의 언어학 : 언어는 의미 전달이 주된 목적이므로 언어에 표현되어 있는 진정한 의미를 이해하는 것이 언어습득이라고 주장한다. 블룸(Bloom)은 언어는 형식(form)보다는 기능(function)이 중요하므로 생성 문법에서 간과했던 언어 수행(language performance)에 대한 연구를 통하여 의사 전달 기능을 규명할 수 있는 것으로 보았다. 이러한 시각에서 하임즈(Hymes)는 생성 문법의 언어 능력 개념에 대응되는 의사소통 능력(communicative competence) 개념을 제시하고, 의사 전달 능력에 대한 연구가 언어학의 본질이라고 말했다.

㉠ 언어의 본질적인 기능은 의사 전달이며, 언어의 의사 전달 능력은 의미 이해와 함께 언어에 수반되는 사회적·문화적 특성을 동시에 이해하는 능력이라고 보았다. 그러므로 외국어 학습에서 의사 전달 기능을 충실히 배우고 익히기 위해서는 문법 이해 능력뿐만 아니라 사회언어학적 능력, 담화 능력, 전략적 능력을 동시에 학습해야 한다고 주장하였다.

㉡ 기능주의 언어학에 따르면 언어 표현의 기본 단위는 단어나 구나 문장과 같은 문법 범주가 아니라 의사 전달에 필요한 의미 범주이다. 따라서 정확하고 올바른 의사 전달을 위해서는 문법 범주에 따른 통사 구조(syntactic structure)보다 의미 범주에 따른 의사 전달 구조(communicative structure)를 중심으로 하여 외국어 학습이 이루어져야 한다.

㉢ 연구 대상

전달 의미	의미 전달에 필요한 요소	의미 이해에 필요한 요소
화자나 청자의 사회적, 심리적 관계 대화의 목적이나 기능	언어 구조 음성적 변인 및 문체(文体)	텍스트 및 담화에 관한 지식 문장의 구조 및 음성적 지식

② 사회언어학 : 다음과 같은 다양한 사회적 요인과 언어와의 관계를 연구하는 학문이다.

㉠ 화자가 속한 집단의 성질(민족, 지역, 성별, 연령, 직업 등)

㉡ 화자와 청자, 혹은 그 인간관계(상하관계, 친소親疎관계, 인원수 등)

㉢ 대화 장면(시간, 장소, 분위기 등)

㉣ 대화 내용(공적인 내용, 사적인 내용 등)

㉤ 대화 방법(대면, 편지, 전화, 이메일 등)

㉥ 심리상태 등

(3) 언어학습관(언어 지도 원칙)

① 자신이 무엇을 하고 있는가를 알아야 한다.

② 전체는 부분의 집합체 이상의 의미가 있다.

③ 언어 형식뿐만 아니라 전달 과정도 중요하다.

④ 배우기 위해서는 직접 경험하는 것이 중요하다.

⑤ 오용은 반드시 잘못된 것이 아니다.

(4) 특징

① 언어의 문법 체계보다는 기능(機能)을 중시한다.

② 언어의 구조보다는 장면에 따른 기능을 중시한다.

③ 어구보다는 기능을 파악할 수 있는 문장을 중시한다.

④ 지식의 획득이 아닌 능력의 습득을 중시한다.

⑤ 효과적인 커뮤니케이션 기능을 중시하기 때문에 대화를 암기할 필요는 없다.

⑥ 대화의 의미는 장면이나 문맥상의 의미를 중시한다.

⑦ 정확한 발음보다는 이해 가능한 수준의 발음이면 충분하다.

⑧ 구두 언어 교수법에서는 문법적인 설명을 피하지만, 의사소통 중심 교수법에서는 모어 사용에서 번역까지 학습자에게 도움이 될 수 있는 모든 수단을 동원하여 학습자를 돕는다.

⑨ 연습 초기부터 커뮤니케이션을 위한 연습을 권장한다.

⑩ 읽기, 쓰기 학습도 학습 초기부터 병행한다.

⑪ 언어 학습은 개인의 시행착오를 거쳐 획득되는 것으로 보고 오용을 피하지 않는다.

⑫ 정확성보다 유창성을 지향하고 모어 사용자가 알 수 있는 언어 사용을 중시한다.

⑬ 학습자가 어떠한 언어 표현을 사용할 것인지 예측하기 어렵다.

(5) 지도법

의사소통 중심 교수법은 학습 과정의 내용, 지도의 원리나 원칙에 연구의 초점을 맞추어 체계적으로 개발된 것은 아니다. 실제로 커뮤니케이션이 일어나는 장면에서 전달 행위가 이루어지도록 하기 때문에 각 문장의 문법적인 정확함보다는 목표 발화가 실현되는 것을 우선시한다. 그리고 학습자의 ニーズ分析을 위해서는 장소(コミュニケーションが行われる場)와 역할(コミュニケーションで学習者が果たす役割)과 화제(コミュニケーションで取り上げられる話題や内容や分野)의 세 가지를 중시해야 한다.

① **학습 목표의 설정** : 수업 시간에 제시하는 학습 목표는 '문법 구조를 배울 수 있다'가 아니라, '전달 행위를 할 수 있다'로 설정되어야 한다(例 음식 주문하기, 좋아하거나 싫어하는 것 묻기, 선택하여 말하기 등).

② **제시와 문맥화** : 학습 목표가 설정되고 나면 그 목표를 수행하기 위해서 학습 활동에 필요한 언어 항목이 제시되어야 하는데, 이 교수법에서는 어휘나 문법 항목을 제시하는 것이 아니라 사용되는 발화가 그 장면에서 어떤 의미로 사용되는가를 제시하여 가르쳐야 한다.

③ **연습에서 전이로** : 패턴 중심의 문형연습이 아니라 커뮤니케이션을 위한 언어 사용에 중점을 둔다. 연습은 제시에 이어 바로 이루어지는데 일반적으로 다음과 같다.

　㉠ 교사가 학습 항목을 제시한다.

　㉡ 학습자들이 그것을 따라한다.

　㉢ 한 사람의 학습자에게 어떤 문장을 따라하게 하고 그 문장에 대해서 다른 학습자들에게 각각 대답하도록 한다.

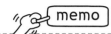

ⓔ 학습자를 두 사람씩 짝을 지어 주고 연습시킨다.

ⓜ 대화의 역할을 바꾸기도 하고 짝을 바꾸기도 하면서 대화 연습을 시킨다.

ⓗ 롤 플레이, 시뮬레이션을 실시하거나 주어진 상황 범위 안에서 자유롭게 회화 연습을 실시할 수도 있다.

コミュニカティブ・アプローチの指導原則

· 原則1: クラス活動では、教師も学習者も今、何をしているか知っていなければならない。

· 原則2: 言語の部分だけでなく、全体にも目を向けなければならない。

· 原則3: コミュニケーションでは、伝達過程は言語形式と同様に重要である。
　　　　例 ティーチャートーク

· 原則4: 言語を学ぶのには、経験することが大切である。

· 原則5: 学習者の犯す誤りは必ずしも「誤り」ではない。
　　　　（情意フィルターがかからないように工夫するなど）

---

(6) 장점

① 문법에 의존하지 않고 학습자의 목적, 필요성에 따라 처음부터 현실 생활에 유용한 커뮤니케이션 능력을 키울 수 있다.

② 사회언어학적 능력을 습득할 수 있으므로 상황과 장면에 맞는 적절한 표현과 행동을 할 수 있다.

③ 학습 동기가 높아지고 학습자의 흥미나 학습에 대한 의욕을 불러일으킬 수 있다.

(7) 단점

① 언어 운용 능력이 반드시 습득되는 것은 아니다. 가르치는 방법에 따라 다르지만, 단지 기능이나 개념에 따라 그 표현 형식을 학습하는 것만으로는 문형이나 표현의 암기로 끝나 버릴 위험성이 있다.

② 기능 항목이 주가 되고 문법 항목이 부차적인 것이 되므로 단계적이고 체계적인 학습이 어렵다.

③ 현실 장면에서의 언어 사용을 목표로 하기 때문에 표현 형식이 복잡하여 초급 레벨에서 사용하기 어렵다.

④ 의미 전달을 중시한 나머지 문법적 정확성이 경시되기 쉽다.

⑤ 학습자의 오용이 정정되지 않은 채 방치되는 경향이 있다.

⑥ 커뮤니케이션 능력을 평가하기가 어렵다.

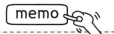

(8) 실제 커뮤니케이션을 위한 연습

실제적인 커뮤니케이션 활동으로 널리 사용되고 있는 방법에는 タスク(task) 연습, 인포메이션 갭(information gap), 게임(game), 롤 플레이(role play), 시뮬레이션(simulation), 프로젝트 워크(project work) 등이 있다.

① **タスク練習** : 여기서 말하는 タスク란 소규모의 タスク부터 인포메이션 갭, 프로젝트 워크 등 대규모 タスク까지를 모두 가리키는 포괄적인 개념으로서, 의사소통 중심 수업을 전개하는 데 필요한 기본적인 개념이다.

② **インフォメーション・ギャップ** `2025.B 기출` : 대화 참가자 간에 존재하는 정보량의 차이를 뜻하는 용어로 커뮤니케이션 활동을 위한 기본적인 연습 원리이다. 인포메이션 갭 연습을 할 때에는 두 사람의 대화자가 각각 정보량에 차이가 있는 그림이나 표를 들고 대화를 통해 그 차이를 메워 가는 활동을 하게 된다. 예를 들면, 한 사람은 방 안에 책상과 의자만 있는 그림을, 또 한 사람은 방 안에 더 많은 것들이 그려진 그림을 들고 방 안에 무엇이 있는가를 물어가며 서로의 정보 차이를 확인해 가는 것이다. 한편 세 명 이상이 분산적으로 서로 다른 정보를 갖고 진행할 때는 직소(jigsaw) 연습이 된다.

③ **ゲーム** : 목표언어인 일본어를 사용해 다양한 게임을 한다. 개인과 그룹 대항으로 승부(순위, 획득점수 등)를 겨루기 때문에 강한 동기 부여가 될 수 있다. 「すごろく(サイコロを振って、出た目に従って駒を進めて遊ぶボードゲーム), 神経衰弱(トランプで行うゲームの一つ), 20の扉(問題出題者が浮かべたものを回答者が推測して当てるゲーム), 私は誰/何でしょう」 등과 같은 일반적인 게임도 학습 단계에 따라 말하기 연습으로 활용할 수 있다.

④ **ロール・プレイ** `2025.B 기출` : 인물마다 장면 설정, 조건, 역할 등을 적은 역할 카드(ロール・カード)를 준비하고 상황과 과제를 충분히 이해시킨 후 시작한다. 단, 간단한 설정일 경우는 구두로 지시할 수도 있다. 롤 플레이는 교실 내의 일정한 인간관계에서 벗어나 다양한 설정에 따라 말하기 연습을 할 수 있다는 장점이 있다.

롤 플레이는 여러 단계가 있는데, 배운 내용을 외워서 그대로 연기하거나 특정 부분만 바꾸어 말하는 문형 연습 같은 것부터, 장면과 상황만 제시하고 어떠한 표현을 사용하는가는 학습자에게 일임하는 것에 이르기까지 다양하다. 일반적으로는 학습자에게 상황과 역할을 잘 설명한 뒤에 그 역할을 수행하도록 하는 방식을 주로 도입하고 있다.

⑤ **シミュレーション** : 사회 활동의 일부를 교실에서 재현하여 각자 맡은 역할을 수행해 보는 연습이다. 어떤 구체적인 목적이나 과제를 설정하여 교실 등에서 가상의 현실을 만들고, 구체적인 소도구나 역할을 맡은 인물을 설정한 후에 과제 달성을 위한 활동을 수행하게 된다.

예를 들어 교사가 실제로 있을 법한 사회 문제 등을 제시했을 때 학습자들은 이 문제를 둘러싸고 대립하는 입장에서 목표언어로 토론하는 연습을 하게 되는데 이를 위해 토론 자료를 수집하는 등의 행동도 학습의 큰 부분을 차지하게 된다.

⑥ **プロジェクト・ワーク** 2009 기출 : 「新聞作り」나 「ホームページ作成」 등, 그룹별로 특정 과제(project)를 수행하는 과정을 통해 언어의 다양한 기능(技能)을 습득하도록 하는 프로그램이다. 각자 역할을 분담하여 자료 조사・정보 수집・계획을 입안하고 이를 보고서로 만들어 구두 혹은 문장으로 발표하는 과정을 목표언어로 수행하면서 언어의 네 가지 技能을 종합적으로 발전시키고 실천적인 커뮤니케이션 능력을 높일 수 있다. 학습자의 수준에 맞는 과제를 설정하고 과제를 달성한 성과가 가시적으로 나타날 수 있도록 교사는 미리 프로그램을 설계해야 하며, 자료 준비 및 언어적 면에서 조언을 해 줄 수 있다. 어려운 과제를 달성해 냈을 때 학습자의 성취감과 만족도는 매우 높아진다.

⑦ **インタビュー** : 학습자끼리 다양한 정보(개인, 출신지, 전공 등)나 의견을 인터뷰한다. 교실 외 활동으로는 일본인(이웃, 홈스테이 가족, 학생 등)을 상대로 과제에 대한 인터뷰를 실시해 오도록 한다. 정보량의 차이 또는 의견 차이를 이용한 매우 실제적인 커뮤니케이션 활동이다.

⑧ **ディスカッション** : 특정 주제에 대한 의견을 학습자들끼리 주고받는 활동이다. 독해나 동영상을 통해 접한 주제에 대해 감상이나 의견을 서로 이야기하는 경우가 많은데, 어떤 구체적인 결정을 내리기 위한 토의를 진행하면 좀 더 실천적인 커뮤니케이션 활동이 된다.

⑨ **ディベート** : 특정 주제에 대하여 개인적 의견을 말하는 ディスカッション과 달리, ディベート에서는 자신의 의견과는 상관없이 어떤 논점을 둘러싸고 찬성과 반대 중 어느 한쪽의 입장에 서서 논쟁을 하면서 반대 의견을 가진 상대방을 설득하게 된다.

⑩ **スピーチ** : 사람들 앞에서 단독 스피치를 하는 것은 긴장되는 활동이므로 학습 초기 단계부터 1분 스피치, 2분 스피치, ショー・アンド・テル(show and tell, おもちゃとか写真などを家から持ってきて、クラス全員の前でそれについて発表すること) 등을 반복하면서 스피치에 익숙해지도록 한다. 중급 이후에는 자신이 잘 알고 있는 것에 대한 설명을 하거나 의견을 말하는 등 다양한 스피치 활동을 할 수 있도록 지도한다.

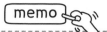

 **ALM과 CA의 비교 Ⅰ**

	オーディオ・リンガル・メソッド	コミュニカティブ・アプローチ
언어관	• 구조주의 언어학 • 단문 단위 • 話し言葉 중시 • 문맥 중시하지 않음 • 대조언어학적 분석	• 기능주의 언어학 • 담화 단위 • 話し言葉・書き言葉 모두 중시 • 문맥 중시 • 중간 언어 분석
언어 학습관	• 자극 - 반응 • 습관 형성 • 구조의 학습	• learning by doing • language for use • 커뮤니케이션의 학습
언어 교육관	• 교사 중심	• 학습자 중심
실러버스	• 구조 실러버스 • 기본 문형에서 파생 문형으로 • 쉬운 문형에서 어려운 문형으로	• 개념 기능 실러버스 • 항목 간의 순서는 다양
교실활동의 주요 특징	• Mimicry & Memorization • 문형 연습 • 반복 연습 • 단문 작성 연습 • 구두 연습 중시 • 오류의 정정을 중시 • 오류는 모어의 영향 • 정확성 중시	• 문제 해결형 활동, 담화 연습 • 게임, 인포메이션 갭, 롤 플레이 • 시뮬레이션 • 디베이트 • 프로젝트 워크 • 오류의 정정을 중시하지 않음 • 오류는 언어습득의 과도적 현상 • 유창성 중시

 ALM과 CA의 비교 Ⅱ

	オーディオ・リンガル・メソッド	コミュニカティブ・アプローチ
1	의미보다 구조를 중시한다.	의미를 가장 중요한 것이라고 생각한다.
2	'대화'의 암기를 요구한다.	'대화'는 커뮤니케이션의 기능을 나타내므로 암기는 불필요하다.
3	언어 항목의 문맥화가 필수사항은 아니다.	언어 항목의 문맥화가 가장 큰 전제가 된다.
4	언어 학습은 구조, 음성, 型, 어휘의 습득이다.	언어 학습은 커뮤니케이션 능력의 획득이다.

5	숙달과 과잉학습을 요구한다.	효과적인 커뮤니케이션을 요구한다.
6	drill은 교육의 중심이다.	drill은 필요에 따라서 실시하지만 부차적인 것이다.
7	모어 화자 수준의 정확한 발음을 요구한다.	모어 화자가 이해 가능한 정도의 발음이면 된다.
8	문법적인 설명은 피한다.	학습자를 돕기 위한 모든 수단이 강구된다. (연령, 흥미에 따라)
9	커뮤니케이션 연습은 drill과 연습문제가 끝난 후에 한다.	처음부터 커뮤니케이션을 위한 연습을 권장한다.
10	학습자에게 모어 사용을 금지한다.	필요한 경우에는 지나치지 않을 정도로 학습자의 모어 사용을 인정한다.
11	초급 단계에서는 번역을 금지한다.	필요한 경우에는 번역을 인정한다.
12	'읽기, 쓰기'는 회화 능력을 획득한 후에 학습한다.	'읽기, 쓰기'는 학습 첫날부터 학습한다.
13	목표언어의 언어체계는 문형의 학습을 통해 획득된다.	목표언어의 체계는 커뮤니케이션 연습을 통해 배우는 것이 이상적이다.
14	언어 능력의 획득이 목적이다.	커뮤니케이션 능력의 획득이 목적이다.
15	장면과 문맥에 따른 '바꿔 말하기(言い換え)'는 인정되지만 강조하지 않는다.	장면과 문맥에 따른 '바꿔 말하기(言い換え)'는 교재와 교수법의 중심개념으로서 중시된다.
16	교사는 학습자를 엄격하게 통제하고 이론에 반하는 행위는 하지 않도록 한다.	교사는 학습자의 동기를 강화하기 위한 조력자일 뿐 학습의 중심은 학습자이다.
17	'언어는 습관이다'라는 생각 아래, 모든 수단을 동원해 '오용'을 피한다.	언어는 개인의 '시행착오'를 통해 형성되므로 '오용'은 습득 과정에 필수불가결한 것이다.
18	'정확성'이 학습의 제1목표이다.	'유창성'과 모어 화자가 '수용할 수 있는 언어'의 학습이 제1목표이다.
19	학습자는 교재에서 도입된 '언어'만으로 상호작용할 것으로 기대되고 있다.	학습자는 1대1, 또는 그룹 안에서 다른 사람과 상호작용을 할 것이 기대되고 있다.
20	교사는 학습자가 사용하는 말을 정해 줄 수 있어야 한다.	교사는 학습자가 사용하는 말을 예측할 수 없다.
21	본래의 학습 동기는 언어 구조에 대한 흥미로부터 발생한다.	학습 동기는 언어가 유발하는 커뮤니케이션에 대한 흥미로부터 발생한다.

🔟 오픈 메소드식 교수법(Open Method ; OM)

(1) 열린 교육

1960년대 중반 영국에서 일어나 1960년대 말에 미국에 전해졌고, 1974년에는 일본에도 소개된 교육 운동이다. 이 교육 운동은 종래의 획일식 · 주입식 학습을 지양하고 학습자의 흥미와 발달 속도에 따라 자발적으로 학습하도록 하는 것이 특징이다. 탄력적인 교육과정의 운영과 열린 인간관계 속에서 학습자의 개성 · 창의성 · 자주적인 태도를 기르는 것을 지향한다.

(2) 열린 교육의 기본 정신

학생의 학습 선택의 자유, 자율 학습, 개별화 학습이 중점적으로 강조된다. 학습 선택의 자유는, 크게는 하고 싶은 과목의 선택에서부터 작게는 제시된 여러 가지 학습 활동 중에서 학생들이 자신의 흥미와 능력에 맞는 활동을 스스로 선택하게 하는 것까지, 그 폭이 넓다. 개별화 학습에서 교사는 조력자가 되어 학생이 진행하고 있는 내용에 따라 학생의 개별적 수준에 맞춰 보조하게 된다.

(3) OM식 수업 모형 2005 기출

목표 인식 및 자료 관찰 과정	동기 유발−목표 인식−장면 관찰−행동 문화 이해−발음 인지−듣기에 의한 의미 이해 등을 학습자들의 수준에 맞게 적용시키되, 목표는 기능 중심으로 세우는 것이 좋다.
⇩	
자료 분석 및 협의 과정	대화문 자료, 문법 자료, 장면 자료, 문화 자료, 시청각 자료 등을 수집 · 분석하고 모델 장면을 관찰한 뒤, 중요한 사항을 협의한다. 모델 장면은 적극적인 성격의 학습자를 대상으로 교사와 대화하는 장면을 비디오로 촬영하여 관찰하도록 하거나 외국인의 사례를 활용해도 좋다.
⇩	
연습 및 체험 과정 Ⅰ	조별로 장면 설계−대본 작성−대본 교정−연습−발표 연습 단계에서는 협의 중에 거론되었던 각종 장면을 예상하여 대처 방법 및 유의 사항을 염두에 두고 연습한다. 특히, 일본인과 대화할 때에는 상대방과의 거리와 음성의 크기, 맞장구, 표정, 시선 등에 유의하여 연습한다.
⇩	

평가 및 보완 과정 I	과정 보고 및 학습 내용 설명─그룹 간 의견 교환─자체 평가 및 보완 체험 장면을 관찰하며 서로 협의한다. 이때는 언어 표현뿐만 아니라 수반된 언어 행동까지도 관찰한다. 경험자의 느낌을 들어보는 것도 좋다.

⇩

연습 및 체험 과정 II	개선점 협의─대본 수정─재연습─재발표 관찰·협의한 내용을 참고하여 연습한 뒤 다시 체험해 본다. 가능하면 다시 한번 비디오 장면을 관찰, 협의하는 것이 좋다.

⇩

평가 및 보완 과정 II	그룹 간 의견 교환─자체 평가 및 보완 교사의 평가는 수업의 모든 과정 또는 그룹별 발전도를 평가한다.

(4) OM식 수업의 효과

교사의 설명은 여러 학생의 레벨에 모두 맞출 수 없기 때문에 내용의 상당 부분이 학생들에 따라서는 시간 낭비인 경우가 많다. 그러나 OM식 수업에서는 학생들이 각자의 레벨에 맞는 수업에 임하기 때문에, 실제로 교사가 가르치는 양보다 훨씬 많은 양을 학습하게 된다.

또한 OM식과 같은 협력 자율 학습에서는 스스로가 주체가 되어 놀이를 통한 학습을 하기 때문에 집중력이 오랫동안 지속된다.

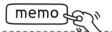

 A Plus⁺ **언어 형식에 대한 초점화를 의식한 교수법의 흐름** 2019.B 기출

교수법의 흐름은 무엇에 초점을 두느냐에 따라 다음과 같이 정리할 수 있다.

(1) Focus on Forms(문법에 초점을 둔 교수법)

문법 규칙을 제시하고 문형 연습을 실시한다. 학습자는 개별적으로 익힌 여러 문법 규칙을 실제 언어 사용 장면에서 통합적으로 운용해야 한다. 난이도가 낮은 문법 규칙의 학습에 효과적인 교수법이지만 대부분의 경우 그 효과는 지속되지 않으며 어려운 문법 규칙에 관해서는 過剰一般化가 일어나서 학습 효과를 기대할 수 없다는 비판을 받았다.

(2) Focus on Meaning(의미에 초점을 둔 교수법)

의미가 있는 문맥에서 의사소통 활동을 하도록 지도한다. 학습자는 그 활동 속에서 개별 언어 형식을 스스로 분석하여 습득해 갈 수 있다. 이해력이나 유창성을 키우는 데 효과적이지만 상대적으로 정확성이 낮아지고 언어 형식의 학습이 단편적으로만 이루어지기 때문에 학습 속도도 떨어진다는 비판을 받았다.

(3) Focus on Form(의미뿐 아니라 문법에도 초점을 둔 교수법)

Focus on Forms처럼 문법만을 집중적으로 지도하지 않고, Focus on Meaning처럼 의미 전달에만 초점을 두고 지도하지도 않는다. 의미 있는 문맥에서 의사소통 활동을 하도록 지도하면서도 필요에 따라 적절하게 언어 형식에도 학습자가 주의를 기울이도록 함으로써 문법 규칙을 수업 활동에 효과적으로 도입하고자 하는 교수법이다. 쉬운 문법 규칙은 물론, 어려운 문법 규칙에서도 過剰一般化를 최대한 줄일 수 있어 학습 효과를 기대할 수 있다.

지도법	フォーカス・オン・フォームズ (Focus on Forms)	フォーカス・オン・ミーニング (Focus on Meaning)	フォーカス・オン・フォーム (Focus on Form)
내용	• 文法の反復練習や翻訳を通して言語形式(文法・語彙)を学ぶことを中心とする指導法 • 文法の「正確さ」を重視	• 意味のやり取りを重視する指導法 • 目的は「コミュニケーションできること」で「正確さ」よりも「流暢さ」を強調	• 意味中心のコミュニケーション活動を行いながらその中で特定の言語形式(文法・語彙)にも焦点を当てる指導法 • 「フォーカス・オン・ミーニング」と「フォーカス・オン・フォームズ」を合わせた指導法
관련 교수법	文法訳読法 オーディオ・リンガル・メソッド	ナチュラル・アプローチ イマージョン・プログラム コミュニカティブ・アプローチ	タスク中心の教授法

11 기타 교수법

(1) GDM(Graded Direct Method 段階的直接法)

1960년대 이후, 촘스키(N. Chomsky)에 의해 기존 교수법에 대한 비판이 일어나기 시작했다. 그 당시 언어를 과학적이고 객관적으로 분류하고 기술하는 데 주력했던 미국의 구조언어학에 대해 비판적 입장을 취한 촘스키는, 언어 이론은 모어 화자가 갖는 언어 능력을 체계적으로 기술하고 언어 구조의 규칙뿐 아니라 언어습득 과정까지도 설명할 수 있어야 한다고 주장했다. 이에 따라 미국의 행동주의 심리학에 입각한 언어습득 과정이 부정되면서 구두 언어 교수법의 이론적 근거도 근본부터 부정되었다. 촘스키의 언어관은 언어습득 과정의 연구, 제1언어 습득과 제2언어 습득의 차이, 언어 심리학의 활발한 연구를 불러일으켰으며 그 성과를 언어 교육에 도입하려고 하는 시도가 이루어진 결과, GDM이나 인지 기호 학습 이론 등이 탄생하게 되었다.

이 교수법은 인지의 필요성을 염두에 두고 있기 때문에 무엇보다도 문장(sentence)과 장면(situation)을 결부시키는 노력이 필요하다. 문장과 그것이 전개되는 장면의 결합을 SEN-SIT라고 부르고, 이 문장과 장면을 함께 제시한다.

'段階的(graded)'이라는 표현은 이 교수법이 치밀하게 단계별로 계산되어 있다는 것을 의미한다. 교사는 새로운 것을 도입할 때 동작을 사용해서 제시하고, 그 후에 그것을 선이나 그림으로 나타내어 학습자가 발화하도록 하고, 마지막으로 그 내용을 문자화한다. GDM은 이와 같이 단계적으로 보여주는 행동과 이미지와 문자를 통합하는 방식의 교수법이며, 목표언어만을 사용하여 지도하므로 直接的(direct)인 교수법이기도 하다.

(2) 認知学習アプローチ(Cognitive Approach), 인지기호학습이론(Cognitive Code Learning Theory ; CCLT)

認知学習アプローチ는, 촘스키의 변형생성문법이론과 인지기호학습이론을 바탕으로 개발되었다. 인지기호학습이론에 따르면 언어습득은 습관에 의해 이루어지는 것이 아니라 학습자가 어떤 언어의 틀을 이해하고 그 규칙을 스스로 인지 구조에 삽입해 가는 것이라고 한다. 즉, 언어를 규칙의 집합이라고 가정하고 어떤 언어를 학습한다는 것은 그 언어로 이루어지는 구체적인 언어 활동을 통해 거기에 내재화된 규칙을 배우고 이를 활용하여 문법적인 문장을 만들어가는 언어 능력을 획득하는 것이라는 이론이다.

이 이론에서는 인간의 인지 능력을 이용하여 언어 규칙이나 구조를 이해시키고 나서 언어습득을 위한 연습을 실시해야 한다고 주장한다. 현재 많은 일본어 학습 현장에서는 구두 언어 교수법에 이 이론을 더한 형태의 수업이 이루어지고 있다. 많은 예문을 사용한 반복적이고 습관적인 문형 연습을 통해 문법 규칙을 귀납적으로 이해시키던 구두 언어 교수법과는 달리, 이 교수법은 먼저 문법 규칙을 학습자에게 이해시키고 나서 연습에 들어가는 연역적인 방법을 사용한다. 그리고 이미 학습자가 알고 있는 지식 정보에 대해 새로운 지식 정보를 관련 지어 학습자의 이해를 돕기도 하고 학습자가 자신의 모어와 목표언어와의 차이점을 인식하도록 지도한다.

인지기호학습이론에 따른 교수 내용은 다음과 같다.

① 언어 인지의 관점에 입각하여 학습자의 모어와 목표언어의 음운, 언어 구조 등이 어떻게 다른가를 고찰하여 이것을 교수 · 학습에 활용하고 목표언어의 음운에 대한 설명을 한다.

② 목표언어와 모어의 어휘나 문법 등의 차이에 대한 설명은 학습자의 모어를 사용한다.

③ 촘스키의 이론에 입각해서 문장을 생성하는 규칙인 문법을 먼저 제시하는, 연역적인 방법으로 문법을 설명한다.

④ '인지'에 중점을 두고 있으므로 문자도 이른 단계에서부터 도입하여 읽기, 쓰기 교육에도 중점을 둔다.

⑤ 새로운 학습 항목을 도입할 때에는 반드시 이미 배운 항목이나 어휘를 사용한다. 이미 알고 있는 어휘나 구문을 통해서 새로운 학습 항목을 인지할 수 있고, 이에 따라 학습 효과를 높일 수 있기 때문이다.

⑥ 구두 언어 교수법에서는 교사가 모어 화자와 같은 속도로 발화하지만 이 교수법에서는 '이해'를 중시하기 때문에 학습자의 레벨에 맞추어 말하는 속도를 조절한다.

⑦ 학습자가 학습 항목을 이해하고 난 후에 drill을 실시한다. drill 내용은 실제 장면에서 사용할 수 있는 것으로 정하고 교사가 일방적으로 제시하는 것이 아니라 학습자의 상상력을 살릴 수 있도록 한다.

(3) イマージョン · プログラム(Immersion Program; IM) 2024.A 기출

교과의 일부를 외국어로 가르치고 일부를 모어로 가르치는 二言語教育(バイリンガル教育)의 일종이다. 1965년 캐나다에서 영어를 모어로 하는 아이들의 보호자의 요구에 따라 실시된 프랑스어 イマージョン · プログラム에서 시작되었다.

イマージョン · プログラム은 언제 시작하느냐에 따라 조기(5~6세), 중기(9~10세), 후기(11~14세)로 나눌 수 있다. 그리고 모든 교과를 목표언어로만 가르치는 トータル(全面的)イマージョン 외에, 일부 교과만을 목표언어로 가르치는 パーシャル(部分的)イマージョン도 존재한다.

トータル · イマージョン(total immersion)의 경우 처음 2~3년은 커리큘럼의 100%를 제2언어로 가르치고 그 후에는 모어의 학습과 병행한다. パーシャル · イマージョン(partial immersion)은 커리큘럼의 약 50%를 제2언어로 가르친다. 제2언어 사용률이 50% 이하인 경우는 イマージョン이라고 하기 어려우나, 실제 50% 이하인 イマージョン · プログラム도 존재한다.

memo

● Content Based Language Instruction(CBLI), 또는 Content Based Language Teaching(CBLT)라는 이름으로 불리기도 한다.

(4) 내용 중시 교수법(Content Based Instruction; CBI)

1990년대 들어 등장한 외국어 교수법으로 언어 학습과 지식 내용의 학습을 통합한 것이다. 기존의 언어 학습과는 달리, 지식 내용의 학습을 통해 부수적으로 언어를 배우는 것이며 구체적인 특징은 다음과 같다.

① 지식 내용이 중심이며 현장의 일본어 자료를 텍스트로 사용한다.

② 학습자 주도로 진행되며 특수 목적을 가진 학습자의 요구에도 대응할 수 있다.

③ 교재는 모듈 형식으로 구성되어 있어서 진도에 상관없이 선택할 수 있어야 한다.

④ 일본어 능력은 과제 해결 과정에서 접하는 일본어 자료를 통해 부수적으로 습득된다.

(5) 내용 언어 통합형 학습(内容言語統合型学習, Content and Language Integrated Learning; CLIL)
2023.B 기출

교과 내용(content)의 학습과 외국어(language) 학습을 함께 지도하는 교수법의 총칭이다. 언어보다는 학습 내용의 이해에 중점을 두고 학습자의 사고 및 인지 능력을 높여서 결과적으로 의사소통 능력을 육성하고 상호 문화(Interculture) 의식을 키우는 것을 목표로 한다. 학습자들은 이 과정을 통해 교과 내용(Content), 언어 기능(Communication), 사고력(Cognition), 협동학습(Community) 또는 이문화 이해(Culture)의 4요소를 골고루 배우게 되는데 이 4개의 요소를 「4 つのC」라고 부른다.

(6) 과제 중심 교수법(Task-based language teaching; TBLT)

기존의 구두언어 교수법(AL法)과 의사소통 교수법(CA)의 장점만을 취하고자 개발된 교수법으로 구체적인 교수법이라기보다는 교육 이론이나 교육 사상이라고 보는 견해도 있다. 문형 연습을 반복하던 기존 교수법과 달리 과제(task)를 수행하는 과정을 통해 학습을 촉진함으로써 정확성과 유창성, 복잡성의 세 가지를 모두 갖춘 의사소통 능력을 함양하는 것을 목표로 한다. 과제는 학습자가 실제로 사회에서 접할 수 있는 내용으로 구성되어야 하며 제2언어 습득과 관련된 다양한 연구 성과에 바탕을 두고 효과적인 교수법 및 교구재, 그리고 바람직한 평가 방법에 대한 제안을 하고 있다.

(7) チーム · ティーチング(Team Teaching 協力教授組織) 2008 기출

1955년에 미국 하버드대학교의 케펠(ケッペル)에 의해 제안되었다. 교사 주도형 수업이 일반적이던 당시에 학습자의 주체적 학습을 저해하는 상황을 개선하기 위해 개발된 교수법이다. 리더 역할을 맡은 교사를 중심으로 몇 명의 교사들이 팀을 이루어 제각기 전문성과 기술을 활용하면서 협력을 통해 효율적으로 지도하는 것이 특징이다. 교사 한 사람에게만 집중되어 있었던 권력이나 권위를 분산함으로써 보다 바람직한 학습 환경을 제공하여 학습 의욕을 불러일으키고 학습 효과를 높이는 것이 목표이다.

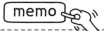

言語理論と教授法

	教授法		言語理論
～19世紀	文法訳読法		
～1940年代	ベルリッツ・メソッド グアンの「連続法」 パーマの「オーラル・メソッド」	直接法	
1940年代～	アーミー・メソッド オーディオ・リンガル・メソッド		構造主義言語学 行動主義心理学
1960年代	認知学習アプローチ		変形生成文法 認知心理学
1970年代～	サイレント・ウェイ CLL サジェストペディア		人間学的心理学
	コミュニカティブ・アプローチ		機能主義言語学 社会言語学 認知心理学
	TPR		第一言語習得過程

3 코스 디자인

> コース・デザインは、学習者の目標と学習条件を調べた上で、学ぶべき学習項目を決め、その学習項目をどんな順に並べてどのように教えるか、教材や授業方法、テスト実施時期などを決定するコース全体の設計である。

　학습자가 장차 어떠한 장면에서 어떠한 목적을 갖고 배운 내용을 활용하고자 하는지 그 목표와 학습 여건을 파악한 후에는 배워야 하는 학습 항목을 정하고 그 학습 항목을 어떤 순서로 어떻게 가르칠 것인가, 교재나 수업 방식은 어떻게 할 것인가, 시험은 어떻게 실시할 것인가를 결정하게 된다. 이러한 수업 전체의 코스 설계를 코스 디자인이라고 한다. 즉, 학습 목표가 설정된 시점에서 그 목표를 달성하기 위해서 코스를 어떻게 구성할 것인가, 준비 단계에서부터 종료 단계에 이르기까지의 구체적인 계획을 작성하는 것을 말하는데, 구체적인 계획을 작성할 때는 학습자의 배경이나 목적, 교사의 언어관 및 교수법, 교과서, 교육기관 등 코스 디자인에 관련된 직접적·간접적인 조건이나 요인을 분석하고 그 전체상을 파악하는 것이 가장 중요하다.

　코스 디자인은 하나의 코스를 새로 개설할 때에만 하는 것이 아니라, 같은 코스가 반복되어 개설될 경우에도 그 개시 시점마다 실시해야 한다. 또한 그 코스를 담당하는 주임 교사뿐 아니라 모든 교사가 전체의 코스 디자인에 참가하는 편이 좋다.

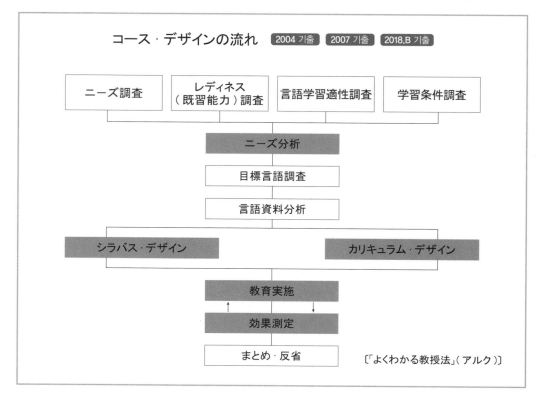

1 학습목표와 요구분석

> ニーズ分析は、学習者がどんな種類のどのレベルの日本語能力を必要としているか、つまり学習者のニーズを面接やアンケートなどで調査分析することである。

다양한 각도에서 학습자를 분석함으로써 학습자가 필요로 하는 언어의 실체를 밝히는 것을 「ニーズ分析」라고 한다. 「ニーズ分析」를 위해서는 학습자들이 무엇 때문에 목표언어를 배우려고 하는가를 조사하는 ニーズ조사와 어떤 학습자에게 가르칠 것인가를 파악하는 レディネス조사를 실시해야 한다.

(1) ニーズ調査

어떤 종류, 어느 정도 수준의 언어 능력을 필요로 하는가에 대해 면접(인터뷰)이나 앙케트 등을 통해 조사하고 분석한다. 이를 통해 학습자의 학습 목적 및 도달 목표 등에 관한 정보를 얻을 수 있다.

(2) レディネス調査　2011 기출　2022.B 기출

レディネス(readiness)는 「用意ができていること、準備状況」라는 의미로, 학습자가 이미 습득하여 갖고 있는 능력을 말한다. 현재 어느 정도 목표언어를 알고 있는지 조사하는 것을 「レディネス調査」라고 하는데, 학습 경험이나 언어 능력, 학습한 교재 등에 대해 조사하여 「ニーズ分析」에 반영한다.

(3) 言語学習適性調査

학습자가 언어학습에 대해 지니고 있는 능력을 측정하기 위한 조사이다. レディネス調査는 이미 학습한 경험이 있는 旣習者를 대상으로 하는 것이 원칙이지만 言語学習適性調査는 학습 경험이 전혀 없는 未習者도 대상으로 한다.

(4) 学習条件調査

① 학습자의 배경 정보, 예를 들면 모어, 사용할 수 있는 외국어, 문화적 배경, 외국어 학습 경력, 외국에 갔던 경험, 흥미나 관심, 학습 스타일, 외국어 학습에 대한 신념 등에 대해 조사하여 「ニーズ分析」 및 カリキュラム·デザイン에 반영한다.

② 경제적 조건, 시간적 조건, 소유 기기 등 학습과 관련된 외적 환경을 조사한다.

　cf. 言語学習適性調査와 学習条件調査를 レディネス調査에 포함시키는 입장도 있다.

memo

2 목표언어 조사 · 목표언어 사용 조사

ニーズ分析를 통해 ニーズ를 파악한 후, 실제로 학습자가 목표언어를 사용하는 곳(직장이나 가정 등)으로 찾아가 어떤 장면에서 어떤 언어(語彙 · 表現 · 文型 등)와 접하는지를 조사하여 언어 자료를 얻는 것을 목표언어 조사라고 한다. 그리고 여기서 얻은 자료를 정리 · 분석하는 것을 언어 자료분석이라고 한다. 한편, 모어 화자(母語話者)가 어떤 언어 및 언어 전략을 사용하는지를 조사하는 목표언어 조사와 달리, 학습자 또는 그 언어를 모어로 하지 않는 비모어 화자(非母語話者)가 그 언어를 사용할 때 어떤 언어 및 언어 전략을 사용하는지를 조사하는 경우가 있는데 이를 목표언어 사용 조사라고 부른다.

(1) 조사 방법

① **実態調査** : 실제 커뮤니케이션을 관찰하여 녹음하거나 녹화하는 방법이다. 녹음이나 녹화가 불가능할 경우에는 메모를 하거나 주의깊게 관찰한 후 기억하여 기록을 만드는 방법도 있다.

② **意識調査** : 실태 조사가 어려울 경우 이를 보충하기 위하여 意識調査를 실시한다. 질문을 작성하거나 특정 상황을 제시하고 '이런 경우 어떻게 말하는가'를 조사한다.

③ **教師の内省** : 교사가 자신에게 意識調査를 실시하는 것을 말한다. 만약 교사가 목표언어 원어민 화자라면 그 교사의 内省는 언어 자료를 가장 빠르게 수집할 수 있는 방법이 될 것이다.

(2) 母語場面と接触場面

① **母語場面**(Native Situation) : 모어 화자 사이의 커뮤니케이션 장면이다.

② **接触場面**(Contact Situation) : 모어 화자와 비모어 화자 사이의 커뮤니케이션 장면이다.

　㉠ **フォリナートーク**(Foreigner Talk) : 언어 능력이 낮은 비모어 화자와 이야기할 때 모어 화자가 사용하는 대화 방법을 말한다. 부자연스러운 ポーズ를 두거나, 천천히 말하거나, 간단한 어휘 혹은 문형으로 바꾸어 말하거나, 부자연스럽게 상세한 설명을 덧붙이거나 하는 것이 특징이다.

　㉡ **コミュニケーション · ストラテジー**(Communication Strategy) : 커뮤니케이션을 원활하게 하기 위해서 사용하는 전략을 말한다. 接触場面에서는 쉬운 어휘를 사용한다거나, 제스처나 의성어를 자주 사용하는 등 母語場面과는 다른 의사소통 전략(コミュニケーション · ストラテジー)이 나타나게 된다.

3 언어 자료 분석

목표언어 조사를 통해 구체적인 언어 자료를 얻은 후에는 언어 자료 분석에 들어간다. 언어 자료 분석의 목적은 언어 자료로부터 학습 항목을 추출하는 것이다. 이를 위해서는 먼저 언어 자료에서 異なり語数, 延べ語数, 基本語彙, 基礎語彙를 분류한다.

(1) 異なり語数와 延べ語数

① **異なり語数**(type frequency) : 일단 한 번 등장한 어휘는 두 번째부터는 세지 않는 방식

② **延べ語数**(token frequency) : 같은 어휘가 몇 번을 나오더라도 모두 세어 합산하는 방식

(2) 基本語彙와 基礎語彙

① **基本語彙** : 목적에 따라 어휘 조사를 실시하여 선정된 어휘 목록으로, 사용률이 높고 사용 범위가 넓은 어휘로 구성된다. 실제 조사를 거쳐 목록을 선정하기 때문에 객관성이 높은 편이다.

② **基礎語彙** : 언어 학습의 기초이자 인간의 언어 생활에 있어 반드시 필요하다고 간주된 어휘 목록. 영국의 언어학자 Ogden, C. K. 등에 의해 선정된 850개의 어휘 목록인 'Basic English'가 시초. 이에 영향을 받아 일본에서는 土居光知가 1,100개의 어휘로 이루어진 『基礎日本語』를 편찬하였다.

4 실러버스 디자인 `2009 기출` `2014.A · B 기출`

> シラバスとは「学習項目」あるいは「学習項目の一覧表」である。コース全体でのシラバスを特にコースシラバスと呼び、その作成作業をシラバス・デザインと言う。

교육목표가 설정되면 그 목표를 달성하기 위해 무엇을 가르칠 것인가(학습 항목)를 검토한다. 목표언어의 총체(総体)로부터 학습 항목을 추출해야 하는데 먼저 어떤 관점에서 추출할 것인가를 정해야 한다. 어떤 코스에서 학습할 학습 항목을 나열한 것을 실러버스라고 하는데 이 실러버스를 어떤 관점에서 구성해 갈 것인가를 정하는 것을 シラバス・デザイン(syllabus design)이라고 한다. 실러버스의 기본적 성격은 학습자에게 목표언어를 어떤 관점에서 제시할 것인가에 따라 결정되는데 일본어 교육에서 볼 수 있는 실러버스의 종류는 다음과 같다.

(1) 構造シラバス `2022.B 기출`

[제1과 名詞文, 제2과 時の表現, 제3과 指示詞, 제4과 形容詞文, 제5과 位置表現……]처럼 목표언어의 문형을 쉬운 것부터 점차 어려운 것의 순으로 체계적으로 제시하는 실러버스이다. 구두 언어 교수법의 실러버스로 잘 알려져 있으며, 현재에도 많은 교육 현장에서 사용되고 있다. 참고로 文法 실러버스는 構造 실러버스 중에서도 품사 분류나 활용형 등의 문법 내용을 쉬운 것부터 어려운 것의 순으로 제시한 것을 말한다.

(2) 機能シラバス

문법보다는 회화 능력 향상에 효과적인 실러버스이다. 언어 기능 및 표현 의도를 중심으로 [제1과 頼む, 제2과 誘う, 제3과 断る……]처럼 발화의 목적이나 의도별로 교수 항목을 배열하고 있으므로 커뮤니케이션 능력 향상을 목적으로 일본어를 배우는 학습자에게 적합하다.

예를 들어, ① 辞書、貸して。② 辞書ある? ③ 辞書を貸してください。④ 辞書をお借りできますか。⑤ 辞書を貸してほしいです。와 같은 표현들은 構造 실러버스에서는 서로 다른 카테고리로 분류되지만, 機能 실러버스에서는 「依頼」라고 하는 機能을 가진 표현으로 간주되어 하나로 통합된다. 최근의 일본어 교육에서는 構造 실러버스와 機能 실러버스를 절충하려는 시도를 하기도 한다.

(3) 概念シラバス

언어 형식이 아니라 언어 概念을 교수 항목으로 하는 실러버스이다. 機能 실러버스와 함께 유럽의 의사소통 중심 교수법에서 제창되었다. 구체적으로는 「時間」「頻度」「順序」「量」「手段」 등의 개념을 다룬다.

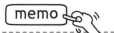

(4) 場面シラバス

[제1과 レストランで, 제2과 空港で, 제3과 病院で……]와 같이, 실제로 접하게 되는 일상적인 장면을 종합적으로 정리한 것이다. 여행 가이드북 같은 교재에서 흔히 볼 수 있는데 構造 실러버스, 機能 실러버스와 함께 사용되는 경우가 많다.

(5) トピック(話題)・シラバス

특정 화제에 따라 목표언어를 제시하는 실러버스이다. 일반적인 화제로는 「自然科学, 政治, 文化, 芸術」와 같은 주제 외에도, 「○○事件, 円高, 少子化」와 같은 사회 현상, 「自己紹介, 道を聞く, 家族, 趣味, 夏休み」와 같은 일상적인 것에 이르기까지 화제는 매우 다양하다.

(6) スキル(技能)・シラバス

목표언어를 技能이라는 관점에서 분석하고 구성하는 실러버스로, 언어의 네 가지 기능을 세부 기능(マイクロ・スキル)으로 하위 분류해서 학습 항목을 구분한 것이다.

(7) タスク(task・課題)・シラバス

'목표언어를 사용해서 학습자가 무엇을 달성할 수 있을까'라는 관점에서 학습 항목을 배열한 것을 タスク 실러버스라고 한다. 예를 들면 '파티 개최'라는 과제에 따라서 장소 예약, 요리 가격, 인원수 확인 등의 일들을 순서대로 배열하고 필요한 표현이나 어휘 등을 제시하는 것이다.

(8) 折衷シラバス(複合シラバス)

한 가지로 단일한 실러버스가 아니라 몇 가지의 실러버스를 조합한 것을 말한다.

(9) 先行シラバス와 後行シラバス `2024.A 기출`

실러버스가 확정되는 시기에 따른 분류로, 先行シラバス는 교육이 시작되기 전에 완성되어 있는 실러버스이고, 後行シラバス란 교육이 완료된 시점에서 완성되는 실러버스이다. 後行シラバス의 경우, 교사가 미리 정해 놓은 계획대로 수업을 진행하는 것이 아니라 학습자의 요청에 따라 매 시간마다 다른 내용의 수업을 구성할 수도 있기 때문에 학습자의 흥미에 맞춘 유연성 있는 실러버스라고 할 수 있지만 교육 내용이 체계적으로 쌓이지 않을 수도 있다는 단점이 있다.

(10) プロセス(過程)・シラバス `2024.A 기출`

실제 교육 현장에서는 선행 실러버스이든 후행 실러버스이든 장점을 살리고 단점을 보충하기 위해 유연하게 대처하는 것이 보통이다. 처음부터 변경될 것을 감안하여 만드는 실러버스를 プロセス・シラバス, 또는 可変シラバス라고 한다. 대개의 경우 처음에는 유연성 있게 내용을 설정해 두고 코스 도중에 적절히 변경해 가므로 최종적으로 실러버스가 확정되는 때는 코스가 종료될 때이다.

5 커리큘럼 디자인

> カリキュラムは、学校の教育目標を達成するために教育内容を順序立てて配列した教育の全体計画である。

(1) カリキュラム · デザイン   2005 기출

シラバス가 결정되면 각 학습 항목을 언제, 어떻게 가르칠 것인가를 결정하게 되는데 이를 カリキュラム · デザイン(curriculum design)이라고 한다.

(2) カリキュラム · デザイン의 세부 항목

① **到達目標**: 일본어 지식, 운용 능력 면에서 학습자가 도달해야 하는 수준이다. 거시적으로는 학습자의 ニーズ에 맞추어 코스와 상관없이 설정되어야 하나, 미시적으로는 '코스 종료 시의 최종 목표 ⇨ 학기 ⇨ 月 ⇨ 週 ⇨ 日 ⇨ 1コマ의 授業'와 같은 식으로 코스의 기간이나 학습자의 レディネス를 고려해서 코스 안에서 단계적으로 설정된다.

② **時間的枠組み**(시간 배분): 코스의 開始 · 終了時間, 수업의 回数, 1回 수업 시간 등을 말한다. 교육기관에서 연간 스케줄이나 시간 배분을 결정하는 일이 이에 해당한다.

③ **シラバス項目の配列**: 실러버스의 항목을 코스의 時間的枠組み에 따라서 배열하는 것을 말한다.

④ **教授法**: 구체적으로는 특정 언어관이나 언어 학습관에 근거한 교수법 이론인 アプローチ(approach), 특정 교수법 이론에 근거한 지도법인 メソッド(method), 구체적인 교실활동의 순서, 기술인 テクニック(technique) 등으로 나뉜다.

⑤ **教材 · 教具**: 원활한 교실활동을 위해 사용하는 도구나 수단이다.

⑥ **教育実施**: 각 수업의 교실활동, 교재 · 교구를 결정하고 실제로 수업을 진행하는 것을 말한다.

⑦ **効果測定**: 학습 활동의 효과를 측정하는 것이다.

4 교실활동

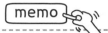

생동감 넘치는 수업 진행 및 배운 내용의 효과적인 숙달을 위해서는 여러 가지 활동이 필요하다. 교실활동은 언어의 네 가지 기능(技能)인 듣기, 읽기, 말하기, 쓰기를 골고루 발전시킬 수 있도록 구성되어야 한다. 이 중에서 듣기와 말하기는 청각을 사용하고, 읽기와 쓰기는 시각을 사용한다. 그리고 듣기와 읽기는 수용적인 학습이지만 말하기와 쓰기는 산출적인 학습이다. 교수법에 따라 이 중에서 특정 기능이 중시되기도 하는데 サジェストペディア나 CLL과 같은 교수법에서는 말하기 기능의 훈련에 중심을 두었으며 オーディオ・リンガル・メソッド의 경우에는 말하기와 듣기 기능이 중시되었다. 최근의 교수법은 네 가지 기능을 균형 있게 발달시키고자 하는 것이 주류를 이루고 있다.

1 말하기 교실활동

말하기 기능은 현재 가장 많은 학습자들이 필요로 하는 기능일 것이다. 이 기능을 발달시키기 위한 교실활동에는 会話뿐만 아니라 스피치나 프레젠테이션 발표와 같은 独話(monologue モノローグ)도 포함된다. 초급에서는 구두 문형 연습을 주로 하게 되는데 이는 말하기 연습의 가장 초보적 단계이다. オーディオ・リンガル・メソッド를 충실히 따르는 수업이라면 代入練習을 비롯하여 変更練習, 応答練習, 拡張練習 등의 연습을 통해 학습자들은 문형을 익히게 된다. 그러나 이러한 연습만으로는 실제 상황에서 필요한 의사소통 능력을 충분히 갖추기 어렵다. 한편, 자연스러운 회화를 도입한 중급 교과서에서는 인사말 등의 정형화된 표현, 맞장구, 생략, フィラー(「あの~」「その~」「え~と」のような言いよどみ表現) 2025.A 기출 등의 다양한 발화 형태가 존재한다. 최근의 언어 교육에서는 음성이나 어휘, 문법뿐 아니라 사회적·문화적인 내용 면에서도 적절한 말하기 능력을 갖추도록 하는 추세이다. 다음은 オーディオ・リンガル・メソッド에 기반한 말하기 교실활동의 예이다.

(1) ミム・メム練習

교사는 회화문을 한 단락씩 읽고 학습자는 소리 내어 따라한다. 그때 학습자가 교과서를 읽게 되면 문자 읽기에 집중해 발음과 리듬이 부자연스러워질 수 있다. 따라서 이 단계에서는 교과서를 보지 않고 단어의 발음, 문장 단위의 억양을 가능한 한 자연스럽게 따라하도록 지도한다. ミム・メム練習의 목적은 학습해야 하는 어휘·문형·회화를 정확하게 모방 반복(mimicry-memorization)하여 기억하도록 하는 것이다. 구두 언어 교수법 중심의 수업은 교사의 큐(キュー)에 대해 학생이 신속하게 반응하도록 하여 습관을 형성하는 행동주의적 학습관에 바탕을 두고 이 연습을 실시하는데, 정확한 발음이나 억양을 익히도록 하기 위해서 시청각 교재를 이용하는 방법도 권장된다.

(2) **정확하게 말하기**(機械ドリル－정해진 대답이 존재한다.)

① **反復ドリル**

T：買い物に行きます。

S：買い物に行きます。

② **代入ドリル**

T：昨日、本屋へ行きました。図書館

S：昨日、図書館へ行きました。

③ **変形ドリル**

T：食べる

S：食べてください。

T：会う

S：会ってください。

④ **結合ドリル**

T：本を読みます。ご飯を食べます。

S：本を読みながらご飯を食べます。

⑤ **拡張ドリル**

T：行きました。

S：行きました。

T：公園に

S：公園に行きました。

T：広い

S：広い公園に行きました。

⑥ **完成ドリル**

T：私、学校、行く

S：私は学校へ行きます。

⑦ **応答(問答)ドリル**

T：これは、英語の本ですか。はい

S：はい、英語の本です。

T：あれは、日本語の辞書ですか。いいえ

S：いいえ、あれは日本語の辞書ではありません。

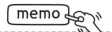
(3) 적절하게 말하기(意味ドリル-몇 개의 대답이 예상되는 ドリル)

① **場面ドリル** : 「~たほうがいい」の練習

T : 友だちが歯が痛いとき、何と言いますか。

S1 : 歯医者に行ったほうがいいですよ。

T : ほかには。

S2 : 薬を飲んだほうがいいですよ。

② **小会話ドリル** : 짧은 모델 회화를 제시하고 몇 군데의 표현을 자유롭게 넣는 연습이다.

A : どうしたんですか。

B : ええ、歯が痛いんです。

A : えっ、歯医者に行きましたか。

B : いいえ、まだです。

A : 早く、歯医者に行ったほうがいいですよ。

B : ええ、そうですね。

(4) 의사소통을 위한 말하기

한편, 커뮤니커티브 어프로치의 관점에서는 의사소통 능력의 향상을 중시하기 때문에 위와 같은 정형화된 문형 연습보다는, 학습자 스스로가 실제 장면에서 의사소통을 할 수 있도록 말하기 기능을 지도하는 수업을 하게 된다. 이를 위해 실물 교재를 사용하거나, 장면별 롤 플레이나 시뮬레이션 게임, 프로젝트 워크, 토론 등의 수업 양식을 도입하여 실제 생활에서 바로 사용할 수 있는 회화 실력을 갖추도록 함과 동시에 스피치나 프리젠테이션 등을 통해 자신의 생각을 타인에게 정리하여 발표하는 수업을 진행하기도 한다. 다음은 의사소통 중심 교수법에서 주로 사용하는 교실활동 중, 말하기와 관련된 내용의 대표 예이다.

① 정보 격차를 이용한 말하기 활동

㉠ **インフォメーション · ギャップ**(information gap)**를 이용한 활동** : 수업을 좀 더 실제 상황처럼 만들기 위해서 특정 부분이 서로 다른 그림, 또는 팸플릿이나 전단지 같은 자료를 도입하여 インフォメーション · ギャップ를 이용한 교실활동을 구상할 수 있다.

㉡ **インタビュー · タスク** : 인터뷰를 실시하여 제시된 정보를 얻는 활동이다. '미지의 정보를 얻는다'는 점에서 インフォメーション · ギャップ를 도입한 활동의 하나로 볼 수 있다.

㉢ **ロール · プレイ** : 역할이나 상황을 설정해서 대화를 하거나 활동을 하는 것을 말한다. 역할이나 상황은 ロール · カード(role card)로 알려주거나 구두(口頭)로 지시한다.

② 자신의 생각을 표현하는 말하기 활동

　㉠ **プレゼンテーション** : 자신의 생각을 말로 정리해서 표현하는 과정을 통해 언어 능력을 높이게 되는 활동이다. 스스로 주제를 정하고 이에 대해 조사한 후에 그 내용을 정리하여 발표하게 하면 통합적 사고력을 키울 수 있고 프로젝트 활동의 결과를 그룹 리더가 발표하게 하는 등, 여러 가지로 응용해서 수업을 진행할 수 있다.

　㉡ **ショーアンドテル** : 모든 학생들 앞에 나와 자신이 평소에 좋아하는 아이템이나 사진 등을 보여주며 설명하거나, 최근에 겪은 에피소드 등에 대해 소개하고 나서 질문에 답하는 활동이다. 또래끼리 공감하는 과정을 통해 자기효능감도 높일 수 있다. 일본어로는 展示と説明이라고도 한다.

　㉢ **ディベート** : 하나의 주제에 대하여 찬성과 반대로 갈라져서 의견을 서로 말하는 활동이다. 예를 들어 '오픈 북 테스트의 효과', '사형 제도'에 대해 찬성파와 반대파로 나누어 서로 의견을 나누면서 토론한다.

　㉣ **ディスカッション** : 찬성파나 반대파로 나누지 않고 어떤 주제에 대해 자신의 생각을 전달하는 활동이다. 학습자의 연령이나 국적, 성별에 따라 적합한 주제를 선정하여 자유롭게 의견을 나누도록 한다. 활동을 통해 서로의 생각을 존중하고 문화적 이해 역시 높이도록 한다. 토론 과정에서 새로 습득한 어휘 목록을 작성하게 하는 등의 방법을 도입하면 쓰기 활동도 수행할 수 있다.

2 쓰기 교실활동

일본어는 ひらがな와 カタカナ, 漢字 외에도 숫자와 알파벳까지 사용되는 언어이다. 특히 한자의 경우에는 학습자들의 저항도 큰 편이라서 초기의 문자 교육 단계에서 교사의 역할이 매우 중요하다. 초급에서는 짧은 문장을 바르게 쓰는 데 중점을 두게 되는데 점차적으로 두 개의 문장을 결합시켜 긴 문장을 쓸 수 있도록 지도한다. 그 후 「私の家族」나 「得意な料理」와 같이 어떤 특정 주제에 대해 작문을 하는 것도 좋은 교실활동이 된다. 이때 완성된 문장을 학습자로 하여금 발표하게 하면 말하기 기능도 향상시킬 수 있다.

(1) 문자 교육

① 文字の弁別的特性 : 어떤 문자를 다른 문자와 구별하는 형태상의 특징을 말한다. ひらがな와 カタカナ를 지도하기 위해서 플래시 카드(flash card)를 이용하여 문자가 쓰여진 카드를 재배열하게 하거나 공란을 메워서 단어를 완성시키게 하는 식의 교실활동을 구상해 볼 수 있다. カタカナ 지도를 위해서는 외국의 지명이나 사람 이름, 레스토랑의 메뉴, 간판 등을 이용하여 학습자의 모어와 비교하면서 쓰기 활동을 하도록 지도한다. 또한 단어의 발음을 들려주고 받아쓰게 하는 활동을 하면 표기와 발음을 연결 지어 기억하게 만드는 효과를 노릴 수 있다.

② 漢字 : 한자 문화권의 학습자라 하더라도 일본어의 한자와 모어 한자가 차이를 보이는 점에 대해서 인식하도록 해야 한다. 가능한 한 문맥 속에서 한자가 어떤 의미를 나타내는지를 이해하도록 한다.

(2) 문장 교육(文体)

① 正確に書く : 문자 표기법과 문법에 맞는 문장을 쓰도록 지도한다. 예를 들어 앞부분만 쓰여진 미완성 상태의 문장을 주고 뒷부분을 학습자가 써서 문장을 완성하게 하는 활동이 있다. 이때 읽기 활동을 통해 얻은 어휘력이나 문장 구성 능력을 발휘할 수 있도록 지도한다.

② 適切に書く : 주어진 상황에 따라 주제에 맞는 문장을, 그리고 그 문장의 성격에 맞는 적절한 문체를 사용하도록 지도한다.

③ 文体 : 話し言葉와 書き言葉가 어떻게 다른지를 이해하고 직접 써 보도록 지도한다. 書き言葉로 쓰여진 독해문을 쓰기 활동에 이용하면 자연스럽게 문체를 익힐 수 있다.

⑦ ダ・デアル体 : 신문기사, 비즈니스 문서, 학술 논문, 메모 등 공적인 문장이나 쓰는 사람과 읽는 사람 사이의 인간관계를 고려하지 않는 문장에 사용되는 문체이다. 普通体, 常体(じょうたい), インフォーマル・スタイル(informal style), プレーン・スタイル(plain style)라고도 한다.

ⓒ **デス・マス体** : 편지나 전자 메일과 같은 사적인 내용의 문장은 물론, 광고나 신문 잡지 등에 실려 있는 공지문처럼 독자를 의식하는 문장에 이르기까지 쓰는 사람과 읽는 사람 사이의 인간관계를 고려하는 문장에서 사용된다. 丁寧体, 敬体(けいたい), フォーマル・スタイル(formal style), ポライト・スタイル(polite style)라고도 한다.

(3) 다양한 작문 지도

① **制限作文アプローチ** : 특정 언어 항목을 사용한 작문 지도로, 구두 언어 교수법 중심의 언어 교육에서 도입되었다. 초급 학습자에게 언어 지식을 정확하게 사용하도록 하는 것이 목적이다.

② **プロセスアプローチ** : 교사의 지도에 따라 여러 번 고쳐 쓰는 과정(process)을 중시한 지도법으로, 퇴고(推敲)와 수정(修正)을 반복하는 과정을 통해 사고력을 키울 수 있다.

③ **パラグラフ・ライティング** : 하나의 주제에 대해 쓰여진 여러 단락(paragraph)을 조합하여 논리에 맞게 전체 문장을 완성하는 작문 활동이다.

漢字カードを使った漢字の復習

1. すでに習った漢字の中で一つの漢字を左右・上下のように二つの部分に分けたカードを黒板に貼る。
2. 学習者一人を指名して、二枚のカードを組み合わせて、まともな漢字をつくるようにする。
3. 2～4人のグループに分かれて、つくえの上にカードを並べて活動することもできる。
  ▶ 学習効果 : 漢字が部分の組み合わせでできていることに気づき、漢字の組み合わせ方によって新しい漢字がつくられることを認識する。

漢字カードを使った送り仮名の復習

1. すでに習った動詞に出た漢字を利用してつくった漢字カードを黒板の左側に10枚ぐらい貼る。
2. 黒板の右側に[〜く]グループ・[〜む]グループ・[〜る]グループなど、送り仮名ごとに空間を分けてタイトルを書いておく。
3. 学習者を指名して、左側の漢字カードの中でカードを1枚選び、送り仮名まで動詞を発音してもらい、同じ送り仮名が集まるように貼っていくように指導する。
4. 最後にそれぞれのグループに共通する送り仮名をクラス全体で確認する。
  ▶ 学習効果 : ただ書いて覚えるだけでなく、漢字を意味や形で整理することで理解度を高め、長く記憶することができる。ゲームを通して楽しく、また自ら工夫して漢字を覚えていくことで学習意欲を高めることができる。

③ 듣기 교실활동

듣기 기능을 향상시키는 교실활동을 위해서는 먼저 내용 예측을 가능하게 해 주는 プリタスク (前作業)의 도입이나 スキーマ(schema)를 활성화시켜야 한다. スキーマ란, 인간의 기억 속에 저장되어 있는 개념의 총체로서 과거의 경험을 통해 알게 된 지식이 구조화된 것을 말한다. 어떤 새로운 현상이나 사물을 접했을 때 그 현상이나 사물을 이해하기 위해서 인간은 지금까지 쌓아온 경험이나 지식을 불러오게 되는데 듣기 활동을 시작할 때에도 이 スキーマ를 활성화시킬 필요가 있다. 그리고 인사말이나 관용어구, 連語나 문형 등을 미리 익히는 것도 듣기 기능 향상에 도움을 줄 수 있다. 그 밖에도 듣기 기능을 높이는 교실활동으로는 다음과 같은 방식이 있다.

(1) タスク・リスニング

주어진 과제 해결을 위해 그 답을 찾기 위한 듣기 활동이다.

(2) スキャニング(scanning 探し聞き)

필요한 정보를 추출하기 위한 듣기 방법이다.

(3) スキミング(skimming 大意把握)

전체의 대의를 파악하기 위한 듣기 방법이다.

(4) こまか聞き取り

하나의 문장, 하나의 단어에 이르기까지 정확하게 이해하고 모든 내용을 파악하는 듣기 방법이다.

	文章を聞いて理解するときのプロセス
ボトムアップ処理	既習の言語知識を手がかりにして理解を進めていく方式の聞き方
トップダウン処理	背景知識や文脈・場面・挿絵などを手がかりに予測や推測などをして仮説を立てたあと、聞きながらそれを検証していく聞き方
相互交流モデル（補償モデル）	ボトムアップ処理とトップダウン処理を相互に交流させることで「全体を聞き取る」過程がつくられる形の聞き方

● スキーマ [2021.B 기출] : 自分の頭にある、構造化された知識または知識の枠組みのこと

4 읽기 교실활동

초급 수준의 독해는 그때까지 배운 문형이나 단어, 문장 구조가 자리를 잘 잡고 있는지를 확인하기 위한 활동이기 때문에 '언어 지향적인 독해'라고 할 수 있다. 이와 달리 내용 파악을 목적으로 이루어지는 읽기 활동은 '내용 지향적인 독해'가 된다. 내용을 하나하나 검토해 가면서 꼼꼼하게 읽는 精読도 있지만 읽고자 하는 내용만 빠르게 읽어내는 速読도 있다. 대표적인 읽기 방식으로는 다음과 같은 종류가 있다.

(1) タスク・リーディング

주어진 과제 해결을 위해 그 답을 찾기 위한 읽기 활동이다.

(2) スキャニング(scanning 探し読み)

速読의 하나로 재빨리 훑어보듯 읽으면서 필요한 정보를 추출하는 읽기 방법이다. 레스토랑의 메뉴판, 지도, 여행 팸플릿 등의 자료를 사용하여 필요한 정보만을 빠른 시간 내에 읽도록 한다.

(3) スキミング(skimming 大意把握)

速読의 하나로 전체의 대의를 파악하기 위한 읽기 방법이다. 신문이나 인터넷, 공지문 등을 읽을 때 사용하면 효과적이다. 읽기 전에 미리 내용을 추측, 예측하고 난 후에 실제로 읽어나가면서 자신의 예측과 실제 내용을 대조해 가는 과정을 マッチング(matching)라고 하는데, 예측할 때에 スキーマ(schema)를 활성화할 수 있다면 효과적인 읽기 활동을 할 수 있다.

文章を理解していく二つのプロセス 2009 기출 2021.B 기출		
	ボトムアップモデル	トップダウンモデル
特徴	小さい単位(単語)から大きい単位(文・段落)へと理解を積み上げていくやり方	抽象的に頭の中にある予測や推測と対照させながら理解していくやり方
教室活動	まず単語の意味を理解し、文法、指示語の指すもの、文と文の段落と段落の関係などについて細かく確認しながら読み進めていく。	タイトルや周辺情報などをもとに読む内容について予測をする。文章を読みながら読む目的に合うものを探したり、予測が正しいかどうかを確認しながら読み進めていく。読み方には「スキミング」と「スキャニング」がある。
教師の役割	複雑な構造の文の意味を理解できるように説明したり、内容を理解しているかどうか質問をして確認する。	学習者のスキーマが活性化できるように準備活動を行う(グループでの話し合い、キーワードの導入など)。
対象	初級の学習者に効果的	中級以上の学習者に効果的

5 통합적 교실활동

(1) シミュレーション(Simulation)

학습자들끼리 현실의 상황을 재생하거나 모방하거나 하는 교실활동이다. 현실의 어떤 상황을 모델로 삼거나 단순화하여 모의 체험을 해 볼 수 있다. 그 과정에서 일어나는 인터액션(Interaction)을 통해 학습 촉진을 기대해 볼 수 있다.

(2) プロジェクト · ワーク(Project Work) 2009 기출

학습자가 공동으로 작업을 행하고 무언가를 만들어 내는 활동을 말한다. "우리 마을 관광 안내 책자 만들기"나 "학급 신문 만들기"와 같은 구체적인 활동을 통해 배운 내용을 실천으로 옮겨 보고 학습 동기를 높일 수 있다.

言語の4技能を統合的に育てるディクトグロス

▶「ディクトグロス(dicto—gloss)」とは

聞いたことを、メモを頼りに思い出して、ペアまたはグループでディスカッションしながら文章を復元する活動。ディクテーション(聞こえてくる音声を一字一句、書き取ること) 2023.A 기출 をさらに発展させた活動として、村野井(2006：76)によると、次のような手順で行われる。

1. まとまったテキスト(文章)を聞く(未習のものでも既習のものでもいい)。
2. 学習者はメモを取りながら聞く。
3. ペアまたはグループで、お互いのメモを持ち寄り、目標言語または母語を使って元の文章をなるべく正確に復元する。
4. 復元した文章と元の文章をつき合わせ、確認し、修正を行う。
5. 必要に応じて教師は文法項目に関する明示的説明をする。

▶「ディクトグロス」のメリット

1. 学習者が文法項目の使われ方や表現などの特徴について考え、気づきが起こる(文法に注目させるフォーカス · オン · フォームの有効なアウトプット活動になる)。
2. 文法能力とリスニング能力、メモ取り能力などをまとめて鍛えることができる。
3. ペアまたはグループで文章の復元を行うため、学習者どうしの協力活動を促すことができる。

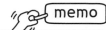

協働学習を通して理解を深めていくジグソー・リーディング　2024.B 기출

▶「ジグソー・リーディング(Jigsaw Reading)」とは

一つのクラスをグループ分けし、協同学習によって課題解決を図る指導法。一人ひとりの学習者の理解がジグソー・パズルの一つひとつのピースのような役割を果たし、個人の協力によって全体が成立する仕組みをうまく活用した協働学習である。活動には色々なやり方があるが、ふつう(1)プレ活動(2)エキスパート活動(3)ジグソー活動(4)クロストーク活動の順に行われる。その具体的な手順は次のようである(4人1組の場合)。

1. プレ活動

　① 教師はクラスを4人1組のグループに分ける。

　② グループ内の各メンバー(学習者)に一連の文章のそれぞれ異なるパートを配る。

　③ 学習者はそれぞれ自分のパートの内容を読んで理解する(語彙などもチェック)。

2. エキスパート活動

　① 各グループから、同じパートをもつ学習者どうし集まって新しいグループを作る。

　② グループ分けが終わったら、教師は新しいグループ専用の質問紙(ワークシート)を配る。

　③ グループ内で、質問内容について話し合いながら担当しているパートの内容を理解する。

3. ジグソー活動

　① プレ活動の時と同じメンバーが集まる。

　② 教師は各パートごとに作った、各パートに関する質問と意見をまとめて書く欄があるプリントを配る。

　③ 学習者は各自エキスパート活動で得た情報をもとに、プリントの質問に答えたり意見を述べたりしながら、文章全体の内容を把握していく。

4. クロストーク活動

　① ジグソー活動の時に出た意見などをまとめて、みんなの前で発表する。

　② 他のグループが発表する内容を聞き、自分が理解した内容と異なる部分があったら意見交換をする。

▶「ジグソー・リーディング」のメリット

1. 読解力はもちろん、「読む」「書く」「話す」「聞く」の4技能がバランスよく発達する。

2. 情報と情報の関係を識別したり比較したりする過程を通して思考力を高めることができる。

3. 話し合いや発表などを通して、理解した情報をまとめて効果的に伝える力を培うことができる。

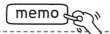

6 교실활동의 기본 구성

(1) 수업의 기본 구성

수업에서 구두 연습을 할 때에는 オーラル・メソッド에서 제안한 PPP(文型の導入・提示 (Presentation) /基本練習(Practice)/応用練習(Production))의 연습 순서를 따르는 경우가 많은데 음성, 문자, 어휘, 문법 등의 언어 지식을 통합하여 다룰 경우, 수업의 기본 구성은 대개 【목표 설정 → 워밍업 → 도입 → 전개 → 정리】의 순서로 이루어진다. 또한 수업을 크게 3단계로 나눈다면 교사가 수업 목표를 설정하고 수업 설계를 하는 前作業(プレタスク) 단계부터 시작하여 수업을 진행하는 本作業 단계, 그리고 학습자에게 피드백과 평가를 하는 後作業 단계로 나눌 수 있다. 前作業 단계에서 교사는 학습자의 동기 부여를 일으키는 전략을 만드는데 이 때 배경 지식(스키마)을 활성화시키기 위해 학습자에게 제공하는 틀을 先行オーガナイザー(advance organizer)라고 한다.

(2) MMC 연습

수업 중에 전개 부분에서 주로 이루어지는 연습으로 기본 연습인 기계적 연습과 의미 연습, 그리고 응용 연습인 의사소통 연습이 있다.

① **기계적 연습**(Mechanical practice) : 언어 형식 면에 초점을 맞추어 문형 연습 등을 통해 정확한 언어 표현을 익히도록 한다.

② **의미 연습**(Meaning practice) : 형식에 대한 이해를 바탕으로 의미를 제대로 이해하여 장면 연습(シチュエーション・ドリル) 등을 사용하여 그 언어 표현이 어떤 장면에서 사용하는 표현인지 정확한 뜻을 알도록 한다.

③ **응용 연습**(Communicative practice) : 의사소통 장면에서 쓸 수 있는 언어의 의미에 초점을 맞추고 진정성(真正性)을 중시하여 현실적인 대화에 가장 가까운 언어 표현을 목표로 한다. 인터뷰나 롤 플레이 등의 정보 격차를 이용한 과제 활동이나 스피치, 디베이트 등을 통해 유창한 언어 표현으로 장면에 어울리는 의사소통을 할 수 있는 능력을 키운다.

(3) 여러 가지 말하기 연습 방법

① **リピート練習** : 교사의 큐(Cue)에 따라 교사가 제시한 모델 문장을 학습자가 그대로 따라 하기

② **コーラス** : 학습자가 일제히 따라 말하는 연습 방법(혼자 말하는 경우는 ソロ라고 한다)

③ **VT法**(ヴェルボ・トナル法、Verbo-Tonal Methodによる練習) 2022.A 기출 : 言調聴覚論 (Verbo-Tonal System)에 기초한 발음 지도법에 따라 신체를 사용하여 발음과 억양을 익히기

④ **シャドーイング** 2022.A 기출 : 음성을 들으면서 문장이 끝나기 전에 그림자처럼 그대로 흉내내어 말하기

⑤ **チェーン・ドリル** : 학습자들끼리 질문과 응답을 계속 연결해 가면서 연습하기

⑥ **ペア・ワーク** : 인터뷰나 롤 플레이처럼 짝을 이루어 진행하는 활동

⑦ **グループ・ワーク** : 토론 활동(ディスカッション, ディベート)이나 프로젝트 워크처럼 모둠을 만들어 진행하는 활동

◐ 先行オーガナイザー：これから学ぶ内容についての理解を促すために、あらかじめ概略的な情報として与える「枠組み」。アメリカの心理学者オーズベルが提唱した概念で、学習者が既に知っている情報に関連づけて、理解を促すことができるという考えに基づいている。

(4) 티처 토크(ティーチャー・トーク)의 사용

목표언어만을 사용하여 수업을 진행할 경우, 교사는 학습자가 이해하기 쉽도록 티처 토크를 사용할 필요가 있다. 이를 위해 학습자의 눈높이에 맞추어 학습자가 잘 이해하는지를 관찰하면서 발화 내용이나 속도, 크기 등을 조정(control)하게 되는데, 어휘나 구문의 난이도를 조정하거나 시각 정보 등을 적극적으로 사용하는 것도 학습자의 이해를 돕는다. 또한 분명한 목소리로 크게 말하되, 복문이 아닌 단문의 사용이 바람직하며 한 문장의 길이가 너무 길어지지 않도록 한다. 티처 토크 사용 시에 교사가 조정해야 하는 요소를 살펴보면 다음과 같다.

① **文型コントロール** : 쉬운 문형에서 어려운 문형으로 단계적으로 배워 나가므로, 아직 학습자가 배우지 않은 문형은 가능한 한 사용하지 않도록 한다.

② **語彙コントロール** : 새로운 문형을 도입할 때 어려운 단어가 등장한다면 의미를 이해하는 데에 주의를 쏟게 되므로 가능한 한 쉬운 어휘를 사용하여 설명하도록 한다. 만약 새로운 어휘가 등장할 때에는 그림 카드나 실물 교재를 사용하면서 발화하는 방법도 있다.

③ **スピードコントロール** : 단지 천천히 발화하는 것을 의미하는 것이 아니라 가르칠 때 가장 효과적인 속도를 생각하여 각 장면마다 가장 적절한 속도의 발화를 구사하는 것을 말한다. 예를 들어 새로운 문형을 도입할 때에는 발화 속도를 늦추고, 구두 연습에 들어가서는 조금씩 발화 속도를 높인다. 특히 강조해야 하는 부분에서는 속도를 늦추고 그 부분이 지나면 보통 속도로 돌아오는 식으로 조절하여 수업을 생동감 있게 만든다.

(5) 교사의 질문 유형

수업 중 교사가 학습자에게 하는 질문은 크게 제시 질문(提示質問, ディスプレイ・クエスチョン)과 지시 질문(指示質問, レファレンシャル・クエスチョン)으로 나눌 수 있다. 전자는 교사가 미리 답을 알고 있으면서 물어보는 질문이고, 후자는 교사가 모르는 사항에 대해 학습자에게 정보를 요구하는 유형의 질문이다. 또한 질문의 내용에 따라 여러 가지 내용의 답변이 나올 수 있는 질문은 오픈형 질문(開いた質問, オープン・クエスチョン)이라고 하는데 주로 의문사를 사용하여 질문하게 된다. 이와 달리 이미 답변 내용이 정해져 있는 유형의 질문을 클로즈형 질문(閉じた質問, クローズド・クエスチョン)이라고 하는데, 이는 다시 '네/아니오' 중에서 하나를 선택하여 답변하게 되는 イエス・ノー・クエスチョン(はい―いいえ質問)과, 두 개 중에 하나를 선택하여 답변하게 되는 オルタナティブ・クエスチョン(二者択一質問)으로 나누어진다. 교사는 수업 시간에 학습자로부터 유의미한 발화를 이끌어내어 자연스러운 담화 구성이 이루어질 수 있도록 적절한 질문 유형을 선택하여 사용해야 한다.

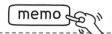

(6) 교사의 피드백

교실에서 교사와 학습자 사이에서 이루어지는 대화는 일상 회화와는 다른 모습을 보인다. 만약 일상 생활 속에서 누군가에게 정보를 물어보고, 상대방의 답변으로부터 원하던 정보를 얻게 된다면 대개의 경우는 감사의 인사를 표현하면서 담화를 마무리 짓겠지만, 교실에서 같은 상황이 일어났을 때 교사는 학습자의 답변에 대해「いいですね」또는「違います」와 같은 피드백을 주게 될 것이다.

Mehan(1979)은 이렇게 교실에서 이루어지는 독특한 유형의 커뮤니케이션 스타일을 IRE型 (또는 IRF型)이라고 불렀다. 즉, 교실에는「I(Initiation) : はたらきかけ」–「R(Reply) : 応答」– 「E(Evaluation) : 評価」라는 발화 연쇄 패턴이 존재하며 이와 같은 발화의 연속적인 교체(発話の順番配置, turn-allocation)를 거치면서 정돈된 상호작용이 이루어진다고 하였다. 이처럼 학습자의 발화는 교사에게 언제나 평가의 대상이 되는 것이며 교사는 학습자의 발화에 대해 적절한 피드백을 주어 유의미한 수업을 만들어야 한다. 긍정적 피드백은 담화를 완성하는 기능을 하게 되고 부정적 피드백은 학습자의 발화에 대해 교사가 뭔가를 수정하고 싶을 때 사용하는 경우가 많다.

● 教室における独特の談話構造 : IRF/IRE型(メーハン Mehan, 1979)

I ······(Initiation) : 教師による発話の始動
R ······(Reply) : 学習者の応答
F/E ······(Feedback/Evaluation) : 教師のフィードバック/評価

---

(7) 판서

최근에는 PPT 등을 사용하여 스크린으로 단어나 문형을 제시하는 방법도 많이 쓰이지만 판서는 여전히 교사가 학습자에게 내용을 전달하기 위한 중요한 수단이다. 판서를 할 때에는 가능한 한 너무 오랫동안 등을 보이지 않도록 자세를 잡아야 하며 글자의 크기, 배열, 사용하는 문자의 종류 등, 수업에서 어떤 식으로 판서를 할 것인가에 대해 미리 구상해 두는 것이 좋다. 또한 판서는 타이밍이 중요한데 글씨를 쓰거나 지우는 타이밍을 이용하여 수업의 흐름의 맺고 끊음을 암시할 수도 있다.

5 평가

1 평가의 유형

(1) 평가의 개념

평가란 학습자, 교사, 교육과정, 교수법 등에 대해, 교육 목표에 비추어 교육 성과를 살피고 교육 결과에 대한 가치를 판정하는 것으로, 교육 개선을 위해 필요한 정보를 수집하고 의사 결정을 하기 위한 절차이다. 즉, 평가란 학습자의 능력뿐만 아니라 교사와 교육과정에 대한 검토를 포함한 넓은 개념이며, 테스트는 측정을 위한 구체적 수단이라고 할 수 있다.

최근에는 評価 대신 アセスメント(assessment)라는 용어도 쓰이고 있다. エバリュエーション (evaluation)이 학습 결과를 학습 목표에 비추어 최종적으로 판단하여 성적을 매기는 행위를 가리키는 용어라면 教育アセスメント란 성적을 매기는 행위에 그치지 않고 학습에 대한 관여를 높이거나 다양한 능력을 신장시키는 교육과정 운영 전반을 가리키는 개념이다. 따라서 수업뿐 아니라 커리큘럼과 같은 폭넓은 교육 활동을 파악하고 평가하는 것도 포함되며 수집한 정보에 따라 학습자에게 적절한 피드백을 주는 등, 학습자로 하여금 학습 목표에 도달하도록 돕는 것도 포함된다. 즉, 教育アセスメント는 학습자의 성공적인 학습을 위해 학습 실태를 파악하여 피드백을 주며 학습 활동의 성과를 학습 목표에 비추어 평가하는 교육 활동이라고 할 수 있다.

(2) 평가의 의미

① 교사 : 도달 목표의 설정 및 수정, 교실활동의 촉진, 교육 관리를 통한 개선점 발견
② 학생 : 학습 활동의 촉진 및 개선, 학습 동기 부여, 피드백을 통한 성장과 발달
③ 교육 기관 : 학습 활동 및 교실활동의 기록, 교육 내용 및 설비의 개선

(3) 평가의 목적과 기능

평가는 설정한 교육 목표를 학습자가 어느 정도 달성했는가, 무엇을 충분히 달성하지 못했는가 등을 여러 가지 측정이나 관찰을 통해 파악하는 것에 그 목적이 있다. 또한 평가는 단순히 학습 도달도를 파악하는 데 그치지 않고 교육 활동 전반에 관한 정보를 피드백함으로써 학습자의 성장을 돕고 개선점을 발견할 수 있다는 긍정적인 기능을 가지고 있다. 평가의 기능은 바라보는 관점에 따라 다음과 같이 나눌 수 있다.

① 교수 기능 : 교사가 가르친 성과를 살피고 교육 결과를 파악할 수 있다.
② 학습 기능 : 학습자가 학습상의 참고 자료를 얻어 자신의 학습 실태를 파악할 수 있다.
③ 연구 기능 : 교육 활동의 문제점을 진단하고, 교육 성과를 높이기 위한 방책을 검토할 수 있다.
④ 관리 기능 : 반 배치, 진로 지도, 학급 경영 등에 관한 객관적 기준을 제시할 수 있다.

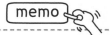
평가 관점의 변화(교육부·한국교육과정평가원, 2017)	
학습 결과에 대한 평가 ➡	학습을 위한 평가
· 학기말 시험을 통한 총괄적 평가	· 수업 중 이루어지는 평가
· 등급과 점수로 된 성적표 제공	· 진단 및 형성적 기능 강조
· 결과 중심 평가	· 과정 중심 평가
· 교사 주도 평가	· 교사 평가, 자기 평가, 동료 평가

(4) 실시 방법에 따른 평가 방법

① **필답고사** : 가장 널리 사용되고 있는 평가법으로 이해력, 암기력, 분석력, 표현력 등을 평가하기에는 효과적이지만 태도나 구두 표현을 평가하기에는 적합하지 않다.

② **질문지법** : 질문에 간단하게 응답하도록 하는 평가법으로, 행동이나 태도를 측정 · 평가하는 데에 편리하다.

③ **관찰법** : 자연 상태 또는 통제 하에 관찰하는 방법으로 태도, 흥미, 기능 등과 관련된 교육 목표를 종합적으로 평가하는 데에 유리하다. 일본어의 경우에는 그룹 구성원끼리 토론하는 장면이나 학습을 진행하는 장면을 관찰하여 평가할 수 있다.

④ **면접법** : 교사가 능동적으로 지시하며 면접을 진행해 가는 능동적 면접과, 학습자가 자신의 문제를 털어놓도록 유도하여 면접을 진행하는 수동적 면접이 있다. 면접법은 일본어 회화 테스트에 적극적으로 도입되는 방법으로, 면접 테스트의 객관성을 높이기 위해 면접 테스트 실시자에게 자격을 부여하는 ACTFL—OPI 테스트와 같은 평가도구가 개발되어 있다.

⑤ **표준화 검사** : 학력 검사나 적성 검사, 지능 검사와 같이 학습자의 능력을 측정하기 위한 검사로서 다음과 같은 특징이 있다.

　㉠ 측정 영역의 내용을 체계적으로 표준화한 검사로서 신뢰도와 타당도가 높다.

　㉡ 표준화된 특정(特定) 방법으로 실시된다.

　㉢ 채점이 객관적이다.

　㉣ 결과를 비교하여 알아보기 쉽게 처리된다.

⑥ **평정법**(評定法) : 수량적 측정이 어려운 대상의 질적 차이나 가치의 정도를 면접이나 관찰 등을 통해 파악하는 방법이다.

전공일본어

학생 평가에 대한 패러다임의 변화(교육부·한국교육과정평가원, 2017)

	종래의 평가 방식		학습 결과에 대한 평가
평가 체제	• 상대평가 • 양적 평가	⇒	• 절대평가 • 질적 평가
평가 목적	• 선발 · 분류 · 배치 • 한 줄 세우기	⇒	• 지도 · 조언 · 개선 • 여러 줄 세우기
평가 내용	• 학습의 결과 중시 • 학문적 지능의 구성 요소	⇒	• 학습의 결과 및 과정 중시 • 실천적 지능의 구성 요소
평가 방법	• 선택적 문항을 이용한 지필평가 중심 • 일회적 평가 • 객관성 · 일관성 · 공정성 강조	⇒	• 다양한 평가 방법 고려 • 지속적이고 종합적인 평가 • 전문성 · 타당성 · 적합성 강조
평가 시기	• 학습 활동이 종료되는 시점 • 교수 · 학습과 평가 분리	⇒	• 학습 활동의 모든 과정 • 교수 · 학습과 평가 통합
교사 역할	• 지식의 전달자	⇒	• 학습자의 안내자 · 촉진자
학생 역할	• 수동적인 학습자 • 지식의 재생산자	⇒	• 능동적인 학습자 • 지식의 창조자
교수 학습	• 교사 중심 • 인지적 영역 중심 • 암기 위주 • 기본 학습 능력 위주	⇒	• 학생 중심 • 인지적 · 정의적 영역 모두 강조 • 탐구 위주 • 창의성 등 고등 사고기능 강조

2 코스 디자인과 평가 2008 기출

코스 디자인에서 평가는 '실시 시기'와 '목적'의 관점에서 다음의 세 가지로 나뉜다.

(1) 事前的評価

코스 디자인에 필요한 정보를 얻기 위해 코스 개시 전에 행하는 평가를 말한다. レディネス 調査나 言語学習適性調査가 이것에 해당된다. 사전적 평가의 결과에 따라 수준별로 반을 나누는 경우도 많다. 수강 전 앙케트 조사나 기초학력 테스트, 분반을 위한 プレイスメント・テスト 2022.A 기출 와 같은 진단 평가도 사전적 평가에 속한다.

(2) 形成的評価

학습이 진행되는 도중에 학습 활동을 보다 효과적으로 하기 위해 이루어지는 평가를 말한다. 각 과가 끝날 때마다 실시하는 퀴즈(小テスト), 중간 테스트, 중간 평가 앙케트 등을 통해 수업 방법을 개선하였다면 그 평가는 형성적 기능을 했다고 할 수 있으며, 경우에 따라서는 기말 테스트도 이에 해당된다. 학습 목표 기준으로 학습자의 성취 부분과 미성취 부분을 파악함으로써 학습자에게 이후의 학습 활동에 대한 방향 설정과 동기를 부여하고 교사에게는 수업 내용이나 교수 방법을 돌아보고 수정·보완할 수 있도록 해 준다.

(3) 総括的評価

학습이 일단락되거나 종료된 시점에서 학습자가 어느 정도 학습 목표를 달성했는가를 종합적으로 판단하는 평가이다. 학기말 테스트, 최종 리포트, 코스에 대한 앙케트 조사 등이 총괄적 평가에 해당된다. 학습자에게는 스스로 학습 성과를 알 수 있는 기회가 되며, 교사나 교육기관에게는 코스 디자인이 적절했는가를 알 수 있는 자료가 된다.

CEFR(ヨーロッパ言語共通参照枠組み, セファール) `2023.B 기출`

최근의 언어 능력 평가에서는 '무엇이 가능한가'라는 관점에서 등급을 부여하고 있다. 2001년부터 유럽에서는 개인의 언어 능력 등급을 6단계로 분류한 유럽 언어 공통 기준 (Common European Framework of Reference for Languages, CEFR)이라는 평가 기준을 사용 중이다. 이는 유럽 언어뿐 아니라 전세계 40개 언어에 대한 기준을 제공하고 있으며 교재 개발이나 교육과정의 개선 등에도 폭넓게 사용되고 있다. 한편 일본에서는 **国際交流基金**이 CEFR의 등급 기준을 기초로 JF**日本語教育スタンダード**를 개발하였다. 6단계의 등급 기준은 다음과 같다.

熟達した言語使用者	C2(最上級レベル)
	C1(上級レベル)
自立した言語使用者	B2(中上級レベル)
	B1(中級レベル)
基礎段階の言語使用者	A2(基礎レベル)
	A1(初級レベル)

다양한 평가에 유용한 Can-do statements

실제 장면에서의 언어 운용 능력을 여러 항목(list)으로 나누어 실시하는 평가로 Can-do list, Can-do라고도 부른다. JLPT의 경우, 응시자의 자기 평가 조사 결과에 기반하여 항목을 설정하고 있는데 「**日本語を使って何がどれだけできるか**」에 대해서 「**〜することができる**」라는 형식으로 나타낸다. 행동 중심 어프로치(action-oriented approach)를 채택하고 있는 CEFR에서도 학습자의 실제 상황에서의 언어 운용 능력을 평가하는 기준으로 이를 사용하는데 이러한 기관에 의한 평가 외에 자기 평가에도 유용한 기준을 제공하고 있다.

 memo

진단평가, 형성평가, 총괄평가의 비교

	진단평가	형성평가	총괄평가
평가 시기	• 교수 · 학습 실시 전	• 교수 · 학습 실시 중	• 교수 · 학습 종료 후
평가 목적	• 적절한 교수 · 학습 전략 수립	• 교수 · 학습의 적절성 검토 • 교수 · 학습의 수정 및 보완	• 교육 목표 달성도 확인
평가 방법	• 비형식, 형식적 평가	• 수시 평가 • 비형식, 형식적 평가	• 형식적 평가
평가 주체	• 교사, 교육내용 전문가	• 교사	• 교사, 교육내용 전문가 • 교육평가 전문가
평가 기준	• 절대평가 (준거 참조 평가)	• 절대평가 (준거 참조 평가)	• 절대평가 (준거 참조 평가) • 상대평가 (규준 참조 평가)

3 테스트의 종류

(1) 평가 목적별 분류 [2012 기출]

① **言語学習適性テスト**(Language Aptitude Test) : 언어 학습 적성을 측정하는 테스트로 차후 학습의 성공 여부나 학습의 정도를 예측할 수 있기 때문에 予測テスト라고 부르는 경우도 있다. 클래스 배치를 위한 참고자료로도 사용될 수 있다.

② **プレースメント·テスト**(Placement Test) [2022.A 기출] : 학습자를 적절한 클래스에 배치하기 위한 테스트이다.

③ **診断テスト**(Diagnostic Test) : 학습자에게 어떤 기능이나 지식이 있으며, 앞으로 어떤 내용의 학습이 필요한가를 알기 위한 테스트이다. 코스 개시 전에 사전적 평가 혹은 코스 도중에 형성적 평가로서 실시되는 경우가 많다.

④ **到達度テスト**(Achievement Test) [2022.A 기출] : 특정 코스나 교과서의 학습 내용을 얼마만큼 습득했는가를 측정하는 테스트이다.

⑤ **熟達度テスト**(Proficiency Test) [2022.A 기출] : 응시자의 능력이 인정 기준 중 어느 수준인가를 측정하기 위해 공적 기관에서 실시하는 테스트이다. 能力テスト, 또는 認定テスト라고도 한다.

(2) 평가 기준별 분류

① **상대 평가**(集団準拠テスト) : 학습자의 능력을 불특정다수의 집단 내에서 순위를 매겨 측정하는 테스트이다. 응시자 집단 내에서의 개인의 점수를 평균과 비교하여 상대적인 위치를 파악하는 규준 참조 평가(NRT ; Norm Referenced Test)이다.

② **절대 평가**(目標準拠テスト) : 학습자의 능력을 특정 기준이나 학습 목표를 기준으로 측정하는 테스트로 수업을 통해 학습자가 학습 목표에 도달했는지, 어느 정도의 능력이 생겼는지를 판단하는 준거 참조 평가(CRT ; Criterion Referenced Test)이다.

③ **개인 내 평가**(個人内評価) : 수업을 담당하는 교사가 학습자 개인의 특성을 파악하여 이해하기 위해 사용하는 평가이다. 특정 기간이나 시기에 학습자가 보이는 능력이나 특성의 변화를 그 개인의 내부에 기준을 두고 비교하여 평가한다. 교과목의 학습 진척도 외에도 적성의 변화, 생활 태도나 노력 향상도 등을 종합적으로 평가할 수 있다.

(3) 문항의 제시 형식별 분류

① **客観テスト** : 채점자가 개인적인 판단을 하지 않고 채점하는 테스트이다. 정답이 하나뿐인 테스트로 再生形式과 再認形式이 있다.

ⓐ **客観テスト의 특징**
ⓐ 작성은 어려우나 채점이 용이하다.
ⓑ 수험자는 문제를 읽고 이해하여 대답하는 데에 시간을 소비한다.

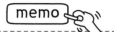

ⓒ 주어진 선택지 중에서 가장 적절한 답을 고르기 때문에 처음부터 틀이 정해져 있다.

ⓓ 문제 수를 많이 낼 수 있다.

ⓔ 기계에 의한 채점이 가능하다.

ⓕ 해답 결과를 통계적으로 분석하여 문제의 좋고 나쁨을 객관적으로 알 수 있다.

ⓖ 요행수의 여지가 있다.

ⓗ 단편적인 학력밖에 측정할 수 없다.

ⓛ **客観テスト**의 종류　2003 기출　2017.A 기출

◆ **再生形式**

　　ⓐ **空所補充法**(穴埋め法)：問題文中の空欄を補充する形式で、日本語教育に
　　　よく見られるものに助詞挿入がある。

　　ⓑ **単純再生法**：学習内容を思い出して解答する形式で、漢字の読み、動詞の
　　　活用、反意語などを答えるものがある。

　　ⓒ **クローズ・テスト**：まとまった文章から一定の間隔で単語を削除し、その空
　　　欄を再生する形式のテストで、総合的な言語能力が測定できるとされてい
　　　る。

◆ **再認形式**

　　ⓐ **多肢選択法**：問題が複数の選択肢とともに提示され、その中から一つを選
　　　択する形式である。

　　ⓑ **真偽法**：答えとして正しいかどうかを判断する形式である。

　　ⓒ **組み合わせ法**：二つの項目群からそれぞれ適当な組み合わせになるもの
　　　を選ぶ形式である。

客観テスト(再生方式)：自分で回答を書きこむ形式	
タイプ	例
① 翻訳法 日本語や母語に訳させる。	「お出かけですか？」を韓国語に翻訳せよ。
② 空欄補充法(穴埋め法) 空欄に当てはまる語を書かせる。	田中君なら、生協(　　)ご飯(　　)食べている。
③ 訂正法 誤りを探させる。	明日買い物に<u>行きましたか</u>？
④ 完成法 未完の文を完成させる。	せっかくですが、＿＿＿＿ので、今日はちょっと…。
⑤ 質問文作成法 答えを与え、それに合う質問文を作らせる。	答えが「そう」になるような問題を作れ。
⑥ 質問法 文を読ませ、内容に関する質問に答えさせる。	(長文などを読ませ) Aさんはこれからどこに行きますか？

memo

⑦ 指示法 指示を与えて答えを書かせる。	いろは唄の前から12文字までを書きなさい。
⑧ 変換法 指示を与えて変換させる。	彼は私を呼びました。 → (受身文) _____
⑨ 連想法 例を与え、同じ方法で答えを導き出させる。	昨日本を買った → 昨日買った本 友達から花をプレゼントされた。→ _____
⑩ 綴り法 漢字の読み書きをさせる。	次の読みを答えよ。 1. 献立　　2. 建立
⑪ クローズ法/クローズテスト まとまった文章を虫食い状態にして、空欄に当てはまる語を記入させる。	長めの文章に空欄を作り、その空欄に当てはまるものを記入させる問題形式のこと。

客観テスト(再認方式)：用意されたものから選ぶ形式	
タイプ	例
① 真偽法 ○か×かを選ばせる。	正しいものに○、間違っているものに×をつけよ。 1日は25時間である。(　　) 太陽系の恒星は太陽である。(　　)
② 多肢選択法 複数の選択肢から正答を選ばせる。	正しいものを選べ。 食堂(　　)ご飯を食べた。 a. を　　b. に　　c. で　　d. と
③ 組み合わせ法 複数の語群から設問に合う組み合わせを選ばせる。	正しい組み合わせを選べ。 a 友達　　b 映画　　c ごはん ① 会う　　② 食べる　　③ 見る
④ 再配列法 順不同の語を正しい順番に並べ変える。	文になるよう、正しい順番に並べ変えろ。 こまる 泣いている さっき から 子供が ので

② **主観テスト**：채점자의 주관적(개인적)인 판단에 의해서 평가되는 형식의 테스트이다. 채점은 전체적 완성도를 종합적으로 판단하는 종합적 측정법(통합 평가)과, 평가 항목을 요소별로 분리 채점하는 분석 측정법(분리 평가)에 의해 이루어진다. 쓰기 테스트나 말하기 테스트가 그 예가 된다.

㉠ 主観テスト의 특징

ⓐ 문제를 만드는 것은 용이하나 채점이 곤란하다. 특히, 채점 기준을 일정하게 유지하는 것이 어렵다.

ⓑ 수험자가 해답을 쓰는 데 많은 시간이 걸린다.

ⓒ 자유로운 해답을 쓸 수 있다.

ⓓ 문제 수를 많이 낼 수 없다.

ⓔ 채점할 수 있는 사람이 제한된다.

ⓕ 해답 결과를 가지고 문제의 좋고 나쁨을 객관적으로 판단하기 어렵다.

ⓖ 표현력이 빈약한 수험자는 실력을 충분히 발휘하지 못할 가능성이 있다.

ⓗ 종합적인 학력을 측정할 수 있다.

㉡ 主観テスト의 종류

ⓐ 叙述形

ⓑ 論述形

ⓒ 完成形

主観テスト(叙述形 · 論述形 · 完成形)	
書くテスト	話すテスト
· 書き取り · ディクテーション · 短文作成 · 作文 · 小論文 · 翻訳	· スピーチ · ロール · プレイ · 問答 · プレゼンテーション

(4) 평가 내용별 분류

① 분리 평가 : 분리식 평가 방법은 학습자가 가지고 있는 언어 요소에 대한 단편적 지식을 한정된 시험 상황(특히, 지필 검사를 통한 시험)에서 평가할 수 있다는 장점이 있다. 그러나 이 평가 방법의 큰 결점은 실제적으로 언어 사용 능력을 반영할 수 없다는 것이다. 이 평가 방법은 실제 상황보다 시험이라는 인위적인 상황에서의 능력을 반영하는 것으로 끝나기 쉽다. 그러므로 분리 평가를 계속 치르게 하면 시험을 위한 학습만을 강요하게 되고 언어의 실제 사용과는 무관한, 단편적이고 부분적인 지식만을 얻게 하는 결과를 초래하게 된다.

② 통합 평가 : 통합 평가는 학습자들에게 어휘, 문법 구조에 대한 지식과 이해, 의미의 구별과 파악, 담화의 흐름, 상황에서의 의미 파악과 언어 사용에 대한 이해를 요구하므로 종합적인 의사소통 능력을 평가하기에 적절한 방법이라 할 수 있다. 통합 평가의 대표적인 유형으로는 書き取り, クローズ · テスト, インタビュー · テスト 등이 있다.

4 테스트에 대한 평가 2021.B 기출

테스트를 평가하는 척도로는 신뢰도, 타당도, 객관성, 실용성(使い勝手 practicality)이 있다.

(1) 信頼性

신뢰도란 그 테스트가 어느 정도 신뢰할 만한 것인가에 대한 척도이다. 양질의 테스트는 같은 테스트를 같은 조건으로 여러 번 실시해도 언제나 같은 결과가 나와야 한다.

① 신뢰도를 해치는 요인 : まぐれ当たり, 学習者の不注意, 実施時のアクシデント, 出題ミス 등
② 신뢰도를 측정하는 방법 : 再テスト法, 平行テスト法, 折衷法 등

(2) 妥当性

타당도는 '측정하려고 의도했던 것을 정말 측정하고 있는가'에 대한 척도를 말한다.

(3) 客観性

객관성은 채점의 결과에 채점자의 주관이 개입하는 정도의 척도를 말한다.

(4) 使い勝手(実用性)

실용성은 경제적인 면에서의 실용성(コスト・パフォーマンス ; 費用対効果の比率)뿐 아니라 필요에 따라 편리하게 실시할 수 있는가의 정도를 말한다.

1. 출제 오류로 인해 신뢰도가 결여된 문항의 예

【問い1】 あれは(　　)のかばんですか。

　① だれ　　　　② どれ　　　　③ どなた　　　　④ なん

【問い2】 のどが渇いたので、お水(　　　)飲みたいですが。

　① の　　　　　② も　　　　　③ が　　　　　　④ を

2. 타당도가 결여된 문항의 예

【問い3】 きのうぼくはお母さんのおつかいで八百屋さんに行きました。そこで200円の
キュウリを1本と200円の玉ねぎを5つと150円のニンジンを2つ買いました。そして千円
札で払いました。

問題：この人はおつりをいくらもらいますか。

　① 50円　　　　② 100円　　　③ 200円　　　　④ もらわない

【問い4】次の会話を聞いてください。女の人は何と言っていますか。

男：昨日どこへ行きましたか。

女：(　　　　　)へ行きました。

　① がこう　　　② かっこう　　③ がっこう　　　④ かっこ

memo

テストを評価する尺度

信頼性	▶ テストの結果を信頼できるか。状況に左右されずテスト対象の一貫した解答を期待できるか。 <信頼性の目安> ① 安定性：同一個人に同一の条件で同一のテストを行った場合、同一の結果が出るかどうかをみる。 ② 一貫性(あるいは等質性)：同一個人が同じような質問に対して、同じような答えをするかどうかをみる。 <信頼性を測定する方法> ① 再テスト法：同一の被験者に期間を空けて同一のテストを実施して一回目と二回目のテスト結果を比較する。安定性に関する信頼性を追求する時に使う。 ② 平行テスト法：二つのテストを同一人物に行い、この二つのテストの一致度をみる。一貫性に関する信頼性を追及する時に使う。 ③ 折半法：一つのテストを等質に分割して行う。被験者には知らせないで一つのテストを半分にし、半分同士が似通った質のものになるようにする。回答を得た一つのテストを二つに分け、あたかも二回実施したかのように見せかける方法。一度のテストで信頼性を決定しようとする試みであるため、経済的な負担が少ない。
内容的 妥当性	▶ そのテストが本当に測定したいものを測定しているか。(テストに用いられている課題や質問内容が測定したいことを含んでいるか)妥当性ともいう。 学力試験を作る上でとても重要である。特にテストの得点を見て絶対評価をする場合、高い水準の内容的妥当性は欠かせない。 例 外国語の能力を測定する時に計算問題や図形問題を出すのは内容的妥当性を持っていない。
客観性	▶ 採点の結果に評価者の主観が介入する程度
実用性	▶ 費用対効果の比率はもちろん、必要に応じていつでも実施できる程度

5 OPI(Oral Proficiency Interview)

> OPIとは、外国語学習者の会話のタスク達成能力を、一般的な能力基準を参照しながら対面のインタビュー方式で判定するテストである。
>
> 〔牧野(2001)より〕

(1) OPI

자격증이 있는 시험관(テスター)이 응시자(被験者)와 1대1로 10~30분간의 인터뷰를 하면서 녹음한 내용으로 응시자의 구두 언어 운용 능력을 객관적으로 측정하는 인터뷰 테스트이다. 현재 널리 알려진 것은 미국에서 개발된 **ACTFL−OPI**이다. ('ACTFL'은 The American Council on the Teaching of Foreign Languages(全米外国語教育協会)의 略語임.)

(2) OPI의 각 단계

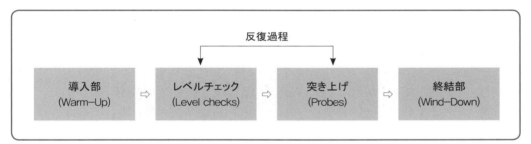

① **導入部：被験者が言語能力のどのレベルであるか最初の見当をつける段階**
   초급 레벨의 간단한 인사와 쉬운 대화를 통해 응시자를 안심시키고, 응시자의 흥미나 경험에 관한 데이터베이스를 구축한다.

② **レベルチェック：被験者が維持できる最高のレベルを見つける段階(下限の決定)**
   자유 회답식 대화를 유도하되 시험 내용의 레벨을 바꿔 가면서 응시자가 충분히, 편안한 마음으로 정확하고 유창하게 말할 수 있는 言語機能과 내용의 영역을 찾아낸다.

③ **突き上げ：被験者の言語運用能力がこれ以上維持できないというレベルを見つける段階**
   (上限の決定)
   응시자의 언어 운용 능력이 한계에 도달하는 단계까지 레벨을 높이거나 롤 플레이 등의 방식을 통해 응시자가 言語的挫折을 일으키는 言語機能과 내용의 영역을 찾아낸다. 응시자가 언어적 좌절을 일으켜서 반응을 보이지 못하면 다시 레벨체크 단계로 돌아가 대화를 유도하는 식으로 반복하면서 응시자의 정확한 수준을 탐색한다.

④ **終結部** : 一番正確に機能できるレベルに戻し、被験者に達成感を与える段階

　　응시자가 운용할 수 있는 言語機能의 수준을 알게 되었으므로 인터뷰를 종료한다. 이때 다시 쉬운 레벨로 대화의 수준을 낮춤으로써 응시자가 성공적으로 면접을 마쳤다는 심리적 만족감을 느끼도록 한다.

🅰 Plus⁺　언어적 좌절(言語的挫折) 상태

1　물음에 적절하게 반응하지 못하고 '어렵다'거나 '대답할 수 없다'고 말한다.
2　모어나 다른 외국어에 의존하여 대답한다.
3　대답할 수 없어서 불쾌감을 나타내거나 적절한 표현을 찾느라 말의 시작 부분을 되풀이할 뿐 말을 이어가지 못한다.
4　대화 초기에는 가능했던 표현까지도 실수하는 등 안정성과 정확성이 급격히 떨어진다.

(3) 4가지 평가 기준

　　中級 이상의 학습자에 대해서는 인터뷰의 후반부에 반드시 롤 플레이를 실시한다. 이는 1대1 회화와는 다른 상황에서, 그리고 특정 화제에 관한 언어 운용 능력을 측정하기 위해서이다. OPI의 평가 기준은 初級 · 中級 · 上級 · 超級의 4단계가 있으며 그 아래에 다시 上 · 中 · 下(超級은 제외)가 있어 모두 10단계로 레벨을 분류하고 있다. 이때 주요 평가 기준은 다음과 같다.

　① **総合的タスク · 機能** : 언어를 사용해서 무엇을 할 수 있는가
　② **場面과 内容** : 주변의 장면이나 화제뿐만 아니라 추상적인 것도 말할 수 있는가
　③ **正確度** : 문법, 어휘 및 사회언어학적 지식, 운용 능력 등을 포함하여 정확하게 말할 수 있는가
　④ **テクスト**(text)의 **型** : 한마디 한마디를 더듬더듬 말하는가, 하나의 담화로 만들어 말할 수 있는가

(4) OPI의 장단점

　　OPI는 그동안 주관적인 판단에만 의존해 왔던 말하기 능력의 평가 기준을 객관화, 표준화했다고 할 수 있다. 그러나 ACTFL이라는 특정 기관이 개발한 평가 기준에만 의존하는 것은 신뢰도 면에서 문제가 될 수 있고 각 시험관의 개인적 능력에 따른 주관적인 요소의 개입도 배제할 수 없다. 비용적인 면에서 부담이 크고 대량 평가가 불가능하다는 점도 단점이다.

6 과정중심평가와 수행평가

(1) 과정중심평가란(교육부 · 한국교육과정평가원, 2017) `2024.B 기출`

교수 · 학습 과정에서 학생의 변화 및 성장과 관련된 자료를 다각도로 수집하여 적절한 피드백을 제공하는 평가를 말한다. 학습자가 지식을 얼마나 알고 있는가를 평가하는 결과중심적인 평가와 달리 과정중심평가에서는 학습 과정 및 수행 과정을 평가 대상으로 삼으며 평가 결과의 활용 범위를 확장하고 평가를 학습 도구로 사용한다. 과정중심평가를 위해서 교사는 〈교육과정〉에서 제시하고 있는 성취기준을 기반으로 교수 학습과 평가 계획을 세우고 교수 · 학습 과정에서 자료를 다각도로 수집하여 적절한 피드백을 제공해야 한다.

(2) 교육과정에서 강조하는 과정중심의 수행평가 `2022.A 기출`

2016년 교육부 업무 계획 및 교육부 보도자료를 살펴보면 선택형 위주의 지필평가를 축소하고 학생 참여 수업과 연계된 평가를 추진하며 과목별 특성을 고려하여 수행평가를 확대하도록 권고하고 있다. 또한 서울특별시 교육청의 교과학습 평가 시행 계획에서도 과정중심평가인 수행평가를 강조하고 있는데 그 내용은 다음과 같다.

> **〈서울특별시 교육청 교과학습평가 시행계획〉**
>
> - 학생의 성장과 발달을 지원하는 평가
>   - 수업을 통해 경험하는 배움과 성장 과정을 지원하는 방향으로 평가 패러다임 전환
> - 창의력, 문제해결력 등 고등 사고력 신장을 목표로 하는 평가 시행
>   - '수업중'에 실시되는 과정중심의 수행평가 활성화를 위한 학생활동 중심의 수업 방법 개선 도모
> - 과정 중심의 질적 평가 내실화
>   - 서술형 평가 및 과정중심 수행평가를 강화하며 수업과 연계된 평가 활성화
>   - 학기말 총 배점의 45% 이상 반영하되, 반영 비율의 양적 확대보다는 평가의 질적 향상에 초점을 둠
> - 인성적 요소를 반영한 정의적 영역 평가 실시
>   - 학기초 교과목별 평가 계획에 포함하여 계획을 수립하고 교육과정에 근거하여 교과목별로 지향하는 핵심 역량과 관련된 정의적 요소를 추출하고 수업과 연계하여 평가

또한 교과학습평가 시행계획에서는 수업내용과 연계된 과정중심평가의 실시, 그중에서도 특히 수업시간 내 활동과정 및 산출물로 평가할 것을 강조하면서 다음과 같은 수행평가 유형을 권장하고 있음을 알 수 있다.

권장하는 수행평가 유형(서울특별시 교육청, 2017)

- 교수 · 학습의 과정 속에서 시행되고 정규 수업 시간 내에 진행되는 수행평가
- 프로젝트 학습, 실험, 토론, 논술 등 다양한 학생 참여형 수업 방법과 연계한 수행평가
- 학생들의 다양한 잠재력 · 소질 · 적성 등을 계발하고 학생의 참여도를 측정할 수 있는 수행평가

---

(3) 학교 현장에서 이루어지는 과정중심평가의 특징(전경희, 2016)

① 학습 결과에 대한 평가에서 학습을 위한 평가로 전환
  평가 결과를 활용하여 교수 · 학습의 질을 개선할 수 있어야 한다.
② 학생 수준 변별을 위한 총합 평가에서 학생의 성장과 발달을 돕는 형성적 평가로 전환
  수업 및 수업과 연계된 평가 활동을 통해 학생이 성장하고 발달하도록 이끄는 형성적 기능을 강조한다.
③ 사고 능력 및 통합적 지식과 기능을 평가, 정의적 영역의 성장과 발달을 돕는 평가로 전환
  단편 지식과 기능의 평가에 그치지 않고 높은 수준의 사고력과 통합적 지식 및 기능을 평가한다. 또한 인지적 영역에서 성취뿐만 아니라 학습 태도나 흥미 등 정의적 영역에서의 변화를 평가하고 학습자의 성장을 촉진할 수 있어야 한다.
④ 평가 결과 보고 및 활용 면에서 차별화되는 평가
  평가 결과를 학생에게 피드백함으로써 학생은 자신의 성장과 발달에 도움을 줄 수 있는 유용한 정보를 얻을 수 있고 교사는 자신의 교육 활동을 개선하기 위한 정보를 얻을 수 있다.

(4) 과정중심평가의 종류(김용진 외, 2018)

① 서술형 · 논술형 평가 : 완성된 문장으로 답안을 작성하는 평가로 창의성, 비판적 사고 능력, 문제해결 능력, 정보 수집 및 분석 능력 등을 평가한다.
  ⓐ 서술형 평가 : 답안으로 서술할 부분이 많지 않고 채점 기준 작성 시 답안 내용의 수준과 범위에 중점을 두고 작성한다.
  ⓑ 논술형 평가 : 답안으로 서술할 분량이 상대적으로 많고 채점 기준 작성 시 문장의 구성이나 표현, 논리적 사고력 및 일관성 등에 중점을 둔다.

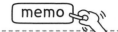

② 토의·토론 평가 : 서로 다른 의견을 제시할 수 있는 주제에 대해 개인별 혹은 그룹별로 토의·토론을 하게 한 다음, 자료의 다양성이나 적절성, 내용의 논리성, 상대방의 의견을 존중하는 태도, 진행 방법 등을 종합적으로 관찰하여 평가한다. 이때 지식 수준뿐만 아니라 사고력, 의사소통 능력, 문제해결 능력 등의 다양한 핵심 역량을 평가할 수 있다.

   ⓐ 토의 : 문제의 답안을 풀거나 의견 결정을 위해 서로 협의한다.

   ⓑ 토론 : 찬성과 반대의 입장으로 나누어 자신의 주장을 위해 근거를 들어 논리적이고 합리적인 주장을 전개하는 한편 상대방의 주장을 반박하며 설득한다.

③ 구술·발표 평가

   ⓐ 구술평가 : 평가 범위를 미리 제시하고 관련된 주제나 질문을 제시하여 답변하게 하는 면접 형태의 평가. 답변 내용과 표현을 통해 지식이나 판단력, 사고력 등을 평가한다.

   ⓑ 발표 활동 평가 : 특정 내용이나 주제에 대해 조사한 결과나 수업 산출물에 대해 설명하고 의견을 말하는 것을 보고 자료 준비도, 내용의 이해력, 표현력 등을 평가한다. 이때 교사뿐 아니라 서로 다른 모둠의 발표 내용을 듣고 동료 평가를 할 수도 있다.

④ 보고서 평가 : 개인별 및 그룹별로 수업 내용과 관련된 적합한 주제를 선정하고 탐구나 조사 과제를 수행한 후에 그 결과를 보고서로 제출하도록 한다. 학습자의 사고력, 문제해결 능력, 정보 처리 능력, 협동 능력 등을 평가할 수 있다.

⑤ 프로젝트 평가 : 학습한 내용에 기반한 특정 주제에 대해 탐구하여 과제를 수행하게 하면서 전체 과정 및 연구 보고서와 산출물 등을 대상으로, 결과뿐만 아니라 계획 단계에서 최종 단계까지의 전체 과정을 종합적으로 평가한다.

⑥ 포트폴리오 평가 `2018.A 기출` `2024.B 기출` : 학습 과정에서 학습자가 만든 결과물을 모은 작품집(포트폴리오)을 평가하는 것이다. 대개 한 학기 동안의 과제를 수행한 결과를 모아서 포트폴리오 형태로 제출하게 하여 평가하는 방식으로 이루어진다. 장기간에 걸친 수행과정 및 결과에 관한 평가이므로 평가의 타당성이 높고 학습자의 자기주도적 학습을 촉진하는 데 유용하다.

⑦ 관찰 평가 : 평가를 위한 시간을 따로 마련하지 않고 수업 중에 학습자의 수행활동이나 언행을 관찰하여 피드백을 하면서 자연스럽게 평가하는 것이다.

⑧ 자기 평가 `2019 기출` : 수행과정이나 학습과정에 대해 학습자가 자기자신에 대해 스스로 평가하는 것이다. 학습자에게 수업에 대한 학습 준비도, 학습 동기, 성실성, 만족도, 성취 수준 등에 대해 자아 성찰할 수 있는 기회를 제공한다.

⑨ 상호평가 `2010 기출` : 동료 평가, ピア評価, 피아레뷰ー라고도 한다. 동료, 즉 ピア(peer)의 역할은 교사나 다른 학습자가 맡는다. 학습 과정이나 결과에 대해 서로 평가하는 것으로 주로 모둠 내에서의 활동에 대해 평가하거나 다른 모둠의 발표 내용 및 결과물에 대해 각자의 경험과 노하우를 살려서 서로 평가한다. 과정 평가에 대한 교사의 주관성을 줄여서 성적 처리 방식에 대한 공정성을 높이는 데 활용되기도 한다.

교육부 고시 제2022-33호 제2외국어과 교육과정의 평가 방향
(생활 일본어, 일본어)

1. 생활 일본어
(1) 평가 방향

(가) 일상생활과 관련된 일본어 활용 능력과 역량 중심 평가가 이루어지도록 한다. 의사소통 표현을 중심으로 단편적이고 지엽적인 지식의 평가를 지양하고 사고 계발을 촉진하여 궁극적으로 일본어 활용 능력이 함양되었는지에 초점을 두고 평가한다.

(나) 학습자의 통합적인 일본어 능력을 신장시킬 수 있도록 듣기, 말하기, 읽기, 쓰기의 개별 언어 기능에 대한 평가뿐 아니라 두 가지 이상의 기능을 통합한 평가에 초점을 둔다.

(다) 일상생활 속 실제와 비슷한 상황과 맥락을 제공하고 학습한 의사소통 표현을 활용 및 응용할 수 있는지를 평가하되, 학습 활동의 성격에 따라 유창성과 정확성의 비중을 탄력적으로 조절하도록 한다.

(라) 학습자가 평가를 학습 과정의 일부로 인식하고 자신의 학습 과정과 성과를 성찰하도록 평가를 계획한다. 평가는 학습의 최종 단계에서 성과를 측정하는 행위를 넘어 학습자가 자신의 학습 전 과정을 되돌아보고 학습 계획을 자기주도적으로 수정 · 보완할 수 있도록 한다.

(마) 학습자의 다양한 특성 및 일본어 수준을 고려한 맞춤형 평가를 시행한다. 학습자의 학습 스타일, 정의적 특성, 일본어 수준 등을 고려한 다양한 평가 방식을 마련하여 학습자 맞춤형 평가가 이루어지도록 한다. 특히, 학습 부진을 겪고 있거나 성장 속도가 느린 학습자가 단일 평가 방식으로 인해 학습 의욕이 저하되지 않도록 다양한 유형의 평가 방안을 마련한다.

(바) 다양한 디지털 평가 도구를 적극적으로 활용한다. 디지털 분석 · 평가 도구를 활용하여 실제적인 평가 맥락을 제공하고 다양한 학습자 데이터를 체계적으로 구축한다.

(사) 교사는 평가 결과를 지속적으로 모니터링하고 이를 교수 · 학습에 환류하여 수업 개선에 활용한다. 학습자에게는 평가 결과를 바탕으로 개별 맞춤형 피드백을 제공한다.

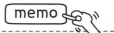

(2) 평가 방법

(가) 통합 언어 기능에 대한 평가는 교수·학습 과정에서 통합적 과제를 수행하도록 하면서 협동학습 과정과 학습자 중심의 자기주도적 학습 능력을 포함하여 평가한다.

(나) 역할 놀이, 퀴즈, 인터뷰 등을 활용하여 기본 어휘와 의사소통 기본 표현을 중심으로 일상생활과 관련된 기초적인 일본어를 이해하고 표현하는 언어 활동 능력을 평가한다.

(다) 그림, 사진, 메뉴판, 도표, 표지판, 약도, 노선도 등을 이용한 일상생활 속 실제와 비슷한 상황과 맥락을 제공하여 의사소통 표현을 응용하여 대화하거나 상황을 설명할 수 있는지를 평가한다.

(라) 일과, 여행 계획, 설문지 등의 다양한 주제와 상황별 내용을 듣고 체크리스트 완성, 빈칸 완성, 중심 내용 확인하기 등의 활동을 통해 의사소통 기본 표현을 이해하는지 평가한다.

(마) 일상생활에서 친숙한 간단하고 쉬운 안내 방송, 광고, 포스터 등을 읽고 중심 내용을 이해하고 대화하거나 쓸 수 있는지를 평가한다.

(바) 간단하고 쉬운 문자 메시지, 메일, 블로그, 사회 관계망 서비스(SNS), 웹 문서 등의 디지털 텍스트의 주요 정보를 이해하고, 중심 내용을 말하거나 일본어로 입력할 수 있는지를 평가한다.

(사) 과정을 중시하는 평가 목적에 맞게 수업 중 디지털 매체를 활용한 제작 활동은 수행평가에 활용하되, 내용이나 표현의 정확성 등을 스스로 점검할 수 있는 다양한 웹사이트나 애플리케이션을 활용할 수 있도록 안내하거나 우리말로 발표·토론하도록 하는 등 학습자 수준에 따라 평가한다.

(아) 일본 문화를 조사하여 그림이나 사진, 영상을 활용한 창작물을 만들어 블로그, 사회 관계망 서비스(SNS) 등의 매체를 활용하여 공유하거나 발표·토론할 수 있는지 평가한다.

(자) 다양한 형태의 형성평가 및 수행평가에서 교사와 학습자가 익숙하게 사용할 수 있는 온라인 플랫폼이나 학습 기능 애플리케이션 등 디지털 평가 도구를 활용하여 효과적이고 효율적으로 평가한다.

(차) 평가 계획 작성 시 성취기준에 따른 최소 성취수준을 설정하고 교수·학습 활동과 연계하여 최소 성취수준을 보장하기 위한 지도와 평가가 이루어질 수 있도록 한다.

(카) 학습자의 일본어 학습 수준과 개인별 특성에 맞게 수준별 학습 과제를 부여하여 최소 성취수준을 보장하고, 이에 대한 자기주도적 학습 역량 및 협력형 모둠 활동에서의 수행 역할, 협업 능력, 기여도 등을 교사 관찰 평가, 자기 평가, 학생 상호 평가 등 다양한 방법으로 평가한다.

memo

2. 일본어

(1) 평가 방향

(가) 일상생활과 관련된 일본어 활용 능력과 역량 중심 평가가 이루어지도록 한다. 의사소통 표현을 중심으로 단편적이고 지엽적인 지식의 평가를 지양하고 사고 계발을 촉진하여 궁극적으로 일본어 활용 능력이 함양되었는지에 초점을 두고 평가한다.

(나) 학습자의 통합적인 일본어 능력을 신장시킬 수 있도록 듣기, 말하기, 읽기, 쓰기의 개별 언어 기능에 대한 평가뿐 아니라 두 가지 이상의 기능을 통합한 평가에 초점을 둔다.

(다) 일상생활 속 실제와 비슷한 상황과 맥락을 제공하고 학습한 의사소통 표현을 활용 및 응용할 수 있는지를 평가하되, 학습 활동의 성격에 따라 유창성과 정확성의 비중을 탄력적으로 조절하도록 한다.

(라) 학습자가 평가를 학습 과정의 일부로 인식하고 자신의 학습 과정과 성과를 성찰하도록 평가를 계획한다. 평가는 학습의 최종 단계에서 성과를 측정하는 행위를 넘어 학습자가 자신의 학습 전 과정을 되돌아보고 학습 계획을 자기주도적으로 수정·보완할 수 있도록 한다.

(마) 학습자의 다양한 특성 및 일본어 수준을 고려한 맞춤형 평가를 시행한다. 학습자의 학습 스타일, 정의적 특성, 일본어 수준 등을 고려해 다양한 평가 방식을 마련하여 학습자 맞춤형 평가가 이루어지도록 한다. 특히, 학습 부진을 겪고 있거나 성장 속도가 느린 학습자가 단일 평가 방식으로 인해 학습 의욕이 저하되지 않도록 다양한 유형의 평가 방안을 마련한다.

(바) 다양한 디지털 평가 도구를 적극적으로 활용한다. 디지털 분석·평가 도구를 활용하여 실제적인 평가 맥락을 제공하고 다양한 학습자 데이터를 체계적으로 구축한다. 온오프라인 플랫폼의 특징을 활용하여 언어 기능 및 문화 이해 수준을 균형 있게 평가하도록 계획한다.

(사) 교사는 평가 결과를 지속적으로 모니터링하고 이를 교수·학습에 환류하여 수업 개선에 활용한다. 학습자에게는 평가 결과를 바탕으로 개별 맞춤형 피드백을 제공한다.

(2) 평가 방법

(가) 통합 언어 기능에 대한 평가는 교수·학습 과정에서 통합적 과제를 수행하도록 하면서 협동학습 과정과 학습자 중심의 자기주도적 학습 능력을 포함하여 평가한다.

(나) 역할 놀이, 퀴즈, 인터뷰 등을 활용하여 기본 어휘와 의사소통 기본 표현을 중심으로 일상생활과 관련된 기초적인 일본어를 이해하고 표현하는 언어 활동 능력을 평가한다.

(다) 그림, 사진, 메뉴판, 도표, 표지판, 약도, 노선도 등을 이용한 일상생활 속 실제와 비슷한 상황과 맥락을 제공하여 의사소통 표현을 응용하여 대화하거나 상황을 설명할 수 있는지를 평가한다.

(라) 일과, 여행 계획, 설문지 등의 다양한 주제와 상황별 내용을 듣고 체크리스트 완성, 빈칸 완성, 중심 내용 확인하기 등의 활동을 통해 의사소통 기본 표현을 이해하는지 평가한다.

(마) 일상생활에서 친숙한 간단한 안내 방송, 광고, 포스터 등을 읽고 중심 내용을 이해하고 대화하거나 쓸 수 있는지를 평가한다.

(바) 간단한 문자 메시지, 메일, 블로그, 사회 관계망 서비스(SNS), 웹 문서 등의 디지털 텍스트의 주요 정보를 이해하고, 중심 내용을 말하거나 일본어로 입력할 수 있는지를 평가한다.

(사) 과정을 중시하는 평가 목적에 맞게 수업 중 디지털 매체를 활용한 제작 활동은 수행평가에 활용하되, 내용이나 표현의 정확성 등을 스스로 점검할 수 있는 다양한 웹사이트나 애플리케이션을 활용할 수 있도록 안내하거나 우리말로 발표·토론하도록 하는 등 학습자 수준에 따라 평가한다.

(아) 일본 문화를 조사하여 그림이나 사진, 영상을 활용한 창작물을 만들어 블로그, 사회 관계망 서비스(SNS) 등의 매체를 활용하여 공유하거나 발표·토론할 수 있는지 평가한다.

(자) 다양한 형태의 형성평가 및 수행평가에서 교사와 학습자가 익숙하게 사용할 수 있는 온라인 플랫폼이나 학습 기능 애플리케이션 등 디지털 평가 도구를 활용하여 효과적이고 효율적으로 평가한다.

(차) 문화에 대한 평가는 기초적인 지식뿐만 아니라 의사소통과 관련된 문화 내용을 잘 이해하고 있는지를 평가한다.

(카) 평가 계획 작성 시 성취기준에 따른 최소 성취수준을 설정하고 교수·학습 활동과 연계하여 최소 성취수준을 보장하기 위한 지도와 평가가 이루어질 수 있도록 한다.

(타) 학습자 개인의 수준과 특성에 맞는 수준별 학습 과제를 제시하여 최소 성취수준을 보장하고, 이에 대한 자기주도적 학습 역량을 평가하되 협력형 모둠 활동에서의 수행 역할, 협업 능력, 기여도 등을 교사 관찰 평가, 자기 평가, 학생 상호 평가 등 다양한 방법으로 평가한다.

6 교재 및 교구

교재는 교육적 가치가 있는 자료를 교육 내용에 맞추어서 현실화, 구체화시킨 것이다. 교과서는 교재의 대표적 예이다. 한편, 그림 카드나 지도처럼 도구적 요소 내지는 보조적인 요소가 강한 것은 교구라고 부르기도 하는데 항상 교재와 교구의 경계가 뚜렷한 것은 아니다. 교실활동에서는 어떤 교재와 교구를 어떤 방식으로 사용할 것인가가 매우 중요하다. 아래에서는 교재와 교구를 묶어서 教材로 부르고, 그 종류에 대해 설명하고자 한다.

1 언어 교재와 언어 보조 학습 도구

(1) 언어 교재

교과서나 참고서, 사전 등과 같은 문자 교재 외에 음성이나 영상이 담긴 다양한 매체도 음성 교재와 영상 교재로서 언어 교재에 포함된다. 2022 개정 교육과정 읽기 영역의 성취 기준을 보면 "스마트폰, 컴퓨터 등의 디지털 매체를 기반으로 생산된 간단한 문자 메시지, 메일, 블로그, 사회 관계망 서비스(SNS), 웹 문서 등의 글을 읽고 이해하는 것"을 들고 있는데 이처럼 언어 생활을 위해 사용하고 있는 모든 매체의 내용이 언어 교재가 된다고 할 수 있다.

(2) 언어 보조 학습 도구

각종 그림이나 사진, 메뉴판, 도표, 표지판, 약도, 노선도, 방송 광고, 포스터 등, 생활 속에서 흔히 접할 수 있는 여러 실물 교재들은 모두 훌륭한 언어 보조 학습 도구이다. 또한 디지털 자료나 온라인 상의 문화 관련 정보들은 감사, 거절, 의뢰와 같은 언어 문화와 손짓이나 몸짓 등의 비언어 문화를 바르게 이해하고 문화의 특징에 맞게 지도하는 데에 유용하다.

② 실물 교재(生教材) / 교육용 교재

(1) **生教材**：母語話者が実際に読む新聞やチラシ，パンフレットなどの言語資料

(2) **教育用教材**：外国人が学習に用いることを前提につくられた言語資料。生教材に手を加えて作ったもの。

(3) **レアリア**：外国語教育の補助として用いられる本当の物(教育のために作られたものではない)

※ レアリアの中でも、特にその本当の物に含まれている情報に注目して利用する時にはそれを区別して「生教材」と呼ぶこともある。

ex. 実際に発行された新聞は「レアリア」、その新聞に書かれている文面などの情報は「生教材」

(4) **レアリア・生教材を授業に取り入れるときのメリット**

① その言語圏で実際に使われているものであるため、それらに含まれている文化やその国の事情などを自然に学習することができる。

② ロール・プレイなどで用いると、より臨場感を持たせることができ、イキイキとした授業になる。

③「レアリア・生教材」に接することで、その言語圏の文化や人、物、言葉への興味が高まり、学習の動機付けにもつながる。

レアリアと生教材 （2003 기출）（2021.A 기출）

	レアリア	生教材
定義	手の届くところにある実物をそのまま教室に持ち込んだもの	母語話者が本当に使うもので、教育用に加工されていない教材
例	飲み物、食べ物(果物・野菜)、薬、文房具、衣服、おもちゃ、チケット、切符、写真、お守りなど	新聞、本、雑誌、広告のチラシ、地図カタログ、時刻表、小中学校の教科書、パンフレットテレビ番組の録画録音、携帯電話の録音メッセージ、街角のアナウンス、授業内容
	レストランのメニューなど、生教材とレアリアの両方に属するものもある	

リソース型教材　2012 기출

リソース(resource)は、資源や供給源を意味する言葉であるが、言語教育では教育のための情報源を指す。

リソース型教材には、学習者の周りにいる教師や友人などの人的リソース、教科書や新聞などの物的リソース、そして生活の中で接触する様々な言語資料(看板・掲示板・案内放送・マスコミからの情報など)のような環境的リソースがある。また、学習機関やコミュニティーなども社会的リソースになり、これらのすべてが学習者の教育情報源になる。

3 ICT(Information & Communications Technology) 활용 교육을 위한 교재

정보기술과 통신 기술이 합성된 용어 ICT(Information & Communications Technology)는 정보기술 개념에 정보의 공유 및 의사소통 과정을 보다 강조하는 커뮤니케이션을 포함하고 있다고 할 수 있다(한국교육학술정보원, 2001). 따라서 ICT 활용 교육이란 기존의 IT 교육에 커뮤니케이션 요소가 가미되어 교육의 상호작용적인 속성을 강조하는 개념이다. 이는 단지 컴퓨터나 인터넷을 잘 다루는 능력을 말하는 것은 아니며 ICT를 활용하여 실생활에 대한 경험과 참여를 극대화하고 학습자들로 하여금 사고 능력을 높이고 자기주도적인 학습태도를 갖게 하는 데 의의가 있다.

ICT는 교과 수업 목표를 구현하기 위한 도구에 지나지 않으므로 커리큘럼 디자인을 할 때에도 교과 수업 목표를 중심에 두고 그에 맞는 적절한 ICT 활용 전략을 수립해야 한다. 특히 쌍방향성이 뛰어나고 오감을 자극하는 시청각 자료의 적절한 활용을 통해 학습자의 지적 상상력을 촉진하고 동기를 부여하는 것이 중요하다.

2022 개정 교육과정의 교수·학습 방향에서도 다양한 디지털 교수·학습 도구를 적극적으로 활용하여 지도한다는 점을 강조하고 있다. 이에 따르면 교사는 교육 정보 기술을 활용하여 수업 환경이나 학습 내용에 따라 다양한 온오프라인 연계 학습을 설계하고 온라인 회의 시스템, 메타버스 등 실시간 쌍방향 플랫폼을 활용하여 학습자들의 적극적인 참여를 유도해야 한다. 또한 학생들이 수업 시간에 그림, 사진, 영상 등의 창작물을 만들고, 이를 블로그나 사회 관계망 서비스(SNS)를 활용하여 공유하거나 학습자 간 발표·토론하게 하여 소통할 수 있도록 해야 한다. 이처럼 ICT 기반의 각종 언어 보조 학습 도구를 활용하는 일은 학습자의 능동적인 참여와 상호 작용을 촉진하고, 학습자들이 생동감 있는 학습을 경험할 수 있도록 도울 것이다. 따라서 교사는 스마트폰, 태블릿, 컴퓨터 등의 디지털 매체를 활용하여 학습자의 수준, 특성, 상황 등에 따라 활동이나 과제를 수행하도록 함으로써 자기주도적 학습이 이루어지도록 지도해야 한다.

이러한 ICT 활용 교육이 효과적으로 이루어지기 위해서는 충분한 IT 조작 능력(IT リテラシー) `2022.B 기출`을 갖춘 교사가 디지털 기반의 학습자 중심 수업을 설계하고 이를 확대하여 학습자의 디지털 문해력(デジタルリテラシー)을 키우고 각자 학습을 위한 올바른 매체 활용법을 익히도록 해야 한다. 또한 평가 면에서도 ICT를 활용하여 학습자별 학습 데이터를 축적하게 되면 부족한 영역을 신속하고 효과적으로 파악하여 학습자 수준에 맞는 단계별 과제 및 개인별 피드백을 줄 수 있어서 효율적인 맞춤형 학습이 이루어질 수 있다.

ICT 활용 교육과 관련된 대표적인 개념을 소개하면 다음과 같다.

(1) CAI(Computer Assisted Instruction) 　1997 기출　1998 기출　2012 기출

교육 현장에서도 ICT 활용 교육의 중요성은 점점 더 높아지고 있다. 컴퓨터 사용이 일반화되기 전에도 교수 학습에 사용될 수 있는 시청각 교육 기기로는 환등기나 OHP, 녹음기(어학 학습기), 라디오, 비디오, 캠코더, 영사기, TV 등이 있었으나, 매체의 발달에 따라 멀티 미디어 시스템이 빠른 속도로 보급되면서 교육 현장에도 멀티 미디어 시스템이 언어 교육에 도입된 지 오래 되었다. 교육 현장에 멀티 미디어 시스템이 도입되어 컴퓨터 기기를 이용한 지도가 이루어지는 것을 CAI(Computer Assisted Instruction)라고 한다. CAI 교재는 학습자가 자신의 능력이나 학습 스타일에 따라 활용할 수 있다는 장점이 있다. 또한 시스템 설계에 의해 학습 이력을 파악하거나 오답 경향 분석 등도 가능하다.

(2) CALL(Computer Assisted Language Learning) 　1997 기출　2022.B 기출

컴퓨터 기기를 이용한 CAI 방식으로 외국어를 학습하는 것을 CALL(Computer Assisted Language Learning)이라고 한다. 구체적으로 보면 교육 내용의 제시나 문형 연습, 문법 설명 등, 교사의 역할의 많은 부분을 컴퓨터가 담당하게 되는데 이러한 학습 방식의 장점과 단점은 다음과 같다.

長所	短所
① 文字ばかりでなく画像や動画の提供を通して臨場感あふれる学習が可能である。 ② 言葉の検索が容易であり、停止・反復機能を利用してより効率的に指導できる。 ③ 学生の水準に応じて、水準別学習を行うこともできる。	① 購入にかかる費用が負担になる。 ② 教師と学習者の操作能力が必ず必要である。

モジュール型教材 　2012 기출

各単元が独立的に自己完結している教材の集合体。教科書のように一定の順序に従う伝統的な教材とは異なって各単元が独立的に構成されているため、学習者のニーズが高い順序で使うことができる。

2

일본 사회와 문화

1 일본 개관

○ 일본 국토교통성 홈페이지(www.
gsi.go.jp/kihonjohochousa/
islands_index.html)에서는 해
양법에 관한 유엔조약 제121조
에 따라 섬을 "자연적으로 형
성된 육지로 물에 둘러싸여 있
고 밀물이 들어올 때에도 수면
위에 떠 있는 것(島とは、自
然に形成された陸地で
あって、水に囲まれ、高
潮時においても水面上
にあるもの)"으로 정의하고
있다.

1 개요

(1) 地理的特徵

유라시아 대륙 동쪽 끝 해상에 위치하고 있다. 일본 国土交通省에 따르면 일본에는 약
14,125개의 섬이 있다고 하는데 그 섬들을 가리켜 日本列島라고 부른다. 그 섬들은 마치 활이 휘
어진 모양(弓なりの形)을 하고 있는데 국토의 대부분을 차지하는 것은 北海道 · 本州 · 四国 · 九
州이다. 이 4개의 섬들은 터널이나 다리로 모두 연결되어 있으며 이 중에서 本州에 일본 인구의
80%가 살고 있다. 환태평양 지진대에 놓여 있어서 화산 활동이 매우 활발하며 지진 등의 재해가
자주 일어난다.

국토 면적은 약 37만 8,000㎢로 한반도의 약 1.5배에 이른다. 이 중에서 삼림 면적이 약 25만
㎢를 차지하므로 전 국토의 약 3분의 2가 삼림 지역인 셈인데 바다에 가까운 평야, 또는 산에 둘러
싸인 분지 등, 한정된 곳에서만 인구가 살고 있다.

대부분의 지역은 온대기후를 나타내지만 남쪽은 아열대에 속하고 북쪽은 아한대에 속하기도
한다. 太平洋 쪽과 東海(日本海) 쪽을 가로지르는 높은 산맥이 각 지역의 기후나 생활양식 등에
크게 영향을 미친다. 특히 本州의 중앙부는 日本の屋根라고 불리는 해발고도 약 3,000m의 높은
산맥이 이어져 있는데 이 지역은 日本アルプス라고 불린다.

가장 높은 산은 静岡県과 山梨県에 걸쳐 있는 富士山(해발 3,776m ; 한라산 1,950m, 백두산
2,744m)이고, 가장 긴 강은 長野県에 있는 信濃川(367km)이다. 가장 큰 호수는 滋賀県에 위치한
琵琶湖(670.3㎢)이며 가장 깊은 호수는 秋田県에 위치한 田沢湖(423.4m)이다.

(2) 人口と行政 `2000 기출`

일본의 인구는 약 1억 2,409만 명(2024, 日本総務省)이며 0~14세 인구 비율이 낮고 65세 이
상 고령자 비율이 높은데 저출산으로 고령인구가 계속 증가하고 있다. 都道府県이라는 4개의 행
정단위로 구분되는데 각 행정구역은 수도인 東京都와 京都府 · 大阪府, 그리고 43개의 県이며,
都道府県 아래에 다시 区 · 市 · 町 · 村의 행정단위로 구분된다. 인구는 東京都가 가장 많으며
그 밖에 인구가 200만 명 이상인 도시에는 横浜市, 大阪市, 名古屋市가 있다.

권역별로 나눌 때에는 北海道 · 東北 · 関東 · 中部 · 近畿 · 中国 · 四国 · 九州의 8개 권역
으로 나눈다. 또한 関東는 北関東/南関東로, 中部는 北陸/甲信越/東海로, 中国는 山陰/山
陽로 세분화되고 九州 남쪽에 있는 섬들은 南西諸島라고 한다. 문화와 사회의 성격에 따라 東日

本·西日本으로 나누기도 하며 수도권이라고 할 때는 関東地方의 1都 6県에 山梨県을 포함한 1都 7県을 말한다.

　　입헌군주제로 국가 원수는 2019년 5월에 즉위한 제126대 徳仁天皇(なるひとてんのう)이며 年号는 令和(れいわ)이다. 정부 형태는 내각책임제이고 両院制이며 2022년 기준으로 상원인 参議院(さんぎいん)에는 248명(임기 6년), 하원인 衆議院(しゅうぎいん)에는 465명(임기 4년)의 의원이 있다. 국기는 하얀색 바탕에 태양을 상징하는 붉은색 원이 가운데에 그려져 있는 日(ひ)の丸(まる)이고 국가는 君(きみ)が代(よ)이다. 君が代의 가사는『古今和歌集(こきんわかしゅう)』및『和漢朗詠集(わかんろうえいしゅう)』등에 수록된 和歌에서 유래하였다. 1947년 꿩(キジ)이 国鳥로 지정되었다. 나라를 대표하는 国花는 桜와 菊이다. [2001 기출]

「日の丸」「君が代」의 기원 [2001 기출]

초기의 「日の丸」는 조정에 대항하는 적군을 토벌하러 나갈 때의 관군의 표시로서, 일본을 나타내는 국가의 상징이 아닌 권위와 권력의 핵심을 상징하는 존재였다. 또 江戸時代에는 日の丸가 幕府를 표시하는 기능을 하기도 했다.

「君が代」는 본래 長寿를 기원하며 부른 노래다. 「君が代」라는 이름도 특별히 따로 제목을 붙인 것이 아니라 가사의 첫머리에 나오는 「君が代は」에서 붙여진 것이다. 이 노래는 「君が代は千代に八千代にさざれ石の巌(いはほ)となりて苔(こけ)のむすまで」라는 가사로 이루어져 "그대여, 작은 돌이 큰 돌이 되어 이끼가 낄 때까지 오래오래 사십시오."라는 의미를 담고 있다.

2 행정구역 및 특징 [2008 기출]

北海道地方	北海道 ほっかいどう					
東北地方	青森県 あおもり	秋田県 あき た	岩手県 いわ て	山形県 やまがた	宮城県 みや ぎ	福島県 ふくしま
関東地方	東京都 とうきょう と					
	茨城県 いばら き	栃木県 とち ぎ	群馬県 ぐん ま	埼玉県 さいたま	千葉県 ち ば	神奈川県 か な がわ
中部地方	長野県 ながの	新潟県 にいがた	富山県 と やま	石川県 いしかわ	福井県 ふく い	岐阜県 愛知県 ぎ ふ あいち
	静岡県 しずおか	山梨県 やまなし				
近畿地方	京都府 きょう と ふ	大阪府 おおさか ふ				
	三重県 み え	奈良県 な ら	和歌山県 わ か やま	滋賀県 し が	兵庫県 ひょう ご	
中国地方	鳥取県 とっとり	島根県 しま ね	岡山県 おかやま	広島県 ひろしま	山口県 やまぐち	
四国地方	徳島県 とくしま	香川県 か がわ	高知県 こう ち	愛媛県 え ひめ		
九州地方	福岡県 ふくおか	大分県 おおいた	宮崎県 みやざき	鹿児島県 か ご しま	熊本県 くまもと	長崎県 ながさき
	佐賀県 さ が	沖縄県 おきなわ				

(1) 北海道

일본의 가장 북쪽에 위치하고 있으며 여름은 서늘한 편이고 겨울은 춥고 길다. 本州와는 해저 터널인 青函터널로 연결되어 있으며, 겨울에는 눈이 많이 내려 눈 축제나 스키 인파로 붐비는 곳이다.

① 札幌 : 北海道 중심 도시인 札幌의 雪祭り는 세계적으로 유명한 축제이다. 전국에서 가장 많은 목장이 있으며 여름에도 서늘하여 피서지로도 유명하다.

② 青函トンネル [2008 기출] : 本州와 北海道 사이에 있는 津軽海峡에 설치된, 깊이 240m, 길이 53.45km에 이르는 世界最長의 鉄道 터널이며 정식 명칭은 青森函館トンネル이다.

(2) 本州

東北地方・関東地方・中部地方・近畿地方・中国地方의 5개 지역이 속한다.

① 東北地方 : 青森県, 秋田県, 岩手県, 山形県, 宮城県, 福島県

本州의 가장 북쪽으로 전국 면적의 약 20%를 차지하나 인구는 많지 않다. 기온은 대체적으로 낮으며 여름이 짧고 겨울이 긴 것이 특징이다. 차가운 기후에 적합한 과수 재배가 발달하였고 특히 青森의 사과가 유명하다. 자연의 아름다움을 간직한 곳이다. 한편 2011년 3월에

宮城県 牡鹿半島 앞바다에서 일본 관측 사상 최대 지진(マグニチュード 9.0)이 일어나 대규모의 재해가 발생하였으며 이로 인해 福島 제1 원자력발전소에서 방사능이 누출되는 원전 사고가 일어났다.

ⓐ 青森 : 이중식 칼데라 호수인 국립공원 十和田湖가 있다.

ⓑ 仙台 : 宮城県에 위치한 東北 지방의 중심 도시이다. 약 600여 개의 섬과 소나무로 유명한 松島는 일본의 3대 절경 중의 하나이며 특히 7월 7일에 열리는 七夕祭り는 전통있는 祭り로 유명하다.

② 関東地方 : 東京都, 茨城県, 栃木県, 群馬県, 埼玉県, 千葉県, 神奈川県

本州의 중앙에 위치하며 태평양 쪽에 접하고 있다. 일본의 수도인 東京를 비롯하여 横浜, 鎌倉, 日光 등의 유명한 도시들이 있는 지역이다. 면적은 전국의 8% 정도이지만 인구는 30%를 차지할 정도로 인구 밀도가 높으며 공업도 매우 발달한 곳이다.

ⓐ 東京 : 1868년 京都에 있던 수도를 현재 위치로 옮긴 이래로 오늘까지 일본의 중심 도시이다. 현재 인구는 약 1,300만 명으로 전자제품 상가인 秋葉原와 젊은이들이 모이는 新宿와 原宿, 유행을 선도하는 銀座, 六本木, 東京国立博物館이 있는 上野公園, 天皇가 사는 곳인 皇居, 東京에서 가장 오래된 절인 浅草寺와 三社祭가 열리는 浅草 등이 전철 山手線으로 연결된다. 東京 근교에 위치한 東京ディズニーランド, 隅田川, 江戸博物館 등도 유명하다.

ⓑ 宇都宮・日光 : 宇都宮市는 栃木県의 현청 소재지이다. 栃木県 북서부에 위치한 日光市에는 徳川家康를 모신 東照宮가 있는데 이곳은 三猿(さんざる・さんえん) 조각으로도 유명하다(見猿・聞か猿・言わ猿). 그 밖에도 해발 1,269m에 위치한 中禅寺 호수, 湯本온천, 江戸時代의 생활상을 알 수 있게 만든 江戸ワンダーランド日光江戸村 등이 있다.

ⓒ 横浜 : 大阪 다음으로 큰 항구 도시로 東京의 관문이자 무역항이다. 차이나타운과 최근에 세워진 70층 높이(496m)의 横浜ランドマークタワー 등이 유명하다.

③ 中部地方 : 新潟県, 富山県, 石川県, 福井県, 山梨県, 長野県, 岐阜県, 静岡県, 愛知県

本州 중부에서 태평양과 東海(日本海)에 접해 있고 큰 산맥들이 밀집해 있다. 동쪽은 공업 지역이고, 서쪽은 아름다운 자연이 남아 있는 곳으로서 本州 교통의 요충지인 名古屋가 있는 곳이다. 태평양 쪽은 대체로 일년 내내 온화한 반면, 그 반대쪽은 폭설로 유명하다. 고원 지역에 있는 몇몇 마을은 서늘한 날씨로 인해 여름 휴양지로 인기가 높다. 호수가 많으며 남북으로 길게 이 지역을 가로지르는 일본 알프스 산맥 등, 높은 산들이 많다. 해마다 7월 1일부터 8월 31일까지의 등반 시즌이 되면 富士山은 등반객들로 매우 붐빈다.

ⓐ 静岡 : 富士山에 인접해 있는 곳으로 주변의 箱根(神奈川県)와 熱海는 온천으로 유명하다.

ⓑ 名古屋 : 愛知県의 현청소재지로 동계 올림픽을 치른 長野와 서쪽 해안지역의 富山, 그리고 東京, 大阪를 연결하는 교통의 요충지이다. 名古屋에서 약 1시간 거리인 明治村에서는 明治時代에 만들어진 전국의 유명한 건물을 볼 수 있으며 당시의 증기 기관차도 탈 수 있다.

④ 近畿地方 : 大阪府, 京都府, 滋賀県, 三重県, 奈良県, 兵庫県, 和歌山県

일본 열도의 중심에 자리 잡고 있으며 문화유산이 많이 남아 있는 곳이다. 大阪는 일본 상업의 중심지이고, 京都는 교육과 문화의 중심지이며, 神戸는 중요한 항만 도시의 역할을 하는 등, 이 세 지역은 아주 오래 전부터 일본 전역의 문화와 상업을 이끌어 왔다.

ⓐ 京都 : 일본에서 가장 큰 호수인 琵琶湖가 인접해 있고 大阪와 奈良에서 전철로 약 30분 정도의 거리에 있다. 1868년까지 天皇가 거주하였던 京都御所, 徳川家康의 임시 거처였다고 하는 二条城, 매년 7월 중순이면 100만 명 이상의 관광객이 몰리는 祇園祭, 얼굴에 짙은 화장을 하고 着物를 입은 芸者들, 京都 시내를 한눈에 볼 수 있는 가파른 지역에 139개의 나무 기둥을 사용하여 지은 清水寺, 벽과 천장이 모두 금박으로 되어 있는 金閣寺 등이 유명하다.

ⓑ 奈良 : 京都가 수도로 정해지기 전까지 번성했던 곳이다. 삼국 시대의 백제와도 관련이 많은 곳이며 法隆寺의 금당 벽화는 고구려에서 건너간 담징이 그린 것으로 알려져 있다. 높이 15m, 무게 452t이나 되는 청동 불상이 안치되어 있는 東大寺와 사슴이 자유롭게 뛰어노는 奈良公園 등도 유명하다.

ⓒ 大阪 : 일본에서 두 번째로 큰 도시로 일본 제1의 수출 항구라는 이름에 걸맞게 상공업이 발달한 지역이다. 바다를 메워 건설한 関西 국제공항은 지진이 발생할 때마다 컴퓨터로 전체 건물의 기둥을 조절하여 수평도를 맞추어서 피해를 예방한다고 한다. 大阪城의 天守閣와 돌로 만든 성곽이 유명한데 天守閣는 일본을 통일한 豊臣秀吉가 1583년에 완성한 것으로 소실과 복원을 거쳐 현재에 이르렀다.

JR大阪駅에서 전철로 40분 정도 거리의 宝塚市(兵庫県)에는 모든 출연 배우가 미혼여성으로만 구성된 宝塚歌劇団의 공연을 관람할 수 있는 宝塚大劇場가 있다. 宝塚歌劇団은 1914년 첫 공연 이래 90년 이상의 역사를 쌓았으며 1934년에는 東京에도 宝塚歌劇場를 개장하였다. 공연은 연 9회(2017년 기준) 열리는데 몇 달 전부터 예약하지 않으면 안 될 만큼 인기가 높고 약 120곳의 해외 도시에서도 공연된다.

ⓓ 神戸 : 大阪와 横浜 다음으로 큰 무역 항구이다. 1995년 1월에 兵庫県南部에서 阪神・淡路大震災가 발생하여 극심한 피해를 입었다. 神戸에서 전철로 30분 거리에 있는 姫路城는 일본에서 가장 아름다운 성으로 손꼽히는데 흰 외벽과 성 전체의 모습이 백로가 나는 형상을 하고 있다고 하여 白鷺城(はくろじょう・しらさぎじょう)라고도 불리며 세계 문화유산으로 지정되어 있다.

⑤ 中国地方 : 鳥取県, 岡山県, 島根県, 広島県, 山口県

本州의 서쪽 끝 전체를 가리키며 近畿와 北九州를 연결하고 있다. 많은 분지와 연안 평야가 있는 곳이며, 상업과 산업의 중심지인 내륙 해안에 인구가 집중되어 있다. 따뜻하고 건조한 기후로 오렌지 재배에 유리하다.

ⓐ 岡山 : 岡山의 後楽園은 일본의 3대 정원 중의 하나로 선인장이나 관엽식물 등이 유명하다. 岡山城는 姫路城와는 대조적으로 외벽 전체가 검다고 하여 烏城(うじょう · からすじょう)라고도 불린다. 또 本州와 四国를 연결하는 瀬戸大橋는 2층으로 된 현수교로 길이가 약 12.3km나 된다.

ⓑ 広島 : 広島는 1945년 원자 폭탄이 투하된 곳으로, 그 당시 爆心에 해당하는 자리에 있는 건물을 原爆ドーム로 만들어 보존하고 있다. 일본 3대 절경 중 하나이며 만조 시 물 위에 떠 있는 듯한 느낌을 주는 宮島의 厳島神社가 유명하다.

ⓒ 下関 : 山口県 서쪽에 있는 下関는 本州에서 가장 서쪽에 위치한 도시로 関門海峡에 있는 중요한 해상 교통의 요지이며 関門橋라는 다리를 통해 九州로 갈 수 있다.

(3) 四国地方

四国는 일본의 주요 4개 섬 중 가장 작은 섬으로 香川県, 徳島県, 高知県, 愛媛県으로 구성되어 있으며 그 밖에도 여러 개의 작은 섬들이 내륙해를 가로질러 산재해 있다. 높고 험준한 산맥 때문에 농업이나 거주지는 제한적이며 대규모 산업 또한 없는 편이다. 徳島県과 兵庫県 淡路島 사이에 있는 鳴門海峡는 渦潮(渦巻き)로 유명하다.

(4) 九州地方

일본의 주요 4개 섬 가운데 가장 남쪽에 위치한 섬으로 福岡県, 佐賀, 長崎県, 熊本県, 大分県, 宮崎県, 鹿児島県이 있다. 여름에 강수량이 많고 비교적 따뜻한 곳이다. 예로부터 서양, 중국, 한국의 문물을 받아들이는 관문 구실을 했던 지역이라 그와 관련된 유적이 많고 일본 선사시대의 문화 유적도 많이 산재해 있다. 九州의 대표적 도시로는 福岡, 長崎, 別府 등이 유명하며 백제의 문물을 그대로 간직한 宮崎에도 볼거리가 많다.

ⓐ 福岡 : 別府温泉 및 유럽식 건물과 서양적 분위기를 지닌 도시 長崎로 가는 길목이기도 한 福岡는 九州 지방의 행정 · 경제 · 교통의 중심지로 옛 지명인 博多로도 알려져 있다. 현청 소재지인 福岡시는 인구 160만 명을 거느린 九州 제1의 도시이다.

ⓑ 長崎 : 쇄국 정책이 취해졌을 때 유일하게 항구를 개방했던 곳이라서 일찍부터 외래 문물을 받아들인 곳인데 네덜란드풍의 건축물로 일본 속의 유럽을 즐길 수 있는 테마파크 ハウステンボス가 유명하다.

ⓒ 別府 : 大分県 중앙에 위치한 유명한 온천지역으로 이곳에서 다양한 종류의 온천을 관람하는 것을 地獄巡り라고 하는데 황산철로 인하여 온천물의 색이 청색을 띠며 온도가

98℃나 되는 海地獄, 약 20~40분 간격으로 뜨거운 물을 뿜어 올리는 간헐천인 龍巻地獄와 坊主地獄 등이 유명하다.

ⓓ 熊本 : 熊本県의 현청 소재지이다. 加藤清正가 7년이나 걸려 만든, 넓이 약 98만㎡, 둘레 약 5.3㎞의 熊本城가 특히 유명한데 2016년 4월에 발생한 지진으로 인해 관람은 일부에 한해 가능하며 현재 복구 공사가 진행 중이다.

ⓔ 鹿児島 : 鹿児島県의 현청소재지로 九州의 최남단에 있는 도시이다. 桜島는 현재까지 화산재를 내뿜는 활화산이다.

(5) 沖縄

沖縄県은 九州 남부에서 멀리 떨어진 60개의 섬들로 이루어져 있다. 예전에는 「琉球王国」라는 독립된 국가로 17세기까지 독자적인 방언과 문화적 전통을 발전시킨 곳이었으나 1609년에 薩摩藩의 침공을 받아 江戸幕府에 편입되고 明治維新으로 新政府가 탄생한 후 1879에 琉球王国는 붕괴되고 沖縄県이 된다. 제2차 세계대전이 일어난 후 미군령으로 있다가 1972년에 일본에 반환되었다. 남국의 아름다운 자연 경관을 지닌 곳으로 관광이 주요 산업이며 해상 스포츠를 즐기기에도 안성맞춤인 곳이다. 2000년도에 第26回主要国首脳会議(九州・沖縄サミット)가 개최되었으며 같은 해에 9개의 문화유산이 「琉球王国のグスク及び関連遺産群」으로 世界遺産에 등록되었다.

日本三景 [2009 기출]

江戸時代의 儒学者, 林春斎가 전국을 돌아본 후 가장 탁월한 경치로 손꼽은 곳을 日本三景라고 한다. 모두 바다 근처에 위치하여 자연이 만들어 낸 해안선의 빼어난 아름다움을 자랑하고 있다는 공통점이 있으며 그림이나 문학 작품에도 많이 등장하는 곳들이다.

① 松島(宮城県)

大小260ほどの島々が穏やかな海に浮かんでいる絶景。波の浸食によってできた島々の景色は地殻変動や水面の上昇により現れ、平安時代から歌や絵に登場してきた。

② 天橋立(京都府)

海を渡る真っ白な砂浜にクロマツが生い茂った日本随一の景勝地。イザナギノミコトが天界と下界を結ぶために作ったはしごが海上に倒れ、そのまま細長い陸地になったのが天橋立とされている。天に橋が架かっているような幻想的な景色が鑑賞できる。

③ 宮島(広島県)

島そのものが自然崇拝の対象とされてきた宮島。景勝地としての中心は厳島神社で、平清盛によって修築された社殿と瀬戸内海にそびえたつ大鳥居が優美な世界を作り出す。寝殿造りの神社、大鳥居が建つ海、背後の原始林を含む島の14%が世界文化遺産に登録されている。

③ 지역별 특산품

地域	地方	有名な特産品
(1) 北海道・東北地方	北海道	夕張メロン・毛ガニ・イクラ・ジンギスカン料理 すし(小樽市) さんまんま(釧路市)
	東北地方	りんご・にんにく・イカ・ホタテ(青森県) サクランボ・米沢牛(山形県) わんこそば(岩手県の盛岡市・花巻市) 喜多方ラーメン(福島県の喜多方市) こけし(東北地方の温泉地) **2010 기출**
(2) 関東地方	関東地方	納豆・メロン・スイカ(茨城県の水戸市) イチゴ(栃木県) ピーナッツ(千葉県) だるま・こんにゃく(群馬県の高崎市) ひな人形・鯉のぼり・足袋(埼玉県埼玉市)
(3) 中部・近畿・ 四国地方	中部地方	日本酒・こしひかり(新潟県) 九谷焼(石川県) 金箔(石川県金沢市) ブドウ(山梨県) 茶(静岡県) めがねフレーム・越前ガニ(福井県)
	近畿地方	自動販売機・ろうそく・鍵・松阪牛(三重県) 信楽焼(滋賀県) たこ焼き・お好み焼き・串カツ(大阪府) ミカン・梅・カキ(和歌山県)
	四国地方	さぬきうどん(香川県) ミカン(愛媛県) かつおぶし(高知県)
(4) 中国・九州地方	中国地方	桃・メロン(岡山県) お好み焼き・もみじ饅頭・カキ(広島県)
	九州地方	海苔(佐賀県) カステラ・長崎ちゃんぽん(長崎県) サツマイモ・黒豚(鹿児島県) マンゴ・紅イモタルト(沖縄県)

memo

전공일본어

五畿七道（ご き し ち ど う） 　2017.A 기출

律令国家の令制における地方行政区画

① 五畿：五畿内の略。
　　☞畿内（き ない）：皇都周辺の特別行政地域として646年に設置した5ヵ国
　　　　　大和（やまと）・山城（やましろ）・摂津（せっつ）・河内（かわち）・和泉（いずみ）
　　　　　（それぞれ現在の奈良県・京都府・大阪府＆兵庫県・大阪府・大阪府に該当）

② 七道：都から地方にのびる7つの官道に沿った国々
　　　　　東海道（とうかいどう）・東山道（とうさんどう）・北陸道（ほくりくどう）・山陰道（さんいんどう）・山陽道（さんようどう）・
　　　　　南海道（なんかいどう）・西海道（さいかいどう）

2 일본의 경축일 및 연중행사

1 공휴일(国民の祝日)[令和6年(2024年基準)]

	日にち	内容
元日	1月1日	年のはじめを祝う。普通1月3日まで連休となる。
成人の日	1月の第2月曜日	20歳になった男女を祝う日。大人になったことを自覚し、みずから生き抜こうとする青年を祝い励ます。
建国記念の日	政令で定める日	建国をしのび、国を愛する心を養う。政令によって2月11日に指定された(『日本書紀』に拠る)。
天皇誕生日	2月23日	天皇の誕生日を祝う。
春分の日	春分日	自然をたたえ、生物をいつくしむ。
昭和の日	4月29日 2007 기출	昭和時代の天皇、裕仁天皇の誕生日(2006年まではみどりの日)である。激動の日々を経て、復興を遂げた昭和の時代を顧み、国の将来に思いをいたす。
憲法記念日	5月3日	日本国憲法の施行(1947年)を記念し、国の成長を期する。
みどりの日	5月4日	自然に親しむとともにその恩恵に感謝し、豊かな心をはぐくむ。2005年5月13日「みどりの日」が「昭和の日」に改定され(2007年施行)、この日は「みどりの日」になった。
こどもの日	5月5日	こどもの人格を重んじ、こどもの幸福をはかるとともに、母に感謝する。端午の節句でもある。
海の日	7月の第3月曜日	1996年から指定された。海の恩恵に感謝するとともに、海洋国日本の繁栄を願う。

山の日	8月11日	山に親しむ機会を得て、山の恩恵に感謝する。
敬老の日	9月の第3月曜日	多年にわたり社会につくしてきた老人を敬愛し、長寿を祝う。
秋分の日	秋分日	祖先をうやまい、なくなった人々をしのぶ。
スポーツの日	10月の第2月曜日	スポーツにしたしみ、健康な心身をつちかう。1964年の東京五輪大会の開会式を記念して制定した日である。令和２年(2020年)以降、「体育の日」から「スポーツの日」に名称が変更された。
文化の日	11月3日	自由と平和を愛し、文化をすすめる。1945年までは明治天皇の誕生日であった。
勤労感謝の日	11月23日	勤労をたっとび、生産を祝い、国民たがいに感謝しあう。

• 「国民の祝日」は休日とする.

• 「国民の祝日」가 일요일과 겹칠 때에는, 그날 이후 가장 근접한 평일을 대체 휴일로 지정한다.
「振替休日」

• 전날과 다음날이 「国民の祝日」일 경우 「国民の祝日」 사이에 낀 평일도 휴일로 지정한다.

성인식(成人式) [2011 기출]

해마다 成人の日(1月第2月曜日)에는 각 지방 공공단체별로 만 18살이 되는 이들을 초대하여 격려하고 축하하는 행사를 연다. 대개 화려한 着物나 정장을 입고 참석하여 축하를 받고 하루를 즐긴다.

2 기타 기념일

(1) 正月三が日(正月の元日, 2日, 3日)

1월 1일(元日) · 1월 2일 · 1월 3일의 3日間. 줄여서 三が日라고도 한다.

(2) 七草(1月 7日)

7종류의 들풀을 죽에 넣어서 만든 七草粥를 먹는 행사. 이 죽을 먹으면 병에 걸리지 않고 장수한다고 알려져 있다.

(3) エープリルフール(4月 1日)

April Fools' Day. 大正時代에 일본에 전해졌으며 거짓말을 해도 되는 날이다. エープリルフール(April fool)는 4月 ばか라고도 하며 속아 넘어간 사람을 말한다.

(4) ゴールデンウィーク(大型休み) 2007 기출

4월 29일 昭和の日를 시작으로 30일, 5월 3일(憲法記念日), 4일(みどりの日), 5일(こどもの日)까지 계속되는 연휴 기간. 보통은 5~7일 정도이고, 이 기간 동안 일본 전체의 인구 이동이 많아 교통이 매우 혼잡하다.

(5) 母の日(5月 第2日曜日)

어머니에게 감사를 나타내는 날로 붉은 카네이션을 선물한다. 미국의 한 여성이 돌아가신 어머니에게 흰색 카네이션을 바친 것에서 유래되었다.

(6) 父の日(6月 第3日曜日)

아버지를 존경하여 감사를 나타내는 날이다. 감사의 선물을 하기도 하는데 미국에서 1950년경에 일본에 전해졌다.

(7) 土用 2006 기출

五行思想을 토대로 한 계절 분류의 하나로, 각 계절이 끝나는 약 18日間을 의미한다. 立夏 전 18일은 春の土用, 立秋 전 18일은 夏の土用, 立冬 전 18일은 秋の土用, 立春 전 18일은 冬の土用라고 하는데 일반적으로는 夏の土用를 가리키는 경우가 많다. 夏の土用의 丑の日에는 鰻(鰻の蒲焼)를 먹는 습관이 있는데 이는 여름을 건강하게 나기 위해 영양을 보충하는 의미이다.

(8) 原爆の日(8月 6日~8月 9日)

원폭을 반대하고 평화를 바라는 날이다. 1945년 8월 6일에 広島, 9일에 長崎에 원자폭탄이 투하되었는데 이 비극을 되풀이하지 않기 위한 기념식이 열린다.

(9) 十五夜(9月에서 10月 사이)

음력 8월 15일, 달이 가장 밝고 아름다운 이 날에는 토란(里いも)과 달맞이 경단(月見団子)을 바치며 달구경을 한다.

3 연중행사

(1) 1월 お正月(しょうがつ)(年末年始) 2009 기출   2010 기출

새해가 시작되고 나서 1월 1일부터 3일까지를 三が日(さんにち), 그리고 7일까지는 松の内(まつのうち) 또는 松七日(まつなのか)라고 하는데 이 기간을 통틀어 お正月 라고 한다. お正月 에는 지난해를 무사히 보낸 것에 대한 감사와 새로운 해에 대한 기원을 담아 年神(歳神)(としがみ)를 맞이하기 위해 여러 가지 의식을 치른다. 주요 의식과 행사는 다음과 같다.

① 煤払い(すすはら)：年末に屋内の煤を払い、大掃除すること。그 해의 나쁜 기운을 떨쳐버린다는 의미가 있다.

② 大晦日(おおみそか)：1年の最後の日。12월 31일을 말한다.

③ 年越しそば(としこ) 2009 기출 ：大晦日に縁起(えんぎ)を担(かつ)いで食べる蕎麦(そば)。장수를 기원하는 의미가 담겨 있다.

④ 門松(かどまつ) 2010 기출 ：正月に家の門の前などに立てられる松や竹を用いた正月飾り。松飾り、飾り松、立て松とも言う。年神(としがみ)가 잘 찾아올 수 있도록 표시를 해 두는 것으로 대문 앞에 한 쌍을 장식한다. 이 곳은 신의 안식처로 年神가 머무르는 역할을 한다.

⑤ しめ飾り(かざ) 2010 기출 ：正月行事の一環で、しめ縄に縁起物などの飾りをつけたもの。새해에 문 앞에 둘러 놓은 짚으로 만든 새끼줄이다. 잡귀의 침범을 막아 준다고 생각했으며 1월 7일(지역에 따라서는 1월 15일)까지 장식을 한다.

⑥ 「明けましておめでとうございます」: 1월 1일 이후에 할 수 있는 인사말이다. 12월 31일에 헤어지면서 인사할 때에는 「良いお年を」라고 한다.

⑦ 初詣で(はつもう)(初参り(はつまい)) 2009 기출 ：年が明けてから初めて神社や寺院などに参拝する行事。神社나 寺를 찾아가서 참배하고 자신과 가족의 건강과 행운을 기원한다. 일반적으로 1월 7일까지의 기간 동안 참배를 하며 경내에서 판매하는 おみくじ 2014 기출 로 새해의 운세를 점치기도 하고 부적으로 お守(まも)り나 破魔矢(はまや)를 구입하기도 하는데 지난해의 お守り나 破魔矢는 태워 버린다.

⑧ 絵馬(えま) 2004 기출 ：神社や寺院に祈願するときに奉納する、絵が描かれた木製の板。소망을 적어 神社에 매달아 둔다.

⑨ 鏡餅(かがみもち)：餅を神仏に供える正月飾りで、穀物神である年神への供え物。나무 쟁반 위에 종이를 깔고 그 위에 거울처럼 동글납작한 떡을 두 개(위가 작고 아래가 크다) 겹쳐 쌓은 후 그 위에 귤로 장식한 것이다. 年神에게 바치기 위한 것이며 1월 11일이 되면 딱딱해진 鏡餅를 먹는 鏡開(かがみびら)き 행사를 한다.

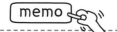

⑩ お雑煮（ぞうに）：餅を主な具とし、醤油や味噌などでだしを味付けたつゆをはった日本料理。 설부터 3일간 아침에 먹는다.

⑪ お屠蘇（と そ）：一年間の邪気を払い長寿を願って正月にのむ縁起物の酒。 많이 마시는 것은 아니지만 설에 술을 마시고 좋아진 기분을 屠蘇機嫌 혹은 屠蘇気分이라고 한다.

⑫ お節料理（せち）：節会（せちえ）（日本の宮廷で節日などに天皇のもとに群臣を集めて行われた公式行事）や節句に作られる料理で今は正月料理を指すようになった。 찬합에 예쁘게 장식한 요리이다. 기본 요리의 재료는 무, 당근, 우엉, 두부, 다시마 등이며 어패류와 함께 양념을 넣어 만든다. 각각의 음식은 자손 번영, 건강 등을 의미하며, 보관해 두고 먹으면서 설에 주부의 일손을 덜어주고자 하는 의미도 있다.

⑬ お年玉（としだま） 2011 기출 ：新年を祝うために贈られる金品。 세뱃돈으로, のし袋라는 봉투에 신권을 넣는다.

⑭ 年賀状（ねんがじょう）：「謹賀新年」혹은「明けましておめでとうございます」라고 적어 12간지의 동물 그림 등을 그린 엽서를 연말에 우편으로 발송해서 1월 1일 元旦의 아침에 배달되도록 한다.

⑮ カルタ 2023.A 기출 ：カードを使った、主に正月に遊ぶ室内遊具。 百人一首라는 100명의 시를 한 수씩 모아 만든 카드를 가지고 하는 놀이이다. 읽기 역할을 하는 사람이 첫 구절을 읽으면 나머지 사람들이 다음 구절이 적힌 카드를 재빨리 찾아내는 놀이이다.

⑯ 羽子板（はごいた）：長方形で柄のある板。お正月に羽子板を飾ったり、女の子の初正月に羽子板を贈るのは魔除（まよ）け・厄祓（やくばら）いの意味がある。 나무 열매에 새털을 끼운 羽根（は ね）를 羽子板로 치고 받으면서 즐기는 놀이를 羽根突（は ね つ）き라고 한다（주로 여성의 놀이）.

⑰ 初夢（はつゆめ）：新年のある夜に見る夢。この夢の内容で年の吉凶を占う風習がある。 최고는 富士山（たか）, 둘째는 鷹, 셋째는 茄子（な す）를 길몽으로 여긴다.

⑱ 七福神（しちふくじん）：福をもたらすとして日本で信仰されている七柱の神。 일곱 종류의 신을 모셔 놓은 神社 등을 돌며 복과 덕을 기원한다.

⑲ 七草粥（ななくさがゆ）：人日の節句（じんじつ）（1月7日）の朝に食べられている日本の料理。 일곱 가지 봄나물을 죽에 넣어 먹으며 건강을 기원하는 풍습이 있다.

(2) 2월 節分（せつぶん） 2010 기출

節分은 원래 사계절이 바뀌는 계절의 경계를 의미하며 立春, 立夏, 立秋, 立冬의 전날을 가리키지만 현재에는 立春 전날（현재는 2월 3일경）만을 節分이라고 부르게 되었다. 節分에는 잡귀（鬼）를 쫓기 위해 여러 가지 행사를 실시한다. 특히「鬼は外（おに そと）、福は内（ふく うち）」라고 외치면서 福豆（ふくまめ）를 던지는「豆（まめ）まき」가 節分의 행사로 잘 알려져 있다. 또한 그 해에 길한 방향（恵方（え ほう））을 향해 말없이 김밥（巻き寿司）을 먹으면 운수 대통한다고 하는데 이때 먹는 김밥을 恵方巻（え ほう ま）き라고 한다.

2 전공일본어

(3) 3월 ひな祭り・彼岸 [2010 기출]

① **ひな祭り**: 옛날에 음력 3월 3일에 나쁜 기운(厄)을 없애기 위해 인형에 그 기운을 옮겨 강에 띄워 보냈는데 이 인형을 流し雛라고 하였다. 여기에 平安時代 귀족 소녀들이 하던 ひな遊び(종이인형놀이)가 결합하여 현재와 같은 ひな祭り가 되었다고 한다. 현재는 양력 3월 3일에 여자아이가 있는 가정에서 ひな壇에 雛人形 [2011 기출] 를 장식해 놓고 친척들을 초대하여 白酒를 마시고 ひなあられ(과자의 종류), 마름모꼴의 떡인 菱餅 등을 먹으며 여자아이의 성장과 행복한 결혼을 기원하는데 이를 「ひな祭り」라고 부르며 「桃の節句」 또는 「女の節句」라고도 한다. ひな祭り에는 식사로 赤飯이나 ちらし寿司와 ハマグリの潮汁를 먹는 습관이 있다. 雛人形는 節分이 지난 후에 길일을 택해 장식하는 것이 일반적이며 장식한 雛人形를 늦게 치우면 혼기가 늦어진다는 속설이 있어 3월 4일에 바로 치우는 것이 보통이다.

② **彼岸** [2009 기출] : 春分(3月21日頃), 秋分(9月23日頃) 전후의 7일간을 말하며 죽은 자의 영혼을 위로하기 위해 お墓参り를 한다.

(4) 3~4월 花見

① **花見의 기원**: 花見는 平安時代에도 있었지만 지금처럼 국민적 행사로 정착하게 된 것은 江戸時代부터라고 한다. 당시에는 신분이나 재산에 관계없이 모두 각자의 집단을 형성하여 花見를 즐겼으며 「茶番」이라는 촌극을 선보이기도 했다. 현재에도 가족이나 친구, 직장 동료와 함께 花見 계획을 세우고 벚꽃 나무 아래에서 꽃구경을 즐기며 친목을 도모하는 등, 花見는 일본인들에게 빼놓을 수 없는 봄철 행사이다.

② **대표적인 벚꽃**: 벚꽃 중에서도 染井吉野는 전국적으로 가장 널리 분포되어 있으며 さくらの開花前線 등에 인용되는 대표적 벚꽃이다. 明治 초기에 東京의 染井(豊島区) 식목원에서 吉野桜라는 이름으로 시작하여 나중에 染井吉野라고 불리게 되었다.

③ **벚꽃의 3대 명소**

㉠ 高遠城址公園(長野県) : 성터 유적지에 明治 8년(1875年)부터 심기 시작한 벚꽃나무가 약 1,500그루나 되며 담홍색 꽃은 특히 여성들에게 인기가 있다.

㉡ 弘前公園(青森県) : 弘前公園에는 弘前城의 유적이 있는데, 성 둘레에 染井吉野를 비롯한 벚꽃나무가 약 5,000그루 심어져 있다. 특히 1882년경에 이곳에 심은 染井吉野는 일본에서 가장 오래된 벚꽃 나무로 해마다 아름다운 벚꽃을 피우고 있다.

㉢ 吉野山(奈良県) : 예로부터 벚꽃의 명소였으며 약 200여 종에 이르는 30,000그루의 벚꽃나무가 있다.

④ **3대 벚꽃나무**

㉠ 三春の滝桜(福島県) : 수령이 1,000년 이상이라고 알려져 있다. 담홍색으로 축 늘어진 모습이 폭포수 떨어지는 모습과 비슷하다고 해서 滝桜라고 한다.

ⓛ 根尾谷の淡墨桜_{ね おだに うすずみざくら}(岐阜県) : 수령은 약 1,500년 정도이며 처음 흰색을 띠던 꽃잎이 점차로 엷은 먹색으로 변해 가기 때문에 淡墨桜라고 부른다.

ⓒ 山高の神代桜_{やまたか じんだいざくら}(山梨県) : 수령은 약 2,000년 정도라고 알려져 있다. 나무 둘레가 13.5m나 되며 大正 11년(1922년)에 나무로서는 최초로 천연기념물 1호로 지정되었다.

(5) 5월 端午_{たん ご} [2007 기출] [2010 기출]

3월 3일 ひな祭り_{まつ}가 桃の節句_{もも せっく}로서 여자아이의 명절이라면 5월 5일 端午_{たん ご}는 남자아이의 명절이다. 5월 5일은 어린이날이기도 하기 때문에 남녀 어린이 모두를 축하하는 날이지만 원래는 端午の節句_{たん ご せっく}라고 하여 남자아이의 건강한 성장을 기원하는 날이었다. 5월은 창포의 계절이기도 한데 「菖蒲_{しょうぶ}」와 「勝負」 또는 「尚武(武士・軍事などを大切なものと考えること)」의 일본어 발음이 같기 때문에 남자아이가 장차 훌륭한 무사로 자라나기를 바라는 마음에서 그렇게 된 것으로 보인다. 남자아이가 있는 가정에서는 五月人形_{ご がつにんぎょう}나 鎧兜_{よろいかぶと}, 그리고 鯉のぼり_{こい} [2007 기출]를 장식하는데 五月人形는 남자아이가 건강하고 늠름하게 자라나기를 기원하는 인형으로 鍾馗_{しょうき}(中国の民間伝承に伝わる道教系の神)나 武者人形_{む しゃにんぎょう} [2010 기출]의 모습을 하고 있다. 鎧兜에는 질병이나 사고로부터 아이를 지켜 달라는 뜻이, 그리고 鯉のぼり 역시 천신에게 남자아이가 있음을 알리고 이 아이를 잘 지켜달라고 기원하는 뜻이 담겨 있다. 鯉のぼり는 잉어(鯉)가 竜門의 폭포를 타고 올라가 용이 되면 하늘을 난다는 중국의 登竜門 고사가 기원이 되었다. 이날은 찰떡 속에 으깬 팥을 넣고 떡갈나무 잎으로 싼 柏餅_{かしわもち}와 찹쌀떡을 삼각형으로 빚어 조릿대 잎(ちまきの葉_{ちまき})으로 싸서 찐 粽를 먹는데, 柏餅는 자손의 번영을 기원하는 의미가, 그리고 粽는 떡의 모양이 총과 닮아서 무사 정신을 표현한다는 의미가 담겨 있다.

(6) 7월 七夕_{たなばた} [2011 기출]

七夕祭り는 중국에서 전래되었으며 은하수를 건너 彦星_{ひこぼし}(牽牛_{けんぎゅう})와 織姫_{おりひめ}(織女_{しょくじょ})가 1년에 한 번 만난다는 전설에서 비롯된, 풍작을 기원하는 축제이다. 東北地方의 仙台_{せんだい}와 神奈川県의 平塚_{ひらつか}에서 열리는 七夕祭り가 특히 유명하다. 7월 6일 밤부터 소원을 적은 오색의 短冊_{たんざく} [2011 기출](薄い木や竹の皮、紙を細長く切って短文の字を書くためのもの)나 七夕飾り를 笹の葉_{ささ}에 매달아서 현관이나 마당에 장식해 두는 풍습이 있는데 이는 江戸時代부터 유행했다고 한다. 지역에 따라서는 8월 7일에 축제를 지내는 곳도 있고 長野県의 松本_{まつもと}지방에서는 七夕人形를 매달아 두는 등 지방에 따라 다양한 특색이 있다. 음식으로는 은하수(天の川)를 본뜬 국수(そうめん)를 먹는다.

(7) 8월 お盆_{ぼん} [2009 기출] [2021.B 기출]

원래 음력 7월 13일~16일을 중심으로 지내던 행사였으나 현재는 대부분 양력 8월 15일을 전후해서 지내며 지역에 따라서는 7월 13일부터 16일까지 지내는 곳도 있다. 불교 행사인 盂蘭盆会_{う ら ぼん え} [2021.B 기출]에서 유래되었다고 하는데 지방에 따라 다르지만 조상의 영혼을 집으로 맞아들여 참

배하며 조상의 명복을 빈다. 정식 공휴일은 아니지만 일본인들에게 이 시기는 여름휴가라는 인식이 강하며 많은 사람들이 고향을 찾는다.

일본에서는 예로부터 1년을 둘로 나누어 1월과 7월을 조상에게 제사를 지내거나 고용 계약을 맺을 때의 기준으로 삼는 습관이 있었는데, 이는 지금도 1월 직전인 연말(暮れ)과 7월 お盆에 임금 지불을 끝낸다는 뜻의 盆暮れ払い(= 二季払い)라는 단어에서도 알 수 있다. お正月와 お盆은 일본인들의 2대 명절이라고 할 수 있으며 お正月가 神道的인 색채가 강하다면 お盆은 仏教的인 색채가 강하다고 할 수 있다. 盆이 되면 전국 각지에서 사람들이 모여 盆踊り를 추는데 망루(櫓)나 かがり火(夜間の警護・照明や漁猟などのためにたく火)를 둘러싸고 빙빙 돌면서 춤을 추는 형태와, 줄을 지어서 행진하는 형태로 크게 나눌 수 있다. 16일이 되면 조상의 영혼(精霊)이 잘 돌아갈 수 있도록 精霊流し라는 행사를 치른다. 주요 의식과 행사는 다음과 같다.

① 迎え火 : 13일에 조상의 영혼을 맞아들이기 위해 묘지나 물가 등에 놓는 불을 말한다. 이때 おがら(麻の皮를 벗긴 줄기 부분)를 태우는데 요즘은 불꽃 모양의 전구를 사용하는 곳도 많다.

② 盆だな : 불단에 특별히 선반을 마련하고 과일, 국수, 가지, 꽈리, 경단 등, 특별한 공물을 바친다.

③ 読経 : 조상의 영혼이 집에 머물러 있는 お盆 기간에는 절의 스님을 모셔와 독경을 하기도 한다.

④ 墓参り : 가족 모두가 조상의 묘에 성묘를 한다. お盆 일주일 전쯤에는 묘를 방문해서 청소를 하기도 한다.

⑤ 盆踊り : 여름 축제 중 하나로 절이나 神社 경내, 공원이나 광장에 망루를 설치하고 노래와 피리, 북 장단에 맞춰 남녀노소가 浴衣를 입고 춤을 추면서 조상의 영혼을 달랜다.

⑥ 送り火 : お盆이 끝날 때 불을 피워서 조상의 영혼을 돌려보낸다. 京都의 大文字焼き(大자 모양으로 큰 불을 놓는 것) 등은 큰 규모로 행해지는 送り火이다.

⑦ 迎え馬 : 조상의 영혼을 위해 おがら와 가지, 오이 등을 이용하여 소와 말을 만들어 놓는데 이를 精霊馬 **2010 기출** 라고 한다. 오이로 만든 말은 어서 오라는 뜻이므로 迎え火를 할 때에 놓고, 가지로 만든 소는 천천히 돌아가라는 뜻이므로 送り火를 할 때에 놓는다.

(8) 9월 月見(十五夜)

음력 8월 15일을 「十五夜」 또는 「中秋の名月」라고 한다. 음력으로 8월은 가을의 한 가운데에 해당하고 15일에는 보름달이 뜨기 때문에 붙여진 이름이다. 또한 9월경에 수확하게 되는 「芋(いも)」를 바친다고 하여 「芋の名月」라고도 한다. 현재 사용되는 양력으로는 9월 7일~10월 8일 사이의 보름달이 뜨는 밤을 十五夜・中秋の名月라고 부르고 이날이 되면 달을 볼 수 있는 곳에 나쁜 기운을 막아준다는 참억새(ススキ)를 장식하고 보름달을 닮은 月見団子를 중심으로 토란이나 밤, 감, 콩 등으로 상을 차린 후 祭酒를 올리면서 달을 감상하는데 이를 月見라고 한다.

(9) 11월 七五三 ^{しち ご さん} 2009 기출 2014.B 기출

七五三은 11월 15일을 전후로 해서 치르는 행사로 대략 室町時代에 시작되어 江戸時代의 武家社会에 들어서면서부터 정착된 것으로 보고 있다. 이날에는 아이가 건강하게 성장한 것을 조상신에게 감사하며 축하하기 위해 아이를 데리고 神社 등에 가서 참배를 하는데 남자아이는 3살과 5살 때, 여자아이는 3살과 7살 때에 이 행사를 치른다. 七五三을 맞이한 집안의 어른들은 옷을 잘 차려 입고 아이들에게도 着物나 晴れ着를 입힌 뒤 조상신(氏神)을 모시는 神社를 찾아가서 참배하고 행운과 건강을 기원한다. 이날 아이들은 잡귀를 물리치는 힘이 있다는 붉은색 팥밥(赤飯)과 장수를 기원하는 千歳飴를 먹는다. 주요 의식과 행사는 다음과 같다.

① **髪置き** : 3살이 된 아이가 머리를 기르기 시작할 때 하는 의식이다. 오늘날에는 실제로 지켜지지는 않지만 명칭만은 그대로 남아 있다.

② **袴着** : 아이의 성장을 축하하면서 처음으로 袴(はかま)를 입히는 예식이다. 江戸時代부터 5세의 남자아이 대상으로 치러진 행사이다.

③ **帯解き**(紐解き・帯なおし) : 어린이용 帯 사용을 중지하고 일반적인 帯를 사용하기 시작하는 의식이다. 남자는 5세, 여자는 7세에 행한다.

④ **千歳飴** : 어린이들은 학과 거북이가 그려진 봉지에 들어 있는 紅白의 가늘고 긴 千歳飴를 선물 받는다.「千歳」란 천 년의 세월을 의미하고 학과 거북은 장수를 상징한다.

3 일본의 의·식·주

1 일본의 전통 의복(和服)

(1) 着物(きもの)(和服)

일본의 전통 의상이다. 주로 결혼식·장례식·졸업식·성인식·입학식 등, 격식을 차리는 장소에서 입는다. 전통 결혼식에 참석할 때 기혼자들은 보통 자신의 가문 문장이 새겨진 검은색 着物를 입는다. 着物의 구성은 원피스형인 長着(ながぎ)와 그 위에 덧입는 짧은 羽織(はおり), 그리고 허리띠에 해당하는 帯(おび)로 이루어져 있다. 着物의 종류는 격식을 어느 정도 차리느냐에 따라 다음과 같이 나뉜다.

① 振袖(ふりそで) 2009 기출 2010 기출 : 着物 중 가장 화려하며, 비혼 여성의 제1예복으로 정해져 있다. 성인식이나 결혼식 등에 입는다. 소매의 길이에 따라서 대(약 115cm), 중(약 105cm), 소(약 85cm)로 다양하다.

② 留袖(とめそで) 2010 기출 : 기혼 여성의 제1예복이며 격조 높은 着物이다. 黑留袖와 黑色 외의 색인 色留袖(いろ)로 나뉜다. 결혼식과 피로연에 참석하는 친구들, 신랑 신부의 부모나 친지 중 기혼 부인들이 착용한다.

③ 訪問着(ほうもんぎ) : 色留袖나 振袖 다음으로 격식을 갖춘 예복으로 기혼, 비혼에 관계없이 착용할 수 있고 사교용으로도 많이 입는다.

④ 付下げ(つけさげ)(付け下げ) : 訪問着 다음으로 격식을 갖춘 예복으로 근대에 와서 만들어진 着物이다.

⑤ 色無地(いろむじ) : 무늬가 없는 단색 옷감으로 만든 着物로, 옷감에 따라서는 옷감 자체에 바탕 무늬(地紋(じもん))를 짜 넣은 것도 있다. 검은색 帯를 두르면 상복으로도 입지만 화려한 색 바탕 무늬에 광택이 있는 着物는 축하연에 입는다.

⑥ 小紋(こもん) : 작은 무늬가 반복되는 옷감을 사용하며 가장 격의 없는 자리에서 입는 着物이다.

⑦ 袴(はかま) 2010 기출 : 남성용 예복으로 치마처럼 생긴 품이 넓은 하의이다. 최근에는 졸업식이나 성인식에 여성들도 女袴(おんなばかま)를 입기도 한다.

⑧ 羽織(はおり) 2010 기출 : 中着(なかぎ)(속옷과 겉옷 사이에 입는 옷) 위에 덧입는 짧은 겉옷으로, 방한을 목적으로 하며 외출할 때 입는 옷이다. 한복의 마고자와 비슷하게 생긴 옷으로 남녀 모두 착용하지만 여성의 경우에는 정장이 되지 못한다.

⑨ 被布(ひふ) : 여성용으로 羽織와 같은 목적의 외출복이다. 두루마기와 비슷하나 앞이 막혀 있으며 옷섶이 깊고 소매가 짧다. 羽織 위에 덧입을 때가 많으며 羽織보다 길이가 5cm 정도 더 길다. 3세 여자 아이가 七五三 행사 때 입는다.

⑩ 法被(はっぴ) : 무가의 하인들이 입던 옷인데 현대에는 장인들이 주로 입는다. 통소매로 되어 있고 기장은 허리에서 무릎 사이 정도이며 등에 크게 상호가 새겨져 있는 옷으로 여름 축제 때 많이 볼 수 있다.

⑪ 浴衣(ゆかた) 2010 기출 : 원래 온천에서 목욕할 때 입던 옷이었으나 요즘에는 목욕 후에 입거나 여름 밤에 시원하게 입는 옷이 되었다. 같은 浴衣라 해도 잠옷용인 寝巻(ねまき)는 얇고 수수하지만 여름 축제나 불꽃놀이 때 입는 浴衣는 두껍고 색깔도 화려하다.

⑫ 喪服(もふく) : 옛날에는 흰색을 입었지만 지금은 5개의 문양을 단 검은색 상복을 입어야 한다. 通夜(つや) 때나 제사 때에는 半喪服(はんもふく)로 무늬 없는 수수한 기모노를 입기도 한다.

⑬ 小袖(こそで) : 무사들이 大袖(おおそで)(소매가 없는 겉옷)에 받쳐 입던 것으로 室町時代부터 겉옷으로 입게 되어 남성 예복인 裳(も)나 袴(はかま) 위에 덧입었는데 江戸時代부터는 町人들이 즐겨 입게 되었으며 和服의 기원이 되었다.

(2) その他

① 帯(おび) : 일반적인 크기는 길이 4m에 폭 30cm 정도이다. 오늘날의 帯는 묶는 기능은 거의 사라지고 꽃이나 나비 모양 등 묶는 방식을 달리하여 형식미를 강조하는 장식적 기능이 강하다.

② 足袋(たび) : 일본식 버선이다.

③ 下駄(げた) 2009 기출 : 두 개의 나무 굽이 달린 나막신으로 보통 浴衣 차림일 때 신는다.

④ 草履(ぞうり) : 짚, 섬유, 가죽 등으로 만든 신발로 着物 등, 정장이나 외출복과 함께 신는다.

⑤ 扇子(せんす) : 예복을 입을 때 휴대하는 부채이다.

⑥ 股引(ももひき・またびき・またひき) : 남자용 작업복 바지로, 祭り의 주요 아이템이다.

⑦ もんぺ : 여성이 작업용 또는 방한용으로 입는 바지이다.

⑧ 筒袖(つつそで) : 奈良時代~平安時代에 농어민들이 입던 얇은 통소매의 작업복이다.

⑨ 巾着袋(きんちゃくぶくろ) 2010 기출 : 着物를 차려 입었을 때 휴대하는 작은 파우치형 小袋(こぶくろ)이다.

⑩ 割烹着(かっぽうぎ) : 着物 위로 착용하는, 소매가 긴 조리용 복장이다. 앞치마 역할을 한다.

◆ 鼻緒(はなお) 2009 기출
: 下駄나 草履 등의 신발을 발과 고정시키기 위한 끈 등의 장치

❂ 日本食の基本「一汁三菜(いちじゅうさんさい)」 2023.A 기출 : 주식인 밥에, 국물(汁物)과 세 개의 반찬(おかず)을 조합한 식단. 汁物로는 일본식 된장국인 미소시루(みそ汁)가 기본이며 반찬인 三菜는 영양적인 균형을 맞춘 반찬으로 구성된다.

② 일본의 음식 문화

(1) 일본의 전통 요리

① 특별한 의례 요리 : お正月에 먹는 お節料理(せち)와 お盆에 먹는 お盆料理(ぼん)를 들 수 있다.

② 기타 전통 요리

㉠ 本膳料理(ほんぜん) : 원래 武家에서 손님을 접대하기 위해 膳에 차린 요리를 말한다. 현재에는 거의 찾아볼 수 없다.

㉡ 懐石料理(かいせき) : 원래 茶会에서 제공되던 가벼운 요리를 말한다. 현재에는 차를 맛있게 즐기는 데 지장이 없을 정도의 가벼운 요리, 또는 和食 코스 요리를 가리킨다.

㉢ 精進料理(しょうじん) : 절의 승려들의 식사에서 유래된 요리이다.

(2) 일상적인 요리의 종류

① 麺類(めんるい) : 재료에 따라 うどん(밀가루)과 そば(메밀가루)로 나뉜다. うどん의 굵기는 4mm 정도로 한국의 국수보다 굵고, そば는 2mm 정도이다. うどん의 종류는 다음과 같다.

㉠ 南蛮うどん(なんばん) : 닭고기나 오리고기를 얇게 썰고, 비스듬히 썬 파를 데쳐 얹는다.

㉡ 月見うどん(つきみ) : 계란의 노른자를 터뜨리지 않고 얹어 보름달을 표현한다.

㉢ 狐うどん(きつね) : 油揚(あぶらげ)를 얹은 うどん이다.

㉣ 狸うどん(たぬき) : あげ玉(たま)(＝天かす)를 얹은 うどん이다.

② ラーメン : 일본의 ラーメン은 한국의 라면과는 달리 中華麺과 국물을 바탕으로 돼지고기 덩어리를 구워 얇게 썬 차슈(チャーシュー), 달걀(味付け玉子), 파(刻み葱), 김(海苔) 등의 부재료를 먹음직스럽게 얹은 요리이다. 국물 맛에 따라서 醤油ラーメン(しょうゆ)(간장으로 맛을 낸 국물), 味噌ラーメン(みそ)(일본 된장인 味噌로 맛을 낸 국물), 塩ラーメン(しお)(소금으로 맛을 낸 국물), 豚骨ラーメン(とんこつ)(돼지 뼈를 끓여서 만든 국물) 등이 있다.

③ 鍋料理(なべ)

㉠ すきやき : 얇게 썬 쇠고기와 두부, 배추, 쑥갓, 파, 우엉, 다시마, 곤약 등을 철로 된 냄비에 넣고 조미료, 설탕, 소금 등으로 조미하여 살짝 익힌 후에 개인 접시에 덜어 날계란(간장을 가미하기도 함)에 찍어 먹는다.

㉡ 寄世鍋(よ) : 모듬 냄비로 기호에 따라 다양한 재료를 넣어서 끓인다.

㉢ ちり鍋 : 생선, 두부, 채소 따위를 맑은 국물에서 끓여 초간장에 찍어 먹는다.

㉣ ちゃんこ鍋 : 相撲(すもう) 선수들이 먹는 요리이다. 큰 냄비에 어패류, 채소 등을 넣어 익힌 후 초간장 등에 찍어 먹는다.

㉤ シャブシャブ : 얇게 썬 쇠고기와 배추, 쑥갓, 파 등의 재료를 끓는 육수에 살짝 데치듯이 익혀 낸 후 개인 접시에 담아 양념 소스를 찍어 먹는 음식이다.

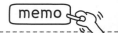

④ 丼(どん・どんぶり) **2009 기출** : 丼은 원래 큼직하고 깊이가 있는 사발 같은 그릇을 가리키는 말이지만 그 안에 담긴 음식에 따라 덮밥을 의미하는 말로 쓰이게 되었다. 예를 들어 얇게 썬 쇠고기와 양파 등을 볶아 밥 위에 얹은 덮밥은 牛丼(ぎゅうどん)이라고 하며 돈가스를 썰어 밥 위에 얹은 덮밥은 カツ丼이라고 한다. 그 밖에도 익힌 닭고기에 계란을 풀어 밥 위에 얹는 親子丼(おやこどん), 親子丼의 닭고기 대신에 돼지고기나 소고기를 이용한 他人丼(たにんどん), 찌거나 구운 장어를 올려놓은 鰻丼(うなどん) 등이 있다.

⑤ 焼き物(やきもの) : 구이 요리는 굽는 방법에 따라서 이름이 달라진다. 아무런 양념 없이 불에 직접 구워 양념간장에 찍어 먹는 요리는 白焼き(しらやき) 또는 素焼き(すやき)라고 하며 직화구이는 直火焼き(じかびやき) 또는 網焼き(あみやき)라고 한다. 소금을 뿌려 굽는 방식은 塩焼(しおやき), 된장을 발라 굽는 방식은 味噌焼(みそやき)라고 하며 간장 등으로 만든 소스를 발라 윤기 나게 굽는 방식은 照焼(てりやき)라고 한다.

⑥ 納豆(なっとう) : 일본의 대표적 전통 식품으로 콩을 발효시켜 만들었으며 끈적끈적한 모양과 독특한 냄새 때문에 일본 사람들 사이에서도 호불호가 갈리는 음식이다. 일본 아침 식단의 단골 메뉴이기도 한데 날달걀과 파, 간장을 넣어서 섞어 먹는 경우가 일반적이다.

⑦ お好み焼き(このみやき) : 밀가루 반죽에 양배추, 돼지고기, 해물 등 자신이 좋아하는 재료를 듬뿍 넣고 기름을 두른 철판이나 프라이팬에서 구워 낸 다음 전용 소스와 마요네즈를 발라 먹는 일본식 부침개이다.

⑧ 揚げ物(あげもの) : 일본은 튀김이 매우 발달했으며 그 재료도 매우 다양하다. 揚げ物(あげもの)는 튀김 요리 전체를 가리키는 말이며 요리 방법에 따라 튀김옷을 입히지 않고 튀긴 것은 唐揚げ(からあげ), 밀가루로 옷을 만들어 입혀 기름에 튀긴 것은 てんぷら, 빵가루를 입혀 기름에 튀긴 것은 フライ라고 부른다.

⑨ お茶漬け(ちゃづけ) : 말린 연어나 김가루 등을 흰 밥 위에 얹고 뜨거운 녹찻물을 부어 먹는 요리로 서민들이 즐기는 간편식이다.

⑩ おにぎり(おむすび) **2025.A 기출** : 갓 지은 밥에 양념을 하고 그 안에 내용물을 넣어서 뭉친 후 김에 감싸서 들고 먹는 주먹밥이다. 편의점에서도 다양한 おにぎり를 볼 수 있다.

⑪ 雑炊(ぞうすい) : 채소나 어패류를 잘게 썰어 넣고 된장이나 간장으로 간을 하여 끓인 죽이다.

⑫ 赤飯(せきはん) : 명절 등, 특별한 날에 먹는 팥밥이다.

⑬ お雑煮(ぞうに) : 1월에 먹는 일본식 떡국으로 찰떡이나 채소, 버섯 등의 재료를 큼직하게 넣어서 만드는데 지방에 따라서 만드는 방법이 다양하다.

⑭ 寿司(すし)

　㉠ 갓 지은 밥에 식초, 설탕, 소금, 맛술 등의 배합초를 넣고 잘 섞어 한 입 크기로 빚어 만든 しゃり 위에 신선한 어패류, 알류, 달걀, 채소 등의 たね(＝ねた)를 올려서 먹거나 재료를 밥에 넣고 섞어서 먹는 음식으로 일본인들이 가장 좋아하는 전통 음식 중 하나이며 세계적으로도 널리 알려져 있다.

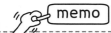

ⓒ すしの 기원 : 처음에는 생선을 장기보관하기 위한 발효법으로 벼농사와 함께 동남아시아에서 전래되었다. 그 후 점점 생선을 소금에 절이는 기간도 짧아지고 밥도 버리지 않고 함께 먹는 식으로 변화하여 현재와 같은 음식이 되었다.

ⓒ なれずし : すし의 원형이라 할 수 있다. 생선에 소금과 밥을 섞어 장기간 보존하여 발효시킨 음식으로 붕어를 6개월에서 2년 정도 발효시켜 만든 ふなずし가 유명하다.

ⓔ おしずし : 상자 같은 틀에 밥과 생선을 넣고 눌러서 만드는 것으로 箱ずし라고도 한다.

ⓜ 握りずし : 江戸時代 이후에 도시 건축을 위한 노동자 인구가 늘어나면서 그들이 노점에서 간편히 먹기 위한 패스트푸드로 만들어진 것이다. 江戸前(도쿄만)에서 갓 잡은 생선을 사용하여 처음에는 屋台에서 판매했던 것이 점점 전국으로 퍼져 고급 음식점에서 맛볼 수 있는 형태로 발전하였다.

ⓗ 回転ずし : 1958년 大阪에서 컨베이어 벨트에 착안하여 탄생한 すし로 元禄(げんろく)寿司라고도 한다.

ⓢ ちらしずし : 배합초로 간을 한 밥 위에 여러 가지 재료를 흩뿌린(散らす) すし이다.

ⓞ ばらずし : 여러 가지 채소나 어패류(특히 구운 고등어) 등의 재료를 배합초로 간을 한 밥에 섞어서 만든 すし이다.

ⓩ 巻きずし : 김 등의 재료로 밥과 재료를 말아서 만든 すし로 한국의 김밥과 비슷하다.

ⓧ カリフォルニア・ロール : 김에 거부감을 갖는 미국 사람들을 위해 만들어진 巻きずし의 일종이다. カリフォルニア巻き라고도 한다.

⑮ 駅弁 2025.A 기출 : 역에서 여행자들에게 파는 도시락을 말한다. 기원에 대해서는 여러 가지 설이 있는데 1884년에 上野駅에서 도시락을 팔기 시작했다는 기록이 남아 있다. 일본의 철도가 1873년에 개통되었으므로 駅弁은 철도의 발달과 함께 한 음식 문화라고 할 수 있다. 전국의 기차 역마다 그 지방 특유의 駅弁을 팔고 있는데 그 종류는 2천 가지 이상이며 고기, 어패류, 농산물 등 그 지방의 특산물로 만들어 관광 상품으로도 이름을 알리고 있다.

⑯ おやつ : 간식을 말한다. 間食라는 단어보다 훨씬 많이 쓰이는 단어 おやつ의 やつ는 원래 오후 2시를 뜻하는 말이었다고 한다.

⑰ バイキング料理 : 한국의 뷔페에 해당한다. 참고로 食べ放題가 있는데 이는 주로 한 가지 음식만을 마음껏 먹는 것을 말한다.

⑱ 梅干し : 매실을 말려 차조기 잎을 넣고 소금에 절인 저장 식품이다. 8세기경 중국으로부터 전래되었다고 하는데 현재는 일본을 상징하는 음식으로 흰밥과 같이 먹는 것이 보편적이며, 찜 요리나 漬物, お菓子 등의 맛을 내는 데에도 쓰인다.

(3) 일본의 식사 예절

① 밥은 젓가락으로 먹는 것이 원칙이며 수프나 카레 등의 경우에만 숟가락을 사용한다.

② 젓가락은 어깨선과 평행하게 가로로 놓으며 보통 젓가락 받침(箸置)이 있다.

③ 젓가락을 이용해서 음식을 주고받는 행위는 금기시된다.

④ 밥이나 요리에 젓가락을 꽂아 놓으면 안 된다. (仏前のお供えと同じ形をしているため)

⑤ 젓가락을 사용해 그릇을 움직여서는 안 된다.

⑥ 밥이나 국그릇을 손에 들고 먹어도 된다.

⑦ 비빔밥처럼 비비거나 국에 밥을 말아 먹으면 안 된다.

⑧ 식탁에 팔꿈치를 대고 먹어서는 안 된다.

⑨ 우동을 먹을 때에는 약간의 소리를 내면서 먹어도 된다.

⑩ 술잔에 술이 줄어들 때마다 첨잔을 하여 잔을 채워 놓는 것이 좋다.

⑪ 술을 따를 때나 받을 때에는 한 손으로 한다.

⑫ 특별한 경우가 아니면 식사 비용은 각자 자기 몫을 부담하는 割り勘으로 한다.

タブーな箸の使い方(嫌い箸・忌み箸・禁じ箸) 2010 기출

① 寄せ箸:器の中に箸をかけて、自分のほうに寄せること。

② 重ね箸:ひとつの料理ばかりを続けて食べること。

③ ねぶり箸:箸の先をなめたり、口にくわえたりすること。

④ 移り箸:ご飯とおかずを交互に食べず、菜から菜へ箸を進めて食べること。

⑤ 刺し箸:食べ物に箸を突き刺して動かして食べること。

⑥ もぎ箸:箸についた汚れを口でもぎ取ること。

⑦ 振り上げ箸:箸でものや人を指したり、振り上げたりすること。

⑧ 渡し箸:箸を休ませる時に箸置の上に置かず茶碗などにかけること。

⑨ 涙箸:料理の汁をポタポタ落としながら食べること。

⑩ せせり箸:箸で歯をつつき、ようじがわりに使うこと。または、箸で食物をつつきまわすこと。

⑪ 押し込み箸:口に入れたものを、さらに箸で押し込むこと。

⑫ 迷い箸:何を食べるか決められず箸を皿から皿へと迷わすこと。

⑬ 探り箸:せっかく盛り付けた料理を箸で探って台無しにすること。

⑭ 拾い箸:皿の上に置かずに箸から箸へと料理を渡すこと。

⑮ かき込み箸:器に直接口をつけて箸でかき込んで食べること。

⑯ 横箸:箸をそろえてスプーンのように持ち、料理をすくい上げること。
   または、箸を横にして、箸についた飯粒などを口でなめて取ること。

memo

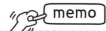

3 일본의 주거 문화

(1) 일본 주택의 종류

일본의 주택은 크게 나누어 단독주택인 一戸建て와 공동주택인 アパート・マンション으로 나눌 수 있다. アパート는 대개 2층의 목조 건물이며 작은 평수의 원룸 형태 공동주택을 가리킨다. 한국에서 흔히 말하는 아파트는 マンション이라고 하는데 이는 목조가 아니라 철근과 콘크리트로 지어진 건물이다. 그 밖에 한국의 주상복합아파트와 비슷한 タワーマンション이 있다. 최근에는 女性専用マンション이나 ペット共生型マンション 등 특수한 형태의 주택도 등장하고 있다.

(2) 일본 주택의 특징

① 화장실과 욕실은 원칙적으로 구분되어 있다. 구분되지 않은 경우를 ユニットバス라고 한다.

② 공동주택의 경우, 베란다는 필수이며 베란다 확장은 불가능하다. 유사시에는 베란다를 통해 옆집으로 대피할 수 있다.

③ 주차할 곳이 확보되었음을 증명해야만 자동차를 구입할 수 있다.

(3) 일본에서 방 구하기

① 평수가 아니라 방의 개수나 畳의 개수를 통해 면적을 구별한다. 예를 들어 3LDK라고 하면 방 3개에 거실, 식당, 부엌이 있는 구조를 말한다. 또한 6畳짜리 방이라고 하면 畳가 6장 깔려 있는 크기의 방이라는 의미이다.

② 전세 제도는 없으며 월세(家賃)가 기본이고 계약 기간은 보통 2년이며 연장을 할 수도 있다.

③ 보증금인 敷金은 家賃의 1~3개월분이 일반적인데 계약 기간이 끝났을 때에 청소비, 수리비 등을 제외한 차액을 돌려받는다.

④ 집을 빌릴 때 집주인(大家さん)에게 감사하다는 뜻으로 사례금인 礼金을 주는 것이 일반적이다. 보통 집세의 1~2개월분 정도를 지불하며 돌려받을 수 없는 돈이다.

⑤ 중개수수료는 家賃의 1개월분이 일반적이며 계약이 성립되지 않았다면 수수료를 지불하지 않아도 된다.

⑥ 입주하는 달의 다음 달분 월세 한 달치(前家賃)를 먼저 지불하는 것이 일반적이다.

⑦ 화재보험료, 보증보험료, 열쇠 교환료 등의 비용이 필요할 수 있다.

(4) 일본 전통 가옥 [2009 기출]

① 畳(たたみ) : 일본식 방에 까는 두꺼운 바닥재로 畳表(たたみおもて), 畳縁(たたみべり), 畳床(たたみどこ)로 이루어져 있다. 크기는 약 90cm×180cm 정도이며 방의 넓이를 나타내는 단위로도 쓰인다.

② 和室(わしつ) : 畳가 깔려 있는 일본식 방이다. 畳 대신 마루나 카펫이 깔려 있는 곳은 洋室(ようしつ)라고 한다.

③ 襖(ふすま) : 맹장지이며 개폐에 따라 방을 분리할 수도, 합칠 수도 있다.

④ 障子(しょうじ) : 실외와 실내를 구분해 주는 바깥쪽 문으로 빛이 잘 들어오도록 종이를 바른 문이다.

⑤ 縁側(えんがわ) : 障子 바깥쪽에 있는 툇마루이다.

⑥ 雨戸(あまど) : 비가 들이치는 것을 막기 위한 덧문이다.

⑦ 囲炉裏(いろり) : 방바닥을 네모나게 파서 난방용으로 불을 지피게 만든 곳이다.

⑧ 床の間(とこま) : 和室의 인테리어 장식의 하나로 이곳에 꽃꽂이나 족자 등을 장식한다.

⑨ 押し入れ(おいいれ) : 이부자리나 방석, 옷 등을 넣어두는 붙박이장이다.

⑩ 座敷(ざしき) : 손님을 맞이하는 응접실이다.

⑪ 土間(どま) : 江戸時代 농가에서 안방과 건넌방 사이의 마루를 놓을 자리에 마루를 놓지 않고 흙바닥을 그대로 둔 곳이다.

⑫ 納戸(なんど) : 의류나 세간을 넣어두는 방이다. 때때로 침실로도 사용한다.

⑬ 台所(だいどころ)(勝手(かって)) : 부엌에 해당하는 공간이다. 부엌에서 밖으로 통하는 문은 勝手口(かってぐち)라고 한다.

⑭ 風呂場(ふろば) : 욕실이다.

⑮ 火燵(こたつ) : 난방 기구이다. 지금은 전기 火燵가 많지만, 이전에는 숯을 사용했었다.

⑯ 仏壇(ぶつだん) : 가정에 불상이나 조상의 위패를 모셔 두는 곳이다.

⑰ 鴨居(かもい) [2017.A 기출] : 和室의 襖나 障子가 세워질 수 있도록, 미닫이문 위쪽에 부착되어 있는 나무의 홈을 파서 만든 부분. 아래쪽에 부착된 나무의 홈을 파서 만든 부분은 敷居(しきい)라고 한다.

memo

⑱ 欄間 : 채광이나 통풍, 장식 등의 목적으로 천장과 鴨居 사이에 만들어 놓은 開口部材.

⑲ 長押 : 건축에서 기둥을 수평 방향으로 이어주는 부분. 나무 판자를 기둥과 기둥 사이를 연결하듯이 하여 벽에 부착한다. 天井와 長押 사이에 있는 벽을 蟻壁라고 한다.

(5) 일본의 전통 건축 양식

① 寝殿造り : 平安時代에 귀족 藤原氏가 세력을 떨치던 때에 막강한 재력에 힘입어 독자적인 양식으로 지어진 건축 양식을 말한다. 寝殿은 그 집의 주인이 기거하는 공간이기도 하고 손님을 접대하는 공간이기도 해서 가장 호화스럽게 꾸며졌다. 당시 귀족들은 정원을 만들어 놓고 그곳을 거닐거나 내다보며 즐겼는데, 중앙에서 남쪽에 寝殿을 세우고 그 좌우 및 북쪽에 対の屋를 세운 후에 寝殿과 対屋는 복도로 연결하였으며 연못을 만들고 그 안에는 中島를 쌓는 식으로 지었다. 金閣寺의 初層(1階)는 寝殿造り의 건축 양식으로 알려져 있다.

② 書院造り : 室町時代에서 江戸時代 초기에 걸쳐 완성된 주택 건축 양식이다. 和風 주택으로 현재까지 영향을 미치고 있다. 接客空間이 독립되어 있으며 主座敷를 上段으로 해서 床, 棚, 付書院, 帳台構 등을 배치한다.

(6) 일본의 전통 정원 양식

① 池泉式庭園 : 연못(池)을 파고 그 주위에 감상할 만한 경관을 만드는 정원을 말한다.

② 築山式庭園 : 연못을 파고 작은 동산을 만든 다음에 연못 중심으로 산책로를 만들어 정원을 감상하도록 하는 양식이다.

③ 枯山水 : 물(水)이 없는 정원으로 연못 등의 물을 이용하지 않고 돌이나 모래 등으로 山水의 風景을 표현하는 정원 양식이다. 예를 들어 하얀 모래나 작은 자갈돌을 깔아서 水面을 표현하고 그 위로 다리를 설치하거나 돌 표면의 무늬를 이용하여 물의 흐름을 표현하기도 한다. 상징성과 회화성을 추구하는 추상적인 표현이 살아 있는 양식으로 室町時代의 禅宗寺院에서 특히 발달했다. 이같은 枯山水 양식의 등장으로 물이 없어도 정원을 만들 수 있게 되었다.

④ 借景 : 庭園 밖에 있는 산이나 수목, 대나무숲 등의 자연물을 庭園 내 풍경 배경으로 끌어들이는 양식을 말한다. 前景의 정원과 背景이 되는 借景를 일체화시키는 수법으로 平安時代부터 이용되었으며 京都의 修学院離宮의 정원이 대표적이다.

⑤ 露地 : 草庵式 茶室의 정원으로 茶道의 독특한 분위기를 자아낼 수 있도록 꾸민 정원을 말한다. 茶室에 온 손님들은 茶室 앞의 露地를 통해 茶室로 들어간다. 茶道의 정원이라는 뜻에서 茶庭라고도 한다.

4 일본의 행동 문화

1 일본인의 인사 행동

(1) 挨拶の由来
あいさつ

일본에서 인사의 의미로 쓰이는 挨拶는 禅宗에서 유래된 말이다. 禅宗에서는 수행자가 수행
성과를 서로 질문하며 깨달음의 깊이를 확인하는 행위를 一挨一拶라고 했는데 이 말이 일반인들
에게도 확산되어 타인을 만났을 때 주고받는 의례적인 안부나 인사라는 뜻을 갖게 되었다.

(2) 会釈·お辞儀
えしゃく じぎ

일본인이 인사를 할 때, 그 동작으로는 会釈와 お辞儀가 있다. 会釈는 가볍게 고개를 숙이는
인사이며 お辞儀는 허리부터 상체와 머리를 숙여 정중하게 인사하는 동작으로 깊은 감사를 표하
거나 사과를 할 때, 중요한 손님을 배웅할 때 등, 여러 상황에서 사용하는 일본의 대표적인 인사라
고 할 수 있다. 이때 허리를 굽히는 정도는 상대방과 비슷하게 하는 것이 좋으며 상대방보다 먼저
허리를 펴면 실례가 된다. 또한 상대방이 친밀감을 느낄 수 있도록 미소를 지으며 밝고 친절한 목
소리로 말하는 것이 예의 바른 행동이 된다.

(3) 初対面
しょたいめん

언어와 문화가 서로 다른 이문화 커뮤니케이션에 있어서 첫 만남에서의 언어 행동은 중요하다.
일본인들은 처음 만났을 때 자신을 잘 드러내지 않는 경향이 있다. 자기의 취미나 관심, 직업, 성격
과 같은 사적 정보를 타인에게 공개하는 것을 自己開示라고 하는데 일본인들은 상대방이 자신을
어떻게 생각하는지 알 수 없는 상황에서 자신에 대한 정보를 주는 행동은 그 사람에게 부담을 주는
일이라고 생각하기 때문에 예의상 초면에는 자신의 정보를 잘 드러내지 않고 어느 정도 신뢰 관계
를 구축한 후에 속마음인 本音를 말하는 경우가 많다. 특히 종교에 관한 질문은 서로 꺼리는 경향
이 있는데 이는 신흥 사이비 종교 신자인지를 확인하려는 질문으로 오해받을 수 있기 때문이다. 그
리고 대다수의 일본인들은 어느 하나의 종교만을 믿는 것이 아니라 연말연시에는 神社에 가고 장
례식은 불교식으로 진행하며 결혼식은 교회에서 거행하는 등, 일상생활에서 여러 종교 의식에 참
여하는 경우가 대부분이기 때문에 자신의 종교를 하나로 특정하기가 어렵다.

일본인이 자기소개를 할 때는 공손한 말씨와 태도로 성(姓)만을 말하는 것이 일반적이며 우리처
럼 악수를 하는 일은 드물다. 누군가를 소개할 때는 자기와 친한 사람을 먼저 소개하고, 특별히 친
한 사람이 없다면 아랫사람을 윗사람에게 먼저 소개한다. 그리고 일본인들은 명함을 매우 소중히
여기므로 명함을 받게 되면 상대방이 보는 앞에서 직함을 읽어 보고 소중한 물건을 다루듯이 명함
지갑 등에 넣는 것이 예의이다.

(4) 感謝する

일본인들은 사소한 일이라 해도, 그리고 아무리 친한 사이라고 해도 일일이 고마움을 말로 표현하는 습관이 있다. 사소한 실수나 호의에도 「すみません」, 「ありがとう」라고 일일이 미안함이나 고마움을 표현하는 일본인의 배려와 친절은 「人に迷惑をかけないように」라는 말을 사회생활의 기본으로 삼는 일본인들의 의식과, 일생을 통해 단 한 번뿐인 소중한 만남이라는 뜻을 나타내는 「一期一会」 정신과 관련이 깊다. 「親しき仲にも礼儀あり」라는 말에서도 알 수 있듯이 아무리 친한 사이라도 예의를 지켜야 한다는 생각이 강하며 친한 사이라고 해도 고마운 마음은 꼭 표현하는 편이다. 만약 누군가에게 선물을 받았거나 그 사람이 베푸는 호의를 받았을 경우에는 바로 고맙다고 인사를 하고 나중에 그 사람을 다시 만나게 되면 「先日はどうも」 또는 「この前はどうも」라고 다시 한번 인사하는 것이 예의이다. 감사 인사를 할 때에도 「いつもすみません」이나 「いつもありがとう」처럼 반복적으로 고마움을 느낀다는 식으로 표현하는 경우가 많고, 회사에서 전화를 걸거나 받을 때에도 먼저 「いつもお世話になっております」라고 말하고 나서 용건으로 넘어가는 것이 일반적이다.

(5) 謝る

일본인의 사과 표현에는 「悪いね」, 「ごめん(なさい)」, 「すみません」, 「失礼しました」, 「申し訳ありません」, 「申し訳ございません」, 「お詫びします」, 「謝罪します」 등이 있다. 사죄를 한다는 의미를 공통적으로 갖는 표현이라 하더라도 「謝罪します」는 법적인 책임까지도 지겠다는 뜻이 내포되어 있지만 「お詫びします」는 그렇지 않다는 점에서 차이가 있다. 그 밖에 무릎을 꿇은 채 손바닥을 바닥에 대고 이마가 바닥에 닿을 때까지 엎드려서 사죄하거나 청원하는 자세를 土下座라고 한다.

거리를 걷다가 서로 부딪혔을 때, 먼저 원인을 제공한 사람이 사과해야 한다고 생각하는 한국인들과 달리 일본인들은 잘잘못을 따지지 않고 바로 「すみません」이라고 말하는 경우가 많은데 이는 본인이 원인 제공자라고 생각해서가 아니라 상대방과의 불필요한 충돌을 피하기 위해 일단은 사과하여 그 상황을 무마하려는 의도가 있기 때문이다. 따라서 누군가가 「すみません」이라는 말을 했다고 해서 바로 책임을 그 사람에게 돌릴 수는 없다. 또한 선물을 받았을 때에도 「すみません」이라고 하는 경우가 있는데 이는 뭔가 잘못해서가 아니라 상대방에게서 받기만 하고 본인은 답례를 하지 못하기 때문에 미안한 마음과 고마운 마음을 함께 전하는 표현이다. 또 「すみません」은 사과나 감사뿐 아니라 누군가의 주의를 끌기 위해 그 사람을 부르는 呼びかけ 표현, 또는 용건을 말하기 전에 미리 상대방의 양해를 구하는 기능을 하는 前置き 표현으로 사용되기도 한다.

2 일본의 언어 행동 문화

(1) 相づち

相づち는 맞장구 표현을 말한다. 한국에서는 상대방의 이야기를 들을 때 끝까지 다 듣고 나서 자신의 이야기를 하는 것이 예의로 생각되지만 일본인의 이야기를 들을 때에는 대화 도중에 적당한 곳에서 「はい」, 「ええ」, 「うん」, 「そうですか」, 「そうですね」, 「なるほど」 등의 대답을 하는 편이 좋다. 이같은 대화 스타일을 「共話」라고 하는데 만약 대화 도중에 상대방이 맞장구를 치지 않으면 일본인들은 상대방이 자기의 말에 관심이나 흥미가 없다고 여기고 불안해한다.

> 水谷(1993)によると、「共話」は話者自身が発話を一旦途中で切り、文を完結させずに、話し相手もその続きを引き取って、「あいづち」や「言いさし」などと伴い、いちいち話し相手とのインターアクションを図りながら、向こう側との共通理解を求める前提とする話し方である。
>
> それに対して、「対話」とは話し手が自分の意見や考え方を前面に出し、「です」、「ます」で完結し、話し相手もじっと話が終わるまで黙って待ち、両者間の意思疎通を目的としない話し方である。
>
> 〔水谷信子(1993)「共話」から「対話」へ『日本語学』12巻 4号、明治書院、4-10〕

(2) 褒める

칭찬이란 누군가에게 호의적인 판단이나 의견을 전하는 언어 행동을 말하며 인간관계의 윤활유 같은 존재로 긍정적인 측면이 있다. 칭찬에 대한 연구 결과에 따르면 일본인들은 「上手」, 「うまい」, 「すごい」와 같은 말을 자주 사용하여 상대방의 기량을 칭찬하는 경향이 있다. 다만 타인의 외모에 대한 언급은 개인의 사생활을 침해하는 것으로 오해할 수 있기 때문에 주의해야 한다. 과거에는 칭찬을 들었을 때 이를 부정하거나 거절하는 것이 미덕으로 여겨져 왔으나 최근에는 상대방의 칭찬이나 호의를 그대로 받아들여 긍정적이고 적극적으로 수용하는 행동 유형을 보이는 경우가 많아지고 있다. 기쁜 마음을 그대로 드러내는 것도 나쁘지 않다는 인식이 생기고 있는 것이다.

(3) 断る

이문화 커뮤니케이션에 있어서 거절 행위는 오해나 문제가 발생할 가능성이 높은 언어 행동이다. 특히 일본어에는 「いいです」나 「けっこうです」처럼 문자 그대로 해석하면 승낙인지 거절인지 판단하기 어려운 표현들이 많다. 어떤 부탁을 했을 때 일본인으로부터 「考えておく」나 「検討させてもらう」와 같은 대답을 들었을 때, 한국인들은 이를 긍정적인 사인으로 받아들이는데 실제로 이 표현은 일본에서는 거절의 의미로 사용되는 경우가 많으며 특히 친하지 않은 사람에게서 이 표현

을 들었을 때에는 더욱 그렇다. 일본인들은 상대방에게서 부탁이나 제안을 받았을 때 거절을 하고
싶다 해도 상대방과의 관계를 생각하여 「いいえ」, 「いやです」, 「できません」, 「だめです」 등과 같
은 직접적인 거절 표현을 좀처럼 사용하지 않기 때문이다. 그 대신 위에서 언급한 표현을 사용하면
서 조심스럽게 자신의 입장을 설명하는 경우가 많은데 대부분의 일본인들은 그 내용에 따라 상대
방의 거절 의사를 눈치 채고 부탁이나 제안을 스스로 거두어들이는 것이 일반적이다.

(4) 間接発話

　京都에서는 찾아온 손님이 늦게까지 돌아가지 않는 경우에 주인이 「お茶漬けでもいかがで
すか」라고 하면 그 의미는 お茶漬け를 권하는 것이 아니라 식사 시간이 되었으니 이제 그만 돌아
가 달라는 요청의 뜻으로 사용된다고 한다. 이처럼 우리가 사용하는 발화행위는 발화문과 그 전달
의도가 항상 일치하는 것은 아니다. 만약 누군가가 나에게 「太郎君の携帯の番号、知っている？」
라고 물었다면 그 질문의 의도는 휴대전화 번호를 알고 있는지의 여부를 묻는 것이 아니라 만약 알
고 있다면 가르쳐 달라는 依頼라는 의미로 전달될 것이다. 이처럼 발화문과 전달 의도가 일치하지
않고 그 장면이나 상황에서만 유효한 발화문을 間接発話라고 한다. 일반적으로 間接発話는 제안
을 거절하거나 뭔가를 요구하는 장면에서 많이 사용되는데 형식적이고 습관적으로 사용하는 경우
도 많기 때문에 상황이나 장면에 맞게 제대로 해석할 필요가 있다. 특히 언어와 문화가 서로 다른
이문화 커뮤니케이션에서는 오해가 발생할 가능성이 높으므로 외국어 교육에서는 문법 지식뿐 아
니라 상황이나 장면을 고려한 화용론적인 지식도 필요하다.

(5) 訪問する　2010 기출

　일본인 가정에 초대를 받아 방문할 때에는 다음과 같은 점에 주의한다.

① 玄関で : 「ごめんください」라고 말한 뒤 주인이 「どちらさまですか？」라고 하면서 나오면,
「こんにちは」, 「きょうはお招きくださってありがとうございます」, 「お邪魔します」 등의 인
사말을 한다. 현관에서 인사를 마치고 나면 집주인은 「遠い所をわざわざいらっしゃって…
さあ、お上がりください」라고 하면서 집 안으로 안내할 것이다. 이때 신발은 현관에서 벗은
후 신발코가 바깥을 향하도록 돌려 놓아둔다.

② 部屋に入る : 和室라면 座布団에 무릎을 꿇고 앉는다. 문지방(敷居)나 畳의 ヘリ를 밟지
않는다. 그 후, 주인이 「どうぞ足をくずしてください」라고 하면 남자는 책상다리로 앉고 여
자는 다리를 옆으로 내밀고 앉는다. 주인이 차를 가지고 오면 「いただきます」라고 하고 마
신다. 식사를 할 때 도저히 입에 맞지 않으면 「すみません、はじめて食べるのであまり口
にあいません」이라고 하면 된다.

③ お風呂の使い方 : 일본 가정에서 욕조는 하루에 한 번 물을 받아 가족 전체가 돌아가면서
사용하기 때문에 욕조의 물은 깨끗이 사용해야 한다. 밖에서 몸을 씻은 후 욕조에 들어가고,
욕실을 쓴 후 욕조의 뜨거운 물은 버리지 말고 그대로 놔둔다.

3 일본의 비언어적 행동 문화

(1) 非言語的コミュニケーション

非言語的コミュニケーション이란 말하는 사람이 의사소통에 필요한 정보를 표정이나 몸짓, 태도, 시선, 자세, 목소리 상태와 같은 언어 이외의 수단을 통해 청자에게 전달하는 행위를 말한다. 그런데 이러한 비언어적 행동의 전달 체계는 국가나 문화권에 따라 다르게 해석되는 경우가 있어 이문화 커뮤니케이션에서 오해나 문제가 발생하는 경우가 많다.

(2) パーソナル・スペース(縄張り意識)

パーソナル・スペース는 다른 사람이 접근했을 때 불쾌하게 느껴지는 공간, 즉 対人距離를 말하며 이 対人距離를 의식한다는 말은 타인에게 어느 정도까지 접근을 허용할 것인가에 대한 것으로 이른바「縄張り意識」를 갖는 것을 말한다. 인간은 상대방과의 상하 관계나 친소 관계에 따라 의식적 또는 무의식적으로 최적의 거리를 유지하려는 본능이 있다. 일상 대화 시의 표준 거리가 미국인은 약 50㎝이고 한국인은 약 70㎝인데 일본인은 약 1m라고 한다. 이는 눈에 보이는 거리뿐 아니라 눈에 보이지 않는 거리에 대해서도 마찬가지인데 자신을 둘러싸고 있는 보이지 않는 개인적 공간과 타인의 공간을 의식하면서 행동하는 행동 양식도 국가나 문화권에 따라 다를 수 있다. 서로 친해지기 위해서, 또 어느 정도 친해진 후에는 다소 격의 없이 지내도 된다는 생각을 하는 한국인과 달리 일본인은 친구나 가족처럼 가까운 사이라 해도 자신과 타인의 영역을 엄격히 구분하고 서로의 행동에 가급적 참견하지 않으려는 경향이 있다. 따라서 대화할 때의 거리도 한국인보다 먼 편이며, 물건을 빌리거나 다른 사람의 영역 내에서 무언가 행동을 할 때에도 일일이 양해를 구하는 일이 많다. 또한 심리적 거리가 가까운 사람에게는 반말을 사용하여 친근함을 나타내지만 그렇지 않을 때에는 의도적으로 경어를 사용하여 상대방의 접근을 방어하기도 한다.

(3) 接触行動

接触行動란 악수, 포옹, 아이 콘택트(eye contact)와 같은 접촉 행위를 통해 메시지를 전달하는 것을 말한다. 예를 들면 첫대면에서 인사를 나눌 때 악수와 같은 신체 접촉을 동반하는 문화도 있고 그렇지 않은 문화도 있다. 일반적으로 일본은 한국에 비해 가족끼리라고 해도 신체 접촉을 꺼리는 것으로 알려져 있다. 한국에서는 여대생들끼리 팔짱을 끼고 걷는 풍경을 흔히 볼 수 있지만 이는 일본에서는 거의 볼 수 없는 행동이다. 일본인에게 개인의 신체는 사적 영역에 들어가는 것이므로 신체 접촉을 사적 영역에 대한 침해로 여기는 것이다.

전공일본어

⑷ ボディー・ランゲージ

　메시지를 전달하기 위해 언어와 함께 사용되는 身振り手振り를 ジェスチャー라고 한다. ジェスチャー는 좀 더 원시적인 형태의 커뮤니케이션 수단이기 때문에 문화적 지식의 영향이 상대적으로 적지만 ボディー・ランゲージ는 해당 지역의 문화적 지식이 없으면 이해할 수 없는 경우가 많다. 예를 들어 일본에서는 자기 자신을 의미할 때 검지로 코를 가리킨다. [2023.A 기출] 그리고 엄지와 검지로 동그라미를 만드는 행동은 돈을 의미한다. 또한 무언가를 부정할 때 얼굴 앞에서 손을 좌우로 흔드는 행동도 일본인끼리 통하는 ボディー・ランゲージ이다.

5 일본의 전통예도(芸道)

1 다도 [2019.B 기출] [2025.B 기출]

(1) 茶道(さどう)

茶道는 차를 통해 예의범절을 익히는 수양으로 茶室을 꾸미고 茶道具를 준비하여 차를 만들어 마시는 일체의 과정을 말한다. 茶道의 예법은 찻잔에 차를 만들어 손님에게 권하는 방법과 이것을 받아들이는 손님의 마음으로 이루어진다. 또한 차를 만드는 방법을 중심으로 건축이나 공예, 꽃꽂이, 요리까지도 결합된 종합 예술이 茶道이다.

(2) 和敬清寂(わけいせいじゃく)

일본인들은 불교의 禅(ぜん)사상과 불교 의식을 茶道의 정신세계와 의식에 응용함으로써 茶道를 통해 수준 높은 정신 수양을 추구했다. 불교의 禅사상에서는 和敬清寂(わけいせいじゃく)라 하여 서로 화합하고(和), 서로 공경하고(敬), 맑은 정신으로 임하며(清), 마음의 정적을 유지하라(寂)는 네 가지 규율을 승려에게 요구했는데 茶道에서는 이 네 가지 규율을 茶道의 기본 정신으로 삼았다. 和敬(わけい)는 茶道에 임하는 주객 서로 간의 마음가짐을, 그리고 清寂(せいじゃく)는 茶室이나 茶道具와 관련된 마음가짐을 의미한다.

(3) わび · さび

간소함 속에 발견되는 맑고 한적한 정취인 わび와, 閑寂枯淡(かんじゃくこたん)의 정취를 상징하는 미적 개념 さび 역시 禅의 사상으로 茶道의 정신이 되었다. 安土 · 桃山時代에 활약한 茶人(ちゃじん), 千利休(せんのりきゅう) [2025.B 기출] 는 간소하고 간략한 わび茶를 확립한 인물로 茶聖(ちゃせい)라고도 불린다.

(4) 一期一会(いちごいちえ) [2025.B 기출]

茶道 정신 중 하나이다. 일생의 단 한 번뿐인 만남을 위해 주인은 茶室의 床の間에 掛け軸(かけじく)를 걸고 生け花(いけばな)를 꾸며 놓고 茶碗(ちゃわん) 등의 茶道具를 정성껏 준비한다. 그리고 손님은 이를 통해 주인의 정성 어린 마음을 이해하고 감사히 여기는 것이다.

(5) 茶会(ちゃかい)

식사와 차를 포함하여 茶道를 즐기는 것을 茶事(ちゃじ)라고 하는데 이를 간략화하여 お茶와 和菓子(わがし)만으로 가볍게 모이는 것을 茶会라고 한다. 그 순서와 과정은 다음과 같다.

① 茶室의 안쪽 출입구로 주인이 먼저 입실한다.
② にじり口(ぐち)라는 작은 문으로 손님들이 입실한다.

③ 주인과 손님이 인사를 나누고 정해진 자리에 앉는다.

④ 주인이 화덕에 숯불을 지피고 향을 피운다.

⑤ 懐石料理(かいせきりょうり)라는 간단한 요리와 和菓子를 먹는다. 과자를 먹을 때 懐紙(かいし)(ふところがみ)를 사용한다.

⑥ 손님들은 정원에 나가 잠시 쉬고 주인은 차를 준비한다.

⑦ 손님들이 다시 들어오면 주인은 진한 맛의 차와 엷은 맛의 차를 차례로 낸다.

⑧ 차를 마시며 여러 가지 얘기를 나눈다.

2 기타 예도 2025.B 기출

(1) 華道(かどう)(生け花)

華道는 불교와 함께 전래되었으며 부처님 앞에 꽃을 바치는 풍습에서 비롯되었다. 15세기경 일본의 가옥에 床の間가 만들어지고 16세기경부터 茶道에서 床の間에 장식하는 꽃꽂이인 茶花(ちゃばな)가 유행하면서 華道도 번성하게 되었다. 華道의 기본 정신은 자연의 꽃을 사용해서 하늘(天·宇宙), 땅(地·地球), 인간(人)의 3요소를 균형 있게 표현하는 것이다.

(2) 書道(しょどう)

붓에 먹을 묻혀서 한자나 仮名 문자를 아름답게 써서 표현하는 예술이다. 글자의 형태나 크기, 글자의 배치 등을 다듬어 쓰는 書写(しょしゃ)를 바탕으로 여기에 다양한 표현 방법을 더하고 선이나 구성 등을 궁리하여 창조적이고 개성적인 아름다움을 표현한다.

(3) 武道(ぶどう)

일본에는 剣道(けんどう), 柔道(じゅうどう), 弓道(きゅうどう) 등 다양한 武道(ぶどう)가 있다. 이는 스포츠임과 동시에 수련을 계속함으로써 심신을 단련하고 인간을 형성해 가는 하나의 예술이다. 전쟁이 끝나고 평화로운 시대가 찾아오자 검술은 사람을 죽이는 기술이 아니라 武士로서 소양을 쌓기 위한 생활방식인 師道(しどう)로 발전하는데 이는 예전부터 있었던 武士の習い(なら)가 江戸時代에 들어와 儒教(じゅきょう)와 결합하여 武士들이 살아가기 위한 철학이 된 것이라고 할 수 있다. 明治時代 이후에 師道(しどう)는 武士道(ぶしどう)라고 불리게 되었는데 1899년에 사상가 新渡戸稲造(にとべいなぞう)가 저술한『武士道(ぶしどう)』에 의해 집대성되었다.

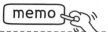
3 일본의 전통 악기

(1) 三味線 `2012 기출` `2022.B 기출`

安土·桃山時代에 중국에서 전래되어 沖縄를 거쳐 일본 전국으로 보급되었으며 江戸時代 이후 일본을 대표하는 악기가 되었다. 지판(指板)의 표면을 나누는 금속 돌기인 フレット(fret)가 없는 것이 특징이며 세 줄의 현을 은행잎처럼 생긴 撥로 연주한다. 주로 琵琶法師들이 연주했으며 歌舞伎나 文楽, 民謡 등의 반주에 사용된다.

(2) 琴

몸통은 참오동나무로 길이 160cm~200cm, 두께 20cm의 기다란 형태로 만들고 13개의 현은 비단 줄이나 나일론 줄로 굵기가 일정하게 만든다. 오른손 엄지, 검지, 중지에 각각 「つめ」라는 골무를 끼고 엄지와 검지로 현을 뜯으면서 왼손으로 줄을 누르거나 진동시켜 연주한다.

(3) 太鼓

나무나 금속으로 만든 몸통의 양쪽 또는 한쪽 면에 가죽을 대고 ばち라는 북채로 쳐서 소리를 내는 타악기이다. 옛날에는 군사적인 목적이나 농경의 시각을 알리는 데에 사용되었고 북 소리가 들리는 곳까지를 마을의 경계로 삼기도 하였다.

(4) 尺八

중국의 唐나라에서 전해진 목관악기로 그 모양은 통소와 비슷하다. 대나무를 잘라 1尺 8寸의 길이로 만든 피리라서 尺八라는 이름이 붙여졌다. 독주보다는 三味線, 琴 등의 현악기와 합주하는 경우가 많다.

일본의 역사

1 시대 구분

B.C. 13,000年	B.C. 300年	A.D. 300年	593年	710年
縄文時代 (じょうもん)	弥生時代 (やよい)	大和時代 (やまと)	飛鳥時代 (あすか)	奈良時代 (なら)
794年	1192年	1338年	1573年	1603年
平安時代 (へいあん)	鎌倉時代 (かまくら)	室町時代 (むろまち)	安土・桃山時代 (あづち ももやま)	江戸時代 (えど)
1868年	1912年	1926年	1989年	2019年
明治時代 (めいじ)	大正時代 (たいしょう)	昭和時代 (しょうわ)	平成時代 (へいせい)	令和時代 (れいわ)

2 연호(年号) (ねんごう) 2003 기출 2004 기출

새로운 天皇가 즉위한 해를 元年(がんねん)이라고 하며 다시 새로운 天皇가 즉위할 때까지 동일 年号를 사용한다. 현재의 年号는 令和이며 2019년이 令和元年이다. 일본에서는 서기보다는 年号를 주로 많이 사용하는데 일본 年号를 서기로 환산하려면 元年에 해당하는 서기 연도에 年号의 연도를 더한 후 1을 빼면 된다.

例 令和 2 年 → 2019(令和元年)＋ 2 － 1 ＝2020년

平成22年 → 1989(平成元年)＋22－ 1 ＝2010년

③ 일본사 개관

지리적으로 아시아 동쪽 끝 해상에 위치한 일본은 예로부터 중국 대륙 및 한반도의 문화와 밀접한 관계를 맺으며 살아왔다. 일본이 제대로 된 국가의 모습을 갖춘 것은 聖德太子가 국가의 틀을 만드는 법을 제정하고 왕 중심의 정치 기반을 마련한 7세기 초이다. 聖德太子는 불교를 숭상하여 法隆寺 등 많은 절을 지었고 중국(隋)에 유학생을 보내어 율령 정치를 비롯한 중국의 여러 제도를 받아들였다.

7세기 초까지의 飛鳥時代를 거쳐 수도를 奈良로 옮긴 8세기 초에서 8세기 말까지를 奈良時代라고 한다. 점차로 귀족들의 세력이 비대해져서 平安時代에는 藤原氏 중심의 귀족 정치가 12세기 말까지 계속 이어진다. 그러나 平安時代 말기에는 지방 출신 武士들의 세력이 강해져서 결국 무사들이 정권을 잡게 되고 귀족 정치를 대신하여 무가 정치인 幕府 시대가 막을 올리게 된다. 12세기 말에서 15세기 초에 걸쳐 지속된 鎌倉時代와 室町時代를 일본의 중세 시대라고 부른다.

15세기 중엽부터 중앙 정부인 幕府의 세력이 약해지면서 각 지방 무사들 간에 세력 다툼이 일어났는데 이 시기를 戰国時代라고 한다. 난세의 영웅 豊臣秀吉가 전국을 통일하였고 秀吉의 뒤를 이어 정권을 잡은 德川家康는 지금의 東京인 江戸로 수도를 옮겨 江戸幕府의 문을 연다. 이때부터 1868년의 明治維新 때까지 약 270년간 이어진 江戸 시대를 일본의 근세 시대라고 부른다. 德川家康는 각 지방을 분할하여 大名 2004 기출 를 두는 지방분권제를 도입하였고 家康의 후손이 대를 이어 집권하며 나라를 다스렸는데 이 시기에는 각 지방의 특색을 살린 산업이 발달하고 기술을 존중하는 풍조가 높아졌으며 상업으로 경제력을 키운 町人들이 문화의 주역으로 등장하였다.

明治維新 이후, 일본은 근대국가를 표방하고 서양 문물을 적극적으로 수용함으로써 경제적, 군사적으로 힘을 키우게 되었으나 이내 군국주의로 치닫게 된다. 1910년 한반도 침략을 비롯하여 주변 여러 국가에 막대한 피해를 입히며 세계대전에도 참전하였으나 1945년에 미국의 원자폭탄 공격에 항복하여 패전국이 되었다. 그러나 이후 1964년 도쿄 올림픽을 계기로 경제가 크게 발전하면서 강력한 경제력을 갖춘 나라로 도약하였다.

memo

4 시대별로 본 일본 역사

(1) 縄文·弥生時代(B.C.13000~)

지금부터 1만 년 전에서 약 2300년(기원전 3세기) 전까지의 시대를 縄文時代라고 하는데 일본의 신석기시대이다. 이 무렵의 사람들은 집단생활을 했고 수렵 채집 생활을 했다.

기원전 3세기 무렵부터 시작된 弥生時代에는 대륙으로부터 벼농사가 전래되어 농경문화가 시작되었다. 빈부의 차이가 생겨나고 사람들이 모이게 되면서 기원전 1세기경에는 작은 국가들이 많이 생겨났는데 그중에서 卑弥呼라는 여왕이 다스린 邪馬台国가 주변의 작은 국가들을 통합하여 세력을 떨쳤다. 이 시대에는 벼농사와 함께 청동기와 철기 등의 금속도 대륙에서 전해졌다.

(2) 大和時代(300年~)

4세기 초 무렵 어떤 한 사람을 위한 큰 무덤이 생겨났다. 이는 古墳文化의 상징으로 이 시대에 큰 권력을 가진 지배자가 있었던 것을 알 수 있다. 이 정치 권력을 大和政権이라고 하는데 처음에는 大和(近畿地方)에서 시작하여 5세기 무렵까지는 大和国家가 전국의 대부분을 지배하였다. 大和政権은 대륙문화를 적극적으로 받아들여 여러 가지 기술이 일본에 들어왔고 百済에서 渡来人이 찾아와 불교를 전파하고 철기와 한자도 전해 주었다.

(3) 飛鳥時代(593~710年)

6세기 말, 聖徳太子는 왕권 강화를 위해 17조 헌법을 정하고 중국에 遣隋使를 파견하여 대륙문화를 적극 수용했다. 불교에 심취했던 聖徳太子는 불교 전파를 위해 法隆寺를 비롯한 절이나 불상 등을 많이 건축하도록 하였는데 이러한 불교 문화가 大和의 飛鳥를 중심으로 번성했기 때문에 이를 飛鳥文化라고 부른다. 聖徳太子의 사후, 豪族였던 蘇我氏가 天皇를 능가할 정도의 권력을 쥐게 되는데 645년에 中大兄皇子는 中臣鎌足의 도움을 얻어 蘇我氏를 제거하고 세금 제도를 개편하는 등, 天皇 중심의 중앙집권 국가 체제를 만들게 된다. 이때부터 중국을 본따서 연호를 쓰기 시작하였는데 첫 번째 연호가 大化였기 때문에 이 개혁을 大化의 改新이라고 한다. 天皇라는 단어는 7세기 후반부터 사용된 것으로 보이는데 이를 보더라도 이 시기에 비로소 왕권이 강화되었음을 알 수 있다.

(4) 奈良時代(710~794年)

710년에 元明天皇는 중국 唐의 長安을 모방하여 奈良에 平城京를 짓고 遷都를 단행하는데 이때부터 平安京로 도읍을 옮기기까지의 시대를 奈良時代라고 한다. 이 시대의 문화는 天平라는 연호가 사용되었을 때 가장 번영하였다고 해서 天平文化라고 부른다. 遣唐使를 통하여 唐의 문화가 전해졌고 호국종교로서 불교를 중요시하였기 때문에 불교를 중심으로 한 매우 화려한 문화가 꽃을 피웠다.

天皇 중심의 율령정치가 정착하고 귀족들은 화려한 생활을 즐겼으나 농민들의 삶은 궁핍하여 토지를 버리고 도망치는 사람들이 증가했다. 이에 조정은 토지를 개간한 사람에게 그 토지를 주는 규칙을 만들었는데 귀족 또는 절과 신사에서 적극적으로 개간에 나서면서 사유지를 늘리기 시작했다. 이로 인해 大化の改新 이후 모든 토지와 백성을 天皇에게 귀속시켰던 公地公民 제도가 무너지게 된다. 8세기 말에 현재 京都에 해당하는 平安京로 遷都하면서 平安時代가 시작된다.

(5) 平安時代(794~1192年)

平安時代는 궁정 문화가 꽃을 피운 시대로 귀족 문화가 절정에 달했고 유명한 문학작품도 많이 쓰여졌다. 특히 여류 작가들의 활약이 두드러졌는데 1000년경에 쓰여진 紫式部의『源氏物語』는 대표적인 작품이다. 894년의 遣唐使 폐지는 国風文化 발생의 계기를 마련했으며 国風文化의 영향으로 平等院鳳凰堂나 寝殿造り가 생겨났다.

정치 면에서는 귀족 藤原氏가 摂関政治로 세력을 떨쳤으며 天皇의 힘은 약해졌다. 한편 天皇가 上皇(白河上皇)가 되어서 朝廷를 다스리는 院政가 시작되었는데 이러한 天皇와 上皇의 대립으로 인해 保元の乱이 발생한다. 여기서 天皇가 승리하였으나 이때 참전한 武士, 源氏와 平氏가 또 다른 신흥 세력으로 등장하게 된다. 신흥 무사 세력인 源氏와 平氏의 대립이 점점 심해지는 가운데 平清盛가 太政大臣이 되어 정권을 잡자 平氏의 세상이 열린다. 그러나 壇の浦の戦い에서 源氏가 승리하면서 平氏는 멸망하고 源頼朝는 征夷大将軍이 되어 鎌倉幕府를 연다.

(6) 鎌倉時代(1192~1333年)

源頼朝가 세운 鎌倉幕府는 약 140년간 계속되었는데, 이 시기를 鎌倉時代라고 하며 이때부터 天皇를 중심으로 하는 朝廷와 将軍이 중심이 되는 幕府의 이중 정권이 존재하게 된다. 頼朝의 사후, 北条氏가 실권을 장악하여 執権政治를 실시한다. 幕府로부터 권력을 되찾아 오기 위해 後鳥羽上皇가 承久の乱을 일으켰지만 幕府의 勝利로 끝난다. 그러나 전쟁을 겪으며 힘이 약해진 鎌倉幕府는 足利尊氏 등의 세력에 의해 멸망하고 만다. 이후 後醍醐天皇가 정권을 잡기 위해 公家中心의 政治를 시도하였지만 武士들의 反感을 사서 실패로 돌아간다.

한편 이처럼 전란이 계속되는 세상에서 사람들이 종교를 통해 구원을 얻고자 했기 때문에 새로운 불교가 잇따라 일어났다. 또한 문학에서는 무사들의 분쟁을 그린 軍記物語가 생겨났는데 그중에서 특히 유명한 작품이『平家物語』이다. 또 수필『方丈記』와『徒然草』도 이 시대에 쓰인 隠者文学의 걸작이다.

(7) 室町時代(1338~1573年)

鎌倉幕府를 무너뜨리는 데 가장 큰 공을 세운 足利尊氏는 京都의 室町에 室町幕府를 세우고 정치를 시작하는데 이 시대를 室町時代라고 한다. 足利에게 권력을 빼앗긴 後醍醐天皇는 자신이 정통이라고 주장하면서 南朝를 세워서 京都의 朝廷(北朝)와 대립하였다. 이 두 朝廷가 대립

6 전공일본어

memo

한 시기를 南北朝時代라고 하는데 이 싸움은 57년간이나 계속되었다.

1392年 足利義満가 南朝와 北朝를 통일하고 室町幕府는 全盛期를 맞이하지만 15세기 후반에 将軍의 후계자 분쟁으로 인해 応仁の乱이 일어난다. 이후 幕府와 守護大名(幕府로부터 임명받은 지방의 유력한 무사) 사이의 전쟁이 11년간이나 이어지면서 室町幕府의 힘은 점차 약해지고 각지에서 下剋上에 의해 세력을 쥔 戦国大名들이 난립하게 되면서 戦国時代가 시작된다. 이 戦国時代는 약 100년이나 지속되었는데 戦国大名는 자신이 다스리는 지역을 안정시키기 위해서 산업을 활성화하였기 때문에 상공업이 발달하고 각 지방의 특색 있는 특산품도 생산되었다. 또한 귀족과 무사의 성격이 결합된 새로운 武家文化가 완성되었으며 각지에 민중 문화가 생겨났다. 일본 전통 예능인 能楽, 狂言, 일본인이 茶를 즐기는 풍습도 이때에 생겨난 것이다.

이 시기에 足利義満가 京都의 北山에 세운 金閣와 足利義政가 京都의 東山에 세운 銀閣는 이 시대에 세워진 유명한 건축물로 각각 北山文化와 東山文化를 대표하는 건축물이다.

(8) 安土·桃山時代(1573~1603年) 2007 기출

戦国大名인 織田信長가 桶狭間の戦い에서 今川氏를 대파하고 琵琶湖 근처에 安土城를 세운 때부터 安土·桃山時代가 시작된다. 그러나 信長의 家来였던 明智光秀가 本能寺の変을 일으켜 信長를 죽이면서 信長의 전국 통일의 꿈은 무산되었다. 결국 信長의 뜻을 이어받은 豊臣秀吉가 천하통일을 달성하고 大阪城에서 전국을 지배하게 된다. 그 후 秀吉는 조선과 중국에도 세력을 넓히기 위해 임진왜란과 정유재란을 일으켰지만 두 번 모두 실패로 끝났다.

安土·桃山時代의 문화는 호화롭고 웅대한 분위기가 특징이다. 또한 이 시기에는 南蛮무역을 통해 여러 가지 서양 문물이 들어왔는데 室町時代 말기부터 江戸時代 초기에 걸쳐서 포르투갈을 비롯하여 스페인, 네덜란드 등에서 전해진 과자(カステラ, 金平糖, ボーロ 등)를 南蛮菓子 2011 기출 2019.B 기출 라고 부른다.

(9) 江戸時代(1603~1868年) 2002 기출 2003 기출 2004 기출

豊臣秀吉의 사후, 関ヶ原の戦い에서 石田三成에게 승리한 徳川家康가 1603年에 江戸(현재의 東京)에 幕府를 세우면서 江戸時代가 시작된다. 徳川幕府는 大名의 반란을 통제하기 위해 武家諸法度를 정하고 参勤交代 제도를 실시하는 등의 노력을 기울여 3대 将軍인 家光 집권 시기에 幕府 체제는 안정기를 맞이했다. 또한 幕府는 체제 유지를 위해 쇄국정책을 단행하였는데 長崎의 出島에 한하여 네덜란드와의 무역은 허가하였다.

이 시대에는 大阪의 町人을 중심으로 문화가 발달했다. 江戸 전기에는 井原西鶴, 近松門左偉門, 松尾芭蕉 등이 활약했는데 이 시기의 문화를 元禄文化라고 한다. 江戸 후기에는 문화의 중심이 江戸로 이동하여 洒落本, 歌舞伎, 浮世絵 등 다채로운 町人의 문화가 꽃을 피웠다.

그러나 18세기경부터 幕府 체제는 흔들리기 시작했으며 전국에서 농민들의 저항운동인 一揆가 일어났다. 1853年에 浦賀 항구에 미국의 페리 제독이 이끄는 黒船가 나타나고 幕府는 어쩔

수 없이 開國을 하게 된다. 그 후 경제 사정은 나빠지고 민중 생활은 점점 더 어려워졌다. 坂本龍馬의 중재에 따라 薩摩藩(현재의 鹿児島県)의 西郷隆盛 등과 長州藩의 桂小五郎 등이 薩長同盟를 맺은 후 이들을 중심으로 幕府를 타도하자는 倒幕 운동과 함께 天皇의 権力을 강화하는 尊王攘夷運動가 한층 더 가속화한다. 결국 15대 将軍 徳川慶喜가 1867년 大政奉還을 실행하여 권력을 朝廷에 반환함으로써 江戸幕府는 무너지고 明治 신정부로 정권이 넘어가게 된다.

⑽ 明治時代(1868~1912年) 2005 기출

明治維新이 일어나고 文明開化가 이루어지면서 근대국가로 급성장한다. 신정부는 藩 제도를 폐지하고 県 제도를 도입하였으며(廃藩置県), 토지세를 개정하고 징병령을 공포하는 등 정치·사회 개혁을 추진하고 헌법을 제정했으며 국회를 개설하였다. 日清戦争·日露戦争에서 승리한 후에는 경제 발전도 이루었고 전통 문화와 서양 문화가 대립하면서도 통합되는 방향으로 발전하였다.

⑾ 大正時代(1912~1926年)/昭和時代(1926~1989年)/平成時代(1989~2019年)/令和時代(2019年~)

大正時代로 들어서자 민주주의의 기운이 높아지고 大正부터 昭和 초기에 걸쳐서 정당을 중심으로 한 정치가 계속되었다. 그러나 불황 속에서 군국주의가 세력을 확장하여 1930년부터 15년간 전쟁에 돌입했다. 제2차 세계대전에서 패배한 일본은 민주적이고 부강한 국가 건설을 지향하며 전진한 결과 경이로운 경제 성장을 이룩했다. 64년간 계속된 昭和時代가 끝나고 1989년에 平成時代를 맞이했으며 バブル崩壊를 거쳐 2019년에 令和時代에 이르렀다.

memo

⑤ 일본 문화사

(1) 飛鳥文化

7세기 전반 奈良盆地 남부의 飛鳥 지역을 도읍으로 삼았던 推古天皇 전후의 문화를 말한다. 당시는 聖徳太子가 정치권력을 잡았던 시기이다. 일본 최초의 仏教文化로서 중국의 北魏와 六朝(三国時代の呉、東晋、南朝の宋・斉・梁・陳の総称)의 문화적 영향 아래에서 전개되었다. 法隆寺 등, 당시를 대표하는 문화 유산을 남겼다.

(2) 白鳳文化

7세기 후반에서 8세기 초까지의 문화를 말하며, 壬申の乱(672) 이후의 天武天皇, 持統天皇朝에서는 天皇의 권위를 확립했고 율령 제정, 『古事記』・『日本書紀』 편찬 개시, 万葉歌人의 배출, 仏教美術의 융성 등 初唐 문화의 영향 하에 강하고 清新한 문화를 창조했다.

(3) 天平文化

平安京 遷都(794) 이전에 奈良의 平城京를 중심으로 일어난 문화를 말하며, 文化史上 최고의 전성기이다. 唐의 문화를 국가적 규모로 받아들여 건축, 조각, 회화, 공예 등 모든 부문에서 수준 높은 고전적 양식을 완성하였으며 대륙적이고 불교적인 특색을 갖는다. 東大寺의 正倉院에는 당시의 유품과 함께 遣唐使를 통해, 그리고 한반도에서 들여온 물건들이 보존되어 있다.

(4) 北山文化 [2019.A 기출]

室町初期 3대 将軍인 足利義満 시대의 문화이다. 義満가 京都 북쪽의 北山에 별장을 세운 것에서 붙여진 이름이다. 義満는 北山에 전통 건축양식과 禅宗 사원의 양식을 절충한 金閣를 비롯한 山荘을 짓고 각 분야의 문화 발달을 지원했다. 이 시기에 観阿弥・世阿弥 父子에 의해 能가 완성되었고, 익살극인 狂言도 확립되었다. 또한 京都의 五山의 禅僧들이 幕府의 정치 외교 고문으로 활약하면서 宋学을 연구하고 漢詩文을 창작해 五山文学를 꽃피운 시기이기도 하다.

(5) 東山文化 [2019.B 기출]

室町幕府 8대 将軍 足利義政가 1483년 京都 동쪽의 東山의 山荘, 지금의 銀閣寺로 거처를 옮겨 東山殿라고 불린 것에서 유래한다. 이때는 武家 독자의 문화가 꽃을 피웠고 足利将軍을 비롯한 지배계급의 두터운 보호 하에 禅 문화가 발전했다. 주택 건축에서는 床の間, 棚, 書院을 기본으로 하는 書院造, 枯山水 등이 승려・公家・武士의 주택에 도입되어 오늘날 일본식 주택의 기본 틀을 마련했다. 또한 禅僧의 영향으로 精進料理가 보급되어 채소를 중심으로 하는 요리법이 확립되었고 1일 3식의 습관이 생겨났다. 뿐만 아니라 한적한 실내에서 조용히 차를 즐기는 茶会가 유행하게 되었고 生け花와 같은 생활문화도 주택 양식의 변화와 함께 유행하였다.

7 일본의 예능(芸能)

① 노(能) 2008 기출 2019.A 기출

(1) 能의 특징

能는 일본의 가장 오래된 가면극의 일종으로 奈良時代에 중국에서 전해진 散楽(거리에서 하는 여러 가지 잡다한 예능)가 기원이다. 2001년에 유네스코 세계 무형문화재로 지정되었다. 歌舞伎나 人形浄瑠璃가 서민들을 위한 연극인 데 반해 能는 성립 당시부터 주로 武士 계급의 가예(家芸)로 자리 잡았다. 전용극장인 能楽堂에서 전문 배우 能楽師가 엄숙한 분위기 속에서 공연하지만 옛날에는 야외에서 공연된 적도 있으며 종교적 기원과 같은 요소도 들어 있었다. 또한 사찰이나 불상의 건립이나 수리비용을 모으기 위해 일반인 대상으로 공연한 能를 勧進能라고 한다. 그리고 能의 台本은 謡曲라고 한다.

대부분 인간의 집념이나 생사를 소재로 하고 있는데 내용에 따라 現在能와 夢幻能로 나누어진다. 현실 인간 세계의 사건을 소재로 다루는 現在能는 모든 등장인물이 현재 살아있는 사람으로 설정되지만 초자연적인 것을 다루는 夢幻能는 이미 죽은 사람이 나그네나 스님에게 자신의 이야기를 한 후에 모습을 감추고 나면 지난날의 회상 장면이 이어지는 설정이다. 能楽師(能楽 공연을 직업으로 하는 사람) 중에서 연기 담당인 立方(シテ方・ワキ方・狂言方)는 기본적으로 가면을 쓰고 느린 음악에 맞추어 연기를 하고 연주 담당인 囃子方(笛方・小鼓方・大鼓方・太鼓方)는 음악을 연주한다. 그리고 배우 이외의 출연자들이 제창하는 노래 地謡 2012 기출 가 있다. 무대 정면에는 소나무 한 그루를 그려 놓고 왼쪽에 작은 소나무 세 그루를 심어 놓으며 무대 위에 지붕을 만든다.

(2) 五番立て의 주인공

能는 五番立て의 방식으로 모두 다섯 곡으로 이루어진다. 첫 번째 곡의 주인공은 '신 : 脇能(神事物)', 두 번째 '무사 : 二番目(修羅物)', 세 번째는 '미남이나 미녀 : 三番目(鬘物)', 네 번째는 '남녀주인공 : 四番目(雑能〔雑物〕・現在物)', 다섯 번째는 '異界에서 온 존재 : 尾能(切能・鬼畜物)'로 구성되며, 각 주인공의 성격과 연기가 결부되어 각 곡을 형성하게 된다.

(3) 대표적 작품

현재 전해지고 있는 能는 약 240편이다. 그중 대표적인 작품을 소개하면 다음과 같다.

① 羽衣(鬘物) : 어부가 미역을 감고 있는 선녀의 옷을 감춘다는 이야기로 경사스러운 분위기의 우아한 춤과 대사로 엮어 내는 能의 대표적인 작품이다. 羽衣는 선녀가 입는다는 무지갯빛의 아름다운 옷을 말한다.

② 道成寺(雑能物) : 한 여인의 집요한 사랑이 꽃을 피우지 못했을 때 나타나는 비극이 지니는 美와 醜의 극치를 표현한 작품으로 불교의 전통적인 원혼관이 잘 어우러져 있다.

(4) 能의 이론

① 14세기 후반 당대 예능계의 일인자였던 観阿弥는 유랑 芸人 집단에서 볼거리로 공연한 散楽와, 대사극을 중심으로 하는 민간 예능인 猿楽를 비롯한 여러 예능의 장점을 흡수하여 더욱 세련되고 예술성 있는 가무극인 能를 창출하였다.

② 観阿弥의 能는 3대 将軍 足利義満의 후원을 받아 더욱 발전하게 되었고, 観阿弥의 아들인 世阿弥에 의해 能는 歌舞 중심의 우아한 아름다움을 추구하는 예술로서 완성된다.

③ 世阿弥(1363~1443) : 배우이며 작가, 연출가이자 동시에 能의 이론가로「花」라는 심미 이론을 만들어 能에 적용하였다.

ㄱ「花」: 能에서 '가장 매력적인 연출' 또는 '관객에게 감동을 주는 연기'를 가리키는 말이며 연기하는 배우가 궁극적으로 추구해야 할 能의 미학이다.

ㄴ『風姿花伝』: 能를 집대성한 世阿弥의 저술로 대표적인 能楽論書이다. 能의 궁극적인 이념을 幽玄美의 구현으로 보고 이러한 예술관에 입각하여 많은 작품과 예술론을 저술하였다.

2 교겐(狂言) きょうげん

能와 함께 室町時代에 발달한 대사 중심의 희극으로 能를 공연할 때 能와 能 사이에 공연되었다. 能를 다섯 종목 공연할 경우 能와 狂言을 한 종목씩 번갈아 공연하는 것이 정식이며, 이 두 가지를 합쳐서 能狂言 혹은 能楽라고 한다. 能가 진지한 내용을 담고 있는 데 반해 狂言은 기본적으로 가면을 쓰지 않고 수수한 복장을 한 배우가 서민의 일상생활을 소재로 인간의 어리석음을 익살스럽고도 사실적으로 연기하여 자연스럽게 웃음이 터져나오도록 한다. 또한 能는 주로 일본과 중국 고전에 나오는 말을 사용하지만 狂言은 현대 일본어의 회화체에 가까운 표현들이 많다.

등장인물도 能는 왕이나 영웅 등 상류층인 데 반해 狂言은 농민이나 하인 등 서민계급이 많아 현대인에게도 친숙함을 느끼게 한다.

3 분라쿠(文楽-人形浄瑠璃) ぶんらく にんぎょうじょうるり `2022.B 기출`

(1) 文楽(人形浄瑠璃)의 특징

能, 歌舞伎와 함께 일본 3대 고전극의 하나이다. 江戸時代부터 현재까지 약 300년간 전승되고 있는 일본 전통 인형극으로 太夫・三味線・人形가 하나가 된 종합예술이다. 三味線 반주에 맞추어 太夫 또는 義太夫라는 이야기꾼이 대사를 말하고 人形遣い가 人形를 조종하여 감정이나 행동을 표현한다. 근세에 近松門左衛門의 作品으로 인해 전성기를 맞이하였으며 19세기에 大阪에 전용극장인 文楽座가 생겨난 후부터 文楽라는 이름으로 불리게 되었다.

(2) 文楽(人形浄瑠璃) 용어

① 三人遣い : 3명의 人形遣い가 人形를 조종하는 방식으로 미묘한 움직임은 물론 심정까지도 표현하면서 마치 살아있는 인간처럼 느껴지도록 조종한다. 主遣い는 인형의 얼굴과 오른손을 담당하고 左遣い는 인형의 왼손을 담당하며 足遣い는 인형의 두 발을 담당한다.

② 太夫 `2022.B 기출` : 浄瑠璃라는 장편 서사시를 노래하는 이야기꾼으로 인형의 대사는 물론 극의 내용이나 배경 등을 노래하는 사람이다.

③ 三味線弾き `2022.B 기출` : 三味線을 연주하여 太夫의 노래 반주와 배경 음악 연주를 담당한다.

④ 床 : 지름 2.5m 정도의 180도 회전무대로 太夫와 三味線弾き가 앉는다.

⑤ 床本(ゆかほん・ゆかぼん) : 太夫가 무대(床)에서 사용하는 대본이다.

⑥ 黒衣 : 人形遣い들이 착용하는 검은색 복장을 말한다.

⑦ 出遣い : 人形遣い가 얼굴을 숨기지 않고 드러내는 연출법이다.

◆ 浄瑠璃 : 三味線を伴奏楽器として太夫が詞章を語る音曲・劇場音楽. 浄瑠璃姫라는 주인공의 연애담을 비롯한 서사시를 독특한 창법으로 부른 노래 또는 악기 반주에 맞추어 노래하는 芸人들의 語り物의 総称.

7 전공일본어

4 가부키(歌舞伎) 　2022.B 기출

(1) 歌舞伎의 특징

노래와 춤과 기예로 구성되는 종합 연극으로 일본의 전통적 무대 예술의 하나이다. 江戸時代초기부터 지금까지 약 400년간 계승된 고전극으로 현재도 활발한 공연이 이루어지고 있다. 일반적으로는 下座音楽라고 하는 笛・小鼓・大鼓・太鼓, 그리고 三味線 등의 악기 반주와 長唄 2012 기출 라는 음악, 太夫라는 이야기꾼의 이야기를 배경으로 화려한 의상을 입은 배우가 대사극을 공연한다.

(2) 歌舞伎 용어

① 隈取り 2012 기출 : 인물의 성격을 시각적으로 나타내기 위한 독특한 화장법으로 영웅이나 강자는 붉은색 줄을, 악인이나 유령은 푸른색 줄을 얼굴에 그려서 선인과 악인의 성격을 표현한다.

② 女形 2022.B 기출 : 歌舞伎에서 젊은 여성 역할을 담당하는 役者 혹은 그 연기 방식을 가리킨다.

③ 見得 : 배우가 연기 중에 감정이 고도로 격앙된 순간이나 절정에 달했을 때 동작을 멈추는 것으로 관객에게 가장 멋진 연기 대목을 천천히 음미할 수 있도록 한 연출법이다.

④ 十八番 : 가장 자신있는 芸나 技를 의미한다. 歌舞伎에서 七代目市川団十郎가 가장 자신있는 演目인 歌舞伎十八番을 발표한 것이 기원이 되었다.

⑤ ひいき : 歌舞伎 배우나 극단을 열렬히 지원하는 후원자, 단골손님 혹은 팬이라는 뜻이다.

⑥ 花道 : 관객석을 가로질러 설치된 무대장치의 하나로 배우가 등장하거나 퇴장하는 통로이자 무대이며, 배우와 관객이 친밀감을 느낄 수 있도록 만든 장치이다. 花道에는 すっぽん이라는 구멍이 뚫려 있어 배우는 이곳으로 출입한다.

⑦ 回転舞台 : 장면 전환을 신속하게 하기 위한 장치이다. 이 밖에도 歌舞伎에서는 여러 가지 무대 장치가 준비되어 있다.

⑧ 拍子木 : 歌舞伎의 시작을 알리거나 장면 전환, 끝을 알릴 때 사용하는 신호용 나무 막대이다.

⑨ 下座 : 무대 좌우에 마련된 歌舞伎 음악을 연주하는 악사들의 자리이다.

⑩ 床 : 무대의 上手(向かって右側)에 설치되어 있으며 이야기꾼인 太夫가 앉는 자리로 옆자리에는 三味線을 연주하는 악사가 앉는다.

◐ 女形가 등장하게 된 배경 : 江戸時代에 歌舞伎에 출연하는 배우의 일부가 풍기문란을 이유로 단속의 대상이 되면서 여성과 소년 배우는 歌舞伎 무대에 설 수 없게 되었다. 그 결과 남성 배우만이 연기를 하게 되었고 여자 역할도 남성이 맡아 하게 되었는데 이러한 배우, 또는 그 역할을 女形라고 부르게 되었다.

	人形浄瑠璃와 歌舞伎 대본 내용에 따른 구분
時代物 (じだいもの)	역사상의 사건이나 전설에서 **題材**를 가져온 것으로 **忠義**의 정신을 변화무쌍한 스토리로 묘사했다. 『**国性爺合戦**(こくせんやかっせん)』 등의 작품이 있다.
世話物 (せわもの)	실제로 일어났던 사건을 각색한 현대물로 **義理**와 **人情**의 갈등으로 고민하는 **町人**의 모습을 그려 사람들에게 감동을 주었다. 대표작으로 『**曾根崎心中**(ねざきしんじゅう)(そ)』 등이 있다.
お家物 (いえもの)	**江戸時代**의 **武家**에서 일어난 사건이나 **大名**의 상속 등을 둘러싸고 일어나는 소동 및 토벌을 다룬 작품. 다만 당시에는 실명 사용은 금지되어 있었기 때문에 배경을 예전 시대로 각색하는 것이 원칙이었다. 『**忠臣蔵**(ちゅうしん)(ぐら)』가 대표적인 작품이다.

memo

5 라쿠고(落語) 2010 기출 2018 기출

戦国時代 말기부터 江戸時代 초기에 생겨난 일인극(一人芸)으로 서민 생활에 있을 법한 재미 있는 이야기를 다룬다. 대중 예능을 공연하는 연기장인 寄席 2012 기출 에서 공연되는 寄席演劇의 하나로 재치가 넘치고 해학적인 끝마무리(オチ 또는 サゲ라고 한다)가 특징이다. 일본 고유의 의상(和服)을 입은 演者가 무대 방석(高座)에 앉아서 부채(扇子)와 손수건만을 소품으로 몸짓 언어와 표정 등을 사용하여 일인 다역을 하면서 해학적인 이야기를 펼친다. 공연은 口上－マクラ－噺－オチ(＝サゲ)의 순서로 구성되는데 古典落語의 演目 중 하나인「崇徳院」을 예로 들면 다음과 같다.

① 【口上で始める】　　「え、本日はお足元の悪い中…」
② 【マクラを振る】　　「人の縁とは不思議なもので、袖触る縁も他生の縁といいますが…」
③ 【噺に入る】　　「旦那、お呼びでしょうか」「ああ、熊さんよく来てくれた…」
④ 【サゲる】　　「割れても末に買わんとぞ思う」

---

memo

○ 권력 다툼에서 밀려나 유배된 비운의 天皇、崇徳上皇(崇徳院)가 지었다고 하는 和歌、「瀬を早み 岩にせかるる滝川の われても末に 逢はむとぞ思ふ」의 下の句를 패러디하여 끝마무리(オチ)를 짓고 있다.

6 **만자이**(漫才–万歳) <ruby>漫才<rt>まんざい</rt></ruby> <ruby>万歳<rt>まんざい</rt></ruby> `2010 기출`

平安時代에 새해가 밝았을 무렵 2인 1조가 되어 가가호호를 방문하면서 그 집에 복을 불러오기 위해 여러 가지 재미있는 이야기를 나누었던 풍습인 千秋万歳(せんずまんざい)에서 비롯되었다. 민속 예능으로 발전한 것은 江戸時代이며 明治時代에는 한 사람이 일부러 우스꽝스러운 소리인 「ボケ(わざとふざける洒落(しゃれ)のこと)」를 말하면 나머지 한 사람이 「突(つ)っ込(こ)み(ボケに反応して指摘や叱りを入れること)」로 반응하는 재미있는 대화 형식이 완성되었다. 현재에도 젊은 사람들을 중심으로 인기가 높으며 TV 프로그램 등에서도 자주 볼 수 있다.

A Plus⁺ 能・歌舞伎・狂言

項目	能	歌舞伎	狂言
ジャンル	現在能(げんざいのう) 夢幻能(むげんのう)	時代物(じだいもの) 世話物(せわもの) お家物(いえもの)	喜劇
音楽	笛(ふえ)・小鼓(こつづみ)・大鼓(おおつづみ)・太鼓(たいこ)/地謡(じうたい)	笛(ふえ)・小鼓(こつづみ)・大鼓(おおつづみ)・太鼓(たいこ)・三味線(しゃみせん)/長唄(ながうた)	なし
役者	能面をつける。	役柄によって異なる隈取をする。	化粧も仮面も使用しない。

8 일본 · 일본인론

1 루스 베네딕트의 『菊と刀』 2001 기출

(1) 概要

『菊と刀』(The Chrysanthemum and the Sword: Patterns of Japanese Culture)는 미국의 문화인류학자인 루스 베네딕트(Ruth Fulton Benedict)의 저서로 일본 문화론의 시초가 된 책이자 전후 일본과 일본인을 가장 잘 설명한 책으로 알려져 있다. 저자는 제2차 세계대전이 끝날 무렵에 미국 국무부의 의뢰에 따라 연구에 착수하여 보고서를 작성하였는데 이후 그 내용이 단행본으로 출판되어 일본 · 일본인론의 고전이 되었다.

일본 체류 경험이 없었던 저자가 연구 자료와 인터뷰 등에 근거하여 일본인의 행동 양식이나 가치관을 미국인과 비교하면서 설명하고 있다. 그에 따르면 제목에서 말하는 국화는 평화를 상징하며 칼은 전쟁을 상징한다. 저자가 본 일본인은 손에는 국화를 들고 있지만 이는 建前에 지나지 않으며 本音는 허리에 차고 있는 칼처럼 차가운 사람이었다. 이처럼 국화(평화)를 사랑하면서도 칼(전쟁)을 숭상하는 일본인의 이중성과 극단적 형태의 일본 문화를 다각도로 분석하고 전쟁 중의 일본인, 明治維新, 자기 수양, 패전 후의 일본인 등으로 나눠 문화인류학적 시각에서 깊이 있게 탐구 · 분석하였다.

(2) 主要概念

『菊と刀』에서 주장하고 있는 주요 개념과 내용은 다음과 같다.

① **階層制度** : 일본에는 집단을 구성하고 있으며 각자의 생활을 규정하는 아주 잘 짜여진 계층 제도가 존재한다.

② **集団主義** : 집단주의란 계층 제도에 속하는 개개인에게 주어진 위치와 역할을 잘 따르는 것을 의미하는데, 가정에서는 아버지 역할, 장남 역할, 딸 역할, 어머니 역할 등을 들 수 있고 국가 차원에서 보자면 국민은 백성으로서 天皇에 대해 충성을 다해야 하는 역할과 의무가 있다. 이러한 일본의 집단주의는 恩과 義務, 義理를 중심으로 한 행동 규범에 의해 유지된다.

③ **恥の文化** : 내면적인 죄의 자각에 따라 선행을 행하는 「罪의 문화」와 달리 일본의 「恥の文化」는 외면적인 강제력에 의해 선행을 하게 되는 문화이다. 이는 도덕의 절대적 기준이 수치의식에 있음을 의미하며 일본인의 집단주의적 관념은 죄보다는 수치에 중점을 둔 「恥の文化」에 의해 유지되고 있다고 보았다.

④ 恩 : 恩은 타인에게서 받은 고마움이나 은혜 같은 것인데 일본인은 이러한 恩을 채무 (obligation)로 간주한다. 恩은 너무나 커서 평생에 걸쳐 갚아야만 하는 것과 받은 만큼 되돌려 줄 수 있는 것으로 나눌 수 있는데 전자는 양적으로 보나 지속되는 기간으로 보나 무제한적인 恩이며 이에 대응하는 행동은 「義務」가 된다. 국가에 대한 忠이나 부모에 대한 孝, 그리고 직업상의 任務는 바로 이 「義務」의 예이다. 그리고 후자는 받은 만큼 돌려 줄 수 있으며 어느 특정한 시점에서 돌려 주는 의무를 다하게 되는 恩인데, 이에 대응하는 행동은 「義理」이다. 다른 사람에게서 모욕이나 핀잔을 받았을 때 복수를 하거나 오명을 씻는 것, 자신의 일에 대해 전문성을 갖추는 것, 일본인으로서 예의범절을 지키는 것 등이 「義理」의 예이다.

2 土居健郎의 『甘えの構造』 2001 기출

『甘えの構造』는 정신과 의사이자 정신분석학자인 土居健郎에 의해 1971년에 출판된 대표적인 일본인론 중의 하나이다. 1950년대에 저자가 미국에 유학하던 시절에 「甘え」에 해당하는 단어가 타 언어에 존재하지 않는다는 것을 깨닫고 그때 겪었던 경험을 바탕으로 일본과 일본인의 특성을 설명하고자 시도한 내용이다. 그에 따르면 「甘え」는 주위 사람들에게 호감을 주는 사람으로서 어떤 대상에게 의존하고 싶어 하고 대상과의 일체감을 원하는 일본인 특유의 감정이다. 또한 그는 「甘えの心理」에 대해서 인간 존재의 본질적 성질인 분리라는 사실을 부정하고 분리의 고통을 지양하고자 하는 것으로 정의할 수 있다고 하였으며 이러한 감정은 부모 자식 관계에서 분명하게 드러나는데 그 밖의 인간 관계에서도 이러한 친밀함을 추구해야 한다고 주장하였다. 또한 「義理と人情」, 「罪と恥」, 「他人と遠慮」 등과 같은 인간 관계도 「甘え」로 인해 생겨난다고 함으로써 「甘え」가 일본인의 심리와 일본 사회 구조를 이해하는 데 있어 중요한 키워드임을 시사하고 있다.

3 中根千枝의『タテ社会の人間関係』 2001 기출 2019.A 기출

『タテ社会の人間関係』는 사회인류학자인 中根千枝가 일본 사회 구조에 관한 세밀한 분석에 바탕을 두고 이론화한 것으로 1967년에 출판된 일본인론의 고전이다. 저자에 따르면 일본 사회는 회사나 대학과 같은 「場」가 집단 구성이나 집단 인식에 있어서 중요한 역할을 하는데 이러한 사회에서는 우리 쪽 사람인 「ウチの者」와 그렇지 않은 「ヨソ者」를 차별하는 의식이 강해지고 親分·子分 관계나 관료 조직으로 상징되는 수직적인 「タテ」 관계가 발달하여 서열을 중시하는 조직을 만든다고 한다. 그리고 이는 리더와 집단과의 관계, 구성원들 사이의 관계에도 큰 영향을 미치는데 이러한 구조는 연차나 파벌이 모든 것을 말해 주는 조직, 전임자의 심기를 살피느라 개혁을 단행하지 못하는 경영자 등, 여러 가지 문제를 낳는다. 저자는 개인주의나 계약 정신을 중요시하는 서구 사회와 달리 일본 사회에서의 인간 관계가 이처럼 「タテ」의 특징을 갖고 있기 때문에 일본인들은 상하 관계의 서열에 집착하게 되고 회사와 같은 「場」의 공유를 중시하게 된다고 주장하고 있다.

4 村上泰亮·公文俊平·佐藤誠三郎의『文明としてのイエ社会』

『文明としてのイエ社会』는 일본 사회에서의 집단 형성 원리의 가장 두드러지는 특징이며 현대 일본 경제 발전을 지탱해 온 「イエ(家)」와, 그에 따라 구성되는 「イエ社会」를 역사적 배경과 사회학적 관점에서 분석한 일본론으로 1979년에 공저로 출판되었다. 저자들은 일본 역사를 두 개의 조직 형성 원리가 서로 경쟁하면서 교체되어 온 과정이라고 보고 있는데 이 두 개의 조직 형성 원리란 율령국가 시대에 가장 최고조에 달했던 「ウジ(氏)」를 중시하는 「ウジ社会」, 그리고 일본 특유의 「イエ」라는 집단을 중심으로 하는 「イエ社会」를 말한다. 저자의 말에 따르면 平安 말기부터 戦国時代에 이르는 약 500년에 걸쳐 일본에서는 이 두 개의 조직 형성 원리가 작동해 왔는데 일본이 근대화 및 산업화를 달성할 수 있었던 것은 イエ型 조직 원칙이 일본 사회에서 유연하게 적응했기 때문이며 그렇기 때문에 산업화를 달성하는 데 있어서 어떤 종류의 집단주의는 오히려 개인주의보다 적합하다고 보았다.

5 浜口恵俊의 『「日本らしさ」の再発見』

『「日本らしさ」の再発見』은 사회학자인 浜口恵俊이 1978년에 출판한 일본인론이다. 저자는 「恥」,「甘え」,「タテ社会」,「自我不確実感」과 같은 개념을 내세운 당시의 일본론과는 달리,「日本らしさ」는 종래의「個人」중심의 인간 모델에 의한 분석만으로는 충분히 설명할 수 없다는 점을 지적하고「間人」이라는 개념에 따라 새로운 일본인상을 제시하였다. 또한 서양이 개인의 자율성을 중시하는 데 반해 일본은 대인관계를 중시한다고 하면서 이를「間人主義」라고 불렀는데 間人主義는 상호 의존적이고 상호 신뢰적이며 대인관계를 본질적인 것으로 보는 사고 방식으로, 이는 자기 중심적이고 대인관계를 본질적인 것으로 생각하지 않는 서양의 문화와는 대조적인 것이다. 또한 일본은 각자의 개별성보다는 연대적 자율성을 중시하는 사회이기 때문에 각 개인의 자기 표출은 그 사람이 속한 상위 시스템(집이나 지역 사회 또는 조직체)과의 관계를 고려하여 전략적으로 한정될 수밖에 없다고 보았다. 아울러 전통적으로 연대적 자율성을 나타내는 일본인은 굳이 서양적인 개인주의를 이상으로 하지 않아도 근대적인 생활을 영위하는 데 아무런 어려움이 없으며, 시스템적 연관성이 더욱더 중시됨에 따라 앞으로는 일본적인 것이 더 우월하게 될 것이라고 주장했다.

memo

9 일본의 스포츠 · 대중문화

1 스모(相撲) 2004 기출 2009 기출 2012 기출

(1) 概要

相撲는 일본의 전통 스포츠인 国技로 원래 고대 농경 사회에서 신에게 풍작을 기원하며 올리던 종교적 의식의 일환이었던 것이 궁중 행사의 하나로 발전하면서 오늘날에 이르게 되었다. 허리에 まわし라고 하는 샅바만을 두른 2명의 선수가 경기장인 土俵(한 변이 6.7m인 정사각형 단을 만든 후 그 위에 지름 4.55m의 모래밭을 만들어 시합을 할 수 있도록 만든 곳) 안에서 힘과 기술을 겨룬다. 시합 진행은 선수 입장(土俵入り) → 맞붙기(取り組み) → 마무리 의식(弓取り式) 순으로 이루어진다. 상대방을 쓰러뜨려서 발바닥 이외의 몸이 바닥에 닿게 하거나 상대방을 土俵 바깥으로 밀어내면 이기는데 단판승으로 승부가 결정된다. 승부가 끝나면 심판이 이긴 선수의 이름을 부르고 軍配라는 부채를 들어 승패를 알린다.

(2) 相撲의 種類

① 草相撲 : 제사를 지내거나 야외에서 놀이를 할 때 주로 농민들이 즐기던 相撲이다.
② 奉納相撲 : 神仏에게 바치는 相撲로 神社나 寺院의 境内에서 겨룬다.
③ 一人相撲 : 원래 둘이서 겨루어야 하는 相撲를 혼자서 하는 것으로 주로 神社에서 이루어진다. 먼저 인사를 나눈 뒤 신과 맞붙어 실감나게 싸우는 흉내를 내는 식으로 진행되며 결국 신의 승리로 끝난다. 相撲를 좋아하는 신에게 즐거움을 선사하기 위한 일종의 大道芸(路上や街頭、または仮設の掛け小屋などで行われるさまざまな芸能の総称)이다.
④ 大相撲 : 해마다 日本相撲協会는 홀수 달에 대도시를 순회하며 6차례에 걸쳐 각 15일간씩 시합을 주최하는데 이를 大相撲本場所라고 부른다. 경기 시간은 아침 8시 반부터 오후 6시까지 계속되는데 오후 4시경부터 상위권 선수인 幕内의 경기가 시작되며 NHK를 통해 전국에 생중계된다.

	大相撲本場所と開催地	
1월	初場所 はつ ば しょ	東京
3월	春場所 はる ば しょ	大阪
5월	夏場所 なつ ば しょ	東京
7월	名古屋場所 な ご や ば しょ	名古屋
9월	秋場所 あき ば しょ	東京
11월	九州場所 きゅうしゅう ば しょ	福岡

(3) 力士
りき し

① 力士의 생활 : 力士는 넓은 의미로는 相撲를 하는 사람을 가리키지만 일반적으로는 相撲 部屋에 소속되어 예명인 四股名를 갖고 大相撲에 참가하는 선수를 말하며 相撲取리라고 도 한다. 합숙생활이 기본인데 입문 후 6개월간은 相撲教習所에서 실기와 교양 교육을 배 우고 본명이 아닌 四股名를 사용해야 한다.

② 力士의 番付 : 番付란 力士의 계급을 나타낸 순위표를 말한다. 本場所가 끝날 때 심판위 원들이 力士들의 시합 성적에 따라 순위를 정해 두는데 성적이 좋은 力士의 이름을 위쪽에 큰 글씨로 쓰고 성적 순서에 따라서 아래로 차츰 작은 글씨로 써 나간다. 力士의 최고봉은 横綱 2012 기출 라고 하는데 가장 뛰어난 사람에게 굵은 밧줄을 허리에 두르는 것을 허용한 데에서 이와 같은 이름이 생겨났다. 横綱가 되려면 大関가 2회 연속 우승하거나 그에 준하 는 성적을 올렸을 때 日本相撲協会의 추천과 横綱심의위원회의 심사를 통과해야만 한다. 지금까지 약 400년에 이르는 相撲 역사 중에서 73代 横綱(2021年9月基準)까지 배출되었 다. 横綱를 포함하여 力士의 등급은 다음과 같이 10개 등급으로 나뉜다(오른쪽으로 갈수록 높은 등급).

memo

じょ くち 序ノ口	じょ に だん 序二段	さんだん め 三段目	まくした 幕下	じゅうりょう 十両	まえがしら 前頭	こ むすび 小結	せきわけ 関脇	おおぜき 大関	よこづな 横綱
						さん やく 三役			
つ びと 付け人 상위 계급 선수의 입/퇴장 및 대기 중에 시중을 들어 주는 하위 계급 선수						まくうち 幕内			
					せきとり 関取 월급을 받게 되며 付け人의 시중을 받을 수 있다.				

③ 相撲髷 : 力士의 독특한 상투이다. 전통적으로 十両 이상의 등급부터는 大銀杏髷를, 幕下 이하는 丁髷를 한다. 明治維新 때에 断髪令를 내렸을 때에도 力士들의 상투는 예외로 하도록 했다.

④ ちゃんこ鍋 : 力士가 즐겨 먹는 특별한 요리로, 채소와 고기, 생선, 두부 등을 큰 냄비에 넣어 끓여서 만든다. 평균적으로 밥과 ちゃんこ鍋와 반찬을 배불리 먹으면 한 끼의 열량이 4,400칼로리가 되는데 力士는 이 밖에도 약 2,000칼로리분의 간식을 먹는다.

(4) 相撲用語

① 土俵入り : 시합을 하기 전에 力士들이 土俵에 올라서는 의식을 말한다. 呼び出し가 이름을 부르면 力士들이 앞치마처럼 생긴 化粧回し를 두르고 입장한다. 土俵入り를 한 力士는 물(ちからみず)로 입을 헹구고 부정을 쫓기 위해 소금(清めの塩)을 뿌린다.

② 取り組み : 相撲의 대진 일정표, 또는 力士의 대결을 말한다.

③ 呼び出し : 장내에서 순서에 따라서 맞붙게 될 力士의 이름을 부르는 일, 경기 중에 土俵를 정리하는 일, 소금을 준비하는 일 등을 담당하는 進行役이다. 本場所가 열리는 기간에 아침마다 북을 치면서 경기장 일대를 돌며, 경기장 앞에 깃발을 세워 관중을 모은다.

④ 四股 2010 기출 : 상대 力士와 마주보고 두 발을 교대로 높이 올리는 동작을 말한다.

⑤ 仕切り : 두 力士가 서로 약간 떨어지면서 준비 자세를 취하는 동작을 말한다.

⑥ 立ち合い : 준비 자세를 취하던 두 力士가 동시에 일어나며 맞붙는 동작을 말한다.

⑦ 行司 : 相撲의 심판이다. 軍配라는 부채를 들어 승패를 알린다.

⑧ 千秋楽 2009 기출 : 相撲 흥행의 마지막 날을 말한다.

● 千秋楽 : 歌舞伎·相撲などの興行日のうち最後の日を指す. 最近ではコンサートやライブの最終日を意味する言葉としても用いられることがある.

相撲와 씨름의 비교

	相撲	씨름
승부	상대방과 떨어져 있다가 맞붙은 후 상대방을 쓰러뜨려서 발바닥 이외의 몸이 바닥에 닿게 하거나 상대방을 土俵 바깥으로 밀어내면 이긴다.	상대편과 샅바를 잡고 있다가 일어나면서 시합이 시작되고 그 후 무조건 넘어뜨리면 이긴다.
특기	주로 손을 이용한다.	주로 발을 이용한다.
게임 수	단판승	3판 2승제
체급	체중 제한이 없다.	같은 체급끼리 시합을 한다.
최고 선수	横綱	천하장사

2 대중 스포츠

(1) 野球 [2009 기출]

1872年 일본에 도입된 야구는 일본인에게 가장 인기 있는 스포츠 중 하나이다. 프로야구는 PACIFIC LEAGUE(パリーグ)와 CENTRAL LEAGUE(セリーグ)로 나누어 경기를 한다. 해마다 8월이 되면 兵庫県 甲子園 球場에서 전국 고등학교 야구 선수권대회가 개최된다. 일본 전국에서 지역 예선을 거쳐 선발된 학교가 출전하여 우승을 겨루게 되는데 참가하는 것만으로도 매우 영예스러운 일이라고 한다. 고교 야구라고 해도 전국 각 지역 대표 선수가 출전하기 때문에 사람들은 자기 출신 지역팀을 응원하고 NHK 등의 언론에서도 중계를 할 만큼 인기가 높다.

(2) サッカー

1993년에 프로축구 J리그가 설립되면서 인기 스포츠가 되었다. 2024년 시즌의 경우 J1, J2, J3 모두 각각 20팀이 편성되어 승부를 겨룬다.

(3) 柔道

柔道는 일본에서 시작된 스포츠로 19세기 말에 嘉納治五郎에 의해 유럽에 소개되면서 세계적인 스포츠가 되었다. 1964년 東京 올림픽 때부터 정식 종목으로 채택되었다.

3 만화 · 애니메이션 · 영화

만화영화를 일본에서는 アニメーション, 또는 アニメ라고 부른다. 일본에서는 매주 70편 이상의 アニメーション이 방영되고 있으며 남녀노소를 불문하고 인기가 높다. 만화책은 漫画(まんが) 또는 코믹, コミックス라고 하는데 2019년의 만화 시장은 종이책과 전자책을 합쳐 약 5천억 円에 이를 정도였으며 그중에는 한국에서도 인기 높은 작품도 있다. 한편 영화에서는 세계적인 영화상을 수상한 작품이 다수 있다. 대표적인 작품을 감독 · 작가에 따라 소개하면 다음과 같다.

(1) アニメーション · 漫画

① 手塚治虫(てづかおさむ) : 日本アニメ의 전설적인 인물로 「鉄腕アトム(てつわん)」 한 편으로 TV アニメ 시대를 열었다.

② 宮崎駿(みやざきはやお) : 전 세계에 가장 많은 アニメ 팬을 거느린 감독이다. 『もののけ姫(ひめ)』, 『天空の城(てんくう)(しろ)ラピュタ』, 『紅(くれない)の豚』, 『風の谷のナウシカ』, 『隣(となり)のトトロ』, 『千と千尋(せん)(ち)(ひろ)の神隠(かみかく)し』, 『ハウルの動(うご)く城(しろ)』 등 다수의 히트작을 남겼다.

③ 青山剛昌(あおやまごうしょう) : 한국에도 열혈 팬이 있는 만화 『名探偵(めいたんてい)コナン』의 작가이다. 鳥取県(とっとり) 출신으로 이곳에 가면 코난 관련 작품들이 전시된 青山剛昌 향토 자료관이 있다.

(2) 映画

① 黒澤明(くろさわあきら) : 映画 『羅生門(らしょうもん)』이 1951년 베니스 국제영화제의 황금사자상과 아카데미 최우수 외국어 영화상을 수상하면서 세계적인 영화감독이 되었다.

② 小津安二郎(おづやすじろう) : 映画 『晩春(ばんしゅん)』(1945)과 『東京物語』(1951)로 이름을 알렸다.

③ 岩井俊二(いわいしゅんじ) : 1995년 映画 『ラブレター』를 계기로 상업용 장편영화 감독으로 본격 데뷔하였다. 이 영화는 한국에서도 개봉되어 「お元気ですか」라는 대사가 한때 유행하였다. 1998년에는 映画 『四月物語』가 제3회 부산 국제영화제 관객상을 수상하기도 하였다.

④ 北野武(きたのたけし) : 유명 코미디언 겸 감독으로 1997년에 映画 『花火(はなび)』로 제54회 베니스 국제영화제에서 황금사자상을 수상했다.

⑤ 今村昌平(いまむらしょうへい) : 1997년 映画 『鰻(うなぎ)』로 칸영화제에서 최우수상을 수상했다.

기타 일본 문화

1 일본의 축제 [2004 기출] [2012 기출] [2018.A 기출]

(1) 日本 3大祭り

① 祇園祭（ぎおんまつり） [2010 기출] : 京都의 八坂神社（やさか）에서 7월 한 달 동안 벌어지는 호화로운 축제의 향연인 祇園祭는 9세기 말에 厄病神（やくびょうがみ）을 잠재우고, 역병으로 사망한 이들의 혼령을 위로하기 위해 祇園寺에서 御霊会（ごりょうえ）를 열었던 것이 유래가 되었으며 京都의 역사와 함께 해 온 가장 일본적이며 전통 있는 祭り이다. 특히 17일에 「山」와 「鉾」라는 이름의 장식 수레인 山車（だし）(祭りで登場する、飾りがついた巨大な台車)가 거리를 행진하는 「山鉾巡行（やまぼこ）」는 매우 우아하고 아름다워서 유네스코 무형문화유산으로 등록되었다. 祇園祭의 상징인 山鉾는 높이가 20m 이상에 이르는 것도 있기 때문에 사람들은 행사 전부터 꾸준히 연습을 하며 결속을 다진다. 또한 그 전야제인 宵山（よいやま） 기간에는 提灯（ちょうちん）의 따스한 불빛이 거리를 감싸는 풍경이 연출된다.

② 神田祭（かんだまつり） : 東京의 神田에서 벌어지는 神田祭는 徳川家康가 関ヶ原 전투에서 승리한 것을 기념하여 벌인 축제가 기원이라고 하며 徳川将軍이 감상했다고 하여 天下祭（てんかまつり）라고도 불린다. 매년 5월 14일~15일에 열리며 2年에 한 번 성대하게 열리는 本祭り에서는 200개가 넘는 御神輿（おみこし）(신위를 모시는 가마)와 曳き物（ひきもの）(= 山車（だし）) 등이 호화로운 모습으로 神田・日本橋 지역을 행진한다.

③ 天神祭（てんじんまつり） : 매해 약 130만 명이 찾는 大阪最大의 祭り 「天神祭」는 大阪天満宮（てんまんぐう）에 모셔져 있는 菅原道真（すがわらのみちざね） [2018.A 기출] 公에게 번영을 바라는 마음을 담아 기원하면서 시내를 행진하는 여름 축제로서 일본 3대 祭り이자 일본 3대 船上祭り이다. 1,000년 이상의 긴 역사를 가졌으며 매년 7월 24일~25일에 개최되는데 약 한 달 전부터 관련된 각종 행사가 이어진다. 축제 마지막 날인 25일에 쏘아올리는 奉納花火（ほうのうはなび）, 그리고 신을 태운 배를 선두로 약 100여 척의 화려한 배들이 일제히 강을 거슬러 올라가는 행사인 船渡御（ふなとぎょ）가 天神祭의 클라이맥스이다.

(2) その他の祭り

① ねぶた祭（まつり） : 青森県（あおもり） 青森市와 弘前市（ひろさき）를 비롯하여 東北지방 각지에서 8월 초에 열리는 祭이다. 잠을 쫓는다는 뜻으로 「眠り流し」 또는 「ねぶた流し」라고도 한다. 이 祭り는 물과 관련이 깊은 행사로 예전에는 七夕（たなばた） 행사의 하나로서 음력 7월 초에 열렸었다. ねぶた는 대나무나 철사로 여러 가지 모양을 엮어 만든 틀에 종이를 바르고 색칠을 해서 만든 등롱을 말

하는데 일본이나 중국의 유명한 무사의 모습, 歌舞伎의 등장인물, 부채 모양, 물고기 모양 등을 본떠 만들며 규모가 큰 것은 장정 30~50명이 들어야 할 정도이다. 대개 ねぶた 뒤에 1,000명에서 1,500명의 춤추는 사람들인 跳人(はねと)의 행렬이 이어지고 축제 마지막 날에는 青森港에서 해상 운항이 이루어진다.

② 新嘗祭(にいなめさい・しんじょうさい) : 天皇가 五穀의 햇곡식을 天神地祇(てんじんちぎ)(すべての神)에게 권하고 또 본인도 이것을 먹음으로써 그 해의 수확에 대해 감사하는 宮中祭祀(きゅうちゅうさいし)이다. 飛鳥時代의 皇極天皇(こうぎょく) 시대에 시작되었다고 전해지며 처음에는 음력 11월에 개최되었는데 1873년에 태양력이 도입된 후 11월 23일에 개최되는 祝日로 지정되었다. 그 후 戦後에 勤労感謝の日로 이름을 바꾸면서 国民の祝日가 되었다. 伊勢神宮(いせじんぐう)에서는 大御饌(おおみけ)(神가 召し上がる食事)를 바치는 형식으로 열린다.

③ 七夕祭り(たなばたまつり) : 원래 七夕는 음력 7월 7일 밤이지만 明治改暦(めいじかいれき) 이후, 지역에 따라 7월 7일이나 한 달 후인 8월 7일로 나누어 전국 각지에서 七夕祭り가 열린다. 그중에서도 宮城県(みやぎ)의 仙台七夕祭(せんだい)가 유명한데 仙台七夕祭는 8월 6일부터 8일까지 3일 동안 개최되며 이 기간이 되면 화려한 색색의 가늘고 긴 종이(短冊(たんざく))를 매단 대나무(笹(ささ))가 거리를 가득 메우고 중심가에도 거대한 장식들이 상점가를 수놓는다. 江戸時代 초기에 지방문화 진흥을 위해 七夕를 장려한 것에서 시작되었다고 하며 東北三大祭의 하나로 꼽는다. 전날인 8월 5일에는 七夕花火祭가 열리는데 宮城県은 물론 다른 지역에서도 50만 명 이상의 관람객들이 방문한다.

④ 阿波踊り(あわおど) : 阿波(あわ)는 徳島(とくしま)의 옛 지명이다. 阿波踊り는 日本三大盆踊り의 하나로 약 400년의 역사를 지니고 있다. 매년 8월 12일에서 15일까지 4일간 개최되며 笛(ふえ)나 三味線(しゃみせん)의 반주에 맞추어 남녀노소가 모여 노래와 춤을 추며 힘차게 앞으로 행진한다.

⑤ 博多祇園山笠(はかたぎおんやまかさ) : 福岡(ふくおか)의 중심인 博多(はかた)에서 열리는 博多祇園山笠는 남자들이 중심이 되는 祭り로 鎌倉時代에 博多 일대에 전염병이 유행했을 때 이를 물리치기 위해 시작되었다. 해마다 7월 1일부터 15일까지 개최되며 화려하게 장식된 가마인 山笠가 서로 속도를 겨루며 행진하는 모습이 하이라이트이다.

⑥ 札幌雪祭り(さっぽろゆきまつり) : 北海道의 札幌(さっぽろ)에서 매해 2월 초에 일주일간 개최되는 일본 최대의 겨울 축제이며 세계 3대 축제 중 하나로 꼽는다. 1950년에 札幌의 학생들이 大通公園(おおどおり)에 눈 조각 작품을 전시한 것이 기원이 되었다.

○ 東北三大祭
　① 仙台七夕祭り
　② 青森ねぶた祭り
　③ 秋田竿燈祭り(かんとう)

○ 日本三大盆踊り
　① 徳島の阿波踊り
　② 秋田の西馬音内盆踊り(にしもない)
　③ 岐阜の郡上踊り(ぐじょう)

2 일본의 전통놀이

(1) 羽根突き

그림이 그려진 직사각형의 羽子板라는 나무판으로 羽根를 톡톡 쳐 올리며 노는 전통놀이이다. 室町時代의 문헌에도 기록이 나올 정도로 오래 된 놀이이며 현재처럼 나무판에 그림(押し絵)을 붙여서 만들기 시작한 것은 江戸時代 末期부터이다.

(2) カルタ [2023.A 기출]

お正月에 많이 하는 전통 놀이이다. カルタ는 포르투갈어의 carta에서 온 말로 트럼프 정도 크기의 직사각형 카드에 그림이나 詩句가 쓰여 있고 다른 카드에는 나머지 부분이 쓰여 있다. 가장 오래 된 놀이인 小倉百人一首 [2023.A 기출] カルタ는 7세기 이후의 대표적인 和歌 100수를 모아 놓은 것인데 한 사람이 카드에 적힌 詩句를 읽으면 나머지 사람들이 그 카드의 내용과 짝이 되는 카드를 찾아내는 방법으로 카드를 가장 많이 가져간 사람이 이긴다.

(3) 凧 [2011 기출]

凧는 대나무 살에 종이를 붙이고 그림을 그려 놓은 일본의 연이다. 연날리기는 たこあげ라고 하는데 お正月에 다양한 연날리기 대회가 열린다.

(4) 折り紙

종이 접기로 새나 동물, 꽃, 배 등을 만드는 전통 예술이다. 원래 神道 등의 의식에 사용되는 도구의 장식을 위한 것이었으나 明治時代부터 어린이의 놀이로 유행하게 되었다. 종이학 천 마리를 접어 실에 꿰어 千羽鶴를 만들어서 행운과 건강을 비는 마음을 담아 선물하기도 한다.

(5) 紙芝居

1928년 東京의 浅草 부근에서 가난한 화가가 어린아이들을 모아 놓고 사탕을 팔기 위해 펜이나 묵화로 그린 그림을 보여주면서 이야기를 들려준 데서 시작되었다. 딱딱한 종이 앞면에 그림을 그리고 뒷면에는 글을 써서 그림을 보여주면서 이야기를 하는 일종의 연극이다. TV가 없던 시대에는 길거리에서도 紙芝居를 하는 사람을 볼 수 있었다고 한다.

(6) 双六 [2023.A 기출]

주사위(さいころ)를 던져서 나온 숫자만큼 말(駒)을 전진시켜서 목표인 「上がり」에 먼저 도달한 사람이 이긴다. 현재의 보드 게임과 비슷한 놀이로 두 사람이 겨루는 것과, 여러 명이 함께 겨루는 것이 있다.

3 여러 가지 상징물

(1) 招き猫 (まねきねこ)

상점의 쇼윈도나 술집의 카운터 등에 놓여 있는 장식용 고양이 인형으로 마치 손님을 부르는 것처럼 한 손을 들고 있다. 오른손을 들면 금전, 왼손을 들면 손님을 부른다고 한다.

(2) 七福神 (しちふくじん)

大黒天(だいこくてん) · 毘沙門天(びしゃもんてん) · 恵比寿天(えびすてん) · 寿老人(じゅろうじん) · 福禄寿(ふくろくじゅ) · 弁財天(べんざいてん) · 布袋尊(ほていそん)의 일곱 신으로 번영, 입신출세, 가내 안정, 금전운 등의 복을 가져다 준다고 한다. 일본에는 새해가 밝으면 神社에서 七福神에게 제사를 지내고 일곱 신에게 순서대로 절을 하는 풍습이 있다.

(3) 龍(竜) (りゅう)

신과 부처의 使者로 위대한 신통력을 지니고 있다고 생각되어 길한 것으로 여겨져 왔다.

(4) 達磨 (だるま)

인도에서 중국으로 불교를 전파했다고 하는 승려 달마대사를 본떠 만든 오뚝이다. 몇 번을 넘어져도 다시 일어나는 모습이 인내와 노력을 상징하여 번영과 합격을 기원하는 의미로 사용한다.

(5) 鈴 (すず)

일본인들은 방울 소리에 신을 부르는 힘이 있다고 믿었기 때문에 자신이 태어난 해의 동물, 즉 자신의 띠에 해당하는 동물 모양을 본떠서 만든 방울을 장식해 두면 재앙을 막아 준다고 한다.

(6) 植物 (しょくぶつ)

꽃이나 나무와 같은 식물도 상징하는 바가 있는데 예를 들어 봄에 피는 菜の花(な はな)(유채꽃)는 봄이 왔음을 알리고 桜(벚꽃)는 봄의 정취와 함께 농번기의 시작을 알린다. 여름에는 あじさい(수국)가 장마를 연상하게 하고 あやめ(창포)는 여름의 시작을 알린다. 그리고 가을이 되면 菊(きく)(국화)와 すすき(참억새)가 가을의 정취를 한껏 느끼게 한다. 그 밖에 겨울의 椿(つばき)(동백나무)는 神意를 전하는 신성한 나무로서 숭배되었으며 梅(うめ)(매화)는 추운 겨울에 눈 속에서 피는 꽃이라 하여 희망을 나타내는 상징으로 詩의 소재로 많이 사용되었다.

memo

1 일본의 교육제도

(1) 学校教育制度

일본의 교육은 제2차 세계대전 이후 교육 개혁에 의해 크게 달라졌다. 교육 개혁으로 小学校 (한국의 초등학교에 해당) 6年 · 中学校 3年 · 高校 3年의 의무 교육 체제가 확립되었는데 한국과 마찬가지로 대학 교육은 4년이며 의대와 치대는 6년이다. 그리고 대학원은 석사과정 2년과 박사과 정 3년이다. 또 한국의 전문대학에 해당하는 短期大学는 2년제이며 중학교 졸업 후에 진학할 수 있는 高等専門学校는 5년 과정이다.

한국과 달리 일본은 유치원, 초등학교, 중학교에서도 입학시험을 실시하며 한국과 마찬가지로 고등학교와 대학 입학시험이 가장 중요하다. 사립 고등학교의 경우, 독자적으로 입학시험과 면접 을 실시하고 공립학교에서는 지역마다 정해진 입시 기준을 따라야 한다. 그리고 모든 국공립 대학 과 일부 사립대학을 응시하려면 입학 지원자는 センター試験이라는 대학 입학시험을 치러야 한 다. 偏差値는 개인의 성적을 평균점과의 관계로 나타낸 것으로 고등학교나 대학에 응시하는 수험 생의 평균 偏差値와 개인의 偏差値를 비교함으로써 합격 가능성을 예측할 수 있다. 최종적으로는 センター試験 성적과 대학의 독자적인 입학시험 결과를 합하여 합격자를 선정한다. 고등학교와 대학의 입학시험은 매년 1월부터 3월에 걸쳐 실시되는데 여러 학교에 지원할 수 있다. 대학에 따라 논술고사를 실시하는 곳도 있고 예체능계는 실기시험을 보기도 한다.

한국과 달리 4월에 신학기가 시작하여 이듬해 3월까지 진행되고 졸업식도 3월에 있다. 학기는 3학기로 구성되며 여름방학은 7월 하순부터 약 한 달간, 겨울방학은 12월 하순부터 1월 상순까지 이다. 그리고 이때부터 3월 중순에 봄방학이 시작하기 전까지 3학기가 진행된다는 점이 한국과 다 르다.

(2) 学校生活

등교는 일반적으로 8시 30분까지이며 하루에 6교시 정도의 수업을 들은 후 방과 후에는 部活라는 동아리 활동을 하거나 학원(塾)에 간다. 일본에서는 많은 학생들이 동아리 활동에 참가하는데 동아리는 크게 運動部(野球部・バスケ部・柔道部・水泳部など)와 文化部(茶道部・書道部・合唱部・美術部など)로 나뉘어 있다. 그런데 동아리 활동을 하지 않는 학생들은 집에 가는 활동이라는 뜻으로 帰宅部라고 표현하기도 한다. 동아리 활동은 매일 하지 않아도 되지만 대회나 콩쿠르 출전을 목표로 할 경우에는 거의 매일 연습을 한다. 학교 행사로는 체육대회, 음악회, 그리고 축제인 文化祭가 있으며 이때 동아리별로 발표회나 전시회 등을 하기도 한다.

대부분의 학교에는 급식 시설이 갖추어져 있지만 도시락을 싸오거나 매점에서 점심을 사 먹는 학생도 있다. 특히 중요한 시험이 있는 날 도시락으로 とんカツ를 싸오는 경우가 많은데 이는 이긴다는 뜻을 가진 동사 「勝つ」라는 단어와 とんカツ의 カツ가 같은 발음이기 때문이다.

memo

2 일본의 정치와 경제 2004 기출

일본은 議院内閣制를 채택하고 있으므로 행정 수반인 内閣総理大臣, 즉 首相(しゅしょう)는 국회에서 선출되는데 일반적으로 국회 내 다수 의석을 차지하고 있는 정당의 대표가 首相로 선출되는 경우가 많다. 따라서 首相가 권한을 행사할 때 정당 내 파벌 간의 세력 구도에서 자유로울 수 없어 강력한 리더십을 발휘하기는 어렵다. 선출된 首相는 天皇에 의해 정식으로 임명된다.

국회는 衆議院(しゅうぎいん)과 参議院(さんぎいん)으로 구성되는 両院制이며 유일한 입법 기관이다. 만약 衆議院과 参議院의 의결 내용이 대립할 때에는 衆議院의 의결 내용이 参議院보다 우선한다. 参議院 의원의 임기는 6년, 衆議院 의원의 임기는 4년이다. 전후 일본의 政党 구조는 1960후반 이후 기본적으로는 多党制이지만 1993년부터 2년 5개월 정도의 기간을 제외하고는 自由民主党(じゆうみんしゅとう)(自民党)가 1955년부터 계속 집권하고 있는 실정이다.

제2차 세계대전 이후 일본은 미국의 경제 지원에 힘입어 산업화를 추진하였는데 한국 전쟁 특수로 해외 수출이 급증하면서 고도의 경제 성장기를 맞이하게 된다. 1955년부터 1970년까지 일본 경제는 연평균 성장률 9.6%에 이르는 높은 성장을 보였다. 이에 따라 일본 국민의 소득이 향상되어 소비도 증가하고 기업들도 설비 투자와 기술 개발에 힘쓰게 되었다. 새로운 기술 도입과 기술 혁신에 의해 생산성이 향상되고 때마침 찾아온 세계적인 경제 호황기와 맞물려 수출도 증가하여 고도의 경제성장이 이루어졌다. 그 후 1980년대에 서구 산업 국가들이 경기 침체와 실업, 인플레이션을 겪을 때에도 일본 경제는 안정적인 성장을 지속했다. 그러나 1985년의 '플라자 합의'로 인한 급격한 엔화 가치 상승과 국내 금리 하락으로 주식과 부동산이 급등하면서 버블경제가 도래하게 된다. 버블 경제의 거품이 꺼지자 일본 경기는 1991년 2월부터 급락하기 시작해서 장기간에 걸쳐 침체를 거듭하게 되고 이로 인한 영향은 2000년대 들어서도 계속되고 있다. 게다가 저출산 고령화 사회와 실업 인구 증가로 인해 국민들의 소비 및 생산 활동이 더욱 위축되는 등, 일본 사회 구조의 급격한 변화도 일본 경제 장기 침체화의 요인이 되고 있다.

- プラザ合意 : 환율 안정화를 위한 합의로 1985년 9월 미국 뉴욕에 있는 플라자 호텔에서 G5 경제선진국(프랑스, 서독, 일본, 미국, 영국) 재무장관, 중앙은행총재 회의에서 발표되었다. 당시의 심각한 ドル高 현상을 시정하기 위해 이루어진 조치였으며 이로 인해 円高·ドル安 현상이 생겨났다.

3 일본의 종교

일본의 주요 종교에는 神道와 불교, 기독교, 그리고 신흥 종교 등이 있다. 일본의 종교 중에서 神道와 불교는 일본인들의 생활과 밀접한 관련이 있지만 실제로 일본인들은 특정 종교에 얽매이지 않고 상황에 따라 유연하게 종교를 받아들이고 있으며 종교에 대해 무관심한 사람도 많다. 대부분의 경우, 출생 의식은 神道 방식으로 하고 결혼식은 교회에서 거행하며 장례식은 불교식으로 치르는 등, 일본인들은 일생을 통해 여러 가지 종교에 접하게 된다. 일본은 종교의 자유가 보장되는 나라이며 국교를 인정하지 않는다. 그리고 다양한 종파와 많은 신흥 종교들이 존재하고 있다.

(1) 神道(しんとう·しんどう)

神道는 원시시대 이래 일본 민족의 생활 체험 가운데에서 생겨나고 만들어져 온 애니미즘적인 자연 종교로 동물과 식물, 그리고 모든 자연현상에 精霊(せいれい)가 있다고 본다. 따라서 기본적으로 다신교이며 모든 삼라만상은 신이 만들고 주관하고 있다고 믿는다. 神社는 신을 모신 곳이며 의식을 거행하고 소원을 비는 社殿(しゃでん)과 부속 건축물을 둘러싼 장소를 말한다. 神社에서는 종교 의식을 거행하고 동일한 氏神(うじがみ)(마을의 수호신)를 가진 사람들 사이의 결속력을 다지게 하는 역할을 한다.

神道의 기본 이념은 일본인들의 자연관이나 조상 숭배 사상의 핵심이 되었는데 오랜 역사를 통해 불교나 유교의 영향을 받기도 하였다. 神道와 관련된 기본 용어를 정리하면 다음과 같다.

① 神主(かんぬし) : 神社의 일을 관장하는 사람이다.
② 社殿(しゃでん) : 神社를 구성하는 建造物이다. 本殿(ほんでん)·幣殿(へいでん)·拝殿(はいでん)·神楽殿(かぐらでん) 등이 있다.
③ 鳥居(とりい) : 이곳부터 神의 영역임을 표시하기 위해서 神社 앞에 세워놓는 구조물이다.
④ 狛犬(こまいぬ) : 신사나 절 앞에 돌로 사자와 비슷하게 조각하여 마주보도록 놓는 한 쌍의 석상(石像)이다.
⑤ 絵馬(えま) 2014. B 기출 : 소원을 써서 神社에 달아 놓는 나무 판이다.
⑥ 賽銭(さいせん) : 소원을 빌 때 바치는 동전을 말한다. 賽銭箱(さいせんばこ)에 넣는다.
⑦ お守り(まも) : 재앙을 막아 준다고 믿는 부적이다. 안전과 행운을 가져온다고 믿었다.
⑧ 宮参り(みやまい) : 아기 출생 후 30일 정도 지나 처음으로 참배를 드리는 것을 말한다.
⑨ 御祓い(おはらい) : 해마다 6월과 12월에 神社에서 주최하는 액막이 행사, 또는 神社에서 내어주는 액막이 부적을 말한다.
⑩ おみくじ 2014. B 기출 : 제비뽑기를 통해 운세의 길흉을 점치는 도구이다.

(2) 仏教

불교는 6세기경에 중국과 한반도를 거쳐서 일본에 전래되었다. 그 후 聖徳太子의 적극적인 불교 장려책으로 인해 종교로서 공식적인 지위를 굳히게 되고 많은 사찰이 세워졌다. 일본에서 불교가 민중 속에 뿌리를 내린 시기는 鎌倉 시대인데 그때까지 국가의 지배 계층을 위한 종교였던 불교가 민중의 종교가 되었고 무사들 사이에도 禅이 보급되었다. 그 후 室町 시대 이후 불교는 쇠퇴일로를 걷다가 豊臣秀吉의 天下統一 이후에는 완전히 세력이 꺾이고 만다. 침체된 불교를 일으키고자 하는 불제자들의 노력으로 明治維新 이후에는 여러 종파의 부흥 운동이 일어나 근대적 종교로 자리잡게 되었다. 또한 일본의 불교는 神道와 고대부터 서로 영향을 주고받으면서 독특한 神仏信仰를 탄생시켰는데 따라서 일본에는 불교와 神道를 동시에 믿는 사람들도 많다.

일본의 미술, 문학, 건축, 사상, 도덕 등 문화 전반에 걸쳐 불교의 영향은 크다고 할 수 있는데 그중 하나로 地蔵菩薩를 들 수 있다. 일본의 마을 어귀에 빨간 턱받이를 한 地蔵菩薩가 하나 혹은 여러 개 세워져 있는 것을 볼 수 있는데 민중을 구원하는 地蔵菩薩는 일본에서「子供の守り神」로 여겨지기 때문에 아이들이 좋아할 만한 과자가 그 앞에 놓여져 있는 경우도 많고, 일본의 동요나 동화에도 자주 등장하고 있다.

(3) キリスト教

일본에 기독교가 처음 전래된 것은 1549년에 천주교 교파인 예수회의 프란시스 자비에르가 鹿児島県에 도착하고 나서이다. 처음에는 서양 문물에 호의적이었던 지배 계층은 기독교 신자들이 급증하는 것을 보고 기독교 신앙이 신분 질서를 어지럽히고 봉건 체제를 위협한다고 판단하여 박해하기 시작하였다. 결국 선교사는 추방되고 많은 신자들이 순교를 하게 되었다. 특히 江戸時代에는 천주교 신자인지 아닌지를 판별하기 위해 예수 그리스도나 성모마리아의 모습을 새긴 목판이나 동판 등을 밟게 하였는데 이를 踏み絵라고 한다. 이 시기에 20만 명 이상의 신자들이 목숨을 잃었다. 그 후 1859년 이후에 미국에서 개신교 선교회가 파견되었고 종교와 함께 서양 문화도 일본에 전해졌다. 그렇지만 한국에 비하면 일본 사회에는 기독교가 뿌리를 깊이 내렸다고 보기 어렵다. 현재 일본의 기독교 신자 수는 천주교 95만 명, 개신교 43만 명 수준이라고 한다.

4 일본의 대중교통

일본 대도시의 대중교통 수단으로는 전철과 지하철이 일반적이고 버스나 택시는 보조적인 기능만 한다. 일본은 대중교통 요금이 상당히 비싼 편이어서 일본의 학생들은 비교적 가까운 거리는 걸어 다니고 자전거를 이용하는 것이 일반화되어 있다. 일본은 한국과는 반대로 차는 좌측통행, 사람은 우측통행이므로 운전하거나 길을 건널 때 주의해야 한다.

(1) バス

일본의 버스는 시내버스든 시외버스든 거리에 따라서 요금이 다르다. 시내버스는 지하철이나 전철을 보조하는 정도로 운행되는 수준인데 버스를 이용할 때에는 정류장에 가서 노선 지도와 시간표를 확인하고 승차 시에 번호표를 뽑은 뒤 하차 시에 요금과 함께 낸다.

(2) タクシー

한국처럼 시간 거리 요금병산제를 채택하고 있고 심야에는 할증료가 붙는다. 한국에 비해 요금이 상당히 비싼 편이다. 또 한국과 달리 일본 택시 문은 자동문이라서 손님이 택시를 타고 내릴 때 문을 열거나 닫을 필요가 없다.

(3) 鉄道

일본의 철도는 안전성이나 정확성 등의 면에서 세계적으로 높은 수준을 인정받고 있으며 특히 1964년에 출범한 新幹線의 제조 기술은 세계 최고 수준이다. 차량의 모양이나 색은 철도 회사에 따라 다르다.

① 新幹線 : JR(Japan Railway) 그룹의 운영회사가 운영하는 고속철도이다. 1964년 10월 1일에 개통된 東海道新幹線을 시작으로 2024년 현재 8개의 노선이 운영되고 있다. (ミニ新幹線까지 포함하면 10개)

② 電車·地下鉄·私鉄 : 사전적인 의미로 보면 電車는 전기로 운행되는 모든 열차를 가리키는 말이지만 일본에서는 일반적으로 지상에서 달리는 전철을 電車라고 한다. 예를 들어 東京의 電車와 地下鉄은 ⓐ법인인 東京メトロ가 운영하는 地下鉄 노선, ⓑ東京都 交通局에서 운영하는 都営地下鉄 노선, ⓒJR에서 운영하는 電車 노선, ⓓ민영회사인 私鉄에서 운영하는 電車와 地下鉄 등, 종류가 다양하다. 한국과 달리 각 노선에는 1 호선, 2호선과 같은 번호가 아니라 千代田線, 丸の内線, 日比谷線, 銀座線과 같은 이름이 붙어 있다. 이 중에서 JR의 가장 핵심적인 노선은 山手線으로 이 노선은 東京 내의 주요 역을 순환하며 운행되는데 한 바퀴 도는 데 걸리는 시간은 1시간 정도이다. 그리고 私鉄는 대부분 주로 東京 외곽으로 나가는 노선이며 小田急線, 西武新宿線, 京成線 등이 있다.
電車는 달리는 속도나 각 역에 정차하는 구간에 따라 特急·急行·快速·普通 등의 이름이 붙어 있으며 普通列車 중에서 모든 역에 서는 열차를 各駅停車, 또는 各停라고 한다 (私鉄의 경우에는 普通列車라고 하기도 한다).

A Plus⁺ 新幹線 노선 및 출발역과 도착역

路線名	出発駅	到着駅	新幹線の名前
東海道新幹線 (とうかいどう)	東京駅	新大阪駅 (しんおおさか)	こだま・ひかり・のぞみ
山陽新幹線 (さんよう)	新大阪駅	博多駅 (はかた)	こだま・ひかり・のぞみ
東北新幹線 (とうほく)	東京駅	新青森駅 (しんあおもり)	はやぶさ
北海道新幹線 (ほっかいどう)	新青森駅	新函館北斗駅 (しんはこだてほくと)	はやぶさ
九州新幹線 (きゅうしゅう)	博多駅	鹿児島中央駅 (かごしまちゅうおう)	つばめ
上越新幹線 (じょうえつ)	東京駅	新潟駅 (にいがた)	とき
北陸新幹線 (ほくりく)	東京駅	金沢駅 (かなざわ)	かがやき
山形新幹線 (やまがた)	福島駅 (ふくしま)	新庄駅 (しんじょう)	つばさ
秋田新幹線 (あきた)	盛岡駅 (もりおか)	秋田駅 (あきた)	こまち
西九州新幹線 (にしきゅうしゅう)	武雄温泉駅 (たけお)	長崎駅 (ながさき)	かもめ

5 일본의 결혼식

(1) 結婚式の種類 [1997 기출]

① 神前式 : 神社에서 거행하는 결혼식으로 가장 전통적인 결혼식이다.

② 仏前式 : 절에서 거행하는 결혼식이다.

③ 教会式 : 교회 또는 교회처럼 꾸민 식장에서 하는 결혼식이다.

④ 人前式 : 결혼식에 참석한 사람들을 결혼의 증인으로 삼아서 거행하는 결혼식. 전통적인 人前式는 신랑 집에 친척들이 모여서 축하해 주는 결혼식이다.

⑤ 地味婚 : 친한 가족만 참석하는 소박한 결혼식이며 기념 사진을 찍고 여성은 웨딩드레스를 입는다.

(2) 婚礼儀式 [2011 기출]

① 결혼이 확정되면 신랑 쪽에서는 한국의 '함'에 해당하는 結納를 신부 측에 보낸다. 結納와 結納金을 받은 신부 측에서는 結納金의 절반 정도의 금액을 袴料(신랑 예복비)로 돌려보낸다.

② 신랑 신부의 혼례 복장으로는 턱시도와 웨딩드레스를 입는 경우가 많다. 和服를 입을 때는 羽織袴와 白無垢를 입는데, 白無垢를 입을 경우에는 면이나 비단으로 만든 角隠し라는 흰 두건을 쓴다.

③ 피로연에서는 「お色直し」라 하여 신부가 입고 있던 결혼 예복을 색이 선명한 着物나 드레스로 갈아입고 나오는 의식이 행해진다.

④ 일본의 결혼식에는 초대받은 사람들만 참석할 수 있으며 축의금은 のし袋라고 하는 축하금용 봉투에 넣어서 전달한다. 피로연이 끝나고 돌아가는 하객들에게 혼주 측에서 감사의 뜻으로 들려보내는 답례품을 引出物라고 한다.

6 **일본의 장례식**

　　일본 장례식의 약 90%는 불교식으로 치러진다고 한다. 장례 기간에는 상중임을 알리기 위해 흰 종이에 忌中라고 써서 대문이나 현관에 붙인다. 장례식장에는 간단한 음식이 준비되며 조문객은 조의금(香典)을 전한다. 장례식장에서 밤을 새워 향을 피우고 고인을 애도하는 것을 通夜라고 하는데 요즘에는 조문객들의 편의를 위해 시간을 줄인 半通夜를 하는 경우도 많다.

　　사망 이후부터의 장례 절차는 다음과 같다.

① 사망한 고인의 유해를 따뜻한 물로 씻는다. 이 절차는 湯灌이라고 하는데 병원에서 해 주는 경우가 많다.

② 가족이 손수 흰 수의인 経帷子, 또는 생전에 고인이 좋아했던 옷을 입힌다. 최근에는 장의사에게 맡기는 경우가 많다.

③ 유해는 머리가 북쪽으로 가도록 하여 베개 없이 눕힌 후 흰 천으로 덮는다.

④ 승려가 読経을 하고 고인에게 戒名(사후에 주어지는 불교식 이름)를 부여한다.

⑤ 칠이 되지 않은 관에 유해를 안치한다.

⑥ 화장 후에 남은 뼈는 납골 항아리 骨壺에 넣어서 매장되기 전까지 가정 내 仏壇에 안치한다.

⑦ 사후 49일까지 7일마다 骨壺를 앞에 두고 의식을 올린다.

⑧ 조의금을 보내온 조문객에게 조의금의 약 절반 정도에 해당하는 금액을 돌려보내며(香典返し) 감사의 인사를 전한다.

⑨ 骨壺를 묘지에 안장한다.

7 일본의 선물 문화

(1) お土産(みやげ) 2003 기출

여행이나 출장을 다녀온 기념으로 과자나 차, 술 등, 그 지방의 특산품을 사 와서 가족이나 직장 동료, 친구 등 친분이 있는 사람들에게 건네주는 선물을 말한다. 또는 다른 사람의 집을 방문할 때에 들고 가는 선물을 가리키는 경우도 있는데 이 경우에는 手土産(てみやげ)라고도 한다.

(2) 贈(おく)り物(もの)

お正月나 お盆(ぼん)과 같은 특별한 명절에 보내는 선물, 또는 결혼식이나 장례식이 끝난 후에 건네는 선물을 말한다. 평소에 고마웠던 사람에게 연말을 맞아 보내는 선물은 お歳暮(せいぼ)라고 하고 7월 15일 백중절에 보내는 선물은 お中元(ちゅうげん)이라고 한다. 선물의 종류로는 너무 비싸지 않은 생활용품이나 음식물, 도자기, 양주 등이 있다.

(3) プレゼント

생일을 맞은 사람이나, 입학 및 졸업, 그 밖에 기쁜 일이 있거나 기념일이 돌아왔을 때 일반적으로 주고받는 선물을 말한다.

memo

8 차별과 괴롭힘(いじめ) 2003 기출

역사 속에서 찾아볼 수 있는 집단 괴롭힘으로는 다음과 같은 것이 있다.

(1) 村八分 (むらはちぶ)

마을의 공동 작업을 게을리하거나 도둑질 등의 비행을 저지른 자에게 가해지는 집단 응징의 관습이다. 마을에서 필요한 공동 행사, 즉 농사일이나 혼례, 수해나 화재 진압, 장례식 등의 열 가지 기본 행사 중에서, 불이 났을 때 도와주는 일과 함께 장례를 치러 주는 일 외의 나머지 여덟 가지에 대해서는 일체 거들떠보지도 않을 뿐만 아니라 의도적으로 괴롭히고 따돌려서 소외감을 맛보게 하였다.

(2) 穢多(えた)·非人(ひにん)

幕府는 농민들의 불만을 해소해 주기 위하여 더럽다는 의미의 '穢多'와 사람이 아니라는 의미의 '非人'이라는 천민 집단을 만들어 냈다. 자신들이 농민을 괴롭히듯 농민들 역시 이들 천민을 마음껏 괴롭히면서 대리 만족을 느끼도록 한 것이다. 당시에 많은 농민들은 이들 천민을 때리거나 욕하고 괴롭히는 것을 당연하게 여기는 사람도 있었다고 한다.

9 사무라이 정신(侍精神)

(1) 静의 선비 · 動의 사무라이

한국과 일본은 조선의 건국과 德川 정권의 수립이라는 비슷한 시대적 상황 속에서 주자학을 받아들였다. 이는 주자학이 신분 차별을 인정하고 대의명분을 내세워 군신 관계와 충군애국(忠君愛国)을 강조한다는 점에서 봉건적인 지배 체계를 견고히 하는 데 안성맞춤이었기 때문이다. 따라서 양국 모두 주자학의 '충효사상'을 통치 이념으로 받아들였는데 서로 다른 사회적 · 정치적 배경으로 인해 양국은 서로 다른 방향에서 이를 받아들이게 된다. 주자학을 받아들일 때 조선은 '효'의 이념에, 德川幕府는 '충'의 이념에 더 많은 가치를 둔 것이다. 그 결과 조선의 지배 계층이나 지식인 사회에서는 효와 文을 숭상하는 '선비 사상'이 강조되었으나 德川幕府에서는 주군에 대한 충성과 武를 중시하는 '사무라이 정신'이 강조되었다. 다시 말해 '선비'와 '사무라이'는 같은 유교 사회의 지배 계급이자 엘리트였지만 우리나라의 선비는 유교적 德治에 바탕을 둔 静的이고 방어적인 성향을 지녔고 일본의 사무라이는 군주에게 충성을 바치는 動的이고 호전적인 성향을 지닌 존재로 대비되었다고 할 수 있다.

(2) 사무라이의 특권

① 切捨て御免 : 평민이 사무라이에게 누를 범했을 경우 그 자리에서 목을 벨 수 있었다.
② 帯刀 : 칼을 허리에 차고 다닐 수 있었다.
③ 名字(苗字) : 姓을 가질 수 있었다.

memo

⑩ 화폐로 보는 일본

(1) 紙幣(しへい)

① 10,000円札 2003 기출

	旧券		新券 令和6年(2024年)7月3日に、 新しい一万円札、五千円札、千円札発行

[表] 福沢諭吉(ふくざわゆきち)(1834~1901) 啓蒙思想家, 教育家 慶応義塾大学 創立者			渋沢栄一(しぶさわえいいち)(1840~1931) 明治時代に活躍した実業家で、「士魂(しこん)商才(しょうさい)」を説いた、日本の資本主義の父。銀行や保険会社、製紙会社、運輸会社など、約500の企業を育て、約600の社会公共事業に関わった。 1866年にパリ万博の開催地だったフランスのパリへ留学し、西欧の文明に深い感銘を受け、日本の近代化の必要性を感じる。帰国後、日本最初の「第一国立銀行」を設立し、多数の会社を次々と設立した。「一橋大学」「東京経済大学」などの学校設立にも力を注ぎ、「日本女子大学」「東京女学館」を設立。

	[裏] 雉(きじ)	[裏] 鳳凰像(ほうおうぞう)	

② 5,000円札

旧券		新券

[表] 新渡戸稲造 <small>(にとべいなぞう)</small> (1862〜1933) 教育家, 外交官	[表] 樋口一葉 <small>(ひぐちいちよう)</small> (1872〜1896) 小説家, 歌人	津田梅子(1864〜1929) <small>(つだうめこ)</small> 日本における女子教育の先駆者。 1871年、6歳にして岩倉具視を全権大使 <small>(いわくらともみ)</small> とする「岩倉使節団」の一員となり、アメリ カに留学(日本最初の女子留学生)。その 後も4回アメリカとイギリスにわたっても勉 強し、女性が自立するためには専門的な 知識を身につける知識が欠かせないと考 え、女子教育の必要性を痛感した。 帰国後、1900年に「津田塾大学」の前身と なる「女子英学塾」を開いて、英語を教える など、女性の教育に尽くした。

[裏] 富士山 <small>(ふじさん)</small>	[裏] 燕子花図屏風 <small>(かきつばたずびょうぶ)</small>	

③ 2,000円札(平成12年7月19日より使用)

[表]沖縄県の守礼門
<small>(しゅれいもん)</small>
[裏]藤原隆能の源氏物語絵巻, 紫式部
<small>(ふじわらのたかよし)</small>

④ 1,000円札

旧券		新券
[表] なつめ そうせき 夏目漱石 （1867〜1916） 日本を代表する近代 小説家	[表] の ぐちひで よ 野口英世 （1876〜1928） 医師, 細菌学者	きたざとしばさぶろう 北里柴三郎(1853〜1931) 医学者・細菌学者。明治から大正にかけて予防医学や感染症医学に関する多くの業績を残した近代日本医学の父で予防医 いしずえ 学の礎を築いた。
		東京医学校卒業後、内務省衛生局に入局し1886年から6年間ドイツ留学。ドイツ留 は しょうふうきん 学中、「破傷風菌」の研究に取り組み、「血 けっ せいりょうほう 清療法」を考え出す。帰国後、日本初の私 の ぐちひで よ 立「伝染病研究所」を創立し、野口英世な はげ どの後学の養成にも励んだ。 （cf. きたさと＝きたざと）
[裏] タンチョウ	[裏] 富士山と桜	

※ 新しい人物の共通点：日本の近代社会に大きな影響を与えた人物

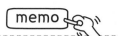

(2) 硬貨
<small>こうか</small>

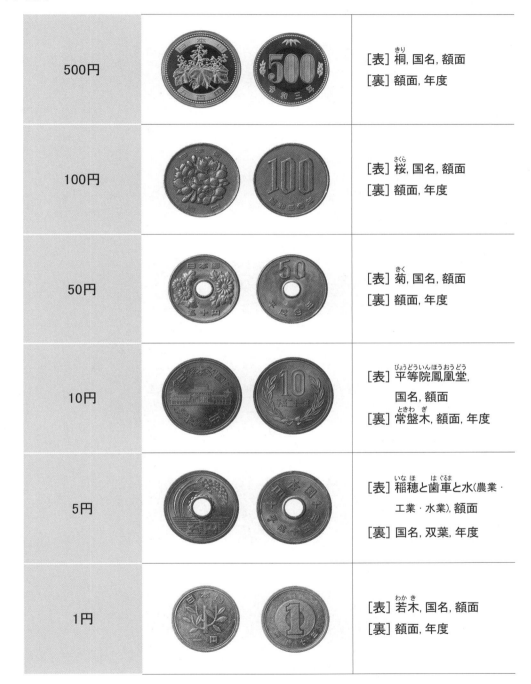

500円		[表] 桐, 国名, 額面 [裏] 額面, 年度
100円		[表] 桜, 国名, 額面 [裏] 額面, 年度
50円		[表] 菊, 国名, 額面 [裏] 額面, 年度
10円		[表] 平等院鳳凰堂, 国名, 額面 [裏] 常盤木, 額面, 年度
5円		[表] 稲穂と歯車と水(農業· 工業·水業), 額面 [裏] 国名, 双葉, 年度
1円		[表] 若木, 国名, 額面 [裏] 額面, 年度

3

일본 문학 개론

상대문학(上代文学)

I 개관

1 시대적 배경

　문자 없이 입에서 입으로 전해지던 口承文学이 발생한 시기부터 天平文化를 거쳐 桓武天皇가 平安京로 遷都한 794年까지를 上代(= 古代 : 大和~奈良時代)라고 한다.

　口承文学의 시대에는 자연에 대한 두려움이 신에 대한 관념으로 변하여 신의 가호를 바라며 제사를 지내는 종교적 행사에서 사용되었던 가사나 말이 구전되면서 祝詞가 생겨났다. 5세기를 전후하여 大和(현재의 奈良県)를 중심으로 국토가 통일되어 가면서 大和政権이 확립되고 6세기경에는 天皇제도가 확립되었다. 대륙으로부터 전해진 벼농사 기법으로 농경 생활이 안정되었고 한자가 전래되어 한자의 음을 빌어 일본어로 쓰고 한자의 훈도 이용하게 되었다. 6세기 중엽 전래된 仏教는 일본인들의 사상과 생활에 큰 영향을 주었으며 7세기 聖徳太子가 遣隋使를 파견하는 등, 대륙 문화 유입에 힘쓴 결과 일본 최초의 불교 문화인 飛鳥文化가 번성하였다. 7세기 중엽, 호족이었던 蘇我氏로부터 天皇가 실권을 되찾은 大化の改新 이후에는 율령국가 사업과 함께 중앙집권제가 확립되면서 天皇의 권위가 절대적인 존재가 되었고 平城京(奈良)가 건설되기에 이른다. 이에 따라 중앙 정부의 정통성을 피력하고 민심을 수습하기 위해 『古事記』와 『日本書紀』가 쓰여지고 지역의 지리를 기록한 『風土記』가 완성되었다.

　한편 飛鳥文化에 이어 大化の改新 이후부터 平城京에 천도하기까지의 문화를 白鳳文化라고 부르며, 그 후 8세기 중엽까지 平城京를 중심으로 꽃을 피운 화려한 불교 귀족 문화를 天平文化라고 부른다.

② 문학적 특징 및 문학 이념

口承文学은 한자가 전래되고 문자가 사용되면서 점차 記載文学으로 변화되어 갔다.

이 시기의 문학은 「まことの 문학」이라고 부른다. 「まこと」는 大和 지역에서 영향을 받은, 밝고
소박하며 힘찬 기운이 넘치는 上代의 문학 이념이다.

古代の文学理念「まこと」〔学研全訳古語辞典〕

日本の文芸全般を通じての、根本的な美的理念。真実の姿・感情を尊重し理想とする
精神で、感情と理性とが自然に一体となった境地のこと。特に『万葉集』を中心とする上
代文学に見られ、文学用語としては『古今和歌集』の仮名序に現れるのが最初。平安
時代の「もののあはれ」や、中世の「幽玄」などの美的理念の基調ともなった。江戸時代
の俳論や歌論などにもしばしば説かれ、その根底になっている。

memo

II 주요 작품

1 신화·전설·설화

(1) 『古事記』 `2004 기출` `2023.A 기출`

① 大和 지역의 飛鳥로 도읍을 옮긴 天武天皇는 天皇의 계통을 분명히 함으로써 위신을 세우고 통치의 정당성을 각 氏族에게 알리기 위해 帝紀(天皇의 계보)와 本辞(황실이나 씨족에서 전해지는 신화나 전설, 설화)를 정리하여 稗田阿礼에게 암송하게 하였다. 그 후 그 뜻을 이어받은 元明天皇가 稗田阿礼가 암송한 내용을 太安万侶로 하여금 기록하도록 한 것이 『古事記』이며 712년에 완성되었다.

② 『古事記』는 정치적 목적으로 만들어진 것이지만 신화나 전설, 설화를 통해 당시 사람들의 생활 감정이나 풍부한 상상력을 엿볼 수 있다는 점에서 日本最古의 문학작품이라고 할 수 있다.

③ 문체는 한자의 음과 훈을 혼합한 変体의 漢文体이며 인명이나 歌謡는 一字一音式 万葉仮名로 표기되었다.

(2) 『日本書紀』 `2004 기출`

① 당시의 선진국인 唐에게 일본의 우위를 보여 주고자 하였던 元正天皇의 칙명(勅命)에 따라 天武天皇의 皇子인 舎人親王 등이 편집하여 720년에 완성하였다.

② 객관적인 역사서로서 六国史의 시작이 되는 작품이다.

③ 문체는 순수한 漢文体이며 구성은 중국 역사서를 따라 編年体로 이루어졌다.

(3) 『風土記』

① 元明天皇의 勅命에 의해 각 지방(諸国)에서 편집하여 제출한 地誌이다.

② 완본으로 남아 있는 것은 『出雲国風土記』뿐이며, 각 지방이나 민간에 전해 오는 신화, 전설, 설화가 그대로 기록되어 있어 口承文学의 정취를 느낄 수 있다.

③ 문체는 거의 대부분 漢文体이다.

○ 六国史 : 奈良時代부터 平安時代 전기까지 당시의 조정이 편찬한 6개의 正史로 『日本書紀』(720) 『続日本紀』(797) 『日本後紀』(840) 『続日本後紀』(869) 『日本文徳天皇実録』(879) 『日本三代実録』(901)가 있다. 모두 漢文으로 기록되어 있으며 編年体(역사를 연대순으로 기술하는 방법)로 구성되어 있다.

古事記·上巻(かみつまき)の本文 `2023.A 기출`

天地初めて発けし時、高天の原に成れる神の名は、天之御中主神。

次に高御産巣日神。次に神産巣日神。此の三柱の神は、並独神と成り坐して、

身を隠したまひき。

A Plus⁺ 『古事記』와 『日本書紀』 비교

	古事記	日本書紀
시기	712年 성립(3卷)	720年 성립(30卷)
만든이	稗田阿礼가 誦習, 太安万侶가 撰録	舎人親王
만든 목적	국내적으로 황실을 중심으로 한 국가 통일을 지향	대외적으로 중국에 일본의 우세를 과시
내용	신화 및 전설, 가요 등, 문학적 성격이 강함	역사서적인 성격이 강함
서술의 특징	주관적이며 구체적	객관적이며 설명적
표기상 특징	和漢折衷的 문체. 표기는 한자	표기도 문체도 순수한 漢文体

전공일본어

memo

2 노리토(祝詞)・센묘(宣命) 2010 기출

ことばに 신비한 영(靈)이 있다고 믿는 言靈信仰에 따라 上代 사람들은 아름답고 좋은 말을 사용하면 복이 찾아오지만 나쁜 말을 사용하면 재앙이 온다고 믿었다. 따라서 신에게 제사를 지낼 때에는 엄숙하면서도 아름다운 표현을 구사하려 하였는데 이러한 표현이 문학적 요소를 띠게 되면서 나타난 것이 祝詞이다. 그리고 天皇가 신하에게 자신의 뜻을 알리는 말로 생겨난 것이 宣命이다.

(1) 祝詞

① 신에게 제사 지낼 때 사용하는 아름다운 표현과 운율(韻律)을 담은 엄숙하고 장엄한 문장을 말한다.

② 내용은 황실의 번영과 오곡의 풍요, 국가와 백성의 안녕을 기원하는 것이었으며, 신화의 유래를 서술하는 부분에는 문학적인 요소가 가미되어 있다.

③ 표기는 宣命書き(宣命에 쓰인 표기를 말하며 용언의 활용어미 및 조사와 조동사 등을 万葉仮名로 작게 쓰는 방식)이다.

(2) 宣命

① 중요한 의식이 있을 때 天皇가 神의 명을 받아 알리는 것으로, 문서가 아닌 구두로 표현된 것을 말한다.

② 현존하는 것은 『続日本紀』에 수록된 62편이다.

③ 宣命에 쓰인 표기 방식을 「宣命書き」라고 하는데 여기에서 かな交じり文이 생겨났다.

3 시가(詩歌)문학

(1) 上代歌謡

① 歌垣(うたがき)

㉠ 上代의 歌謡는 종교 행사를 거행할 때 공동체 전체의 기원이나 감사를 표현하거나, 일할 때의 능률을 높이기 위한 것이었는데 여기에서 和歌(わか)가 탄생하였다.

㉡ 산이나 해안에 미혼 남녀가 모여 노래를 부르며 구애나 구혼을 하는 행사인 歌垣는 원래 봄과 가을에 풍작을 기원하는 의미로 열리던 행사였던 것이 궁중 의례의 하나로 발전하였는데 『風土記』와 『日本書紀』, 『万葉集』 등을 보면 歌垣에서 읊었을 것으로 추측되는 가요가 다수 전해지고 있다.

② 記紀歌謡(ききかよう)

㉠ 『古事記』와 『日本書紀』에 수록된 약 190首의 가요로서 上代 가요의 대부분을 차지한다.

㉡ 표현적 특징으로 対句(ついく)나 반복(繰り返し), 그리고 枕詞(まくらことば)와 序詞(じょことば) 등을 들 수 있다.

枕詞	다음에 특정한 말을 끌어내는 기교로, 음조를 정리하거나 여운을 더하거나 한다. 주로 5音이다. 例 草枕旅, 鶏が鳴く東
序詞	다음에 어떤 말을 끌어내는 기교로, 구체적 이미지나 서정적 기분을 첨가한다. 주로 7音 이상이다. 例 飛ぶ鳥の声も聞こえぬ山の深き心を人は知らなむ。

㉢ 歌体 **2012 기출** : 片歌(かたうた)(5·7·7), 旋頭歌(せどうか)(5·7·7, 5·7·7 : 片歌 2首를 두 번 반복), 長歌(ちょうか)(5·7, 5·7, 5·7, …7), 短歌(たんか)(5·7, 5·7, 7)의 형식이 보이는데 이러한 형식은 이후 和歌의 형식으로 발전하였다.

③ 仏足石歌(ぶっそくせきのうた)

㉠ 奈良의 薬師寺(やくしじ)의 境内에 있는, 釈迦의 足跡을 새긴 仏足石歌碑(ぶっそくせきかひ)에 새겨져 있는 21首의 歌謡이다.

㉡ 歌体는 5·7, 5·7, 7·7로 되어 있으며 이러한 歌体를 仏足石歌体라고 한다.

④ 琴歌譜(きんかふ)의 歌謡

㉠ 981年(中古時代)에 제작된 和琴(わごん)(6絃의 琴)의 譜本(ふほん)인 『琴歌譜』에 万葉仮名로 표기된 22首의 歌謡를 말한다.

㉡ 여기에 記紀歌謡와 같은 歌謡가 5首 들어 있는데 이를 記紀歌謡 시대에 만들어진 작품으로 보고 있다.

memo

(2) 和歌

① 집단생활에서 벗어나 개인 의식이 성장하기 시작하면서 자기의 감정을 표현한 개성적인 노래가 출현했다.

② 5音·7音을 중심으로 한 定型 歌体가 확립되면서 문자로 기록하여 읽고 즐기는 和歌로 발전되어 갔다.

③ 대륙에서 漢詩文이 들어오면서 그 영향으로,『古歌集』,『柿本人麻呂歌集』,『高橋虫麻呂歌集』,『類聚歌林』,『笠金村歌集』 등이 완성되었다(『万葉集』가 편찬되기 이전에 이 歌集들이 편찬되었다는 기록은 있으나 실제로 남아 있지는 않다).

④ 『万葉集』 2002 기출 2003 기출 2005 기출 2018.A 기출 2025.A 기출

　㉠ 성립 : 8세기 후반(759年 이후)에 많은 사람의 손을 거쳐 최종적으로 大伴家持에 의해 편찬되었다.

　㉡ 구성 : 약 4,500首, 20巻으로 이루어져 있으며 雑歌, 相聞, 挽歌의 3부로 되어 있다.

　㉢ 표기 : 한자의 음과 훈을 사용해서 일본어를 표기하는 万葉がな를 사용하였다.

　㉣ 作者 및 시대 : 作者는 天皇를 비롯하여, 관리(官吏), 승려, 농민에 이르기까지 폭넓으며, 작성된 시대도 4세기부터 8세기(大伴家持의 歌, 759년)까지 약 450년간에 걸쳐 있다.

　㉤ 지역 : 大和를 중심으로 東国에서 九州까지 폭넓은 지역에 걸쳐 있다.

　㉥ 歌風 : 남성적이고 힘차며 여유 있는 「ますらをぶり」이다. 「ますらをぶり」는 용감한 남자라는 뜻이며 남성적이고 통이 큰 가풍(男性的でおおらかな歌風)을 말한다. 近世의 国学者 賀茂真淵가 『万葉集』를 연구하면서 붙인 이름이다.

賀茂真淵(1697~1769)

· "日本人には「高く直き心」もある。これは自然で素直な心のことだ。大和魂 とは、この「ますらをぶり」と「高く直き心」のことである。"

· 賀茂真淵らの歌人たちは「ますらをぶり」を和歌の理想と考え、『万葉集』の歌の中にこれが見いだされると説いた。

 A Plus⁺ **年代와 歌風의 변화에 따른『万葉集』의 변천사**

時期	特徵	代表的 歌人
1期 (발생기)	壬申の乱(じんしん)(672)까지 和歌가 발생한 시기로, 口承歌謠였던 노래가 정형적인 和歌로 발전되어 갔다. 소박한 고대적 서정시가 많다.	舒明天皇(じょめい) 有間皇子(ありまのみこ) 額田 王(ぬかたのおおきみ)
2期 (확립기)	壬申の乱 이후부터 平城京遷都(710)까지 약 40년간. 율령국가 완성과 함께 和歌가 완성되었다. 枕詞, 序詞, 対句와 같은 표현 기법이 획기적으로 발전했다. 장엄하고 웅대한 노래가 나타났고 長歌가 완성되었다.	柿本人麻呂(かきのもとのひとまろ) (万葉集最高의 歌人으로 長歌의 완성자) 高市黒人(たけちのくろひと)(短歌에 뛰어남)
3期 (성숙기)	平城京遷都 이후부터 733年까지 약 20년간 불교와 귀족문화가 발달하였고 유교나 노장 사상 등 대륙의 사상·문화가 유입되었다. 깊이 있는 내용으로 세련된 지성적 아름다움을 노래하였다.	山部赤人(やまべのあかひと) (풍경 묘사에 뛰어나고 맑고 청아한 가풍) 山上憶良(やまのうえのおくら) (인생의 고뇌, 사회 모순을 다룬 長歌) 大伴旅人(おおとものたびと) (풍류, 인생의 괴로움과 슬픔을 노래) 高橋虫麻呂(たかはしのむしまろ) (지역의 전설을 소재로 한 서사적 長歌)
4期 (쇠퇴기)	759年까지의 약 20년간. 권력을 둘러싼 대립과 함께 율령제의 모순을 표면화한 내용, 또는 남녀 간의 개인적 감정이나 개인의 고독한 독백을 읊은 이지적이고 기교적인 노래가 많다. 古今和歌集에서 보이는 古今風으로의 이행기이다.	大伴家持(감상적이며 섬세한 가풍)

○ **東歌(あずまうた)와 防人歌(さきもりうた)** 2005 기출 : 万葉歌人의 작품에서는 느낄 수 없는 소박하고 순수한 서민의 감정을 표현한 작품이다.

- **東歌**(240首) : 東国의 方言이 섞인 소박한 어조로 서민들의 생활에서 생겨난 연애나 노동을 노래한 민요풍의 口誦歌謠.

- **防人歌**(약 90首) : 九州 지방의 防人(さきもり)(대륙의 침략에 대비하여 北九州의 해안 경비를 맡던 병사)로 징용되어 간 東国의 젊은이와 민중의 노래이다. 육친과의 이별을 안타까워하는 마음과 슬픈 감정을 힘차고 솔직한 가풍으로 노래하고 있다.

 memo

(3) 漢詩文

① 天智天皇_{てんじ} 시절에 귀족의 教養으로, 또는 외국 사절을 맞아 벌이는 연회로 인해 漢詩文이 번성하게 되었다. 이러한 漢詩文의 유행에 따라 『懐風藻』등이 편찬되었다.

② 『懐風藻_{かいふうそう}』 2009 기출 : 현존하는 유일한 上代의 漢詩集이다. 대부분 五言詩이고 연회나 유람 시에 만들어진 작품이 많으며 중국 詩의 영향을 받았다.

(4) 歌論書

① 『歌経標式_{かきょうひょうしき}』: 772년에 성립된 日本最古의 歌論書이다. 중국의 漢詩 연구에 영향을 받았으며 和歌의 기원을 비롯하여 和歌의 결점(歌病_{かへい})이나 歌体 등에 대해 예를 들어 설명하고 있다.

上代文学(奈良時代)の代表作まとめ			
歴史書	『古事記』 712年	神話(昔話)。最古の歴史書。国内用(家の成立)。稗田阿礼が暗唱、太安万侶が記録。大和言葉で書かれる。	記紀
	『日本書紀』 720年	歴史書(正史)。国外に日本の正当性をアピール。舎人親王が編集。神代から持統天皇の時代までを純粋な漢文体で記録。	
地誌	『風土記』 713年	朝廷が諸国に地名の由来や産物などを報告するように命じたことから、日本各地の風土をはじめ、産物、伝説、生活習慣などを集めた。	
和歌集	『万葉集』	日本に現存する最古の和歌集。天皇から貴族、防人(古代, 北九州防衛のために配置された兵士)、農民まで幅広い階層の人びとの歌があり、土地も東北から九州に至る日本各地に及ぶ。	
漢詩集	『懐風藻』	現存最古の漢詩集。中国詩の影響を受けて漢詩を約120編集めた。	

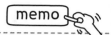

ⒶPlus⁺　最古シリーズまとめ

漢詩集	『懐風藻』	現存最古の漢詩集	
和歌集	『万葉集』	現存最古の和歌集	
説話集	『日本霊異記』	現存最古の説話集 （仏教説話）	中古初期(810~824)に景戒が著す。
歌論	『歌経標式』	現存最古の歌論（和歌）	上代末期に藤原浜成が著す。

memo

중고문학(中古文学)

I 개관

1 시대적 배경 [2021.A 기출]

794年에 桓武天皇가 平安京로 遷都한 후부터 1192年에 源 頼朝가 鎌倉幕府를 열기까지의 약 400년간을 中古시대라고 한다. 藤原氏를 중심으로 하는 귀족이 平安京(京都)에서 정치·문화를 담당한 시대이기 때문에 平安時代라고도 한다.

上代에 확립된 율령정치(律令政治)는 8세기 중반이 되자 동요하기 시작했고 이에 조정은 새로운 곳에서 정치 기강을 다시 세우기 위해 平安京로 도읍을 옮겨 율령정치를 강화하려 노력했다. 그러나 大化の改新 이후에 관료 귀족으로 등장한 藤原氏가 조정의 중요한 역할을 독점하고 왕실의 외척이 되어 섭정을 하게 되면서 모든 실권을 장악해 버린다. 이에 문학의 양상도 크게 바뀌게 되어 궁정에서 詩歌와 管弦을 즐기는 우아한 생활을 바탕으로 もののあはれ가 느껴지는 宮廷文学으로 흘러가게 되었는데 이는 차츰 인생을 깊이 통찰하고 현실을 비판하고자 하는 서정적 정신의 성숙한 문학으로 변화하였다.

이 시기에는 前代에 이어 율령정치의 모범이 되는 唐 문화의 수용에도 힘썼다. 그러나 9세기 중반에 藤原氏에 의하여 본격적인 摂関政治가 시작된 후에는 遣唐使가 폐지되고 唐 문화의 영향이 줄어들면서 優美한 国風文化가 생겨나기 시작했다.

11세기 초, 藤原道長가 세력을 떨칠 무렵에 귀족의 권력은 정점에 이르고 문학도 貴族文学의 最盛期를 맞이했다. 그러다가 11세기 후반에 白河上皇의 院政가 시작되면서 摂関政治는 실권을 잃게 되고 귀족 사회도 上皇 측과 天皇 측으로 갈라져 대립하였는데 上皇 측이 자신들이 안위를 보호받기 위해 武士를 등용하면서 武士 계급이 중앙에 진출하기 시작하였다. 12세기 후반, 武士 중에서 세력이 강했던 平氏가 정권을 잡으면서 中古 귀족 시대는 종말을 고하게 되었다.

memo

2 문학적 특징

(1) 漢詩文의 時代로부터 仮名文学 時代로 변화

平安 초기에는 漢詩文이 유행하였으나 遣唐使가 폐지된 후에는 漢詩 중심의 분위기가 사라지고 그 대신 「やまとうた」에 대한 자각이 일어났다. 이러한 분위기 속에서 ひらがな의 발달에 힘입어 和歌가 융성하게 되었는데 그 결과 『古今和歌集』가 편찬되었으며 仮名로 쓰여진 散文文学도 급속히 발달하였다.

(2) 宮廷女流文学의 開花

유력 귀족들은 앞을 다투어 딸을 後宮으로 만들었다. 이 後宮들의 교육을 위해서 중류 귀족인 女房가 필요했는데 이 女房들을 중심으로 女房文学이 꽃을 피우게 되어 『源氏物語』나 『枕草子』와 같은 뛰어난 작품이 나오게 된다.

(3) 貴族的 文芸와 庶民的 文芸

11세기 후반, 귀족 계급이 몰락하자 귀족 문학도 생기를 잃어갔다. 12세기 전반이 되자 당시에 서민 사이에 유행했던 世俗説話나 仏教説話를 엮은 설화집 『今昔物語集』가 완성되었는데 이 작품에서는 그때까지 문학에서 다루어지지 않았던 서민의 모습이 사실적으로 묘사되어 있다.

(4) 自照文学의 탄생

자기 자신을 철저히 관찰하고 반성하는 자조성(自照性)의 정신이 반영된 문학으로서 日記나 随筆, 紀行文 등이 등장하였다. 이같은 自照文学은 物語文学에 비해 현실적이고 作者의 내면이 단적으로 표현되는 특징을 보였다.

Ⅱ 주요 작품

1 한시문(漢詩文)

(1) 平安時代 초기

① 율령정치의 재건을 위해 모든 면에서 唐을 모범으로 삼고 문학을 정치의 근본으로 삼는 文章経国라는 의식에 따라 漢詩文이 유행했다.

② 대표적인 漢詩集

㉠ 嵯峨天皇의 勅命에 따른 勅撰漢詩集：『凌雲集』(일본 최초)와 『文華秀麗集』

㉡ 淳和天皇의 勅命에 따른 勅撰漢詩集：『経国集』

㉢ 空海：詩文集『性霊集』와 詩論書『文鏡秘府論』 등 뛰어난 업적을 남겼다.

㉣ 菅原道真：詩文集『菅家文草』와 『菅家後集』를 남겼는데 그는 唐詩의 모방에서 탈피하여 일본 독자적인 漢詩를 완성했다고 평가받는다.

(2) 平安時代 중기 이후

① 894年 遣唐使가 폐지되고 仮名文字의 보급과 藤原氏의 摂関政治 등을 배경으로 일본 독자적인 国風文化를 존중하는 분위기가 높아지면서 10세기경부터 漢詩文은 쇠퇴하기 시작하고 그 대신 和歌가 주목받게 되었다.

② 『本朝文粋』：편집자는 藤原明衡이며 1058~1065年에 성립된 것으로 추정된다. 14卷으로 구성되었으며 中古 初期부터 200여 년 동안의 대표적인 漢詩文 427編이 집대성되어 있다.

2 와카(和歌)

(1) 『古今和歌集』 _{こ きん わ か しゅう} 2007 기출

① 성립 : 905年 醍醐天皇의 勅命에 의해 紀貫之, 紀友則, 凡河内躬恒, 壬生忠岑 4명이
편집한 최초의 勅撰和歌集이다.

② 구성 : 『万葉集』 이후의 노래 1,100余首를 모아 春·夏·秋·冬·賀·離別 등 13部立로
분류하여 20卷으로 배열하고(이후 勅撰集의 정형으로 자리잡음) 序文으로 「仮名序」(↔漢文으
로 쓰인 것은 「真名序」)를 실었다. 「仮名序」는 제대로 된 최초의 문학론이라 할 수 있는데 和
歌의 본질은 사람의 마음에 있다고 하면서 心와 詞의 조화를 강조하였다.

『古今和歌集』 仮名序 2007 기출

やまと歌は、人の心を種として、万の言の葉とぞ成れりける。世の中に在る人、事、
業、繁きものなれば、心に思ふ事を、見るもの、聞くものにつけて、言ひ出せるなり。

【訳】和歌は人の心の動きがもとになっていろいろな言葉となったものである。世の
中にいる人は、することが多いので、心に思うことを、見るもの聞くものによせて、よ
み出すのである。

---

③ 歌風 : 소박하고 힘찬 『万葉集』의 가풍인 「ますらをぶり」에 비해 아름답고 섬세한 「たをや
めぶり」가 『古今和歌集』의 가풍이다. (「たをやめぶり」도 근세 국학자 賀茂真淵가 제창한 미적
이념이다.)

④ 시기별 특징

『古今和歌集』의 和歌는 作歌年代와 歌風 등에 따라 다음과 같이 나눌 수 있다.

1期	・849年 무렵까지이다(作者 미상의 시대). ・『万葉集』의 소박함과 5·7調를 계승했다. ・계절의 推移에 민감한 새로운 가풍이 싹트기 시작했다. --- 昨日こそ早苗とりしかいつのまに稲葉そよぎて秋風のふく〔秋歌上〕 (つい昨日、早苗をとったばかりだが、いつの間に稲葉がそよいで秋風がふくようになっ たのだろう。) さつきまつ花たちばなの香をかげば昔の人の袖の香ぞする〔夏歌〕 (五月になって花の咲く橘の香りをかいだところ、昔なじみの人の袖の香りがすること だ。)

2期	• 850～890年까지이다(六歌仙의 시대). • 六歌仙: 『古今和歌集』의 仮名序에 나오는 6명의 歌人을 말한다. • 7·5調의 노래가 증가하며 감동을 기교적으로 노래하고 있다. 花の色はうつりにけりないたづらにわが身世にふるながめせしまに〔小野小町 春歌上〕 (桜の花の色はあせ衰えてしまったことだ。なすこともなく長雨に日を過ごしていた間に。私の容色も衰えてしまったことだ。むなしい思いにぼんやりともの思いに沈んでいる間に。) 月やあらぬ春や昔の春ならぬわが身一つはもとの身にして〔在原業平 恋歌五〕 (月は昔の月ではないのか。春は昔の春ではないのか。いや、すべて昔のままである。それなのにすべてのものは変わって、私だけがもとのままでいる気がする。)
3期	• 891～905年까지이다(편찬자, 作者의 시대). • 가장 『古今和歌集』다운 歌風의 시대이다. • 優美繊細하고 대상을 理智的으로 노래했으며 比喩, 掛詞, 縁語 등의 세련된 수사법을 구사했다. • 疑問, 反語, 推量의 표현을 많이 사용했으며 기교적이고 복잡한 표현을 사용했다. 袖ひちてむすびし水のこほれるを春立けふの風やとくらむ〔紀貫之 春歌上〕 (夏のころ袖も濡れて手にすくった水が冬になって凍っていたのを、立春の今日の風がとかしていることだろうか。) 久方のひかりのどけき春の日にしづ心なく花のちるらむ〔紀友則 春歌下〕 (日の光ののどかな春の日に、どうして落ち着いた心もなく花が散っているのだろう。)

memo

⊙ 和歌의 표현 기법인 掛詞와 縁語

• 掛詞: 하나의 어구에 음운(音韻)의 공통성을 이용하여 두 가지의 뜻을 가지게 해서 내용을 풍부하게 하는 기교를 말한다.

• 縁語: 어떤 말과 뜻이 깊게 관련되는 말을 일부러 사용하여 余情을 띠게 하는 기교이다.
例 燃ゆる思ひ (ひ→火와 掛詞, 燃ゆる의 縁語)

memo

(2) 『古今和歌集』 이후의 勅撰集

古今和歌集	・905年에 성립.	三代集	
ごせん 後撰和歌集	・951年 이후에 성립. 村上天皇(むらかみ)의 勅命에 의해 만들어졌다. ・『古今和歌集』에 누락된 노래나 그 이후의 노래를 모았다. ・노래의 詞書(ことばがき)가 길어져서 物語化되어 있는 것이 많다.		
しゅうい 拾遺和歌集	・1006年 전후에 성립. ・『古今和歌集』와 『後撰和歌集』에 누락된 노래를 모았다.		
ごしゅうい 後拾遺和歌集	・1086年에 성립. ・『拾遺和歌集』에 누락된 노래와 당대 노래 및 여류 歌人의 노래로 구성.	八代集	
きんよう 金葉和歌集	・1126年에 성립. ・10巻. 連歌도 수록되어 있으며 『古今和歌集』에서 탈피한 모습이다.		
しか 詞花和歌集	・1151~1154年에 성립. ・10巻. 『金葉和歌集』의 新風을 표방하고 있으나 비교적 보수적이다.		
せんざい 千載和歌集	・1187年에 성립. ・200년간의 노래로 당대의 노래를 중시. ・문예성이 높아 『新古今和歌集』의 선구적인 역할을 했다. ・仮名序를 달아놓았다.		
新古今和歌集	・1205年에 성립(中世시대 작품). ・『古今和歌集』 이후의 勅撰集에 없는 노래를 수록하였다. ・당대 歌人의 노래를 중시했고 시대적 특징이 엿보인다.		

3 가론(歌論)

『古今和歌集』에 紀貫之가 쓴 「仮名序」가 최초의 歌論이라고 할 수 있다. 平安時代 중기부터 歌人들의 의식이 향상되고 歌合(歌人들이 두 팀으로 나누어 정해진 주제에 대해 읊은 노래를 비교하면서 우열을 가리는 유희로 당시의 사교적 행사)가 유행하게 되면서 본격적인 歌論이 쓰여졌다. 대표적 歌論集은 다음과 같다.

① 『新撰髄脳』(藤原公任) : 歌의 本質·作法·短歌論으로 구성되어 있다.

② 『俊頼髄脳』(源俊頼) : 歌体·歌病·歌의 理想·歌의 해설 등으로 구성되어 있다.

③ 『袋草紙』(藤原清輔) : 歌合의 순서·勅撰集 편집의 고증 등으로 구성되어 있다.

④ 『古来風体抄』(藤原俊成) : 上代부터 中古에 이르는 歌風의 변천에 대해 논하고 있다.

4 가요(歌謡)

(1) 歌謡는 음악과 무용이 동반된 노래로 平安時代에는 歌謡가 和歌와 별도로 분리되어 독자적으로 발전하였다.

(2) **中古時代 歌謡의 종류**

① **神楽歌**: 궁정의 의식(儀式)이나 神事(神社의 제례)에서 사용되던 歌舞를 동반한 가요로, 신과 인간의 조화를 노래했다.

② **東遊歌**: 원래 東国의 민요였던 것이 中古에 와서 궁정의 神前歌舞로 사용되었다.

③ **催馬楽**: 귀족들의 사적인 遊宴에서 애창되던 歌謡로, 원래 近畿 지방의 민요였다.

④ **風俗歌**: 원래 東国 지방의 민요였으나 귀족들의 遊宴歌謡가 되었다.

⑤ **朗詠** 2011 기출 : 漢詩나 和歌의 아름다운 구절에 곡을 붙여서 악기에 맞추어 노래하는 것을 朗詠라고 하는데 平安 중기 이후에 유행하였다. 藤原公任의『和漢朗詠集』는 이 당시 朗詠에 적합한 詩文을 모은 것으로 軍記物語·謡曲·浄瑠璃 등, 후세의 문학에도 많은 영향을 끼쳤다.

⑥ **今様**: 平安時代 말기, 귀족들 사이에 유행하던 催馬楽나 朗詠 등의 고풍스런 노래와 달리 그 당시의「新しい流行歌」를 가리켜 今様라고 불렀다. 그리고 今様를 비롯하여 당시에 유행하던 歌舞音楽 등의 각종 歌謡를 雑芸라고 하는데 이 雑芸를 종목별로 분류한 작품에『梁塵秘抄』가 있다. 이는 後白河天皇가 편찬한 今様 중심의 歌謡集으로 종교적 색채가 짙은 것이 많으나 서민 생활을 노래한 내용도 상당수 있어 당시의 시대상을 엿볼 수 있는 자료이다.

5 모노가타리(物語)문학

平安時代 이전에는 신화, 전설, 설화 등이 민간에서 口承으로 전해졌지만 平安時代에는 중국 소설의 영향과 仮名 문자의 발달로 物語라는 새로운 형태의 문학이 생겨났다. 초기에는 伝承 說話를 기반으로 한 「作り物語」와 歌語리에서 발전한 「歌物語」의 두 가지 형태가 있었는데 이 두 가지 계열의 物語를 융합시키고 日記文学의 전통도 이어받아 物語文学의 집대성으로 탄생한 작품이 『源氏物語』이다. 『源氏物語』 이후에는 이를 모방한 모방작들이 物語의 주류를 이루게 되었으나, 귀족 문화의 쇠퇴와 더불어 物語도 쇠락하게 된다. 또한 平安 후기에는 창작 物語가 아닌 「歴史物語」라는 새로운 형태의 物語가 등장했다.

(1) 作り物語

창작 物語로 사실에 근거를 두지 않은 伝奇的이고 空想的인 物語이다.

① 『竹取物語』 2017.A 기출
- ㉠ 성립 연대와 作者 : 9세기 말에서 10세기경으로 추정되며(현존하는 日本最古의 物語), 作者 미상이다.
- ㉡ 구성과 내용 : 天人女房説話, 羽衣説話, 求婚説話 등 고대의 전설과 설화가 반영되어 伝奇性이 강하지만, 당시 귀족 사회의 모습이나 인간의 욕망, 심리 등을 풍자적으로 생생하게 묘사함으로써 허구와 현실이 통합되어 있다.
- ㉢ 문체 : 和文体로 힘차고 간결하며 「いまは昔」로 시작된다.

『竹取物語』の書き出し

> 今は昔、竹取の翁といふ者ありけり。野山にまじりて、竹を取りつつ、よろづのことに
> つかひけり。名をばさかきの造となむいひける。

> 【訳】今となっては昔のことだが、竹取のおじいさんと呼ばれる人がいた。野原や山に分け入って、竹を取ってはいろいろな物を作るのに使用した。その名をさかきの造といった。

---

② 『宇津保物語』
- ㉠ 성립 연대와 作者 : 미상이다.
- ㉡ 구성과 내용 : 20巻으로 구성된 「作り物語」 최초의 長編物語이다. 전반은 伝奇性이 강하지만 후반으로 갈수록 인물과 상황 묘사가 두드러지며 写実性 및 사회적 성격을 띤다. 『源氏物語』로 이행하는 과도기적 작품으로서 의의가 있다.

③ 『落窪物語』
　　㉠ 성립 연대와 作者 : 미상이다.
　　㉡ 구성과 내용 : 4巻으로 구성되어 있으며 「콩쥐팥쥐」의 내용과 비슷하다. 伝奇的 성격보다는 현실적이고 写実性이 강하여 『源氏物語』로 한걸음 더 나아간 작품으로 평가된다.

(2) 歌物語　　2012 기출
　　노래를 중심으로 한 短編物語로 作り物語에 비해 현실적인 내용이 많다. 平安時代 초기에 귀족들 사이에서 유행한 歌語り(노래로 전설이나 설화 등을 읊는 것)가 仮名文字의 발달에 따라 物語 문학으로 발전하였다.

　　① 『伊勢物語』　　2004 기출　　2017.A 기출　　2024.B 기출
　　　㉠ 성립 연대와 作者 : 미상이지만 최초의 歌物語로 추정된다.
　　　㉡ 구성과 내용 : 약 125段의 단편소설로 구성되어 있다.
　　　　ⓐ 在原業平라고 추정되는, 당대에 인기가 높았던 귀공자의 일생을 일대기풍으로 그려냈다.
　　　　ⓑ 순수하고 아름다운 사랑이야기와 각종 에피소드 등이 서정미 풍부한 문체로 묘사되어 있으며 각 段마다 거의 「昔男ありけり」로 시작된다.
　　　㉢ 특징 : 세련된 「みやび」의 세계를 완성한 작품으로 『源氏物語』를 비롯한 후대의 문학, 특히 中世의 謡曲나 和歌에 큰 영향을 주었다.

　　② 『大和物語』
　　　㉠ 성립 연대와 作者 : 作者 미상. 951年경에 원형이 성립되었고, 이후 내용이 추가되었다.
　　　㉡ 구성과 내용 : 和歌 성립에 관련된 설화로 구성되었는데 説話 문학적 요소가 강하고 세속적인 내용으로 『伊勢物語』와 함께 당시 歌人들의 교양서가 되기도 했으나 문학성은 크지 않다.

　　③ 『平中物語』
　　　㉠ 성립 연대와 作者 : 作者 미상. 10세기경에 성립되었다고 추정된다.
　　　㉡ 구성과 내용 : 39段으로 구성되어 있고 문학성은 거의 없다.

(3) 『源氏物語』 – 物語 문학의 완성　　1999 기출　　2000 기출　　2002 기출　　2007 기출　　2025.A 기출
　　作り物語의 허구성과 歌物語의 서정성, 그리고 여류 日記文学 특유의 내면을 응시하는 시선을 통합하여 완성시킨 일본 고전문학의 최고 걸작이다. 유려하고 섬세한 和文体로 쓰여져 있으며 전편에 걸쳐 もののあはれ의 정취가 감돌고 있다.
　　① 성립 연대와 作者 : 11세기 초에 성립된 것으로 추정되며 作者는 紫式部이다. 漢学者이며 歌人으로 유명한 藤原為時의 딸로 和漢 양쪽의 견식이 풍부한 여성이었다. 藤原宣孝와 결혼하였으나 이내 남편과 사별하게 되었고 그 외로움을 달래기 위해 『源氏物語』를 집필한 것으로 추정된다.

② 구성과 내용 : 3部로 구성된 長編物語이다. 光源氏라는 귀공자의 일생과 여성 편력을 그린 사랑이야기가 중심 내용으로 당시 귀족 사회 사람들의 사랑과 번민, 이상과 현실을 그리면서 인간의 진실을 추구하고자 하였다. 중심 구성과 내용은 다음과 같다.

제1부	「桐壺」~「藤裏葉」 총 33卷	주인공 源氏의 탄생과 그의 여성 편력, 그리고 그가 영화(栄華)의 절정에 이르기까지의 생애가 그려져 있다.
제2부	「若菜上」~「幻」 총 8卷	아내와의 이별이나 숙명의 업 등으로 인해 고독한 인생의 무상함을 느끼는 源氏의 만년의 모습이 내면 심리 묘사로 그려져 있다.
제3부	「匂宮」~「夢の浮橋」 총 13卷	源氏의 자손과 그 주변 인물들의 사랑이야기가 중심이 되며 내면 심리 묘사가 한층 더 두드러진다. 특히 제3부의 마지막 10帖은 宇治를 무대로 이야기가 전개되기 때문에 「宇治十帖」라고 불린다.

③ 미적 이념 : 전편에 걸쳐 もののあはれ의 정취 및 いろごのみ의 문학 이념을 느낄 수 있다.

④ 문학적 의의 : 등장인물이 400여 명을 넘고 70여 년 동안의 스토리를 풀어낸 대작으로 당시 귀족 사회를 배경으로 인간의 진실을 추구하였다. 치밀한 구성과 탁월한 표현력, 서정적이고 섬세한 문체로 높이 평가받는다. 특히 인간 사회에 대한 예리한 통찰과 표현 기법의 写実性이나 비판의식 등은 근대 소설 기법의 선구라고도 할 수 있다. 平安時代 문학의 집대성이자 일본 고전의 최고봉이라 할 수 있는 작품으로 후대의 작품에도 지대한 영향을 주었다.

(4) 平安後期의 物語

『源氏物語』 이후의 작품들은 대부분 『源氏物語』를 모방한 아류작에 지나지 않아 작품성이나 문학성이 낮다. 전체적으로 쇠퇴해 가는 귀족 사회를 반영하고 있으며 관능적이고 퇴폐적인 분위기가 강하다.

① 『狭衣物語』

㉠ 11세기 말경에 성립된 것으로 추정되며 作者 미상이고 4卷으로 구성되어 있다.

㉡ 『源氏物語』 아류작 중 대표적 작품이다. 재능과 용모가 뛰어난 狭衣 대장의 사랑이야기로 平安 말기의 퇴폐적인 경향이 짙게 나타난다.

② 『堤中納言物語』

㉠ 성립 연대와 作者는 미상이다.

㉡ 題材, 구상, 주제가 서로 다른 10편의 단편으로 구성이 되어 있어 『源氏物語』 아류작 중에서도 특이한 성격을 띤다.

○「もののあはれ」
2007 기출 2008 기출 :
『源氏物語』를 비롯하여 平安時代 문학을 대표하는 미적 이념. 근세의 国学者 本居宣長가 『源氏物語玉の小櫛』에서 제창하였다.

○「いろごのみ」 2009 기출
: 色好み。異性과의 관계 및 恋愛의 정취를 즐기는 일.

ⓒ 참신한 발상과 날카로운 풍자와 기지(機知), 명확한 주제가 있다는 점에서 근대 단편소설
　　에 한층 더 근접한, 새로운 경향을 보인다는 평가를 받는다.

③『夜半の寝覚(夜の寝覚)』 　2018.A 기출

　ⓐ 11세기 중반(1045~1068年)에 성립된 것으로 추정되며 作者 미상이다.

　ⓑ 여성의 심리를 섬세하게 묘사한 점이 특징이다.

④『浜松中納言物語』

　ⓐ 11세기 중반에 성립된 것으로 추정되며 作者 미상이고 6巻으로 구성되어 있다.

　ⓑ 浜松中納言의 이루지 못하는 사랑을 그린 소설로 무대를 중국에까지 넓히고 꿈의 계시
　　나 사람의 환생 등을 묘사하는 등, 비현실적이고 夢幻的인 경향이 강하다.

⑤『とりかへばや物語』

　ⓐ 11세기 말에 성립된 것으로 추정되며 作者 미상이고 4巻으로 구성되어 있다.

　ⓑ 흥미 본위의 관능소설로 퇴폐적이다.

(5) 歴史物語

　　平安後期에 이르러 귀족 계급이 권력을 잃게 되면서 귀족 문화도 쇠퇴하기 시작한다. 이에 귀
족들은 화려했던 과거를 그리워하며 역사를 物語風으로 쓰고자 시도했는데 그 결과 탄생한 것이
歴史物語이다.

①『栄花物語(栄華物語)』

　ⓐ 作者 미상이며 총 40巻으로 이루어진 최초의 歴史物語이다. 1028년에서 1037년까지
　　正編 30권이 성립되고, 続編 10권은 1092년 이전에 성립되었다고 추정된다.

　ⓑ 宇多天皇부터 堀河天皇까지의 궁정과 귀족의 역사를 편년체(編年体)로 기술하였으며
　　문체는 『源氏物語』를 모방한 和文体이다.

　ⓒ 내용도 『源氏物語』의 영향을 받아 궁정 생활과 귀족들이 중심이다. 藤原道長의 영화로
　　운 시절을 추억하며 그를 찬미하는 데 중점을 두고 있을 뿐 비판 정신은 결여되어 있다.

②『大鏡』 　2012 기출

　ⓐ 作者 미상이며 12세기 초반 무렵까지 성립되었다.

　ⓑ 戯曲的으로 구성되어 있으며 文徳天皇부터 後一条天皇까지의 역사를 기전체(紀伝体)
　　로 썼다. 문체는 和文体와 漢文体가 섞인 간결하고 힘찬 남성적 문체이다.

　ⓒ 藤原氏의 영화로운 시절을 주요 내용으로 하고 있지만 『栄花物語』와 달리 摂関政治에
　　대한 비판 정신이 뚜렷하다.

　ⓓ 두 번째 歴史物語이며 歴史物語 중의 걸작이다. 이후 『今鏡』를 비롯한 鏡物(四鏡：大
　　鏡・今鏡・水鏡・増鏡)의 시조(始祖)가 되었다.

memo

◆ 편년체(編年体)：역사를 연
대순으로 기술하는 방식

◆ 기전체(紀伝体)：역사를 연
대순이 아니라 인물별로 나누
어 기술하는 방식

③ 『今鏡』

  ㉠ 1170年 성립되었으며 作者는 藤原為経라는 설이 유력하다.

  ㉡ 『大鏡』의 뒤를 잇는 歴史物語로 後一条天皇부터 高倉天皇까지의 146년간의 역사를
　　紀伝体로 서술했다.

平安時代以降の物語・説話の代表作

時期		ジャンル	特徴	代表作品
10世紀	平安時代	作り物語	伝奇的、空想的	『竹取物語』『宇津保物語』『落窪物語』
		歌物語	和歌中心	『伊勢物語』(在原業平が主人公) 『大和物語』(教訓的) 『平中物語』(平中が主人公)
11世紀			▼▼▼ 『源氏物語』(物語文学の金字塔)	
			『浜松中納言物語』『夜半の寝覚』『堤中納言物語』『狭衣物語』 『とりかへばや物語』…『源氏物語』の真似	
		説話集		『今昔物語集』
		歴史物語		『栄花物語』『大鏡』など
13世紀	鎌倉時代	擬古物語	王朝時代を懐かしむ	『松浦宮物語』『住吉物語』
～14世紀	鎌倉/室町時代	軍記物語	戦乱の多い時期を反映	『保元物語』(1220年) 『平治物語』(1220年) 『平家物語』(1240年) 『太平記』(1374年) … 室町時代

6 설화(說話)문학

설화문학은 창작에 의해서 탄생되는 物語와는 약간 다른 형태로 주로 고대부터 전해 내려오는 설화나 平安時代 당시의 설화를 모아 편집한 형태가 많았다. 초기에는 『日本靈異記』, 중기에는 『三宝絵詞』가 대표적이며 후기에 이르러 설화문학의 집대성이라 할 수 있는 『今昔物語集』가 탄생하게 된다.

(1) 『日本靈異記』 ┃ 2010 기출 ┃ 2017.A 기출 ┃

① 일본 본토에서 전해져 온 신화나 전설이 아니라 불교가 전래된 후에 생겨난 불교설화를 모은 일본 最古의 설화집이다. 「にほんれいいき」라고도 읽는다.

② 승려인 景戒가 810年에서 824年에 걸쳐 편집하였으며 설화의 대부분은 上代의 것으로 내용은 주로 불교에서 말하는 因果応報의 가르침으로 이루어져 있다.

③ 이후의 설화문학의 시초가 되었다는 점에서 문학적 의의가 있다.

(2) 『三宝絵詞』 ┃ 2010 기출 ┃

① 平安中期(984年)에 성립되었고 仏・法・僧(三宝)의 3巻으로 구성되었다.

② 석가나 고승(高僧)의 설화가 수록되어 있으며 삽화가 포함되어 있다.

(3) 『打聞集』 ┃ 2010 기출 ┃

① 성립 연대와 作者는 미상이며 일부만이 남아 있다.

② 인도, 중국, 일본의 불교설화 27편을 모은 것으로 승려가 설교 교재로 쓰기 위해 제작하였다.

(4) 『古本説話集』

① 1130年경에 성립되었다고 추정되며 作者 미상이고 2巻으로 구성되어 있다.

② 상권은 和歌에 관련된 世俗説話가 중심 내용이고 하권에는 仏教説話가 수록되어 있다.

(5) 『今昔物語集』 ┃ 2001 기출 ┃ 2010 기출 ┃ 2022.B 기출 ┃

① 1,000편 이상의 설화를 31권으로 집대성한 설화집으로 각 설화의 첫 부분이 「今ハ昔」로 시작한다. 현존하는 것은 28권이며 3분의 2는 불교설화이다.

② 天竺(인도), 震旦(중국), 本朝(일본)로 나누어 구성되어 있고 本朝는 다시 仏教説話와 世俗説話로 나누어져 있다.

③ 和漢混交文(漢語와 仏語, 당시의 口語나 俗語 등이 섞인 간결하고 소박한 문체)이며 표기는 宣命書き로 되어 있다.

④ 귀족뿐 아니라 무사나 서민의 생활이 생생하게 그려져 있어서 당시의 문화와 생활을 알 수 있는 자료로 큰 가치가 있다. 芥川龍之介 등의 근대 문학가들에게도 많은 소재를 제공했다 (「羅生門」 「鼻」 「芋粥」 等).

7 일기(日記)문학

平安時代의 日記는 처음에는 날짜와 함께 공적인 기록이나 비망록을 적은 것으로 주로 귀족 남자들이 한문으로 기록하였으나 『土佐日記』를 시작으로 개인의 사적인 일상을 仮名文字로 쓰게 되면서 仮名로 쓰여진 뛰어난 女流日記가 탄생하게 되었다. 당시의 日記들은 일상생활과 그 안에서 느낀 감정들을 솔직하고 자세히 쓴 것으로 소설처럼 다른 사람에게 널리 읽히는 것이 일반적이라는 점에서 오늘날의 日記와는 다르다.

(1) 『土佐^{とさ}日記』 1999 기출

① 935年경에 성립된 것으로 추정되며 作者는 紀貫之^{きのつらゆき}이다.

② 부임지였던 土佐를 떠나서 平安에 도착하기까지 55일간의 체험을 날짜별로 기록한 여행일기로 기행문적 성격이 강하다. 土佐에서 정들었던 사람들과의 이별, 배 안 사람들의 모습, 배 여행의 불안(풍파, 해적 등), 귀경의 기쁨 등이 57首의 노래와 함께 표현되어 있는데 부임 중에 죽은 딸에 대한 애석함이 중심 내용이다.

③ 남자이면서도 여자로 가장함으로써 仮名를 구사하여 私的 감정을 자유롭게 표현하였다. 간결하고 경쾌한 문체에 紀貫之의 機知와 지적인 면이 잘 드러나 있다.

④ 仮名로 쓴 최초의 日記文学으로 仮名文学의 先駆가 되었으며 女流日記文学의 물꼬를 텄다는 데 의의가 있다.

『土佐^{とさ}日記』 冒頭部分

男もすなる日記といふものを、をむなもしてみんとてするなり。それの年の十二月の二十日あまり一日の日の戌の時に門出す。その由、いささかに物に書きつく。

【訳】男も書くと聞いている日記というものを、女の私もしてみようと思って書くのだ。某年の十二月二十一日の夜八時ごろに門出する。その事情を少しばかり紙に書きつける。

(2) 『蜻蛉^{かげろう}日記』 2000 기출 2022.B 기출

① 974年 이후 성립한 것으로 추정되는 최초의 여류일기(女流日記) 문학이다. 作者는 藤原道綱母^{ふじわらみち}^{つなのはは}이고 모두 3巻으로 구성되어 있다.

② 귀족의 딸로 태어나서 藤原兼家^{かねいえ}와 결혼한 후에 아내와 어머니로서 겪은 21년간의 생활을 써 내려간 자서전풍의 일기이다.

③ 상권의 「かげろふの日記といふべし」라는 부분에서 책 이름이 유래되었다. 蜻蛉는 '하루살이'라는 뜻으로 덧없음을 상징하고 있다.

④ 내면을 응시하고 진실을 날카롭게 그려냈다는 점에 문학적 가치가 있다. 예리한 내면 묘사와 写実的 기법은 이후의 女流日記 문학과 『源氏物語』등에 큰 영향을 주었다.

(3) 『和泉式部日記』^{いずみ しき ぶ}

① 성립 연대는 1007年 이후로 추정되며 作者는 和泉式部이다.

② 자신을 「女」라는 3인칭으로 서술했고 歌物語 성격이 강하다.

(4) 『紫式部日記』 【2012 기출】

① 1010年 무렵에 성립된 것으로 추정되며 作者는 紫式部이다.

② 남편과 사별한 후 一条天皇^{いちじょう}의 中宮 彰子^{しょうし}를 모시던 당시의 궁정 생활을 뛰어난 글솜씨로 묘사하였다. 후반부에는 和泉式部나 清少納言^{せいしょう な ごん} 등 당시의 女房들에 대한 인물평도 담겨 있다.

③ 예리한 관찰력과 고독하고 내성적인 성격이 두드러지는 작품으로 自照文学의 특징이 잘 드러나 있다.

(5) 『更級日記』^{さらしな} 【2000 기출】 【2010 기출】

① 1059年 이후에 성립된 것으로 추정되며 作者는 菅原孝標^{すがわらのたかすえ}의 딸이다.

② 어린 시절부터 物語를 동경하며 자란 作者가 13세 무렵에 부친의 부임지에서 상경할 때의 이야기, 결혼생활과 어머니로서의 삶, 남편과의 사별에 이르기까지 40여 년에 이르는 인생을 자서전풍으로 그린 回想記로 고독한 만년에 집필하였다.

③ 당대 여성들의 사고방식과 정신세계를 엿볼 수 있다.

(6) 平安時代 後期의 日記

平安 전기에 비해 후기에는 작품성이 뛰어난 日記가 별로 없는데 그중에서 주목받는 것은 다음 두 가지이다.

① 『成尋阿闍梨母集』^{じょうじん あ ざ りのははのしゅう}: 승려가 되어 불교 순례를 위해 宋으로 떠나는 아들과 이별하게 된 슬픔과 탄식을 나이든 노모가 노래를 섞어가며 歌日記 풍으로 쓴 것이다.

② 『讃岐典侍日記』^{さぬきのす け}: 堀河天皇^{ほりかわ}의 총애를 받은 作者가 堀河天皇의 죽음과 과거의 추억을 기술하였다.

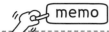

8 수필(随筆)

수필은 작가의 견문이나 체험, 감상 등을 형식에 구애받지 않고 자유롭게 표현한 것으로 自照的이고 비평적인 성격이 강한 장르이다. 일본에서 이 수필이라는 문학 형태를 새롭게 연 작품은 清少納言의『枕 草子』이다.

(1)『枕草子』 1998 기출 1999 기출 2002 기출 2004 기출 2007 기출 2021.A 기출 2023.A 기출

① 성립 및 作者 : 10세기 말경에 성립된 일본 최초의 수필로 作者는 清少納言이다.

② 특징 : 一条天皇의 中宮인 定子를 모시며 체험한 화려한 궁정 생활, 자연이나 인간에 대한 감상 등을 자유롭게 그려 냈다.『源氏物語』만큼의 내면적 깊이는 없지만 작가 고유의 관찰력과 대상에 감상적으로 빠지지 않는 객관적 시각, 풍부한 교양 등에 의해 자연이나 인간의 단면이 예리하게 표현되어 있다.

③ 미적 이념 : 밝고 지적인 정신에 의한「をかし」의 문학으로서 일본 문학사상 독자적 위치를 차지하고 있다

「もののあはれ」와「をかし」의 비교 2004 기출 2007 기출 2008 기출 2021.A 기출	
「もののあはれ」	「をかし」
• 차분하고 마음속 깊이 느끼는 감동 (しめやかでしみじみとした感動)	• 명랑하고 담백한 정취 (明朗でかわいた情趣)
• 깊은 마음의 밑바닥에서부터 오는 듯한 감동	• 좋은 것, 센스가 있는 것에 대한 賞美
• 대상의 본질에 깊이 몰두하는 태도	• 대상의 표면을 감각적으로 바라보는 태도
• 주관적 · 내면적 · 애절한 감동	• 객관적 · 비평적 · 주지적 관찰

④ 구성 및 내용 : 약 300段으로 구성되었으며 내용은 다음 세 부분으로 나뉜다.

類集的章段 (るいしゅう)(類聚的)(るいじゅう)	「山は」,「鳥は」 등으로 시작되는 「ものはづけ」와 「かたはらいたきもの」 등과 같은 「ものづくし」가 있다.
	うつくしきもの 瓜にかきたるちごの顔。すずめの子の、ねず鳴きするにをどり来る。二つ三つばかりなるちごの、急ぎてはひ来るみちに、いと小さき塵のありけるを、目ざとに見つけて、いとをかしげなる指にとらへて、大人などに見せたる、いとうつくし。（百五十一段）
	かわいいもの 瓜に描いてある幼児の顔。雀の子が鼠鳴きをすると踊るようにしてやってくる。二、三歳ぐらいの幼児が急いで這ってくる途中に、たいそう小さいごみがあったのを目ざとく見つけて、とてもかわいい指でつまんで大人などに見せているのはたいそうかわいらしい。
日記的章段	화려한 궁정 생활을 회상한 것으로 中宮 定子에 대한 찬미가 중심이며 또한 작가 자신의 기지에 넘치는 행동이 곳곳에 기록되어 있다.
随想的章段 (ずいそう)	「春はあけぼの」 등 자연이나 인간사에 대해 감상이 자유롭게 그려져 있어, 가장 수필적 성격이 강한 부분이라고 볼 수 있다.
	春はあけぼの。やうやう白くなり行く、山ぎは少し明りて、紫だちたる雲の細くたなびきたる。夏は夜。月の頃はさらなり、闇もなほ、蛍の多く飛び違ひたる。また、ただ一つ二つなど、ほのかにうち光りて行くも、をかし。雨など降るも、をかし。（一段）
	春は日の出前、空の明るくなる頃がよい。だんだんしらんでゆくうち、山際の空が少し明るくなって紫がかった雲が細くたなびいているのがよい。夏は夜がよい。月の出ている頃はいうまでもない。闇夜もやはり、蛍がたくさん乱れ飛んでいるのはいいものだ。また、ほんの一匹二匹と、かすかに光って飛んでいくのもいいものだ。雨などが降っている夜も、趣がある。

○ 類集 = 類聚(るいじゅ/るいじゅう) : 同じ種類の事柄を集めておくこと。また、その集めたもの。

3 중세문학(中世文学)

Ⅰ 개관

1 시대적 배경 <small>2021.A 기출</small>

保元元年(1156年)부터, 또는 1192年에 鎌倉幕府가 세워진 시기부터 1603年에 江戸幕府가 성립되기까지의 약 400년 동안(鎌倉時代, 南北朝時代, 室町時代, 安土・桃山時代) 지속된 봉건 사회 하에서 이루어진 문학을 中世文学이라고 한다. 保元・平治の乱으로 정권을 잡은 平氏도 얼마 못 가서 源氏에게 정권을 빼앗기고 鎌倉幕府가 열리게 되면서 권력은 武士의 손으로 넘어가 무사 정치가 시작된다. 鎌倉時代에는 王朝文化를 지키려고 하는 귀족들의 復古的傾向에 따라 鴨長明의 수필『方丈記』, 擬古物語인『住吉物語』 등의 작품이 쓰여졌으나 京都에서 宮廷政治를 펼치며 정치적, 문화적으로 영향력을 떨치던 귀족들의 힘은 承久の乱 이후 더욱 쇠퇴하였고 後期에 이르자 武士가 새롭게 문화를 담당하는 시대가 된다.

武士들에 의한 戦乱이 계속되는 봉건 사회 분위기는 武士들의 세력 다툼을 주제로 삼은 軍記物와 隠者들에 의한 随筆 등을 탄생시켰다.

한편, 연이은 자연재해와 動乱 속에서 불안해진 사람들은 종교에 의지하게 되어 鎌倉時代에는 浄土真宗와 日蓮宗 등, 新仏教의 각 종파가 생겨났는데 승려는 물론 이들 불교사상에 고취된 이들에 의해 우수한 문화가 많이 만들어졌다.

南北朝時代(1336~1392年)는 後醍醐天皇가 수립한 南朝와 足利尊氏가 세운 北朝가 대립한 60여 년간을 말하는데 이 시기에 귀족 세력은 더욱 쇠약해지고 武士와 庶民을 중심으로 하는 신흥 세력이 대두하면서 能楽와 같은 서민 문화도 나타나게 되었다.

室町時代에는 幕府에 의해 南北朝가 통합되고 정치적 안정을 이루면서 문화적 의욕도 높아진다. 불교사상은 문학에도 반영되었는데 和歌나 連歌, 能楽에 들어 있는 幽玄美(깊고 미묘하여 情趣와 余情을 풍기는 문학 이념)가 대표적인 예이다. 또한 계속되는 전쟁으로 인한 사회적 불안은 미신적 신앙을 불러일으켰고 서민들은 현실 도피와 함께 익살맞은 자신들만의 문화를 필요로 하게 되어 狂言이 大成되었는데 이는 근세 서민 문예의 길잡이가 되었다. 兼好法師의『徒然草』는 당시의 사상이나 취미, 인생관 등을 잘 알 수 있는 빼어난 작품으로 일본 문학 3대 수필의 하나로 꼽힌다. 한편 室町時代 말기에는 서양으로부터 기독교와 함께 인쇄술이 전해졌고 キリシタン 문학도 탄생하였다. 1467年부터 1477年까지 약 11년간 이어진 応仁の乱을 거치면서 室町幕府는 무너져 가고 혼란스러운 戦国時代가 시작된다.

2 문학적 특징 및 문학 이념

(1) 無常観의 文学

中古末부터 中世初까지 계속된 動乱과 천재지변으로 불안해진 사람들은 종교를 통해 불안감을 해소하고자 했다. 이 시대에 생겨난 여러 新興仏教로 인해 사람들은 無常観의 思想을 가지게 되어 「無常観の文学」이 나타났으며 어지러운 세상을 피해서 山野에 살며 隠者의 생활을 보내던 이들은 「草庵文学」이라고 하는 특유의 문학을 만들어 냈다.

(2) 「幽玄」 2019.A 기출

中世 예술을 대표하는 근본적인 미적 이념이다. 中古의 「もののあはれ」의 흐름을 잇는 것으로 藤原俊成가 和歌를 통해 제창했다. 행간에 숨어 있는 그윽한 정취와 余情의 美를 표현한 静寂美를 의미하며 표면적인 美가 아닌 余情을 중시한다는 점에 큰 특징이 있다. 이 「幽玄」의 美는 和歌에서 連歌로 계승되었고, 나아가 能楽나 茶道 등에도 스며들었으며 이후 近世 俳諧의 「さび」로 이어지게 된다.

(3) 「有心」 2008 기출

藤原俊成의 「幽玄」을 계승한 이념으로 역시 余情美를 중시하고 있지만, 보다 기교적이고 요염한 優艶美의 정취가 주를 이루고 있다. 藤原定家는 이 「有心」을 和歌의 최고 미적 이념으로 꼽았다.

(4) 「無心」

「有心」에 상대되는 이념이다. 문학에서는 連歌에서 처음 사용되었으며, 「有心」이 和歌의 귀족적이고 기교적인 정취를 理想으로 삼은 것에 반해, 서민적이고 기지에 찬 滑稽的인 連歌를 無心連歌로 부른 것에서 비롯된다. 이것이 室町時代의 世阿弥의 能楽論에 이르러서는 마음을 초월한 무아의 경지를 가리키는 뜻으로 변하게 된다.

(5) 「わび」

静寂의 경지가 극대화된 한적한 정취를 말하는 미적 이념으로 「幽玄」을 계승한 것이다. 近世의 芭蕉俳諧에서는 「さび」와 함께 중심 이념이 된다.

Ⅱ 주요 작품

1 시가(詩歌)문학

(1) 和歌 : 鎌倉幕府 성립 후 즉위한 後鳥羽天皇는 和歌를 장려했기 때문에 이 시기에는 궁정 귀족을 중심으로 和歌가 크게 융성하였고 「六百番歌合」나 「千五百番歌合」 등 대규모 歌合가 개최되었으며 『新古今和歌集』가 편찬되었다.

① 『新古今和歌集』

㉠ 성립 : 元久 2 年(1205年)에 성립되었으며 後鳥羽院(上皇)의 명에 따라 6人(源 通具, 藤原有家, 藤原定家, 藤原家隆, 藤原雅経, 寂蓮)에 의해 편집되었다.

㉡ 구성 : 전 20卷이며 약 2,000首가 수록되어 있다.

㉢ 특징

ⓐ 『古今和歌集』 이후의 勅撰集에 수록된 작품은 제외했으며, 당대 사람들의 노래에 중점을 두었기 때문에 新古今調라고 불릴 정도로 시대적 특색이 있다.

ⓑ 和歌의 전통을 지키면서도 화려하고 優美하며 섬세하면서 夢幻的인 「余情性」을 표현하고 있다.

ⓒ 『新古今和歌集』의 「余情美」는 俊成에 의해 「幽玄」이라는 말로 표현된다.

A Plus⁺ 『新古今和歌集』에서 쓰인 기법

1 표현상의 기법

枕詞	어떤 특정한 말을 이끌기 위해 앞에 붙이는 말로 주로 5음이다.
序詞	어떤 말을 이끌기 위해 앞에 붙이는 말로 주로 7음 이상이다.
縁語	한 작품 안에서 관련성 있는 표현들을 다양하게 도입하는 기법이다.
掛詞	두 개 이상의 의미를 가진 동음이의어를 구사하여 내용을 보다 더 복잡하게 표현하려는 기법이다.
歌枕	和歌에 많이 등장해서 유명해진 名所旧跡를 인용, 그 장소가 지닌 미적 성격을 사용하여 敍情을 풍부하게 하는 표현 기법이다.

2 내용상의 기법

本歌取り	유명한 和歌의 표현을 빌려 와서 그 이미지를 바탕으로 새로운 작품 세계를 창출하는 기법이다.

3 형식상의 기법

三句切れ	5·7·5, 7·7의 5·7·5에서 끊어 주는 기법이다.
体言止め	和歌의 끝을 체언으로 끝맺는 기법이다.

◈ 藤原定家는 平安 말기부터 鎌倉 초기에 걸쳐 활약한 歌人으로 飛鳥시대부터 鎌倉 초기까지의 대표적인 歌人 100명의 뛰어난 和歌를 모아 편찬한 「小倉百人一首」 2023.A 기출 의 撰者로 유명하며, 和歌의 가장 아름다운 문학적 이념으로 「有心」을 제창하였다.

② 『金槐和歌集』

　㉠ 建保元年(1213)에 성립되었으며 三代将軍인 源実朝가 22세까지 지은 노래를 모은 것이다.

　㉡ 春・夏・秋・冬・恋・雑의 6部로 구성되어 있다.

　㉢ 90퍼센트는 新古今調의 和歌로 구성되어 있고 10퍼센트는 젊고 힘찬 万葉調의 남성적인 ますらをぶり의 노래로 구성되어 후대의 높은 평가를 받았다.

(2) 連歌　2001 기출　2011 기출

① 和歌의 上の句(5・7・5 : 発句)와 下の句(7・7 : 脇句)를 여러 명이 교대로 읊으면서 1首의 和歌를 만들거나 이를 길게 늘이거나 하는 형식의 시가를 말하는데 『万葉集』에서부터 그 형식이 보이기는 했지만 中世 중기에는 和歌를 압도할 정도로 크게 유행하였다.

② 平安時代 중기에 和歌의 上の句와 下の句를 두 사람이 이어서 읊는 短連歌 형태가 나타났고 이후에는 上の句와 下の句를 몇 개씩이나 계속 이어가면서 읊는 鎖連歌(長連歌)가 2010 기출 유행하였는데 南北朝時代에서 室町時代에 걸쳐서 大成되었다.

③ 中世 시기별 連歌의 발전

　㉠ 連歌의 발생 : 鎌倉時代 초기에 連歌가 성행하게 되었고 有心派(和歌的優美를 추구)와 無心派(언어 유희를 추구) 중에서 有心派가 주류가 되었다. 2010 기출 鎌倉 중기에는 連歌의 규칙이 정해지면서 문예성을 확립해 갔다.

　㉡ 連歌의 확립(南北朝時代) : 『菟玖波集』(1357年)가 勅撰集으로 정해지는 등, 連歌가 和歌를 대신할 정도의 위치에 올라섰다.

　㉢ 連歌의 완성 : 室町時代에 連歌集『新撰菟玖波集』(1495年)가 만들어지면서 連歌는 예술적으로 완성되었다.

　㉣ 水無瀬三吟百韻(1488年) 2017.A 기출 : 連歌師였던 宗祇와 그 제자 2명이 後鳥羽上皇의 離宮이 있었던 水無瀬宮跡에서 百韻(100句)의 連歌를 읊어 水無瀬神宮에 바친 長連歌로 후세의 百韻連歌의 모범이 되었다.

④ 俳諧連歌

　㉠ 규칙에 얽매이고 매너리즘에 빠진 連歌를 대신하여 無心派의 흐름을 이어받은 俳諧連歌가 유행하게 되었다.

　㉡ 『犬筑波集』(1528~1532年경)를 편집한 山崎宗鑑 등에 의해 독자적인 문예로서 보급되어 갔다.

◐ 俳諧連歌 : 優美で芸術的なものだった連歌に対し、滑稽で遊び的な要素が入り、おかしみをねらった連歌

(3) **歌謡**

① **宴曲**(えんきょく) : 中古 시대의 今様 등의 흐름을 잇는 것으로 귀족이나 무사, 승려 등 폭넓은 계층에서 불려졌다. 物づくし(어떤 사물을 열거하는 기법)와 道行体(みちゆき)(거쳐간 지명을 열거하면서 여행의 정취를 표현하는 기법) 등의 수사기법을 구사하며 幽玄美를 표현했다. 今様보다 템포가 빨랐기 때문에 早歌(そうか)라고도 불렸다.

② **和讚**(わさん) : 和語를 사용하여 三宝(仏·法·僧)를 찬미한 노래로 서민 교화가 목적이었던 만큼 평이하게 만들어졌다.

③ **小歌**(こうた) : 室町 후반에 발생한 민간의 유행가요이다. 주로 남녀의 애정을 노래하는 내용으로 해학과 풍자가 엿보이며 서민의 생활 감정 등이 잘 드러나 있다.

(4) **漢詩文**

① 중국에서 온 禅僧(ぜんそう)나 일본 유학생들에 의해 漢詩文이 다시 성행하였다. 특히 幕府의 보호를 받았던 五山(ござん)(幕府가 주지를 임명하는 최고의 禅寺五寺)의 승려들에 의해 이루어진 五山文学(ござん)이 중심이 되었다.

② **五山文学**(ござん) : 京都 五山의 禅院을 중심으로 전개된 漢文学으로 주로 詩가 중심을 이룬다. 室町前期에 전성기를 맞았다.

2 수필(随筆) · 일기(日記) · 기행문(紀行文)

(1) **随筆** : 中世에는 은둔하면서 수행 생활을 보내는 隠者들이 인생을 관조하는 수필을 많이 남겼는데 다음 두 작품이 대표적이다.

①『**方丈記**』(ほうじょうき) 1998 기출 1999 기출 2008 기출 2010 기출 2011 기출

㉠ 성립 및 **作者** : 1212年 성립. 鴨長明(かものちょうめい)가 出家 후에 쓴 수필로 자기 자신을 예리하게 응시한 뛰어난 自照文学이다.

㉡ 내용 : 前半에서는 직접 체험한 천재지변이나 사회 변동에 대한 탄식을, 後半에서는 자신의 불우한 처지와 은둔생활에 대해 기술하였다. 無常観에 의한 자기 성찰이 강물의 흐름에 빗대어 잘 표현되어 있다.

㉢ 문체 : 和漢混交文으로 対句나 比喩와 같은 격조 높은 기교를 사용했다.

②『**徒然草**』(つれづれぐさ) 1998 기출 1999 기출 2008 기출 2012 기출

㉠ 성립 및 **作者** : 1330~1331年에 성립된 것으로 추정된다. 作者는 兼好法師(けんこう)이다.

㉡ 내용 : 序段과 243段의 본문으로 구성되어 있는데 전반적으로 無常観이 감돈다. 자연이나 인생사, 설화, 처세술 등, 다양한 주제에 대하여 넓은 시야와 냉정한 관찰력으로 기술하였으며 지식인으로 갖는 사고방식이 잘 표현되어 있어 후세에 많은 영향을 주었다.

㉢ 문체 : 내용에 따라 和文과 和漢混交文을 적절히 나누어 사용하면서 기술하였다.

『**方丈記**』の書き出し　 1999 기출　 2011 기출

ゆく河の流れは絶えずして、しかも、もとの水にあらず。淀(よど)みに浮かぶうたかたは、かつ消え、かつ結びて、久しくとどまりたるためしなし。

【訳】流れゆく川の流れは、絶えることなく流れ続けている。今、流れているその水は以前に流れていたものではない。流れの静かな所に浮かんでいる水のあわは、一方で消えたかと思うと他方で新しくできて、長い間そのままの状態であるようなことはない。

『**徒然草**』の書き出し　 1999 기출

つれづれなるままに、日暮らし、硯に向かひて、心にうつりゆくよしなしごとを、そこはかとなく書きつくれば、あやしうこそものぐるほしけれ。

【訳】所在のないのにまかせて、一日中、硯に向かって、心に映っては消えてゆくわけもないことを、とりとめもなく書き付けていくと、妙にもの狂おしい気分がする。

● 和漢混交(淆)文(わかんこんこうぶん) 2014.A 기출 : 仮名で書かれた和文体と、漢語や漢文訓読体、あるいは口語などの混じった文体で、鎌倉期以後の軍記物語や随筆などに多く用いられた。

 『方丈記』と『徒然草』の比較

	方丈記	徒然草
思想	無常観, 厭世的	無常観, 儒教思想, 老荘思想 등이 혼재되어 있고, 現実的이다.
内容	천재지변의 비참한 현실과 草庵生活을 기술했다.	자연·인생·취미 등 다양하다.
文体	和漢混交体 漢語·仏語가 많고, 対句·比喩가 많다.	주제에 따라 和漢混交体와 和文体를 나누어 썼다.

 『徒然草』と『枕草子』の比較

	徒然草	枕草子
内容	動的, 思索的, 思想的	静的, 直覚的, 感覚的
作家 性格	反省的	自己主張的
文体	약간 기교적. 문장이 긴 편이다.	자유분방, 간결체, 생략이 많다.

日本３大随筆

時代	作品名	作者	特徴
平安時代 （1001年）	『枕草子』 (まくらのそうし)	清少納言 (せいしょうなごん)	中古文学の白眉。後世の連歌·俳諧·仮名草子に大きな影響を与えた。 明るく知的な感情や趣である「をかし」の文学。
鎌倉時代 （1212年）	『方丈記』 (ほうじょうき)	鴨長明 (かものちょうめい)	和漢混交文で書かれた隠者文学の傑作。仏教的無常観を主題に、都の生活のはかなさを、火事や地震などの実例で描き、日野山(ひのやま)の方丈の庵(ほうじょういおり)の閑寂(かんじゃく)な生活(せいかつ)の楽(たの)しさ、自然(しぜん)とともに生きることの安(やす)らかさを書(か)いている。
鎌倉時代 （1330〜1331年に推定）	『徒然草』 (つれづれぐさ)	吉田兼好(よしだけんこう)＝ 兼好法師	自照文学の傑作。無常観に基づく鋭い人生観、世相観、美意識などがみられる、含蓄ある名文。

228 ··· PART 3. 일본 문학 개론

(2) 日記

①『建春門院中納言日記』

㉠『たまきはる』라고도 하며 作者가 63세 때 예전의 女房 생활을 회상하며 쓴 日記이다.

㉡ 建春門院(高倉天皇の母)을 모셨던 때와 그의 죽음 전후 등 建春門院을 그리워하는 내용이다.

②『とはずがたり』 [2009 기출] [2018.A 기출]

㉠ 後深草院二条라는 여성의 자전적 回想記로 대담한 자기 고백이 눈길을 끈다.

㉡ 전반은 後深草院 및 귀족과의 연애 편력을, 후반은 출가 후 종교로 정화되어 가는 과정을 서술했다.

㉢ 날카로운 인간 관찰과 종교에 대한 진지한 자세가 중세적 정신을 표현하고 있어 중세 日記 문학 중 가장 주목받는 작품이다.

(3) 紀行文 : 鎌倉幕府 설립 후, 京都・鎌倉 간의 교통이 빈번해지면서 紀行文이 쓰여졌다.

①『海道記』 [2009 기출]

㉠ 作者는 미상이며 1223年경에 성립된 것으로 추정된다.

㉡ 京都에서 鎌倉로 가면서 쓴 기행문으로 불교적 색채가 짙고 지방 풍속이나 생활 묘사가 특색 있게 서술되어 있다.

㉢ 和漢混交文이며 한문직역식의 対句와 故事의 인용이 많다.

②『東関紀行』 [2009 기출]

㉠ 作者는 미상이며 1242年경에 성립되었다.

㉡ 隠遁 생활을 하던 作者가 京都를 출발하여 鎌倉에 도착해 2개월간 체재한 후 귀향하기까지의 여행기로, 풍경 묘사가 기행문의 한 형태를 이루는 점이 특징이다. 이후 軍記物語 등의 작품에 영향을 주었다.

㉢ 和漢混交文으로 쓰여졌다.

③『十六夜日記』

㉠ 阿仏尼의 작품으로 1279~1280年경에 성립되었다.

㉡ 書名은 十六日에 출발한 것에서 유래한 것으로 여행을 떠나게 된 사정, 여행 중의 풍물을 묘사한 부분, 鎌倉滞在記의 3부분으로 구성되어 있다. 자식을 사랑하는 어머니의 마음이 잘 나타나 있다.

㉢ 擬古文으로 여성적인 감성을 세련된 교양으로 아름답게 묘사하고 있다.

3 모노가타리(物語)문학

(1) 擬古物語

왕조시대의 꿈을 버리지 못한 公家가 그 시절을 그리워하며 예전의 物語를 모방하여 쓴 작품이다. 옛 작품을 改作하거나 縮約한 것이 많고 등장인물의 설정이나 구성 및 주제, 장면 묘사 등도 類型的이며 불교적 색채도 있다. 대표적인 작품으로『住吉物語』『松浦宮物語』『石清水物語』등이 있다.

(2) 軍記物語 [2012 기출] [2024.B 기출]

중세를 대표하는 문학 장르의 하나이다. 中古시대에도 軍記物語는 있었으나 戦乱이 끊이지 않았던 중세시대에 많이 쓰여졌다. 주로 전쟁의 비극이나 武家의 흥망성쇠를 그리고 있으며 武士에 대한 새로운 인간상도 묘사되어 있다. 전체적으로 仏教的 無常観과 因果応報의 사상이 감돈다. 문체는 和漢混交文이며 口誦에 의해 전파되었기 때문에 극적인 내용이 많다.

① 『保元物語』 [2024.B 기출] 『平治物語』

ㄱ 성립 연도와 作者 모두 미상이며 3권으로 구성되었다.

ㄴ 保元の乱과 平治の乱을 배경으로 귀족과 武家의 대립 및 귀족과 武家 내부의 대립을 중심축으로 삼아 争乱의 원인과 전개, 결과를 그리고 있다. 争乱期의 적극적이고 행동적인 인간상이 생생하게 조형된 작품이다.

② 『平家物語』 [1999 기출] [2001 기출] [2004 기출] [2011 기출] [2023.A 기출] [2025.A 기출]

ㄱ 여러 명에 의해 쓰여진 작품으로 1201~1221年 사이에 성립되었다.

ㄴ 중세 軍記物語를 대표하는 명작이자 일본 문학을 대표하는 걸작으로 「諸行無常」의 불교적 무상관 및 因果応報의 불교사상이 바탕에 깔려 있다. 平家 6代에 걸친 약 60년간의 역사가 쓰여져 있는데 특히 平家 가문의 전성기에서부터 壇の浦 전투에서의 패배와 그 이후까지의 약 20년간이 중심 내용이다. 平曲(비파에 맞추어 平家物語를 풀어서 서술하는 音曲)라는 형태로 琵琶法師에 의해 전해지는 과정에서 내용이 계속 개정 증보되었다.

ㄷ 기교적인 和漢混交文(7·5조의 韻文体)을 바탕으로 하되 여성의 悲話를 다룬 장면에서는 和文体로 쓰여지는 등, 내용에 맞추어 문체가 달라진다.

③ 『太平記』

ㄱ 성립 연도 미상. 알려진 作者는 小島法師뿐이다.

ㄴ 詩的인 성격이 강했던『平家物語』와는 달리 역사를 叙事的으로 서술한 점이 특징이다. 南北朝期의 내란을 중심 축으로 변혁기의 혼란스러운 세태를 묘사했으며 유교적(儒教的) 윤리와 武士道, 天皇 칭송과 세상에 대한 비판 등, 다양한 내용을 담고 있다.

ㄷ 対句가 많은 和漢混交文으로 道行文이 특히 유명하다.

◆ 道行文 : 여행을 주제로 삼아 거쳐간 지역 이름을 나열하면서 旅情을 표현하는 道行体로 쓰여진 문장

④『義経記』, 『曾我物語』: 두 작품 모두 어떤 영웅을 비극적이고 동정적인 시각에서 다룬 英雄伝記物語라 할 수 있으며 이후의 謡曲 및 歌舞伎에 많은 영향을 주었다.

　㉠『義経記』: 室町時代에 쓰여진 작품으로 작자 미상이다. 平安時代 말기의 武将이었던 源義経의 비극적인 운명을 다루었으며 判官説話를 집대성한 것으로 보인다. 判官이었던 源義経의 判官びいき(약자에 대한 제3자의 동정이나 편들기)와 관련된 내용이 담겨 있다.

　㉡『曾我物語』: 14세기 후반에 쓰여진 작품으로 작자 미상이다. 曾我 형제의 복수극(仇討ち)을 다룬 내용으로 説教的인 성격을 띠고 있다.

『平家物語』の書き出し　2001 기출　2004 기출　2011 기출　2023.A 기출

祇園精舎(ぎおんしょうじゃ)の鐘の聲、諸行無常(しょぎょうむじょう)の響きあり。沙羅双樹(さらそうじゅ)の花の色、盛者必衰(じょうしゃひっすい)の理(ことわり)をあらはす。おごれる人も久しからず。ただ春の夜の夢のごとし。たけき者も遂(つい)にはほろびぬ、ひとえに風の前の塵(ちり)に同じ。
【訳】祇園精舎の鐘の音には、万物は変わり同じ状態でとどまることはないという響きがある。(釈迦入滅のときに色が変わったという)沙羅双樹の花の色は、盛んな者もいつかは必ず衰えるという世の中の道理を表している。栄華におごる者も、その栄華を長くは維持できない。ただ、春の夜に見る夢のようである。勢い盛んな者も、ついには滅びてしまう。まさに、風の前にある塵のようなものである。

4 설화(説話)문학

중세시대에 설화는 전성기를 맞이하면서 많은 설화집이 탄생한다. 중세의 설화는 이전에 전해지던 설화 내용과 혼합되어 쓰여졌는데 특히 서민 계급의 행동이 생생하게 묘사되어 있다. 작가는 대부분 승려나 隱者였고 독자층은 일반 서민에 이르기까지 폭넓었다. 전체적으로 教訓的이고 啓蒙的인 성격이 강하며 쉬운 문장과 흥미를 중요하게 여겼다. 내용에 따라 세속설화와 불교설화로 나누어지며 『宇治拾遺物語』처럼 두 가지 내용을 다 담고 있는 작품도 있다.

(1) 『宇治拾遺物語』(불교설화+세속설화)

① 13세기 전반에 성립되었으며 作者 미상이다.

② 표현이나 내용 면에서 모두 문학적 가치가 높은 설화 197편이 수록되어 있는데 『今昔物語集』와 같은 이야기가 83편 있다. 고승의 덕을 칭송한 불교설화도 있으나 法師聖人의 滑稽談이나 「鬼にこぶとらるる事」 등의 인간적이며 日常性이 강한 서민적 설화가 중심을 이루고 있다.

③ 和文体로 쓰여졌으며 회화문이 많고 物語的인 요소가 강하다.

(2) 『十訓抄』

① 1252年 성립으로 六波羅二臈左衛門入道가 作者라고 전해진다.

② 10個条의 유교적 德目을 세우고 각각의 덕목에 맞는 설화 약 280편을 수록하였다. 왕조시대의 설화가 많고 회고적인 경향이 있다. 교훈적인 계몽 의식을 기본으로 구체적인 처세 방향을 나타낸 것이 특징이다.

(3) 『発心集』

① 성립 연대 미상이며 作者는 鴨長明이다.

② 発心の話・遁世の話・往生の話 등 승려의 事蹟에 관한 설화가 102편이 수록되어 있다. 고승이나 불법의 고마움, 신앙으로 살아가는 자의 내면의 갈등을 비춰낸 것이 특징이며 이후의 불교설화집이나 軍記物語 등에도 영향을 주었다.

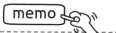

5 **오토기조시**(御伽草子)

　　鎌倉時代의 擬古物語는 점차 통속적으로 변하면서 室町期부터 近世初期에 걸쳐서 가벼운 읽을 거리인 物語草子인 御伽草子가 생겨나는데 그 수가 4~500편에 이를 정도로 인기를 끌었으며 교양 있는 무사나 公家 등도 독자가 되었다. 부녀자를 대상으로 한 교훈적이고 오락적인 내용이 대부분이고 문장도 유치하기 때문에 문학적 가치는 높지 않지만 당시 세태와 사람의 심리를 잘 묘사하여 近世初期의 仮名草子로 연결된다는 점에 문학사적 의의가 있다. 『一寸法師』『鉢かづき』『酒呑童子』 등이 유명하다.

A Plus⁺ 説話作品の流れ

	作品名	特徴
平安時代	日本霊異記 = にほんれいいき	日本最古の説話集で、著者は薬師寺の僧、景戒。日本で作られて伝承された仏教説話を集めている。因果応報の教えなどが内容で上・中・下の三巻。変則的な漢文で表記。
	三宝絵詞 = 三宝絵 （984年）	平安中期の仏教説話集。源為憲が編纂。仏教を平易に説明したもので、仏・法・僧の三宝を上中下の3巻とした。
	打聞集	作者未詳。漢字仮名交じりの文体で、天竺(インド)・震旦(中国)・本朝(日本)の仏教説話27編が集められている。僧の講説の教材として制作された。1134年に書写された下巻のみが現存。
	古本説話集 （1130年ごろ）	作者未詳。本来の書名は不明であるが、平安時代の貴族・文人・女房・仏事・僧侶などに関する説話を集めた。全2巻。前半は和歌中心の世俗説話、後半は仏教説話が集められている。
	今昔物語集 （1120年）	「今は昔」という書き出しから始まる。和漢混交文であり表記は宣命書き。天竺(インド)・震旦(中国)・本朝(日本)の説話が約1,000余り集められており、仏教説話と世俗説話に分かれる。当時の貴族と庶民の文化と生活がわかることで意義が大きい。芥川龍之介の『羅生門』『鼻』『芋粥』などの作品に影響を与えた。
中世時代	宇治拾遺物語 （13世紀前半）	作者未詳。『今昔物語集』と並んで説話文学の傑作とされる。人間的で日常性の強い庶民的説話が中心。
	十訓抄 （1252年）	作者は六波羅二臈左衛門入道と推定。古今和漢の教訓的な説話約280話を通俗に説く。儒教的な思想が根底にあり、年少者の啓蒙を目的に書かれた。
	発心集	鴨長明が編纂。僧侶の事績に関する説話102編が収録されている。

6 역사모노가타리(歴史物語)

(1) 『水_{みずかがみ}鏡』

① 1170~1195年 사이에 성립되었으며 作者는 中山忠親_{なかやまただちか}로 추정된다.

② 『大鏡』가 다루었던 시대보다 이전의 시대(神武天皇~仁明天皇)를 編年体로 서술하였다.

(2) 『増_{ますかがみ}鏡』

① 1338~1376年 사이에 성립되었으며 作者 미상이다.

② 天皇15代, 153년 동안의 일을 公家를 중심으로 하여 編年体로 서술하고 있다.

③ 정확한 역사적 사실과 우아하고 아름다운 문장이 돋보이는 작품으로 四鏡 중에서 『大鏡_{おおかがみ}』 다음으로 문학적 우수성을 인정받고 있다. 문장은 『源氏物語』, 형식은 『栄花物語』를 모방하여 서술하였다.

7 극문학(劇文学)

　　이 시대의 무대 芸能으로는 舞, 物まね, 曲芸, 奇術 등이 있었는데 줄거리와 대본을 갖춘 劇이라고 부를 수 있는 본격적인 芸能의 시초는 室町期에 성립된 「能楽」와 「狂言」이라고 할 수 있다. 당시, 중국에서 전래되어 일본화한 음악인 雅楽는 宮廷에서 연주되는 음악이었고 이에 대해 曲芸나 物まね의 연기로 이루어지는 舞楽은 散楽라고 불렸는데, 이는 農耕儀礼로서 절이나 신사에서 제사를 지낼 때에도 행해진 田楽와 함께 귀족과 민중 모두에게 인기가 있었다. 그 후 13세기 무렵이 되자 散楽에 연극적 요소가 더 가미되어 「猿楽の能」 또는 「田楽の能」라는 이름으로 불리게 되었다. 能는 シテ(주인공)・ワキ(조연) 등의 인물이 가면이나 호화로운 의상을 입고 음악이나 가락에 맞추어 춤을 추며 연기하는 歌舞劇이었는데 뛰어난 연기자이자 극작가였던 観阿弥와 世阿弥 父子의 공로에 힘입어 能楽라는 예술로 大成하게 된다.

(1) 能楽 `2019.A 기출`

　　당시에 직업 연기자였던 猿楽師들은 「座」라는 집단을 만들어 神社나 寺院에 소속되어 활동했는데 그중에서도 春日神社에 소속된 大和猿楽四座 중 結崎座의 観阿弥와 世阿弥 父子는 뛰어난 연기자이자 작가이며 이론가였다. 이들은 将軍 義満를 비롯한 지배 계급의 보호를 받으면서 민간의 예능이었던 「猿楽能」를 귀족부터 민중에 이르는 모든 계층에게 전하여 민족적 演芸로 만들었다. 특히 世阿弥는 아버지인 観阿弥의 뒤를 이어 能楽를 예술로 완성시켰다는 평가를 받는다.

① 世阿弥와 『風姿花伝』: 『風姿花伝』은 世阿弥의 대표적인 能楽論書이며 『花伝書』라고도 한다. 이 책에서 世阿弥는 能의 배우가 궁극적으로 추구해야 할 能의 미학을 「花」라고 하고 「花」를 추구하는 방법에 대해 논하였다. 그는 能의 중심에 「花」와 「幽玄」을 두고 각각 「おもしろさ」와 「美しさ」라고 표현하였다. 能의 연기는 사실적인 「物まね」와 추상적인 「舞」로 구성되는데 「舞」를 能의 중심에 두었다는 점이 높이 평가되며 그곳에 「幽玄美」가 실현되어 있다. 그 밖에도 世阿弥는 많은 고전을 연구하여 能에 귀족적이고 왕조적인 정취를 가미해서 상급 무사 등의 지배 계급도 能를 감상할 수 있도록 하였다.

② 能

　㉠ シテ(主役), ワキ(脇役), ツレ・トモ(従者) 등의 인물이 仮面이나 호화로운 의상을 입고 謡・囃子(能・狂言・歌舞伎・長唄・寄席演芸など各種の芸能で, 拍子をとり, または気分を出すために奏する音楽のこと)에 따라 연기하고 춤추는 歌舞劇이다.

© 能는 現在能와 夢幻能로 나눌 수 있다. 現在能는 현실 세계에 사는 사람들이 등장하여 시간의 흐름과 함께 이야기가 진행된다. 한편 夢幻能는 현실과 비현실, 과거와 현재를 오가면서 死者의 亡靈이나 神, 精靈 등의 영적인 존재가 나타나 인간에게 구해 달라고 하는 이야기로 전개된다. 前場에서는 ワキ(僧나 旅人) 앞에 化身으로 나타난 シテ가 연기를 하고 後場에서는 본인의 정체를 드러내 과거의 이야기를 들려주면서 舞를 보여준다.

© 能의 공연은 보통 五番立て로 구성되며 다음과 같은 순서로 진행된다.

脇能(神事物)	神, 또는 그에 준하는 것을 シテ로 한 것이다. 주로 신화나 전설, 神社나 절의 起源이 주제이다.
二番目(修羅物)	武士가 シテ로, 전쟁터에서 죽어 망령이 된 무사가 나와 전투 장면을 이야기하며 명복을 빌어줄 것을 부탁하는 내용이 많다.
三番目(鬘物)	아름다운 여성이 シテ이다. 젊은 시절의 사랑의 추억을 회상하며 그윽하고 아름답게 추는 춤이 중심이 된다. 鬘物는 幽玄美가 돋보이는 전개 부분이라 가장 중요한 세 번째 곡목으로 편성되었고, 「能 중의 能」라고도 불린다.
四番目(現在物)	남녀 주인공이 겪는 여러 인간사를 주제로 삼고 있다. 狂乱物(이별한 연인이나 잃어버린 자식을 찾아 헤매는 이야기), 執心物(끊기 어려운 현세의 욕망에 집착하는 인간의 모습) 등으로 나눈다.
五番目(鬼畜物)	인간 이외에 귀신이나 산 속에 살고 있다는 괴물인 天狗, 또는 요정 등이 주인공이다. 칼 솜씨나 빠른 춤이 중심이 된다.

③ 謠曲 : 能의 台本(詞章)을 가리킨다. 소재는 古典에서 가져온 것이 많으며 象徵的이고 超現實的인 내용이 많다. 古歌 및 古文의 아름다운 언어를 인용한 流麗한 문장으로 枕詞나 掛詞, 縁語 등의 기법을 많이 이용했으며 莊重하고 優美한 분위기 속에서 幽玄美를 표현하고 있다.

A Plus⁺ 能楽用語

1 能楽師^{のうがくし}：職業として能楽を演じたり奏する人々のこと。主役を演じる「シテ方」、主にシテ方と向き合う役割の「ワキ方」、狂言を演じる「狂言方」、楽器の演奏を行う「囃子方」という４つの役割があり、それぞれ役割ごとの専門に分かれている。

2 シテ：シテ方。舞の主役。シテはほとんどの場合、面をつける。

3 ワキ：ワキ方。シテの相手役。面はつけない。大体は、僧など。

4 ツレ：シテ・ワキ以外の登場人物（主要な登場人物はシテとワキであるが、それ以外の登場人物などが必要になる場合）

5 狂言師^{きょうげんし}：狂言方。能の中では、間狂言^{アイ}を担当し、話の糸口を与えたり、物の所在を教えたりする役割を担う。

6 囃子^{はやし}：囃子方。能の楽器隊または楽器そのもののこと。囃子は、大鼓^{おおつづみ}、小鼓^{こつづみ}、笛、太鼓^{たいこ}の４つ。

7 地謡^{じうたい}：能のコーラス隊またはコーラスそのものを指す。人数は４~８人程度。ただ、西洋のコーラスとは違い、謡で、物語の進行を伝える。

8 地頭^{じがしら}：地謡の長。舞台で、地謡の後列中央に座っている。

9 後見^{こうけん}：登場人物の演技を後ろで見て、装束を直したり、小道具を渡したり、片付けたりする役。もし舞台中にシテに事故が生じたときには、その代わりとして舞台に立つ。

10 見所^{けんしょ}：客席のこと。正面・脇正面・中正面の三エリアに分かれており、能舞台を取り囲むような形で配置されている。

(2) 狂言

能の 幕間^{まくあい}에 연기되는 寸劇을 말한다. 観阿弥^{かんあみ}와 世阿弥^{ぜあみ}가 能楽을 大成하였을 때「猿楽の能^{きょうげん}」 중에서 재미를 추구하는 부분이 독립되어 狂言이 되었다. 狂言의 주인공은 シテ, 주인공의 상대역은 アド라고 하는데 주로 사실적(写実的)인 物まね 연기를 담당하며 당시의 회화체를 사용하여 滑稽卑俗^{こっけいひぞく}를 표현했다. 鷺流^{さぎ}(観世)・大蔵流(金春)・和泉流^{いずみ}를 가리켜 狂言三流라고 한다.

A Plus⁺ 여러 가지 狂言

脇狂言 (わき)	신이 인간에게 축복을 내리는 내용이다.
大名物	大名가 등장하며, 외관과 내면의 모순이 해학적이다.
小名物 (しょうみょうもの) (小名狂言)	太郎冠者는 주인의 시중을 드는 하인이다. 두 번째 하인은 次郎冠者, 다음은 三郎冠者이다.
聟女物 (むこさんな)	사위·아내·장모 사이에 일어나는 일을 그리고 있다.
鬼山伏物 (おにやまぶしもの)	우둔한 鬼가 주인공으로 등장한다.

A Plus⁺ 能楽와 狂言의 비교

	能楽	狂言
中心	舞	物まね
理念	幽玄·象徵的	滑稽·現実的
思想	仏教思想	風刺
内容	古典文学에서 題材를 구함	室町時代의 현실 세태를 題材로 삼음
文体	古典의 美辞麗句를 모은 技巧的文章	当時의 口語를 사용
役柄	シテ, ワキ 등	シテ, アド 등

(3) 幸若舞
(こうわかまい)

16세기에 유행했던 芸能의 하나이다. 軍記物語에서 소재를 얻었으며 舞 부분이 간단한 대신에 語り의 節回し에 중점을 두었다. 이 台本을 「舞の本」이라고 하는데 歌舞伎나 浄瑠璃에 많은 영향을 주었다.

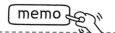

8 기리시탄문학(キリシタン文学)

기독교 선교사와 신자들이 일본어 학습을 위해 당시의 口語를 로마자로 저술, 번역하는 과정에서 생겨난 종교 문학이다. 이솝우화를 번역한 『イソポ物語(伊曾保物語)』 외에도 『ヘイケ物語(天草本平家物語)』 등이 있으며 당시 口語를 연구하는 데 귀중한 자료가 되고 있다.

A Plus⁺ 시대별 문학 미적 개념 2004 기출 2008 기출 2007 기출 2019.A 기출

時代	理念	内容
上代	まこと	上代는 아직 문학 이념이라고 부를 만한 것은 없지만 記紀歌謡와 『万葉集』에서 볼 수 있는, 감동을 솔직하게 서술하는 소박한 예술 태도인 「明き浄き直き誠の心」를 上代의 공통된 정신으로 들 수 있다.
中古	もののあはれ	平安時代의 王朝文学을 대표하는 문학 미적 이념이다. 보고 듣는 행위를 통해 얻어지는 절실한 심적 정취와 無常観的인 哀愁를 말한다.
中古	をかし	機知의 문학인 『枕草子』로 대표되는 미적 이념이다. 「をかし」는 「あはれ」처럼 時代 전체를 풍미한 이념은 아니지만, 애절함과 情에 호소하는 「あはれ」와는 달리, 「をかし」의 지적인 예리함과 재미는 당시의 중요한 문학 이념의 하나였다.
中世	幽玄 (ゆうげん)	藤原俊成가 제창한 이념이다. 「もののあはれ」의 흐름을 이어받아 「艶」을 포함하면서 전체적으로는 깊이 있는 정취의 美와 余情의 美를 말한다.
中世	艶 (えん)	「幽玄」의 일종이다. 優美하고 깊이 있는 정취를 지니면서 화려하게 호소하는 미의식이다. 「優艶」「妖艶」으로 불리다가 시대의 흐름에 따라 超現実的인 아름다움이 되었다.
中世	有心 (うしん)	藤原定家가 제창한 이념이다. 優美한 정취를 마음속 깊이 느끼고 妖艶한 아름다움을 추구한 점은 「艶」과 같지만 定家는 이것을 和歌의 중심에 두고 더욱 심오한 경지를 추구하였다.

4 근세문학(近世文学)

Ⅰ 개관

1 시대적 배경

織田信長に 의해서 室町幕府가 무너진 1573年부터 徳川家康가 江戸에 幕府를 연 1603年까지를 安土·桃山時代라고 하고 江戸幕府가 개막한 1603年부터 15代 将軍인 徳川慶喜가 大政奉還을 단행한 1867年까지의 약 260년 동안을 江戸時代라고 하며 이 시기에 이루어진 문학을 近世文学이라고 한다.

江戸幕府는 大名를 전국에 배치하여 각 領内를 다스리게 하는 幕藩体制를 취하고 参勤交代(大名에 領国과 江戸를 1年 おきに 往復させる 制度)를 제도화해서 大名의 통제를 강화했는데 参勤交代 제도와 商業의 발달로 교통량이 증가하고 도로와 해상 교통이 정비되었다. 또한 士農工商의 엄격한 신분 제도를 두었으며 キリスト教를 금지하고 鎖国政策을 실시했다.

参勤交代 제도 등으로 인해 상공업이 크게 발달하자 경제 실권을 쥔 상인인 町人의 세력이 갑자기 커지게 된다. 경제력으로는 사회를 지배하지만 정치면에서는 피지배층에 머물렀던 町人들은 자신들만의 문화를 만들어서 즐기기 시작했는데 川柳나 浮世草子, 洒落本 등이 그 예이다. 武士들은 漢詩文이나 和歌, 謡曲 등 전통적 문학과 예능을 향유하였지만 町人들은 유곽인 遊里나 芝居에서 즐거움을 찾으면서 俳諧, 浄瑠璃나 歌舞伎 등 서민적이고 娯楽的인 문학·예능 활동의 중심적 존재가 되었다. 나아가 徳川幕府의 학문 장려와 인쇄술 보급으로 인해 지배계급과 지식인뿐 아니라 町人계급도 문학의 독자가 되었고 글쓰기를 직업으로 하는 작가도 등장하였다. 이에 따라 문학과 예능은 점차 상업화되었고 유희적이고 퇴폐적인 성격이 짙어졌다.

江戸幕府는 元禄時代(1688~1704年)에 태평성대를 구가하였으나, 소비 증대와 자연재해, 失政과 飢饉 등에 의해서 幕府와 藩의 재정은 점점 궁핍해졌다. 나아가 外国으로부터의 개항 요구에 부딪히면서 尊王攘夷 운동이 일어나며 幕府는 점차 쇠퇴해 갔다.

2 근세문학의 흐름

(1) 上方(かみがた)文学期(17세기 초기~18세기 초기) 2019.B 기출

① 大阪나 京都 등 上方에서 왕성하게 일어났기 때문에 上方文学, 또는 元禄文学이라고도 한다.

② 中世의 戦乱·動乱에서 벗어나서 민심도 안정되어 文学·芸能이 활발해졌다.

③ 소설에서는 中世의 御伽(おとぎ)草子의 흐름을 이은 仮名(かな)草子가 등장하였으며 元禄時代에는 井原西鶴(いはらさいかく)에 의해서 町人의 人情(にんじょう)을 묘사한 浮世(うきよ)草子가 다수 쓰여졌다.

④ 俳諧(はいかい)에서는 京都의 松永貞徳(まつながていとく)를 중심으로 한 貞門派(ていもんは)가 출현했고, 元禄期에는 松尾芭蕉(まつおばしょう)가 蕉風(しょうふう)俳諧를 통해 俳諧를 예술성 높은 문학으로 완성하였다.

⑤ 演劇에서는 浄瑠璃(じょうるり)와 歌舞伎(かぶき)가 인기를 얻었고 元禄期에는 近松門左衛門(ちかまつもんざえもん)이 浄瑠璃 등에서 뛰어난 작품을 남겼다.

(2) 江戸文学期(18세기 초기~19세기 중기)

① 근세 초기부터 있었던 아동용 서적인 赤本(あかほん), 黒本(くろほん), 青本(あおほん) 등(표지 색깔 때문에 붙여진 이름)이 발전하여 성인을 대상으로 하는 黄表紙(きびょうし)가 등장하였고 나중에는 이를 여러 권 묶어 발행한 合巻(ごうかん)이 나오게 되었다.

② 浮世草子는 西鶴(さいかく)의 사후에도 계속 쓰여졌는데, 발행된 출판사의 이름을 따서 八文字屋本(はちもんじやぼん)으로 불리기도 했다. 이후 浮世草子가 쇠퇴하자 読本(よみほん)이 유행하였고, 그 밖에도 遊里에서 남녀가 주고받는 대화로 구성된 洒落本(しゃれぼん)과 그 흐름을 잇는 人情本(にんじょうぼん), 滑稽本(こっけいぼん) 등이 유행했다.

③ 俳諧에서는 与謝蕪村(よさぶそん)이 낭만적인 俳諧를, 小林一茶(こばやしいっさ)가 생활 감정을 솔직하게 표현하는 俳諧를 남겼다.

④ 演劇에서는 近松門左衛門의 사후에 浄瑠璃와 함께 歌舞伎가 유행했다.

⑤ 儒学을 중시한 幕府의 정책에 대한 반발로 古代 일본 정신을 実証主義로 밝히고자 하는 国学이 일어났다.

3 문학 이념

(1) 「さび」(「しをり」「細み」「位」) `2001 기출`

芭蕉俳諧의 근본적 이념의 하나이다. 中世의 은자(隠者)적 경지의 흐름과 이어진 것으로, 자연과 일체가 되어 적막함에 스며드는 閑寂・枯淡의 경지를 추구하는 가운데 저절로 나타나는 美를 말한다. 이하 세 가지는 모두 「さび」와 관련된 芭蕉俳諧의 근본적 이념이다.

    ① 「しをり」: 거친 것이라도 부드럽게, 투박한 느낌의 것이라도 가늘고 유연하게 정돈되어 있는 句의 모습을 말한다.

    ② 「細み」: 섬세한 감정에 의해 대상을 받아들이면서 내적으로 깊이 들어가는 상태를 말한다.

    ③ 「位」: 장중하고 품위 있는 아름다움을 느끼게 하는 것이다.

(2) 「軽み」

芭蕉俳諧의 근본적 이념의 하나이다. 생활에서 주제를 얻은 平俗한 것을 고차원적인 아름다움으로 승화시킨 경지를 말한다. 芭蕉는 元禄期 무렵부터 그러한 경향을 보였으며, 이후에도 이를 지도 이념으로 삼았다. 『炭俵』는 그러한 분위기(句境)를 잘 보여주는 대표적 選集이다.

(3) 「粋」

近世 전기(특히 元禄期)에 浮世草子나 浄瑠璃에서 이상으로 삼았던 이념이다. 『好色一代男』의 주인공처럼 사교적으로 세련된 享楽情神을 갖는 것을 추구하는 것으로서, 단순히 색욕에 빠진 생활만을 의미하는 것은 아니다.

(4) 「通」・「意気」

上方에서 발달한 이념이 「粋」였다면 近世 후기에 江戸에서 발달한 문학이념은 「通」와 「意気」이다. 黄表紙, 人情本, 洒落本 등에서 보이는 이상적인 이념으로 「通」는 遊里의 사정이나 취미 생활 등을 잘 알고 있으면서 실수하지 않는 것을 말한다. 「粋」가 적극적인 성격을 띠고 있다면 「通」는 약간 소극적이며 洒落本에 잘 드러나 있다. 그리고 「意気」는 도회풍의 세련된 美로 그 속에 맑은 생기를 포함하고 있다.

(5) 「虚実皮膜」

예술은 그 표현에 있어서 虚와 実의 중간을 이상으로 한다고 주장한 近松門左衛門의 예술론이다. 事実 그 자체만으로 연극은 성립되지 않으며 미화와 과장, 적당한 생략을 필요로 한다는 것이다.

(6) 「義理^{ぎり}」·「人情^{にんじょう}」 　2001 기출

　　近世의 봉건 사회 제도와 밀접하게 연관되어 탄생한 문학 이념이다. 「義理」는 江戸時代 사람들의 생활을 외부에서 규제하는 사회 규범이었으며 타인에 대해 지켜야 할 도덕 규범이기도 했다. 「人情」는 그런 봉건적인 도덕관념 등에 규제를 받으면서도 그에 구속되지 않는 인간 본래의 자연적인 心情을 말한다. 이 두 개의 상반된 이념은 현실 사회 속에서 상충하게 되는데 近松門左衛門의 浄瑠璃 작품은 그 모순 속에서의 갈등과 번뇌, 그리고 그것을 초월해 가는 과정에서 나타나는 상반된 현실을 그려낸 것이다.

(7) 「勧善懲悪^{かんぜんちょうあく}」

　　善을 권하고 悪을 징계한다는 뜻으로 江戸 후기 문학의 読本, 人情本, 歌舞伎 대본 등에서 흔히 볼 수 있다. 善人과 悪人을 등장시켜 善人은 성공하고 悪人은 망한다는 뚜렷한 내용 구조를 가지고 있다.

memo

Ⅱ 주요 작품

1 소설(小説) 2019.B 기출

近世前期에는 中世의 御伽草子의 흐름을 잇는 仮名草子가 인쇄 기술의 발달에 의해 서민들에게 널리 보급되었다. 元禄期에는 大阪의 町人인 井原西鶴가『好色一代男』를 발표하면서 町人의 문학인 浮世草子를 탄생시켰다. 그리고 18세기 중반에 浮世草子가 쇠퇴하면서 이를 대신해서 読本이라는 새로운 小説이 나타났다.

近世後期에는 上方에서 江戸로 문학의 중심이 이동한다. 江戸에서는 浮世草子 이후 仮名를 섞어서 쓴 아동용 絵本이 많이 출판되었는데 표지 색깔에 따라 赤本·黒本·青本 등으로 불렸다. 이 책들은 성인용 黄表紙로 발전하였으며 黄表紙를 여러 권 합본한 合巻과 함께 草双紙라고 불렸다. 読本의 기원은 중국 元나라 이후에 유행했던 구어체 소설의 번역이나 번안이었으며 그림 위주의 草双紙에 비해 문장이 많았다.

滑稽와 通를 중심으로 하는 서민들 대상의 戱作 문학은 近世中期 이후부터 전개되는데 洒落本·滑稽本·人情本 등이 있었다. 이 중에서 遊里가 주요 무대였던 洒落本은 당시 풍속을 문란하게 한다는 이유로 1790年에 금지당했고 이후에는 남녀 간의 연애를 다룬 人情本이 인기를 얻었다. 이러한 산문의 흐름은 근대문학으로 이어진다.

(1) 仮名草子

① 17세기 초부터 약 80년간 京都를 중심으로 귀족이나 승려, 무사 등의 지식 계급에 의해 오락 및 계몽을 목적으로 하는 仮名草子가 쓰여졌는데 이는 中世의 御伽草子의 흐름을 이어받은 것으로 누구나 읽을 수 있도록 仮名로 쓰여진 실용적이고 오락적인 이야기였다.

② 인쇄 기술의 발달로 서민에게 급속도로 퍼지게 되었으며 이후 浮世草子가 출현할 수 있는 계기가 된 장르이다. 仮名草子의 대표적 작품으로는 교훈적 내용인『可笑記』, 고전을 패러디한『仁勢物語』, 그리고 名所記風으로 쓰여진『竹斎』등이 있다. 이 같은 仮名草子는 문학성은 좀 떨어지지만 서민들이 문학을 친숙하게 느낄 수 있도록 했다는 데 의의가 있다.

③『竹斎』 2017.A 기출 : 의사 富山道冶의 仮名草子. 돌팔이 의사인 竹斎가 하인과 함께 京都에서 江戸까지 가는 길에 일어나는 에피소드를 해학적으로 그리고 있다.

④『伽婢子』 2018.A 기출 : 中国の『剪燈新話』をはじめとする怪奇小説を翻案した作品で、作者は浅井了意。68話の説話があり、以後の怪異小説流行の先駆となった。特に「牡丹灯籠」の話は怪異談の白眉と言われる。

(2) 浮世草子 〔2001 기출〕 〔2006 기출〕

① 17세기 말, 元禄期부터 약 100년간 上方를 중심으로 浮世草子가 등장한다. 浮世란 넓은 의미로 현세, 좁은 의미로 好色生活을 가리키는 말인데 浮世草子는 주로 町人의 「好色ぶり」나 「金もうけ」의 悲·喜劇을 쓴 소설이다.

② 大阪의 부유한 상인 집안 출신인 井原西鶴(い はらさいかく)에 의해 창시되었으며 町人文学 탄생의 계기가 되었다.

③ 貞門派(ていもん)와 談林派(だんりん)의 俳人으로도 활약했던 井原西鶴는 냉철한 관찰력으로 인간성의 진실을 사실적으로 묘사하였는데 교묘한 話術과 俳諧的인 수법을 살린 간결한 문장 표현이 특징이다.

> **A Plus⁺ 주제별로 본 井原西鶴의 작품**

주제		작품명	성립	내용
好色物	남녀의 애욕 모습 묘사	『好色一代男』(こうしょくいちだいおとこ) 〔2006 기출〕 〔2025.A 기출〕	1682年	7세에 사랑을 알게 된 世之介(よのすけ)가 부모와 의절, 방랑, 유산상속 등을 거치면서 諸国의 遊里에서 유흥을 즐기다 60세에 女護島(にょごのしま)의 女를 상대하기 위해 배를 타고 떠난다. 『源氏物語』를 모방해 54장으로 구성하였다.
町人物	町人의 경제 생활	『日本永代蔵』(にっぽんえいたいぐら) 〔2001 기출〕〔2012 기출〕 〔2022.B 기출〕	1688年	勤勉·才覚·努力·倹約으로 재산을 모은 이들의 성공담 또는 실패담 30편이 수록되어 있다. 돈과 욕망 속에 살아가는 町人들의 모습을 예리한 관찰로 생생하게 묘사하고 있다.
		『世間胸算用』(せけんむなざんよう) 〔2001 기출〕	1692年	副題 『大晦日は一日千金』. 1년 수지를 총결산하는 날인 大晦日의 금전 거래를 둘러싼 町人의 悲喜劇을 20개의 단편으로 엮었다. 예리한 세태 묘사가 압권이다.

전공일본어

武家物	무사의 敵討ち, 義理	『武道伝来記』	1687年	武士道, 특히 諸国의 복수(敵討ち)에 관한 이야기를 32편 엮은 작품이다. 敵討 ち를 町人의 입장에서 보고, 그 非人間 性을 담고 있다.
雑話物	설화를 취재	『西鶴諸国ばなし』	1685年	여러 지방(諸国)의 説話를 취재하여 奇 談이나 진귀한 이야기를 모은 것으로 35 편이 수록되어 있다.

(3) 八文字屋本

　京都의 八文字屋에서 출판된 江島其磧의 浮世草子를 말한다. 井原西鶴 이후 많은 모방작이 나왔으나 대부분은 수준이 높지 못했다. 다만 그중에서 江島其磧의『世間子息気質』『浮世親仁形気』와 같은 気質物는 직업·연령·신분에 따른 気質을 묘사하고 있다는 점에서 주목받았다. 江島其磧의 작품은 18세기 중반까지 京都에서 유행하였다.

(4) 読本

　그림을 중심으로 한 草双紙와 달리 문장을 중심으로 쓰여진 책을 読本이라고 하였는데 浮世草子가 쇠퇴한 18세기 중반에 上方에서 성립되었고(前期読本) 이후 江戸로 중심을 옮겨와 19세기 초의 文化·文政期에 크게 유행하였다(後期読本).

① **前期読本**(18세기 중반, 上方 중심) : 당시 上方의 지식인들 사이에서는 중국의 구어체 소설인 白話小説이 유행했는데 이를 번안한 소설『古今奇談 英草紙』가 読本의 시작이다. 주로 怪異性 및 伝奇性이 강하며 낭만적 경향을 갖는 단편도 많았는데 上田秋成의『雨月物語』가 대표적이다.
　ⓒ『雨月物語』 2017.A 기출 : 上田秋成의 작품. 중국 소설이나 일본 古典에서 題材를 가져온 怪異小説集이다.「白峯」,「浅茅が宿」등 9개의 단편을 실었으며 雅文에 漢語를 섞어 간결하고 유창한 문체로 怪異的이고 神秘的인 분위기를 잘 표현했다.
　ⓛ『春雨物語』: 上田秋成의 작품. 史実이나 古典을 소설화한 10편이 수록되어 있다.
② **後期読本**(18세기 말경, 江戸 중심) : 후기의 読本은 모두 웅대한 사상과 복잡한 줄거리의 長編이며, 儒教的 勧善懲悪과 仏教的 因果応報 사상이 바탕에 있다. 和漢混交文이지만 擬古文이 사용되어 문체는 流麗하다. 대표적 작가로는 山東京伝과 滝沢馬琴이 있다.

memo

◎ 山東京伝 [2024.B 기출] : 처음에는 黄表紙나 洒落本의 작가로서 활약하였으나 寛政의

改革(1787~1793)에 의한 출판물 단속 이후에 読本으로 눈을 돌려 江戸 読本의 기초를

만들었다. 『忠臣水滸伝』『桜姫全伝 曙 草紙』등의 작품이 있다.

◎ 滝沢馬琴 : 京伝의 門下에 있다가 독립하여 『椿説弓張月』『南総里見八犬伝』

[2022.B 기출] 등을 저술하여 読本의 대표적 작가가 되었다.

(5) 草双紙 [2012 기출]

江戸에서는 17세기 후반부터 평이한 仮名 문장이 들어간 絵本이 출판되었는데 표지 색깔에

따라 赤本·黒本·青本 그리고 黄表紙로 불렸으며 이후에 이를 여러 권 합친 合巻과 합쳐서 草

双紙라는 총칭이 사용되었다.

① 黄表紙 : 어린이용 絵本으로 출발하였지만 18세기 후반에 恋川春町의 『金々先生栄華夢』

가 출판되면서 성인 대상이 되었다. 洒落·滑稽·風刺를 주요 내용으로 하며 기교가 뛰어

난 그림으로 인기가 높았는데 寛政의 改革 이후부터 교훈적 내용이나 敵討物, 怪談物로 바

뀌었고 장편으로 변했다. 주요 작품은 다음과 같다.

◎ 『金々先生栄華夢』: 恋川春町의 작품. 돈을 벌기 위해 江戸에 온 남자(金兵衛)가 찻집

에서 부귀영화를 누리는 꿈을 꾸고 깨어난 후에 그 허무함을 깨닫는 내용이다. 뛰어난 풍

속 묘사가 특징이다.

◎ 『江戸生艶気樺焼』: 山東京伝의 작품. 자아도취에 빠진 남자가 어떻게든 인기를 얻으

려고 어리석은 행동을 반복하는 이야기이다. 「江戸っ子」의 기풍(気風)을 풍자적으로 그

렸다.

② 合巻 : 敵討物의 유행으로 내용이 방대해지고 복잡해지면서 黄表紙 몇 권을 합친 合巻이

19세기 초부터 유행하게 되었는데 주요 작품은 다음과 같다.

◎ 『雷 太郎強悪物語』: 최초의 合巻. 式亭三馬의 작품이다.

◎ 『修 紫 田舎源氏』: 대표적 合巻으로 将軍 家斉의 大奥 생활을 다룬 것이다. 柳亭種

彦의 작품이다.

(6) 洒落本 [2024.B 기출]

遊里를 중심 무대로 삼아 손님과 遊女의 遊び나 遊里의 풍속을 그린 소설이며 通(遊びに통지

하고 있는 것)의 理念이 잘 표현되어 있다. 西鶴의 浮世草子의 好色物의 흐름이라고도 할 수 있으

며 黄表紙와 함께 유행하였다. 주요 작품은 다음과 같다.

◎ 『遊子方言』 [2024.B 기출] : 田舎老人多田爺의 작품으로 대화체에 의한 写実的 묘사 양

식이 확립되었다.

◎ 『通言総籬』 [2024.B 기출] 『傾城買四十八手』: 山東京伝의 작품으로 洒落本의 대표적인

작품이다.

❖ 寛政의 改革 : 어지러운 風
俗을 엄중히 단속하고 규율을
바로잡기 위해 洒落本 등의
출판물을 탄압하였다.

(7) 滑稽本^{こっけいぼん}

　해학적인 내용의 소설로 전기와 후기로 나누어진다. 전기 滑稽本에는 滑稽 속에 불교의 가르침이나 풍자적인 내용이 담겨 있었지만 洒落本이 금지된 이후에 쓰여진 후기 滑稽本은 무대를 遊里에서 일상생활로 옮겨서 서민 생활을 회화체로 유머러스하게 그리고 있다. 다음 두 작품은 후기 滑稽本의 대표작이다.

　　㉠ 『東海道中膝栗毛』^{とうかいどうちゅうひざくりげ}: 十返舎一九^{じっぺんしゃいっく}의 작품. 江戸의 町人 2명이 여행 중에 일삼은 奇行과 愚行을 담았다.

　　㉡ 『浮世風呂』^{うきよぶろ}『浮世床』^{どこ}: 式亭三馬^{しきていさんば}의 작품. 당시 서민들의 사교장이었던 風呂屋나 床屋를 무대로 町人 남녀의 풍속과 세태를 가볍고 산뜻한 필체로 유머러스하게 그렸다.

(8) 人情本^{にんじょうぼん}

　洒落本이 금지된 후에 그 형식을 이어받은 소설이다. 무대를 遊里에서 江戸 下町^{したまち}로 옮겨 서민의 일상생활 중에서도 특히 연애와 욕정에 빠지는 세태를 회화체를 사용하여 퇴폐적인 분위기로 묘사하였다. 주요 작품으로는 為永春水^{ためながしゅんすい}의 『春色梅児誉美』^{しゅんしょくうめごよみ}가 있다.

2 시가(詩歌)·국학(国学)·한학(漢学)

(1) 和歌·国学

① 전기의 和歌·国学

㉠ 17세기 초 京都에서는 歌人 細川幽斎(ほそかわゆうさい)를 중심으로 公家나 武家에 의해 和歌가 만들어졌지만 중세적인 전통에서 벗어나지 못했고 참신성이 떨어졌다. 이후 幽斎의 門人인 松永貞徳(まつながていとく)는 和歌를 민간에 보급시키고 木下長嘯子(きのしたちょうしょうし)는 清新한 和歌로 주목을 받았다.

㉡ 17세기 후반에 和歌革新과 고전 연구의 기운이 일어나게 되면서 江戸에서는 戸田茂睡(とだもすい)가『梨本集』를 통해 전통의 타파를 주장하였고 上方에서는 長嘯子의 門人인 下河辺長流(しもこうべちょうりゅう)가 고전 연구를 진척시켰다.

㉢ 長流의 업적을 이어받은 契沖는『万葉代匠記』(だいしょうき)를 저술해서 文献学的이며 実証的인 방법에 의한 국학 연구의 기초를 쌓았다.

② 중기의 和歌·国学

㉠ 荷田春満(かだのあずままろ):18세기 초, 記紀万葉(ききまんよう) 연구를 통해 유학이나 불교가 전래되기 이전의 일본인의 정신을 밝히자고 주장하면서 国学을 제창했다.

㉡ 賀茂真淵(かものまぶち):契沖의 실증적인 방법과 春満의 정신을 계승하여『万葉集』를 연구한『万葉考』를 저술하는 등, 国学을 체계화하고 발전시켰다. 歌人으로도 활약하여 万葉調의 歌文集『賀茂翁歌集』과『県居歌集』(あがたい)를 남겼으며 万葉集의 歌風을「ますらをぶり」라고 불렀다.

㉢ 本居宣長(もとおりのりなが) `2021.A 기출` : 真淵 아래에서 고전을 연구하여 국학을 大成한 사람이며 다음과 같은 저술을 남겼다.

ⓐ『古事記伝』: 30여 년을 들여 1798年에 완성한 면밀하고 실증적인 고전 연구서이다. 인간 본래의 정신은 真心(すなおな心)에 있다는 그의 사상을 집대성한 연구서이다.

ⓑ『源氏物語玉の小櫛』(たまおぐし):『源氏物語』의 本質은 もののあはれ라고 주장하며 새로운 문학관을 세웠다.

③ 후기의 和歌·国学

㉠ 小沢蘆庵(おざわろあん)(京都):알기 쉬운 언어로 자연스러운 감정을 읊어야 한다고 하는「ただこと歌」를 주장했다.

㉡ 香川景樹(かがわかげき):감정을 流麗한 운율(調べ)로 읊어야 한다는「しらべの説」를 주장했다. 歌集으로는『桂園一枝』(けいえんいっし)가 있으며 桂園派(けいえん)를 이끌었는데 이들은 明治初期까지 큰 영향을 미쳤다.

㉢ 良寛(りょうかん)(越後), 橘 曙覧(たちばなあけみ)(福井), 大隈言道(おおくまことみち)(福岡):일상생활에 입각한 개인적인 和歌를 읊었다.

memo

㉣ **宣長** 이후의 국학 : 宣長의 文献学的인 면을 계승한 伴信友, 그리고 일본 고유의 길을 추구하고자 했던 宣長의 사상적인 면을 계승한 平田篤胤 등이 있다. 이 중에서 篤胤一派의 사상은 明治維新을 지탱하는 정신적 근거가 되었다.

江戸時代の国学者(順番に時代が下っており、この順番に思想を引き継いでいる。)

人物	業績・思想	著作
契沖 けいちゅう	万葉集の研究、国学研究の基礎を確立	『万葉代匠記』 まんようだいしょうき
荷田春満 かだのあずままろ	記紀万葉を研究、国学を提唱	
賀茂真淵 かものまぶち	万葉集の研究 ますらをぶりを唱える 高く直き心	『万葉考』
本居宣長 もとおりのりなが	古事記と源氏物語の研究 もののあはれを唱える 惟神の道 かんながら　みち 漢意と真心 からごころ　まごころ	『古事記伝』 『源氏物語玉の小櫛』
平田篤胤 ひらたあつたね	復古神道 ふっこしんとう	

Ａ Plus⁺ 用語説明

- 惟神の道
かんながら　みち：神代から伝わってきて、神の御心のままで人為の加わらないまことの道
- 漢意
からごころ：本居宣長が提唱した思想概念・批評用語の一。日本古来のはかりごとを加えず善悪ともにありのままのさまを尊ぶ素直な態度に対して、中国の文化に心酔し、それに感化された思想を持つことを批判的にいった語
- 真心
まごころ：本居宣長が提唱した思想概念・批評用語の一。何の混じり気もない生まれたままの心
- 復古神道
ふっこしんとう：江戸時代後期の神道説の一つ。儒教、仏教と混交した中世以来の神道を批判、「記紀」を中心とする日本の古典に依拠し、その解明を通じて明らかになる古道、惟神の道を説く。

(2) 俳諧　2006 기출

① **貞門의 俳諧** : 文芸로서의 俳諧의 독립을 추진한 松永貞徳^{まつながていとく}는 『俳諧御傘^{ごさん}』을 저술하여 俳諧의 法式을 정하고 많은 門人을 지도하여 俳諧를 전국으로 보급시켰다. 이러한 松永貞徳 一派를 貞門^{ていもん}이라고 하는데 門下에 北村季吟^{きたむらきぎん} 등이 있다. 이들은 言葉のおもしろみ를 위해 和歌적인 기교를 많이 사용했는데 이를 위해 用語나 형식에 얽매이게 되면서 매너리즘에 빠지고 말았다.

② **談林^{だんりん}의 俳諧** : 大阪에서는 町人들이 자유롭게 생활 감정을 읊은 俳諧가 생겨났다. 이를 西山宗因^{にしやまそういん}의 談林派라고 하는데 門下에 井原西鶴가 있었다. 형식에 집착하는 貞門의 격식을 타파하고 滑稽나 洒落를 중요시하며 題材나 用語에도 구애받지 않는다는 점이 町人에게 호응을 얻었으나 지나친 자유분방으로 인해 이내 自滅하였다.

③ **蕉門^{しょうもん}의 俳諧** : 새로운 俳諧를 찾는 움직임 속에서 松尾芭蕉^{まつおばしょう}가 독자적인 俳風을 세우고 俳諧를 예술의 영역으로 끌어올렸다. 芭蕉의 一派를 蕉門이라고 한다.

④ **天明^{てんめい}의 俳諧** : 芭蕉의 사후에 내분이 일어나 俳諧는 저속하게 변하고 말았지만 다시 한번 俳諧를 부흥시켜 보자는 움직임이 일어난다. 먼저 炭太祇^{たんたいぎ}가 俳諧革新의 기운을 일으키고 天明(1781~1788) 무렵 与謝蕪村^{よさぶそん}이나 大島蓼太^{おおしまりょうた} 등이 뛰어난 句를 읊고 横井也有^{よこいやゆう}도 俳文 『鶉衣^{うずらごろも}』를 저술하였다. 이러한 움직임을 「天明の中興^{ちゅうこう}」라고 하는데 이들의 俳諧는 맑고 새로운 서정성과 탐미적인 空想趣味^{くうそうしゅみ} 등이 특색이다.

⑤ **幕府 말기의 俳諧** : 「天明の中興」 이후 俳諧는 점차 널리 보급되지만 신선함은 사라지고 저속해졌다. 그런 가운데 19세기 초 文化・文政期(1804~1830)에 주관적이고 자유분방한 분위기의 俳風으로 뛰어난 개성을 드러낸 사람이 小林一茶^{こばやしいっさ}이다. 그 후 天保(1830~1843) 무렵에는 현상금이 걸린 月次俳諧^{つきなみ}가 유행하는 등, 俳諧는 각지로 퍼져 나갔으나 내용은 저속해질 뿐이었으며 평범하고 진부한 月並調^{つきなみちょう}로 하락하고 만다. 이 상태는 幕府 말기 이후에도 계속되었고 明治 20年代에 正岡子規^{まさおかしき}에 의한 俳句의 革新을 맞이하게 된다.

memo

 근세의 대표적인 俳人

◎ 松尾芭蕉 `2001 기출` `2005 기출` `2006 기출` `2014.A 기출`

松尾芭蕉(1644~1694)는 京都에서 北村季吟의 제자였으나 江戸로 가서 談林派를 만나게 된 후 門人들의 협력으로 深川에 芭蕉庵을 짓고 자신만의 독자적인 경지를 열어갔다. 1684年 芭蕉는『野ざらし紀行』의 여행에 나서는데 이 여행 중에『冬の日』가 만들어졌으며 蕉風가 확립되었다. 그 후에도 자연과 일체가 되어 詩心을 연마하기 위해 많은 여행을 떠났는데 그중에서도 1689年의『奥の細道』 `1999 기출` `2023.A 기출` 의 여행은 蕉風를 완성시켰다는 높은 평가를 받는다. 실제로『奥の細道』의 여행 후『猿蓑』에서「さび」「しをり」「細み」의 이념이 수립되면서 芭蕉 예술이 완성되었다.

芭蕉의 업적은 중세의 幽玄을 俳諧의 통속성에 구현하여「さび」「しをり」「細み」의 경지를 완성함으로써 俳諧라는 서민 문학을 예술적으로 승화시킨 점에 있다.

그 후 芭蕉는 近江의 石山나 京都의 嵯峨野에 머물면서『幻住庵記』나『嵯峨日記』를 저술하였으며『炭俵』에서는 晩年의「軽み」로의 새로운 전개를 보였다.

芭蕉를 중심으로 한 蕉門은 전국의 俳壇에 큰 영향을 주었다. 芭蕉 사후에도「蕉門十哲」라고 불리는 門人들이 蕉風 발전을 위해 노력했다. 榎本其角는 소탈하고 도회적인 句를 읊었고 服部嵐雪는 온화하고 품위가 있는 句를 읊는 등 제각기 활약하였다. 또한 向井去来는『去来抄』를, 服部土芳는『三冊子』를 각각 저술하여 芭蕉의 俳論을 전파했다. 그러나 점차 많은 유파로 나뉘면서 蕉風는 低俗化되고 침체되어 갔다.

▶ 芭蕉俳諧의 대표적 이념 :「さび」「しをり」「細み」「軽み」

▶ 芭蕉의『俳諧七部集』:『冬の日』『春の日』『曠野』『ひさご』『猿蓑』『炭俵』『続猿蓑』

▶ 芭蕉의 紀行文과 俳文 :『野ざらし紀行』『鹿島紀行』『笈の小文』『更科紀行』『奥の細道』『幻住庵記』『嵯峨日記』 `2021.A 기출`

◎ 与謝蕪村

天明の中興 시기의 대표적인 俳人이다. 大阪에서 태어났으나 일찍이 江戸로 나와 俳諧를 배웠고 36세 이후에는 京都에 살면서 화가 겸 俳人으로 활약했다. 漢詩와 文人画理論의 영향을 받아 離俗論을 제창하였다. 古典에 대한 높은 교양을 지니고 있었으며 낭만적인 古典趣味의 작품과 清新한 감각 표현에 능했다. 친구인 上田秋成는 蕪村을 가리켜「仮名書きの詩人」이라 평했다.『蕪村七部集』등에 그의 俳風가 잘 나타나 있다.

◎ 小林一茶

信州(長野県)의 농가에서 태어나 継母 슬하에서 자라다 14세 때 가정 내 불화로 江戸로 나와 俳諧를 배웠으며 52세가 되었을 때 고향으로 회귀하였다. 그러한 불행한 생활의 반영이었는지 약자에 대한 동정심을 읊은 작품이 많다. 속어나 방언을 대담하게 사용하여 생활 감정을 솔직하게 읊었고 인간미 풍부한 生活俳句를 완성하였다.『おらが春』나『父の終焉日記』등 진실한 마음이 넘치는 작품을 남겼다.

 芭蕉・蕪村・一茶의 비교

	芭蕉	蕪村	一茶
人物	생애를 여행으로 보내며 俳諧를 연마했다.	방랑 생활 중에 그림과 俳諧를 수련하여 양쪽 분야 모두에서 일류가 되었다.	불우한 성장 과정으로 인해 약자에 대한 동정 및 강자에 대한 반발심이 강했다.
作風	서민적인 분위기 속에서도 높은 예술성을 완성했다. 자연과 일체의 경지를 보인다.	낭만적이고 탐미적인 분위기, 회화적이며 인상이 뚜렷한 객관적인 작품을 남겼다.	주관적이고 현실적인 분위기, 속어나 방언도 자유롭게 사용했으며 풍부한 인간미가 보인다.
発想	自然	古典	生活

(3) 川柳

> ・連歌:「5・7・5」「7・7」「5・7・5」という風に発句に続いて下の句を繰り返して続けていく。
>   ▶一番最初の「5・7・5」(発句)を独立させて、それを詠んでいったものが俳句。蕪村が大成した。
> ・連歌:「5・7・5」「7・7」「5・7・5」
>   ▶先に下の句(7・7)を用意して誰が一番良い上の句を作れるかという遊びが流行
>   → 前句づけ。⇒ この「前句」が独立してできたのが川柳(柄井川柳が始祖)。

① 俳諧의 보급으로 17세기 말부터 유행한 雑俳라는 놀이의 하나인 前句づけ의 付句(5・7・5)가 독립한 것이다.

② 『誹風柳多留』: 柄井川柳가 고른 句를 呉陵軒可有가 편집하여 간행한 작품집이다. 당시에 호평을 받아 속편이 간행되면서 창시자인 柄井川柳의 이름을 따서 川柳라고 부르게 되었다.

③ 俳諧의 発句(俳句)와는 달리 季題나 切れ字(句를 마무리짓거나 독립시키기 위해 句의 중간이나 끝에서 끊어주는 역할을 하는 글자로 や, か, な 등이 쓰였다.) 등의 제약이 없고 세태나 눈에 보이지 않는 人情의 미묘한 움직임 등을 포착하여 해학적으로 표현하였다. 웃음이나 풍자, うがち(江戸後期의 文芸理念으로 숨겨진 사실이나 눈에 보이지 않는 人情의 미묘한 움직임을 일부러 폭로하는 것. 川柳나 黄表紙 등에서 찾아볼 수 있다.)를 내포한 川柳의 특징이 경쾌함을 좋아하는 江戸町人의 기질과 잘 맞아떨어지면서 널리 보급되었다.

memo

A Plus⁺ 短歌・俳句・川柳　1997 기출　2021.A 기출

	短歌	俳句	川柳
形式	5・7・5・7・7の31文字で構成される和歌の一形式。	5・7・5の17文字で世界最短の定型詩とも言われる。	5・7・5の17文字。主に口語表現が使われる。
歴史	古事記(712年)に短歌の形式がみられ、万葉集(759年)にも作品が残されている。 奈良時代(710~794年)には一般庶民も短歌を楽しむようになる。	5・7・5の17文字で流行した連歌が発展し、連歌の遊戯性と庶民性を高めたもの。 江戸時代に松尾芭蕉によって俳諧の芸術性が高くなり、俳句の源流となるものが確定。 明治時代には正岡子規によって近代文芸としての俳句が成立。	＜前句づけ＞から由来。江戸時代に柄井川柳が呉陵軒可有とともに『誹風柳多留』という歌集を刊行し、人気を集める。これ以降、俳句の決まりを取り入れず5・7・5で構成されたものを「川柳」と呼ぶようになった。
主な題材	家族や恋人への感情を歌ったものが多く、自分の身のまわりのことを素材にしたものが中心。	題材としては、季節や自然を題材にしたものが中心で季節や自然に対する観賞が主題。(季語を入れるのが決まり)	誰にでもわかりやすいもの、滑稽・社会風刺のものが中心。俳諧から派生したものであるが、切れ字や季語を入れないといけないという決まりはなく、字余りや駄洒落も見られ、ことば遊びの要素も多い。(サラリーマン川柳、シルバー川柳)
例	「君と見て一期の別れする時も ダリヤは紅しダリヤは紅し」〔北原白秋〕 「「この味がいいね」と君が言ったから 七月六日はサラダ記念日」〔俵万智〕 2008 기출	「古池や蛙飛び込む水の音」〔松尾芭蕉〕 1997 기출 「やせ蛙 負けるな一茶 これに有り」〔小林一茶〕 2021.A 기출 「春や昔 十五万石の 城下かな」〔正岡子規〕	「役人の 子はにぎにぎを よく覚え」 1997 기출 2021.A 기출 「孝行の したい自分に 親はなし」 「寝ていても 団扇のうご＜ 親心」

(4) 狂歌

狂歌란 狂体의 和歌라는 뜻이다. 형식은 短歌와 같지만 俗語를 사용하여 재치 있고 해학적 분위기를 도입한 일종의 遊びの文学이다. 역사는 오래되었으나 近世에서야 크게 유행했다. 18세기 전반에 大阪를 중심으로 유행한 狂歌를 上方狂歌라고 하는데 이 시기에는 和歌를 흉내내면서 약간 바꾸는 정도에 그치는 작품이 대부분이었다. 그 후 18세기 중엽부터 무사나 학자를 중심으로 江戸狂歌가 유행하게 되었고 天明期(1781~1788)에 전성기를 맞았기 때문에 天明調狂歌라고 불리기도 했다. 19세기 초의 文化・文政期에도 狂歌는 계속 유행했으나 質的 수준은 낮아졌다.

(5) 漢学

江戸幕府는 봉건 제도의 정신적 지주로서 儒学을 도입하였는데 특히 신분 질서와 예절을 중시하는 朱子学를 官学으로 채택했다. 그리고 전국 각지의 藩에서도 朱子学의 진흥을 도모했으므로 儒学은 번성하였고 新井白石나 室鳩巣를 비롯한 뛰어난 학자가 배출되었다. 하지만 陽明学를 신봉하였던 中江藤樹와 그의 제자인 熊沢蕃山은 朱子学에 비판적 입장을 취했다. 또한 古学派는 공자와 맹자의 가르침으로 돌아가자는 주장을 하였고 18세기 중반에는 여러 학파의 장점만을 절충한 折衷学派도 나타났다.

(6) 漢詩文

近世는 일본의 漢詩文이 가장 번성했던 時代이다. 초기에는 유학자들이 취미로 漢詩를 지었는데 享保期(1716~1736)가 되자 荻生徂徠가 漢詩文 제작에 힘을 쏟으면서 漢詩文이 크게 유행하였다. 江戸 후기에도 유학자의 문필 활동은 점점 활발해져 漢詩文은 서민들에게도 확산되었다.

4 전공일본어

memo

3 수필(随筆)

近世의 수필은 시대를 반영하는 다양한 작품이 많다. 특히 国学者나 漢学者의 작품이 많으며 뛰어난 개성을 보이고 있다.

(1)『折たく柴の記』

6대 将軍 家宣의 신하로 일했던 新井白石가 일생을 회상한 자전적 수필로 자신의 경험이나 생각을 중심으로 幕府 정치의 내부 사정과 무사의 생활 등을 서술하였다. 평이한 和漢混交文을 사용한 명쾌하고 설득력 넘치는 작품이다.

(2)『駿台雑話』

朱子学의 학자이면서 막부 정치에 참여하기도 했던 室鳩巣가 자신의 견문에 비춰 도의와 학문을 권한 교훈적 수필로 작자의 독실한 성격이 엿보인다. 1750年에 출간되었다.

(3)『玉勝間』

1795年에서 1812年에 걸쳐 출간되었으며, 국학을 대성한 本居宣長의 수필이다. 古道・文学・言語・有職故実 2011 기출 (古来の先例に基づいた、朝廷や公家、武家の行事や法令・制度・風俗・習慣・官職・儀式・装束などのこと) 등, 다양한 내용을 1천 항목에 걸쳐 擬古文으로 기술하였다. 宣長의 인생관과 문학관, 진지한 연구 태도 등을 엿볼 수 있는 학문적 수필의 걸작이다. 本居宣長는 국학에 대한 입문서 수필인『うひやまぶみ』도 저술하였다.

(4)『花月草紙』

1818年에 쓰여진 松平定信의 수필이다. 꽃이나 달과 같은 자연에서부터 정치와 경제, 학문과 遊芸에 이르는 견문과 감상을 156章에 걸쳐 擬古文으로 기술했다. 교훈적 경향이 강하지만 높은 교양을 배경으로 한 날카로운 비판도 보이는 근세 수필의 걸작이다.

(5)『うけらが花』

1802~1808年에 출간된 수필로 国学者이자 歌人인 加藤千蔭가 자신의 歌와 수필을 모아서 간행한 優美한 歌文集이다.

(6)『琴後集』

賀茂真淵의 제자였던 村田春海의 歌文集이다.

4 극문학(劇文学)

(1) 浄瑠璃(じょうるり)

① 浄瑠璃의 성립과 발전

㉠ **성립기** : 중세 후기의 語り物였던 浄瑠璃節(じょうるりぶし)에 三味線(しゃみせん)의 반주가 더해지고 여기에 人形
あやつり가 결합되면서 근세 초기에 人形浄瑠璃가 탄생하였다.

㉡ **전성기**

ⓐ 17세기 후반에, 竹本義太夫(たけもとぎだゆう)가 大阪에 竹本座(たけもとざ)를 만들고 전속 작가로 近松門左衛門(ちかまつもんざえもん)을 영입하였다.

ⓑ 浄瑠璃 약진의 계기를 만든 작품은 1685年에 흥행했던 『出世景清(しゅっせかげきよ)』인데, 이를 기준
으로 그 이전을 古浄瑠璃, 그 이후를 新浄瑠璃라고 부른다. 近松는 義太夫를 위해
계속 新作을 써서 時代物(じだいもの)나 世話物(せわもの)의 수많은 걸작을 남겼다.

ⓒ 이후, 豊竹若太夫(とよたけわかだゆう)가 大阪에 豊竹座(とよたけざ)를 열고 작가로 紀海音(きのかいおん)을 영입한 후부터 竹本
座와 豊竹座의 경쟁으로 脚本뿐 아니라 人形이나 装置 등도 나날이 발전하게 되면
서 浄瑠璃는 이 시기에 歌舞伎를 압도하는 인기를 누리게 된다.

㉢ **쇠퇴기** : 18세기 중반, 인간성 묘사보다 무대 효과만을 지나치게 중시한 결과 浄瑠璃는
쇠퇴하게 되고 歌舞伎에 그 자리를 넘겨주게 되었다.

② 近松門左衛門(ちかまつもんざえもん)(1653~1724)

㉠ **개요** : 무사 가문 출신으로 京都로 상경한 후 작가가 되었다. 元禄 말년까지 주로 坂田(さかた)
藤十郎(とうじゅうろう)를 위해 歌舞伎 대본을 집필했지만 1705年 竹本座의 전속 작가가 된 후에는 많
은 浄瑠璃 각본을 탄생시켰다. 운문적 요소가 가미된 서정적이고 아름다운 문체가 일품
이다. 유학자인 穂積以貫(ほづみいかん)은 『難波土産(なにわみやげ)』에서 「虚実皮膜論(きょじつひまくろん)」을 통해 近松의 演劇観을
설명하였다.

㉡ **작품** [2007 기출]

ⓐ **時代物** : 역사상의 사건이나 전설에서 題材를 가져온 것으로 忠義의 정신을 변화무
쌍한 스토리로 묘사했다. 『出世景清(しゅっせかげきよ)』『国性爺合戦(こくせんやかっせん)』이 대표작이다.

ⓑ **世話物** : 실제로 일어났던 사건을 각색한 현대물로 義理와 人情의 갈등으로 고민하
는 町人의 모습을 그려 사람들에게 감동을 주었다. 『曾根崎心中(そねざきしんじゅう)』『冥途の飛脚(めいどのひきゃく)』『心
中天網島(じゅうてんのあみじま)』『女 殺 油 地獄(おんなころしあぶらのじごく)』등의 작품이 유명하다.

memo

◉「虚実皮膜論」: 虚와 実의
미묘한 사이에 예술이 있으며,
허구의 설정에 의해 진실을 표
현한다고 하는 近松의 연극
관

memo

A Plus⁺   **浄瑠璃 용어**

1 **人形遣い**<ruby>にんぎょうつか</ruby> : 인형 조종자

2 **黒衣**<ruby>くろご</ruby> : 인형 조종자들이 입고 있는 검은색 옷(**歌舞伎**에서는 무대 위에서 배우의 시중을 드는 사람을 의미하기도 한다.)

3 **出遣い**<ruby>でづか</ruby> : 인형 조종자가 얼굴을 감추지 않고 드러낸 상태에서 인형을 조종하는 연출법

4 **道行**<ruby>みちゆき</ruby> : 일본 문학과 예능의 특징적인 장면 묘사로, 장소를 옮겨가는 과정의 행로를 통해 주인공의 감정을 극대화시켜 묘사하는 방법

5 **心中**<ruby>しんじゅう</ruby> : 남녀 두 사람이 동반자살하는 **情死**를 가리키는 말이었으나, 의미가 확대되어 부모와 자식이 함께 자살하는 **親子心中**, 가족 모두가 함께 자살하는 **一家心中**라는 말도 쓰이게 됨.

(2) 歌舞伎<ruby>かぶき</ruby>   2006 기출

歌舞伎는 남들과 다른 이상한 행동을 한다는 뜻을 가진 동사「傾く」<ruby>かぶ</ruby>가 명사화된 것으로서 보통과는 다른 옷차림이나 행동을 하는 것을 말하는데 근세를 대표하는 극예술로 탄생하여 현재에 이르고 있다. 2009年에 유네스코 無形文化遺産으로 등록되었다.

① **歌舞伎의 성립** : 1603年에 出雲大社<ruby>いずもたいしゃ</ruby>의 巫女 阿国<ruby>おくに</ruby>가 京都에서 가슴에 십자가를 늘어뜨리고 허리에 표주박(瓢箪)을 매단 모습을 하고 춤을 추었는데 그 이상한 춤을「かぶき踊り」라고 불렀다. 이러한 阿国歌舞伎<ruby>おくにかぶき</ruby>에 자극을 받아 각지에서 女歌舞伎<ruby>おんな</ruby>가 대대적으로 유행했으나, 풍기 문란을 이유로 1629年에 금지되면서 여성은 歌舞伎에서 모습을 감추게 되었다. 이후, 미소년을 중심으로 하는 若衆歌舞伎<ruby>わかしゅう</ruby>가 유행하였으나 이 역시 같은 이유로 금지되면서 결국 성인 남자만 출연하는 野郎歌舞伎<ruby>やろう</ruby>가 탄생하게 된다. 그 후 더 이상 외양적인 매력으로는 인기를 끌 수 없게 된 歌舞伎는 대사와 연기를 중시하게 되어 수준 높은 연극으로 발전해 갔다.

② **歌舞伎의 발전** : 17세기 말 元禄期에 歌舞伎는 크게 발달하여 상설 극장도 설치되고 인기 役者도 속출하게 되었다. 上方에서는 坂田藤十郎<ruby>さかた とうじゅうろう</ruby>가 和事<ruby>わごと</ruby>(歌舞伎에서 남녀의 연애와 같은 장면의 사실적 연기 및 연출)라는 사실적인 연기를 선보였고 近松門左衛門이 작가로 활약하였다. 한편 江戸에서는 초대 市川団十郎<ruby>いちかわだんじゅうろう</ruby>가 직접 대본을 쓴『参会名護屋』<ruby>さんかい な ご や</ruby>에서 荒事<ruby>あらごと</ruby>(歌舞伎에서 무사, 귀신 등 호쾌하고 거친 남성적 연기 및 연출) 연극을 창시해서 인기를 떨쳤다.

18세기 후반이 되자 浄瑠璃의 쇠퇴와 함께 歌舞伎의 인기가 높아지게 되었는데 특히 並木正三<ruby>なみ き しょうぞう</ruby>는 무대 장치를 개량하고 뛰어난 대본을 집필하는 한편 浄瑠璃의 기교를 도입하여 歌舞伎 융성에 큰 역할을 하였다. 또한 正三의 門下인 奈河亀助<ruby>な がわかめすけ</ruby>는『伽羅先代萩』<ruby>めいぼくせんだいはぎ</ruby>를, 並木五瓶<ruby>なみ き ご へい</ruby>는『金門五山桐』<ruby>きんもん ご さんのきり</ruby> 등의 명작을 남겼다.

③ **江戸歌舞伎**의 집대성 : 19세기 文化·文政期에 歌舞伎의 중심은 江戸로 이동한다. 이 시기의 대표적인 작가는 鶴屋南北(つるやなんぼく)이다.

그의 작품은 특히 사실적 경향이 강하다고 하여 生世話(きぜわ)라고 불리는데 『東海道四谷怪談(とうかいどうよつやかいだん)』과 같은 怪談物에 뛰어났다. 南北의 사후에 江戸歌舞伎를 집대성한 사람은 河竹黙阿弥(かわたけもくあみ)이다. 그는 특히 盗賊를 주인공으로 하는 白浪物(しらなみもの)에 남다른 재능을 보였으며 『三人吉三廓 初買(さんにんきちさくるわのはつがい)』나 『青砥稿花紅彩画(あおとぞうしはなのにしきえ)』와 같은 작품을 남겼다.

日本中世・近世の小説作品まとめ				
時代	ジャンル	特徴	作品名	作者
室町時代 中世	御伽草子(おとぎぞうし)	平安時代の物語文学から仮名草子(かなぞうし)に続くもので、空想的・教訓的な童話風の作品が多い。	『一寸法師』 『浦島太郎』 『鉢かつぎ』 『酒呑童子(しゅてんどうじ)』 『ものくさ太郎』など	作者未詳
江戸時代 近世	仮名草子 ⇊ 浮世草子 草双紙	中世の御伽草子が発展したもので、啓蒙のために知識人によって、わかりやすい仮名で書かれている。	『伊曾保物語(いそほ)』… 日本最初の翻訳本	作者未詳
			『浮世物語』	浅井了意(あさいりょうい)
			『竹斎(ちくさい)』	富山道冶(とみやまどうや)
	浮世草子(うきよぞうし) ⇩ 読本	仮名草子の流れで、町人が書き手で、大阪中心の町人の文学。西鶴の死後、江島其磧(えじまきせき)の『世間子息気質(せけんむすこかたぎ)』など、京都の八文字屋(はちもんじや)で出版されたものは特に「八文字屋本(はちもんじやぼん)」と呼び、18世紀中頃まで上方で刊行された。	好色物 『好色一代男(こうしょくいちだいおとこ)』	井原西鶴(いはらさいかく)
			町人物 『世間胸算用(せけんむなざんよう)』 『日本永代蔵(にっぽんえいたいぐら)』	
			武家物 『武道伝来記(ぶどうでんらいき)』	
			雑話物 説話に取材した作品 『西鶴諸国ばなし』	

○ 御伽草子 : 室町時代から江戸初期にかけて作られた短編の童話風物語の総称

memo

時代	ジャンル	特徴	作品名		作者
江戸時代 近世	読本 (よみほん)	浮世草子の流れで、伝奇的でファンタジーな内容が多い。	前期	『雨月物語(うげつ)』	上田秋成 (うえ だ あきなり)
			後期	『南総里見八犬伝(なんそうさとみ はっけんでん)』	滝沢馬琴 (たきざわ ば きん)
	草双紙 (くさ ぞう し)	仮名草子の流れ	赤本(あかほん)(子供向け)		滝沢馬琴
			黒本(くろほん)・青本(あおほん) (青少年向け)		
			黄表紙(き びょう し)(成人物)	『金々先生栄華夢(きんきんせんせいえいがのゆめ)』 『江戸生艶気樺焼(え ど うまれうわきの かばやき)』	恋川春町(こいかわはるまち) 山東京伝(さんとうきょうでん)
			合巻(ごうかん)：寛政(かんせい)の改革(1787~1793)以降、黄表紙を何冊とじ合わせたもの	『偐紫 田舎源氏(にせむらさき いなか げん じ)』	柳亭種彦(りゅうていたねひこ)
	洒落本 (しゃ れ ぼん)	浮世草子の流れ	黄表紙と同じタイプ(男女の会話で構成)	『通言総籬(つうげんそうまがき)』 『傾城買四十八手(けいせいかい し じゅう はって)』	山東京伝(さんとうきょうでん)
	滑稽本 (こっけいぼん)	洒落本の流れ	寛政(かんせい)の改革以降、庶民の日常生活を描く。	『東海道中膝栗毛(ちゅうひざくり げ)』	十返舎一九(じっぺんしゃ いっ く)
	人情本 (にんじょうぼん)		寛政(かんせい)の改革以降、普通の恋愛を描く。	『春色梅児誉美(しゅんしょくうめ ご よ み)』	為永春水(ためながしゅんすい)

5 근대/현대문학 (近現代文学)

I 개관

1 시대적 배경

1868年부터 현재에 이르기까지의 1세기 남짓을 近現代라고 부른다(明治 · 大正 · 昭和 · 平成 · 令和의 5대).

德川幕府의 봉건제도는 폐지되었고 새로 들어선 明治 신정부는 신분 제도의 폐지, 廃藩置県, 学制의 発布, 태양력 채택 등 새로운 체제 확립을 위해 노력했다. 그러나 근대화를 서두른 나머지, 급속한 서구화 정책과 부국강병정책을 취하게 되면서 이에 대한 반발로 自由民権運動(일본에서 1870년대 후반부터 1880년대에 걸쳐 민주주의적 개혁을 요구하며 일어난 범국민적인 정치운동)과 国粋主義가 대두하기도 하였다.

清日(1894~1895)전쟁과 露日(1904~1905)전쟁을 거치면서 자본주의의 발전에 힘입어 국력은 신장되었으나 제1차 세계대전 후의 불황과 関東대지진으로 인해 노동자와 농민의 생활은 궁핍해지고 이에 따라 사회 운동과 노동 운동이 일어나게 되었다.

昭和期에 이르러 정치적으로 軍国主義化가 진행되고 中日전쟁을 거쳐 太平洋戦争으로 돌입하였으나 전쟁은 패배로 끝난다. 심한 타격을 입은 일본 경제는 그 후 한국전쟁을 계기로 다시 일어나 経済大国이라 불리는 工業国으로 성장했다.

memo

● 일본의 연호 읽기 :
[(서기 연도 - 원년) + 1]
明治元年 = 1868年
大正元年 = 1912年
昭和元年 = 1926年
平成元年 = 1989年
令和元年 = 2019年

memo

2 메이지(明治) 시대

(1) 과도기

明治時代 前半 20년간은 近世에서 近代로 넘어가는 과도기에 해당한다. 처음에는 江戸 말기의 戱作문학이나 전통적인 詩歌의 흐름을 잇는 과도기적인 작품이 대부분이었지만 開国 이후에 들어온 서양 사상과 문화의 영향을 받아 일본 문학에도 근대화가 일어나기 시작했다. 먼저 「文学」이라는 말의 의미가 言語芸術을 가리키는 近代的 개념으로 변화하였고 自由民権運動 2007 기출 2009 기출 으로 촉발된 政治小説의 유행을 통하여 문학은 지식인이 담당해야 할 일이라는 인식이 생겼는데 坪内逍遙 등은 이러한 사상의 이론화를 시도하였다. 한편, 학교 교육과 인쇄술 및 매스컴의 발달에 의해 독자층이 비약적으로 확대되었다.

(2) 明治10年代까지(1868~1877年)

① **新体詩** 운동 : 서양 문학의 번역이나 政治小説의 유행을 배경으로 새로운 詩 형태를 추구했다.

② **写実主義** 제창 : 이전 시대의 문학관을 배제하고 世態나 人情에 대한 写実적인 묘사를 주장했다.

③ **言文一致**의 실천 : 二葉亭四迷, 山田美妙, 尾崎紅葉 등에 의해 言文一致 운동이 전개되었다.

(3) 明治20年代(1878年~)

① **浪漫主義** : 봉건적 도덕에서 벗어나 인간의 해방을 찾았다.

② **擬古典主義** 운동 : 극단적인 서구화에 대한 반성적 입장에서 문학 활동을 전개하였다.

③ **浪漫詩**의 유행 : 浪漫主義 풍조가 고양되었다.

④ **万葉調**의 **新風** 수립 : 短歌나 俳句의 세계에서도 시대의 영향을 받았다.

⑤ **観念小説/深刻小説** : 明治20年代 후반, 청일전쟁 이후의 半封建的 사회의 모순을 지적했다.

⑥ **自然主義運動** : 러일전쟁 후 자본주의의 급격한 발전으로 생겨난 사회 모순을 직시하는 가운데 프랑스 자연주의 운동이 일본에도 영향을 미쳤다.

⑦ 독자적 **自然主義** 문학 운동 : 적나라한 自我의 告白을 통해 인생을 묘사하는 풍조가 생겨났다.

⑧ **口語自由詩** 운동의 전개 : 文語詩의 전통을 깨뜨리는 口語自由詩 운동이 전개되었다.

3 다이쇼(大正) 시대

1912年부터 시작된 大正時代는 민주주의를 배경으로 개성의 존중과 자유의 개화를 근본정신으로 삼았던 시기이다.

(1) 反自然主義

① 高踏派·余裕派：森鷗外, 夏目漱石

明治 말기부터 나타난 문예사조로 精神性을 중시했으며 서양 문화에 대한 教養을 바탕으로 윤리적이고 지성적인 개인주의 문학을 중시했다. 지나치게 본능을 중시하는 自然主義에 불만을 품었던 젊은 세대에게 큰 영향을 주었다.

② 耽美派：永井荷風, 谷崎潤一郎

인생의 어두운 면을 그리는 自然主義와 달리 감각이나 감정의 자유로운 흐름에 따라 예술 지상주의적 입장에서 자아의 해결을 찾고자 했다.

③ 白樺派：武者小路実篤, 志賀直哉, 有島武郎, 里見弴, 長与善郎, 倉田百三

잡지 『白樺』를 중심으로 제1차 세계대전 후 개성적 자아와 인간성 긍정을 주장하는 人道主義 입장에 따라 활동했다. 이상주의적인 경향을 추구하며 문학뿐 아니라 예술 일반에 관심을 가졌다.

(2) 口語自由詩運動

민중이 詩를 친숙하게 여길 수 있도록 평이한 口語로 시를 쓰는 운동이 활발히 전개되었다.

(3) 新現実主義

잡지 『新思潮』를 중심으로 활동했으며 제1차 세계대전 후 사회 정세가 변화하는 가운데 白樺派의 이상주의에 대한 비판으로 현실을 응시하고 그 안에 있는 인간성이나 인간 심리를 理知的으로 분석하려고 했다.

4 쇼와(昭和) 시대

(1) 전통의 타파

① 두 종류의 新興文学

㉠ **プロレタリア文学** : 제1차 세계대전의 사회적 불안 속에서 자본가와 대립하는 노동자의 삶을 표현했다. 그러나 「民衆」에 대한 인식이 현실과는 달랐던 데다가 정치적 식견의 차이에 의해 분열되던 가운데 정부의 탄압에 의해 붕괴되었다.

㉡ **芸術派(新感覚派)** : プロレタリア文学에 대한 반발로 지적이며 감각적인 표현으로 문체의 혁신을 꾀했던 新感覚派를 중심으로 新興芸術運動이 일어났으나 표현 형식의 존중에 의한 인간성의 상실로 인해 쇠퇴했다.

② 転向 작가 출현 및 既成 작가의 활동으로 한때 문예 부흥의 양상이 나타났으나 파시즘의 대두로 언론 통제가 심해지면서 국가 정책을 따를 수밖에 없게 되어 문학의 공백 시대가 도래하게 된다.

(2) 전후 문학, 다양화의 길

① 제2차 세계대전이 끝난 후부터 잡지 『近代文学』를 중심으로 戦後派가, 그리고 잡지 『新日本文学』를 중심으로 민주주의 문학 쪽 사람들이 활약하게 되었다. 또한 新戯作派는 反俗精神을 보이며 전후의 혼란한 세상을 風俗小説로 묘사했다.

② 昭和30年代(1955年~)부터 「第三の新人」들이 등장하였고 저널리즘의 거대화에 따른 中間小説의 출현으로 독자층이 확대되었다. 그 후 풍요롭고 복잡한 사회 속에서 자기 존재의 의미를 찾으려 했던 「内向の世代」 작가들과 전후 태생의 작가들이 등장하여 활동하기 시작했다.

Ⅱ 주요 문예 사조와 작가·작품

1 소설(小説) 및 평론(評論)

啓蒙期(明治初~明治20年)

> **개요** : 서양 열강에 대항할 수 있는 국가 확립을 위해 서양 문명의 급속한 도입에 힘썼다. 문학은 근세의 戯作文学이 그대로 남아 있었으나 문명개화의 분위기에 따라 서양 문물을 소개하는 翻訳小説이 나타났고 自由民権運動의 영향으로 政治小説이 탄생하게 되었다.
>
> **문학사적 의의** : 번역 소설이나 정치 소설은 문명 개화와 정치적 계몽이 목적이었으며 당시 문학에 새로운 바람을 불어넣었다.

(1) 戯作文学 `2010 기출`

① 근대 소설(草双紙, 滑稽本, 人情本 등)의 계통을 잇는 문학으로 권선징악 중심의 흥미 위주 문학으로부터 탈피하지 못했다.

② 주요 작품 : 仮名垣魯文『西洋道中膝栗毛』, 『安愚楽鍋』(새로운 시대를 풍자한 작품이다)

(2) 啓蒙期의 評論

① 明治6年(1873)에 결성된 明六社는 기관지『明六雑誌』를 통해 계몽적 의식의 고양을 호소하여 청년들과 지식인들에게 큰 영향을 주었다.

② 주요 작품 : 福沢諭吉『学問ノスヽメ』 `2003 기출` 『文明論之概略』, 中村敬宇 訳書『西国立志編』

(3) 翻訳小説

① 서양의 정치와 사상 및 풍속을 소개하기 위한 것으로 처음에는 계몽적 성격이 강했으나 점차 문학성도 띠게 되었다.

② 주요 작품 : 織田純一郎 訳書『花柳春話』, 川島忠之助 訳書『八十日間世界一周』

(4) 政治小説 `2009 기출`

① 自由民権運動의 정치적 계몽·선전을 목적으로 전개되었으며 戯作文学와는 다른 새로운 방향성을 보이면서 근대 소설 성립의 계기를 마련했다.

② 주요 작품 : 矢野龍渓『経国美談』, 東海散士『佳人之奇遇』

5 전공일본어

写実主義（明治20年代） 1999 기출 2007 기출 2009 기출

> 19세기 프랑스의 작가 발자크 등에 의해 수립된 문학 운동으로 주관을 섞지 않고 현실을 있는 그대로 묘사할 것을 주장했다. 일본에서는 **坪内逍遥**가 기존의 **戯作文学**에 대항하기 위하여 제창하였다.

(1) 坪内逍遥(1859~1935)

① 일본 최초의 소설론『小説神髄』를 발표하여 문학의 독자성을 주장하고 소설에서는 있는 그대로의 인간 심리 분석을 중시해야 한다는 写実主義를 제창하였다.

②『小説神髄』: 서양의 근대문학을 바탕으로 한 소설론으로 권선징악주의를 배제하고 문학의 독자성을 주장했다. 写実的 묘사를 중시했으며 소설에 시민권을 부여한 획기적인 논문으로 이후 자연주의 문학에까지 영향을 주었다.

(2) 二葉亭四迷(1864~1909) 2003 기출 2004 기출 2011 기출

① 逍遙의 주장에 공감하며『小説総論』을 발표하여 写実主義 주장의 근거와 목적을 분명히 밝히고 여기서 주장한 이론을 소설『浮雲』를 통해 구체화하였다.

②『浮雲』 2003 기출 2011 기출 : 근대적 자아를 자각하고 봉건적 체제 속에서 고민하는 청년의 모습을 그렸다. 내면적 고뇌를 추구한 심리묘사와 최초의 言文一致 문체로 근대문학의 선구가 되었다.

③『あひゞき』,『めぐりあひ』: 러시아 번역 소설로 한층 더 세련된 언문일치를 선보였다.

● 言文一致体실천의 흐름
二葉亭四迷는 「だ調」, 山田美妙는 「です調」, 尾崎紅葉는 「である調」를 쓰기 시작했다. 이후 言文一致는 正岡子規의 写生文 운동을 거쳐 자연주의 문학에서 어느 정도 확립된 후 白樺派에 의해 완성되었다.

擬古典主義（明治20年代） 2007 기출

> 급진적인 서구화 열풍에 대항하는 움직임으로 일본 고전 문학을 재평가하고자 했다. 逍遙의 **写実主義**를 표현 기술로 계승하면서도 **江戸** 문학을 모방하였다. 일본 최초의 문학 **結社** 단체인 **「硯友社」** 2024.B 기출 를 결성하여 **機関誌**『我楽多文庫』를 발간하고 사실적 경향의 작품으로 호응을 얻으며 문단의 중심 세력이 되었다. 자연주의 문학으로 이행되는 과도기에 나온 흐름이다.

(1) 尾崎紅葉(1867~1903) 2011 기출 2019.B 기출

① 硯友社의 중심 작가이며 西鶴의 문체에서 배운 雅俗折衷体로 쓴『二人比丘尼色懺悔』로 등단했다.

②『多情多恨』에서 「である調」의 言文一致体를 완성시켰으며『金色夜叉』 2011 기출 에서는 雅俗折衷体에 서양 문맥을 접목시킨 美文調의 문체가 큰 호응을 얻었다.

(2) 幸田露伴(1867~1947)

① 漢学의 교양을 살려서 儒教的이고 武士道的이며 仏教的 체념관이 깃든 작품을 남겼다.

② 출세작인 『風流仏』는 연애지상주의와 芸道에 대한 동경을 몽상적으로 융합시킨 초현실적 세계를 그린 작품이다. 그리고 『一口剣』에서는 芸道에 정진하는 이상적인 남성의 모습을 그렸다.

③ 대표작은 인간 의지의 강인함을 믿는 작가의 이상주의와 예술의 영원성을 그린 『五重塔』이다.

(3) 樋口一葉(1872~1896) [2011 기출]

① 明治時代 여류 문학의 일인자로 『うもれ木』를 발표하면서 明治20年代를 대표하는 작가로 부상하였다.

② 『にごりえ』와 『十三夜』에서는 写実性을 높여 가난하고 학대받는 여성의 분노와 슬픔을 그렸다.

③ 대표작은 사춘기 소년소녀의 미묘한 심리를 叙情性과 애련함(あわれみ)을 섞어서 묘사한 『たけくらべ』 [2011 기출] [2022.A 기출] 로, 森鷗外나 幸田露伴에게 매우 높은 평가를 받았다.

浪漫主義(明治20年代) [2007 기출] [2010 기출]

> 写実主義가 전개되었던 明治20年代에 浪漫主義 운동도 일어났다. 봉건적 윤리에서 벗어나 자아를 깨닫고 내면적 진실을 존중하는 운동으로, 독일 유학 후에 귀국한 森鷗外나 北村透谷를 중심으로 활동한 『文学界』 동인들에 의해 추진되었다.

(1) 森鷗外(1862~1922) [2011 기출]

① 독일 유학에서 돌아온 森鷗外는 文芸雑誌 『しがらみ草紙』를 거점으로 예술 계몽 활동을 전개하면서 ドイツ土産三部作으로 불리는 『舞姫』 [2011 기출], 『うたかたの記』, 『文づかひ』를 발표하였다. 이 중 『舞姫』는 서양의 자유로운 분위기에 접하며 자아에 눈을 뜬 청년의 고뇌를 그려 주목을 받았다.

② 번역에도 힘을 쏟았는데 안데르센 원작을 번역한 『即興詩人』으로 절찬을 받았다.

③ 逍遙와 주고받은 문학적 논쟁 「没理想論争」는 예술 이론에 대한 중요성을 부각시켰다.

(2) 『文学界』와 北村透谷(1868~1894) [2010 기출]

① 明治26年(1893), 당시 문학의 흐름을 지배하던 硯友社(擬古典主義)의 半封建的인 문학에 대항하여 北村透谷와 島崎藤村 등에 의해 文芸雑誌 『文学界』가 창간되었다. 『文学界』 동인들은 기독교적 인간관의 영향을 받아 인간성의 해방과 예술의 절대적 가치를 주장했다.

memo

◎ 尾崎紅葉와 幸田露伴이 활약한 이 시대를 紅露時代라고 한다.

② 北村透谷는 『文学界』의 사상적 지주로 『人生に相渉るとは何の謂ぞ』, 『内部生命論』 등의 평론을 써서 자아 확립과 생명감의 충실, 그리고 연애 찬미를 외치면서 일본 낭만주의 운동의 선구자로서 활약했다.

(3) 高山樗牛(1871~1902)

① 낭만적 역사소설 『滝口入道』로 등단하여 국가주의 사상이 높아지는 분위기 속에서 「日本主義」를 외쳤다.

② 니체에 대해 알게 된 후부터 극단적 개인주의를 주장했으며 『美的生活を論ず』에서는 본능 충족이 인생 최대의 목적이라고 주장하였다.

(4) 徳冨蘆花(1868~1927)

① 기독교 신자이자 자유주의자로, 봉건적인 가족제도의 불합리를 지적했다. 봉건적 가족제도에 희생당하는 개인을 묘사한 작품 『不如帰』가 출세작이다.

② 그 밖에 낭만적인 참신한 자연을 묘사한 『自然と人生』와 자전적(自伝的) 소설인 『思出の記』가 있다.

(5) 国木田独歩(1871~1908) 2005 기출

① 서정시인으로 예전의 武蔵野의 정경이 남아 있는 도쿄 근교의 풍물을 산문시처럼 그려 낸 叙情的 작품 『武蔵野』 2005 기출 는 그의 자연관과 인생관을 보여주는 대표작이다. 그 밖에 『忘れえぬ人々』, 『牛肉と馬鈴薯』, 『運命論者』에서 서정시인다운 자질을 보여주었다.

② 晩年에는 점차로 인간의 운명을 응시하는 자연주의적 경향을 보였다.

(6) 観念小説/深刻小説

① **観念小説** 2012 기출 : 청일전쟁 후 급속한 자본주의의 발전으로 인한 사회 불안 속에서 사회적 문제의식을 드러낸 소설이다. 사회의 不合理에 대한 작가의 관념을 노골적으로 나타냈는데 明治30년경에는 사라진다.

② **泉鏡花** : 尾崎紅葉의 문하생 출신으로 대표적인 관념소설 『夜行巡査』를 썼고 『照葉狂言』, 『高野聖』, 『歌行燈』 등에서는 낭만적 作風을 보이면서 神秘的이고 幻想的인 미적 세계를 구축하였다.

③ **深刻小説** : 明治28~29年경에 유행하였으며 주로 죽음이나 병고(病苦)와 같은 같은 인생의 어두운 면을 그린 소설로 悲惨小説라고도 한다. 広津柳浪의 『黒蜥蝪』, 『変目伝』 등이 있다.

自然主義(しぜんしゅぎ)(明治39年~末) [1999 기출] [2000 기출] [2018.B 기출]

자연주의 운동은 19세기 후반 프랑스 소설가 에밀 졸라를 중심으로 일어난 문학 운동으로 **写実主義**를 계승하여 과학적인 정신에 바탕을 두고 보다 실증적인 입장에서 체계적으로 사실을 묘사함으로써 사회 병폐를 폭로하려 한 문학 운동이다. **明治30年代** 중반에 일본에 전파되어 **小杉天外(こすぎてんがい)**의 『はやり唄(うた)』, **永井荷風(ながいかふう)**의 『地獄(じごく)の花』가 발표되었으나 제대로 정착하지 못했다. 이후 **島崎藤村(しまざきとうそん)**이 발표한 『破戒(はかい)』로 자연주의 문학의 새 시대가 열렸고 이듬해인 1907年에 **田山花袋(たやまかたい)**의 『蒲団(ふとん)』이 발표된 후에 일본의 자연주의 문학이 성립되었다. 그러나 일본의 자연주의 문학은 유럽과 달리 작가 주위에서 **題材**를 얻는 **事実偏重**과 고백성을 특징으로 하는 문학으로 발전하였는데 이러한 방식은 **大正期**의 **私小説** 및 **心境小説** [2025.B 기출]로 이어지게 된다.

(1) 주요 작가와 작품
① **島崎藤村(しまざきとうそん)**(1872~1943) [2007 기출] [2010 기출] [2025.B 기출]
  ㉠ 『文学界』의 동인으로 『若菜集(わかなしゅう)』 등의 참신한 시집을 발표한 낭만주의적 서정시인이었으나 明治30年代 이후에는 『千曲川(ちくまがわ)のスケッチ』 [2010 기출]로 완성되는 산문을 통해 새로운 표현 방법을 모색하였다. 사회 소설적 측면과 자기 고백 소설적 측면을 겸비한 작품인 『破戒(はかい)』(明治39) [2018.B 기출] [2025.B 기출]를 발표하여 일본 자연주의 문학과 일본 근대 소설의 출발을 알렸다. 하지만 田山花袋의 『蒲団』이 성공하자 일본의 자연주의는 자전적 요소와 사생활 고백으로 흘러가게 되어 『破戒』의 사회성은 더 이상 계승되지 못했으며 그 역시 자전적 소설가로서의 길을 걷게 된다.
  ㉡ 『春』(明治41) : 『文学界』의 동인들과 그 주변을 소재로 한 첫 번째 自伝小説이다. 이상과 현실 사이에서 고민하는 작가 자신의 모습을 잘 그려냈다.
  ㉢ 『家』(明治43~44) : 明治 말기 봉건적 가족제도에 신음하는 인간과 멸망해 가는 가문의 모습을 작가 자신의 체험에 비추어 묘사했다.
  ㉣ 『新生(しんせい)』(大正7~8) : 조카와의 불륜사건을 폭로한 고백소설로 철저한 자기 고백을 통해 자연주의 소설의 사소설적 성격을 매우 강하게 드러낸 작품이다.
  ㉤ 『夜明け前』(昭和4~10) : 격동기를 살아가는 지식인의 고뇌에 찬 일생을 그렸다.
② **田山花袋(たやまかたい)**(1871~1930) [2007 기출]
  ㉠ 프랑스 자연주의 작가 모파상의 영향을 받았다. 明治35年(1902)에 소설 『重右衛門(じゅうえもん)の最後』, 37年(1904)에 평론 『露骨(ろこつ)なる描写』 등을 발표하였다. 이 평론에서 무엇이든 노골적이고 진실하며 자연스러워야 한다고 주장하면서 '본능'을 중요시하는 입장을 피력하였다.

> ● 私小説(ししょうせつ・わたくししょうせつ) [2025.B 기출]
> : 작가 자신을 주인공으로 삼아 자신의 체험을 고백하듯이 서술하는 일본 특유의 소설 작풍. 허구적 요소를 배제하고 사실 속에서 진실을 찾고자 했다. 心境小説(しんきょう)라고도 하며 大正期에 전성기를 맞이하였다.

ⓛ『蒲団』(明治40年)) 【2007 기출】 【2018.B 기출】 : 문학계에 커다란 반향을 불러일으킨 작품으로 田山花袋를 대표적인 자연주의 작가로 부상시켰다. 여제자에 대한 감정을 노골적으로 고백한 소설로「露骨なる描写」論의 창작 실천으로서 쓴 것으로 보이는데 이같은 고백성은 이후 자연주의 문학의 흐름을 거의 결정짓게 되었다.

ⓒ『生』,『妻』,『縁』: 작가의 자전적 장편 3부작으로 私小説 작가로서의 지위를 굳히게 해준 작품이다.

ⓔ『田舎教師』: 田山花袋의 또 하나의 대표작. 일체의 주관을 배제하고 대상을 있는 그대로 철저히 객관적으로 묘사해야 한다고 주장한 그의「平面描写論」이 잘 드러나 있는 작품이다.

③ **徳田秋声**(1871~1943)

ㄱ 尾崎紅葉의 문하생이었으며『新世帯』를 발표하여 자연주의 작가로 인정받았다.

ㄴ『足迹』,『黴』,『爛』,『あらくれ』에는 인생에 대한「無理想・無解決」의 태도가 잘 나타나 있으며『仮装人物』와『縮図』에 이르기까지 일관되고 냉정한 写実的 묘사를 통해 일본 자연주의 문학을 완성시켰다.

④ **正宗白鳥**(1879~1962)

ㄱ『何処へ』로 자연주의 작가로서 인정받았다.

ㄴ『泥人形』,『入江のほとり』에서는 허무적이면서 傍観者的인 입장에서 인생의 어두움을 냉혹하게 묘사했다.

⑤ **岩野泡鳴**(1873~1920)

ㄱ『耽溺』로 작가적 위치를 쌓았다. 분방하고 노골적인 묘사로 자연주의 작가 중에서도 특이한 존재였다.

ㄴ 田山花袋가 주장한 平面描写論이 아니라 1인칭을 사용하여 사건을 주인공 한 사람의 시선을 통해 묘사해야 한다는「一元描写論」을 주장했다.

(2) 자연주의의 평론

① 長谷川天渓와 島村抱月 등이 평론을 통해 자연주의 문학 운동을 이론적으로 뒷받침했다.

② **島村抱月**(1871~1918)

ㄱ 坪内逍遙의 제자로 영국과 독일 유학 후 잡지『早稲田文学』를 통해 자연주의 문학 운동에 대한 계몽과 지도에 힘썼다.

ㄴ 평론집『近代文芸之研究』를 통해 일본 자연주의 문학의 체계화를 시도했다.

◐ **平面描写論** : 객관적 묘사를 철저히 지켜야 한다고 田山花袋가 주장한 소설 묘사법. 방관적이며 객관적인 태도와 작중인물의 내면에 개입하지 않는 묘사의 평면성이 특징이다.

◐ **一元描写論** : 岩野泡鳴가 주장한 소설 묘사법. 1인칭을 사용하여 주인공의 생각을 서술하는 묘사의 일면성이 특징이다.

反自然主義(明治末~大正中)　1999 기출　2011 기출　2017.A 기출

反自然主義는 물질적이고 본능적인 사실 편중의 고백 문학인 自然主義에 대하여 비판적 입장에 선 작가들의 문학 경향을 총괄하여 부르는 명칭이며 이들은 다음 세 가지 流派로 나뉜다.

(1) 高踏派·余裕派 : 森鷗外, 夏目漱石

(2) 耽美派 : 永井荷風, 谷崎潤一郎

(3) 白樺派 : 武者小路実篤, 志賀直哉, 有島武郎, 里見弴, 長与善郎, 倉田百三

(1) 高踏派·余裕派

森鷗外와 夏目漱石는 근대 문학사에 있어 많은 작가들에게 영향을 미친 거장이다. 두 사람 다 외국 유학을 경험했고 풍부한 교양과 넓은 시야, 날카로운 비판 정신을 지니고 있었는데 자연주의 문학의 유행에도 초연한 理知的 입장을 취했다.

① 森鷗外(1862~1922)　2000 기출

㉠ 잠시 문단을 떠나 있다가 夏目漱石와 자연주의 작가의 활약에 자극을 받아 잡지『スバル』로 문단에 복귀하여 왕성한 창작 활동을 재개하였다.

㉡ 자연주의에 대한 비판적 시각을 담은 작품『ヰタ・セクスアリス』, 그리고 漱石의『三四郎』에 자극받아『青年』을 발표하였다.『妄想』는 그의 정신 형성 과정을 이해하는 데 중요한 자전적 소설이며『雁』에서는 여주인공 お玉의 자아 성찰을 정확한 심리 묘사와 긴밀한 구성으로 그렸다.

㉢ 역사소설

　ⓐ『興津弥五右衛門の遺書』,『阿部一族』: 있었던 일을 그대로 기술하는「歴史其儘」의 자세를 견지했다.

　ⓑ『山椒大夫』,『最後の一句』,『寒山拾得』: 역사 소재에서 벗어나 윤리적 행동을 사회적 관습이라는 잣대로 묻는「歴史離れ」의 태도로 기술한 작품들이다.

　ⓒ『高瀬舟』　2004 기출 : 부족함을 아는 일(知足)과 안락사를 주제로 하고 있다.

　ⓓ『渋江抽斎』,『伊沢蘭軒』,『北条霞亭』: 자료나 역사적 사실을 존중하고 상상을 최대한 배제한 새로운 史伝 방법으로 기술하여 높이 평가받았다.

㉣ 晩年에는 史伝에서 考証의 세계로 옮겨와『帝謚考』,『元号考』를 완성했다.

> ➡ 歴史其儘 : 역사소설을 쓸 때 작가의 주관을 섞지 않고 역사적 사실을 재현하고자 하는 객관적 서술 태도. 작가의 공상이나 해석을 가미한 주관적 태도인 歴史離れ와 대조를 이룬다.

memo

② 夏目漱石(なつめ そうせき)(1867~1916) [1999 기출] [2000 기출] [2002 기출] [2004 기출] [2007 기출] [2017.A 기출] [2025.B 기출]

　㉠ 영문학자이자 교사 출신으로 39세에 작가 활동을 시작했다. 런던 유학에서 돌아온 후 1905년부터 잡지『ホトトギス』에 写生文에 가까운『吾輩は猫である(わがはい ねこ)』[2002 기출] 를 실으면서 세상에 이름을 알렸다. 영국 소설의 풍자적 성격을 살린 이 작품은 지식인의 생활 태도나 사고 방식, 근대 일본의 성격 등을 날카롭게 비판한 것으로 작가의 높은 교양이 뒷받침된 독창적이고 참신한 작품이다.

　㉡ 교편을 잡던 시절의 경험이 바탕이 된 소설『坊っちゃん(ぼ)』[2004 기출] [2017.A 기출] [2025.B 기출], 그리고 풍부한 정서의『草枕(くさまくら)』[1999 기출] 를 잇따라 발표하였고 低徊趣味(ていかいしゅみ)(世の中の世俗、雑事から離れて自然や趣味、芸術などを楽しむこと)라는 표현을 써서 자연주의와는 대립하는 입장을 취하였다.『虞美人草(ぐ びじんそう)』는 교수직을 사퇴하고 신문사에 입사한 뒤 본격적인 직업작가가 되어 발표한 첫 작품이다.

　㉢ 전기 3부작으로는 인간의 근원적인 존재의 불안을 추구한『三四郎』[2002 기출],『それから』,『門』을, 후기 3부작으로는 자아의식의 과잉으로 인한 고뇌를 그린『彼岸過迄(ひ がんすぎまで)』, 자신을 지나치게 믿은 나머지 느끼게 된 고독과 회의감을 그린『行人(こうじん)』, 아집의 무서움을 그린『こころ』[2007 기출] [2009 기출] 를 꼽는다.

　㉣ 유일한 자전적 소설로『道草(みちくさ)』가 있으며 미완으로 끝난 유고작『明暗(めいあん)』은「則天去私(そくてんきょ し)」의 경지를 추구하였다고 평가받는다.

● 則天去私 : 만년의 漱石가 이상으로 추구한 삶의 이념. 아집을 버리고 天(自然)의 절대적인 叡知(えいち)에 따라 살고자 하는 태도를 말한다.

Ⓐ Plus⁺　**森鷗外와 夏目漱石의 비교**

	鷗外	漱石
人柄	孤高의 정신	서민적
生き方	절대주의 속에서의 삶 방관자적 체념	개인주의 입장에서의 삶 「則天去私」를 지향
文学的態度	반자연주의(高踏 · 主知的)	반자연주의(余裕 · 主知的)
教養	独文学의 영향	英文学의 영향

(2) 耽美派(耽美主義/唯美主義) 2017.A 기출

반자연주의 운동의 일환으로 19세기 후반에 출현한 문예사조이다. 『早稲田文学』에 대항하여 창간된 잡지 『三田文学』를 거점으로 활동했으며 美의 창조를 唯一至上의 목표로 삼았다. 자연보다 人工을, 사상보다 감각을 중요시했으며, 독창성을 존중하고 도덕규범을 초월한 美를 주장하였다. 추악한 현실 폭로 위주의 자연주의 문학에 비해 자유롭고 미적인 세계를 그린 탐미파의 문학은 점차 관능적 · 향락적 경향을 띠게 되었다.

① 永井荷風(1879~1959)

㉠ 프랑스 문학과 에밀 졸라를 동경했으며 처음에는 『地獄の花』 등의 작품으로 자연주의를 실천하였다. 그 후 미국과 프랑스 유학에서 돌아온 후에 詩情이 풍부한 작품인 『あめりか物語』, 『ふらんす物語』를 발표하고 이어서 장편소설 『すみだ川』와 『冷笑』를 발표하여 유명해졌다.

㉡ 현실세계를 바꿀 수 없는 문학자로서의 무력감을 느낀 후부터는 스스로를 江戸戯作者라고 불렀으며 화류계를 무대로 한 소설 『腕くらべ』와 『おかめ笹』와 같은 탐미적이고 향락적인 내용의 작품을 썼다.

② 谷崎潤一郎(1886~1965) 2001 기출   2005 기출   2010 기출

㉠ 永井荷風와 달리 처음부터 탐미파 작가로 여성의 관능미를 철저하게 묘사하는 자세를 견지했다. 도착적(倒錯的)이고 이상한 題材와 퇴폐미를 즐겨 묘사한 초기의 작풍은 「悪魔主義」라 불렸으며 미적 감각이 가득한 풍부한 상상력과 화려한 문체로 탐미파의 일인자로서 계속 활약하면서 『麒麟』, 『幇間』, 『秘密』, 『悪魔』, 『刺青』 2005 기출   2017.A 기출 등의 작품을 남겼다.

㉡ 관동대지진을 계기로 관서 지방으로 이주한 후에 전기 谷崎文学을 집대성한 작품 『痴人の愛』 2010 기출 를 발표하였다.

㉢ 『卍』, 『蓼喰ふ虫』, 『盲目物語』와 같은 작품에서는 부드러운 관능 묘사와 고전적 분위기를 표현했다.

(3) 白樺派 1997 기출   2011 기출

明治43年(1910)에 창간된 잡지 『白樺』를 거점으로 활동한 문인들을 말한다. 주로 学習院의 학생이나 그 동료들이었기 때문에 개성(個性)주의나 자유주의를 주장함에 있어 크게 고뇌하지 않고 밝고 清新한 분위기의 문학 활동을 펼쳤다. 현실의 어두운 면이나 인간성의 추악함을 강조한 자연주의에 반발하며 이상주의적인 인도주의를 바탕으로 한 개성의 존중과 자유를 강하게 주장하였다. 중심 작가는 武者小路実篤와 志賀直哉이며 예술 일반에까지 영향을 준 白樺派의 폭넓은 활동은 大正期 문학 활동의 중심적 존재가 되었다.

① **武者小路実篤**(1885~1976) <u>2011 기출</u>

㉠ 잡지『白樺』를 창간하고 리더 역할을 했던 작가로 자기를 살리는 것이 인류보편의 善과 연결된다는 자기 긍정의 사고 방식을 주장했다. 『お目出たき人』, 『幸福者』, 『友情』 등의 소설을 집필했으며 희곡『その妹』, 『人間万歳』를 통해서도 낙천적이며 자연스러운 인간 긍정의 정신을 표현하였다.

㉡ 이해하기 쉬운 어휘 사용과 무기교의 기교라고 할 만한 문체를 구사하여 폭넓은 독자층에게 인기가 있었다. 톨스토이에게서 영향을 받아 인도주의를 외치며 그 실천의 장으로 宮崎市에 작은 마을 「新しき村」를 만들기도 했다.

② **志賀直哉**(1883~1971) <u>1997 기출</u> <u>2001 기출</u> <u>2002 기출</u> <u>2017.A 기출</u>

㉠ 白樺派 중에서도 「小説の神様」라고 불렸던 사람으로 강한 자아를 가지고 자신의 감정에 충실하고자 하는 자연스러움과 순수함을 지닌 작가였다.

㉡ 강한 자아 긍정의 정신과 날카로운 시적 감수성을 바탕으로 간결한 문체와 탁월한 리얼리즘 기법을 살려서 『網走まで』, 『城の崎にて』, 『和解』와 같은 뛰어난 단편소설을 남겼다.

㉢ 그중에서 『城の崎にて』 <u>2017.A 기출</u> 는 쥐가 죽어가는 모습의 정확한 묘사를 통해 주인공의 死生観을 암시한 작품으로 자신의 심경을 모티브로 삼은 心境小説의 대표작이다.

㉣ 유일한 장편소설 『暗夜行路』는 自己와 他者 간의 違和로 인한 충돌을 묘사하면서 이를 초월하고자 한 노력의 결과물로, 준비기간까지 포함하여 26년에 걸쳐 완성하였는데 그는 이 작품을 통해 자연과의 일치를 향해 나아가고자 하였다.

③ **有島武郎**(1878~1923)

㉠ 미국 유학 중에 자신의 종교였던 기독교에 대해 비판적인 자세를 취하게 되고 무정부적인 사회주의에 점차 관심을 보였다. 귀국 후 白樺派의 동인으로 활약하면서 사랑을 바탕으로 한 이상주의 입장에서 자아와 본능의 발전과 확립을 지향하는 작품인 『カインの末裔』, 『小さき者へ』, 『生れ出る悩み』, 『或る女』 등의 작품을 발표하였다.

㉡ 평론 『惜みなく愛は奪ふ』는 大正期 작가의 인간론 및 인생론을 대표하는 평론으로, 본능적 생활에 진정한 자유가 있다고 역설하였다.

㉢ 晩年의 농장 개방 시도는 実篤의 「新しき村」 운동과 함께 白樺派가 제창한 이상주의의 실천이었다.

④ **里見弴**(1888~1983)

㉠ 白樺派 중에서 특히 현실주의적인 경향을 보였던 작가로 심리 묘사와 대화 표현이 뛰어났으며 관능적이면서도 윤리적 태도를 잃지 않는 특징을 보였다.

㉡ 『多情仏心』, 『安城家の兄弟』를 통해 강한 자기 긍정에 의한 독자적인 윤리관인 「まごころ哲学」를 제시하였다.

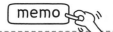

⑤ **長与善郎(1888~1961)**

㉠ 『白樺』가 폐간된 후에도 白樺派의 이상주의를 대표하는 작가로 인정받았다.

㉡ 희곡『項羽と劉邦』, 소설『青銅の基督』, 『竹沢先生と云ふ人』 등을 발표하여 동양적으로 조화된 세계를 표현하고자 했다.

⑥ **倉田百三(1891~1943)**

㉠ 철학과 종교에 깊은 관심을 기울인 작가이다.

㉡ 희곡『出家とその弟子』와 평론집『愛と認識との出発』 등에서 일관된 구도자의 자세가 나타난다.

新現実主義(大正中~大正末)　2010 기출

耽美派나 白樺派가 놓치기 쉬운 현실을 이지적으로 파악하여 기교적으로 표현하려 하였으며, 다음 두 가지 流派로 나뉜다.

(1) 新思潮派(主知派)

(2) 奇蹟派(後期自然主義)

(1) 新思潮派　2010 기출　2014.B 기출

① **菊池寛(1888~1948)**　2023.B 기출

㉠ 『無名作家の日記』, 『忠直卿行状記』를 발표하여 문단의 인정을 받았다. 『恩讐の彼方に』, 『藤十郎の恋』, 『蘭学事始』 등의 뛰어난 역사소설을 발표했으며 극작가로도 활동하여 명작『父帰る』를 남겼다.

㉡ 잡지『文芸春秋』를 주재하고 芥川賞과 直木賞　2023.B 기출　등을 만들어 후진 양성을 위해 노력하였다.

② **久米正雄(1891~1952)**

㉠ 『牛乳屋の兄弟』, 『地蔵経由来』 등의 희곡으로 출발한 작가로 『受験生の手記』, 『蛍草』, 『破船』을 발표하여 인기를 얻었다.

㉡ 후기에는 新聞小説과 通俗小説 분야에서 활약했다.

③ **山本有三(1887~1974)**

㉠ 희곡『嬰児殺し』, 『坂崎出羽守』, 『同志の人々』, 『海彦山彦』 등을 집필하였다.

㉡ 『生きとし生けるもの』, 『波』, 『女の一生』, 『真実一路』, 『路傍の石』 등으로 인도주의 작가로 주목받았다.

④ 芥川龍之介(1892~1927) 　2001 기출 　2005 기출 　2010 기출 　2014.B 기출

㉠ 新思潮派를 대표하는 작가이다. 夏目漱石에게 절찬받은 단편소설 『鼻』 2005 기출 로
등단하였으며 다채로운 형식과 문체를 구사하여 뛰어난 단편소설을 많이 남겼다. 초기에
는 명확한 주제를 가지고 역사적 사실에 근대적 해석을 더해 재구성한 테마소설인 역사
소설을 많이 썼다. 계속해서 예술지상주의 자세를 유지하다가 大正12年(1923) 이후에는
私小説이나 半자전적 소설을 써서 작풍 변환을 시도하였다. 『河童』 2010 기출 , 『歯車』,
『或阿呆の一生』, 『西方の人』와 같은 후기 작품에는 시대의 흐름을 따라갈 수 없는 날카
로운 자의식과 종교에 대한 希求를 지닌 작가의 고뇌가 나타나 있다.

㉡ 芥川龍之介의 작품을 주제에 따라 분류해 보면 다음과 같다.

주제	작품명	특징
王朝物	『羅生門』 2004 기출 , 2022.A 기출 『芋粥』, 『鼻』, 『地獄変』, 『藪の中』	『今昔物語集』나 『宇治拾遺物語』 등에서 題材를 얻은 작품이다.
江戸物	『戯作三昧』, 『枯野抄』	江戸時代를 배경으로 하는 작품이다.
開化物	『開化の殺人』, 『舞踏会』	明治初期의 시대 상황에서 題材를 얻은 작품이다.
切支丹物	『きりしとほろ上人伝』, 『奉教人の死』	기독교를 주제로 한 작품이다.
私小説 半自伝的小説	『保吉の手帳から』, 『大導寺信輔の半生』	1923年 이후 작품의 전환을 꾀한 작품이다.

㉢ 기타 작품으로는 『秋』, 『トロッコ』와 같은 현대소설, 그리고 인도와 중국으로부터 소재를
얻은 동화 『蜘蛛の糸』, 『杜子春』 등이 있다.

(2) 奇蹟派(新早稲田派) 　2010 기출

大正元年(1912)에 창간된 잡지 『奇蹟』의 동인들인 広津和郎와 葛西善蔵 등의 문인들을 奇
蹟派라고 한다. 얼마 지나지 않아 이들이 중심이 되어 新早稲田派를 만들었는데 後期自然
主義 내지는 新現実主義 작품으로 문단에서 주목받는 존재가 되었다. 이들은 일상생활, 특
히 인생의 어두운 면에 집착하는 태도를 취하며 「私小説」 형성에 중요한 역할을 수행하였다.

① **広津和郎**(1891~1968) 2010기출
ひろつ かず お

　㉠『神経病時代』,『死児を抱いて』는 의지가 약하며 신경과민인 지식인을 성격 파탄자라는
　しんけいびょう　　　し じ

　새로운 인간 유형으로 그린 작품이다.

　㉡『怒れるトルストイ』,『散文芸術の位置』등, 예리한 시각의 평론도 남겼다.
　　いか　　　　　　　　　さんぶんげいじゅつ

② **葛西善蔵**(1887~1928)
か さいぜんぞう

　㉠ 예술적으로 살기 위해 자기의 실생활을 철저히 파괴하고 극도의 빈곤과 방랑의 생활을 보

　　냈다.

　㉡『哀しき父』,『子をつれて』등의 작품들을 발표하면서 大正期를 대표하는 파멸형 私小
　　かな　　 ちち

　　説 작가가 되었다.

プロレタリア文学(大正末~昭和初)

> 大正10年(1921)에 창간된 잡지『種蒔く人』(1921)로 시작된 프롤레타리아 문학 운동은『文
> たね ま
> 芸戦線』(1924), 全日本無産者芸術連盟(ナップ)의 기관지『戦旗』(1928) 등을 통해 추진되었
> せんせん　　　　　　　　　　　　　　　　　　　　　　　　　　せん き
> 다. 목적 의식을 가진 프롤레타리아 혁명운동을 동반한 문학으로 근대문학의 개인주의가 私
> 小説에 편중되어 있을 때에 등장하여 문학의 사회성을 역설하였다.

(1) **葉山嘉樹**(1894~1945) 2010기출
は やまよし き

　①「文芸戦線」派에 속한 작가로 자신의 체험에 바탕을 둔 작품을 썼으며, 정치 이론을 우선시

　　한 小林多喜二에 비해 情念을 중시한 작품이 많다.
　　こ ばやし た き じ

　②『セメント樽の中の手紙』,『海に生くる人々』는 전기 프롤레타리아 문학의 걸작이다.
　　　　　　 だる

(2) **小林多喜二**(1903~1933) 2010기출 2024.A 기출
こ ばやし た き じ

　① 기관지『戦旗』를 중심으로 활동한「戦旗」派의 대표적 작가로 정치 이론을 앞세운 작품을 계
　　　　　　せん き

　　속 썼다.

　②『蟹工船』 2010기출 에는 가혹한 노동 조건으로 인해 착취당하는 노동자의 모습과 그들의
　　かにこうせん

　　격한 분노가 잘 드러나 있다.

(3) **徳永直**(1899~1958)
とくながすなお

　① 노동자 출신이며「戦旗」派 작가로 활동하였고 전후에는 新日本文学会 창립에도 참가했다.

　②『太陽のない街』는 자신이 체험한 공동 인쇄 쟁의의 과정을 그린 작품이다.

5 전공일본어

memo

芸術派(大正末~昭和初)

関東대지진 이후, 기성 문학의 타파를 목표로 문단에 새로운 분위기를 일으키고자 하는 문학 활동이 일어났는데 그중 하나는 **プロレタリア文学** 운동이고 다른 하나가 **芸術派**의 운동이다. 芸術派에는 **新感覚派**와 **新興芸術派**, 그리고 **新心理主義**가 있으며 이들은 작품 내용이 어떻게 예술적으로 표현되는지를 중시하였고 새로운 문체나 표현방식을 추구하고자 하였다.

(1) 新感覚派 2002 기출 2005 기출 2014.A 기출

大正13年(1924)에 잡지 『文芸時代』를 창간하고 '종교시대에서 문예시대로'라는 입장에서 새로운 문학 창조를 추구하였다. 自然主義가 확립한 写実的인 표현 방법이나 **プロレタリア 文学**의 정치성을 부정하고 의인법이나 비유와 같은 신선한 표현을 구사하여 감각적으로 선명한 이미지를 만들어 냈다. 유럽의 다다이즘과 미래파, 표현주의의 영향을 받아 새로운 문체 성립을 추구하였으며 신선한 감각적 표현과 스타일에 걸맞은 주제와 구상을 지니고 있었다.

① 横光利一(1898~1947)
  ㉠ 『蠅』, 『日輪』 등의 작품에서 선보인 새로운 감각적 표현 방식으로 신진 작가로서 지위를 굳힌 横光利一는 이론을 과감하게 실천한 대담한 표현 기법으로 주목을 받았다. 특히 의인법 등의 기교를 사용하여 독자들에게 신선한 감각을 주었다.
  ㉡ 작품 『上海』를 마지막으로 新感覚派에서 新心理主義로 옮긴 후에는 현대 지식인의 강렬한 자의식을 추구한 『機械』와 『紋章』 등의 작품을 남겼다.
② 川端康成(1899~1972) 1999 기출 2001 기출 2004 기출 2006 기출 2017.A 기출 2025.B 기출
  ㉠ 新感覚派를 대표하는 작가로 작가 생명의 연소(燃焼)와 미의식의 결정체라는 평가를 받는 소설 『雪国』 1999 기출 2001 기출 2025.B 기출 로 1968년에 노벨상을 수상했다.
  ㉡ 초기의 대표작 『伊豆の踊子』 2004 기출 2005 기출 는 踊り子들의 인간성에 의해 주인공의 마음이 정화되는 내용이다. 그리고 王朝文学이나 仏教経典의 영향을 받아 허무적 슬픔을 지닌 서정성 넘치는 작품인 『浅草 紅 団』, 『禽獣』를 거쳐 순수한 아름다움의 본질적인 허무함을 그린 『雪国』를 통해 美의식을 완성하였다.
  ㉢ 이 밖에 「掌の小説」라고 불리는 여러 단편소설을 통해 다양한 인간상과 인물의 심리를 선명한 필체로 묘사하였다.

(2) 新興芸術派

『文芸時代』의 동인과 新感覚派의 영향을 받은 작가들은 プロレタリア文学에 대항하여 新興
芸術派를 결성하였다. 그러나 명확한 문학이념이 있었던 것은 아니었고 대부분의 작품은 퇴
폐적이고 향락적인 작풍에 그쳤다. 문단의 주목을 받은 것은 오히려 주류에서 벗어나 있던 작
가들의 작품이었다.

① 井伏鱒二(1898~1993) 2010기출

㉠ 독특한 유머감각과 함께 방관자적인 시각으로 인생의 사건을 정확하게 묘사하였다.

㉡ 데뷔작 『山椒魚』는 바위 구멍에서 나올 수 없게 된 도룡뇽의 우스꽝스러운 반응을 통해
인간들의 어리석음을 날카롭게 그려낸 걸작이다.

② 梶井基次郎(1901~1932) 2010기출

㉠ 날카로운 감수성을 발휘하여 그 당시 청년들의 우울을 마치 산문시처럼 투명한 느낌의 단
편으로 완성하였다.

㉡ 대표작은 레몬이 화집 위에서 폭발하는 상상을 시적 이미지로 구성한 『檸檬』이며 그 밖에
도 『城のある町にて』등의 작품을 남겼다.

(3) 新心理主義 2010기출

新心理主義는 인간의 사고나 심리를 '의식의 흐름'에 따라 묘사하는 수법을 사용하여 인간의
의식이나 자아의 실태를 표현하고자 한 문예사조이다. 新感覚派의 흐름을 이어받아 인물의
심층 심리를 예술적으로 표현하려고 했으며 심리주의 경향의 문학이 지닌 전통적 속박에서
벗어나고자 했다.

① 堀辰雄(1904~1953)

㉠ 릴케 등의 20세기 서구 문학을 소개하는 공적을 쌓은 작가로 섬세한 표현이 돋보이는 작
품을 남겼다. 『風立ちぬ』는 약혼자를 병으로 잃고 추억 속에서 살고자 하는 「私」가 릴케
의 시에 자극을 받아 새로운 삶을 추구하는 마음을 먹게 되는 과정을 「私」라는 인물의 독
백 스타일로 그린 서정적인 작품이다.

㉡ 『聖家族』는 주인공이 스승의 죽음을 계기로 새로운 삶을 모색하기까지를 그린 단편인데
芥川의 자살과 작가 자신의 연애를 소재로 삼고 있다. 서구 문학의 심리 묘사에 영향을
받은 작품으로 横光利一의 『機械』와 더불어 심리소설의 걸작이다.

㉢ 『かげろふの日記』, 『曠野』는 고전문학을 새로운 시점으로 바라본 작품이며 그 밖에도
『美しい村』, 『菜穂子』와 같은 작품을 남겼다.

② 伊藤整(1905~1969)

    ㉠ 시인으로 출발하여 新心理主義에 몰입하게 된 작가이다. 『幽鬼の街』는 일본의 사소설적 문학 정신을 유럽 문학의 기법을 사용하여 그린 소설로 新心理主義 문학의 대표적 작품이다.

    ㉡ 평론집 『新心理主義文学』를 발표한 후에도 『小説の方法』, 『小説の認識』와 같은 평론을 통해 새로운 근대 일본 문학사론을 제시하였다.

昭和10年代(1935年~) 文学

(1) 転向文学 2012 기출

만주사변 이후, 언론 사상에 대한 탄압이 심해져 프롤레타리아 문학 운동은 붕괴되고 전향하는 작가들이 생겨났다. 그 작가들이 고뇌에 찬 자신들의 체험을 고백하는 과정에서 나타난 문학이 転向文学이다. 中野重治의 『小説の書けぬ小説家』 등이 대표작이다.

① **中野重治**(1902~1979) : 체포와 투옥을 거쳐 전향하는 과정에서 체험한 고뇌를 그린 소설 『小説の書けぬ小説家』, 그리고 다시 시국에 대해 저항하겠다는 각오를 다지는 내용을 담은 『村の家』를 발표하였다.

② 그 밖에도 村山知義의 『白夜』, 立野信之의 『友情』, 島木健作의 『生活の探求』 등의 작품이 있다.

(2) 기성 작가의 활약 및 『文学界』

프롤레타리아 문학 운동의 쇠퇴와 더불어 기성 작가들이 활동을 재개하면서 이른바 문예부흥의 양상이 나타났다. 이 시기에 발표된 작품으로는 永井荷風의 『つゆのあとさき』, 谷崎潤一郎의 『吉野葛』, 『蘆刈』, 『春琴抄』, 島崎藤村의 『夜明け前』, 志賀直哉의 『暗夜行路』 2004 기출 등이 있다.

이러한 문예부흥운동의 중심적 역할을 한 것이 1933年에 발행된 문예잡지 『文学界』이다. 이는 小林秀雄, 川端康成, 林房雄 등이 중심이 되어 시작한 문예잡지로 나중에는 프롤레타리아 문학계의 작가도 참가하였다. 특히 小林秀雄는 눈부신 평론 활동을 보여주었는데 『私小説論』에서는 「個」의 성숙이 배제된 私小説의 본질에 대해 다루었고 『ドストエフスキイの生活』로 창조적인 근대 비평을 확립시켰다는 평가를 받았다. 이어 『無常といふ事』에서는 사상이나 관념을 배제하고 내부에 있는 진실을 직관적으로 계속 파악하고자 하였다.

(3) 『日本浪曼派』와 『人民文庫』

프롤레타리아 문학의 붕괴와 작가의 전향을 배경으로 두 개의 대조적인 동인지가 나왔다.

① 『日本浪曼派』 : 保田與重郎와 亀井勝一郎를 중심으로 창간된 잡지로 시대에 대한 아이러니가 넘치는 詩 정신의 고취와 고전의 부흥을 도모하고자 했다.

② 『人民文庫』: 武田麟太郎를 중심으로 전쟁 체제에 협조하는 문학에 대해 저항하기 위해 만들어진 잡지로 리얼리즘의 발전을 도모했으나 탄압에 의해 폐간되었다.

(4) 전쟁문학과 국책문학

① 石川達三의 『生きてゐる兵隊』 등, 전쟁에 비판적 시각을 가진 작품은 당국에 의해 発売禁止되었다.

② 火野葦平의 『麦と兵隊』는 국민의 전의를 높일 수 있는 작품으로 군부에 이용되었다.

(5) 신인의 등장

> 전쟁 중의 위기감과 불안이 가득한 어두운 시대였지만 昭和10年代에는 많은 작가들이 등장하여 좋은 작품을 발표했다. 新戯作派(無頼派)로 활약한 太宰治나 『普賢』의 石川淳, 『夫婦善哉』의 織田作之助도 이 시기에 등장했다.

① 中島敦(1909~1942)

㉠ 중국의 고전과 서양문학의 소양을 바탕으로 自意識을 극복하려고 한 작가로 요절하였다.

㉡ 『山月記』, 『李陵』, 『弟子』, 『悟浄歎異』 등은 역사에서 소재를 취한 작품으로 이지적인 인물 묘사와 절제되고 격조 높은 표현, 훌륭한 구성력을 보여주는 작품인데 작가 사후에 인정받았다.

② 그 밖에 등장한 신인작가와 대표적 작품은 다음과 같다.

㉠ 尾崎士郎 『人生劇場』

㉡ 北条民雄 『いのちの初夜』

㉢ 尾崎一雄 『暢気眼鏡』

㉣ 高見順 『如何なる星の下に』

㉤ 丹羽文雄 『贅肉』

㉥ 石坂洋次郎 『若い人』

㉦ 石川達三 『蒼氓』

(6) 평론

① 昭和10年代의 평론 활동은 기성 문학을 타개하려는 横光利一의 『純粋小説論』과 小林秀雄의 『私小説論』의 발표를 필두로 전개되었다.

② 柳田國男(1875~1962) **2024.B 기출**

㉠ 일본 민족의 생활과 문화에 관심을 갖고 촌락 생활 및 민간전승 연구에 몰두하였다. 그의 연구는 서민 생활과 문화를 일본 구석구석까지 직접 다니며 조사한 실증적인 학문이었으며 「柳田民俗学」라는 명칭을 얻었다.

ⓛ『遠野物語』(明治43)부터 『海上の道』(昭和36)에 이르기까지 90권에 이르는 방대한 저서를 남겼다. 또 수필이나 기행문의 성격을 띤 작품으로 『雪国の春』와 『海南小記』가 있다.

戦後の文学

> 1945年 제2차 세계대전이 끝나자 그동안 억압받았던 언론 표현의 자유가 회복되어 전쟁 중에 활약할 수 없었던 작가나 젊은 세대들이 활발하게 작품을 발표했다.

(1) 대가의 부활

전쟁 중에도 자신의 문학을 연마해 온 작가들은 전쟁이 끝나자 곧 활동을 시작했다. 주요 작가와 대표적 작품은 다음과 같다.

① 永井荷風 『踊子』, 『浮沈』, 『勲章』, 『問はずがたり』
② 谷崎潤一郎 『細雪』 2001 기출 2014.B 기출 , 『少将滋幹の母』, 『鍵』
③ 志賀直哉 『灰色の月』
④ 野上弥生子 『迷路』
⑤ 川端康成 『千羽鶴』, 『みづうみ』, 『山の音』

(2) 新戯作派(無頼派) 2012 기출 2014.A 기출

> 新戯作派는 太宰治와 坂口安吾, 織田作之助 등을 가리키는데 無頼派라고도 한다. 이들은 戦後의 눈부신 활약에 힘입어 시대의 총아로 부상하였으며 戦後 사회의 모든 권력과 질서의 붕괴, 二ヒリズム와 デカダンス의 풍조 속에서 일체의 권위를 인정하려 하지 않았는데 이러한 反俗無頼의 정신이 독자로부터 공감을 얻었다.

① 太宰治(1909~1948) 2010 기출
  ㉠ 津軽의 대지주의 아들로 태어난 그는 가정 내 소외감과 엘리트 의식 사이에서 방황하였다. 그리고 한때 좌익 운동을 하다가 좌절한 일과 「存在の罪」에 대한 의식 등으로 인해 늘 自虐的 사고를 하고 있었다.
  ㉡ 『富嶽百景』, 『走れメロス』 2010 기출 , 『津軽』는 비교적 안정된 중기의 밝은 작품이지만 『斜陽』, 『人間失格』 2001 기출 는 전쟁이 끝난 후에 다시 작가의 파멸 지향성이 강해졌을 때의 작품이다.
② 坂口安吾(1906~1955)
  ㉠ 전쟁 중에 발표한 평론 『日本文化私観』을 통해 독자적인 합리주의에 입각하여 전통적 형식미를 배제하고 실질적인 것이 美라고 주장하였다.

ⓛ 전쟁이 끝난 후 「生きるために墜落せよ、堕ち切ることにより真実の救いを発見せよ」라고 호소하는 『堕落論』을 발표하였다. 또한 그 이론을 바탕으로 쓴 소설 『白痴』를 발표하여 어지러운 戦後 사회에 큰 반향을 일으키면서 일약 유명 작가가 되었다.

(3) 風俗小説

① 戦後 저널리즘의 발달로 확대된 독자층에 대응하기 위해 사회의 다양한 면을 소재로 쓰여진 통속소설이다. 소재는 참신했으나 인물 묘사는 유형적(類型的)이었고 흥미 본위의 줄거리로 구성되었다.

② 丹羽文雄의 『厭がらせの年齢』, 田村泰次郎의 『肉体の門』, 石坂洋次郎의 『青い山脈』 등의 작품이 있다.

(4) 『新日本文学』派(民主主義文学)

① 1946年에 창간된 잡지 『新日本文学』는 戦後 민주주의 문학의 중심이 되었다. 이들은 예전의 프롤레타리아 문학 작가들을 중심으로 진보적인 세력을 폭넓게 모았다.

② 宮本百合子의 『播州平野』, 『二つの庭』, 『道標』, 佐多稲子의 『私の東京地図』 등의 작품이 있다.

(5) 戦後派 　2012 기출

> 戦後 신세대로 문단에 등장한 작가들을 戦後派라고 부르는데 제1차 戦後派와 제2차 戦後派로 나뉜다. 제1차 戦後派는 1946年에 평론 중심의 동인지 『近代文学』의 창간과 함께 野間宏의 『暗い絵』가 발표되면서 창작활동을 시작하였으며 주로 자신들이 체험한 어두운 시대나 전쟁 같은 극한 상황에서의 실존의 여러 양상을 치밀하고 집요한 자세로 표현하려 했다. 제2차 戦後派는 한국전쟁이 발생한 시대에 등장하여 활동하였다.

가. 第1次戦後派 : 대표적 작가는 野間宏로 청년의 性과 사랑의 고뇌, 정치에 목숨을 바친 친구들에 대한 통한 등 어두운 청춘의 분노를 그린 작품 『暗い絵』가 대표작이다. 또한 『青年の環』, 『真空地帯』, 『わが塔はそこに立つ』 등의 작품도 남겼다. 그 밖의 第1次戦後派 작품은 埴谷雄高의 『死霊』와 梅崎春生의 『桜島』, 椎名麟三의 『深夜の酒宴』 등이 있다.

나. 第2次戦後派 : 堀田善衛와 安部公房가 第2次戦後派의 대표적 작가이다. 그 밖에 島尾敏雄, 長谷川四郎, 大岡昇平, 三島由紀夫 등이 있다.

① 堀田善衛(1918~1998) : 상하이에서 패전을 경험하면서 익힌 국제적 정치 감각을 살려 『広場の孤独』 등의 작품을 집필했다.

② 安部公房(1924~1993) : 『近代文学』의 동인이었던 安部公房는 초현실주의 기법으로 사회와 인간의 소외를 그렸으며 『赤い繭』, 『壁－S・カルマ氏の犯罪』, 『砂の女』 등의 작품을 발표하여 芥川賞을 비롯한 많은 문학상을 수상했다. 희곡으로는 『友達』가 있다.

③ **大岡昇平**(おおおかしょうへい)(1909~1988) [2004 기출] : 전쟁이라는 환경이 인간에게 어떠한 의미를 갖는지에 대해 주도면밀한 고찰을 통해 밝히고자 했다. 제2차 세계대전 시에 필리핀 전선에서 미군의 포로가 되었던 경험을 쓴 『俘虜記』(ふりょき)를 비롯하여 전쟁과 죄의 문제를 주인공의 심리에 따라 분석적으로 그린 작품 『野火』(のび) 등이 있다. 『武蔵野夫人』(むさしの)에서는 스탕달 연구가로서 익힌 심리소설 기법을 활용하여 인간 심리의 움직임을 정확하고 섬세하게 분석했다.

④ **三島由紀夫**(みしまゆきお)(1925~1970) : 『仮面の告白』, 『愛の渇き』(かわ), 『金閣寺』 [2008 기출] 등의 작품으로 작가적 위치를 확립한 그는 처음에는 전후파에 가까운 곳에서 출발하였으나 점차 고전주의 경향을 강하게 표현했다. 고전주의 경향에 입각하여 쓴 작품으로는 『憂国』(ゆうこく)가 있으며 『豊饒の海』(ほうじょう)는 윤회 전생을 주제로 한 작품이다.

(6) 戦争文学 · 原爆文学

① 戦争文学으로는 戦後派의 작품 외에도 五味川純平(ごみかわじゅんぺい)의 『人間の条件』이나 吉田満(よしだみつる)의 『戦艦大和ノ最期』(かんやまとさいご) 등이 있다.

② 原爆文学으로는 原民喜(はらたみき)의 『夏の花』 『壊滅の序曲』(かいめつ) 『廃墟から』(はいきょ)를 비롯하여 大田洋子(おおたようこ)의 『屍の街』(しかばねまち), 井伏鱒二(いぶせますじ)의 『黒い雨』 등이 있다.

(7) 第三の新人 [2010 기출] [2012 기출]

> 昭和27~28年(1950년대 전반) 무렵부터 「第三の新人」이 등장하기 시작했다. 이들은 戦後派의 정치성 · 관념성보다는 일상적인 생활을 세밀하게 묘사하려고 했으며 오늘날에도 일본 문학의 가장 안정된 중견 작가들로서 흔들리지 않는 지위를 차지하고 있다.

① **安岡章太郎**(やすおかしょうたろう)(1920~) : 정치적 · 사상적 조류를 외면하고 자신의 감성에 따라 창작 활동을 계속했다. 芥川賞 수상작인 『陰気な愉しみ』(いんきたの)와 『悪い仲間』에서는 약자의 시선으로 전시 하의 청춘을 그렸다. 그 후 어머니의 죽음을 소재로 쓴 『海辺の光景』(かいへん)로 私小説의 새로운 경지를 열었다는 평가를 받았다.

② **遠藤周作**(えんどうしゅうさく)(1923~1996) : 일본인과 종교에 관한 소설을 써서 세계의 주목을 받았으며 『海と毒薬』, 『沈黙』(ちんもく) 등의 작품을 남겼다.

③ 그 밖에 庄野潤三(しょうのじゅんぞう)의 『プールサイド小景』 및 三浦朱門(みうらしゅもん)의 『箱庭』(はこにわ), 曾野綾子(そのあやこ)의 『遠来の客たち』(えんらいきゃく) 등의 작품이 있다.

(8) 評論 [2012 기출]

① 전후 평론에서는 『近代文学』派의 활동이 두드러지는데 그들은 휴머니즘을 기본으로 하는 입장을 취하며 『新日本文学』派를 대상으로 「政治と文学論争」을 벌였고 전후의 주요한 문학자를 모으는 큰 세력이 되어 전후 문학의 추진에 큰 역할을 하였다.

② **中村光夫**(なかむらみつお)(1911~1988) : 프랑스 근대문학을 연구하는 입장에서 일본의 근대 리얼리즘의 결함을 비판했으며 『風俗小説論』, 『異邦人論争』 등의 평론을 남겼다.

昭和30年代(1955年~) 文学

> 사회성을 가진 새로운 형태의 작가가 등장하였고 이때부터 여류작가의 활동이 활발해졌다.
> 또한 매스컴의 발달로 문화의 대중화 현상이 일어나 대중문학과 추리 소설이 유행하게 되었다.

(1) 신진 社会派 작가의 등장

① **石原慎太郎**(いしはらしんたろう)(1932~2022) : 청년들의 메마른 에로티시즘과 목적 없는 행동을 젊고 발랄한 문체로 그린 『太陽の季節』로 芥川賞을 수상하였다. 그의 작품은 성의 도덕이나 권위에 반역함으로써 젊은이들에게 크게 공감을 불러일으켰고 「太陽族」를 출현시키기도 했다. 그 밖에도 『亀裂』(きれつ), 『行為と死』 등의 작품이 있다.

② **開高健**(かいこうたけし)(1930~1989) : 『裸の王様』로 芥川賞을 수상했으며 『パニック』에서는 사회의 현실을 날카롭게 풍자했다.

③ **大江健三郎**(おおえけんざぶろう)(1935~2023) [2008 기출] : 『死者の奢り』(おごり)로 등단하였으며 풍부하고 독창적인 이미지와 독특한 문체로 문단에 충격을 주었다. 전쟁 말기에 山村에 포로로 잡힌 흑인 병사와 소년과의 교감을 그린 『飼育』(しいく)로 芥川賞을 수상했으며 『個人的な体験』에서는 장애를 안고 태어난 장남을 소재로 삼아 내적 갈등을 겪다가 결심을 하기까지의 과정을 감동적으로 그려냈다. 『新しい人よ眼ざめよ』는 『個人的な体験』의 속편으로 아들이 성인이 된 모습을 그린 작품이다. 『万延元年のフットボール』(まんえんがんねん)는 전후 농촌 공동체 질서의 붕괴, 안보 체제하의 일본 정치 상황과 반체제 운동 등을 상징적으로 구상화시킨 작품이다. 1994년에 노벨문학상 시상식 때 川端康成의 「美しい日本の私」를 본딴 수상소감 「あいまいな日本の私」 [2001 기출] 라는 제목으로 강연하였다.

(2) 여류작가의 활약

① **芝木好子**(しばきよしこ)(1914~1991) : 가장으로서 築地(つきじ)시장에서 분투하는 딸의 모습을 그린 『青果の市』(いち)로 1941년에 芥川賞을 받았다. 『湯葉』(ゆば), 『隅田川』(すみだがわ), 『丸の内八号館』(まるのうち)에서는 3대에 걸친 下町의 생활과 人情을 치밀하게 그렸다.

② 그 밖의 여류 작가 작품으로는 有吉佐和子(ありよしさわこ)의 『紀ノ川』(きのかわ), 『華岡青洲の妻』(はなおかせいしゅう), 河野多恵子(こうのたえこ)의 『幼児狩り』, 佐多稲子(さたいねこ)의 『樹影』(じゅえい), 円地文子(えんちふみこ)의 『女坂』(おんなざか) 등이 있다.

memo

(3) 문학의 대중화

이 무렵부터 매스컴의 발달로 독자층이 확대되면서 문학도 다양화해 갔다. 그 결과로 순수 문학과 대중문학의 구별이 어려워지면서 그 중간에 위치하는 中間小説이 다수 등장하여 대중소설과 함께 성행하였다. 대표적 작가로는 井上靖가 있다.

① **井上靖**(1907~1991) : 인간에게 내재된 어두운 감정이나 비밀을 다루는 그의 소설은 순수 문학과 **中間小説** 2012 기출 의 양쪽 요소를 겸한 문학으로 독자들의 압도적인 지지를 받았다. 『猟銃』,『闘牛』,『天平の甍』 등의 작품이 있다.

② 그 밖에 활약한 작가와 작품은 다음과 같다.
  ㉠ 水上勉 『飢餓海峡』
  ㉡ 松本清張 『点と線』
  ㉢ 山本周五郎 『樅ノ木は残った』
  ㉣ 司馬遼太郎 『龍馬がゆく』
  ㉤ 深沢七郎 『楢山節考』

(4) 評論

江藤淳이 평론『夏目漱石』로 데뷔하며 주목을 받았다. 이 시기의 평론계는 일본의 전통 문화를 추구하는 평론이 많았다. 대표적 평론가로는 시인 출신인 加藤周一가 있는데 전후에 발표한 평론『1946文学的考察』와 프랑스 유학 이후 일본 문학의 특수성에 대해서 고찰한『雑種文化』등이 있다. 그 밖에도 唐木順三의『中世の文学』, 山本健吉의『古典と現代文学』등의 평론이 발표되었다.

昭和40年代(1965年〜) 文学

昭和30〜40年代의 일본 문학은 정치성과 사회성이 강한 작품, 그리고 그와는 대조적으로 일상성이 강한 작품으로 양극화되어 다양한 작품이 쓰여졌다. 매스컴의 영향이 커졌으며 다양한 문학상을 통해 많은 작가가 등장하게 되었다.

(1) 문학상 수상자의 활약

① **三浦哲郎**(1931~2010) :『忍ぶ川』로 芥川賞을 수상했으며 자신의 숙명의 어두움을 직시했다. 『恥の譜』,『白夜を旅する人々』,『結婚』,『海の道』 등의 작품이 있다.

② **高橋和巳** : 지식인의 내면을 추구한 작가로『邪宗門』,『悲の器』 등의 작품이 있다. 파멸로 치닫는 인간의 욕망과 이기심을 소재로 한 작품『悲の器』로 1962년 文藝賞을 수상하였다.

③ **北杜夫** : 나치 지배 하의 의사의 고뇌를 그린『夜と霧の隅で』로 芥川賞을 수상했다.

④ **丸山健二** : 긴박감이 있는 문체로 인간을 날카롭게 묘사한『夏の流れ』로 芥川賞을 수상했다.

(2) 内向の世代 <small>ないこう</small> 　2014.A 기출

　昭和30年代 후반부터 40年代 초반에 걸쳐서 소위 「内向の世代」라고 불리는 작가들의 활약이 시작되었다.

　이들은 정치나 사회를 직접적인 소재로 하지 않고 도시의 가족이나 인간관계 속에서 자신의 존재감과 불안을 추구했다. 대표적 작가와 작품으로는 阿部昭의 『子供部屋』, 『人生の一日』, 『未成年』, 『司令の休暇』, 그리고 古井由吉의 『円陣を組む女たち』, 『杳子』와 後藤明生의 『笑い地獄』, 『挟み撃ち』 등이 있다.

昭和50年代(1975年〜) 文学

> 전후에 태어난 세대가 기성 작가들과 함께 다양화를 추구해 간 시대로, 논픽션이 유행하게 되었으며 순수 문학을 찾는 독자가 감소하였다.

(1) 전후 세대의 활약
① 村上春樹(1949〜) 　2008 기출 : 신세대 작가를 대표하는 인물로 현대사회를 살아가는 젊은 이들의 모습을 새로운 문체로 그렸다. 『風の歌を聴け』, 『ノルウェイの森』, 『羊をめぐる冒険』, 『1973年のピンボール』 등, 다수의 작품이 있다.

② 그 밖의 작가와 대표적인 작품은 다음과 같다.
　㉠ 中上健次 『枯木灘』
　㉡ 村上龍 『限りなく透明に近いブルー』, 『希望の国のエクソダス』
　㉢ 三田誠広 『僕って何』
　㉣ 宮本輝 『泥の河』, 『蛍川』
　㉤ 吉村昭 『破獄』

(2) 대중문학 작가의 활약

　直木賞이나 芥川賞을 수상한 작가들이 왕성하게 활동하였다. 작가와 대표적인 작품은 다음과 같다.
　① 野坂昭如 『火垂るの墓』
　② 五木寛之 『青春の門』
　③ 宮尾登美子 『一絃の琴』
　④ 司馬遼太郎 『項羽と劉邦』
　⑤ 井上ひさし 『吉里吉里人』

(3) 現代文学의 動向

① 村田喜代子 『鍋の中』

② 池澤夏樹 『スティル・ライフ』

③ 小川洋子 『妊娠カレンダー』

④ 遠藤周作 『深い河』

⑤ 大江健三郎 『燃えあがる緑の木』,『死者の奢り』 2008 기출

⑥ 吉本ばなな 『キッチン』,『TUGUMI』,『とかげ』 2008 기출

⑦ 東野圭吾 2023.B 기출 『白夜行』,『容疑者Xの献身』,『ナミヤ雑貨店の奇跡』

⑧ 宮部みゆき 『火車』,『理由』,『模倣犯』

(4) 評論

大岡信의 평론 『紀貫之』는 正岡子規에 의해 부정당한 후, 정당하게 평가받지 못한 紀貫之를 작품 감상의 기본에 입각해서 비판하고 복권시킨 획기적인 평론이다. 또한 그는 『折々のうた』를 통해 古今의 詩歌를 간결하고 정확하게 평가하였다.

② 시가(詩歌)문학

가. 근대시

近代時

문명 개화의 풍조 속에서 서양 시의 영향을 받아 새로운 시대의 사상이나 감정을 표현할 수 있는 새로운 움직임이 있었는데 1882年에 『新体詩抄』가 출판되면서 새로운 시의 시대가 본격화되었다.

新体詩에 예술성과 낭만적 서정을 가져온 것은 森鷗外가 번역한 시집인 『於母影』이다.

明治20年代부터 30年代에 걸쳐서 서양 시의 영향을 받은 낭만적인 시가 많았는데 島崎藤村은 전통과 새로운 시 정신을 융합한 작품을 구현하였고 明治30年代에는 上田敏의 번역 시집 『海潮音』 등에 의해서 유럽의 상징시가 소개되었다. 明治40年代부터 大正에 걸쳐서 北原白秋와 三木露風 등이 탐미적 경향을 보이는 상징시풍의 작품을 만들었다. 또한 이 시기에는 自然主義의 영향을 받은 川路柳虹 등도 口語自由詩를 만들어 일상의 実感을 평이한 구어로 표현했다.

大正期에 들어온 후에는 白樺派의 영향을 받은 高村光太郎나 室生犀星 등의 이상주의 시인과 大正 민주주의를 배경으로 한 民衆派의 시인이 口語自由詩를 지향했다. 萩原朔太郎는 시의 운율을 중요시하고 예민한 감성으로 高村光太郎 등이 추진해 온 口語自由詩를 완성시켜 近代化가 부여한 자아의 확립과 그 고뇌를 읊었다.

新体詩

(1) 『新体詩抄』 `2010 기출` `2011 기출`

① 새로운 시대의 시를 탄생시키기 위해 外山正一를 비롯한 3명의 학자가 서양 시를 모방하여 만든 작품집이다.

② 서양적인 「詩」를 추구하며 시의 題材를 넓히고 平常의 언어를 사용해서 시를 짓고자 하였으나 7·5조의 음률은 그대로였고 내용적인 면에서도 전통적인 詩情으로부터 탈피하지 못했다.

③ 예술적 가치는 그다지 높지 않으나 시의 새로운 시대의 막을 올렸다는 점에서 의의가 크다.

(2) 기타 작품
① 落合直文 : 長編物語詩 『孝女白菊の歌』
② 湯浅半月 : 長編叙事詩 『十二の石塚』

> ● 新体詩 라는 명칭은 『新体詩抄』에서 처음 등장한다. 新体詩 는 서양시를 모방한 것으로 종래의 「詩=漢詩」와 구별하기 위하여 「新体の詩」라는 뜻을 나타내기 위한 명칭이다. 明治30年代 말까지 이 명칭을 사용했다.

5 전공일본어

浪漫詩

(1) 『於母影』 2010 기출
① 森鷗外를 중심으로 한 新声社(S·S·S)의 동인들이 만든 번역 시집이다.
② 유럽의 浪漫主義 분위기를 전하고자 했으며 北村透谷를 비롯한 당시 젊은이들에게 큰 영향을 주었다.

(2) 島崎藤村(1872~1943)
① 『文学界』의 동인으로 「讃美歌」의 스타일과 그 분위기를 도입하여 明治의 청춘을 힘차게 노래했다. 4권의 시집을 발표했는데 일본의 미의식과 서구 근대시의 형식을 융합시켜 청춘의 고뇌와 정감을 7·5조의 아름답고도 구슬픈 음조로 읊었다.
② 『若菜集』(明治30): 藤村의 첫 번째 시집이다. 낭만적 서정시가 성립된 이후의 획기적인 작품으로 후대에 큰 영향을 미쳤다.
③ 그 밖에 『一葉舟』, 『夏草』, 『落梅集』와 같은 시집을 발표했다.

(3) 土井晩翠(1871~1952)
① 藤村과 함께 明治30년대 초에 활약한 시인으로 역사적 사실이나 역사상의 영웅을 소재로 한 서사시를 지었다.
② 漢語調의 남성적인 詩風은 和語를 사용하여 서정시를 읊은 藤村의 詩風과 좋은 대조를 이룬다.
③ 대표작으로는 시집 『天地有情』에 실린 「星落秋風五丈原」 등이 있는데, 이는 제갈공명의 뜻과 운명을 묘사한 시로 대중의 사랑을 받았다.

象徴詩

(1) 薄田泣菫(1877~1945)
① 古語나 雅語를 사용하여 지적이고 맑은 시를 읊었다. 예술성이 높아 古典的 浪漫詩人으로 불렸으며 고전적 시풍은 후세의 시인들에게 영향을 주었다.
② 상징시의 기법을 도입한 시집 『白羊宮』에 수록된 「ああ大和にしあらましかば」와 「望郷の歌」 등이 특히 유명하다.

(2) 蒲原有明(1876~1952)
① 상징시를 확립하고 사상적인 내면의 상징을 심화시켰다. 『春鳥集』에서 상징주의를 지향하였으며 『有明集』에서는 상징적 표현의 독자적인 완성을 보여준다.

---

memo

● 象徴主義 : 19세기 말의 프랑스에서 보들레르 등을 중심으로 일어난 문예사조이다. 서술적 표현으로 직접적으로 주제를 표현하지 않고 음악적·암시적 표현으로 마음을 감각적으로 표현하며 감정에 호소함으로써 전체적인 이미지를 파악할 수 있도록 했다. 일본에서는 唯美的 경향을 보이면서 서정성이 진한 詩風으로 자리 잡았다.

290 ··· PART 3. 일본 문학 개론

② 첫 번째 시집 『草わかば』가 주로 7 · 5조였던 것에 비해서 명상적(瞑想的) 시인으로서의 소질을 살린 두 번째 시집 『独絃哀歌』에서는 4 · 6조로 된 시를 선보여 独絃調라고 불렸는데 이는 新体詩에서 近代詩로의 과도기적 작품이라고 할 수 있다.

(3) 上田敏(1874~1916)

① 일찍부터 프랑스 상징파의 시를 번역해 왔다.

② 『海潮音』(1905) : 詩壇의 시풍(詩風)에 격변을 일으킨 번역 시집이다. 프랑스 시인 14명, 독일 시인 7명 등의 시를 소개했다. 상징파 작품의 번역으로 일본 최초의 자각적인 상징시 시풍을 불러일으켰다.

口語自由詩の芽生え

自然主義 문학 운동은 시단에도 영향을 주어 口語自由詩 운동을 주도하게 되었다. 川路柳虹와 相馬御風 등은 전통적인 7 · 5조에 구애받지 않고 자유로운 형식과 구어를 사용하여 일상생활에서 얻은 감정을 자유롭게 표현하고자 했다. 柳虹의 『路傍の花』에는 그 시도가 잘 나타나 있다. 한편 石川啄木는 평론 「食ふべき詩」(1909)에서 시는 인간으로 느끼는 생활 감정을 표현한 것이라고 하면서 실생활에 뿌리를 둔 구어체 시의 창작을 주장했다.

耽美派の詩

문예잡지 『スバル』를 중심으로 明治40年代부터 大正에 걸쳐 왕성한 詩作 활동을 펼쳤으며 대표적 시인과 작품은 다음과 같다.

(1) 北原白秋(1885~1942)

『スバル』에 모인 パンの会를 대표하는 시인으로 관능의 해방을 추구하는 이단적인 상징시풍의 첫 번째 시집 『邪宗門』과 『思ひ出』 등의 시집을 발표했다.

(2) 三木露風(1889~1964)

白秋의 화려한 시풍과는 대조적으로 상징적이며 종교적인 조용하고 침착한 情調상징시라는 형태를 창작하였으며 白秋와 함께 이른바 白 · 露시대를 전개하였다. 주요 작품으로는 『廃園』, 『白き手の猟人』 등이 있다.

(3) 木下杢太郎(1885~1945)

이국 정서나 관능을 탐미적으로 읊은 시인이며 『食後の唄』에서는 江戸 정서를 탐미적인 시풍으로 노래했다.

○ パンの会 : 반자연주의를 표방한 청년 문학인의 모임으로 문학과 미술의 교류를 시도하였다.

理想主義の詩
りそうしゅぎ し

白樺派를 중심으로 한 인도주의적·이상주의적인 경향을 가진 시인들로 大正期에 크게 활약하였다. 대표적 시인과 작품은 다음과 같다.

(1) 千家元麿(1888~1948)
せん げ もとまろ

白樺派를 대표하는 시인으로 대표작은 『自分は見た』이다.

(2) 高村光太郎(1883~1956) 2009 기출 2022.A 기출
たかむらこう た ろう

잡지 『明星』, 『スバル』 등을 통하여 활동했다. 白樺派 그리고 아내와의 만남을 계기로 이상주의를 지향하게 되었으며 口語自由詩 추진을 위해 힘썼다. 대표적 작품집인 『智恵子抄』에는 아내
ち え こしょう
智恵子를 만나 생활하면서 느낀 순수한 감정 및 사별의 슬픔과 그리움을 담은 「レモン哀歌」를 비롯한 시와 短歌, 그리고 산문이 수록되어 있다. 또 하나의 대표적인 시집 『道程』의 후반부에는 인
どうてい
도주의적인 열정이 강하게 엿보인다.

(3) 기타
　① **山村暮鳥** : 『風は草木にささやいた』가 대표작으로 원래는 상징파 시인이었다.
　　やまむら ぼ ちょう　　　くさ き
　② **室生犀星** : 『抒情小曲集』(1918)는 『愛の詩集』에 이은 두 번째 시집으로 犀星문학의 原点
　　むろ う さいせい　　じょじょうしょうきょくしゅう
　　이 되는 시집이다.
　③ **宮沢賢治** 2025.B 기출 : 『春と修羅』(1924)는 사후에 높은 평가를 받은 작가가 살아 있는 동
　　みやざわけん じ　　　　　　　　　はる しゅら
　　안에 발간된 유일한 시집이다. 종교적 관점에 의한 윤리적 세계관이 기조를 이루고 있다.
　④ **八木重吉** : 『秋の瞳』는 시와 신앙의 일체화를 추구하는 시풍으로 이루어져 있다.
　　や ぎ じゅうきち

近代詩の完成
きんだいし

大正期는 口語自由詩가 활발하게 창작된 시기로 구어를 사용하여 다양한 소재를 취하는 등, 다양한 개성을 표현하였다. 이상주의 시인이나 民衆派의 시인들과 함께, 예술지상주의적 입장에서 象徴詩의 흐름을 잇는 시인들이 등장했다. 자연주의 문학 운동의 영향을 받아 藤村 이래 시도되고 추진되던 口語自由詩는 **萩原朔太郎**(1886~1942)에 의해 예술적으로 완성을 보게 된다. 그는 「詩
はぎわらさく た ろう
とは感情を摑んだものである」라고 하면서 언어와 이미지와 리듬을 찾으려 하였는데 첫 시집 『月
つか
に吠える』(1917) 2009 기출 는 구어의 詩的·음악적 표현을 최초로 구현한 작품이며 『青猫』(1923)는
ほ
口語自由詩를 예술적으로 완성시켰다는 평가를 받는다. 한편 1916年에 室生犀星와 둘이서 詩誌 『感情』를 창간하여 근대 사회를 살아가는 인간의 고독, 허무와 권태 등을 상징적으로 노래하였다.

나. 현대시

現代詩

大正期는 상징시를 중심으로 한 예술파와 민중파가 서로 대립하면서 활동했던 시기이다.

유럽에서 일어난 **前衛主義芸術運動**의 영향을 받아 일본에서도 전통적 서정시나 상징시를 부정하고 시의 변혁을 꾀하는 운동이 일어났으며 이는 **未来派**의 영향을 받은 **平戸廉吉**를 시작으로 **高橋新吉**나 **萩原恭次郎** 등에 의해 추진되었다. 한편으로는 **北川冬彦** 등에 의해 **短詩**와 **新散文詩** 운동이 일어났다.

昭和 초기에는 프롤레타리아 문학의 융성과 함께 **詩**의 개혁을 외치게 되었는데 **中野重治**가 그 운동을 이끌었다. 예술적 입장에서의 개혁은 1928年에 창간된 잡지『**詩と詩論**』의 **新詩精神運動**으로 시작되었는데 이 운동의 이론적 지도자 **西脇順三郎**는 초현실주의 입장에서 운동을 추진했고 이에 불만을 가진 사람들이 독립하여『**詩・現実**』를 창간했다.

昭和10年代가 되자 **堀辰雄**가 창간한 **詩誌**『**四季**』에 모인 **三好達治**나 **丸山薫**, **中原中也** 등은 새로운 서정의 회복을 찾고자 하였고『**四季**』와 함께 **草野心平**를 중심으로 한『**歴程**』가 **昭和10年代 詩壇**을 대표했다.

戦後의 시는『**荒地**』그룹의 활동에 의해 시작되었다. 이미 **戦前**부터 활동해 왔지만 전쟁이 끝난 후에는 새로운 휴머니즘을 찾아 새롭게 출발했다. 한편 좌익계 시인도 잡지『**列島**』를 통해 활동을 시작했다. 이러한 흐름을 이어받아 젊은 시인들은『**櫂**』나『**鰐**』와 같은 모임을 통해 활동을 펼쳤다.

現代詩への動き

大正10年(1921) 平戸廉吉의「日本未来派宣言運動」이 선구적인 역할을 하였다. 高橋新吉는『ダダイスト新吉の詩』를 발표하고, 萩原恭次郎 등은 詩誌『赤と黒』를 창간했다. 이들은 大正 후기의 시적(詩的) 변혁의 기운 속에서 격렬하게 부정과 파괴를 도모하였는데 이후 동인들 모두 아나키즘의 사상을 갖게 되었다. 이러한 움직임은 모두 유럽 전위예술운동의 영향을 받아 종래의 詩形과 詩情을 파괴하고 변혁하려 한 것인데 이러한 흐름이 현대시로 변화해 가는 과정에서 하나의 조류를 이루었다.

한편, 北川冬彦와 安西冬衛는 詩誌『亜』를 창간하여 民衆派의 散漫・冗長한 시를 부정하고 이미지의 선명함을 추구하여 短詩型를 창작했는데 이 운동은 1928年에 창간된『詩と詩論』으로 이어졌다.

● **前衛主義芸術運動** : 제1차 세계대전 무렵 유럽에서 일어난 예술운동. 개인주의나 리얼리즘 등의 기성 관념이나 유파를 파괴・부정하고 혁명적 예술을 창조하려고 했다. 입체파, 미래파, 다다이즘, 표현파, 추상파, 초현실파 등이 있다.

● **未来派** : 일체의 전통 예술의 파괴와 새로운 미의 창조를 지향하면서 전개된 예술 혁명 운동이다. 1909年 프랑스 마리네티의「未来主義宣言」에서 시작된다.

●「日本未来派宣言運動」 (1921) : 현대시의 史的 형성의 선구가 되는 운동으로 다다이즘의 高橋新吉나『赤と黒』운동의 萩原恭次郎를 비롯한 大正 후기의 전위적인 시인들에게 커다란 충격을 주었다.

プロレタリア詩

　　프롤레타리아 문학 운동의 전개와 함께 혁명적 시 운동이 일어나 과거의 낭만적이고 서정적인 시풍을 거부하고 농촌이나 공장 노동자들의 생활을 노래하는 시가 만들어졌다. 그중에서도 中野重治(1902~1979)는 선명한 이미지와 뛰어난 어휘 선택으로 높은 예술성을 선보였다.

モダニズムの詩

　　매너리즘에 빠진 기존 시인들과 프롤레타리아 문학 시에 대항하여 새로운 시의 형식과 방법론을 추구하고자 하는 운동이 일어났다. 이 新詩정신운동의 거점이 된 것은 잡지『詩と詩論』이며 이를 통해 新散文詩, 短歌, 초현실주의 詩, 主知主義的 詩 등 새로운 시의 형태가 나타났다.

　　한편『詩と詩論』의 사상성과 음악성을 배제하는 편집 방침에 불만을 가진 北川冬彦 등에 의해『詩·現実』가 창간되었는데 이들은「新現実主義」를 표방하며 사회적 현실에 입각한 시를 지향했다. 이 시대 모더니즘 시집의 대표적인 작품은 다음과 같다.

(1) 三好達治 :『測量船』(1930)은 우아한 서정적 시풍과 서구 상징시풍의 날카로운 비평을 고루 갖춘 昭和의 대표적 명시집이다.

(2) 西脇順三郎 :『Ambarvalia(あむばるわりあ)』(1933)는 참신한 초현실적 수법을 구사하여 지적이고 투명한 서정을 읊었다.

(3) 北川冬彦 :『戦争』(1929)는 短詩, 新散文詩 운동의 금자탑으로 昭和시대 詩史를 장식한 작품이다. 시인의 감수성에 의한 풍부한 이미지가 내포되어 있다.

(4) 安西冬衛 :『軍艦茉莉』(1929)는 산문시로 구성되어 있는 시집이다. 독특한 이미지에 의한 구성미로 昭和의 시에 새로운 바람을 불어넣었다.

(5) 村野四郎 :『体操詩集』(1939)는 육체와 정신의 긴장감을 풍부한 이미지로 마치 사진 찍힌 것처럼 감각적으로 그려낸 작품이다.

「四季」派の詩

　　1933年, 堀辰雄에 의해 詩誌『四季』가 창간되었다.『四季』는『歴程』와 함께 昭和10年代를 대표하는 시 잡지로 19세기 서구 문학을 소개하고, 모더니즘 운동이 초현실주의로 기우는 것을 경계하면서 음악성을 지닌 서정시의 확립을 주요 과제로 삼았다. 모더니즘 문학의 형식주의를 극복하고 전통적 서정시를 되살렸다는 평가를 받는다. 주요 작가 및 작품은 다음과 같다.

(1) 立原道造 :『萱草に寄す』(1937)는 연애 체험을 바탕으로 만남과 이별이라는 주제를 명료하게 읊었다. 섬세한 서정을 소네트(14行詩) 형식으로 음악성이 풍부하게 표현했다.

(2) 伊東静雄 :『わがひとに与ふる哀歌』(1935)는 맺어지지 못한 연애의 슬픔을 참신하고 섬세한 서정성으로 표현하였다.

(3) 中原中也(1907~1937) : 다채로운 형식을 구사하면서 일상생활 속에서의 사랑의 아픔이나 슬픔을 읊었다. 인간관계에 상처받은 소년의 심정을 표현한 작품『山羊の歌』(1934), 살아온 삶을 관조하는 視点에서 읊은『在りし日の歌』(1938)가 있다.

「歷程」派の詩

1935年에 草野心平 등에 의해 잡지『歷程』가 창간되었다. 이들은 어떤 특정 主義主張을 하지 않고 각자의 개성을 표현하면서도 폭넓은 예술 일반과의 교류를 시도하여 많은 지지자를 얻으며 오늘에 이르고 있다. 주요 작가 및 작품은 다음과 같다.

(1) 草野心平(1903~1988) : 歷程派의 중심 인물로 우주 감각이나 서민들에게 관심이 많았다. 『第百階級』, 『蛙』 등의 작품이 있으며 宮沢賢治의 시를『歷程』에 많이 실어 세상에 알리는 역할을 했다.

(2) 宮沢賢治(1896~1933) : 현대 서정시의 기초를 닦은 인물로 일본을 대표하는 동화작가로도 유명하다. 『春と修羅』는 기상학, 광물학, 식물학, 지리학 등을 소재로 삼은 파격적이고 참신한 실험정신이 돋보이는 시집으로 사후에 높은 평가를 받았다. 수록된 시 중에서 「永訣の朝」 2021.A 기출 는 여동생의 임종을 노래한 명작으로 꼽힌다. 또 하나의 대표작으로 꼽히는『雨ニモマケズ』 2008 기출 는 그가 사망한 다음 해에 발견되었다. 동화집으로는『注文の多い料理店』과『銀河鉄道の夜』등이 유명하다.

(3) 金子光晴(1895~1975) : 대표작으로 날카로운 비판 정신에 입각하여 천황제, 국가 권력, 침략 전쟁 등을 날카롭게 풍자하고 비판한 작품인 시집『鮫』가 있다.

戦後の詩

戦時中에도 '시의 양심'을 지녔던 시인들이 전후의 황폐한 정신 풍토 표현과 문명 비판을 목적으로 창작 활동을 펼쳤는데 그들의 활동은 주로 다음 잡지를 중심으로 전개되었다.

(1)『荒地』(昭和14~15, 22~23, 28~33) : 戦前의 모더니즘 시를 비판하고 현대 문명의 위기를 날카롭게 지적했다. 전쟁 체험을 바탕으로 현대에 있어서의 生의 의미를 묻는 윤리적 작풍이 특징이다. 또한 그들은 전쟁의 황폐 속에서 새로운 휴머니즘을 추구하는 문명 비판적인 사고를 지녔다.

(2)『列島』(昭和27~30) :『荒地』와 같은 시기에 출간되었다. 『造型文学』와『前衛芸術』를 모태로 좌익계 시인들이 모여 창간했다. 시를 사회 변혁과의 관계 속에서 파악하려고 했으며, 각지의 모임이나 詩 運動과도 연계하면서 国民詩, 정치적이며 예술적인 前衛詩의 가능성을 추구했다. 戦前의 プロレタリア詩의 낮은 예술성을 극복하기 위해 초현실주의 기법을 도입하였다.

memo

◉ 桂園派 : 江戸 말기 香川景樹가 만든 短歌의 일파. 明治 이후 「旧派」라고 불렸다.

◉ 御歌所派 : 宮内省의 御歌所의 長이나 寄人 등의 직책을 맡고 있는 歌人들을 말한다. 宮内省派 라고도 부른다.

다. 短歌

短歌

明治 초기까지는 종래의 和歌의 전통을 지키는 旧派가 歌壇을 지배하고 桂園派를 주류로 하는 御歌所派가 세력을 떨치고 있었다. 明治20年代 후반에 落合直文가 浅香社를 결성하여 短歌혁신운동을 일으켰으며 이 흐름은 与謝野鉄幹과 佐佐木信綱 등으로 이어졌다. 그중에서도 鉄幹이 주재한 잡지 『明星』는 与謝野晶子를 중심으로 해서 明治30年代에 浪漫主義短歌의 전성기를 구축했다. 한편 正岡子規는 写生理論으로 短歌 혁신을 주도했다.

明治40年代에는 自然主義의 영향을 받아 若山牧水나 石川啄木 등이 등장했고 『スバル』를 중심으로 北原白秋를 비롯한 耽美派의 가인들이 활약했다.

正岡子規 사후에 후계자 伊藤左千夫가 『アララギ』를 창간하였는데 アララギ派는 島木赤彦와 斎藤茂吉의 등장으로 인해 세력을 키워 大正와 昭和時代 歌壇의 주류를 형성해 갔다. 한편 アララギ派에 동조하지 않는 北原白秋와 木下利玄은 『日光』를 중심으로 反アララギ 세력을 조성하였다.

大正期 말부터 昭和期에 걸쳐서 口語自由律 短歌 운동 및 프롤레타리아 短歌 운동이 일어났다.

短歌の革新

1893年에 落合直文는 旧短歌에 대한 비판으로 浅香社를 결성하여 短歌 혁신운동을 일으켰는데 제자로 与謝野鉄幹과 金子薫園 등을 두었다. 한편 佐佐木信綱도 시집 『心の花』를 창간하여 竹柏会를 주재하면서 한편으로는 短歌 혁신운동을 추진했다. 正岡子規는 『歌よみに与ふる書』를 저술하여 御歌所派를 비판하고 사물을 있는 그대로 묘사하는 「写生」 기법을 주장했다.

明星派の短歌

(1) 与謝野鉄幹(1873~1935) : 『亡国の音』이라는 글을 써서 旧派의 和歌를 유약하다고 비판하고 「ますらをぶり」의 웅장한 歌風으로 새로운 분위기의 短歌를 지향하였다. 1899年에 新詩社(明治32)를 결성하고 그 이듬해에 기관지 『明星』를 창간함으로써 낭만주의 短歌의 전성기가 도래하는 데 큰 역할을 하였다.

(2) 与謝野晶子(1878~1942) 2012 기출 : 与謝野鉄幹의 문하생이자 아내였으며 관능의 해방을 외치는 정열적인 사랑의 노래를 불러 『明星』의 전성기를 불러왔다. 대표작 『みだれ髪』(1901)는 청춘과 정열을 노래한 인간 해방의 노래로 明星派의 특색을 잘 나타내고 있으며 短歌의 근대화를 불러온 의미 깊은 시집이다.

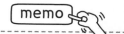

> やは肌のあつき血汐（ちしほ）にふれも見でさびしからずや道を説く君
>
> 〔『みだれ髪』与謝野晶子〕 2004 기출

根岸短歌会（ねぎし）

正岡子規는 「私」를 떠난 단순하고 소박한 写生을 주장하고 그 실천의 장으로 「根岸短歌会」라는 歌会를 열었는데 이에 伊藤左千夫와 長塚節 등의 가인들이 참가하였다.

(1) 伊藤左千夫（いとうさちお）(1864~1913) : 1902年에 子規가 사망한 후에도 会는 계속되었는데 左千夫가 중심이 되어 기관지 『馬酔木』（あしび）를 창간했다. 그는 주관적인 경향을 갖는 장중한 万葉調의 가풍을 보였다.

(2) 長塚節（ながつかたかし）(1879~1915) : 「冴え（さ）」와 「気品」이 있는 객관적인 写生歌를 읊었다.

自然主義傾向の短歌

(1) 尾上柴舟（おのえさいしゅう）(1876~1957)/金子薫園（かねこくんえん）(1876~1951) : 落合直文의 문하생 출신으로 『明星』派의 恋愛歌 편중 분위기에 반대하는 입장을 취했다. 자연주의 문학의 영향을 받아 서정적인 短歌를 많이 읊어 독자적인 가풍을 세웠다.

(2) 若山牧水（わかやまぼくすい）(1885~1928)/前田夕暮（まえだゆうぐれ）(1883~1951) : 자연주의적 경향을 띤 대표적 가인으로, 牧水는 청춘의 비애와 동경, 그리고 인생의 고통과 근심을 표현하였고, 夕暮는 일상생활의 권태를 노래하였다.

(3) 土岐善麿（ときぜんまろ） : 로마자에 의한 三行書き를 시도하여 『NAKIWARAI』 등의 작품을 발표하였다. 明治末期에서 大正初期까지의 土岐善麿와 石川啄木（いしかわたくぼく） 등이 보인 작품을 「生活派」라고 하는데 이후 口語自由律 短歌 운동이나 프롤레타리아 短歌로도 발전해 간다.

(4) 石川啄木（いしかわたくぼく）(1886~1912) 1999 기출 2012 기출 2022.A 기출 : 『明星』에서는 낭만주의 歌人으로 활약했으나 이후 자연주의적 경향으로 전환하여 일상생활과 밀착된 短歌를 읊었다. 대표작으로 『一握の砂』（いちあくのすな）, 『悲しき玩具』（かなしきがんぐ）가 있다.

①『一握の砂』（いちあくのすな）(1910) 2004 기출 2022.A 기출 : 생활 감정을 솔직하고도 서정적으로 표현하여 短歌의 새로운 장을 열었다. 또한 三行書き라는 새로운 방법을 구사하여 短歌의 전통성을 타파했다. 내용·형식 모두 근대 短歌의 예술적 가능성을 보여줌으로써 大正 歌壇에 커다란 영향을 주었다.

②『悲しき玩具』 : 병과 불화가 끊이지 않는 가정의 빈곤과 불안을 노래한 작품이다. 『一握の砂』의 달콤한 서정의 자취는 보이지 않는다.

耽美派の短歌

『明星』폐간 후 잡지『スバル』로 새롭게 출발한 吉井勇와 北原白秋, 木下杢太郎 등의 歌人들은 자연주의의 영향을 받으면서도 이에 대항하는 향락적이고 퇴폐적인 미를 추구하였다. 吉井勇는 향락적인 세계를 노래하면서도 남성적이고 직선적인 풍조를 나타냈고 北原白秋는 근대적인 정서, 고풍스러운 江戸의 정서, 이국에 대한 동경을 다채로운 이미지와 섬세한 어조로 노래하였다. 그의 가집『桐の花』(1913)는 도회적 정취나 江戸風 세계 속에서 젊은 시절의 感傷을 표현한 신선한 감각으로 歌壇에 새로운 바람을 불어넣었다. 『雲母集』(1915)는 불륜으로 고뇌하며 그로 인한 정신적 위기를 극복하려고 하는 작가의 진실한 마음과 참회의 마음이 흐르는 작품이다.

> 手にとれば桐の反射の薄青き新聞紙こそ泣かまほしけれ
>
> 〔『桐の花』北原白秋〕

アララギ派の短歌

正岡子規는 旧派와 明星派를 비판하면서 万葉調를 제창하고 写生을 중시하는 입장을 취했는데 이러한 子規의 歌論을 물려받은 伊藤左千夫에 의해 1908年『アララギ』가 창간되었다. 島木赤彦와 斎藤茂吉, 中村憲吉 등이 이에 합류하여 활동하였는데 伊藤左千夫의 사후에 島木赤彦와 中村憲吉가 합동 歌集『馬鈴薯の花』를, 斎藤茂吉가『赤光』를 간행하는 등, 大正 중기에는 歌壇의 중심 세력이 되었다. 대표적 작품으로는 島木赤彦의『太虚集』, 中村憲吉의『林泉集』, 石原純의『霽日』, 土屋文明의『ふゆくさ』, 釈迢空의『海やまのあひだ』, 古泉千樫의『屋上の土』등이 있다.

한편 島木赤彦는 短歌를 궁극적인 인생의「寂寥相」(자연과 일체화했을 때에 열리는 궁극적 경지)라고 하며 그 경지에 이르는 방법으로「鍛練道」를 주장했다. 斎藤茂吉는「実相に観入して自然・自己一元の生を写す」라는 写生理論을 완성하였다.

反アララギ派の短歌

歌人 중에서 太田水穂는 反アララギ派의 입장을 취했고 窪田空穂와 木下利玄, 川田順도 アララギ派와는 다른 입장에서 활동했다. 1924年 잡지『日光』가 창간되자 이를 거점으로 アララギ派는 그 세력을 더욱 확장해 갔는데 폐쇄적인 結社 의식으로부터 벗어날 것을 지향하는 이러한 움직임은 昭和 短歌의 거점이 되었다는 점에서 의의가 있다.

昭和の短歌

大正 말기부터 昭和에 걸쳐서 口語自由律 短歌 운동이 활발하게 일어났고 프롤레타리아 短歌 운동도 이에 가세하게 되었다. 1935年 北原白秋는 잡지『多磨』를 창간하며 アララギ派의 사실주의와 달리 상징주의와 낭만주의를 주장하였고 白秋의 열정과 가풍이 호평을 받으며 새로운 세력을 형성해 갔다. 하지만 大正期에 이어 昭和期에도 アララギ派는 歌壇의 주류를 차지하고 있었다.

戦後の短歌

戦時 체제 아래에서 억압되어 있었던 短歌도 새로운 활동을 시작했다. 문인들의 전쟁 책임을 추궁하는 분위기 속에서 臼井吉見와 桑原武夫의 短歌否定論이 차례로 발표되었고 이에 자극을 받은 가인들이 결속하여『八雲』를 창간하였다. 이는 短歌의 혁신에 큰 역할을 담당하였는데 俵万智의『サラダ記念日』는 現代短歌로의 전환기를 마련하기도 했다.

> 「この味がいいね」と君が言ったから 七月六日はサラダ記念日
>
> 「嫁さんになれよ」だなんて カンチューハイ二本で 言ってしまっていいの…
>
> (『サラダ記念日』俵万智) 2008 기출

라. 俳句

俳句　2012 기출

> 俳句는 俳諧連歌의 第1句(発句)가 독립한 것이다. 正岡子規가 発句를 의미하는 말로 사용하기 시작하면서 俳句라는 명칭이 일반화되었다. 正岡子規는 저속하고 평범하기 이를 데 없다고 하여 旧 俳句를 月並調 俳句라고 불렀는데 이 시기에 子規를 중심으로 俳句 혁신운동이 일어났다. 子規는 1892年 신문『日本』에 평론『俳人蕪村』을 써서 旧 세대의 月並俳句를 비판하고 蕪村의 회화적 인상적 句風에 공감하며 写生説을 주장했다. 子規와 그 제자들은 日本派라는 이름으로 활약하면서 俳壇의 주류를 이루었고 子規의 사후, 俳句 혁신운동은 제자였던 河東碧梧桐가 신경향의 俳句를 제창함으로써 계속 이어져 갔다.

新傾向の俳句

正岡子規는『日本』,『ホトトギス』를 기반으로 俳句 혁신 운동을 펼쳤는데『ホトトギス』가 俳壇의 중심이 되면서 많은 문하생들이 모여들었다. 그러나 正岡子規의 사후 河東碧梧桐 〔2012 기출〕는 高浜虚子 〔2012 기출〕가 보수적인 전통 俳句를 중시한 것을 비판하며『ホトトギス』를 떠나게 된다. 그는 이후 写実主義的인 태도를 지키면서 季題나 定型에서 자유롭고 자연보다 인생 만사를 생각하는 新傾向俳句를 발전시켰다. 新傾向俳句는 明治 말기부터 大正 초기에 이르기까지 河東碧梧桐를 중심으로 子規의 写生에 대한 반성으로 일어난 것으로, 경험에서 오는 感興이나 実感을 俳句에 담았다. 이러한 경향은 荻原井泉水와 中塚一碧楼에게 영향을 주게 되어 無季自由律 俳句가 창시되었다. 한편 印象·象徴的 俳句는 尾崎放哉와 種田山頭火 등에게 계승되었다.

ホトトギス派

子規가 주재하던 잡지『ホトトギス』는 子規의 사후에 제자 高浜虚子가 주재하게 되었다. 虚子는 한때 写生文(꾸미거나 과장하지 않고 사실을 있는 그대로 세부까지 자세히 묘사한 문장)이나 소설에 심취하여 일시적으로 俳壇을 떠나 있었는데 新傾向俳句에 대항하기 위해 大正2年(1913)에 俳壇으로 복귀했다. 그는 전통적인 季題나 定型 등 전통 형식을 지키면서 신경향 운동에 맞서 客観写生을 주장하였다. 또한 俳句를 花鳥諷詠 〔2012 기출〕의 문학이라고 규정하고 四季의 변화로 생겨나는 자연 현상이나 그에 따른 인간 세계의 現象을 접했을 때 마음에 일어나는 감동을 읊었다.

> 遠山に日の当りたる枯野かな
>
> 〔『虚子句集』高浜虚子〕

昭和の俳句

俳壇의 주류는 ホトトギス派가 차지하고 있었지만 평이한 写生에 만족하지 못한 사람들은『ホトトギス』에서 벗어나 새로운 俳句를 창작하였다. 水原秋桜子는 俳句誌『馬酔木』에 「自然の真と文芸上の真」를 발표하여 高浜虚子의 句風을 비판하고 「個」의 해방과 서정성의 복귀를 주장하였는데 이러한 주장은 新興俳句運動의 도화선이 되었다. 水原秋桜子의 문하생 石田波郷와 加藤楸邨은 실생활에 입각한 인간의 심리나 감정을 표현하여 中村草田男와 함께 人間探求派라는 이름으로 불렸다.

戦後の俳句

桑原武夫 등에 의해『第二芸術論』등, 俳句 부정론이 일어났는데 이것이 俳人들을 다시 한 번 분발하게 만들었다. 그 결과 전통파 俳人뿐만 아니라 西東三鬼, 金子兜太 등이 활약하면서 사회성을 띤 句와 전위적인 句 등, 다양한 작품 활동이 펼쳐졌다.

◐ 花鳥諷詠 : 사계절의 변화에 따른 자연현상과 세상 일에 대한 감동을 읊는 것

3 희곡(戲曲)문학

歌舞伎와 新派

(1) 새로워진 歌舞伎

明治 초기 연극의 주류는 여전히 歌舞伎로 河竹黙阿弥가 활약하고 있었는데 明治10年代 말부터 歌舞伎의 근대화를 추구하는 분위기가 커졌다. 坪内逍遙는『桐一葉』등의 新史劇을 통해 연극 개량에 힘썼고 森鷗外는 서양의 고전극이나 근대극을 번역하고 또 스스로 창작도 하면서 평생 연극 혁신을 위해 공헌하였다.

(2) 新派

明治20年代 자유민권운동의 선전극으로 壮士芝居와 書生芝居, 남녀 합동극 등이 등장했는데 이러한 연극들을 歌舞伎와 구별하여『新派劇』이라고 불렀다. 30年代에는『不如帰』,『金色夜叉』등이 공연되었다.

新劇

(1) 新劇運動

明治40年代에는 유럽의 근대극 운동의 영향으로 새로운 芝居를 지향하는 新劇運動이 일어났다. 逍遙나 島村抱月 등은 文芸協会를 설립하고 셰익스피어의 작품을 상연했으며 抱月는 芸術座를 결성하여 톨스토이의『復活』등을 통해 新劇의 보급과 대중화에 힘썼다. 한편 小山内薫도 自由劇場을 만들어 서양의 근대 희곡 번역극을 상연해서 新劇運動의 선구가 되었다.

(2) 創作戯曲

自由劇場의 번역극 상연에 자극을 받아 창작극이 만들어졌다.『修禅寺物語』의 岡本綺堂,『剃刀』의 中村吉蔵 외에 木下杢太郎, 菊池寛, 山本有三 등의 활약으로 근대 희곡이 완성되었다.

(3) 築地小劇場

小山内薫가 土方与志와 함께「演劇の実験室」격인 築地 소극장을 설립한 것을 계기로 新劇運動은 새로운 연출을 시도하게 되었다. 그러나 小山内薫의 사망으로 築地 소극장은 해산되고 新劇界는 芸術派와 左翼派로 분열하게 되었다. 芸術派에는 築地座, 文学座 등이 있으며, 左翼派에는 新協劇団이나 新築地劇団 등이 있다.

(4) 戦後의 演劇

戦時에는 좌익파에 대한 탄압이 심했으며 築地座의 흐름을 이은 文学座가 간신히 활동을 재개했다. 1945年 말 체호프(チェーホフ)의『桜の園』가 합동 공연된 것을 계기로 文学座, 俳優座, 前進座 및 새롭게 나타난「民芸」와「ぶどうの会」등의 극단이 결성되어 활발한 공연운동이 시작되었다. 대표적 작품으로 森本薫의『女の一生』, 久保田万太郎의『あきくさばなし』, 加藤道夫의『なよたけ』, 田中澄江의『ほたるの歌』등이 있다.

 주요 문예잡지 정리

1 散文 위주의 잡지

잡지명	특색 · 내용	중심 인물
我楽多文庫(明治18) 2024.B 기출	硯友社의 기관지. 일본 최초의 순수문학잡지	尾崎紅葉 · 山田美妙 · 広津柳浪
しがらみ草紙(明治22)	新声社동인지. 평론 중심	森鴎外
文学界(明治26)	전기 浪漫主義를 주도	北村透谷
スバル(明治42)	탐미적 경향의 시와 희곡	森鴎外 · 木下杢太郎
三田文学(明治43)	反自然主義.「スバル」연장선상에서 탐미적 경향	永井荷風 · 森鴎外
白樺(明治43)	白樺派의 동인지	武者小路実篤
第四次新思潮(大正5)	新思潮派의 동인지	芥川龍之介 · 菊池寛
種蒔く人(大正10)	프롤레타리아 문학 운동의 선구	平林初之輔
文芸時代(大正13)	新感覚派의 모태. 평론 중심	横光利一 · 川端康成
文芸戦線(大正13)	프롤레타리아 문학 기관지	葉山嘉樹
戦旗(昭和3)	프롤레타리아 문예잡지	小林多喜二 · 徳永直
文学界(昭和8)	昭和10년대 최대 동인지	小林秀雄 · 林房雄

日本浪曼派(昭和10)	日本精神의 재음미 · 부활의 방향 제시	亀井勝一郎 · 保田與重郎
近代文学(昭和21)	戦後문학의 추진력이 됨	本多秋五 · 平野謙
新日本文学(昭和21)	新日本文学会의 기관지	宮本百合子

2 韻文 위주의 잡지

잡지명	특색 · 내용	중심 인물
新体詩抄(明治15)	새로운 시대의 詩形 창조를 시도	外山正一 · 矢田部良吉 · 井上哲次郎
於母影(明治22)	영국 · 독일 浪漫詩의 번역시집	森鷗外 외
文学界(明治26)	전기 浪漫主義를 주도	島崎藤村
ホトトギス(明治30)	子規의 俳句 혁신 및 전파	正岡子規 · 高浜虚子
明星(明治33)	短歌의 근대화를 지향한 明星派 (浪漫派)잡지	与謝野鉄幹 · 与謝野晶子 · 北原白秋
アララギ(明治41)	万葉를 중시하고 近代短歌에 이론과 写実性 도입	伊藤左千夫 · 斎藤茂吉 · 島木赤彦
驢馬 ろ ば(大正15)	프롤레타리아적인 시와 詩論	中野重治
詩と詩論(昭和3)	敍情 · 敍景을 배제한 초현실주의 시를 전개	春山行夫 · 西脇順三郎
四季(昭和8)	새로운 낭만적 여정의 감정과 조화의 시. 四季派의 詩 잡지	三好達治 · 伊東静雄 · 丸山薫
歴程(昭和10)	개성적인 시풍을 전개한 詩 잡지	草野心平 · 村野四郎
荒地(昭和22)	戦後의 황폐 속에서 인간성 회복을 추구. 詩 잡지	鮎川信夫 · 田村隆一

memo

4

일본 어학 개론

1 언어학이란 2006 기출

(1) 언어학의 연구 분야

언어학은 '언어'를 대상으로 삼는 학문으로 언어의 어떠한 측면을 보느냐에 따라서 연구 분야가 다양하다. 언어의 공시적인 측면을 연구한 학문으로는 음성학, 음운론, 형태론, 통사론, 의미론, 화용론이 있으며 기타 응용언어학 분야가 있다. 응용언어학 분야는 위에서 언급한 전통적인 언어학 분야와 연구하는 대상은 같지만 새로운 방법론을 통한 접근법이다. 한편 언어의 통시적인 측면을 연구한 학문으로는 역사언어학과 비교언어학 등이 있다.

① 음성학(Phonetics) : 음성을 과학적으로 연구하는 학문이다. 물리적으로 존재하는 「パロールとしての音声(Phone)」에 대해 소리가 어떻게 만들어지는지, 그리고 그 소리들이 어떠한 특징을 보이는지 등을 연구한다. 음성은 언어 형식의 가장 기본적인 단위이므로 음성학은 다른 언어학 분야를 연구하는 데 있어서 기본이 되는 분야라고 할 수 있다. 연구 방법에 따라 조음음성학, 음향음성학, 청각음성학으로 나뉜다.

② 음운론(Phonology) : 음성학이 실제로 사용되는 음성을 대상으로 하는 학문이라면 음운론은 어떤 언어의 추상적인 음소 체계, 즉 '음운'을 대상으로 하는 학문이다. 의미를 변별하는 최소 단위를 '음소'라고 하고 이러한 음소의 체계적인 집합을 '음운'이라고 하는데, 음운론에서는 수많은 음소를 음운으로 체계화하여 어떤 종류의 음운이 있고, 이들이 어떻게 언어 내에서 상호작용하는지를 연구한다. 참고로 음성 표기는 [ ]를 사용하고 음소 표기는 / /를 사용한다.

  例 음소 /N/ : [m] [n] [ŋ]이라는 복수의 음으로 구성된 추상적인 단위
  あんま[amma] あんた[anta] あんか[aŋka]

③ 형태론(Morphology) 2024.B 기출 : 형태론은 '단어'를 연구 대상으로 한다. 형태론에서는 형태소(Morpheme)라는 개념이 중요한데 형태소란 의미를 가지는 최소단위를 의미하며, 단어와 마찬가지로 일정한 의미를 가지고 다양한 곳에 분포하게 된다. 형태론에서는 형태소의 종류 및 특징과 그 분포 양식을 연구한다.

④ 구문론(Syntax) : 구문론(통사론이라고도 한다)은 '문장'을 연구 대상으로 한다. 문장의 구성 요소인 단어 등이 어떻게 배열되어 문법적으로 맞는 문장을 만드는지를 연구한다. 이를 위해 문장을 구성하는 단어들이 문법적으로 어떤 특징을 갖는지를 분석하고, 이를 바탕으로 문장을 구성하는 데 필요한 문법 범주의 규칙성에 대해 연구한다.

⑤ **의미론**(Semantics) : 의미론은 언어의 '표면적인 의미'를 대상으로 삼는 분야로 주로 언어 사용자가 언어의 의미를 어떻게 인지하는지를 연구한다. 예를 들면 각 품사에 따라 그 의미가 어떻게 나타나는지, 인간의 뇌 속에서 어떤 모습으로 의미 정보가 저장되는지를 밝히고자 한다.

⑥ **화용론**(Pragmatics) : 화용론은 발화 행위의 '실제적인 의미'를 대상으로 삼는 분야이다. 의미론과 마찬가지로 언어의 의미가 어떻게 인간의 뇌 속에 표상되는지를 연구한다. 하지만 의미론과 다른 점은 실제 발화 상황을 반영하여 의미 해석을 시도한다는 점이다. 또한 화용론은 언어의 기능(function)에 대해서도 연구한다.

⑦ **역사언어학**(Historical Linguistics) : 역사언어학은 언어학의 연구 대상인 말소리, 의미, 문법이 시대적 흐름에 따라 어떻게 변화해 왔는지를 연구하는 학문이다. 초기의 언어학은 거의 대부분 역사언어학에서 시작되었으며 현재도 공시적인 시각에서 설명되지 않는 언어 현상들을 설명하는 데 도움이 된다.

⑧ **비교언어학/대조언어학**(Comparative Linguistics) : 비교언어학은 비슷한 계통 간의 언어를 비교하여 그 계통의 언어가 공유하는 특징을 발견하는 것을 목표로 한다. 언어가 하나의 뿌리에서 시작이 되어서 마치 나무의 줄기와 같이 여러 계통의 언어로 점점 더 분화해 갔다는 가설에 기반을 두고 있다. 한편 대조언어학은 2개, 또는 그 이상의 언어를 서로 대조하여 공통점과 상이점을 연구하는데 계통이나 시대상의 제한을 두지 않으며 서로 다른 계통의 언어를 대조하여 언어의 성질을 이해하는 폭을 넓히는 것을 목표로 한다. 서로 다른 구조의 언어를 대조함으로써 그 언어의 특징을 더 잘 알 수 있게 해 주므로 대조언어학의 연구 결과는 외국어 교육에도 종종 응용된다.

⑨ **기타 응용 분야** : 기타 언어학의 하위 분야로는 다른 학문과의 연계를 통해 언어를 연구하는 분야를 들 수 있는데 예를 들어 심리언어학(심리학과 연계), 사회언어학(사회학과 연계), 인지언어학(인지과학과 연계), 신경언어학(신경과학과 연계), 컴퓨터언어학(컴퓨터공학과 연계) 등이 있다. 그 밖에도 언어 치료, 언어 교육, 음성 인식 등 인간의 삶에 실제적으로 도움을 주는 언어학 분야도 있다.

(2) 인간 언어의 특징

인간이 언어를 사용하는 주요 목적은 의사소통을 하는 것이다. 의사소통이란 메시지의 송신과 수신으로 이루어지는 활동이며 문장(文) 단위로 이루어진다. 「火事！」「どろぼう！」처럼 하나의 단어로 이루어져 주어와 술어가 분리되지 않은 문장(一語文)도 존재하지만 대부분의 문장(文)은 〈주어+술어〉 또는 〈주제+해설〉로 이루어져 있다. 그리고 문장(文)은 다음과 같은 체계를 이루고 있다.

音素 → 形態素 → 語 → 句 → 節 → 文

인간의 언어는 위와 같은 과정을 거쳐 만들어진 문장을 통해 메시지를 전달하면서 이루어진다. 다시 말하자면 文은 語의 집합이고 語는 音素가 모여 만들어진다고 할 수 있다. 이처럼 文을 나누면 語가 되고, 다시 語를 나누면 音素가 되는 과정을 분절(分節)이라고 하는데 이와 같이 두 차례의 분절이 가능한 인간 언어의 특징을 이중분절(二重分節)이라고 한다. 인간의 언어가 어떠한 내용이라도 무한정 표현할 수 있는 이유는 바로 이러한 구조를 갖고 있기 때문이다.

인간의 언어가 지닌 특징은 이 밖에도 여러 가지가 있는데 그중 하나로 자의성(恣意性)을 들 수 있다. 예를 들어 새콤달콤한 과일 '사과'라는 대상이 있다고 가정해 볼 때 그 대상을 그렇게 부르는 것은 사람들이 약속한 것이지 실재하는 과일로서의 사과와는 아무런 관계가 없다는 것이다. 이전의 전통언어학에서는 사과라는 기호와, 그 기호가 가리키는 실재 사과가 일치하는 것으로 보았으나 스위스의 언어학자 소쉬르(Ferdinand de Saussure, 1857~1913)는 기표(Signifiant)는 사람들끼리 한 약속이므로 실재하는 대상으로서의 사과인 기의(Signifié)와 무관하다고 보았다. 다시 말해 사과라는 음성인 기표는 자의적으로 부여한 음성기호이며 그 자의성을 바탕으로 약속에 의해서 인간의 언어가 작동되는 것이다(따라서 같은 대상을 두고 '사과'라고 쓸 수도 있고 Apple이라고 쓸 수도 있고 りんご로 표기할 수도 있다). 그러므로 소쉬르는 인간의 언어에 대해서 단어나 음성을 넘어서 사회적 소통의 맥락과 기능에 의해서 해석되어야 한다고 보았다. 이 밖에도 소쉬르는 개인에게서 실현되는 실제 언어는 parole이지만, 이 parole은 사회적인 언어 제도인 langue에 근거하여 실현된다고 주장하는 등, 언어학 연구에 길잡이가 되는 많은 이론을 정립하였다.

2 개별언어학으로서의 일본어 2007 기출

일반언어학이 모든 언어에 있는 보편적이고 일반적인 법칙을 연구하는 학문이라면 개별언어학은 개별 언어가 연구 대상이 된다. 따라서 일본어학은 개별언어학으로서의 일본어를 대상으로 그 특징에 대해 연구하는 학문이라고 할 수 있는데 일본어의 특징에 대해 개괄해 보면 다음과 같다.

(1) 계통
연구자에 따라 다양한 학설이 있으며 현재 일본어의 계통에 대한 정설은 없다.

(2) 사용 지역 및 사용 인구
예전에는 브라질이나 하와이, 또는 만주의 일본인 이주민 사회에서도 일본어가 사용되었으나 현재 사용 지역은 거의 일본 열도에 국한된다. 따라서 사용 인구도 일본인 인구와 거의 일치한다.

(3) 방언
일본어 방언은 본토(本土) 방언과 류큐(琉球) 방언으로 나눌 수 있다. 본토 방언은 다시 크게 本州(ほん しゅう) 동부 방언, 本州 서부 방언, 九州(きゅうしゅう) 방언으로 나누어진다. 본서의 기술은 東京(とうきょう) 지방의 방언(이른 바 표준어)을 기준으로 한 것이다.

(4) 음운
① 음소

㉠ 모음 음소 : /i/ /e/ /a/ /o/ /u/

「おじさん」―「おじいさん」처럼 모음의 장단음에 따른 변별이 있다.

㉡ 자음 음소 : /p/ /b/ /t/ /d/ /k/ /g/ /c/ /s/ /z/ /h/ /m/ /n/ /r/ (/w/ /j/)

특수 음소로 /N/(撥音「ン」) / R/(長音) /Q/(促音「ッ」)가 있다.

② 음절 구조 : 대부분의 음절이 0 이나 1개의 자음 음소, 그리고 1개의 모음 음소로 구성된 개음절(開音節) V · CV(「ア」·「ダ」)이다. 그 밖에는 특수 개음절로서 拗音節인 CjV(「キャ」)가 있고, 또 폐음절(閉音節)로는 撥音節(はつおんせつ) VN · CVN · CjVN(「オン」·「カン」·「キャン」), 促音節(そくおん) VQ · CVQ · CjVQ(「アッ」·「サッ」·「キュッ」)가 있다.

③ モーラ(拍)(はく) : 음운적 성질로 「モーラ(拍)」라는 단위가 있다. 대부분 仮名 1 글자를 발음하는 길이에 해당되는 단위지만 요음(拗音)은 단독 モーラ로 간주하지 않는다(「キャ」 등은 1 モーラ). 短歌나 俳句, 표어 등에서 길이를 셀 때에는 이 「モーラ」를 단위로 한다.

④ アクセント : 단어 내의 음절 상호 간의 상대적인 높낮이이다. 起伏式アクセント와 平板式アクセント로 크게 나누어진다.

● 促音 · 撥音의 直後에 子音이 来るとき、子音이 二つ並ぶとして日本語에는 二重子音이 있다고 みる立場도 있다. 2006 기출
例 かんざし「CVNCVCV」
  はっぱ「CVQCV」

(5) 문자

일반적으로 한자, 仮名, 로마자, 아라비아 숫자 등이 혼용된다. 한어(漢語)는 한자를 사용하며 외래어나 의성어·의태어의 일부는 가타카나로 쓰는 경우가 많다. 또 세로쓰기에서는 아라비아 숫자를 사용하지 않는 경향이 있다.

(6) 문법

형태적인 면에서 일본어는 교착어(膠着語)적인 성격을 보이며 명사나 동사 뒤에 조사나 조동사와 같은 요소를 순서대로 접속할 수 있고 그 경계도 비교적 뚜렷한 편이다. 여러 개의 요소가 접속될 경우 그 순서가 대개 정해져 있고 특히 동사 술어에 대해서는 논리적인 관계나 객관적 사실을 나타내는 요소가 먼저 나타나고 화자의 판단이나 태도, 청자에 대한 작용 등을 나타내는 요소가 뒤에 나타난다. 구문적인 면에서 일본어의 어순은 비교적 자유로운 편이지만 「静かな公園」이나 「ゆっくり走る」처럼 수식어가 피수식어 앞에 오는 특징을 보인다.

言語の種類 [2006 기출]

고립어(孤立語)	それぞれの単語が意味を持っていて、文法的機能が語順によって示される言語	例 中国語・チベット語・タイ語など
교착어(膠着語)	助詞や接辞などの機能語が名詞・動詞などの自立語に付いて文が構成される言語	例 日本語・モンゴル語・韓国語・トルコ語など
굴절어(屈折語)	単語の形が文の中で変形することで文法的機能を表す言語	例 ラテン系の言語(フランス語やイタリア語など)・ギリシャ語・アラビア語・英語など
포합어(抱合語)	名詞・副詞・動詞などの文の要素を組み合わせて1つの語を作ることができる言語	例 アイヌ語・エスキモー語など

→ 모든 언어가 이 4개 유형으로 나누어지는 것은 아니며 2개 이상의 유형에 해당되는 언어도 많다.

(7) 한국어와 비슷한 점

① 語順がほぼ同じである。

② 語彙の種類として共通的に使っている漢字語が多い。

③ 受け身・使役など文法的な構造が類似している。

④ 外来語を除くと、原則的に語頭に濁音や「r」音が来ない。

⑤ 母音調和現象がみられる。

⑥ 敬語表現が発達している。

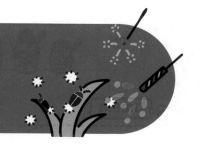

2 음성·음운

 A Plus⁺ 음성·음운 용어 정리 2010 기출

1 성절음(成節音)과 비성절음(非成節音)

① 성절음 : 음절을 이루는 소리로 음절의 중심이 되는 소리이다(모음).

② 비성절음 : 음절의 중심이 되지 못하고 성절음과 결합하여 비로소 하나의 음절을 이루는 소리이다(자음).

2 개음절(開音節)과 폐음절(閉音節)

① 개음절 : C(자음) + V(모음)으로 구성된 음절이다.

② 폐음절 : C(자음) + V(모음) + C(자음)으로 구성된 음절이다.

➡ 일본어의 대부분은 カン, キャン, カッ, キャッ처럼 /N/과 /Q/ 등의 특수 음소를 포함하는 경우를 제외하고는 개음절이다.

3 단음절(短音節)과 장음절(長音節), 확대장음절(拡大長音節)

① 단음절 : {하나의 모음} 또는 {하나의 자음과 모음}, {하나의 반모음과 모음}, {하나의 자음과 반모음 및 모음}으로 구성된 음절이다.

② 장음절 : 하나의 단음절에 촉음, 발음, 장모음 등의 특수음절이 연결되어 형성된 음절이다.

③ 확대장음절 : 장음절에 특수음절이 연결되어 형성된 음절로 3박이 음절 하나를 이룬다. 주로 외래어나 의성어 및 의태어에 많이 나타나고 장음절에 발음 /N/이 연결되는 형태로 만들어지는 경우가 많다. 例 スプーン[sɯpɯːN]

4 유기음(有気音)과 무기음(無気音)

① 유기음 : 폐쇄되었던 조음점이 개방될 때 성문이 활짝 열려 날숨이 구강 밖으로 배출되면서 나는 음이다.

② 무기음 : 날숨이 동반되지 않는 음이다.

③ 기음화(気音化) : 본래는 무기음이거나 기음 성분이 매우 약한 자음이 환경에 따라서 강한 기음을 동반하여 발음되는 현상이다.

memo

㉠ 일본어의 무성 파열음(カ행, パ행, タ, テ, ト)은 나타나는 위치에 따라 기음 성분이 많을 때도 있고 거의 없을 때도 있다.

㉡ 일본어의 무성 파열음은 환경에 따라 기음의 양이 조절된다. 즉, 어두에서는 기음이 많지만 어중, 특히 촉음 뒤에서는 기음이 거의 없다.

㉢ 한국어에서는 기음의 정도로 단어를 구별하지만 일본어에서는 기음의 유무가 단어 의미를 구별하는 데 영향을 주지 않기 때문에 음성 표기를 따로 하지 않는 것이 보통이다.

㉣ 따라서 일본인에게는 한국어의 무성 파열음 'ㄱ ㅋ ㄲ', 'ㄷ ㅌ ㄸ', 'ㅂ ㅍ ㅃ'과 무성 파찰음 'ㅈ ㅊ ㅉ'은 매우 학습하기 어려운 발음이다.

5 最小対立語(ミニマル · ペア minimal pair) 2001 기출 2021.B 기출 : 甘い[amai]와 赤い [akai]는 [aㅁai]라는 동일 음성 환경에서 [m]과 [k]라는 단음(単音)만이 차이가 난다. 이처럼 동일 음성 환경에서 하나의 단음의 차이에 의해 의미가 달라지는 한 쌍의 어휘를 **最小対立語**라고 한다.

6 상보분포/변이음 2003 기출 : 일본어에서 撥音 /N/은 여러 가지 음성으로 실현된다. 이처럼 하나의 음소에 속하는 음이 여러 가지 음성으로 실현될 때 그 다양한 음을 변이음(異音)이라고 한다. 변이음에는 /N/처럼 전후의 조음 환경에 따라 음성이 결정되는 조건변이음(条件異音)과, 조음 환경이나 조건과 상관없이 발생하는 자유변이음(自由異音)이 있다(조건변이음은 위치이음(位置異音)이라고도 한다). 이같은 조건변이음의 분포 형태는 하나의 음이 실현될 때 다른 음은 실현되지 않는데 이처럼 서로 보충하듯이 나타나는 조건변이음의 실현 양상을 상보분포(相補分布)라고 한다. 예를 들어 일본어 ハ行의 단일 음소 /h/는 모음 [a] [e] [o]의 앞에서는 [h], 모음 [i]의 앞에서는 [ç], 모음 [ɯ] 앞에서는 [ɸ]이 되는데 이때 음소 /h/의 조건변이음들은 서로 상보분포를 이루고 있는 것이다. 단일음소 /t/와 단일 음소 /s/도 비슷한 상보분포를 보이는데 이를 정리하면 다음과 같다.

단일 음소 /h/	모음 [a] [e] [o]의 앞에서	모음 [i]의 앞에서	모음 [ɯ]의 앞에서
	무성 성문 마찰음 [h]	무성 경구개 마찰음 [ç]	무성 양순 마찰음 [ɸ]

단일 음소 /t/	모음 [a] [e] [o]의 앞에서	모음 [i]의 앞에서	모음 [ɯ]의 앞에서
	무성 치경 파열음 [t]	무성 치경 경구개 파찰음 [tʃ]	무성 치경 파찰음 [ts]

단일 음소 /s/	모음 [a] [ɯ] [e] [o]의 앞에서	모음 [i]의 앞에서
	무성 치경 마찰음 [s]	무성 치경 경구개 마찰음 [ʃ]

7 연모음(連母音) : 일본어의 あい[ai](愛)를 발음하면 [a]도 [i]도 각자 고유의 음가를 유지한 채 단어 전체가 두 박자로 발음된다. 이처럼 2개 이상의 모음이 각자의 음가를 유지한 채 연속되어 나타나는 것을 연모음이라고 한다.

8 모음 탈락과 모음 삽입

① 모음 탈락 : がくせい(学生)라는 단어는 표기대로라면 [gakuse:]처럼 발음돼야 하지만 실제로는 [gakse:]처럼 발음되는 것이 일반적이다. 무성 자음 사이에서 무성화한 모음 [ɯ]가 탈락하여 나타나는 현상으로 보인다.

② 모음 삽입 : 일본어에서 외국어를 받아들여 외래어로 사용할 때는 외국 본래의 발음을 일본어의 발음 체계에 맞추게 된다. 예를 들면, 영어의 mask[mæsk]는 1음절로 구성된 단어인데, 일본어로는 マスク[masɯkɯ]처럼 자음 [s]와 [k] 다음에 모음이 삽입되어 3음절 단어로 바뀌게 된다. 이것을 모음 삽입이라고 한다.

9 음성학(phonetics)과 음운론(phonology)

① 음성학 : 인간 언어의 음성을 연구하는 학문으로 음성이 어떻게 만들어지고 어떻게 전파되며 어떻게 들리는지를 연구하는 학문이다.

② 음운론 : 음성을 연구 대상으로 한다는 점에서는 음성학과 마찬가지이나 음운론은 어떤 언어의 음의 추상적인 체계를 분석하여 기술하는 학문이다.

10 분절음(segments)과 초분절음(suprasegmentals)

① 분절음 : 시간 축상에 존재하는 음의 최소 단위로, 음성학상의 분절음은 단음(signal sound)이며 음운론상의 분절음은 음소(phoneme)이다. 자음과 모음은 대표적인 분절음이다.

② 초분절음은 분절음을 넘어선 언어음의 특징을 통틀어 부르는 용어로 길이나 강세 등의 특징으로 나타난다. 악센트, 억양, 리듬, 포즈 등은 음의 초분절적 특징이다.

memo

1 음소/음성/음운 2010 기출

(1) 音素 2022.B 기출 : 音声を細かく分類して、特定の言語で意味の違いを弁別・認識する 音声の基本単位

母音	いえ/ie/		/i/와 /u/에 의해서 다른 의미로 변별됨
	うえ/ue/		
子音	だいがく/daigaku/		/d/와 /t/에 의해서 다른 의미로 변별됨
	たいがく/taigaku/		
	ずるい[zɯrɯi]	/zurui/	마찰음 [z]와 파찰음 [dz]는 서로 다른 음성(변이음=異音)이지만 실제 발음이 아닌 음성적 단위인 음소 /z/에 통합됨
	ずるい[dzɯrɯi]		

① 어떤 언어에서 사용되는 음성 중에서 음성학의 최소 단위인 단음(單音 : 음절을 구성하는 최소 단위)을 기능이라는 관점에서 하나로 묶어 설정한 단위로, 의미 변별을 이루는 최소 단위이다. さくら [s] [a] [k] [ɯ] [ɾ] [a] ⋯ 6개의 단음으로 구성된 단어

② 음소를 표기할 때는 / /로 표기하는데 이를 대표음이라 한다.
  さくら /s/ /a/ /k/ /u/ /r/ /a/ ⋯ 6개의 음소로 구성된 단어

③ 음소의 차이를 밝히려면 '성대 진동의 유무', '조음점', '조음법'을 조사해야 하는데 음소에 대해 연구하는 학문을 음운론(Phonology)이라고 한다.
  /d/ : 〈유성〉〈치경〉〈파열음〉
  /t/ : 〈무성〉〈치경〉〈파열음〉

  ➡ '성대 진동의 유무'에 의해서 구별되고 있음을 알 수 있다. 이처럼 음소를 구별하고 있는 음성 특성을 '변별적 특징(弁別的素性・弁別素性, distinctive feature)'이라고 한다.

(2) 音声・音韻

音声	人が思想内容を伝達するために発声器官(口・鼻など)を使って意志的に出す音。パロール。基本要素として母音と子音がある。
音韻	現実の音声に対して、言語学的考察を経て、具体的な音声から抽象されて別々の音と分析される抽象的な音の全体。音声の抽象的な音価。 ▶音韻論では、言語を使う人の知識の中に存在する抽象的な存在、「ラングとしての音声(＝音素)」を研究。

① 음성 : 개개인이 발성하는 구체적인 언어음(parole)이다.
  例 「かがみ(鏡)」의 「が」 발음은 탁음인 [ga]와 비탁음(鼻濁音)인 [ŋa]의 두 가지가 있다. 이

언어음은 서로 다른 음성이지만 그렇다고 해서 단어의 의미가 달라지지는 않는다. 이처럼 언어학적 연구를 위해 실제로 발성되는 소리인 음성을 추상적인 음으로 파악한 것이 '음운'이다.

② 음운 : 개개인이 발성하는 각각의 음성이 아니라, 발성하는 사람이 의식하고 있는 추상적인 음가(langue)이자, 의미를 변별하는 최소 단위인 '음소'의 체계적인 집합이다.

한국어의 음성과 음소

"가구" 'ㄱ ㅏ ㄱ ㅜ' … 첫 번째 /ㄱ/과 두 번째 /ㄱ/은 어떻게 다른가?

"속" 'ㅅ ㅗ ㄱ' … 위의 두 /ㄱ/과 어떻게 다른가?

구체적인 소리 하나하나는 **単音**으로서의 **音声**이며 이러한 단음이 모여서 **音節**을 구성한다. 위에서 세 개의 'ㄱ'은 모두 다른 소리로서의 음성이지만 음소로서는 /ㄱ/ 하나로 통합되기 때문에 의미 변별이 일어나지는 않는다.

2 음성기관

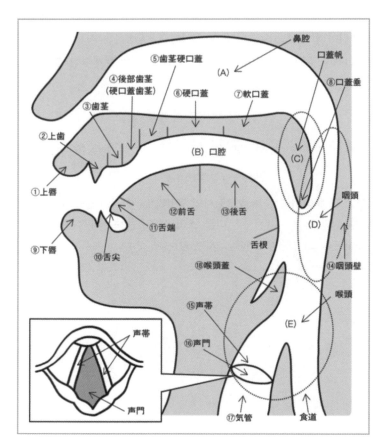

〔姫野伴子·小森和子·柳澤絵美(2015)『日本語教育学入門』p.5〕

(1) 각 음성기관의 명칭

(A) 鼻腔(びこう)　　　　(B) 口腔(こうこう)　　　　(C) 口蓋帆(こうがいはん)

(D) 咽頭(いんとう)　　　(E) 喉頭(こうとう)

① 上唇(じょうしん)　　② 上歯(じょうし)　　　　③ 歯茎(しけい)

④ 後部歯茎(こうぶしけい)/硬口蓋歯茎(こうこうがいしけい)

⑤ 歯茎硬口蓋(しけいこうこうがい)　　　　　　　⑥ 硬口蓋(こうこうがい)

⑦ 軟口蓋(なんこうがい)　⑧ 口蓋垂(こうがいすい)　⑨ 下唇(かしん)

⑩ 舌尖(ぜっせん)　　　⑪ 舌端(ぜったん)　　　　⑫ 前舌(まえじた)

⑬ 後舌(うしろじた)　　⑭ 咽頭壁(いんとうへき)　⑮ 声帯(せいたい)

⑯ 声門(せいもん)　　　⑰ 気管(きかん)　　　　　⑱ 喉頭蓋(こうとうがい)

(2) 발성의 흐름

폐 → 기관지 → 후두/성대(喉頭/声帯)(여기서 성대 진동 2024.A 기출이 있으면 유성음, 없으면 무성음) → 인두(咽頭) → 비강(鼻腔 비음, 콧소리)/구강(口腔)

(3) 기능별로 본 음성기관

① 소리가 발생하는 원천 : 성대(声帯)

② 성대를 진동하게 해 날숨(呼気)을 내보내는 기관 : 폐(肺), 기관(気管)

③ 성대를 통해 나온 소리를 확대하여 울리게 하는(共鳴) 기관 : 비강(鼻腔), 구강(口腔), 인두(咽頭)

④ 소리를 음성으로 만드는 데 관여하는 기관 : 입술(唇), 이(歯), 잇몸(歯茎)

(4) 일본어의 발음 단위([학교문법]을 기준으로 분류)

文	意思疎通の単位	がっこうでぎゅうにゅうを飲みました。
文節	文を構成する単位	がっこうで・ぎゅうにゅうを・飲みました。
単語	文を構成する単位で品詞分類の対象	がっこう・で・ぎゅうにゅう・を・飲み・まし・た。
音節	発音上の単位で母音と母音の境界(peak)で区分できる(母音の数と一致)。長母音は数えない。	がっ・こう・で・ぎゅう・にゅう・を・飲・み・ま・し・た。
拍 (モーラ)	仮名1文字を発音する長さに当たる単位で、長音・促音・撥音(特殊拍)も1拍として数えるが、拗音は数えない。	が・っ・こ・う・で・ぎゅ・う・にゅ・う・を・飲・み・ま・し・た。

 例 古都 … 2音節/2拍　　コート … 2音節/3泊
骨董 … 2音節/4泊　　口頭 … 2音節/4泊

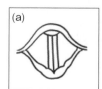

성대의 모습과 유성/무성음 2024.A 기출

무성음과 유성음의 차이는 성대의 모습과 관련이 있다. 먼저 (d)를 보면 날숨(呼気)이나 들숨(吸気)이 자유롭게 통과할 수 있는 상태로 호흡을 위해 성대가 열려 있음을 알 수 있다. 한편 (a)는 유성음을 발음할 때의 성대 모습인데 성대의 진동에 의해 빠른 속도로 개폐(開閉)를 반복하던 중 성대가 닫혔을 때를 나타낸 것이다. (c)는 무성음을 발음할 때의 성대 모습으로 성대의 진동이 동반되지 않는다. 그리고 (b)는 성대를 진동시키지 않고 무성화하여 ささやき声를 발음할 때의 성대 모습이다.

 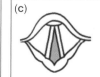 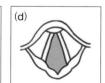

memo

3 모음

(1) 모음/자음의 구별

모음과 자음의 구별은 폐로부터 공기가 빠져나갈 때 방해를 받느냐 안 받느냐가 기준이 된다. 「か」는 /k/라는 자음과 /a/라는 모음으로 이루어져 있다. /k/에는 숨을 강하게 뱉는 /k/와 약하게 뱉는 /k/가 있는데 이를 [kʰ]와 [k](음성 표기)로 표기한다.

(2) 단모음과 장모음

단모음과 장모음의 구별이 있으며 장모음 발음기호는 [ː]으로 표기한다.
일본어의 단모음은 /i/ /e/ /a/ /o/ /u/의 다섯 개가 있다.

(3) 모음의 조음 방법에 따른 분류

일본어 모음은 혀의 위치와 높낮이, 입술 모양에 따라 다음처럼 나뉜다.
① 혀의 어느 부분이 구개(입천장)를 향해 올라가느냐에 따라 `2011 기출`

㉠ 전설모음	혀 앞부분이 경구개(센입천장)를 향해 올라간 상태에서 발음	/i/ /e/
㉡ 후설모음	혀 앞부분이 연구개(여린입천장)를 향해 올라간 상태에서 발음	/a/ /u/ /o/
㉢ 중설모음	전설모음과 후설모음의 중간 위치	

➡ /u/ : 후설고모음 [ɯ]이며 ス, ツ, ズ(ヅ)의 경우에는 중설화된다. 중설화된 발음은 [ɯ] 위에 점을 두 개 찍어 표현한다.

② 입을 얼마나 벌리느냐(혀가 어느 높이까지 올라가느냐)에 따라

㉠ 고모음/협모음	입을 작게 벌리고 혀가 구개(입천장)를 향해 높이 올라간 상태로 발음	/i/ /u/
㉡ 저모음/광모음	입을 크게 벌리고 혀가 낮은 상태로 발음	/a/
㉢ 중모음	고모음(폐모음)과 저모음의 중간 위치	**後舌**중모음 /o/ **前舌**중모음 /e/

③ 입술이 둥글게 되느냐 안 되느냐에 따라

㉠ 원순모음	발음할 때 입술을 둥글게 오므려 내는 모음	일본어에서는 /o/가 유일
㉡ 비원순모음(=평순모음)	입술이 평평한 상태에서 발음되는 모음	/a/ /i/ /e/ /u/

(4) 한국어와 일본어의 모음 비교

⊙ 한국어의 모음

혀의 전후위치 / 입술모양 / 혀의 높이	前舌母音		中舌母音		後舌母音	
	非円唇	円唇	非円唇	円唇	非円唇	円唇
고모음	ㅣ	ㅟ	ㅡ			ㅜ
반고모음	ㅔ	ㅚ				ㅗ
반저모음	ㅐ					
저모음				ㅏ		

⊙ 일본어의 모음

혀의 전후위치 / 입술모양 / 혀의 높이	前舌母音		中舌母音		後舌母音	
	非円唇	円唇	非円唇	円唇	非円唇	円唇
고모음	イ		ウ*		ウ	
반고모음	エ					オ
저모음					ア	

*ス, ツ, ズ(ヅ)에서 중설화(中舌化)

① 한국어의 「ㅜ」는 원순모음이나 일본어의 「ウ」는 비원순모음이다.

② 한국어의 「ㅜ」는 환경에 따라 변하지 않으나, 일본어의 「ウ」는 자음 「s, z, ts, dz」 뒤에서는 혀의 위치가 중설로 바뀐다([ɯ̈]).

③ 일본어의 「エ」는 우리말의 「ㅔ」와 「ㅐ」의 중간이나 「ㅐ」쪽에 치우쳐 있다.

④ 일본어의 「オ」는 우리말의 「ㅗ」와 「ㅓ」의 중간 위치에 있다.

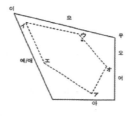

(5) 지도상의 유의점

① 학습자 모어의 모음과 비교해서 상이점이나 공통점에 주의하여 모어의 간섭을 받지 않도록 한다.

② 일본어의 「ウ」는 입술을 둥글게 하거나 앞으로 내밀거나 하지 않고 발음하도록 한다.

③ 일본어는 장·단음에 따라 의미가 달라지므로, 특히 초급 단계에서 장·단음에 유의하도록 한다.

④ 표기와 발음이 일치하지 않는 경우, 특히 장모음에 주의한다. 「えいが(映画), せいと(生徒), がっこう(学校), くろう(苦労)」는 장모음 「エー, セー, コー, ロー」로 발음한다.

(6) **모음의 무성음화**(母音の無声化) `1997 기출` `2003 기출` `2009 기출` `2024.A 기출`

母音	기본적으로 모두 성대의 진동을 동반하는 유성음이다.		
	【有声音】声道を妨害せずに出す音 : [a, i, ɯ, e, o]		

子音	清音·濁音 구별이 있는 行		清音·濁音 구별이 없는 行	半濁音(パ行)
	清音의 자음	濁音의 자음	유성음	무성음
	무성음	유성음		
	【有声音】呼気が声帯を通るとき、声帯が震える音 : [n, m, y, r, w, g, z, d, b]			
	【無声音】呼気が声帯を通るとき、声帯が震えない音 : [k, s, t, h, p]			
	(カ, サ, タ, ハ, パ行의 자음)			

원래 유성음인 모음이 무성자음 사이에 놓이는 등의 조건에 따라 무성음으로 발음되는 현상이지만 어두나 어말에서도 나타나는 경우가 있다. 무성화하기 쉬운 모음은 고모음(협모음)인 イ([i])와 ウ([ɯ])이다. 모음의 무성화가 일어나는 대표적인 경우는 다음과 같다.

➡️ 무성화된 발음은 [i] [ɯ] 아래에 「。」를 첨가하여 표기되지만 본서에서는 생략한다.

① 무성자음(カ, サ, タ, ハ, パ行의 子音) 사이의 고모음(협모음) /i/, /u/

例 きかい[kikai] すし[sɯʃi] つくえ[tsɯkɯe] ちから[tʃikara]

きる	くり	しり	すみ	ちり	つる	ひも	ふむ	ぴりぴり	プラス
きく	くつ	しき	すき	ちち	つく	ひと	ふく	ぴかぴか	ぷかぷか

➡️ • 만약 악센트가 높을 경우에는 무성화하지 않는다. 例 子孫(しそん)[ʃison] 知識(ちしき)[tʃiʃiki]
  • 하지만 예외도 있다. 例 父(ちち)[tʃitʃi]

② 한쪽이 유성자음이어도 무성화하는 경우가 드물게 있다.

例 むすめ[mɯsɯme] すぎ[sɯgi]

③ 무성파찰음/무성마찰음 다음에 오는 /i/, /u/가 단어 끝이나 문말에 올 때(악센트가 낮아야 함)

例 勝(か)つ[katsɯ] 朝日(あさひ)[asaçi] です[desɯ] ます[masɯ]

④ 무성자음에 둘러싸인 모음이 연속될 때 무성화와 비무성화가 교대로 나타난다.

例 靴下(くつした)[kɯtsɯʃita]

⑤ 어두에서 무성자음 앞에 오는 모음 /i/, /u/가 무성화되는 경우도 있다.

例 いきます[ikimasɯ] うつる[ɯtsɯrɯ]

⑥ 모음 /a/, /o/를 포함한 [ka], [ko], [ha], [ho] 뒤에 /a/, /o/가 연이어 나올 때 무성화하는 경우가 있으나 유성 발음 쪽이 바람직하다.

例 案山子(かかし)[kakaʃi] 心(こころ)[kokoro] 墓(はか)[haka] ほこり[hokori]

(7) 모음의 중설음화(母音の中舌化) 2005 기출 2011 기출

일본어 모음 [ɯ]는 단독으로 발음하면 비원순 후설 고모음(협모음)이나 [s] [ts] [dz] [z](ス・ツ・ズ(ヅ))처럼 혀끝(舌先)에서 발음되는 자음 뒤에 오게 되면 입 천장을 향해 올라가는 혀의 위치가 약간 앞으로 이동하여 중설모음이 되는데 이 현상을 모음의 중설음화라고 한다.

例 すずめ 付く(つく) 吸う(すう)

(8) 연모음(連母音)

두 개 이상의 모음이 각각의 음가를 유지한 채 연속되어 나타나는 것을 연모음이라고 한다.

例 愛(あい)[ai] 家(いえ)[ie] 体育(たいいく)[taiikɯ]

cf. 영어의 1인칭 대명사 I는 이중모음(모음이 처음과는 다른 위치에서 끝남)으로 발음한다.

(9) 모음 삽입

일본어 발음 체계에서는 자음이 연속해서 나타날 수 없기 때문에 자음 다음에 반드시 모음이 와야 한다. 따라서 외래어의 경우에 본래의 발음을 살리지 않고 자음 뒤에 모음을 삽입하여 발음하게 된다.

例 mask[mæsk] → マスク[masɯkɯ]

(10) 모음 탈락

무성자음 사이에서 무성화한 모음이 탈락하여 발음이 촉음화되는 경우가 있다.

例 学生(がくせい)[gakɯseː] → [gakseː]

(11) 반모음

음성적으로는 모음과 같지만(閉鎖・狭めを伴わない) 모음 앞에서 단독으로 발음되지 않고 자음으로서 기능한다. 자음으로 볼 경우의 이름은 '접근음(接近音)'이며 모두 유성음이다.

① ヤ행의 자음 [j] : 유성 경구개 반모음(접근음)

② ワ행의 자음 [w] : 유성 양순 연구개 반모음(접근음) … [w]ではあるが唇の丸めはない。

4 자음

(1) 자음의 분류

모음 외의 단음(単音)을 자음이라고 한다. 자음은 날숨(呼気)의 흐름을 방해하면서 성도(声道) 내부가 좁아지거나 폐쇄되는 등의 조음(調音) 방식에 따라 만들어지는 음이다. 어떤 방식으로 조음 되느냐에 따라 자음의 종류가 결정되는데 이를 정리하면 다음과 같다.

① 성대진동의 유무(유성음인가 무성음인가) : 유성음은 모음, 반모음, 탁음, 비음, 탄음(弾き音)
② 조음점(음성기관 중 어디에서 조음되는가) : 양순음/치경음/치경경구개음/경구개음/양순·연구개음/연구개음/구개수음/성문음
③ 조음법(어떤 식으로 날숨의 흐름을 방해하는가) : 비음/폐쇄음(파열음)/마찰음/파찰음/탄음/반모음

(2) 일본어 자음의 종류

① 일본어 자음의 조음점과 조음 방법 [2011 기출]

調音点 調音法		両唇音	歯茎音	歯茎 硬口蓋音	硬口蓋音	軟口蓋音	声門音
破裂音 (閉鎖音)	無声	[p] パ行の子音	[t] タテトの子音			[k] カ行の子音	[ʔ] 促音
	有声	[b] バ行の子音	[d] ダデドの子音			[g] ガ行の子音	
摩擦音	無声	[ɸ] フの子音	[s] サスセソの子音	[ʃ] IPA 표기 [ɕ] シの子音	[ç] ヒの子音		[h] ハ行の子音 (ハヘホ)
	有声		[z] 語中のザ·ズ·(ヅ)·ゼ·ゾの子音	[ʒ] IPA 표기 [ʑ] 語中のジ·ヂの子音			

破擦音	無声		[ts]	[tʃ] IPA 표기 [tɕ]			
			ツの子音	チの子音			
	有声		[dz]	[dʒ] IPA 표기 [dʑ]			
			語頭のザ・ズ・(ヅ)・ゼ・ゾの子音	語頭のジ・ヂの子音			
鼻音	有声	[m]	[n]	[ɲ]		[ŋ]	
		マ行の子音	ナ行の子音 (ニ除外)	ニの子音		語中・語末のガ行の子音	
はじき音 (弾音)	有声		[ɾ]				
			ラ行の子音				
半母音	有声				[j]	[w]([ɰ])	
					ヤ行の子音	ワの子音	

㉠ 「ザ」行の発音　[2009 기출]　[2022.B 기출]

　ⓐ 語頭・「ン/ッ」の直後：破擦音 [dz] [dʑ]　例 ざる　じかん　ばんざい　ドッジボール

　ⓑ 語中(「ン/ッ」の直後は除外)：摩擦音 [z] [ʑ]　例 子ザル　もみじ

　ⓒ 発音の上では「ヂ」は「ジ」と、「ヅ」は「ズ」と同じである。

㉡ 「ニ」の調音点は硬口蓋である場合もある。

㉢ [ŋ]は鼻濁音。　[2010 기출]

㉣ 半母音[j]は有声硬口蓋半母音である。/a/ /o/ /u/の前のみに現れる。

㉤ 半母音[w]は有声両唇軟口蓋半母音(接近音)である。/a/の前のみに現れる。2拍として発音しないように指導する。実際は口の丸めのない有声軟口蓋接近音[ɰ]として発音される。

memo

조음점 / 조음 방법	両唇音 양 입술	歯茎音 윗니(치경)	歯茎硬口蓋音 치경 뒤부터 경구개에 이르는 곳	硬口蓋音 경구개	軟口蓋音 연구개	声門音 성문
마찰음	フ[ɸ]	サスセソ[s]	シ[ɕ]	ヒ[ç]		ハヘホ[h]
		ザズゼゾ[z]	ジ[z]			
파찰음		ザズゼゾ[dz]	ジ[dz]			
		ツ[ts]	チ[tɕ]			
파열음	パ行	タテト[t]			カ行[k]	
	バ行	ダデド[d]			ガ行[g]	
비음	マ行	ナヌネノ[n]	ニ[ɲ]		カ゚行[ŋ]	
탄음		ラ行[ɾ]				
반모음				ヤ行[j]	ワ[w]([ɰ])	

注)「ヂ」와「ジ」의 발음은 동일,「ヅ」와「ズ」의 발음도 동일

② 일본어 자음의 변별 자질 [2003 기출] [2011 기출] [2019.A 기출]

両唇音	[m]	유성 양순 비음	マ행 자음
	[p]	무성 양순 파열음	パ행 자음
	[b]	유성 양순 파열음	バ행 자음
	[ɸ]	무성 양순 마찰음	フ의 자음
歯茎音	[n]	유성 치경 비음	ナ, ヌ, ネ, ノ의 자음
	[t]	무성 치경 파열음	タ, テ, ト의 자음
	[d]	유성 치경 파열음	ダ, デ, ド의 자음
	[s]	무성 치경 마찰음	サ, ス, セ, ソ의 자음
	[z]	유성 치경 마찰음	어중의 ザ, ズ(ヅ), ゼ, ゾ의 자음
	[ts]	무성 치경 파찰음	ツ의 자음
	[dz]	유성 치경 파찰음	撥音 · 促音 직후 및 어두의 ザ, ズ(ヅ), ゼ, ゾ
	[ɾ]	유성 치경 탄음	ラ행 자음

memo

齒莖 硬口蓋音	[ɲ]	유성 치경 경구개 비음	ニ, ニャ, ニュ, ニョ의 자음
	[ɕ]([ʃ])	무성 치경 경구개 마찰음	シ, シャ, シュ, ショ의 자음
	[z]([ʒ])	유성 치경 경구개 마찰음	어중의 ジ(ヂ), ジャ(ヂャ), ジュ(ヂュ), ジョ(ヂョ)의 자음
	[tɕ]([tʃ])	무성 치경 경구개 파찰음	チ, チャ, チュ, チョ의 자음
	[dz]([dʒ])	유성 치경 경구개 파찰음	撥音·促音 직후 및 어두의 ジ(ヂ), ジャ(ヂャ), ジュ(ヂュ), ジョ(ヂョ)의 자음
硬口蓋音	[ç]	무성 경구개 마찰음	ヒ, ヒャ, ヒュ, ヒョ의 자음
軟口蓋音	[ŋ]	유성 연구개 비음(비탁음)	ガ행 비음(어중 및 ン 다음)
	[k]	무성 연구개 파열음	カ행 자음
	[g]	유성 연구개 파열음	ガ행 자음
口蓋垂音	[N]	유성 구개수 비음	어말의 ン
声門音	[ʔ]	무성 성문 파열음	アッ 등의 앞이나 뒤
	[h]	무성 성문 마찰음	ハ, ヘ, ホ의 자음

(3) 조음 방법에 의한 분류

① 파열음 : 조음기관을 폐쇄했다가 급히 열어, 고였던 공기가 갑자기 터지면서 나오는 소리

カ行, ガ行, バ行, パ行, 「タ·テ·ト」, 「ダ·デ·ド」의 자음 → [k] [g] [p] [b] [t] [d]

	유성/무성	조음점	조음법	
[p] [b]	무성 유성	양순 양순	파열음 파열음	ぱ ぴ ぷ ぺ ぽ ば び ぶ べ ぼ
[t] [d]	무성 유성	치경 치경	파열음 파열음	た て と だ で ど
[k] [g]	무성 유성	연구개 연구개	파열음 파열음	か き く け こ が ぎ ぐ げ ご

→ [ki]는 연구개에서 경구개 쪽으로 이동 → '자음의 구개화' 참조

cf. 한국어 : 무성음/유성음을 구별하지 않는다. 공기의 세기에 따라 '평음/격음/경음'으로 구별한다.

평음은 어두에서 무성음, 어중이나 어말에서 유성음이 된다. 例 다[ta]람쥐   바다[da]

② 비음 : 구강 내를 완전히 폐쇄한다는 점에서는 파열음과 비슷하지만 비강(鼻腔)으로 날숨을

보내서 소리를 공명시켜 내는 소리

㉠ マ行의 자음 → 유성 양순 비음 [m]

㉡ ナ行의 자음 → 유성 치경 비음 [n] (단, 「ニ」는 유성 치경 경구개 비음 [ɲ])

③ **마찰음** : 조음 기관을 좁혀서 그 사이로 공기를 통과시키면서 내는 소리

　㉠ サ行의 자음 → 무성 치경 마찰음 [s] (단,「シ」는 무성 치경 경구개 마찰음 [ɕ]([ʃ]))

　㉡ 어중의 ザ行의 자음 → 유성 치경 마찰음 [z] (단,「ジ」는 유성 치경 경구개 마찰음 [z]([ʒ]))

　㉢ ハ行의 자음 → 무성 성문 마찰음 [h] (단,「ヒ」는 무성 경구개 마찰음 [ç] /「フ」는 무성 양순 마찰음 [Φ])

　➡ cf. バ行의 자음은 유성 양순 파열음, パ行의 자음은 무성 양순 파열음

シ	ヒ	フ
무성 치경/경구개 마찰음 [ɕ]([ʃ])	무성 경구개 마찰음 [ç]	무성 양순 마찰음[Φ] cf. [f]

④ **파찰음** : 파열음과 비슷하나 공기를 갑자기 터뜨리지 않고 마찰시키듯이 서서히 내는 소리

　㉠ 어두의 ザ行의 자음(모음 [a e o ɯ] 앞) → 유성 치경 파찰음 [dz]

　　➡ 撥音「ン」과 促音「ッ」直後에서도 파찰음화 일어남

　㉡「チ」의 자음(어두와 어중, 모음 [i]와 반모음 [j] 앞) → 무성 치경 경구개 파찰음 [tɕ]

　㉢「ヂ」의 자음(어두,「ン/ッ」뒤, 모음 [i]와 반모음 [j] 앞) → 유성 치경 경구개 파찰음 [dz]

　　➡ 현대 일본어에서는「ジ」와 동일한 발음

　㉣「ツ」의 자음(어두와 어중, 모음 [ɯ] 앞) → 무성 치경 파찰음 [ts]

　㉤「ヅ」의 자음(어두,「ン/ッ」뒤, 모음 [ɯ] 앞) → 유성 치경 파찰음 [dz]

　　➡ 현대 일본어에서는「ズ」와 동일한 발음

---

[t] [d]の発音の変化について(四つ仮名) 2014.A 기출

① 現代日本語の「チ」「ツ」は、もともと「タ行」の他の字と同じく無声歯茎破裂音([ta ti tɯ te to])、「ヂ」「ヅ」も「ダ行」の他の字と同じく有声歯茎破裂音であった([da di dɯ de do])。

② 室町時代後期から江戸時代初期にかけて「チ」「ヅ」の子音が破擦音化しはじめ、江戸時代初期には「ジ」「ズ」も破擦音化してしまい、「ヅ」=「ズ」・「ヂ」=「ジ」のように、発音上の区分はなくなった。

---

⑤ **탄음(弾き音)=탄설음** : 혀끝을 치경 또는 경구개에 살짝 댔다가 떼면서 튕기듯이 내는 소리

　㉠ ラ行의 자음 → 유성 치경 탄설음 [ɾ]

(4) 자음의 구개화(口蓋化)

① 발음 시에 혀의 위치가 약간 경구개 쪽으로 가는 것을 말한다.

② 50음도의 イ단의 자음이나 요음의 자음은 경구개에 가까운 음이기 때문에 구개화했다고 말한다.

> 例 柿라고 말할 때 「カ」와 「キ」는 둘 다 カ행 자음(연구개 파열음)이지만 「キ」의 자음은 약간 경구개로 발음된다. 이를 나타내기 위해 [ki]를 [kʲi]로 표시하기도 한다.

③ 구개화 정도가 큰 경우에는 고유 음성기호를 부여받는다.

ㄱ シ, シャ, シュ, ショ의 자음 : [ɕ] (또는 [ʃ])

ㄴ ジ(ヂ), ジャ(ヂャ), ジュ(ヂュ), ジョ(ヂョ)의 자음 : 어두는 [dʒ](혹은 [dz]), 어중은 [ʒ](혹은 [z])

ㄷ チ, チャ, チュ, チョ의 자음 : [tɕ] (또는 [tʃ])

ㄹ ニ, ニャ, ニュ, ニョ의 자음 : [ɲ]

ㅁ ヒ, ヒャ, ヒュ, ヒョ의 자음 : [ç]

5 **특수음소**(特殊音素) 2005 기출

(1) **촉음**(促音) /Q/

① 조음점이 후속음(後續音)에 동화(同化)되며, 후속음이 유성음인 경우에는 잘 나타나지 않는다.

② 조음 환경에 따라 다음과 같은 발음(변이음)으로 나타난다.

발음	조음 환경	例
[k]	カ行 앞	がっこう　そっくり
[s]	サ, ス, セ, ソ 앞	あっさり　けっせき
[ɕ]	シ 앞	けっして　ざっし
[t]	タ行 앞	きって　マッチ
[p]	パ行 앞	きっぷ　いっぱい

(2) **발음**(撥音) /N/ 2004 기출

① 조음점이 후속음(後續音)에 동화(同化)되어 후속음의 조음점에 가까운 곳에서 폐쇄, 혹은 좁아짐이 있는 비음이며 유성음으로 발음된다.

② 후속음에 따라 다음과 같은 발음(변이음)으로 나타난다.

발음	조음 환경	例
[m] (유성 양순 비음)	/p/ /b/ /m/ 앞	しんぱい　しんぶん　ぶんめい
[n] (유성 치경 비음)	/t/ /d/ /n/ /r/ 앞	はんたい　うんどう　きんねん　しんらい
[ŋ] (유성 연구개 비음)	/k/ /g/ /ŋ/ 앞	ぶんか　いんが　ぶんがく
[ɴ] (구개수 비음)	語末	ほん
[ɲ] (유성 치경 경구개 비음)	[ɲ] 앞	こんにゃく
[ṽ] (비음화된 모음)	모음과 반모음 앞	まんいん　でんわ　しんゆう
	/s/ /h/ 앞	せんせい　ぜんはん

(3) **장음**(長音) /R/ 2014.A 기출

① 직전 모음을 1拍 연장하여 길게 발음한다.

② 직전 모음에 따라 각각 [i] [e] [a] [o] [ɯ]가 된다.

	조음 환경	例	参考
ア段의 장음	ア段+あ	おかあさん おばあさん ハート	おばさん はと
イ段의 장음	イ段+い	いい 大きい(おおきい) おじいさん	い(胃) おじさん
ウ段의 장음	ウ段+う	苦痛(くつう) 通知(つうち) 勇気(ゆうき)	靴(くつ) 土(つち) 雪(ゆき)
エ段의 장음	エ段+え (고유어의 경우)	お姉さん(おねえさん)	
	エ段+い (한자어의 경우)	名詞(めいし) 正解(せいかい)	飯(めし) 世界(せかい)
オ段의 장음	オ段+お	通り(とおり) 氷(こおり)	鳥(とり) 懲り(こり)
	オ段+う (한자어의 경우가 많음)	道路(どうろ) お父さん(おとうさん)	泥(どろ)

同化(どうか) 2001 기출

ある音がその前後の音の影響で変化する現象。順行同化と逆行同化がある。

1. 順行同化：前の音が後の音を同化。
   - 例 ・英語の複数の「-s」の発音：前が無声子音なら無声音の[s](cats)、前が有声子音なら有声音の[z](dogs)に発音される。
   - ・日本語の完成相過去形「タ」：前の語幹が有声音で終わる場合、[da]として実現される。

2. 逆行同化：後の音が前の音を同化。
   - 例 ・英語のnewspaperの「s」の発音：News[nju:z]の[z]の後ろにpaperの[p](無声子音)がくると、その影響で[z]が無声音の[s]になる。
   - ・日本語の促音と撥音の発音：発音するとき、次にくる音と同じ調音点で発音される。

3. 相互同化 2001 기출 ：連続する音が相互に影響を及ぼし合って生じる同化。
   - 例 日本語の「いたい」→「いてー」、「つまらない」→「つまらねー」：連続する母音[a]と[i]が[e:]に相互同化。

전공일본어

memo

6 악센트(アクセント)

(1) アクセント(accent)

① **アクセント**：一つ一つの語について社会的習慣として決まっている、相対的な高低または強弱の配置。

② **アクセントの種類** 2023.A 기출

　㉠ 強弱アクセント(stress accent)：強弱によるアクセント＝強さアクセント

　㉡ 高低アクセント(pitch accent)：高低によるアクセント＝高さアクセント

　　└ 日本語のアクセント。「高」と「低」の二種類の拍の組み合わせによって語のアクセントが構成される。

(2) 東京方言のアクセントの特徴

① 高低アクセント。語の内部における高低関係が決まっていて、意味の区別に役立っている。

　例 「飴(○ ●)」vs「雨(● ○)」　「橋(○ ●)」vs「箸(● ○)」

② 高低の変化は、主に一つの拍から次の拍に移るところで起こる。

　音韻論的には、「さがりめ＝アクセントの滝」があるかないか、あればどの位置にあるかが解釈の鍵になる(「さがりめ」の直前の音節 → 「核(かく)」)。 2023.A 기출

　例 に「ほ」ん(日本)　「か」んこく(韓国)…「ほ」と「か」がアクセントの核

③ 語にかぶさるアクセントの形式が単純で、高低の二段のみで型が構成されている。

　➡ **弁別的機能が弱い原因**

④ 第一拍と第二拍は、高さが異なる。

⑤ 原則として一つの語(または文節)の中で高い部分が二か所に分かれて存在する型はない(一度下がったら、同じ語(文節の)中では再び上がることはない)。

　➡ **語と語の境界が分かるようになる。**

⑥ 語の意味を区別する弁別的機能よりも、語・文節のまとまりや切れ目を示す統語的機能の方が大きい。

> 〈まとめ〉 표준일본어의 악센트에서 높낮이의 변화가 있을 때 낮아지는 음절 직전의 음절을 악센트의 核라고 부른다. 단어의 1음절과 2음절 사이에는 반드시 악센트의 차이가 있으며 한 단어 안에서 한 번 낮아진 악센트가 다시 올라가는 일은 없다.

(3) 日本語のアクセントの特徴 　1996 기출　2006 기출

日本語のアクセントは高低の違いによって<u>意味の区別をしたり</u>、<u>語（または文節）のまとま</u>
　　　　　　　　　　　　　└→ 弁別的機能　　　　└→ 統語的機能
<u>りを示す働きをする。</u>

　① **弁別的機能**　2003 기출　2023.A 기출：語の意味の区別に役立つ機能。しかし、形式が単純で弁別力がそれほど高くない。

例　　　　　　　　　　　　　　　　　　　　　　　　　　○ ●（低高）　● ○（高低）

アカ(垢)	○●	カタ(型)	○●	カウ(買う)	○●
アカ(赤)	●○	カタ(肩・方)	●○	カウ(飼う)	●○
ハシ(橋・端)	○●	コト(事)	○●	カミ(紙・髪)	○●
ハシ(箸)	●○	コト(琴・古都)	●○	カミ(神)	●○

　② **統語的機能（文法的機能）**　2006 기출：同音が連続した文の意味の区別に役立つ機能。同音が連続した文の意味の区別には、言葉の表す意味の他に、語または文節としてのまとまりを与えるアクセントの統語的機能が働き、文中の語や文節の切れ目を明らかにして文の意味を伝えている。

例1 **アノヒトワキョウヨウがある。**

○●●●●●○　●○▷　●○	●○ ●○▷ (1음절, 3음절은 높고 2음절, 4음절은 낮다.)
あのひとは 今日　用が　　ある	・2음절(低)과 3음절(高)의 문법적 경계가 생긴다.
	・●○[キョウ]와 ●○[ヨウ]를 서로 다른 단어로 인식하게 된다.
○●●●●● ○●●●▶　●○	○●●●▶ (1음절만 낮고 나머지 음절은 모두 높다.)
あのひとは　教養が　　ある	・○●●●[キョウヨウ]를 하나의 단어로 인식하게 된다.

例2

カネオクレタ (金をくれた)	カネオクレタ (金おくれた)	ニワトリガイタ (鶏がいた)	ニワトリガイタ (二羽鳥がいた)
○●▶○●●	○●●●●●	○●●●●▶○●	●○○●●▶○●

(4) アクセントの類型 　2003 기출　2017.B 기출

　① **アクセントの核**

　　㉠ 単語の中で音の高さが急に下がるところがあるが、その下がる直前の音節である。

　　㉡ 一つの単語には一つのアクセント核しかない。急に下がるところをアクセントの滝（たき）と言う。

② アクセントの核の有無によって、アクセントの核があるのは起伏式(きふくしき)、ないのは平板式(へいばんしき)に分けられる。

③ 起伏式は頭高型(あたまだかがた)・中高型(なかだかがた)・尾高型(おだかがた)に分けられる。平板式には平板型がある。

④ 1音節(1拍)単語は助詞をつけてみて、助詞が高くなるのは平板式、助詞が低くなるのは起伏式(頭高型)になる。

(5) 名詞のアクセント

① 名詞のアクセントのパターン

	起伏式			平板式
	頭高型	中高型	尾高型	平板型
1拍	● ○▷			▶ ○
2拍	● ○▷		● ○ ▷	●▶ ○
3拍	● ○○▷	● ○ ○▷	●● ○ ▷	●●▶ ○
4拍	● ○○○▷	● ○ ○○▷　　●● ○ ○▷	●●● ○ ▷	●●●▶ ○

② 名詞のアクセントの実例と特徴

		1拍	2拍	3拍	4拍	5拍
平板式	平板型	○▶ ひが 日が	○●▶ とりが 鳥が	○●●▶ わたしが 私が	○●●●▶ ともだちが 友だちが	○●●●●▶ あかんぼうが 赤ん坊が
起伏式	尾高型		○●▷ はなが 花が	○●●▷ おとこが 男が	○●●●▷ いもうとが 妹が	○●●●●▷ あんないしょが 案内書が
	中高型			○●○▷ おかしが お菓子が	○●●○▷ ひらがなが 平仮名が	○●●●○▷ にほんじんが 日本人が
					○●○○▷ どようびが 土曜日が	○●●○○▷ ばんごはんが 晩御飯が
						○●○○○▷ おじょうさんが お嬢さんが

頭高型	●▷ ひが 火が	●○▷ あめが 雨が	●○○▷ みどりが 緑が	●○○○▷ ねえさんが 姉さんが	●○○○○▷ どちらさまが どちら様が

㉠ n拍の場合、n＋1種類のアクセント型がある。

㉡ 1，2，3拍名詞の場合は平板型が最も多く、次は頭高型である。中高型はその数が少ない。

㉢ 4拍名詞は平板型が最も多い。特に2字の漢語名詞は平板型が圧倒的に多い。

㉣ 4拍固有名詞は平板型と中高型の二種類である。

㉤ 5拍以上の名詞では最後から3番目の拍まで高いものが最も多い。

③ 名詞のアクセントと助詞

平板式	平板型	最初の1拍目だけが低く、2拍目以降は高く平坦に発音される。平板型の単語の中では、音の高さの急な下降がない。 ▶「平板」という言葉にだまされて、同じ高さで読んでしまわないようにすること。 　例 鼻(はな)　わたし　わらう　すわる　さそう ▶ 文の中で「が」「は」「を」「に」などの助詞が続くと、2拍目以降と同じ高さになる(高くなる)。 　例 時間(じかん)がない。　大学(だいがく)に入った。　桜(さくら)の木
起伏式		単語の中で音の高さが急に下がるところ(＝アクセント核)がある。
	頭高型	1拍目が高く、2拍目以降は低くなる。 　例 テレビ　カラス　文学(ぶんがく)　親子(おやこ)　cf. 親子丼(おやこどん) ▶ 文の中で助詞が続くと、最終音と同じ高さになる(高くならない)。
	中高型	1拍目が低く、2拍目以降は高くなり、終わりまでにもう一度低くなる。 　例 あなた　日本人(にほんじん)　高速道路(こうそくどうろ) ▶ 文の中で助詞が続くと、最終音と同じ高さになる(高くならない)。 　例 あなたは、にほんじんが 好きですか。
	尾高型	1拍目が低く、2拍目以降は高くなる。アクセント核は最後の拍にある。 　例 さしみ　橋(はし)　男(おとこ)　弟(おとうと) ▶ 文の中で助詞が続くと、下がり目が生じて低くなる(この助詞から見るとその単語の最後の音が高いので「尾高」という)。 　例 橋(はし)をわたる　男(おとこ)の子　弟(おとうと)がいる。

(6) 動詞のアクセント

① 動詞のアクセントのパターン

動詞の終止形	起 伏 式		平 板 式
	頭高型	中高型	平板型
2拍	● ○		● ○
3拍		● ○ ○	●● ○
4拍		●● ○ ○	●●● ○
5拍		●●● ○ ○	●●●● ○

② 動詞のアクセントの実例と特徴

	○●	○●●	○●●●
平板式	きく(聞く) うる(売る) しる(知る) ねる(寝る)	わらう(笑う) おどる(踊る) あびる(浴びる) きえる(消える)	はたらく(働く) たたかう(戦う) あまえる(甘える) ならべる(並べる)
	●○	○●○	○●●○
起伏式	かく(書く) よむ(読む) みる(見る) でる(出る)	おもう(思う) つくる(作る) おちる(落ちる) はれる(晴れる)	よろこぶ(喜ぶ) かなしむ(悲しむ) ひきいる(率いる) しらべる(調べる)

㉠ 名詞に比べると、アクセントの種類は少ない。

㉡ 動詞の終止形のアクセントは平板式、または<u>最後の拍から2番目の拍まで高い</u>
   <u>起伏式</u>である。

   └ 結果的に最後の拍から2番目の拍がアクセントの核になる。

㉢ 平板式の平板型の場合、特定語尾がついてもいつも平板型である。

㉣ アクセントの核がある中高型の場合、<u>テ形とタ形になるとアクセント核の位置が1拍</u>
   <u>前に移動</u>する。

   └ 結果的に最後の拍から3番目の拍がアクセントの核になる。

memo

2拍動詞	3拍動詞	4拍動詞
よむ　よんで　よんだ	おもう　おもって　おもった	よろこぶ　よろこんで　よろこんだ
みる　みて　みた	おちる　おちて　おちた	しらべる　しらべて　しらべた

(7) 形容詞のアクセント

① 形容詞のアクセントのパターーンと実例

2拍語	頭高型	●○	良(よ)い　ない　いい　濃(こ)い
3拍語	頭高型	●○○	多(おお)い　(唯一)
	平板型	○●●	赤(あか)い　軽(かる)い　厚(あつ)い
	中高型	○●○	白(しろ)い　高(たか)い　熱(あつ)い
4拍語	平板型	○●●●	冷(つめ)たい　悲(かな)しい　優(やさ)しい
	中高型	○●●○	楽(たの)しい　短(みじか)い　嬉(うれ)しい

② 形容詞のアクセントの特徴　2011 기출

㋑ 2拍語はすべて頭高型である。

㋺ 3拍以上の形容詞は平板型と中高型の2種類のみである。

例外 「多(おお)い」は頭高型

㋩ 3拍と4拍の形容詞のうち、平板型は30ぐらいで、残りはすべて中高型である。

㋥ 5拍以上の形容詞は唯一の平板型「難(むずか)しい」を除くとすべて中高型である。

(8) アクセントに影響を与える要因

• 原則：独立性の弱い特殊拍や無声化する拍にはアクセントの核が置かれない。

① 促音：숫자에 「個(こ)」가 연결되면 「個」 바로 앞 拍에 アクセント核가 놓이게 되지만 「個」 직전에 촉음이 있으면 アクセント核가 1拍 앞으로 이동한다.

例 二個(にこ)　一個(いっこ)

② 撥音

㋑ 명사에 「局(きょく)」라는 말이 연결되어 복합어가 되면 명사의 악센트형에 관계없이 뒤에서부터 세 번째 拍에 アクセント核가 놓인다.

例 でんわ＋きょく → でんわきょく

㋺ 그런데 郵便局(ゆうびんきょく)처럼 アクセント核가 놓일 곳에 撥音 「ん」이 있으면 アクセント核 위치가 1음절 앞으로 이동한다.

例 郵便局(ゆうびんきょく)

ⓒ 그 밖의 다른 단어도 撥音「ん」직전 拍에 アクセント核가 오게 된다.

例 玄関(げんかん)　パン屋(パンや)

③ **長音・連母音**

㉠ 명사에 「局(きょく)」라는 말이 연결되어 복합어가 되면 명사의 악센트형에 관계없이 뒤에서부터 세 번째 拍에 アクセント核가 놓인다. 그런데 放送局(ほうそうきょく)처럼 アクセント核가 놓일 곳에 장모음이 있으면 アクセント核 위치가 1拍 앞으로 이동한다.

例 放送局(ほうそうきょく)

㉡ 그 밖의 다른 단어도 장모음 직전 拍에 アクセント核가 오는 경우가 많다.

例 おねえさん　経済(けいざい)　cf. 東京(とうきょう)

ⓒ 동사와 형용사 중 기복식 악센트의 단어는 원칙적으로 끝에서 두 번째 拍에 アクセント核가 놓이지만 끝에서 두 번째 拍에 장모음이나 연모음이 있으면 アクセント核가 1拍 앞으로 이동한다.

例 通る(とおる)　多い(おおい)

④ **母音の無声化** : 협모음 [i]가 무성 자음 사이에서 무성화되면 アクセント의 핵가 1拍 뒤로 이동한다.

例 来る(くる) → きて

 **A** Plus⁺ まとめ

日本語のアクセントは、拍を単位とする高低アクセントである。語の第1拍と第2拍の高さは必ず異なり、1語中に高い拍が離れて現れることはない。

品詞	特徴		例	
名詞	n＋1種の型を持つ		1拍語：日が（○▶…平板） 火が（●▷…頭高）	
動詞	二拍語	○●（平板型） 対●○	聞く 売る 知る 寝る	書く 読む 見る 出る
	三拍語	○●●（平板型） 対○●○	わらう すわる さそう	おもう つくる おちる
	四拍語	○●●●（平板型） 対○●●○	はたらく たたかう ならべる	よろこぶ かなしむ しらべる
形容詞 （イ形容詞）	二拍語	●○（頭高型） のみ	よい ない いい こい ＊ おおい	
	三拍語	○●●（平板型） 対○●○	あかい かるい あつい（厚）	しろい たかい あつい（熱・暑）
	四拍語	○●●●（平板型） 対○●●○	つめたい かなしい やさしい	たのしい みじかい うれしい
	五拍語	○●●●○ （「難しい」を除く）	むずかしい （唯一の平板型）	やわらかい たのもしい

전공일본어

7 운율(韻律)·문음조(文音調)

운율(韻律)은 プロソディー(prosody)라고도 하는데 발화 중에 나타나는 음성학적 현상을 통틀어 일컬으며 억양(イントネーション)이나, 강세, 리듬(リズム) 등을 말한다. 운율은 문맥에 따라 주관적으로 달라질 수 있는 것이므로 해당 언어권에서 이미 객관적으로 사용이 굳어진 악센트는 포함되지 않는다.

음조란, 음의 高低나 調子를 말하는데 アクセント, トーン(声調), イントネーション, ポーズ, プロミネンス 등이 있다. 이중에서 アクセント나 トーン은 단어별로 정해져 있는 소리의 높낮이가 해당 언어권에서 습관적인 사용에 따라 정해진 것이지만 イントネーション이나 ポーズ, プロミネンス는 음절이나 文節 단위를 넘어 문장이나 담화를 단위로 하는 것이다. 이처럼 문장 단위로 화자의 심적 태도를 나타내는 음성 수단을 문 음조(文音調)라고 한다.

(1) イントネーション(抑揚) 1998 기출 1999 기출 2012 기출 2018.A 기출

話し言葉で、話の内容や話し手の感情の動きによって現れる声の上がり下がりのことで、話し手の心理状態や感情を表現する情緒的機能のほかに、文法的機能と社会的機能と文体的機能がある。

① イントネーションの機能

　㋐ 情緒的機能：話し手の心理状態や感情を表す。

　㋑ 文法的機能：平叙文と疑問文を区別し、修飾・被修飾関係を表す。

　㋒ 社会的機能：人を識別し、丁寧さの程度を表して人間関係を調節する。

　㋓ 文体的機能：話し言葉と書き言葉、会話体と文章体などの文体を表す。

② イントネーションの種類と意思疎通機能 2006 기출 2018.A 기출 2024.A 기출 2025.B 기출

	機能	例	特徴
上昇調(／)	質問	彼は学生ですか。	判定疑問文 「か」を欠く 疑問文
		明日時間あります？	
	勧誘	これ、よかったらどうぞ。	
	確認	彼は学生でしょう？	
	知識の活性化	ほら、あそこに高いビルが見えるでしょ。	
	強調	あなたも来るんですよ？	
自然下降調 (→)＝平板調	断定	彼は学生です。	
	推量	彼は学生でしょう。	
	同意要求	今日もいい天気ですね。	

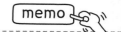

	機能	例	特徴
下降調(↘)	納得	そうですか。彼は学生ですか。	
	失望・不満	本当にダメですか。	
	詠嘆	いよいよ春ですねぇ。	
上昇下降調 (↗↘)	質問	彼はどんな人ですか。 (上昇調も可能)	WH疑問文
下降上昇調 (↘↗)	驚き	ああ、びっくりしたわ。	

(2) プロミネンス(卓立(たくりつ)) 2001 기출 2017.A 기출

　文中のある語を強調するために、特に強く発音したりする具体的な発音の仕方をプロミネンス(prominence)という。話し手が聞き手に伝えたい最も重要な情報を焦点というが、その焦点になる特定の要素に音声的に強勢を置くことで情報の重要性を際立たせることができる。プロミネンスには次のような方法がある。

　① 強く発音する

　② 高く発音する＝直前の音のキーより一段高いキーで発音する

　③ スピードを落とす＝対応する部分を少しゆっくり読む

　④ 前後にポーズを入れる＝対応する部分の前か後に少しだけ間をとる

　⑤ 音声を変える

　⑥ アクセントの高低差をつける

(3) ポーズ(休止(きゅうし)、間(ま)) 2006 기출

　話し言葉の途中におこる声や息の切れ目など、発話中の無音区間(silent pause)を言う(促音や破裂音は除外)。

　話し手が自らの意図を聞き手に正確に伝達するためには、適切なポーズが作れないといけない。不適切なポーズが多く入ると、スムーズさが失われて不適切な発話になるため、初級学習者に関しては、不適切なポーズを挿入させない指導が必要であり、中上級学習者に関しては適切なポーズ挿入の指導が必要になる。

cf. 「あのー」「まあー」「ええと」など、発話の合間にはさみこむ言葉であるフィラー(filler)をポーズの
　　一種としてみる見解もある。 2018.A 기출 2025.A 기출

memo

(4) フット(foot)

① 「日本語は常に二音という単位を基軸として成り立っている。だから、日本語の語彙も
二音を基調として編成される。」〔高橋龍雄(1934)『国語学原論』〕

② 「日本語のフットはモーラによって規定でき、1フットは2モーラから成るのである。つ
まり、日本語では2モーラずつが韻律上まとまることが非常に多いので、日本語では
2モーラずつのまとまりをフットと考えることにする。」〔窪薗晴夫・太田聡(1998)『音韻
構造とアクセント』〕

例 あき ぞら を○ はと が○ とぶ

それ で○ よい それ で○ いい のだ   *○＝ポーズ(休止)

(5) リズム(rhythm)

規則的に起こる強弱・長短の配置をリズムという。高低アクセントである日本語のリズム
は音節の数によって差異を見せ、拍(モーラ)が反復するモーラ型リズムである。次はフットに
合わせた日本語のリズムの例である。

例 数字の数え方：「いち にー さん しー ごー ろく しち」

電話番号２４１－０７５２：「にー よん いち のー ゼロ なな ごー にー」

리듬의 기본 단위＝拍(モーラ)

1. 仮名 한 글자가 1拍의 길이이다. (1仮名 ＝한 글자는 1拍).

2. きゃ, しゃ, ちゃ의 요음은 바로 앞의 仮名와 합쳐서 1拍으로 간주한다.

3. 일본어의 拍은 외래어에 나타나는 특수한 경우를 제외하고 모두 106개이며 여기에는
促音, 撥音, 長音(一)이 포함된다. (仮名 108개 중 ぢゃ, ぢゅ, ぢょ가 제외되고 長音(一)이 포함됨)

4. 特殊拍(促音, 撥音, 長音)은 단어의 첫머리에 나타나지 않는다. (特殊拍 외의 拍은 自立拍)

8 한국어와 일본어의 음성 · 음운 비교

	한국어	일본어
음운 수	단모음 10개, 이중모음 11개, 반모음 2개, 자음 19개	모음 5개, 반모음 2개, 자음 13개, 특수 음소 3개(/N//Q//R/)
자음	① 한국어 자음은 여린소리(연음), 거센소리(격음), 된소리(경음)의 3계열('ㄱ'/k/ : 'ㅋ'/kʰ/ : 'ㄲ'/k'/)이 서로 대립한다. 이 때문에 한국인은 어두의 유성음과 어중의 무성음을 구별하기 어렵다. ② 한국어에는 무성 치경 파찰음이 존재하지 않기 때문에 「つ」를 「쓰 · 쯔 · 츠」로 발음하는 경우가 많으며 정확히 발음하기 힘들다.	① 유성과 무성의 두 계열 /k/ : /g/, /t/ : /d/, /s/ : /z/, /p/ : /b/에 의한 최소 대립을 이루고 있다. ② 유기음과 무기음이 단어 변별에 영향을 주지 않기 때문에 일본인은 「달/t/ · 탈/tʰ/ · 딸/t'/」의 발음을 구별하기 어렵다. ③ N(撥音), Q(促音)라는 **モーラ**(拍) 음소가 있는데, 이는 자음의 역할을 하면서 하나의 박자를 구성한다.
	한국어와 일본어의 「s」는 「i, j」 앞에서 [ɕ]([ʃ])로 나타난다.	
모음	원래 장단의 구별이 있었지만, 현재는 양자를 구별하지 않는 경향이 짙다.	장음(長音)이 1박자의 길이를 가지고 있어, 단어를 변별시켜 주는 기능을 한다.
음절 구조	양 언어 모두 음절의 분포(초성, 중성, 종성)가 비슷하나 한국어가 일본어보다 음절의 구조가 다양하다.	
	개음절 외에 자음으로 끝나는 폐음절(閉音節)도 있다. 한국어의 폐음절에는 종성에 7개의 자음(7종성 : ㄱ · ㄴ · ㄷ · ㄹ · ㅁ · ㅂ · ㅇ)이 오는데 이 외의 자음은 이들 7개의 대표음 중 하나로 발음된다.	대부분의 음절이 모음으로 끝나는 개음절(開音節)로 종성에 자음이 오지 않는다.
악센트	악센트가 단어의 의미를 바꾸는 요소가 되지 않는다(다만, 일부 경상도 지역에서는 고저 악센트가 단어의 의미를 바꾸기도 한다).	악센트가 단어의 의미를 바꾸는 요소가 된다.

memo

A Plus⁺ 한국인 학습자에게 일본어를 가르칠 때 주의할 점 [2001 기출] [2010 기출]

1 ウ단 모음

입술을 동그리거나 내밀지 않도록 한다. 또한 ス, ツ, ズ(ヅ)에서는 중설화된 발음을 하도록 지도한다.

2 모음의 무성화

きく[kikɯ]에서 「き」의 [i]를 きっく[kikkɯ]처럼 촉음을 넣어 발음하지 않도록 지도한다.

3 ガ行 및 ダ行의 「だ・で・ど」가 어두에 올 때 청음으로 발음하지 않도록 한다.

ガ行 음은 영어 [g] 발음과 비슷하지만 어중이나 어말에 올 때는 비탁음으로 발음되는 경우가 있다는 점과, 「だ・で・ど」는 영어 [d] 발음과 비슷하며 한국어의 어두에 오는 '다・데・도'처럼 발음하지 않도록 가르친다.

4 つ의 발음

「つ」는 [ts]의 발음이다. '츠'와 '쯔'의 중간음이며 한국어로는 표기가 어려워 편의상 '쓰'로 하고 있다. '츠'와 '쯔'를 합친 듯한 느낌의 발음으로 'ㅜ'보다는 'ㅡ'에 가깝게 발음하도록 지도한다.

5 장음과 단음의 구별

장음과 단음의 구별로 의미가 달라지므로 최소 대립 등, 많은 연습을 통해 단어를 구별하도록 지도한다.

6 「じょ」와 「ぞ」의 구분

「しょ」「そ」의 구별은 가능하지만 「じょ」와 「ぞ」의 발음을 제대로 구분하지 못하는 한국인 학습자가 많다. 먼저 「しょ」와 「そ」를 제대로 발음하도록 연습한 후 「じょ」와 「ぞ」의 발음을 연습하도록 지도한다.

7 어중의 ハ행 자음

한국인 학습자는 어중의 ハ行 자음 /h/를 의식하지 못하여 「にほんご」를 「におんご」로, 「ごはん」을 「ごあん」처럼 아주 약하게 발음하거나 모음처럼 발음하는 경향이 있으므로 제대로 발음하도록 지도한다. フ의 자음 [ɸ]는 영어 발음 [f]에 가깝게 발음하되 아랫니로 윗입술을 물지 않도록 지도한다.

3 文字

1 言語とコミュニケーション

(1) コミュニケーションの手段としての言語

① **言語**：コミュニケーションのとき、やりとりされている言語そのもの、音声言語や文字言語

② **パラ言語**(副言語)：コミュニケーションのとき、やりとりされている言語に付随する内容以外の情報

　例 ・音声言語の場合は声の高低、大きさ、会話の間など

　　　・文字言語の場合は文字の大きさ、筆圧など

③ **非言語**：パラ言語を除き、顔の表情やうなずき、目線、ジェスチャーなど

➡ ただし、②と③を区別しない立場もある。

(2) 音声言語と文字言語

　世界に存在する言語の数は約 5,000〜8,000、その中で文字を持つものは約20%程度と推定される。

① **音声言語**：口で言語音を話し、それを耳で聞いて理解する言語

➡ **音声**：発声器官の物理的な動きによって出される音の連続

② **文字言語**：文字を媒介として意思疎通する言語

➡ **文字**：言葉・言語を伝達して記録するために線や点を使って形作るもので、変化に富んだ音声の体系を構成するカテゴリーにつけられる記号

音声言語(話し言葉)	文字言語(書き言葉)
すぐ消え去ってしまうため、記録・保存が難しい。	だいたいの場合、音声言語から派生する。長く(永久的に)残るため、記録・保存に適合。
発信者と受信者が時間と空間を共有する。同時に多くの人々に内容を伝えにくい。	発信者と受信者が時間と空間を共有しない。
音調を用いて話し手の感情を表現することができる。	音調がない。
文脈の整合性・表現の完結性はなくても差し支えない。	文脈の整合性・表現の完結性が要求される。

音素文字と音節文字
2024.A 기출 : 音素文字は一つの文字が一つの音素を表すものである。音素は発音の最小単位で、子音と母音という音素が表記の単位になる。アルファベットは音素文字の典型であり、ローマ字やラテン文字、アラビア文字、ハングル文字も音素文字である。しかし、日本語の場合、「学校」の「が」は /ga/ に対応するため、ひらがなは音素文字ではなく音節文字になる。

2 文字の種類

(1) 表音文字と表意文字 〔2011 기출〕 〔2024.A 기출〕

① **表音文字**：言語単位としての音節や音素を表す文字

㉠ **音節文字**：音節を表す文字({子音+母音}の組み合わせ=音節)

例 日本のひらがな・カタカナ → 音節文字、仮名文字

㉡ **音素文字(単音文字)**：音素を表す文字

例 ローマ字(アルファベット)、ハングル(한글) → 音素文字、単音文字

② **表意文字**：言葉を意味の面からとらえて、一字一字が一定の意味をそれぞれ表している文字

例 漢字、意味を絵で表した絵文字(ピクトグラム)、象形文字など

(句文字のように、意味を句単位で表すものもある。)

➡ 日本語は、表意文字「漢字」と、表音文字「ひらがな」・「カタカナ」・「ローマ字」を併用して複合的に表記する言語である。

(2) 口頭言語と書記言語

① **口頭言語**

㉠ 話し手と聞き手との間で口頭の音声を用いてコミュニケーションすることを典型とする言語変種の一つ。

㉡ 子供が自然に習得するものであり、文字の教育によって習得される書記言語とは区別される。意味の区別を可能にする最も小さい単位は「音素」である。

➡ cf. 音声言語は聴覚を利用する言語全般をいう。例えば、書記言語を朗読すると「音声言語」になる。

② **書記言語**

㉠ 文字を媒介とすることを典型とする言語変種の一つ。従って、「文字言語」で現れる。

㉡ 意味の区別を可能にする最も小さい単位は「文字素(もじそ)=字素=図形素(ずけいそ)」である。

㉢ 文字素は、表意または表音の文字体系を構成する単位であり、〈 〉の中に表す。

例 ・〈犬〉…文字素1つ　・〈いぬ〉…文字素2つ　・〈inu〉…文字素3つ

㉣ 文字素は必ずしも音素と一致するものではない。

例 ・文字素〈k〉〈c〉 → 音素 /k/　・文字素〈c〉 → 音素 /k//s/

文字素 〈k〉	音素 /k/	Korea	文字素 〈c〉	音素 /k/	cola
文字素 〈c〉		cola		音素 /s/	cyber

3 日本語の文字

(1) 概要

現代の日本語は漢字仮名交じり文で表記されるが、漢字・仮名(ひらがな・カタカナ)・ローマ字という様々な文字体系が取り入れられている。このうち仮名は合成文字である拗音と促音を入れると108字であり、常用漢字と指定されている漢字は2021年基準で2,136字である。表音文字の仮名は1文字が1音に対応することが原則であるが、表記法の変化によって、文字と音が一致しない言葉も生じる(例 思ふ[omou̜])。そして日本語の漢字は字音と字訓が分かれていて、音読みと訓読みがある。

仮名と漢字の使用においては複雑な用法上の区別がある。カタカナとローマ字は外来語と外国語の使用に限られており、ひらがなと漢字が中心になっている。ひらがなは助詞や助動詞、そして用言の語尾に集中されていて文法的意味を表す場合が多く、漢字は名詞と用言の語幹に集中されていて具体的かつ語彙的意味を表す場合が多い。なお、同じ数の概念を表す際も漢数字・アラビア数字・ローマ数字の3種類が使われている(例 英語IIでは2月に二つの課題が出ます)。

これらの文字体系は、特定の意味やイメージ、ニュアンスの表現および文字列の単調さの回避などといった目的で語種や品詞、あるいは語ごとに選択される傾向がある。ちなみに、表記方向は縦書き・横書きという異なる文字の配列が併用されている。

○ 直音(ちょくおん) 46字
濁音(だくおん)・半濁音
(はんだくおん) 25字
拗音(ようおん) 36字
促音(そくおん) 1字

(2) 韓国語と日本語の比較

	韓国語	日本語
基本的な使用文字	・ハングル(表音文字) ・漢字(表意文字)…必須ではない ・アルファベット(表音文字)	・漢字(表意文字) ・ひらがな(表音文字)/ 　カタカナ(表音文字) ・アルファベット(表音文字)
基本的な文字の数	・基本字音14字+合成字音5字 　計19字 ・基本母音10字+合成母音11字 　計21字 ・二重終声(二重パッチム) 11字 ・アルファベット：52字 　(大文字26、小文字26)	・漢字：2136字(常用漢字基準) ・ひらがな：46字/カタカナ：46字 ・アルファベット：52字 　(大文字26、小文字26)

文字と読みの対応	・漢字：1文字単数音(例外もある) ・子音と母音：文字1音(音素単位)	・漢字：1文字複数音 ・ひらがな/カタカナ：1文字1音 (音節単位)
基本的な表記方向	・原則的に横書き	・縦書き(新聞、書籍など) ・横書き(一般文書など)
表記方法	・単語毎の空白あり(分かち書き) ・句点、読点有り「. /」	・単語毎の空白無し ・句点、読点有り「。/、」

(3) 日本語の文字の種類

① 仮名文字

㉠ **万葉仮名**(まんようがな)：上代(飛鳥時代[592~710年]-奈良時代[710~794年])に日本語を表記するために漢字の音を借用して用いられた文字。『万葉集』での表記に代表されるため、このような名前がつけられた。漢字の字音や字訓を利用して表音的に用いたもので、漢字本来の表意的な使い方とは異なるが、文字の形としては漢字であり、片仮名や平仮名とは異なる。

㉡ **平仮名**(ひらがな)：平安時代[794~1192年]初期に漢字の草書体からつくられた草仮名(そうしょたい)(そうがな)(万葉仮名を草書体で書いたもの。9世紀半ばから使われた。)をさらに簡略化したもの。草仮名をさらに書き崩し、一つの字体に一つの音が使われるようになった結果、平仮名が生まれた。主に女性たちが使用したことから女手(おんなで)、女文字(おんなもじ)とも言われる。

➤ cf. 男仮名は万葉仮名

㉢ **片仮名**(カタカナ)：平安時代初期に学僧が漢訳仏典を訓読するために、句読点(くとうてん)や返り点(かえり)(てん)などを行間に書き入れるために使用したことが起源。平仮名が漢字の草体化によって生まれたのに対し、片仮名は漢字の字画の一部を略体化することで作られた。現在は、外来語や外国の地名・人名、擬音語・擬態語、動植物の名前などを表記。

句読点	句点(。)と読点(、)
返り点	漢文の訓読で、返り読みの順序を示すために施される符号。漢字の左下に小さく記入するもので、「レ、一・二・三、上・中・下、甲・乙・丙、天・地・人」などがある。

㉣ **異文字**(こともじ)：同じ音を表す異なる文字

例 ひらがなとカタカナ：異文字関係 〈あ〉〈ア〉…音素/a/を表す異文字

memo

◆ 異体字：旧字など、標準の字体とは漢字の一部が異なるが、意味と発音は同じで通用する漢字。広くは異体仮名(現在の標準とは異なる平仮名・片仮名)を含めていう場合もある。
例 「煙」に対する「烟」、「群」に対する「羣」など。

memo

② 漢字 　2007 기출　2011 기출　2012 기출

㋐ 漢字の構成：六書_{りくしょ}＝六義_{りくぎ}

漢字の6つの造字法。後漢時代に中国の学者、許慎_{きょしん}が中国最初の字典『説文解字_{せつもんかいじ}』を編纂しながら、漢字の成立と用法にしたがって漢字を6種に分類した。

	特徴	例
象形 しょうけい	物の形をかたどった漢字の作り方	「木」「日」「月」「鳥」「魚」…
指事 しじ	点画の組み合わせなどによって、位置・数量などの抽象的な意味を直接表しているもの	「一・二・三」「上・下」「凸・凹」…
会意 かいい	二つ以上の漢字を組み合わせ、その意味を合成して独立した文字とするもの	1.「人」+「言」=「信」 2.「人」+「木」=「休」 3.「木」×2=「林」「木」×3=「森」
形声 けいせい	音声を表す文字と意味を表す文字を組み合わせて、新しい意味を表す漢字を作る方法 (新しい漢字をつくる最も一般的な方法)	1.「金」+「同」=「銅」 2.「水」+「工」=「江」 3.「草」+「早」=「草」
転注 てんちゅう	ある漢字を原義に類似した他の意味に転用する方法 (この場合、音が変わるものが多い。)	1.「長(long)」→「長(chief)」 2.「悪い」→「憎悪_{ぞうお}」 　・アク：わるし。あし。みにくし。 　　「悪行_{あくぎょう}」「醜悪_{しゅうあく}」 　・オ：にくむ。「好悪_{こうお}」「憎悪_{ぞうお}」 3.「音楽」→「楽だ」「楽しい」 　・ガク：しらべ。かなづ(かなでる)。 　　「礼楽_{れいがく}」「楽人_{がくにん}」 　・ラク：たのし。たのしむ。「楽土_{らくど}」 　　「歓楽_{かんらく}」
仮借 かしゃ	ある語を表す漢字がない場合、その語の意味とは関係のない別の同音の漢字を借りて表す方法	1. 食物を盛る高い脚の付いた器の意の「豆_{とう}」の字を、穀物「まめ」の意に用いる。 2. ガ(古代中国の1人称代名詞)に同じ発音の詞である「我(もともと刃物の「ほこ」の意)」を充てる。 例 仏陀_{ぶっだ}　珈琲_{コーヒー}　基督_{キリスト}

ⓛ 単語文字と形態素文字

	説明	例
単語文字＝語文字	一文字が一単語になる文字 漢字のような表意文字が代表的	火(ひ) 車(くるま) 山(やま) 雨(あめ) ▶単語として音声を持っているから単語文字
形態素文字	ある文字が他の単語の構成要素になる場合、それは形態素文字になる	車体(しゃたい) 火薬(かやく) 水車(すいしゃ) 山水(さんすい) 雨傘(あまがさ) ▶他の漢字と組み合わさって単語をなすから形態素文字

ⓒ 当(あ)て字(じ)＝充て字　2002 기출

ⓐ 日本語を漢字で書くとき、本来の用法を無視して漢字の音や訓をその字の意味に関係なく当てる漢字の使い方

ⓑ 「充て字」という名称は、字を当てるのではなく、代わりとなる字を充てることから付けられた。借り字ともいう。

例 目出度(めでた)し　時雨(しぐれ)　滅茶苦茶(めちゃくちゃ)　矢鱈(やたら)
沢山(たくさん)

当て字の種類

タイプ	例
外来語や外国の固有名詞を漢字の音を借用して表記	亜細亜(アジア)　仏蘭西(フランス) 珈琲(コーヒー)　倶楽部(クラブ)
漢字音を借りて和語を表記	素敵(すてき)　兎角(とかく)　丁度(ちょうど)
漢字の和訓を借用して外来語を表記	合羽(かっぱ)　背広(せびろ) ▶背広：語源未詳。背幅が広いことからとも、civil clothes(市民服の意)またはロンドンの洋服屋街の名であるSavile Rowからなどともいわれている。
漢字の和訓を借用して和語を表記	目出度(めでた)し　派手(はで)　試合(しあい)

当て字と仮借

当て字	日本語を漢字で書く場合に、漢字の音や訓を、その字の意味に関係なく当てる漢字の使い方。狭義には、古くから慣用の久しいものについていう。借り字。
仮借	音はあるが当てるべき漢字のない語に対して、同音の既成の漢字を意味に関係なく転用するもの。音を借りた漢字。当て字の一種だが、特に一字で表記し、定着して後まで伝わったもの。

ㄹ **国字**〔こくじ〕 2003 기출 2012 기출 2022.B 기출

ⓐ 中国の漢字の字体に倣（なら）って日本で新たにつくりだした漢字体の文字。日本製の漢字。和字（わじ）、和製漢字ともいう。

　　例 噺（はなし）　凩（こがらし）　峠（とうげ）　榊（さかき）　躾（しつけ）　栃（とち）　匂（におい）

ⓑ 国字はもともと訓読みだけあることが一般的だが、音読みを持つものもあり（例 働く/稼働（かどう）・労働（ろうどう））、訓読みはなくて、音読みだけあるものもある（例 甲状腺（せん））。

常用漢字表にある国字

働	匁	塀	峠	搾	枠	畑	込
ドウ・はたら(く)	もんめ・め	ヘイ	とうげ	サク・しぼ(る)	わく	はたけ・はた	こ(む)・こ(める)
音読みもある		音読みだけ		音読みもある			

ㅁ **常用漢字**〔じょうようかんじ〕〔平成22年(2010)11月30日、内閣告示第2号〕

ⓐ 法令、公用文書、新聞、雑誌、放送など、一般の社会生活において現代の国語を書き表す場合に使用する漢字の範囲を「目安」として示したもの。2010年11月30日内閣告示として告示された。

ⓑ 常用漢字表には、2,136の字種とその字体4,388の音訓(音2,352、訓2,036)があり、これに加えて、付表に116の熟字訓(2字以上で読み方が決まるもの)や当て字などが示されている(以前の表から5字を削除、196字追加)。

ⓒ 「目安」なので専門分野や個々人の表記、また、固有名詞における漢字使用にまで及ぼそうとするものではない。

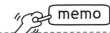

常用漢字表の音訓索引例

	音読み	訓読み	例	備考
瓦	ガ	かわら	瓦解(ガカイ) 瓦屋根	例 汚職から政権が瓦解する
篤	トク	―	篤農 危篤 懇篤	例 篤農家 懇篤を極めた追悼文
屯	トン	―	駐屯 駐屯地	
凸	トツ	―	凸版 凸レンズ 凹凸	cf. 凸凹(でこぼこ)
璽	ジ	―	御璽(ぎょじ) 国璽(こくじ)	天皇の内印 国家の表徴として押す璽 (印章または印影)
絡	ラク	からむ からまる からめる	連絡 脈絡 絡む 絡み付く 絡まる 絡める	
覧	ラン	―	観覧 展覧 一覧	
理	リ	―	理科 理由 整理	
零	レイ	―	零下 零細 零落 樹齢 年齢 妙齢	例 零落した華族の末裔
枠	―	わく	枠 枠内 窓枠	
届(届)	―	とどける	届ける 届け 届く 行き届く	
咲	―	さく	咲く 早咲き 遅咲き	
戻(戻)	レイ	もどす もどる	戻入 返戻 戻す 戻る 差し戻し 後戻り	戻入＝戻し入れ 返戻＝返却

				悪いことが起こるのではない
虞	―	おそれ		かという気持ち(大辞林の解説 をご参照)

おそれ【恐れ・虞・畏れ】『大辞林』(第三版)の解説

① こわいという気持ち。恐怖。「―をいだく」

② (「虞」とも書く)悪いことが起こるのではないかという心配。懸念。「肺炎を併発する―
がある」

③ (「畏れ」とも書く)神仏や年長者に対するつつしみ。はばかり。「富士への―にこの度
はさしおく／狂言・富士松」

㋩ 筆順指導の手引き

　　ⓐ 文部省が1958年(昭和33年)3月に発行した、当時の教育漢字の筆順(書き順)に関
　　する解説書。

　　ⓑ 以降、教科書はこれを基にして筆順を示すようになった。しかし、現行の教科書
　　では、「漢字の筆順は、原則として一般に通用している常識的なものによる」という
　　検定基準に従っているため、「一般に通用している常識的な」筆順を採用してい
　　るということになっている。

　　ⓒ そこで、ほとんどの小学校の国語の教科書は、「筆順指導の手びき」で示された
　　筆順と、そこから推定される筆順とを今でも採用し続けている。上から下へ・左
　　から右へという二大原則があるにはあるが、例外も存在する。

③ ローマ字

・ローマ字(=ラテン文字):現在、ヨーロッパおよびアメリカ大陸の多くの国の国語表記
　に用いられているアルファベット

・日本語の文字におけるローマ字

　i. 仮名文字をラテン文字に転写するときの規則全般(=ローマ字表記法)

　ii. ラテン文字で表記された日本語(ローマ字つづりの日本語)を表す。

㋑ 日本語の仮名文字をラテン文字で表記したもの。室町時代(1336~1573)に西洋の宣
　教師らによって伝えられ、はじめのうちは主にポルトガル語の発音に基づいて表記
　された。

memo

memo

ⓛ ローマ字表記の変遷

ヘボン式ローマ字表記 (1884年)	日本式ローマ字表記 (1885年)	訓令式ローマ字表記 (1938年)
英語音に基づいた単音文字	日本語の音素体系を反映した音素的表記	現代日本語の音素体系を守る

ⓒ 日本の公文書では訓令式を使用することが多いが、日本の市・町・村の地名や駅名、道路表記、そして人名や会社名も概(おおむ)ね修正ヘボン式に準じた表記が採用されている。現在、日本国内では旧ヘボン式、修正ヘボン式ともに広く使われており、分野や団体によって採用されている方式が異なる。そのため、同じ地名のローマ字表記が駅名標と道路標識では一致しない場合もある。

4 表記・発音

1 仮名遣いの歴史

(1) 仮名遣いの変遷 2002 기출 2007 기출

万葉仮名(上代特殊仮名遣い) → あめつちの詞 → 五十音図 → いろはうた → 定家仮名遣い → 歴史的仮名遣い → 現代仮名遣い

万葉仮名	漢字の意味と関係なく、発音のみを利用して日本語を表記する方式で考案された。これを使用した代表的な文献が『万葉集』であるため、こういう名称が付けられた。ア行とヤ行の違いを反映したと推定される2つのエ仮名(ア行のエ[e]とヤ行の江[je])がある。
あめつちの詞	10世紀初めに作られた。48音であり、エ仮名が2回出てくる。上代のように依然としてア行の[e]とヤ行の[je]が区別されている。 cf. 10世紀半ばの『大為爾(たゐに)の歌』と10世紀末の『いろは歌』ではその区別がなくなる。
五十音図 2002 기출	10世紀ごろに作られた。この時期のヤ行の「イ・エ」とワ行の「ウ」は、ア行の「イ・エ・ウ」と重複している(47字)。ワ行の「ゐ・ゑ」は使われている。(ただし、この時期の音図は現在の五十音図とは違うもので、五十音図が現在のようにア・イ・ウ・エ・オ順で段が整理されるのは12世紀初めごろ、ア・カ・サ・タ・ナ・ハ・マ・ヤ・ラ・ワ順で行が整理されるのは17世紀以降のことである。)
いろはうた 2019.B 기출	10世紀末~11世紀に作られた。当時、清・濁音においては発音上の違いはあったが表記上では区別がなかった。「いろは47文字(濁音・半濁音を除く)」が決められ(「ん」を含めると48文字)、いろは歌による仮名体系が成立する。場合によっては「オ・ヲ」と「ホ」が、また「ジ」と「ヂ」が同音になったがそのまま表記した。(13世紀になると「ん」が加えられ、「ゐ」と「ゑ」を使用する必要はなくなる。)
定家 仮名遣い	13世紀初めごろに作られた。当時の古典学者で歌人であった藤原定家が仮名表記の乱れを整理して『下官集』の「嫌文字事(文字を嫌う事)」に提示した仮名遣いの規範である。音韻変化に関する「を・お・え・へ・ゑ・ひ・ゐ・い」の8項目を設定し、60の単語を例にして使うべき仮名を提示した。例えば高平調の[wo]は「を」で表記し、低平調の[wo]は「お」で表記していた。のちに、行阿が編纂した『仮名文字遣』により詳しく説明された。
歴史的 仮名遣い	17世紀に国学者の契沖が上代と平安時代の文献を研究して定家仮名遣いの矛盾を指摘し、『和字正濫抄』で提唱したものである。古文の文書を、当時の読み方のまま書き記したときの表記で、1872年に明治政府によって取り入れられ、明治以降の学校教育をはじめ、広く使われた。1946年に現代仮名遣いが公布されたあとは主に古典の表記に使用された。古典仮名遣い、または旧仮名遣いとも呼ばれる。

memo

現代 仮名遣い	1946年に制定された現代かなづかいを1986年に改定したものである。使われる音韻によって文字を選択する9世紀の仮名文字成立時期の表音原理に従って「ゐ、ゑ」は使用していない(濁音、拗音を含めた50音図の形式)。

(2) あめつち(天地)の詞 _{ことば} 2019.B 기출

① 濁音や撥音を除いて各音節を重複させずに作られた。

② 48音節で構成されているが、ア行のエ[e]とヤ行の江[je]が区別されていて、清音48と濁音20、計68音節を区別していたことがわかる。

> あめ(天)、つち(地)、ほし(星)、そら(空)、やま(山)、かは(河)、みね(峰)、たに(谷)、くも(雲)、きり(霧)、むろ(室)、こけ(苔)、ひと(人)、いぬ(犬)、うへ(上)、すゑ(末)、ゆわ(硫黄)、さる(猿)、おふせよ(生ふせよ)、えのえを(榎の枝を)、なれゐて(馴れ居て)
>
> ▶最後を「良篦(江野)、愛男、汝、偃(率て)」と解する説もある。
>
> ( )の中は推定の意味

(3) いろは歌 _{うた} 2019.B 기출

① 手習いのはじめに仮名を覚えるために平安中期(10~11世紀ごろ)に47字の仮名を重複させずに、異なった音の仮名を集めて意味をなす歌として作られた。

② 七五調四句からなる今様歌_{いまよううた}(平安時代中期から鎌倉時代にかけて宮廷で流行した歌謡)の韻文である。

③ のちに手習いの手本として広く受容され、近代にいたるまで用いられた。

いろはにほへと	ちりぬるを	色_{いろ}はにおへど	散_ちりぬるを
わかよたれそ	つねならむ	我が世だれぞ	常_{つね}ならむ
うゐのおくやま	けふこえて	有為_{うい}の奥山_{おくやま}	今日_{きょうこ}越えて
あさきゆめみし	ゑひもせす	浅_{あさ}き夢_{ゆめ}見_みじ	酔_{よい}ひもせず

[解釈]

花の色は美しく、咲き誇っているけれど、いつかは必ず散ってしまうものだ。

我々のこの世の誰が、ずっと変わらないままであろうか。

いろいろなことが起こる人生の深き山を、今日も超えていく。

浅い夢は見るまい。心を奪われたりすることもしない。

(4) 鳥啼く歌 <small>とり な うた</small>

① 明治時代に作られた新しい『いろは歌』で、「ん」を含んだ48文字となっている(『いろはうた』は47字)。

② 1903年2月11日、新聞『万朝報』<small>よろずちょうほう</small>に「国音の歌を募る」という記事が掲載される。

これはいろは歌に使われている仮名に「ん」を加えた48文字で、いろは歌と同じように同じ仮名を二度使わず、文脈のある文を新たに募集したものであった。その後、約一万ほどの作が寄せられたが、一等の作は、以下のようなものだった。(作者、坂本百次郎)

とりなくこゑす	ゆめさませ	鳥啼く声す	夢覚ませ
みよあけわたる	ひんかしを	見よ明け渡る	東を
そらいろはえて	おきつへに	空色映えて	沖つ辺に
ほふねむれゐぬ	もやのうち	帆船群れゐぬ	靄の中

② 固有語の音韻の変化

(1) 唇音退化（しんおんたいか）

① 音韻上の現象の一つで、[p]や[b]などの唇音が、より緩い音である摩擦音[f][ɸ]や[v][w]などへ退化(子音弱化)する現象。

② 日本語では、現在のハ行の子音は、奈良時代以前は[p]だったと推定される。
つまり、過去の[p]が摩擦音化して[ɸ]となり(ファ行)、さらに摩擦そのものが弱くなって、室町時代以降になると調音点が[h]へと後退して現在のような「ハ行」になったといわれている。

③ その結果、ハ行とバ行は清濁音の関係のみとなり、パ行は半濁音として独立するようになった。

(2) ハ行転呼（ぎょう）（てんこ）　2004 기출　2009 기출　2021.A 기출

① 語頭以外(語中および語尾)のハ行音がワ行音に変化する現象。
平安時代に起こり、鎌倉時代にかけて進んだ結果、文字と音声の間にズレが生じ、表記上の混乱が発生した。

② この現象によって成立したワ行音をハ行転呼音と言う。

➡ 母には二度会うが、父には一度も会わないものは何? 答えは「唇」。
- 上代時代：[パピプペポ] パナ(花) ピカリ(光) カピ(貝)
- 奈良・平安時代：[ファフィフフェフォ] ファファうへ(母上) フェイケ(平家)物語
　　　　　　　　　　　　　　　　　　フィカル(ひかる)源氏
- 鎌倉時代以降：[ハヒフヘホ] [わ. ゐ. う. ゑ. を] かは(川) こひorこゐ(恋) うへ(上)
　　　　　　　　　　　　　　　　　かほ(顔) おもふ(思う)

➡ ハ行の子音は破裂音の【p】(パ行)、後に摩擦音の【ɸ】(ファフィフフェフォ)、そして現在の【w】(ワ行)になる。唇をしだいに使わなくなるので、唇音退化とも言う。

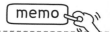

3 仮名遣い

　仮名文字の使い方を仮名遣い(かなづか)という。仮名遣いは、同じ語に対して複数の仮名表記の方法がある場合、どちらを使うべきかという規範を示したものである。特に、同じ音韻に対して複数の仮名を使い分けなければならない場合に仮名遣いが問題となる。規範と関係なく特定の時期または特定の作家による仮名の使い方を仮名遣いという場合もあるが(例 上代の特殊な仮名遣い、夏目漱石の仮名遣い)、本書では論外とする。

(1) 現代仮名遣い〔昭和61年(1986年)、文部科学省内閣告示〕 2014.A 기출 2018.A 기출

① **直音**：普通の五十音図表の仮名(ただし、「ゐ・ゑ」を除く)とその濁音仮名・半濁音仮名をそのまま用いて書くが、次のような特例がある。

　㋐ 助詞の「を・は・へ」は、「を・は・へ」と書く。

　　例 私は学校へお弁当を持っていった。

　㋑ 同音の連呼によって生じた「ぢ・づ」は、「ぢ・づ」と書く。

　　例 ちぢむ(縮む)　つづみ(鼓)　つづる(綴る)　つづく(続く)

　㋒ 二語の連合によって生じた「ぢ・づ」は、「ぢ・づ」と書く。

　　例 いれぢえ(入れ知恵)　ちかぢか(近々)　こぢんまり(小ぢんまり)
　　　 ちゃのみぢゃわん(茶飲み茶碗)　はなぢ(鼻血)　つねづね(常々)
　　　 みかづき(三日月)　ばかぢから(馬鹿力)　にいづま(新妻)

② **拗音**

　㋐ イ列の仮名に小書きの「ゃ・ゅ・ょ」を添えて書く。

　㋑ 二語の連合によって生じた「ぢゃ・ぢゅ・ぢょ」は「ぢゃ・ぢゅ・ぢょ」と書く。

③ **撥音**：「ん」を用いて書く。

④ **促音**：小書きの「っ」を用いて書く。

⑤ **長音**

　㋐ 長音は、ア列は「あ」、イ列は「い」、ウ列は「う」、エ列は「え」で表すが、オ列の長音は「う」とする。

　　例 おかあさん　おにいさん　ゆうがた　おねえさん　おとうさん　きのう　とうきょう

　㋑ ただし、次のものは「お」とする(歴史的かなづかいの「ほ」に対応するもの)。

　　例 おおい(多い)　おおきい(大きい)　おおかみ(狼)　おおやけ(公)　とおい(遠い)
　　　 こおり(氷)　こおる(凍る)　ほのお(炎)　もよおす(催す)

memo

⑥ 四つ仮名 2014.A 기출

㉠ 「じ」「ぢ」「ず」「づ」の四つの仮名、および、その仮名で表される音のこと。

㉡ 古くは、「じ」と「ぢ」、「ず」と「づ」は、それぞれ異なる音(「じ」「ず」は摩擦音の[ʒi][zu]、「ぢ」「づ」は破裂音の[di][du]で発音されたが、室町末期になると「ぢ」「づ」が**破擦音化**して[dʒi][dzu]となり、以後「じ」「ず」との混乱がみられ、17世紀末には現代と同じようになった。

㉢ 現代仮名遣いにおいて「ぢ」と「づ」で表記する語彙の例

ⓐ 同じ音が連続したため、後の音が濁音になった場合(同音連呼・連呼音)

例 縮(ち<u>ぢ</u>)む 続(つ<u>づ</u>)く

ⓑ 二語の連合によって生じた場合

例 鼻血(はな<u>ぢ</u>) 小包(こ<u>づ</u>つみ)

(2) 発音式仮名遣い＝表音式仮名遣い

仮名を現代の発音に対応させた仮名遣い。現代語の発音と1対1に対応する仮名遣いである。「ぢ・づ・を」を使用せず、長音には長音符号「ー」を使用する。

cf. 「現代仮名遣い」は連濁ならびに連呼音の場合に「ぢ」「づ」を用いる点など、一部に歴史的仮名遣いを残している。

『発音・アクセント辞典』では片仮名による発音式仮名遣いを使用しており、鼻音化したガ行音には「カ゚、キ゚、ク゚、ケ゚、コ゚、キ゚ャ、キ゚ュ、キ゚ョ」を使用している。

文部科学省 内閣告示第一号 現代仮名遣い

第2　特定の語については、表記の慣習を尊重して、次のように書く。

1.　助詞の「を」は、「を」と書く。

2.　助詞の「は」は、「は」と書く。

　〔注意〕次のようなものは、この例にあたらないものとする。

　　いまわの際(きわ)(最期の時)　すわ一大事(すわ：突然の出来事に驚いて発する語)

3.　助詞の「へ」は、「へ」と書く。

4.　動詞の「いう(言)」は、「いう」と書く。(＊ゆう)

　　例 ものをいう　いうまでもない　昔々あったという　どういうふうに

　　　人というもの　こういうわけ

5.　次のような語は、「ぢ」「づ」を用いて書く。

　① 同音の連呼によって生じた「ぢ」「づ」

　　例 ちぢみ(縮)　ちぢむ　ちぢれる　ちぢこまる　つづみ(鼓)　つづく(続)

　　　つづる(綴)

　〔注意〕「いちじく」「いちじるしい」は、この例にあたらない。

　② 二語の連合によって生じた「ぢ」「づ」

　　例 はなぢ(鼻血)　そこぢから(底力)　いれぢえ(入知恵)

　　　ちゃのみぢゃわん　まぢか(間近)　こぢんまり　ちかぢか(近々)

　　　ちりぢり(散り散り)　みかづき(三日月)　にいづま(新妻)

　　　おこづかい(小遣)　こころづくし(心尽)　てづくり(手作)　こづつみ(小包)

　　　ことづて(言伝)　つねづね(常々)　つくづく

6.　次のような語は、オ列の仮名に「お」を添えて書く。

　　例 おおかみ　おおせ(仰)　おおやけ(公)　こおり(氷・郡)　こおろぎ　ほお(頬)

　　　ほおずき　ほのお(炎)　とお(十)　いきどおる(憤)　おおう(覆)　こおる(凍)

　　　しおおせる　とおる(通)　とどこおる(滞)　もよおす(催)　いとおしい

　　　おおい(多)　おおきい(大)　とおい(遠)　おおむね　おおよそ

▶これらは、歴史的仮名遣いでオ列の仮名に「ほ」又は「を」が続くものであって、オ列の長音として発音されるか、オ・オ、コ・オのように発音されるかにかかわらず、オ列の仮名に「お」を添えて書くものである。

(3) 歴史式仮名遣い＝古典仮名遣い・旧仮名遣い

① 概要

㉠ 仮借であった上代の万葉仮名によって国語の表記がなされて以来、ひらがなの成立と発達とともに上代特殊仮名遣いは衰退する。

㉡ 歴史的仮名遣いは江戸時代中期に成立した「契沖仮名遣い」を修正・発展させたもので、1946年に「現代かなづかい」が告示されるまで、終戦直後までの公文書や学校教育において用いられた。

㉢ 歴史的仮名遣いの原理は、仮名発明当初の表記をその後の発音習慣の変化に関係なく引き継ごうということである。従って表記の根拠を過去の文献に求めたが、主に万葉仮名の文献に基準をおいた契沖の『和字正濫鈔』の方式に根拠を求めた。

例 「今日」：「きょう」と発音し、「きょう」と書くが、古文では「けふ」と発音し、「けふ」と書いていた。

㉣ 1946年に現代かなづかいが公布されて以後、一般には現代かなづかいが用いられ、歴史的仮名遣いは主として古典の表記に用いられている。

例 「蝶々」：歴史的仮名遣いでは「てふてふ」、現代仮名遣いでは「ちょうちょう」

② 単音の仮名の読み方

㉠ 清音

ⓐ 「ゐ・ゑ・を」は「イ・エ・オ」と読む。

例 井戸(ゐど) → いど　遠慮(ゑんりょ) → えんりょ

ⓑ 語中または語尾の「は・ひ・ふ・へ・ほ」は「ワ・イ・ウ・エ・オ」と発音する(表記と発音が不一致)。

例 哀れ(あはれ) → あワれ　顔(かほ) → かオ　　川(かは) → かワ
匂(にほひ) → にオイ　言ふ(いふ) → いウ　古(いにしへ) → いにしエ
大方(おほかた) → おオかた

ⓒ 語頭が「は・ひ・ふ・へ・ほ」で始まる単語が複合語の後部要素になる場合は「ワ・イ・ウ・エ・オ」と発音しない。

例 初春(はつはる) → はつはる　かぐやひめ → かぐやひめ
甚だ(はなはだ) → はなはだ

ⓓ 「ふ」を「オ」で読む場合もある。

例 仰ぐ・煽ぐ(あふぐ) → あオぐ　倒す(たふす) → たオす

㉡ 濁音：「ぢ」は「ジ」で、「づ」は「ズ」で読む。

例 地面(ぢめん) → ジめん　　恥ぢ(はぢ) → はジ　　　藤(ふぢ) → ふジ
図面(づめん) → ズめん　　珍し(めづらし) → めズらし　みづ → みズ

③ 直音の長音の読み方

㉠ ウ列長音	「iu」 ↓ 「ju:」	ゆう・ゆふ・ いう・いふ → ユー	言う(いう) → ユウ (말하다) 幽玄(いうげん) → ユウげん (우아하고 아름다운 정취) 優なり(いうなり) → ユウなり (우아하다) あさましう → あさましシュー (어처구니없다) 久しう(ひさしう) → ひさシュー (오랜만이다)
㉡ オ列長音	「au」 ↓ 「o:」	あう・あふ・ わう・はう (語中・語末) → 「オー」	会う(あう) → 「オー」 (만나다) 洗ふ(あらふ) → 「アロー」 (씻다) かう → 「コー」 (이렇게) 買ふ(かう) → 「コー」 (사다) たまふ → 「タモー」 (존경・겸양의 조동사, タマウ라고 읽는 경 合이 多이) やうやう → 「ヨーヨー」 (점점)
	「ou」 ↓ 「o:」	おう・おほ・ こう・こふ・ かう・かふ → 「オー」	老女(おうな) → 「オーナ」 (노파) 小路(こうぢ) → 「コージ」 (좁은 길) 大君(おほきみ) → 「オーキミ」 (天皇・王・王女에 대한 敬称)
	「eu」 ↓ 「jo:」	えう・けふ・ せう・てふ → 「ヨー」	要(えう) → 「ヨー」 (필요) 兄(せうと) → 「ショート」 (형) 今日(けふ) → 「キョー」 (오늘) 蝶(てふ) → 「チョー」 (나비)

④ 拗音の長音の読み方

　㉠ ウ列長音 → 「ju:」　　例 きゅう・きう・きふ → キュー

　㉡ オ列長音 → 「jo:」　　例 きょう・きゃう・けう・けふ → キョー

⑤ その他 : 「くわ(火)」は「カ」、「ぐわ」は「ガ」で読む。

　例 観音(くわんのん) → かんのん　　書画(しょぐわ) → しょが

　　火事(くわじ) → かじ　　元旦(ぐわんたん) → がんたん

(4) 送り仮名　2010 기출　2017.B 기출

① 漢字と仮名を使って単語を表記するとき、誤読を避けて読みやすくするために、漢字
のあとに添えられる仮名。

　例 明かり　明るい　明ける　明らか

② ただし、合成語では各構成部分についていわれる。

　例 明け暮れ

送り仮名の付け方(内閣告示第二号)

【単独の語】：漢字の音又は訓を単独に用いて、漢字一字で書き表す語

1. 活用のある語(動詞・形容詞・形容動詞)

　　★ 活用のある語(通則2を適用する語を除く。)は、活用語尾を送る。

〈通則1〉活用語尾を送る。

　例 慣る　承る　書く　実る　催す　生きる　陥れる　考える　助ける　荒い　潔い
　　　賢い　濃い　主だ

・例外① 語幹が「し」で終わる形容詞は、「し」から送る。

　　　例 著しい　惜しい　悔しい　恋しい　珍しい

・例外② 活用語尾の前に「か」、「やか」、「らか」を含む形容動詞は、その音節から送る。

　　　例 暖かだ　細かだ　静かだ　穏やかだ　健やかだ　和やかだ
　　　　　明らかだ　平らかだ　滑らかだ　柔らかだ

・例外③ 次の語は、次に示すように送る。

　　　例 明らむ　味わう　哀れむ　慈しむ　教わる　脅かす　脅かす　食らう
　　　　　異なる　逆らう　捕まる　群がる　和らぐ　揺する　明るい　危ない
　　　　　危うい　大きい　少ない　小さい　冷たい　平たい　新ただ　同じだ
　　　　　盛んだ　平らだ　懇ろだ　惨めだ　哀れだ　幸いだ　幸せだ　巧みだ

※許容：次の語は、( )の中に示すように、活用語尾の前の音節から送ることができる。

　　例 表す(表わす)　著す(著わす)　現れる(現われる)　行う(行なう)　断る(断わる)
　　　　賜る(賜わる)

〔注意〕語幹と活用語尾との区別がつかない動詞「着る」、「寝る」、「来る」などに注意

〈通則2〉派生・対応の関係を考慮する場合、活用語尾の前の部分から送る。

　　　　　└活用語尾以外の部分に他の語を含む語

　　★ 活用語尾以外の部分に他の語を含む語は、含まれている語の送り仮名の付
　　　け方によって送る。

(1) 動詞の活用形又はそれに準ずるものを含むもの。

　　例 ・動かす〔動く〕　照らす〔照る〕　向かう〔向く〕　生まれる〔生む〕　押さえる〔押す〕
　　　　　終わる〔終える〕　起こる〔起きる〕　落とす〔落ちる〕　暮らす〔暮れる〕
　　　　　冷やす〔冷える〕　混ざる・混じる〔混ぜる〕など
　　　　・勇ましい〔勇む〕　輝かしい〔輝く〕　喜ばしい〔喜ぶ〕　頼もしい〔頼む〕
　　　　　恐ろしい〔恐れる〕など
　　　　・晴れやかだ〔晴れる〕など

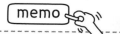

(2) 形容詞・形容動詞の語幹を含むもの。

　　例・重んずる〔重い〕　怪しむ〔怪しい〕　悲しむ〔悲しい〕　苦しがる〔苦しい〕

　　　　確かめる〔確かだ〕など

　　　・重たい〔重い〕　憎らしい〔憎い〕　古めかしい〔古い〕　細かい〔細かだ〕

　　　　柔らかい〔柔らかだ〕など

　　　・清らかだ〔清い〕　高らかだ〔高い〕　寂しげだ〔寂しい〕など

(3) 名詞を含むもの。

　　例 汗ばむ〔汗〕　先んずる〔先〕　春めく〔春〕　男らしい〔男〕　後ろめたい〔後ろ〕

※ 許容：読み間違えるおそれのない場合は、活用語尾以外の部分について、次の

　（　）の中に示すように、送り仮名を省くことができる。

　　例 浮かぶ(浮ぶ)　生まれる(生れる)　押さえる(押える)

　　　捕らえる(捕える) cf. 捕まえる

　　　積もる(積る)　聞こえる(聞える)　起こる(起る)　落とす(落す)

　　　暮らす(暮す)　当たる(当る)　終わる(終る)　変わる(変る)

　　　晴れやかだ(晴やかだ)

　〔注意〕次の語は、それぞれ〔　〕の中に示す語を含むものとは考えず、〈通則1〉による

　　　　ものとする。

　　　　例 明るい〔明ける〕　荒い〔荒れる〕　悔しい〔悔いる〕　恋しい〔恋う〕

2.　活用のない語(名詞・副詞・連体詞・接続詞)

(1) 名詞は送り仮名を付けない。

　　例 月　鳥　花　山　男　女　彼　何

　　・例外①

　　　例 辺り　哀れ　勢い　幾ら　後ろ　傍ら　幸い　幸せ　互い　便り　半ば

　　　　情け　斜め　独り　誉れ　自ら　災い

　　・例外②　数をかぞえる「つ」を含む名詞は「つ」を送る。

　　　　例 一つ　二つ　三つ　幾つ

(2) 転成名詞：もとの語の送り仮名の付け方によって送る。

　　例 動き　仰せ　恐れ　薫り　曇り

　　・例外　次の名詞は送り仮名をつけない。

　　　謡　趣　氷　印　頂　帯　畳　卸　煙　恋　志　次　隣　富　恥　話　光
　　　舞　折　係　掛　組(team)　肥　並　巻　割

※ 謡(うたい)：能の声楽(言葉・台詞)にあたる部分のこと

※ 許容：読み間違えるおそれのない場合は、次の(　)の中に示すように、送り仮名を
省くことができる。

例 曇り(曇) 届け(届) 願い(願) 晴れ(晴) 当たり(当り) 代わり(代り)
向かい(向い) 狩り(狩) 答え(答) 問い(問) 祭り(祭) 群れ(群) 憩い(憩)

▶「さ」、「み」、「げ」などの接尾語が付いて名詞になったものも(2)と同じ。

例 暑さ 大きさ 正しさ 確かさ 明るみ 重み 憎しみ 惜しげ

(3) 副詞・連体詞・接続詞：最後の音節を送る。

例 必ず 更に 少し 既に 再び 全く 最も 来る 去る 及び 且つ 但し

・例外①
例 明くる 大いに 直ちに 並びに 若しくは

・例外② 送り仮名を付けないもの
例 又

・例外③ 他の語を含む語：含まれている語の送り仮名の付け方に従う(含まれて
いる語は〔　〕の中)。

例 併せて〔併せる〕 至って〔至る〕 恐らく〔恐れる〕 従って〔従う〕
絶えず〔絶える〕 例えば〔例える〕 努めて〔努める〕 辛うじて〔辛い〕
少なくとも〔少ない〕 互いに〔互い〕 必ずしも〔必ず〕

【複合の語】：漢字の訓と訓、音と訓などを複合させ、漢字二字以上を用いて書き表す
語。その複合の語を書き表す漢字の、夫々の音訓を用いた単独の語の送り仮名の付
け方による。

1. 活用のある語
例 書き抜く 流れ込む 申し込む 打ち合わせる 向かい合わせる
長引く 若返る 裏切る 旅立つ 聞き苦しい
薄暗い 草深い 心細い 待ち遠しい 軽々しい
若々しい 女々しい 気軽だ 望み薄だ

2. 活用のない語
例 石橋 竹馬 山津波 後ろ姿 斜め左 花便り 独り言 卸商 水煙
目印 田植え 封切り 物知り 落書き 雨上がり 墓参り 日当たり
夜明かし 先駆け 巣立ち 手渡し 入り江 飛び火 教え子
合わせ鏡 生き物 落ち葉 預かり金 寒空 深情け 愚か者

行き帰り　伸び縮み　乗り降り　抜け駆け　作り笑い　暮らし向き　売り上げ

取り扱い　乗り換え　引き換え　歩み寄り　申し込み　移り変わり　長生き

早起き　苦し紛れ　大写し　粘り強さ　有り難み　待ち遠しさ　乳飲み子

無理強い　立ち居振る舞い　呼び出し電話　次々　常々

近々　深々　休み休み　行く行く

※ 許容：読み間違えるおそれのない場合は、次の（　）の中に示すように、送り仮名を
省くことができる。

例 書き抜く(書抜く)　申し込む(申込む)　打ち合わせる(打ち合せる・打合せる)

向かい合わせる(向い合せる)　聞き苦しい(聞苦しい)　待ち遠しい(待遠しい)

田植え(田植)　封切り(封切)　落書き(落書)　雨上がり(雨上り)

日当たり(日当り)　夜明かし(夜明し)　入り江(入江)　飛び火(飛火)

合わせ鏡(合せ鏡)　預かり金(預り金)　抜け駆け(抜駆け)

暮らし向き(暮し向き)　売り上げ(売上げ・売上)　取り扱い(取扱い・取扱)

乗り換え(乗換え・乗換)　引き換え(引換え・引換)　申し込み(申込み・申込)

移り変わり(移り変り)　有り難み(有難み)　待ち遠しさ(待遠しさ)

立ち居振る舞い(立ち居振舞い・立ち居振舞・立居振舞)

呼び出し電話(呼出し電話・呼出電話)

〔注意〕前・後ろの部分を仮名で書く場合は、他の部分を、単独の語の送り仮名の付け
方によって送る。

例 こけら落とし(こけら落し)　さび止め　洗いざらし　打ちひも

▶慣用に従って、送り仮名を付けない複合語もある。

例 関取　頭取　取締役　書留　気付　切手　消印　小包　振替　切符　踏切

請負　売値　買値　仲買　歩合　両替　割引　組合　手当　息吹　桟敷

時雨　築山　名残　雪崩　吹雪　迷子　行方　など

(5) 振り仮名

① 漢字の読みを示すためそのわきにつける仮名。「付け仮名」、「傍訓」ともいう。

② 振り仮名として用いる活字の大きさをルビーと呼んだところから、印刷したものは特に
ルビという。

㋑ 総ルビ：文章中の漢字のすべてに振り仮名をつける場合の名称

㋺ ぱらルビ：漢字を選んでつける場合の名称

③ 漢字の読み方を明らかにする振り仮名の使用

　　㋐ 普通の漢字表記において、その読み方が難しいと思われる場合に用いる。

　　㋑ 2種以上の読み方が成り立つ場合に、その読み方を限定するために用いる。

　　㋒ 普通は用いない漢字や、読み方が普通でない漢字に用いる。

　　㋓ 専門用語や人名、地名などの固有名詞について、初出の際に用いる。

④ 振り仮名と読み仮名

	振り仮名	読み仮名
目的	印刷物などで漢字の読み方を読者に伝えるために	漢字の読み間違い防止(人名など)
状況	読み間違えても差し支えない場合	読み間違いが許されない場合
対象	漢字を読みこなせない読者層	漢字を読みこなせる知識層も含む

4　漢字の表記・発音

(1) 漢字の字音　[2011 기출] [2019.A 기출] [2025.B 기출]

中国語の発音が日本に伝えられ、それが日本風に定着したものを「漢字の字音」または「漢字音」と言う。伝えられた経路や時代によって 呉音、漢音、唐音(唐宋音)に分けられる。

① **呉音**(ごおん)
- ㉠ 中国の南北朝時代(420~589)の呉(南宋)の地方の発音を取り入れたもの。
- ㉡ 主に百済人によって伝えられた。漢音が伝来すると使用が禁じられたが、仏教語や日常の語に多く残っている。
   - 例 「東京」の「キョウ」、「頭上」の「ズ」、「読経」の「キョウ」など

② **漢音**(かんおん)
- ㉠ 隋・唐時代(589~618、618~907)の都であった長安付近の発音を取り入れたもの。
- ㉡ 遣隋使を初めて派遣した607年から平安時代(794~1192)にかけて、遣隋使や遣唐使などを中心に留学生や留学僧によって日本に輸入された「長安音」を「漢音」と呼んだ。特に奈良時代(710~794)末期から平安時代にかけての間に勢力を増してきた。現在の漢字音の7割近くを占めている(残りは殆ど呉音)。
   - 例 「京師」の「ケイ」、「頭髪」の「トウ」、「経済」の「ケイ」など

③ **唐宋音**(とうそうおん)
- ㉠ 中国の宋・元・明・清時代の発音を取り入れたもの。
- ㉡ 鎌倉時代(1192~1333)から江戸時代(1603~1868)にかけて、中国に渡った禅僧や商人たちによって中国の江南(現在の杭州あたり)の漢字音が伝えられた。
   - 例 「南京」の「キン」、普請の「シン」、和尚の「オ」、喫茶の「サ」、椅子の「ス」、「饅頭」の「ジュウ」など

④ **慣用音**(慣用読み)　[2003 기출]：呉音・漢音・唐宋音以外の、日本で古くから習慣的に使われている独特の読み方で、字形や他の漢字の音から類推されたものが多い。本来は誤りとされていたものが、いつしか許容されるようになった。特に、漢字を旁(つくり)や偏(へん)の音から勝手に類推して読むこともあるが、その読み方を**百姓読み**(ひゃくしょう)ともいう。

例

	本来	慣用		本来	慣用		本来	慣用
貼付	ちょうふ	てんぷ	早急	さっきゅう	そうきゅう	出生	しゅっしょう	しゅっせい
懶惰	らんだ	らいだ	撹乱	こうらん	かくらん	絢爛	けんらん	じゅんらん
捏造	でつぞう	ねつぞう	撹拌	こうはん	かくはん	情緒	じょうしょ	じょうちょ

貪欲	たんよく とんよく	どんよく	輸入	しゅにゅう	ゆにゅう	消耗	しょうこう	しょうもう
口腔	こうこう	こうくう	重複	ちょうふく	じゅうふく	出納	しゅつのう	すいとう

漢字の読み方の変遷 2011 기출

	呉音		漢音		唐宋音	
行	ギョウ	_{ぎょう じ}行事	コウ	_{こうどう}行動	アン	_{あんぎゃ}行脚
請	ショウ	_{かんじょう}勧請	セイ	_{せいきゅう}請求 _{こんせい}懇請	シン	_{ふ しん}普請
経	キョウ	_{どっきょう}読経 _{きょうもん}経文	ケイ	_{けいざい}経済	キン	_{かんきん}看経
明	ミョウ	_{とうみょう}燈明 _{こうみょう}光明	メイ	_{めいりょう}明瞭 _{めいじ}明治	ミン	_{みんちょう}明朝
利益	リヤク		リエキ			
食堂	ジキドウ		ショクドウ			
和尚	ワジョウ		カショウ		オショウ	
法堂					ハットウ	

(2) **漢字の字訓**

① **字訓**：各漢字の日本語としての読み。その漢字の意味にあたる日本語がその字の読み方として固定したもの。訓。

　　例 耳 → みみ　目 → め

② **字訓のない漢字**もある。(音読みだけ)

　　例 胃(い)　菊(きく)　塀(へい)

③ 字訓の種類 　2003 기출 　2012 기출

	説明	例
正訓	漢字本来の意味に沿うように日本語を当てたもの。また、その読み。	山(やま) 青(あおい)
国訓	漢字本来の意味とは関係なく、文字だけを借りて日本語の言葉に当てたもの。また、その読み(漢字の本来の意味と日本語としての意味が異なる)。	供(そなえる → とも) 更(かえる・かわる → ふける) 米(こめ → メートル)
熟字訓	2字以上の漢字からなる熟字を訓読みすること。漢字からなる単語に、単字単位ではなく熟字単位で訓読みを当てる。	小豆(あずき)　紅葉(もみじ) 浴衣(ゆかた)　雪崩(なだれ) 梅雨(つゆ)　五月雨(さみだれ)
人名訓	人名用に宛てられた常用漢字や人名用漢字の特殊な訓読を指す。名乗り訓ともいう。	一(はじめ) 大(まさる)
国字	中国の漢字の字体に倣って日本で新たにつくりだした漢字体の文字。	栃(とち)　畑(はた・はたけ) 匂(におい)　働(はたら)く
当て字	意味に関係なく同じ音や訓を当てて表した漢字、またはその熟語。普通は仮名で表記する。	部屋(へや)　丁度(ちょうど) 可哀想(かわいそう) 目出度(めでた)い

memo

当て字と熟字訓の比較

	説明	例
当て字	① 意味に関係なく同じ音や訓を当てて表した漢字、またはその熟語 ② 通常、意味と各漢字が対応していない。 ③ 普通は仮名で表記する。	部屋(へや) 目出度(めでた)い 洒落(しゃれ) 丁度(ちょうど) 天晴(あっぱれ) 可哀想(かわいそう) 具合(ぐあい) 素敵(すてき) 兎角(とかく) 土産(みやげ) 無駄(むだ) 珈琲(コーヒー)
熟字訓	① 中国にあった熟語を日本式の読み方になおす時に、「熟字で構成されている漢字の言葉に和語一つを当てて読む読み方、またはその熟語」 ② 漢字一字ずつをその音訓では読まずまとめて訓読みする(漢字の日本語訳)。 ③ 読み方は違っていても意味は中国と日本とで違わない場合が多い。	あした・あす(明日) あさって(明後日) おととい(一昨日) おととし(一昨年) きのう(昨日) ことし(今年) きょう(今日) もみじ(紅葉) はやり(流行) かぜ(風邪) たなばた(七夕) さみだれ(五月雨) つゆ(梅雨) しぐれ(時雨) あずき(小豆) ゆかた(浴衣) なだれ(雪崩)

改定常用漢字表「付表」の「当て字」と「熟字訓」
(主として1字1字の音訓としては挙げにくいもの)

あす 明日	ざこ 雑魚	ともだち 友達
あずき 小豆	さじき 桟敷	なこうど 仲人
あま 海女・海士	さしつかえる 差し支える	なごり 名残
いおう 硫黄	さつき 五月	なだれ 雪崩
いくじ 意気地	さなえ 早苗	にいさん 兄さん
いなか 田舎	さみだれ 五月雨	ねえさん 姉さん
いぶき 息吹	しぐれ 時雨	のら 野良
うなばら 海原	しっぽ 尻尾	のりと 祝詞
うば 乳母	しない 竹刀	はかせ 博士
うわき 浮気	しにせ 老舗	はたち 二十・二十歳

うわつく　浮つく	しばふ　芝生	はつか　二十日
えがお　笑顔	しみず　清水	はとば　波止場
おじ　叔父・伯父	しゃみせん　三味線	ひとり　一人
おとな　大人	じゃり　砂利	ひより　日和
おとめ　乙女	じゅず　数珠	ふたり　二人
おば　叔母・伯母	じょうず　上手	ふつか　二日
おまわりさん　お巡りさん	しらが　白髪	ふぶき　吹雪
おみき　お神酒	しろうと　素人	へた　下手
おもや　母屋・母家	しわす（「しはす」とも）　師走	へや　部屋
かあさん　母さん	すきや　数寄屋・数奇屋	まいご　迷子
かぐら　神楽	すもう　相撲	まじめ　真面目
かし　河岸	ぞうり　草履	まっか　真っ赤
かじ　鍛冶	だし　山車	まっさお　真っ青
かぜ　風邪	たち　太刀	みやげ　土産
かたず　固唾	たちのく　立ち退く	むすこ　息子
かな　仮名	たなばた　七夕	めがね　眼鏡
かや　蚊帳	たび　足袋	もさ　猛者
かわせ　為替	ちご　稚児	もみじ　紅葉
かわら　河原・川原	ついたち　一日	もめん　木綿
きのう　昨日	つきやま　築山	もより　最寄り
きょう　今日	つゆ　梅雨	やおちょう　八百長
くだもの　果物	でこぼこ　凸凹	やおや　八百屋
くろうと　玄人	てつだう　手伝う	やまと　大和
けさ　今朝	てんません　伝馬船	やよい　弥生
けしき　景色	とあみ　投網	ゆかた　浴衣
ここち　心地	とうさん　父さん	ゆくえ　行方
こじ　居士	とえはたえ　十重二十重	よせ　寄席
ことし　今年	どきょう　読経	わこうど　若人
さおとめ　早乙女	とけい　時計	

(3) 常用漢字表(2010年11月30日内閣告示)

  ① 2010年に常用漢字表から削除された漢字(5字)

勺(しゃく)	錘(すい、つむ、おもり)	銑(せん)	脹(ちょう)	匁(もんめ)

  ② 2010年に常用漢字表に追加された漢字(196字)

挨(あい) 曖(あい) 宛(あて) 嵐(あらし) 畏(い) 萎(い) 椅(い) 彙(い) 茨(い) 咽(いん) 淫(いん) 唄(うた) 鬱(うつ) 怨(おん) 媛(ひめ) 艶(つや) 旺(おう) 岡(おか) 臆(おく) 俺(おれ) 苛(か) 牙(きば) 瓦(かわら) 楷(かい) 潰(かい) 諧(かい) 崖(がけ)
蓋(ふた) 骸(がい) 柿(かき) 顎(あご) 葛(くず) 釜(かま) 鎌(かま) 韓(かん) 玩(がん) 伎(ぎ) 亀(かめ) 毀(き) 畿(き) 臼(うす) 嗅(きゅう) 巾(きん) 僅(きん) 錦(にしき) 惧(ぐ) 串(くし) 窟(くつ) 熊(くま) 詣(けい) 憬(けい) 稽(けい) 隙(すき) 桁(けた)
拳(こぶし) 鍵(かぎ) 舷(げん) 股(こ) 虎(とら) 錮(こ) 勾(こう) 梗(こう) 喉(のど) 乞(こう) 傲(ごう) 駒(こま) 頃(ころ) 痕(あと) 沙(さ) 挫(ざ) 采(さい) 塞(さい) 埼(さき) 柵(さく) 刹(さつ) 拶(さつ) 斬(ざん) 恣(し) 摯(し) 餌(えさ) 鹿(しか)
叱(しっ) 嫉(しつ) 腫(しゅ) 呪(じゅ) 袖(そで) 羞(しゅう) 蹴(しゅう) 憧(しょう) 拭(しょく) 尻(しり) 芯(しん) 腎(じん) 須(す) 裾(すそ) 凄(せい) 醒(せい) 脊(せき) 戚(せき) 煎(せん) 羨(せん) 腺(せん) 詮(せん) 箋(せん) 膳(ぜん) 狙(そ) 遡(そ) 曽(そう)
爽(そう) 痩(そう) 踪(そう) 捉(そく) 遜(そん) 汰(た) 唾(だ) 堆(たい) 戴(たい) 誰(だれ) 旦(たん) 綻(たん) 緻(ち) 酎(ちゅう) 貼(ちょう) 嘲(ちょう) 捗(ちょく) 椎(つい) 爪(つめ) 鶴(つる) 諦(てい) 溺(でき) 塡(てん) 妬(と) 賭(と) 藤(とう) 瞳(どう)
栃(とち) 頓(とん) 貪(どん) 丼(どんぶり) 那(な) 奈(な) 梨(なし) 謎(なぞ) 鍋(なべ) 匂(におい) 虹(にじ) 捻(ねん) 罵(ば) 剝(はく) 箸(はし) 氾(はん) 汎(はん) 阪(はん) 斑(はん) 眉(び) 膝(ひざ) 肘(ひじ) 訃(ふ) 阜(ふ) 蔽(へい) 餅(もち) 璧(へき)
蔑(べつ) 哺(ほ) 蜂(ほう) 貌(ぼう) 頰(ほお) 睦(ぼく) 勃(ぼつ) 昧(まい) 枕(まくら) 蜜(みつ) 冥(めい) 麺(めん) 冶(や) 弥(や) 闇(やみ) 喩(ゆ) 湧(ゆう) 妖(よう) 瘍(よう) 沃(よく) 拉(ら) 辣(らつ) 藍(らん) 璃(り) 慄(りつ) 侶(りょ) 瞭(りょう)
瑠(りゅう) 呂(ろ) 賂(ろ) 弄(ろう) 籠(ろう) 麓(ろく) 脇(わき)

  注) 1.「曽・痩・麺」について頻度数に優先して、生活漢字としての側面を重視して、印刷標準字体「曾・瘦・麵」ではなく簡易慣用字体「曽・痩・麺」を採用した。
      2.「阪」は「坂」の異体字である。

  ③ 2010年に常用漢字表の付表において変更されたこと
     ㉠「海女」(あま)から「海女・海士」(あま)へ変更
     ㉡「お母さん」(おかあさん)から「母さん」(かあさん)へ変更
     ㉢「一言居士」(いちげんこじ)から「居士」(こじ)へ変更
     ㉣「五月晴れ」(さつきばれ)から「五月」(さつき)へ変更
     ㉤「お父さん」(おとうさん)から「父さん」(とうさん)へ変更
  ④ 2010年に常用漢字表備考欄において変更されたこと
     ㉠「側」の訓「かわ」が「がわ」に変更

cf. 当用漢字(とうようかんじ)：1946年11月5日に国語審議会が答申し、同年11月16日に内閣が告示した「当用漢字表」に掲載された1850の漢字(「当用」とは「さしあたって用いる」という意味)。1981年、常用漢字表の告示に伴って当用漢字表は廃止された。

memo

(4) 漢字熟語

① 漢字熟語の構成

漢字の意味が上から下にかかるもの	黒板(くろい/いた)　最初(もっとも/はじめ)
漢字の意味が下から上にかかるもの	開店(みせを/ひらく)　乗車(くるまに/のる)
同じ意味をもつ漢字が重複して表れるもの	根本(ね/もと)
反対意味をもつ漢字が重複して表れるもの	晴雨(はれか/あめか)　売買(うったり/かったり)

漢字熟語の二字構成〔中学国語「二字熟語の構成(組み立て)」種類より〕	
① 意味が似た漢字を組み合わせた二字熟語	寒冷(かんれい)　減少　岩石　隠匿(いんとく)　永久　恩恵 緩慢(かんまん)　誤謬(ごびゅう)
② 対になる漢字を組み合わせた二字熟語	左右　寒暖　開閉　起伏　好悪　男女 送迎　抑揚
③ 上下で修飾・被修飾の関係になる二字熟語	直線(真っすぐな線)　清流(清い流れ) 再会(再度会う)
④ 下の字が上の字の目的語・補語になる二字熟語	読書(本を読む)　着席(席に座る) 登山(山に登る)
⑤ 上下で主語・述語の関係になる二字熟語	雷鳴(らいめい)(雷が鳴る)　国営(国が営む) 私立(私人が立てる)
⑥ 上の字が下の字を打ち消している二字熟語	不滅(滅びない)　未完(完成しない) 無理(理にかなわない)

② 重箱読み(じゅうばこ)と湯桶読み(ゆとう) 　1999 기출　2011 기출　2012 기출　2018.A 기출

ⓐ 熟語を音と訓の組み合わせで読む「読み方」。

ⓑ 一般的に漢字熟語は音読みどうし・訓読みどうしを組み合わせて読むが、重箱読み・湯桶読みはその例外。

memo

重箱読み(音読み＋訓読み)	湯桶読み(訓読み＋音読み)
番組(「番(バン)」+「組(ぐみ)」)	高台(「高(たか)」+「台(ダイ)」)
└音読み └訓読み	└訓読み └音読み
額縁(ガクぶち)　職場(ショクば) 書棚(ショだな)　台所(ダイどころ) 団子(ダンご)　本屋(ホンや) 残高(ザンだか)　毎朝(マイあさ) 茶色(チャいろ) など	雨具(あまグ)　株式(かぶシキ) 消印(けしイン)　敷金(しきキン) 手順(てジュン)　荷物(にモツ) 場所(ばショ)　見本(みホン) 豚肉(ぶたニク)　夕刊(ゆうカン) など

(5) 漢字の字音の変化

① 連濁(れんだく)

㋐ 複合語の場合、後の語の最初の音が濁音になる現象(後の語の最初の音が「カ行」「サ行」「タ行」「ハ行」である場合に連濁)。

【笑い声】	「わらい」+「こえ」=「わらいごえ」(ko→go)
【神々】	「かみ」+「かみ」=「かみがみ」(ka→ga)
【ゴミ箱】	「ごみ」+「はこ」=「ごみばこ」(ha→ba)
【押し花】	「おし」+「はな」=「おしばな」(ha→ba)
【本棚】	「ほん」+「たな」=「ほんだな」(ta→da)

㋑ 複合語ではないが、漢字二つが合わさって熟語になる時も連濁現象が起こる。

ⓐ 「カ・サ・タ・ハ行」で始まる字音が「ウ・ン」で終わる字音の後で濁音になる。	平等(びょうどう) 問答(もんどう)
ⓑ ハ行で始まる字音が「ッ・ン」で終わる字音の後で半濁音になる。	出発(しゅっぱつ) 反発(はんぱつ)

連濁の例外

1. 複合動詞には連濁が少ない。(ただし、転成名詞になると連濁)
   例 通(とお)りかかる → 通りがかり

2. 2語が並列的で、修飾関係のない場合は連濁が少ない。
   例 山川(やまかわ)　親子(おやこ)

3. 漢語、外来語は連濁しない(連濁を起こすのは基本的に和語(わご))。

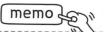

4. 「ライマンの法則」にあたるケース

▶ ライマンの法則：明治時代に日本に来たベンジャミン・スミス・ライマンによって発見された法則。修飾関係の合成語で、後ろの語にすでに濁音がある場合は、連濁が起こらない。

例 「春」+「風」=「はるかぜ」(「はるがぜ」(×)。「風」にすでに濁音があるから)

▶ ライマンの法則の例外：「縄」+「梯子」=「なわばしご」(「はしご(梯子)」にすでに濁音があるのに連濁) → 後ろの語の2拍目の語が清音であると、連濁。

② 連声(れんじょう)：漢字二つが合わさって熟語になるとき、前の語の音が「m・n・t」で終わって後の語の音が「ア行」「ヤ行」「ワ行」の場合に後の語の音「ア・ヤ・ワ行」が「マ・ナ・タ行」の音に変化する現象。

【銀杏】	「ぎん」+「あん」→「ぎんなん」
【反応】	「はん」+「おう」→「はんのう」
【三位】	「さむ」+「ゐ」→「さんみ」
【雪隠】	「せつ」+「いん」→「せっちん」

③ 促音化(そくおんか)：漢字二つが合わさって熟語になるとき、「キ・ク・チ・ツ」で終わる子音が「カ・サ・タ・ハ行」の前で促音になる。

㋐ 後半の語頭の発音が「サ行・タ行・ハ行」：前半の二音節目の「ツ・チ」が促音になる。

【一頭】	「イチ」+「トウ」→「イットウ」	【失心】	「シツ」+「シン」→「シッシン」
【八冊】	「ハチ」+「サツ」→「ハッサツ」	【窃盗】	「セツ」+「トウ」→「セットウ」
		【決心】	「ケツ」+「シン」→「ケッシン」

㋑ 後半の語頭の発音が「カ行」：前半の二音節目の「キ・ク・チ・ツ」が促音になる。

【石灰】	「セキ」+「カイ」→「セッカイ」	【六回】	「ロク」+「カイ」→「ロッカイ」
【敵機】	「テキ」+「キ」→「テッキ」	【閣下】	「カク」+「カ」→「カッカ」
【日記】	「ニチ」+「キ」→「ニッキ」	【卓見】	「タク」+「ケン」→「タッケン」
【八階】	「ハチ」+「カイ」→「ハッカイ」	【学校】	「ガク」+「コウ」→「ガッコウ」
【鉄筋】	「テツ」+「キン」→「テッキン」	【楽器】	「ガク」+「キ」→「ガッキ」
【発見】	「ハツ」+「ケン」→「ハッケン」	【楽観】	「ラク」+「カン」→「ラッカン」
【出血】	「シュツ」+「ケツ」→「シュッケツ」		

5 ローマ字表記法 `2010 기출` `2012 기출`

(1) ローマ字表記法の概要

◈ 1905年創立された「ローマ字ひろめ会」は1908年に「修正ヘボン式ローマ字表記(標準式)」を発表した。普通「ヘボン式ローマ字表記」と言うときはこれを指す。

	概要	特徴
① ヘボン式 ローマ 字表記 (1884年)	ローマ字表記法のうち、最初のもので最も代表的なもの。James Curtis Hepburnが、日本語の発音はラテン語の発音と似ているためアルファベットの文字をラテン語読み(ローマ字読み)するように規則的に並べれば日本語の発音を正確に表現できると考えて作った。	㋐ 発音式のつづりである。 ㋑ 子音は英語式で、母音はイタリア式である。 ㋒ 音の正確さを追求したが故にやや冗長 ㋓ ラテン・アルファベット26文字のうち、L・Q・V・Xの4字を除いた22文字を使用し、訓令式よりC・F・Jの3文字が多い。→ 子音の場合ティ・ディ(thi, dhi)などの読みを正確かつ容易に表すことができるという利点がある。 ㋔ 英語話者にとって発音しやすい。
② 日本式 ローマ字 表記 (1885年)	田中館愛橘(たてあいきつ)が、日本語の表記法は50音図を基本とすべきであり、日本語特有の音の構造に適したつづり方でないといけないと主張。	ぢ / di 　 づ / du 　 ぢゃ / dya 　 ぢゅ / dyu 　 ぢょ / dyo くゎ / kwa 　 ぐゎ / gwa 　 を / wo
③ 訓令式 ローマ字 表記 (1937年)	ヘボン式と日本式が対立する中、文部省がその統一を図り、調査会の発表をもとに1937年に内閣訓令として公表。	㋐ 日本式とほぼ同じだが、より表音中心式になっている。 　例 ・日本式の「di du/dya dyu dyo」「wi we wo」「kwa gwa」を省く。 　　・「di du」→「zi zu」 　　・「dya dyu dyo」→「zya zyu zyo」 ㋑ 撥音「ん」はすべて「n」で表記する。 ㋒ 撥音「n」と次にくる母音字・「y」とを切り離す必要がある場合には、「n」の次にアポストロフィー(きる印)をつける。 　例 hon'ya ㋓ 促音(っ)は子音を重ねて表記する。 　例 はっきり[hakkiri] ㋔ 長音は伸ばす音の母音字に山形(＾)をつける。 　例 takusî
※「ローマ字のつづり方」	1954年(昭和29年)内閣告示によって公表したもので、現行の表記法。ほぼ訓令式と同じである第1表と、ヘボン式と日本式とを混ぜた第2表がある。 → 現行の内閣告示は、訓令式・ヘボン式・日本式のどれによってもよいとしている。	

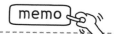

(2) ヘボン式ローマ字表記法

英語の発音への準拠を重視したローマ字表記法。旧ヘボン式、修正ヘボン式の二種類に大別される。両者の大きな違いは、旧ヘボン式では撥音「ん」が「b」「m」「p」の前に来た場合は「m」、それ以外の場合は「n」で表記するのに対し、修正ヘボン式では全て「n」で表記する点である。また、撥音「ん」が母音字または「y」の前に来た場合、旧ヘボン式では「n」の後ろに「-」を入れるのに対し、修正ヘボン式ではきる印「'」を入れる点も異なる。2019年(令和元年)現在、日本国内では旧ヘボン式、修正ヘボン式ともに広く使われており、分野や団体によって採用されている方式が異なっている。

(3) 訓令式ローマ字表記法

1937年に内閣訓令第3号によって公的なローマ字法として定められる。あくまで純粋に日本語をラテン文字で書き表す場合に用いるつづり方として定められたものなので、英語の発音への類似を優先するヘボン式とは異なっている。第1表のつづり方を原則とするが国際的な慣例などによって第2表に掲げたつづり方を使っても差し支えない。1954年内閣告示で示され、現在も用いられている。

(4) ローマ字表記法の比較表

	旧ヘボン式	修正ヘボン式	訓令式	日本式
し	shi	shi	si	si
ち	chi	chi	ti	ti
つ	tsu	tsu	tu	tu
ふ	fu	fu	hu	hu
じ	ji	ji	zi	zi
ぢ	ji	ji	zi	di
しゃ	sha	sha	sya	sya
ちゃ	cha	cha	tya	tya
おう	ô	o	ô	ô・ō・ou
おお	ô	o	ô	ô・ō・oo
んあ (ん＋母音字・「y」)	n-a	n'a	n'a	n'a
んば (ん＋マ・バ・パ行)	mba	nba	nba	nba
っち	tchi	tchi	tti	tti
を(助詞)	o(wo)	o	o	wo

4 전공일본어

memo

 まとめ

（＊：旧ヘボン式および修正ヘボン式、＊＊訓令式）

	母音表記	子音表記	
	アイウエオ 段の母音	カサタナハマヤラワ 行の子音	ガザダバパ 行の子音
原則	「a i u e o」で表す	「k s t n h m y r w」で表す	「g z d b p」で表す
付則		＊「シ」を「shi」、「チ」を「chi」、「ツ」を「tsu」、「フ」を「fu」で表す	＊「ジ」を「ji」で表す
		「シ」「チ」「ツ」「フ」 ヘボン式では「shi」「chi」「tsu」「fu」 訓令式では「si」「ti」「tu」「hu」	「ジ・ヅ・ヲ」 ヘボン式では「ji」「zu」「o」 訓令式では「zi」「zu」「o」

拗音表記		
原則	「子音＋y＋母音」で表す	サ行拗音を「sh-」、タ行拗音を「ch-」、ザ行拗音を「j-」で表す

撥音 2023.B 기출		促音
原則	「ん」は「n」で表す（修正ヘボン式・訓令式）	直後の子音字を繰り返す
	＊「b」「p」「m」の前に限って「m」で表す（旧ヘボン式）	＊母音やや行音「y」が来てナ行音「n」と区別できなくなった場合、旧ヘボン式では間に「-」、修正ヘボン式および訓令式では「'」 例 恋愛[ren'ai] 親友[sin'yu]	＊直後が「ch」の時は「tch」とする

長音		
原則	「エ段＋イ」で表記されるもの（/e/の長母音）は「ei」で表す	＊＊ 母音字の上に（サーカムフレックス）をつけて表す。なお、大文字の場合は母音字を並べてもよい。	

6 表記のゆれ

(1) いろいろな表記のゆれ

① 漢字表記のゆれ	「探検・探険」「会う・逢う」
② 送り仮名のゆれ	「申し込み・申込み・申込」「受け付け・受付け・受付」
③ 漢字か仮名かのゆれ	「子供・子ども・こども」「薔薇・ばら」「犬・いぬ」
④ 平仮名か片仮名かのゆれ	「ひのき・ヒノキ(桧)」「さく・サク(柵)」(常用漢字以外の漢字の表記)
⑤ 外来語の表記のゆれ	「コンピューター・コンピュータ」「ディーゼル・ジーゼル」
⑥ 現代仮名遣いのゆれ	「いりくち・いりぐち(入り口)」「げきか・げっか(激化)」
⑦ 数表記のゆれ	縦書きでは十・百・千・万などを省略するが、横書きでは書く。

(2) 異字同訓＝同訓異字：異なる漢字だが、同じ訓を有するものの組み合わせ

あう	【会う】主に人と人が顔を合わせる。 【合う】一致する。調和する。互いにする。 　例 意見が合う。　答えが合う。　計算が合う。　目が合う。 【遭う】思わぬことや好ましくない出来事に出くわす。 　例 思い掛けない反対に遭う。　災難に遭う。　にわか雨に遭う。
あく	【明く】目が見えるようになる。期間が終わる。遮っていたものがなくなる。 　例 子犬の目が明く。　らちが明かない。 【空く】からになる。 　例 席が空く。　空き箱。 【開く】ひらく。 　例 幕が開く。　ドアが開かない。
あたたか	【暖か】寒くない(主に気象や気温で使う)。 　例 暖かな毛布。 【温か】冷たくない。愛情や思いやりが感じられる。 　例 温かな家庭。

5 語彙

1 語彙

(1) 語彙とは

ある特定の範囲において用いられる単語の総体(集合全体)を「語彙」と言う。ある特定の範囲とは、主に言語・地域・分野・人・作品などを示す。

	特定の範囲の例	表現例	語彙の意味
ことば	日本語	日本語の語彙	日本語の単語の総数
人	Aさん	Aさんの語彙	Aさんが知っている単語の数

cf. 単語：言語音と意味と文法上の機能をもつ最小の言語単位。文を構成する。学者によって、単語の定義に差があるが、ここでは「学校文法」の定義に従っている。

(2) 語彙量の計り方

① **語彙量**：一定の範囲内の語彙に対し、それを構成している異なり語の総量を語彙量という。

② **延べ語数と異なり語数**

　㋑ **延べ語数**(token frequency)：語の用いられた度数の総計。同じ語が何回出てきたとしても、気にせずに数える。

　㋺ **異なり語数**(type frequency)：同一の単語と認められるものを出現度数を無視して数えた数。一度数えた語は、もう次には数えない。

<table>
<tr><td colspan="3" align="center">〈童謡「春が来た」の延べ語数と異なり語数〉</td></tr>
<tr><td>延べ語数</td><td>25</td><td>春/が/来/た/春/が/来/た/どこ/に/来/た/山/に/来/た/
里/に/来/た/野/に/も/来/た</td></tr>
<tr><td>異なり語数</td><td>10</td><td>春・が・来・た・どこ・に・山・里・野・も</td></tr>
</table>

(3) 使用語彙と理解語彙

① **使用語彙(表現語彙)**：自分が書いたり話したりして使える語彙。教育においては学習者が表現できる語彙を指すことが多い。

② **理解語彙**：聞いたり読んだりしたときに意味は理解できるが、自分は使わない語彙。教育においては学習者が表現できなくても理解できる語彙を指すことが多い。

   cf. 日本語母語話者の成人の場合、理解語彙はだいたい4万~5万語程度、使用語彙はその半分の2万語程度といわれている。

(4) 基本語彙と基礎語彙   2012 기출

① **基本語彙**

㋑ ある目的のために語彙調査を行い、その結果をもとにして多くの場面で使われていて使用率も使用範囲も広いと判明した語を集めたもの。

㋺ 語彙調査に基づいているので、客観性が高い。

② **基礎語彙**

㋑ 個人が必要だと思うものを主観的に選んだもの。日常の言語生活に必要な最小限の語を、一定の数だけ主観的な判断によって体系的に選定した語彙。

㋺ イギリスの言語学者オグデン(C. K. Ogden)らが1929年にBasic Englishとして選定したのが始まりで、日本語では1933年に英文学者の土居光知（どいこうち）が発表した「基礎日本語」が有名。ただし、主観的なので妥当性が問題になることもある。

    新聞記事の語彙なら「花見、相撲、俳句、見合い、政府、内閣、首相、議会、予算……」などは基本語彙に該当するが基礎語彙には該当しない。「床、はかま、羽織」などは使用率は低いが教育においては日本事情の理解という目的のため初級テキストにも出現する。実際の日本語教育で語彙を選定する場合は、語彙調査の結果に主観的な判断を組み合わせることが多い。

(5) カバー率

① 使用頻度の順位上位n番目までの語彙でその言語の語彙がどの程度理解できるかを示す割合を「カバー率」という。

② **日本語のカバー率**：次の表は語彙調査に基づいて、使用率順に並べられた語のうち上位5,000語までの語が各層ごとに、一般的な文章・放送の中の異なり語数の何パーセントを占めるかを表したものである。

言語\語彙（上位）	英語	フランス語	スペイン語	ドイツ語	ロシア語	中国語	韓国語	日本語
1～500				51.2 62.86	57.5	63.1	66.4	51.5
1～1,000	80.5	83.5	81.0	1,022 69.20	67.46	73.0	73.9	60.5
1～2,000	86.6	89.4	86.6	2,017 75.52	80.00	82.2	81.2	70.0
1～3,000	90.0	92.8	89.5	3,295 80.00	85.00	86.8	85.0	75.3
1～4,000	92.2	94.7	91.3		87.5	89.7	87.5	1～3,500 77.3
1～5,000	93.5	96.0	92.5	4,691 83.13	92.0	91.7	89.3	81.7
計	93.5%	96.0%	92.5%		92.0%	91.7%	89.3%	81.7%

〔玉村文郎(1989)『日本語の語彙・意味』〕

　この表によると、日本語のカバー率は81.7%で、他言語に比べて低いことがわかる。日本人は相対的に多くの語を使う傾向があるようで、一般的に日本語でカバー率91.7%になるためには１万の語彙を理解しないといけないと言われる。「日本語能力試験」のＮ１（１級）の認定基準に「語彙（10,000語程度）を習得」とあったのは、このような日本語の実態に即しているといえよう。

(6) 日本語の語彙の特徴

① 植物・魚・鳥・虫・雨・風・雲など自然を表す語彙が大変多い。

　　例 雨に関する語彙：「こぬか雨」「天気雨（てんきあめ）」「春雨（はるさめ）」「五月雨（さみだれ）」「梅雨（つゆ）」「夕立（ゆうだち）」「時雨（しぐれ）」「狐の嫁入り（きつねのよめいり）」など

② 単音節語は少なく、2～4音節の語が多い。単音節語はほとんど基本的な語彙（身体部位・動植物の名前・助詞など）に限られる。

③ 同音語と類義語が多い。同音語の増加を防ぐために多音節語にすることが多い。

　　例 め[目]：めだま　は[葉]：はっぱ　ね[根]：ねっこ　こ[粉]：こな
　　　な[菜]：なっぱ　せ[背]：せなか

④ 雅/俗、男/女、褻(日常的なこと)/晴れ(正式的かつ公式的なこと)などの対立する語または表現が多い。

特に年齢別・性別による語彙の差が多く、待遇表現も発達している。また、語種の違いによる使い方が決まっている場合が多い。

⑤ 言語行動や対人行動の特徴が語彙に表れていることが多い。

例 ・「おしゃべり」「口うるさい」「べらべらしゃべる」「ずけずけ言う」… 否定的な意味合いを持つ

・「言外の意味」や「本音と建前」… はっきり言わないこと、言葉で表していない部分まで理解すること

⑥ 人間関係や社会的位置を表す語彙が発達している。

例 「うちの子」「うちの会社」「よその人」… 「うち(家族、仲間)」と「よそ」の対立

⑦ 単語の多くが具体的なものや個物を指す方面に多く分布している。感覚器官で感知できる形のある物に比べて抽象的な概念を表す語は少ないと言える。

例 「お方―方―お人―人―人物―人間―者」のような名詞、やりもらいの7動詞、「ころり―ころん―ころころ―ころっ…」などの擬態語の使い分けに個物志向・特定場面志向の傾向が表れる。

⑧ 固有の日本語(和語)の単語には、擬音語・擬態語を除くと、語頭にラ行音とパ行音は現れず、濁音も少ない。

→ /r/や/p/、濁音で始まる語のほとんどは外来語や漢語(特に/p/で始まるのは漢語ではない)

⑨ 擬音語・擬態語が豊かである。

⑩ 外来語の占める比重が大きい。歴史的にも造語力の高い漢字語が多く取り入れられてきた。

⑪ 日本語の単音は、品詞ごとに一定の形が決まっている。

㋐ −(r)u … 動詞：走る 有る 書く 買う

㋑ −(si)i … 形容詞：新しい 親しい 高い 良い

㋒ AンBリ、AッBリ、ABAB 2021.B 기출 … 副詞(擬音語・擬態語)：すんなり がっかり ドンドン

2 現代日本語語彙の語形

(1) 現代日本語の音素（ガ行鼻濁音を除くと23）

母音音素 (5)	半母音音素 (2)	子音音素 (13)	特殊音素 (3)
/a/ /i/ /u/ /e/ /o/	/j/ /w/	/k/ /g/ /s/ /z/ /c/ /t/ /d/ /n/ /h/ /p/ /b/ /m/ /r/	/N/ /Q/ /R/

(2) 現代日本語の音節

① {1母音} {1子音＋1母音} {1半母音＋1母音} {1子音＋1半母音＋1母音} {特殊音}の5タイプがある。

② 実際に使われている音節は、特殊音を音節に含めて103個である。

(3) 語形の日本語らしさ

① 拗音節は直音節より固有の日本語らしくない。

　　例 キャクシャ(客車)　ミョウジ(苗字)　ショー

② 語頭に濁音・半濁音がくるのは固有の日本語らしくない。

　　例 ゲシュク(下宿)　ゲンゴ(言語)　バナナ　ピアノ

③ 語頭にラ行音がくるのは固有の日本語らしくない。

　　例 リョウリ(料理)　レンアイ(恋愛)　ロケット

④ 語中・語末にハ行音がくるのは固有の日本語らしくない。

　　例 タハタ(田畑)　ゼヒ(是非)　シフト　ゴルフ

⑤ 促音・撥音は外来語という印象を与え、俗語に多い。

　　例 モンゲン(門限)　ソッキュウ(速急)　バッグ(bag)

(4) 語形と表記

① 同音語(同音異義語)：発音は同じだが意味的に関連性がなくて互いに区別される語。「木(き)、目(め)、歯(は)」など、1つの音節だけでできた単音節語に多い。

　　例 歯/羽/刃/葉　交渉/公証/校章/高尚　住む/澄む/済む

② 類音語：発音の仕方や聞こえが似ている二つ以上の語。

　　例 美容院/病院　氷/小売り　おばさん/おばあさん

③ 同形語(同形異音語)：表記は同じだが異なる読み方があり、発音によって文脈的意味が区別される語。同字異音語とも言う。

　　例 明日(あす/みょうにち/あした)　一日(ついたち/いちにち)

心中(しんちゅう/しんじゅう)　大家(おおや/たいか/たいけ)

上手(じょうず/うわて/かみて)　人気(にんき/じんき/ひとけ)

④ **同義異表記**：意味は同じだが、表記が異なっている語。

例　鮨/寿司　付属/附属　語源/語原　布団/蒲団　堀/濠　川原/河原　陰謀/隠謀

　　加担/荷担　根源/根元　神髄/真髄　状況/情況　太平/泰平　表題/標題

⑤ **類義異表記**：微妙な意味の違いを漢字の使用で表し分ける語。

例　書く/描く/画く　図る/計る/測る/量る/謀る/諮る　納める/治める/収める/修める

(5) 語形のゆれ

過去の語形と新しい語形が共存する現象である。

ゆれの原因	例
音節を削除	ほんとう → ほんと　さんざん → さんざ　けっして → けして　まじめ → まじ
発音の便宜性	つまらない → つまんない　あたたかい → あったかい すみません → すいません
音節を挿入	おなじ → おんなじ　よほど → よっぽど　すごく → すっごく まるい → まるーい　ひやり → ひーやり
漢字の音読み	母音(ボオン・ボイン)　刻々(コクコク・コッコク)　輸出(ユシュツ・ユシツ)
外来語の表記	バッグ → バック　ティーム → チーム　フィルム → フイルム
その他	さびしい → さみしい　ふんいき → ふいんき　さけ(鮭) → しゃけ

「ふいんき」と「ふんいき」、どっちが正しい？ 2023.B 기출

「雰囲気」の正しい読み方は「ふんいき」。「ふいんき」を辞書で引いても出てこない。しかし、「ふいんき」という発音も聞いたことがあると言う人もいるだろう。

このように、単語の中で前後の音が入れ替わる現象を音位転倒、または音韻交替という。変化の理由には、発音の難しさや同じ音への変化などがある。現在「あきはばら」の漢字は「秋葉原」だが、これは最初は「秋(あき)」「葉(ば)」「原(はら)」だった。それが「ば」と「は」が入れ替わる変化が起こり、今のような発音が定着したのだ。他にも、山茶花(さんざか→さざんか)、新し(あらたし→あたらし)のような例がある。このような言葉の変化を見ると、いつか「ふいんき」も正しい発音として認められる日が来るかもしれない。

3 単語・形態素

(1) 単語

① 単語：言語音と意味と文法上の機能をもつ最小の言語単位で(意味を持つ最小の単位ではない)、文を構成する。単語のひとまとまりや区切りを「語句」といい、2つ以上の単語や漢字が結合してできた語を「熟語」という。

② 単語の語彙的意味と文法的意味

㋑ 語彙的意味：何をさしているか(個体・動作・変化・できごと・状態…)＝事典的意味

㋺ 文法的意味：文の中でどんな役割をするか(主語・主題・対象・丁寧さ…)

➡ 単語の語彙的意味を調べるためには単語の語義、つまり意義素を抽出しないといけない。

(2) 意義素

それぞれの言語単位に一定して結びついている、その社会で一般的に共有されている意味を指す。その単位を形態素にするか、単語にするかは、学者によって異見がある。

➡ 意義素：ある語の典型的用法と感じられるものだけを取り出し、場面や文脈の影響で変容したと考えられる部分を取り除いたあとに残る、その語固有の意味。これは、語の使用者の大部分が、共通して社会習慣的に結び付けている心的内容ということもできる。意義素は、さらに小さい要素である意味特徴に分析されうる。〔日本大百科全書(ニッポニカ)より〕

(3) 形態素

① 形態素：それ以上意味的に分割できない、意味を持っている最小の単位。単語の構成において、その成立方法を調べるために必要である。

　　例 右・手/お・尻

　　cf. 音素：言語話者の脳の中に存在し、語の意味を区別する最小の単位として扱われる音。

　　　　例 /k/a/w/a/

② 一つの形態素が単語を成す場合もある。

　　例 川　空　雨

③ 語幹と語尾

	語幹	語尾	▶語幹：活用しない部分　▶語尾：活用する部分
話す 見える	/hanas/ /mie/	/u/ /ru/	/-u/,/-ru/は活用の中で、終止形の形。それだけで文法形態素になる。 └「非過去」を表す同じ形態素　☞ /-u/,/-ru/は異形態

大きい	/ooki/	/i/	/-i/は活用の中で、終止形の形。それだけで文法形態素になる。
猫 子犬	活用しない		一つの形態素が単語を構成している名詞 二つの形態素が単語を構成している名詞

④ 形態素の分類

		構文的特徴	例
単独で文を 構成できるか どうか	自由 形態素 (自立形態素)	単独で文を構成することができる。 (名詞、副詞)	太郎　りんご たくさん
	拘束 形態素	単独で文を構成することができず、 必ず他の成分と共に文を構成する。 (動詞・形容詞・助動詞の語幹と語尾、 漢字の造語成分)	は　を たべ　た
内容を表すか 文法機能を 果たすか	内容 形態素	物事(個体・事態)の内容を表す。 (名詞、動詞・形容詞の語幹、副詞)	太郎　おおき りんご たくさん　たべ
	機能 形態素	物事の、文における意味役割を表す。 (助詞、動詞・形容詞の語尾、助動詞の語 幹と語尾、接辞：文法的な機能を果たす)	は　い/な　を る/た お　られ

(4) 単語の構成

① **単純語＝単一語**：意味の面から、それ以上分解できない。

例 右手　尻　飲む　薬　春風　雨　寒い　必ず

② **合成語** 2004 기출 2007 기출 2009 기출 2011 기출 2012 기출 2017.A 기출

㉠ **複合語**：二つ以上の単語(語基・語根)が合わさってできた単語

複合 名詞	従属関係 (成分同士が対等でなく、一方がもう一方に従属している)	右手　飲み薬　買い物 春風　安売り　雨降り にわか雨　円高
	並列関係 (成分同士が対等の関係にある)	草木　赤白　田畑　手足

memo

	語彙的複合動詞 前項が後項を修飾し、前項の表す動きが後項の表す動きの様態を規定(副詞的に)。	切り倒す ふりかける 若返る 遠のく
複合 動詞	統語的複合動詞 前項は基本的な意味、後項は文法的機能などを担う(後項は多くの動詞に後接し得る語基なので、統語的な結合と考えて「補助動詞」とみる人もいる)。	引き始める 押し続ける 作り上げる 書き上げる
複合 形容詞	二つ以上の単語が合わさってできた形容詞 (最後の単語の品詞に従う)	目新しい 蒸し暑い 話し上手 堅苦しい 軽々しい 薄気味悪い
複合 副詞	二つ以上の単語が合わさってできた副詞	なおかつ 心持ち

➡ 畳語(じょうご):同じ語を重ねた複合語

例 人々 家々 木々 時々 常々 泣き泣き 生き生き 広々 近々

○ 接頭辞・接尾辞:ほかの語の前または後に付いて単語を作る語。
○ 語基:語基は単独で独立した単語になり得る。

Ⓛ 派生語:語基に接頭辞または接尾辞がついてできた語

	接頭辞	お米 ご飯 み仏 ま心 す顔 お尻
派生名詞	接尾辞	雨勝ち 私たち(ども) われ等 二人目 泥だらけ 雪まみれ 長さ 深さ 重み 楽しみ 苦しみ 静かさ 清潔さ
派生動詞	接頭辞	とり調べる うち明ける ぶん殴る
	接尾辞	上品ぶる 黄ばむ 春めく うれしがる 早める 高まる
派生形容詞 (イ形容詞)	接頭辞	おめでたい か弱い こ高い す早い た易い ものすごい
	接尾辞	[名詞+接尾辞] 馬鹿らしい 子供っぽい 未練がましい 情けない
		[動詞+接尾辞] 忘れがたい 読みやすい 怒りっぽい
		[形容詞+接尾辞] 古めかしい かわいらしい 憎たらしい

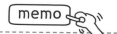

派生形容詞 （ナ形容詞）	接頭辞	お元気だ　ご立派だ　こぎれいだ
	接頭辞・ 接尾辞	お気の毒様だ　ご苦労様だ

(5) 異形態（いけいたい）　2023.A 기출

① **異形態とは**：同一の形態素であるものがいくつかの異なる語形をもって現れるときに、その個々の互いに異なる形を「異形態」と言う。

　　例 大風（おおかぜ）　風穴（かざあな）…「風」と言う形態素に/kaze/と/kaza/の二つの形態素が存在

② 無声破裂音（=閉鎖音）や無声破擦音（or摩擦音）で始まる語が合成語を成す場合、先頭の無声子音が有声化して異形態を持つケースが多い。

　→「連濁（れんだく）」：変音現象（へんおん）の一つ

　　例 小川/ogawa/　小島/kozima/　ゴミ箱/gomibako/

③ **異形態の種類**

　㋑ **音韻環境による異形態**：「動詞語幹の子音・母音が何か」によって異形態の交替（こうたい）現象が起こる。

形態素{ru}	動詞の語幹が子音で終わる場合に現れる/-u/と、母音で終わる場合に現れる/-ru/の異形態がある。	書く/kak-u/　見る/mi-ru/
形態素{ta}	動詞の語幹が/i/と/Q/で終わる場合に現れる/-ta/と、/i/と/N/で終わる場合に現れる/-da/の異形態がある。	書いた/kai-ta/　買った/kaQ-ta/ 嗅いだ/kai-da/　噛んだ/kaN-da/

　㋺ **前後の形による異形態**：「前後にどんな単語がくるか」によって形が決まる。

雨		酒		草	
/ame-/	雨上がり（あめあ）　雨勝ち（あめが） 雨模様（あめもよう）	/ake-/	酒くさい（さけ）　酒かす（さけ）	/-kusa/	道草（みちくさ）　下草（したくさ）
/ama-/	雨宿り（あまやど）　雨傘（あまがさ） 雨脚（あまあし）　雨漏り（あまも）	/aka-/	酒屋（さかや）　酒樽（さかだる）	/-gusa/	言い草（い ぐさ）　勿忘草（わすれなぐさ）

変音現象：語の構成要素の音素が変化する現象。連声、転音、音便など

異形態の交替現象：異なった環境で形態素の異形態が出現する現象

4 語構成による音の変異

(1) 音韻の縮約と変異 〔2005 기출〕

助詞「は」	書きは → 書きゃ　　～ては → ～ちゃ　　～では → ～じゃ
テ形	歩いていく → 歩いてく　飛んでいく → 飛んでく　見ている → 見てる 見てあげる → 見たげる　書いておいた → 書いといた 読んでおいた → 読んどいた
条件形「ば」	行けば → 行きゃ　　早ければ → 早けりゃ/早きゃ 来なければ → 来なけりゃ/来なきゃ
「の」の撥音化	友だちのところ → 友だちんとこ　　行くので → 行くんで あるのです → あるんです　　おもうのです → おもうんです
融合・複合	あるのです → あんです　　おもうのです → おもんです　　という → って
ラ行の撥音化	わからない → わかんない　　変わらない → 変わんない やらない → やんない
音節削除	まったく → ったく　　ほんとうにもう → んーともう

(2) 連声 〔1999 기출〕〔2009 기출〕〔2011 기출〕〔2012 기출〕

二つの漢字からなる語の一番目の字が子音[m・n・t]で終わり、かつ二番目の字がア・ヤ・ワ行であるとき、それがタ・ナ・マ行に変化する現象(言語学的には長子音化の一種)。

	ア行	ヤ行	ワ行
[n]で 終わる	・銀杏：ぎん+あん 　→ ぎんなん ・観音：くゎん+おむ 　→ くゎんのむ ・云々：うん+うん 　→ うんぬん ・反応：はん+おう 　→ はんのう		・天皇：てん+わう 　→ てんなう → てんのう ・輪廻：りん+ゑ 　→ りんね ・因縁：いん+ゑん 　→ いんねん
[m]で 終わる		・陰陽：おむ+やう(よう) 　→ おむみゃう → おんみょう	・三位：さむ+ゐ 　→ さむみ → さんみ
[t]で 終わる	・雪隠：せつ+いん 　→ せっちん		・屈惑：くつ+わく 　→ くったく(→屈託)

cf. 「原因(げんいん)」のように、連声しないものもある。

(3) 連濁（れんだく） [2004 기출] [2008 기출] [2009 기출] [2011 기출]

① 二つの語が結びついて複合語になるとき、後項(後ろの語、後部要素)の語頭の清音(カ・サ・タ・ハ行)が濁音に変化する現象。無声子音が有声音である母音に挟まれ、同化する現象であるため、有声音化の一つになる。

例 目薬（めぐすり） 灰皿（はいざら） 割箸（わりばし） 時々（ときどき） 草花（くさばな） 生け花（い ばな） 色紙（いろがみ） ゴミ箱（ばこ） 歌声（うたごえ） 長靴（ながぐつ） 下駄箱（げ た ばこ）
甘酒（あまざけ） 一人暮らし（ひとり ぐ） 雪解け（ゆき ど） 土砂降り（ど しゃ ぶ） など

カ行 → ガ行	[k] → [g]	てがみ(手紙)　かわぎし(川岸)　ながぐつ(長靴)
サ行 → ザ行	[s] → [z] [ɕ] → [(d)z]	ひざし(日差し)　さんぜん(三千)　よぞら(夜空) まきずし(巻き寿司)　たびじたく(旅支度)
タ行 → ダ行	[t] → [d] [tɕ] → [(d)z] [ts] → [(d)z]	とだな(戸棚)　はなぢ(鼻血)　みかづき(三日月)
ハ行 → バ行	[h]・[ç]・[ɸ] → [b]	ひとびと(人々)　しあわせぶとり(幸せ太り) にんべん(人遍)

② 「ウ」または「ン」の後で、「カ・サ・タ・ハ行」が「ガ・ザ・ダ・バ行」に変わる。これも有声音化の一つである。
例 平等（びょうどう）　問答（もんどう）　豚汁（とんじる）

③ 連濁を起こすのは原則として和語であり、漢語では稀（まれ）である(外来語では極めて稀)。
例 かぶしきがいしゃ(株式会社)　ふうふげんか(夫婦喧嘩)　のぎく(野菊)
あま+かっぱ(葡:capa) → あまがっぱ　いろは+かるた(葡:carta) → いろはがるた

④ 連濁が起きにくいケース

	例	例外
「動詞＋動詞」構造の複合動詞 (その動詞が名詞に転成すると連濁が 起きることもある。)	通りかかる 行きかける つかみとる 差し引く	通りがかり 行きがけ つかみどり cf. 差し引き（ひ）
「名詞＋名詞」構造の複合名詞で、 修飾・被修飾関係ではなく並列や 対等関係になっている場合	山川（やまかわ）　草木（くさ き）　親子（おやこ）　野原（の はら） 白黒（しろくろ）　月日（つき ひ） ※山川（やまがわ）：山の中を流れる川	草花（くさばな）：草と花(対等関係)

memo

「名詞＋名詞」構造の複合名詞で、修飾関係になっており、後部要素に濁音が含まれている場合 (本居宣長、ライマンの法則)	木陰　くずかご　紙くず 絵はがき　舌つづみ 人影　手首　長旅　春風 黒トカゲ	縄ばしご
「名詞＋動詞」構造が転成した名詞で、前部要素が後部要素の目的語になる場合	ごみ捨て　肩たたき 根ほり葉ほり　芝刈り 借金取り	言葉遣い　人使い 店開き　店じまい 口止め
地域や世帯によって両立する場合	着かえる/着がえる 何人くらい/何人ぐらい	

⑤ **連濁が起きないケース**

　㋑ 擬音語・擬態語　　　例 かんかん　しくしく　からから　さらさら

　㋺ 促音の直後　　　　　例 これっくらい　これっきり

　㋩ もともとの漢字音に、呉音と漢音の違いで有声音・無声音の二種類があるとき、連濁の起きない熟語もある。

　　　例 分(ブン・ふん)　貧(ビン・ひん)　伴(バン・はん)　土(ド・と)　台(ダイ・たい)
　　　　 読(ドク・とく)など《前が呉音、後ろが漢音》

　　　・「救貧(きゅうひん)」は、漢音の「ひん」を用いるので、「キュービン」とならない。

　　　・「同伴(どうはん)」も、漢音の「はん」を用いるので、「ドーバン」にならない。

⑥ **半濁音化**

　㋑ 促音「ッ」と撥音「ン」の後でパ行に変わる。
　　　例 出発　反発　など

ハ行→パ行	/h/・/ç/・/ɸ/ → /p/	りっぽう(立法)　にんぴ(認否)　おんぷ(音符)

　㋺ 複合語で後部要素のハ・バ行で始める音節が、前部要素の促音の後で半濁音になる。

　　　例 立ちっぱなし　話しっぷり　食べっぷり　切れっぱし

⑦ **助数詞の音韻変化**

　㋑ 「いち、ろく、はち、じゅう」につくハ行の助数詞は、パ行に半濁音化する。

　㋺ 「何(なん)」につく助数詞と「三、千、万」につく助数詞は連濁する。

ⓒ 時間を表す「分」の半濁音化

何分(なんぷん)　一分(いっぷん)　三分(さんぷん)　四分(よんぷん)　六分(ろっぷん)

八分(はっぷん)　十分(じゅっぷん/じっぷん)

⑧ 「漢語スル」

～する	食する　熟する　得する　視する　黙する　即する　託する　勞する 証する　表する　要する　有する　関する　愛する　対する
～ずる	命ずる　投ずる　報ずる　動ずる　応ずる　生ずる　免ずる　封ずる 信ずる　転ずる　演ずる　禁ずる　論ずる　案ずる　感ずる

⑨ 「～者」 2002 기출

～しゃ	前者　三者　後者　作者　業者　芸者　学者　医者　筆者
～じゃ	患者　忍者　信者　貧者　選者　長者　賢者　縁者

A Plus+　変音現象まとめ

	定義	例
れんだく 連濁	後ろの語の最初の音が濁音になる現象	歯車 「は」+「くるま」=「はぐるま」(ku→gu) ゴミ箱 「ごみ」+「はこ」=「ごみばこ」(ha→ba) 本棚 「ほん」+「たな」=「ほんだな」(ta→da) 押し花 「おし」+「はな」=「おしばな」(ha→ba) 笑い声 「わらい」+「こえ」=「わらいごえ」(ko→go) 神々 「かみ」+「かみ」=「かみがみ」(ka→ga) 拍子木 「ひょうし」+「き」=「ひょうしぎ」(ki→gi)
てんおん 転音 = ぼ いんこうたい 母音交替 2011 기출	前の語の最後の音の母音が替わる現象	雨傘 「あめ」+「かさ」=「あまがさ」(あ「め」→ま) 雨具 「あめ」+「ぐ」=「あまぐ」(あ「め」→ま) 白木 「しろ」+「き」=「しらき」(し「ろ」→ら) 風上 「かぜ」+「かみ」=「かざかみ」(か「ぜ」→ざ) 木陰 「き」+「かげ」=「こかげ」(「き」→こ) 木の葉 「き」+「の」+「は」=「このは」(「き」→こ) 酒樽 「さけ」+「たる」=「さかだる」(さ「け」→か)

音便 2003 기출	単語中の音が、イ(イ音便)、ウ(ウ音便)、ッ(促音)、ン(撥音)に変わる現象	一日「つき」+「たち」→「ついたち」(「き」→い) 妹人「いも」+「ひと」→「いもうと」 引っ掴む「ひき」+「つかむ」→「ひっつかむ」(「き」→っ) ぶん殴る「ぶち」+「なぐる」→「ぶんなぐる」(「ち」→ん)
音韻添加_{おんいんてん か} 2004 기출	もともとない音が添加される現象	春雨「はる」+「あめ」→「はるさめ」([s]添加) 夫婦「ふ」+「ふ」→「ふうふ」([ɯ]添加)
半濁音化_{はんだくおん か}	「ハ行」の音が「パ行」の音に変化する現象	ぶっ放す「ぶち」+「はなす」→「ぶっぱなす」(「は」→ぱ) 開けっ広げ「あけ」+「ひろげ」→「あけっぴろげ」 (「ひ」→ぴ)
音韻脱落_{だつらく}	合成された語に、もともとあった音素がなくなる現象	裸足「hadaka」+「asi」→「hadasi(はだし)」 (「ka」と「a」がなくなる)
音節脱落	合成された語に、もともとあった音節がなくなる現象	河原「かわ」+「はら」→「かわら」(「は」がなくなる)
音韻融合_{ゆうごう}	前の要素の末尾と、後の要素の先頭の音が融合する現象	狩人「かり」+「うど」→「かりゅうど」 夫婦「め」+「おと」→「みょうと」
連声_{れんじょう}	前の語の音が「m・n・t」で終わり、後の語の音が「ア行」「ヤ行」「ワ行」の場合、その音が「ナ行」「マ行」「タ行」の音に変化する現象	三位「さむ」+「ゐ」→「さんみ」 陰陽師「おん」+「ようじ」→「おんみょうじ」 反応「はん」+「おう」→「はんのう」 雪隠「せつ」+「いん」→「せっちん」

5 語種

(1) 日本語の語種 2014.A 기출 : 単語の出生(語源や由来)によって次のように分けられる。

語種	特徴		例
和語(わご)	もともと日本にあった言葉 日本固有の語で「やまとことば」とも言う。		「やま」、「かわ」、「さくら」、 「あさひ」、「のりもの」、 「おもちゃ」、「さかな」など
漢語(かんご)	中国に起源を 持つ言葉	中国古来の漢字音を用いた語 (中国語からの借用)	「山脈」、「庭園」、「桜楓(おうふう)」、 「旭日(きょくじつ)」など
		日本で漢字音を 用いて作った語	「三味線」、「演説」、「哲学」、 「経済」など
外来語(がいらいご)	洋語。主に欧米諸語に起源を持つ言葉		「ペン」、「ギター」、「コーヒー」、 「エチケット」、「エネルギー」など
混種語(こんしゅご)	複数種の語彙で形成された言葉(複合語)		「歯ブラシ」(和＋外)、 「運動靴」(漢＋和)、 「プロ野球」(外＋漢)、 「半そでシャツ」(漢＋和＋外)など

【問題】次のそれぞれの語に合う言葉を、ハコの中から選びなさい。

(1) 和語　　　(2) 漢語　　　(3) 外来語　　　(4) 混種語

① 暮らし	② 生活	③ 宵(よい)	④ 破綻	⑤ 天ぷら	⑥ ジーパン
⑦ 僕	⑧ もし	⑨ 桑畑	⑩ ボタン	⑪ 花火大会	⑫ 古タイヤ

---

(2) 固有日本語(和語・大和ことば)の特徴 2017.A 기출

① 「馬、梅、柳」のように古代中国から入ってきた語および、朝鮮語から由来した「寺、笠、島」のほか、アイヌ語から入ってきた語なども和語に含められる。

② 複合語において連濁や転音などのような変音現象がある。

③ 「とても⇨とっても」、「やはり⇨やっぱり」のように撥音や促音が添加されて語形が変わることもある。

④ 語頭にラ行音が表れるのはごく稀である。また、語頭には濁音・半濁音もほとんど来ない。

⑤ すべての品詞に分布しているが、動詞は「研究する、力む、事故る」などのように漢語から由来したもの、「サボる、ダブる、トラブる」などのように外来語から由来したものを除くとすべて和語である。また、すべての助詞は和語である。

⑥ 抽象的な概念を表す名詞が相対的に少ない。ただし、日本の独特な美意識を表現する「わび、さび、いき」などの語は和語である。

⑦ 和語動詞は上位語になって抽象的な概念を表す傾向があり、「漢語する」は和語の下位語になって具体的な意味を表す傾向がある。

　　例　入る：入院/入学/入会/入国/入所/入社/入党 ＋ する

⑧ 派生語と複合語を作る。

　　例　春めく　か弱い　町おこし　子育て　物づくり

(3) 漢語の特徴

① 漢字で書いて音読みで読む字音語である。視覚的に意味をとらえやすい。

② 中国から伝えられたもののほか、日本で作られた和製漢語もある。

③ 漢字一つがほとんど仮名2音節であるため、漢字2字の熟語は仮名4音節になるものが多い。

④ 中国から入ってきた時期によって音読みが異なる。

⑤ 名詞が全体の漢語の90％以上を占めている。イ形容詞は10％に満たないが「便利、有名」などのナ形容詞は約70％が漢語である。また「大変、偶然、多少、到底」のような漢語副詞、「全日本、反政府、民主的、保守化、協調性」のような漢語接頭語と漢語接尾語がある。

⑥ 漢語は和語より分析的である。たとえば交通機関の場合、「乗車、乗船、搭乗」などに分かれている。

⑦ 音節数が少なくて語の組み合わせに有利であり、接頭語・接尾語を利用するなど造語力が高い。

⑧ 同意味分野の和語と比べて文章語としての性格が強い。

　　例　書簡−手紙　道路−道　船舶−船　教育−教える　建築−建てる
　　　　理解−わかる　宿泊−泊まる　自動車−車　身体−体　学習−学ぶ

⑨ 和語に比べて専門語的な文体であるため、改まった場面で使われることが多い。

⑩ 和語より習得が難しく、同音異義語が多い。

A Plus⁺　漢字の入った時代による漢字の音読み

呉音	経文(きょうもん)　世間(せけん)　食堂(じきどう)　成就(じょうじゅ) 勤行(ごんぎょう)　殺生(せっしょう)　正直(しょうじき) 行者(ぎょうじゃ)　明日(みょうにち)　自然(じねん)　男女(なんにょ) 兄弟(きょうだい)　など
漢音	経歴(けいれき)　歳暮(せいぼ)　動物(どうぶつ)　自然(しぜん) 男女(だんじょ)　父兄(ふけい)　など
唐音 (唐宋音)	看経(かんきん)　瓶(びん)　行脚(あんぎゃ)　炭団(たどん)　杏子(あんず) 普請(ふしん)　行灯(あんどん)　払子(ほっす)　椅子(いす)　和尚(おしょう) 饅頭(まんじゅう)　など
古代インド 語(仏経)	僧(そう)　旦那(だんな)　刹那(せつな)　和尚(おしょう)　袈裟(けさ)　など

(4) 和製漢語　2018.A 기출

① 日本で日本人によって作られた漢語。日本で漢字を用いて作られた漢語風の単語である。

② 江戸期以前にも見られるが、明治期に西洋文明の移入に伴って、欧米由来の新概念などを表すために翻訳語として作られたもの(「新漢語」と呼ぶ)が多い。その中では同じ漢字文化圏の中国や韓国へ借用語として伝えられたものも多い。

③ 和製漢語のパターン

　㋑「訓読み」から「音読み」へ読みが変化したもの：中世以降から、もともと訓読みをした固有日本語を漢字で表記し、それを音読みにするような現象が生じた。これらは実質的には和語で、漢字の表記に音読みという形式を装っただけであった。

　　例　かへりごと → 返事(ヘンジ)　　ものさわがし → 物騒(ブッソウ)

　　　　でばる → 出張(しゅっちょう)　おほね → 大根(だいこん)

　　　　ひのこと → 火事(かじ)　　　　おおごと → 大事(だいじ)

　　　　腹が立つ → 立腹(りっぷく)　　こころをくばる → 心配(しんぱい)

　㋺ 漢語と和語の組み合わせからできたもの

　　例　造作なし → 無造作　　番にあたる → 当番

　　　　念を入れる → 入念　　式を挙げる → 挙式

　㋩ 漢語を取り入れる時に意味を拡大解釈したり、派生させたりしたもの

　　例　考え定める → 勘定(計算する支払いの金額)

　　　　昔のことを考え調べる → 稽古(習う、学ぶ)

memo

ㄹ 初めから字音語として作られたもの(明治以降の和製漢語はほぼ全てが字音語)

④ 江戸時代の和製漢語

　㉠ 紛らわしい言葉はない。
　　例 奉行^{ぶぎょう}　与力^{よりき}(江戸幕府における代表的な職名)　代官^{だいかん}　番頭^{ばんとう}　坊主^{ぼうず}

　㉡ 漢字の意味からは意味が伝わらないものもある。
　　例 野暮^{やぼ}　世話^{せわ}　面倒^{めんどう}　大切^{たいせつ}　無茶^{むちゃ}

⑤ 明治時代の和製漢語：西洋語を訳す上で、漢字を当てる過程で数万語の和製漢語が生じる。個々の漢字の意味に頼り、字を見れば意味が分かってきた。

　例 電燈　電線　電話　電流：電気に関係ある言葉だと分かる

　㉠ 新しく漢字を組み合わせて作った、文字通り新しい語

文化	文明	民族	思想	法律	経済	資本	階級	警察	分配	宗教	哲学	郵便
野球	完成	意識	主観	客観	科学	物理	化学	分子	原子	質量	個体	時間
空間	理論	文学	電話	美術	喜劇	悲劇	社会主義	共産主義 など			

接尾辞「−性」「−制」「−的」「−法」「−力」など、接頭辞「超−」などを利用したもの

　㉡ 古くからある漢語に新しい意味を与えて転用・再生した語(狭義の和製漢語には含まないこともある)。
　　例 自由　観念　福祉　革命 など

⑥ 中国に逆輸出された和製漢語

　例 意識　右翼　運動　階級　共産主義　共和　左翼　失恋　進化　接吻^{せっぷん}　唯物論^{ゆいぶつろん}

　cf. 近代の中国語から入ってきた「麻雀(マージャン)」、「老酒(ラオチュウ)」、「拉麺(ラーメン)」、「餃子(ギョーザ)」などは漢語ではなく外来語に含められる。

⑦ カタカナから生まれた和製漢語(外来語の意味に漢字を適用した当て字)

　例 バック → [背景]　ページ → [頁]　ビール → [麦酒]　カフェ → [珈琲店]

(5) 外来語

① 借用語のうち、漢語を除いたもの。おもに西洋諸言語からの借用であり、洋語とも呼ばれる。カタカナで表記することが多いことからカタカナ語とも言うが、カタカナ語には和製英語もあるので、カタカナで表記された語がすべて外来語とは限らない。

② **外来語の起源**：16世紀にポルトガルからの宣教師らによって伝えられたポルトガル語とスペイン語が始まりである。

由来	主な外来語の例
ポルトガル語(16世紀)	アジア　オランダ　パン　テンプラ　カルタ　タバコ
オランダ語(17世紀)	アルコール　ガラス　ゴム　ビール　オルゴール　マドロス
フランス語	カフェオーレ　パレット　マヨネーズ　デカダン　ユニーク
ドイツ語	アルバイト　カルテ　テーマ　ゼミナール
イタリア語	オペラ　ソロ　テノール　マドンナ
ロシア	トロイカ　ペチカ　ツンドラ　ノルマ

③ 原語とは違う意味や表現で使われる外来語もある。

　　例 ポスト(英語では郵便、郵便物を意味するが日本では郵便ポスト)

④ **和製英語**(わせいえいご)＝**和製洋語**：日本で作られた外来語

　　㋐ 英語

日本製の新単語	ナイター　ハンドル　ウインカー　サラリーマン サイドブレーキ
既存の単語を 組み合わせたもの	ライフライン　デッドボール　テーブルスピーチ
長い単語や熟語を 短縮したもの	リストラ(リストラクチャリング)　ゼネコン(ゼネラルコンダクター) インフラ(インフラストラクチャー)
本来とは異なる意味で 用いられるもの	マンション(豪邸 → 集合住宅) ペーパーテスト(紙質検査 → 筆記試験) シルバー(銀 → 老人) ベテラン(退役軍人 → 経験の豊かな人) モーニングサービス(朝の礼拝 → ゆで卵とトーストのサービス) カンニング(ずるい → 試験場での不正行為) スマートな(賢い → 細身の)

　　㋑ 英語以外：テーマソング(独 + 英)　シュークリーム(仏 + 英)

⑤ **外来語の音韻**：原語の子音に母音を挿入して音節化させることで語が長くなる。

　　例 英語のstrike[straik] → ストライク(sutoraiku)

⑥ **外来語の品詞**

　　㋐ 名詞が最も多く、イ形容詞やナ形容詞も少しある。

　　　例 ・イ形容詞：ナウい　エロい

　　　　・ナ形容詞：モダンな　フレッシュな

       ⓛ 接辞の機能をする外来語もある。

        例 アンチ帝国主義　ポストモダニズム　マルチ人間　コードレス

       ⓒ 混種語の動詞にも外来語が使われる。

        例 エスカレートする　サボる　ダブる　ググる　メモる

    ⑦ **外来語の語感**

       ⓐ 西洋的で洗練されたイメージがある。

        例 宿屋（やどや）―旅館―ホテル

       ⓑ より公的で婉曲な感じがする。

        例 トイレ―便所　ローン―借金　オーダする―あつらえる―注文する

    ⑧ **外来語の意味**

       ⓐ 類似した意味を表す場合、和語・漢語とは違う場面で使われたり、別の意味を表す場合がある。

        例 ・取り消し(約束・日程など)/解約(正式な契約)/キャンセル(ホテル・飛行機の予約)

         ・ドライバー/運転士：「タクシーのドライバー」とはいうが、「新幹線のドライバー」とは言わない。

         ・ニーズ/必要性　メリット/利点　リスク/危険性　マネー/お金 など

       ⓑ 外来語が原語とは異なる意味を表す。

        例 デッドヒート(dead heat)：「同着、同点、無意味な争い、互角の競争」などを意味する英単語。もともと競馬で「同着、無効試合」を意味する用語であったが、日本語ではゴール間際や優勝決定直前の猛烈な接戦を表す表現として、スポーツ全般において用いられる。

       ⓒ **二重語**：同じ語源なのに語形によって異なる意味に使い分けられる語

strike		컵		카드		
		Kop (オランダ語)	Cup (英語)	Carta (ポルトガル語)	Karte (ドイツ語)	Card (英語)
ストライク (野球)	ストライキ (同盟罷業)	コップ (ガラス製)	カップ (陶磁器)	カルタ (遊び道具)	カルテ (診察記録)	カード

  (6) **混種語**　2005 기출　2011 기출　2014.A 기출　2017.A 기출

    ① 複数の語種に属する単純語および接頭語・接尾語が結合して作られた語

    ② **混種語の品詞**：名詞が最も多いが、「旅行する・チェックする」のように漢語か外来語に和語「する」がついた動詞や、「高級な・クールな」のようなナ形容詞、「クールに・堂々と」のような副詞もある。

③ いろいろな混種語タイプ

和語＋漢語	お好み食堂　腕自慢　真正面　黒字　水商売 支払い額　彼女　場所　火鉢　切符　結納　湯桶
漢語＋和語　2011 기출	番組　再試合　粗大ごみ　労働組合　勉強する 便利な　決して　気持ち　縁側　両替　重箱
和語＋外来語	皮ベルト　紙コップ　生クリーム
外来語＋和語	マッチ箱　タバコ屋　ポリ袋　ランク付け　ドル安 バイトする
漢語＋外来語	食パン　逆コース　電子マネー　電子メール 防犯ブザー　原子力エンジン
外来語＋漢語	テレビ局　デモ隊　デジタル放送　アルカリ性 ヒット曲　リズム感
漢語＋和語＋和語＋外来語	超薄型テレビ
外来語起源の動詞・形容詞	メモる　ナウい　エロい　スマートな　デリケートな

○ 湯桶読み
（訓読み＋音読み）
○ 重箱読み
（音読み＋訓読み）

6 語構成

(1) 単語の構成

① 単語の種類

単純語(単一語)	合成語	
	複合語	派生語
意味の面から、それ以上分解できない語	二つ以上の単語(語基・語根)が合わさってできた単語	語基に接頭辞または接尾辞がついてできた語

② 複合語の構成

品詞	例
複合名詞	手足 もめ事 種まき 長話 にわか雨 立ち食い 近道 早起き とんとん拍子 よちよち歩き 夜長 古本
複合動詞	名付ける 飛び上がる 若返る ひりひりする
複合形容詞(イ形容詞)	耳新しい 蒸し暑い 堅苦しい
複合形容詞(ナ形容詞)	気楽 話し上手 気弱
複合副詞	なおかつ 心もち(＝少し)

③ 畳語の構成

語基	品詞	例
名詞	名詞	人々(ひとびと) 山々(やまやま) 品々(しなじな)
時の名詞	時間副詞	時々(ときどき) 常々(つねづね) 刻々(こくこく)
動詞のマス形	副詞	泣き泣き 休み休み のびのび 生き生き
形容詞の語幹	副詞	広々(ひろびろ) 高々(たかだか) 近々(ちかぢか)

④ 派生語の構成

構成	例
接頭辞＋語基	無〜 不〜 未〜 大〜 有〜 非〜 反〜 超〜 対〜
語基＋接尾辞	〜さん 〜君 〜がた 〜ども 〜ら 〜本 〜個 〜がる 〜ぶる 〜さ 〜み 〜け 〜っぽい

○一部の漢語系接頭辞には、名詞語基に付いて品詞をナ形容詞に変える機能がある。
例 不安定 未成熟 有意義 無遠慮 大規模

⑤ 頭文字語(とうもじご、かしらもじご acronym) = 頭字語(とうじご、かしらじご)：複数の単語から構成された合成語の先頭の文字や音節をつなげて作られた単語

   例 NHK OECD USA FBI UNESCO CD OHP …

⑥ 略熟語

   例 冷暖房(れいだんぼう) 政財界(せいざいかい) 送受信(そうじゅしん)

(2) 語基間の関係〔佐々木泰子(2007)〕 2009 기출 2011 기출 2017.A 기출

① 従属関係：統語関係(格関係、修飾・被修飾関係)である。

   語基の間に文法的な関係があり、それによって連用の関係と連体の関係に分けられる。

連用の関係	前の語基が後部の要素を連用的に修飾	格関係で結びついている	雨降り(雨が降る：主格 − 述語の格関係) 花見(花を見る：対格 − 述語の格関係) 木登り(木に登る：帰着格 − 述語の格関係) 鉛筆書き(鉛筆で書く：道具格 − 述語の格関係) 東京生まれ(東京で生まれる：場所格 − 述語の格関係)
		修飾・被修飾の関係で結びついている	早起き(早く起きる：連用修飾語 − 被修飾語の関係) 長生き 泣き暮らす 見比べる
連体の関係	前の語基が後ろの名詞性語基を連体修飾する…格関係は存在しえない		高山(高い山：連体修飾語 − 被修飾語の関係) 本箱(本(用)の箱：上と同じ) 女子大生 新車 贈り物 にこにこ顔

② 対等関係

   ㋐ 類義的な語基が組み合わさったもの

      例 絵画 道路 学習 日時 市町村 奪い取る

   ㋑ 対義的な語基が組み合わさったもの

      例 前後 男女 伸縮 点滅 往復 昇降 上げ下げ

(3) 接辞〔庵功雄ほか(2000)〕

① 接辞とは：単語または単語の中核を成す部分(語基)に付いて文法的な意味などを表す形式で、独立して用いられないもの

② 接頭辞と接尾辞

   ㋐ 接頭辞：お菓子 ご意見 無意志 不安定 未分化 …

   ㋑ 接尾辞：学生らしい 食べ方 湿っぽい 工事中 広さ …

③ 接尾辞「～らしい」と「～っぽい」

	意味	比較例
らしい	・名詞に付いてそのものが典型的な性質を持っていることを表す。 ・「ほこり」や「粉」など典型的な状態が想定されない場合には使えない。 例 ここ何日か雨らしい雨が降っていない。 cf. 状況の判断を表す「らしい」：名詞の他、形容詞や動詞にも付く。 例 彼によるとあの人は芸術家らしい。	「子供らしい」 …子供に対して使える。
っぽい	・元来そのような性質を持つべきでないものがそのような性質を強く帯びていることを表す。 例「怒る、飽きる、忘れる、ひがむ」などの変化を表す動詞のマス形＋っぽい ・色彩形容詞や「安い、きざだ、俗だ」などの属性形容詞の語幹＋っぽい ・「ほこり、粉、水、不良」などの名詞＋っぽい cf.「どうやら明日は雨っぽい。」のように、状況からの判断を表す用法もある。	「子供っぽい」 …子供に対しては使えない。

④ 接尾辞「～中(ちゅう/じゅう)」

	意味	例
～中 (ちゅう)	・「今月、休み、不在」など時間や期間を表す語や「仕事、食事、滞在」など一定の時間持続する動作を表す名詞に付いて、その期間のうちであることを示す。	夏休み中にアルバイトをして学費を稼いでおこう。
	・数や量を表す語に続くと、全体数(量)を表す。	クラス15人中10人までが風邪で欠席した。
	・「−中に」は「−中」としても意味は同じ。	{留守中/留守中に}だれか来なかった？
～中 (じゅう)	・時間や場所を表すことばに続いて「その間ずっと」や「その場所全体」という意味を表す。	昨夜は一晩中寝ないで勉強した。 世界中から非難の声が上がった。

⑤ 接尾辞「~さ」

　㋐ イ形容詞やナ形容詞、「~らしい、~っぽい」などのイ形容詞型活用の語に付いて程
　　度を表す名詞を作る。

　　　例 寒さ　優しさ　元気さ　子供っぽさ

　㋑ 尺度を表す「長さ、広さ、高さ、深さ」などの名詞を作る。

　㋒ 外来語語幹のナ形容詞にも付く。

　　　例 スポーティーさ

⑥ 接尾辞「~み」

　㋐ 「~さ」は程度を表すが、「~み」は感覚や場所などの様々な意味を持つ。

　　　例 痛みが薄らぐ。(感覚)　深みにはまる。(場所)

　㋑ 「~み」が付く形容詞は限られている。

6 語の意味

1 語と語の関係

(1) 語義と意味場

① **語義**：単語は一定の形(発音)と意義と構造を備えているが、単語の備えている意義を「語義」と言う。語義を記述するためには、その語がどのような語と共起して使われるのかを調べる必要がある。

② **共起**(co-occurrence)

㋐ 複数の言語現象が文において一緒に使われることを「共起する」と言う。

> 例 ・〔しとしと〕雨が降る(共起関係あり)/〔しとしと〕雪が降る(共起関係なし)
>
> ・囲碁を〔打つ〕(共起関係あり)/将棋を〔打つ〕(共起関係なし)

➡ 慣用的に共起し易い語と語の関係 → 連語(れんご)関係

㋑ 共起関係：ある語が文中で用いられるとき、共に用いられる他の語や句などの要素との関係。共起関係をみれば語の用法をとらえることができる。

共起関係によって生じる意味

1. どんな格と共起するか
   動詞や形容詞が述語になるとき、どんな格と共に用いられるかによって意味と用法が異なる。
   例 壁にペンキを塗る/壁をペンキで塗る　経済状況が厳しい/学生に厳しい

2. どんな種類の語と共起するか
   例 丸い顔/明るい顔(前者は形、後者は気分を表す)

3. どんな表現形式と共起するか
   例 「もしお金があったら買いたい」のように条件形と共起する副詞があれば、「たとえお金があっても買わない」のように逆条件形と共起する副詞もある。

4. そのほか
   「全然」は「全然面白くない」のように否定の形式と共起するほか、「全然ちがう」など否定的な意味を表す語とも共起する。それに、「全然平気」などプラス評価の述語とも共起する。

memo

③ **意味場**：単語の意味はばらばらに存在するわけではなく、何らかの体系の中で互いにかかわり合いながら存在する。その互いに緊密にかかわっている単語の関係を「意味場」と言う。

意味場(いみば)の理論

1. ドイツのトリーア(Jost Trier)の理論。

2. 世界のある客観的現実の断片が人間の意識の中に反映されて言語的に形成される際、その語の意味は該当する言語の意味論的下位体系を成しながら何らかの網をつくるようになるが、そのような語の意味の部分集合(＝場)が語彙の総体を成す。こうして現実の断片は言語の一定の意味場と対応するようになり、この意味場は具体的な言語ではそれぞれ異なって区分される。

3. 語彙は、こうした意味場が集まって形成されたものである。意味場は「互いに緊密な関係にある語の集まり」と言えるが、同じ意味場に属する二つ以上の語の関係を明らかにする作業は、その語彙の体系における複数の語がどのような価値を持っているかを教えてくれる。その関係としては類義関係、対義関係、包摂関係などが挙げられる。

例 動詞「着る」と「ぬぐ」の意味場

着る	する	手袋	とる	ぬぐ
		エプロン		
		マフラー		
	かける	マスク		
		めがね		
	かぶる	ヘルメット		
		帽子		

memo

着る	はく	くつ	ぬぐ	ぬぐ
		靴下		
		スカート		
		ズボン		
	着る	セーター		
		背広		
		着物		

(2) 語のいろいろな意味関係

① **上下(じょうげ)関係・包摂(ほうせつ)関係**

A：動物… 上位語：下位語より指示範囲(外延)が広い。

B：犬 … 下位語(BはAの一種)：上位語より意味内容が豊か(意味特徴の数が多い)。

② **非両立(ひりょうりつ)関係**

例「日曜日、月曜日、……土曜日」：同時に起りえない関係

「犬、猫、ライオン、……」：動物の下位語の集合 → 同位語

③ **同義関係・類義関係**

㋐ 同義関係：意味が同じである関係。ただし、文体の面ではやや違う。

例「あす/あした/みょうにち」「便所/トイレ/お手洗い」

㋑ 類義関係 **2021.A 기출** ：意味が類似しているが、微妙に異なる。

例「のぼる/あがる」「興味/関心」

④ **反義関係＝対義関係**

㋐ 語義が反対である。 例 高い/低い

㋑ 語義が対照的である。 例 男/女

(3) 言語記号としての語の指し示す意味

① **デノテーション(denotation)**：明示的意味。語の意味が明示的な仕方で示される。具体的な場面を考慮せず共通して通用する。

② **コノテーション(connotation)**：副次的意味。デノテーション的な意味とともに、何らかの意味が明示的ではない仕方で示される。その意味は具体的な場面によって決められる。

例「バラ」という言語記号の意味

デノテーションとしての意味	バラ科の植物一般を示す意味として理解される
コノテーションとしての意味	植物の意味とともに「愛」や「情熱」などの象徴的意味が付随して理解される

❖「あがる」と「のぼる」
2021.A 기출
・「あがる」：到達点に移動するという移動後の結果に重点がある。
・「のぼる」：移動する途中の経過に重点があり、移動を連続的にとらえる。
例 花火が空に{あがる/??のぼる}。
弟は木に{のぼる/??あがる}。

(4) 単義語と多義語

① **単義語**：意義を一つしか持たない語

② **多義語**：複数の意義を持つ語

　㋑ 同一の音形に意味的に何らかの関連を持つ二つ以上の意味が結び付いている語である。〔国広哲弥(1982)〕

　㋺ 原義(基本義＝プロトタイプ的意味)から派生された意味 → 転義(＝派生的意味)

　　例 動詞「見る」

| 原義 | 視覚を通してものごとの存在、状態、内容などをとらえる行為 |
| 転義 | 「判断する(彼を犯人とみる)」、「試す(味をみる)」、「診察する(患者をみる)」など |

③ **プロトタイプ的意味**(prototype meaning)

　㋑ 用法上の制約がまったくないか、または最も少ない原義(基本義＝プロトタイプ的意味)

　㋺ **プロトタイプ**：ある語や概念を考えるとき、最初に念頭に置かれるカテゴリーの最も代表的な(典型的な)成員

　　例 鳥というカテゴリーのプロトタイプ的成員 → 「すずめ」や「つばめ」など

(5) 多義語と同音語(同音異義語)　2012 기출　2021.A 기출

① **多義語**：一つの形に複数の意義を持つ語

　例 手　かける　とる

② **同音語**　2012 기출　2022.A 기출　：ぐうぜん語形(発音)が同じ語

　例 漢字の同音異字：会 / 回 / 貝 / 開

　　　　　　　　　　　気候 / 寄港 / 紀行 / 起工

(6) 同形語(同形異音語)　2025.B 기출

同じ漢字で表記するが、語形(発音)が異なり、それによって意味も違ってくる。

【工夫】	くふう	よい方法や手段をみつけようとして、考えをめぐらすこと。また、その方法や手段
	こうふ	電気・土木・建設労働者
【上手】	うわて	相撲で、相手の差し手の上からまわしを取る組み手。また、その腕。 例 ～をとる
	じょうず	物事のやり方が巧みで、手際のよいこと。また、そのさまやその人。
	かみて	舞台用語。客席から向かって中央から右側のこと。 cf. 反対の左側は下手(しもて)

◎「だちょう」や「ペンギン」などの飛べない鳥は典型的な成員ではなく周辺的な成員とされるためプロトタイプにならない。

◎ 同音異義語：同音語における意義の異なりに注目していう用語

memo

(7) 類義語 2025.B 기출

① 一般的に語形が異なれば語義も異なるが、語形が異なっていても語義は類似している場合(語の意味領域が重なっている場合)、そのような語同士を「類義語」と呼ぶ。

  例 母－おふくろ　美しい－きれい

② 類義語の種類

  ㋒ 同義関係を表すもの：指し示す対象の範囲がまったく一致する同義語

    例 双子（ふたご）－双生児（そうせいじ）　卓球（たっきゅう）－ピンポン

  ㋑ 包摂関係を表すもの：「上位語」と「下位語」の関係を表す。

    例【雨】春雨・夕立（ゆうだち）・秋雨（あきさめ）・時雨（しぐれ） … 季節との関係を基準に下位分類

        大雨・小雨（こさめ）・にわか雨・本降り（ほんぶり） … 降り方を基準に下位分類

(8) 同位語

  同じ上位概念(同じ分野)に含まれる言葉で、意味内容が同じ階層にあり、意味内容が重なることはないが、隣り合った関係にある言葉。　例【季節】春・夏・秋・冬

(9) 示差的特徴（しさ）＝弁別的素性(distinctive feature)

  元々音韻論における用語で、二つの語の語義(意味内容)に重ならない部分があり、共通の意味とともにその違いを表すとき、互いを区別させる特徴を示差的特徴と言う。

	共通の意味	示差的特徴
林	樹木が群がって生えている所	広い土地に、木が「森」よりは疎（まば）らだが多数生えている所
森		「林」よりも木が密生してこんもりと茂っている所、または神社のまわりに木が茂っている所

音韻論における弁別的素性＝示差的特徴

1. /t/ 無声・歯茎・閉鎖音　/d/ 有声・歯茎・閉鎖音
   音素/t/と/d/を区別しているのは〈無声〉と〈有声〉という音声特徴である。このように音韻的対立を可能にしてくれる音声特徴を「弁別的素性＝示差的特徴」という。

2. /t/ 無声・歯茎・閉鎖音　/s/ 無声・歯茎・摩擦音
   /t/と/s/の対立から〈閉鎖〉と〈摩擦〉という弁別的素性を取り出すことができる。

A Plus⁺ 同音異字と同訓異字

◉ 同音異字(どうおんいじ) 2010 기출 2012 기출

同じ音でありながら、別の文字であるもの。音読みは同じ読み方で漢字が異なるものを言う。

例 身長(しんちょう)/慎重/伸長　非行/飛行　科学/化学　起工/気候/寄港

◉ 同訓異字(どうくんいじ) = 異字同訓

訓読みは同じだが異なる漢字を使う語

例 送る(おく)/贈る

　▶【送る】人や物・情報を移動させる/【贈る】相手を称(たた)えて何かを与える

例 暑い(あつ)/熱い/厚い

◉ いろいろな「とる」(同訓異字) 2008 기출

常用漢字表で「とる」という訓が示されている漢字は「取」「採」「執」「捕」「撮」の 5 文字。

西洋文化を「とりいれる」：「取り入れる」「採り入れる」どちらも OK。

㋐「取る」を使う用例(いろいろな意味を表す)

　手に取る　着物の汚れを取る　資格や免許を取る　一位を取る　休みを取る
　責任を取る　記録を取る　すもうを取る　料理を取る　間を取る　帽子を取る
　めがねを取る　しみを取る

▶ 以下、意味を限定するときには次のように漢字を使い分ける。

㋑「撮る」を使う用例【撮影する】

　写真を撮る　ビデオを撮る

㋒「採る」を使う用例【集める】

　血液を採る　キノコを採る　社員を採る　会議で決を採る

㋓「執る」を使う用例【処理する】

　事務を執る　筆を執る　指揮を執る

㋔「捕る」を使う用例【とらえる】

　赤とんぼを捕る　虫を捕る　ネズミを捕る

㋕「摂る」を使う用例【食べる・体内に取り込む】

　栄養を摂る　食事を摂る

memo

⑽ 反義語（反対語、対義語）　2014.A 기출

	意味関係の特徴		例
相補的反義関係そうほてきはんぎ＝排反関係	ある意味の領域で、その意味領域を2つに分割する2つの語の関係★中間段階なし		「男・女」「表・裏」「ある・ない」「出席・欠席」「合格・落第」「あたる・はずれる」「生・死」…
両極的反義関係りょうきょくてき＝対極的反義関係たいきょくてき	物事の両極(対極)に位置する部分に名づけられた2つの語の関係▶ 程度の差がなく、連続的なものとして意識されない。		
	A. 中心点を基準にして対立	空間的に極端	「頂上・ふもと」「北極・南極」「上・下」…
		時間的に極端	「過去・未来」「前・後」「昨日・明日」…
		数量的に極端	「最大値・最小値」…
	B. 中心点のないまま、対立	時間的に極端	「入学・卒業」「開会・閉会」「始まる・終わる」…
連続的反義・れんぞく反意関係	連続的な尺度において上位領域と下位領域を表す2つの語の関係程度の差があり、それが連続的なものとして意識される	★中間段階あり(どちらにも属さない普通程度)	「大きい・小さい」「高い・低い/安い」「深い・浅い」「遠い・近い」「おいしい・まずい」…
		▶中立的な意味の名詞をつくるときには上位の領域を表す語が使われる。例 高さ・低さ	
二つの観点からみた反義・反対関係＝逆意関係ぎゃくい	一つの事柄を相対的な視点からみて表現する2つの語の関係(出来事が同時に成立)		「売る・買う」「上り坂・下り坂」「貸す・借りる」「教える・教わる」「あげる・もらう」「勝つ・負ける」
逆方向に移動する単語と単語の対立関係	互いに逆方向に移動する意味を持つ単語同士が対立		「入る・出る」「つく・離れる」「進む・後ずさりする」…

互いに元の状態に戻る関係の対立関係	状態の変化に関わる単語同士が対立	「起きる・寝る」「開ける・閉める」「結ぶ・解く」「伸ばす・縮める」「生産・破壊」「覚える・忘れる」
互いに他を前提にして成り立つ対立関係	意味自体に対立要素はないが、普通反義語として意識される	「戦争・平和」「縦・横」「泣く・笑う」「丸い・四角い」「先生・学生」「親・子」「夫・妻」「医者・患者」

⑾ 成分分析

① ある語を、それより原始的な要素によって分析する方法。

② 語の意味を研究するとき、その語の意味が弁別的な意味成分の束として存在すると考えて研究する方法論。

例【child】　　　[＋human][－adult]

　　【adult】　　　[＋human][＋adult]

　　【bachelor】　[＋human], [＋adult], [＋male], [－married]

　　【walk, run】　＜移動＞・＜陸＞・＜〜乗り物＞

　　【ride, drive】＜移動＞・＜陸＞・＜乗り物＞

　　＜＜動作＞状態＞　　＜＜状態＞状態＞

　　　走っ　ている　　　*ある　ている

⑿ **選択制限**

① **語の選択制限**：ある語が使用されるときに文中で満たされなければならない意味的な条件。共起制限とも言う。

例 雷は{落ちる・*降る・*降りる・*下がる}

問題

⑴ (　　　　　) {を飲む/はぬるい/はかわいい}。

⑵ {ちっとも/まったく}(　　　　　)。

⑶ 彼は(　　　　　)を壊した。

⑷ a. 凛々しい男　　　　b. *凛々しい女　cf. きれいな女

⑸ a. 美しい師弟愛　　　b. *きれいな師弟愛

---

② **慣用語における選択制約**

例「首がまわらない」≠「あたま(かしら)がまわらない」

　　「腹が立つ」≠「おなかが立つ」

　　「油を売る」≠「オイルを販売する」

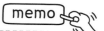

② 語の意味変化

(1) 語の意味変化の傾向　2003 기출

① **意味の一般化**：語の示す意味の範囲が広くなること。「意味拡大」とも言う。

例 瀬戸物　挨拶　坊主　普請　旦那　奥様　やばい…

	原義	転義して、一般化
瀬戸物	本来愛知県瀬戸市周辺で作られた陶磁器	陶磁器一般
挨拶	禅問答のやりとり	人に会った時や別れる時にとりかわす礼儀的な動作や言葉
坊主	僧房の主（あるじ）のこと、つまり一坊の主としての住持や住職のみを指す言葉	僧侶住職以外の一般の僧の総称
普請	仏教で、堂塔を建築・修理すること	土木・建築などの工事一般
旦那	布施をする人 ▶僧侶だけが使っていた語	客、主人
奥様	正妻、大奥 ▶身分の高い人の妻にだけ	他人の妻 ▶ただの妻、女性にも
やばい	危険だ、うるさい ▶特定の集団で使われていた言葉	ポジティブな意味として広く使う
玄関	玄妙な道に進むべき入口。禅門に入ることから「禅寺で客殿に入る門」	家の正面の入り口

② **意味の特殊化**：語の示す意味の範囲が狭くなること。「意味縮小」とも言う。

例 妻　着物　さかな　卵　鳥…

	原義	転義して、特殊化
妻	夫婦や恋人が、互いに相手を呼ぶ称 ▶男女どちらも言っていた。	配偶者である女性
着物	衣服全般	和服。日本在来の衣服
さかな	【酒肴】酒菜 ▶酒を飲むときに一緒に食べるつまみもの	魚
卵	鳥、魚、虫の卵	「卵料理」＝鶏卵料理
鳥	鳥類	「鶏肉」＝鶏の肉

memo

③ 意味の向上（＝上昇）：本来は中立的な意味だった語が、良い意味を指すようになる。
例 天気 果報（かほう） 評判 未亡人 僕…

	原義	転義して、上昇
天気	気象状態	「明日天気にな〜れ」 …「晴れ」「良い天気」を意味
因果応報（いんがおうほう）	過去の善悪のいずれかの行為の報いとして身に受ける事柄。	「果報者」＝運に恵まれた幸せ者 「果報は寝て待て」＝幸運の訪れはあせらず待て
評判	世間の人が批評して是非を判定すること。また、その判定	世間の関心の的になっていること。名高いこと。また、そのさま
未亡人	主人が死んでも、まだ死なない人 謙譲の自称詞	他人に対しての敬称
僕	下男、しもべ	自分の呼称

④ 意味の下降：本来は中立的な意味または良い意味だった語が、良くないか、中立的意味を指すようになる。
例 貴様（きさま） 御前（おまえ） 女房（にょうぼう） 女中（じょちゅう）…

	原義	転義して、下降または中立
貴様	目上に尊敬をこめて使っていた言葉	親しい同輩、または目下に用いる。
御前	神仏・貴人の前を敬っていう語。転じて、間接的に人物を表し、貴人の敬称となる。近世前期まで男女ともに目上の人に用いた敬称であった。	親しい相手に対して、または同輩以下をやや見下して呼ぶ語
女房	宮中で奉仕した身分の高い女官	妻の俗っぽい言い方
女中	婦人を敬っていう語。御婦人。宮仕えをしている女性	家庭・旅館・料亭などにおいて、住み込みで働く女性 ▶現在は「お手伝いさん、従業員」と言う。
奥さま	正妻、大奥（おおおく）…身分の高い人	ただの妻や女性
因果	前に行った善悪の行為に対応した結果	宿命的に不幸な状態におかれているさま、不運なさま
旦那	布施をする人 ▶僧侶だけが使っていた語	客、主人
はらむ	人・動物が胎内に子をやどすこと。	もっぱら動物について用いられる ▶婦人について使うと極端に失礼

(2) 意味変化のメカニズム

	説明		例
① 隠喩 ＝メタファー	比喩する対象との類似性に基づいた変化		びんの口　机の足　椅子の腕 雪の肌…
② 換喩 ＝メトニミー	ある対象を指示するために、それと空間的・時間的に隣接した対象で表す比喩。発話状況や文脈における近接性に基づいた変化	道具で活動	口(話)がうまい 腕(技量)がある お茶(休憩)の時間
		製作者や産地で製品	漱石は全部読んだ。 沢庵(たくあん) カシミア
		部分で全体	赤ずきん(をかぶった女の子)
		容器で内容物	ボトル → 酒 ふところ(懐) → 所持金
		場所や建物で機関	ワシントン、ホワイトハウス → 米合衆国政府
③ 提喩 ＝シネクドキ	部分で全体を、あるいは全体で部分を指示する比喩。全体と部分の包含関係と典型性に基づいた変化	お花見：「花」で「桜」(部分)を指す	
		小町(こまち)：「小町」(平安時代の女流歌人、小野小町(おののこまち))で「美人」(全体)を指す	
		人はパンのみにて生きるにあらず：「パン」で「食べ物」(全体)を指す	

第6章 語の意味 ・・・417

(3) 意味変化の原因

① 言語的原因

	原義	現代の語義
とても	「どうしても」という否定の意味	「非常に」の意味
運	「運命」という意味	「幸運」の意味 例 運が回る　運が良くなる
漱石	石を漱ぐ	自分の失敗を認めず、屁理屈(へりくつ)を並べて言い逃れをすること

cf.【漱石枕流(そうせきちんりゅう)】：自身の失敗や負けを認めようとしないこと。または、何かにつけて言い訳ばかりすること。

西晋の孫楚(せいしん)(そんそ)が「石に枕し流れに漱ぐ(まくら)(すす)」という言葉を「石に漱ぎ流れに枕す」と言い間違えた。友人に間違いを指摘されると「石で歯を磨いて、流れで耳を洗うのだ」と無理な主張をして間違いを認めなかったという故事からこういう意味に使われるようになった。夏目漱石の雅号「漱石」はこの故事が由来。

② 社会的原因

	原義	現代の語義
駅	官道に設けて公の使いのために人馬の継ぎかえや宿舎・食糧などを提供した所	列車を止めて、乗客の乗降、貨物の積み降ろしをする所
はなむけ	馬の鼻向け。旅立ちや門出を祝って、金品・詩歌などを贈ること	別れて行く人に金品などを贈ること。その贈り物
金	金属の総称	お金、貨幣・金銭
車	車輪を回転させて進むようにしたものの総称 中世までは牛車(ぎっしゃ)を、明治・大正時代では人力車を指す	自動車

③ 心理的原因　☞「忌み言葉」

閉会 ⇒（お開き）　すずり箱 ⇒（あたり箱）　梨(なし) ⇒（ありのみ）

(4) 文法化現象

それ自体の語彙的意味をもつ語が文法関係を表す機能語(助動詞や接辞など)に変化していく現象

例 部屋にゴミがおちている。　　風邪気味(ぎみ)　寂しげな顔(なし)　　～について　～によって

3 語彙と社会

(1) 位相 [2003 기출] [2005 기출] [2006 기출] [2014.A 기출] [2024.B 기출]

① 位相：性別や年齢等の属性の違い、職業、地域等の所属の違い、話し言葉と書き言葉等の使用条件の違い、対話している状況や相手等の使用環境の違い等、様々な要因によって用いる言葉が異なること。また、そのような言葉の違いが現れる現象。音声・音韻、文字・表記、文法、語彙の各分野において見られる。しかし、近年ではこういった位相語の境界があいまいになりつつある。

② 位相語：位相の違いによって変わる語

➡ 『日本語教育事典』(p.210) 位相：ある特定の社会や場面などに特徴的に用いられる言葉

(2) 位相語の種類

① 男性語と女性語

男性語	女性語
おお、たいへんだぞ。 いいか。もう行くぞ。 おい、何を食べようか。何を食おうか。 ほう、それは困ったな。 お互いに気をつけようぜ。	あら、たいへんよ。 いい？もう行くわよ。 ねえ、何を食べましょうか。 まあ、それは困ったわ。 お互いに気をつけましょうね。

② 人称代名詞

	人称代名詞	男女の傾向
自称	私(ワタシ・ワタクシ)・アタシ	男性より女性の方がよく使う。
	僕(ボク)・俺(オレ)	男性のみ使用
対称	アナタ・アンタ	男性より女性の方がよく使う。
	君(キミ)・お前(オマエ)	女性より男性の方がよく使う。

③ 地域の違い

「疲れた」と「しんどい」、「かたつむり」と「でんでんむし」など

④ 女房詞 [2019.A 기출]

㋐ 室町時代、宮中の女房たちが使った言葉＝女房言葉

㋑ 今日なお使われている単語としては、オナカ(腹)・オヒヤ(水)・ヒモジイ・キナコなどがある。

memo

女房詞（女房言葉）の形態上の特徴

1. 語頭に「お」が付いている（丁寧さを表す）

女房詞	普通の表現	女房詞	普通の表現	女房詞	普通の表現
おかか	鰹の削り節	おじや	雑炊	おなら	屁
おかき	欠き餅	おすもじ	寿司	おにぎり・おむすび	握り飯
おかず	お菜	おだい	飯	おはぎ	牡丹餅
おかべ	豆腐	おつけ	味噌汁、吸い物	おひや	冷水
おこわ	こわ飯	おでん	味噌田楽	おまん	饅頭
おさつ	サツマイモ	お腹	腹	おまる	便器

2. 語尾に「もじ」が付いている（婉曲的に表現する）＝文字詞（もじことば）

女房詞	普通の表現	女房詞	普通の表現	女房詞	普通の表現
おくもじ	奥さん	しゃもじ	杓子	ひともじ	葱
おくもじ	酒、漬物、苦労	すもじ	寿司	ひもじい	空腹
おめもじ	お目にかかる	そもじ	そなた	ふたもじ	韮
かもじ	母、または妻	にもじ	大蒜	ゆもじ	浴衣
こもじ	鯉	はもじい	恥ずかしい		

〔渡辺富美雄ほか『日本語解釈活用事典』(1993)〕

○「酒」の女房詞には、「竹葉（中国で酒を指していう言葉）」を言い直した表現「ささ」という言葉もある。（「ささ」は「酒」の「さ」を重ねて言った言葉だという説もある。）

⑤ **集団語**：ある集団の特徴的な言葉。専門用語や隠語〔『日本語教育事典』p.130〕

　㋑ 専門語

　　例 ホシ(警察用語/犯人のこと)　ムショ(刑務所)　ヤク(麻薬)　オペ・カルテ(医者)

　　　サラ・トリ(落語家用語/一番最初に出演する人・一番最後に出演する人)

　　　噛(か)む(放送用語/言い間違える)

　㋺ 幼児語(ようじご)

　　例 わんわん　おべべ　まんま　あんよ…

　㋩ 若者言葉

　　例 りょ、り(了解)　とりま(とりあえず、まず)　いつあり(いつもありがとう)　いみふ(意味不明)

　　　マジ卍(まんじ)(テンション上がったときに使うことば)

　　　ぴえん(残念な出来事があったときに使うことば)

⑥ **忌み言葉** 2014.A 기출

　㋑ お祝いやお悔やみの場面など、ある特別の場で避けられる言葉のこと。

　㋺「災いの降りかかるのを恐れて口にしないことば。また、その避けていわないことば
　　のかわりとして用いることば」〔小学館『日本大百科全書』〕

　㋩ 古くは奈良時代の文献などにも記録が残っており、そのいわれは、日本で信じられ
　　てきた「言霊(ことだま)」思想に源があると言われる。

➡ 「言霊」：言葉に宿る神秘的な力や霊力という意味で、縁起(えんぎ)のよい言葉は幸せを呼び、逆
　　に不吉な事柄を意味する言葉は不幸を呼ぶと考えられてきた。そのため、不吉であった
　　り縁起が良くなかったりする言葉は口にしないよう避けるという風習が広まったとい
　　われている。

memo

各場面における忌み言葉の例

場面	忌み言葉	例
結婚式	別れを連想させる言葉	別れる　離れる　終わる 壊れる　破れる　飽きる 切れる　出る　去る　帰る 戻る　割れる　冷える など
	重ね言葉	重ね重ね　返す返す 再び　重々　再度　再三 再三再四 など
新築祝い	火事を連想させる言葉	火　煙　赤　焼ける 燃える など
	その他	倒れる　壊れる　潰れる 流れる　傾く など
懐妊・出産祝い	流産などを連想させる言葉	流れる　落ちる　失う　消える 枯れる　敗れる など
葬儀・災害見舞い	不幸が繰り返すことを連想 させる言葉	たびたび　重ね重ね　再び 再度　再三再四 返す返すも など
	悪いことを連想させる言葉	とんだこと　とんでもない など
	言葉の音の響きが よくない言葉	四(死)　九(苦) など
	直接的に死を表す言葉	死ぬ　死亡 ▶逝去、他界、永眠、旅立つなど 　ほかの言葉に言い換える。

その他、日常生活でも、悪い意味に通じたり、悪いことを連想させたりするのを嫌って、ほかの言葉に言い換える例が見られる。

例「する」が「すり減らす、なくす」に通じることを嫌って「するめ」を「あたりめ」という。やや俗っぽい感じもあるが、市販のおつまみの袋などにも「あたりめ」と書いてあったりするのをよく見かける。ほかにも、「すり鉢 → あたり鉢」、「墨をする → 墨をあたる」、「すずり箱 → あたり箱」、「髭(ひげ)をする → 髭をあたる」などの例もある。

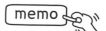

⑦ 地域方言と社会方言

㋐ 話し手の属性による言語変種

㋑ 地域方言は地域差に基づく言語変種であり、社会方言は年齢、性差、職業、階級など社会的な属性に基づく言語変種である(こういう観点からは幼児語、若者言葉、老人語も方言)。

㋒ 東日本と西日本の方言の比較

	東日本	西日本
一昨日	オトトイ	オトツイ
七日	ナノカ	ナヌカ
くすり指	クスリユビ	ベニサシユビ
茄子	ナス	ナスビ
酸っぱい	スッパイ	スイー
居る	イル	オル

⑧ 役割語 2024.B 既出

㋐ 話し手がどんな人物なのか、特定の人物像(年齢・性別・職業・階層・時代・容姿・性格など)を連想させる特定の言葉遣い。

　例 「そうじゃ、ワシは天才なんじゃ。」(老博士言葉) 「よろしくってよ。」(お嬢様言葉)

㋑ 位相語が現実の言語使用であるのに対して、役割語はある特定の人物像に結びついているイメージとして起こるステレオタイプ的な言葉遣いである。

㋒ 役割語には、宇宙人や犬、猫などの言葉づかいも含まれる。

　例 「ちがうワン」「そうだニャー」…

⑨ 話し言葉・書き言葉

	話し言葉	書き言葉
文の長さ	短い方である	長い方である
文の並べ方・順序	順序を守らないことがある	順序を守って書くことが原則
同じ文の繰り返し	反復して述べることがある	反復して書くことはあまりない
言いさしの使い方	途中で文が切れることがある	途中で文が終わることがあまりない
文の成分の省略	省略して述べることがある	省略して書くことは多くない
指示語の使用	わりと頻繁に使用する	わりと使用しない
敬語の使用	頻繁に使用する	わりと使用しない
終助詞の使用	頻繁に使用する	あまり使用しない
漢語の使用	わりと使用しない	わりと頻繁に使用する
文末表現	「です/ます/だ」を使う	「である」を使う

◉ 新方言:井上史雄(1994)によって提唱された用語。若い世代において新たに発生し、かつ勢力を広げつつある非標準語形。東京を含む各地で盛んに作られている。
例 「違かった」「〜みたく」

◉ ネオ方言(neo-dialect):真田信治(1990)によって提唱された用語。伝統的な方言形とも共通語形とも違う第三の形で、地域の新しい方言形として認識されている。
例 「行かへんかった」
(近畿地方の否定形は「ん」「へん」で、過去の否定形は「なんだ」「へなんだ」。それが共通語「なかった」の影響を受けて「へんかった」という形が広く使われるようになった。)

⑩ 敬語：上下関係のみならず親疎関係も敬語使用において重要な基準になる。

(3) 新語・流行語

① 新語：社会の変化とともに新しく誕生し、広まった言葉

　　例 自撮り　フェイクニュース　仮想通貨　エモい　ASMR

② 流行語：特定時期、特定集団の中で流行した語(単語、言葉)やフレーズ。初出と同時に流行する場合もあるが、期間をおいてから流行する場合もある。

三つの密(みっつのみつ)

2020年(令和2年)の新型コロナウィルス感染症(COVID-19)拡大期に日本の総理大臣官邸と厚生労働省が掲げたスローガン。集団感染防止のために避けるべきとされる密閉・密集・密接を指す。3つの「密」・三つの密とも表記され、一般に3密(さんみつ)と略される。

---

(4) 差別語

① 他者の人格を傷つけ、蔑み、社会的に排除し、侮蔑する暴力性を持つ言葉。差別用語。

　　例 女医/女流作家/OL/女史

　　　つんぼ/おし/どもり/めくら/びっこ

　　　外人/黒人

② 1981年「国際障害者の年」を迎え、厚生省は1980年に次のような差別語を廃止すると発表した。

　　例 不具・廃疾 → 障害　　　　　　おし → 口がきけない者

　　　つんぼ → 耳が聞こえない者　　めくら → 目が見えない者

③ 1985年には「女子差別撤廃条約」を推進し、男女雇用機会均等法の施行をきっかけにして次のように女性関連差別語の修正があった。

　　例 女中 → お手伝いさん　　　　　老婆 → 老女

④ その他

　　例 掃除夫 → 清掃作業員　　　　　炭鉱夫 → 炭鉱労働者

　　　黒んぼ → 黒人　　　　　　　　後進国 → 発展途上国

5

일본어 문법

文の構造

1 文の成分

(1) 日本語の文の特徴

① 主語が前に、述語が後にくるのが普通である。

② 述語のタイプによって名詞述語文と形容詞述語文、動詞述語文に分けられる。述語の表す事柄には、質・特性・状態・動作・変化・出来事などがある。これらは述語の品詞と密接な関連がある。

③ 述語を中心にして、それをとりまく成分として名詞句があるが、名詞句は色々な助詞によって結ばれる。

④ 日本語の基本文型は次のようにまとめられる。

述語の種類	基本文型	例文	
名詞	(主体)は〜。	彼は市立病院の医者だ。	名詞述語文
イ形容詞	(主体)は〜。	きょうの空はとても青い。 雨の日は特に暗い。	形容詞述語文
	(主体)は〜に〜。	林君は歴史に詳しい。	
ナ形容詞	(主体)は〜。	彼女はとてもきれいだ。	
	(主体)は〜に〜。	彼は勉強に熱心である。	
	(主体)は〜が〜。	奥さんはお料理が上手ですね。	
動詞	(主体)が〜。	雨が降る。 風が吹く。	動詞述語文
	(主体)が〜を〜。	(先生が)コーヒーを飲みました。	
	(主体)が〜に〜。	車が壁にぶつかった。	
	(主体)が〜と〜。	父が母と夫婦げんかする。	
	(主体)が〜を〜に〜。	彼が英語を学生に教える。	

(2) 主体・主語・主題

① 主体と主語

㋐ 雨が降っている。…「雨」は「雨が降る」という出来事の主体であり、述語「降る」の主語

㋑ 赤ちゃんが笑う。…「赤ちゃん」は「笑う」という動作の主体であり、述語「笑う」の主語

㋒ 道ばたに猫が死んでいます。…「猫」は「死ぬ」という変化の主体、述語「死ぬ」の主語

㋓ テーブルの上にケーキがある。…「ケーキ」は「ある」という状態の主体、述語「ある」の主語

㋔ 地球は丸い。…「地球」は「丸い」という特性の主体、述語「丸い」の主語

㋕ 兄は銀行員です。…「兄」は「銀行員」という質の主体、述語「銀行員だ」の主語

② 主題は「は・も・こそ・なら・って・といえば」によって表現される。

(3) 客体・対象・相手

① 客体・対象

㋐ お母さんが赤ちゃんを抱く。…「赤ちゃん」は述語「抱く」の客体・対象

㋑ 赤ちゃんがミルクを飲む。…「ミルク」は述語「飲む」の客体・対象

㋒ ぼくはうどんが食べたい。…「うどん」は述語「食べたい」の客体・対象

㋓ 友だちに花をあげる。…「花」は述語「あげる」の客体・対象

② 客体・相手

㋐ 友だちに花をあげる。…「友だち」は述語「あげる」の客体・相手

㋑ 友だちと口げんかする。…「友だち」は述語「口げんかする」の客体・対象(相手)

㋒ 突然犬が子供に噛みつく。…「子供」は述語「噛みつく」の客体・対象(相手)

◗ ヲ格名詞句については目的語という名称が一般化されているが、ここでは「対象」という用語を使っている。ちなみに、二格名詞句については「相手」という用語を使っている。どちらも述語の出来事に参加する参加者の意味役割を指す用語である。

2 文の構成要素

(1) ことばの単位：文章＞段落＞文＞(文節)＞単語

① 文章：いくつもの文が集まっているもの

② 段落：文章をいくつかのまとまりに分けたもの

③ 文：まとまった一つの意味があり、句点(。)で終わるもの

④ 文節：意味をこわさずに文を区切ったもの

⑤ 単語：ことばとして一番基本的な単位

<table>
<tr><th colspan="2">文節と単語([学校文法]の立場)</th></tr>
</table>

文節	単語
1. 文を意味が通じるぎりぎりの位置で区切ったもので、単語と文との中間にある単位。	1. 文節をさらに区切って、文を構成するうえでの役割を持つ一番小さい単位に分けたもの。
2. 文章を音読する際、自然に息継ぎで区切ることができる場所が文節になる。	2. 名詞・動詞・形容詞・助詞を含む10個の品詞に分類することができる。
3. 必ず自立語が一つ入っていて、付属語がつくこともある。	
・私は/小野小町の/顔が/好きだ。 (4つの文節)	・私/は/小野小町/は/美しい/と/思う。 (7つの単語)
・音楽を/聞くと/なんだか/元気が/出て/きます。(6つの文節)	・夏休み/に/東京/から/箱根/まで/電車/で/旅行する。(9つの単語)

(2) 単文と複文

① **単文**：述語が一つある文。

② **複文**：複数の節(述語とそれに伴う様々な要素のまとまり)から構成される文。普通主節と従
　属節に分けられる。名詞修飾節や引用節(埋め込み節)を持つ文も複文とみる。

　㋐ 主節：文末の述語を中心とした節

　㋑ 従属節：主節以外の節で、主節に対して従属的にかかっていく節。原因・理由、目
　　的、条件などを表す。

　　ⓐ 名詞修飾節

　　　例 <u>父が買ってきた</u>ケーキはおいしかった。

　　ⓑ 副詞節

　　　例 <u>お腹が空いていたので</u>、ケーキを食べた。

　　ⓒ 引用節

　　　例 彼は、<u>僕はケーキを食べてないと</u>言った。

　㋒ 並列節：主節と対等の関係にある節

　　　例 <u>姉はケーキが好きだが</u>妹はお餅が好きだ。

2 品詞

◐ 曲用(declension)：名詞な
どが性・数・格といった
文法カテゴリーに対応し
て変化すること

1 品詞とは

(1) 品詞：文の中での働きと活用の仕方、そして意味を考慮して分類した語のグループ

(2) 品詞分類の基準

① **意味**：語彙的意味は何か(動作か状態かなど)、語彙的意味を持つ自立語(詞)か文法的意味を持つ付属語(辞)か。

② **形態**：活用か曲用_{きょくよう}か。活用の場合、どのような活用の仕方を見せるのか。

③ **文中での働き**：文の中でどんな役割をするか。… 主語、述語、目的語など

(3) [学校文法]における品詞

① [学校文法]：現代日本の学校教育において国語教育の基準になっている文法。橋本進吉_{はしもとしんきち}が書いた『新文典別記_{しんぶんてんべっき}』(1935)という、旧制中学校の国文法教科書の教授用参考書が基になっている。教科(書)文法、文部省文法などとも呼ばれる。

② 品詞を名詞・動詞・形容詞・形容動詞・副詞・連体詞・感動詞・接続詞・助詞・助動詞の10種(代名詞を入れると11種)に分類している。

③ 学者によって品詞のとらえ方は少しずつ違っているし、最近の日本語学の考え方はまた大きく違っている。

(4) [日本語教育]の品詞と[学校文法]の品詞　2001 기출　2007 기출　2018.B 기출

	学校文法	日本語教育	備考
形容動詞	「形容動詞」を認定	「ナ形容詞」 (活用によってイ形容詞 とナ形容詞に分類)	名詞を修飾したり名詞の状態を言い表すという働きは同じなので同じ形容詞として扱う。
「～なければならない」や「～ほうがいい」など	構成要素をいくつかの品詞に分ける。	すべての構成要素に品詞を対応させず、全体で義務や勧めを表す表現として扱う。	
品詞の名前 《　》の中の名称が[学校文法]上の名称	動詞《動詞》名詞《名詞》副詞《副詞》 接続詞《接続詞》		両方同じ用語を使用
	《形容動詞》《形容詞》	ナ形容詞 イ形容詞	教科書や教える人によって違う場合もある。
	《助詞》：格助詞 並列助詞	助詞：格助詞 並列助詞	
	終助詞	終助詞	
	《係助詞や副助詞》	取り立て助詞	
	《感動詞》 《連体詞》　2014.A 기출	―	「あらゆる」、「おおきな」のような語の説明に「連体詞」という名称が必要になることもある。
	《助動詞》	―	日本語教育では動詞の活用として扱う。

memo

[学校文法]の用語

1. 係助詞（かかりじょし）
種々の語に付いて、それらにある意味を添えて下の用言や活用連語にかかり、それらの用言や活用連語の述語としての働きに影響を及ぼすもの。現代語では「は」「も」「こそ」「さえ」「でも」「しか」「だって」などがある。

2. 副助詞（ふくじょし）
種々の語に付いて、下の用言や活用連語の意味を限定する働きをもつもの。現代語では「さえ」「まで」「ばかり」「だけ」「ほど」「くらい・ぐらい」「など」「なんか」「なんて」「なり」「やら」「ぞ」「か」「ずつ」などがある。

3. 助動詞
常にほかの語に付属して使われる付属語の一つ。「れる・られる」(可能・受身・自発・尊敬)、「たい」(願望)のように活用するものが多いが、「う・よう」(意志・推量)のように活用しないものもある。ほかに、「ます」(丁寧)、「た」(過去・完了)、「せる・させる」(使役)、「ようだ・そうだ・らしい」(伝聞・推量・比況)、「だろう・でしょう」(推量)、「まい」(否定意志・否定推量)も助動詞である。

4. 係り結び（かかりむすび）　1999 기출　2001 기출
文語において、文中に係助詞「ぞ」「なむ(なん)」「や」「か」が用いられるときに文末を連体形で結び、係助詞「こそ」が用いられるときは已然形で結ぶ現象。

(5) 「ない」の品詞について　2002 기출

① 形容詞「無い」： 不存在を表す。 例 元気が無い　もうしわけ(が)無い

② 助動詞と補助形容詞の「ない」

	助動詞「ない」	補助形容詞「ない」
接続形態	動詞の未然形	ⓐ 形容詞形(イ形容詞・ナ形容詞含み)の連用形につく ⓑ 断定の助動詞「だ」の連用形につく
例	飲まない　見ない　しない わからない　いない　こない	読みたくない　美しくない　かわいくない 静かで(は)ない　そうで(は・も)ない
見分け方	「ぬ」「ず」に置き換えられる … 飲まない＝飲まず	直前に「は」「も」を挿入できる … よくは(も)ない　美しくは(も)ない

③「ない」が形容詞の一部に固まったもの

　　例 つまらない　はかない　せつない　とんでもない　なさけない　さりげない
　　　　もったいない　など

(6)「コピュラ」について

① 名詞に付いて文の述語になる「だ・です」を指す。国語学では断定の助動詞、または
繋辞（けいじ）と呼ぶ。

②「－だ、－で、－です、－だった、－でした、－だろう、－でしょう、－なら」のように活用し、
「ので、のに、こと、の」の前では「－な」になる。また、連体形の「の」は「である・だった・
であった」と置き換えられる。

　　例 私の兄は教師だ。

　　　あの人は画家で、小説家でもある。

　　　川上さんは大学生の時に数学専攻だった。

　　　あの人が嘘つきなことはよくわかっているでしょう。

　　　妻は大学院生なので、毎日論文のことで忙しいです。

2 主な品詞

(1) 動詞

① 辞書形が「ウ・ク・グ・ス・(ズ)・ツ・ヌ・ブ・ム・ル」のウの段で終わり、「～ます」「～て/で」「～ない」などに続くときに形が変化する(＝活用する)。

② **動詞の意味と機能**

㋐ ほとんど動作を表すが、状態を表すものもある。

例 ある　いる　できる

㋑ 文の述語となって主語と呼応する。

③ **動詞の分類**：活用のタイプによる分類のほかに、その意味や意志性の有無などによっていくつかのタイプに分けられる。

㋐ 活用のタイプによる分類 (*《 　 》の中の名称は[学校文法]上の名称)

Ⅰグループ動詞《五段動詞》	語幹(活用するときに変わらない部分)が子音で終わる。そのため、子音語幹動詞や強変化動詞と呼ばれることもある。
Ⅱグループ動詞《一段動詞》	語幹が母音の[-i]または[-e]で終わる。母音語幹動詞や弱変化動詞とも呼ばれる。普通、上一段・下一段には分けない。
Ⅲグループ動詞《力変動詞・サ変動詞》	活用が不規則な動詞。

㋑ 意志性の有無による分類

意志動詞	意志的な意味を持つことができ、その動作・行為を自分でコントロールすることができる。例 健康のため、毎日ジョギングを<u>しています</u>。
無意志動詞	意志的な動作・行為を表すことができずその動作・行為はコントロールできない。例 新入生のときに、運命の人に<u>出会った</u>。

色々な無意志動詞とその例	
存在	机の上に財布があったわよ。
自然現象	昨日から雪が降っている。
偶然性	会社の帰りにたまたま、高校のときの友達に会った。
可能	彼は5か国語ができる。
生理・心理現象	寝不足で居眠りしてしまった。 小さい子猫がずっと震えていた。 彼の態度には本当にむかつく。 雨の日はどうしても気がめいる。
受身の意味	ようやく子供を授かりました。 ありがとう。助かったわ。
意志動詞・無意志動詞の両方に使われる動詞	
【する】	頑張って勉強する。 頭痛がするし、寒気もする。 病気をしてはいけない。
【なる】	彼は、一生懸命勉強して医者になった。 もう6時になりました。そろそろ家へ帰りましょう。
【忘れる】	元カレなんか早く忘れようと思っています。 あの人の名前は何だっけ…。忘れちゃった。
【落とす】	この高さからボールを落としたらどうなるだろう。 誤ってお皿を落としてしまった。ごめんなさい。
【入る】	部屋の中に入ってください。 荷物が多くてカバンの中に入らない。

無意志動詞の文末制約(無意志動詞が使えない場合)

1. 話し手の意志・勧誘を表す表現：「〜(し)よう」「〜ませんか」「〜つもりだ」「〜ことにする」など

2. 動作主の意志を表す表現：「〜ているところだ」「〜ておく」

3. 授受表現：「〜てあげる」

4. 「命令」「禁止」を表す表現：「〜なさい」「〜ください」「〜てはいけない」「〜な」
   ※ ただし、否定の禁止、呪いなどには無意志動詞も使える。
   例 もう迷わないでください。もっと苦しめ。

5. 「希望」を表す表現：「〜たい」

6. 可能表現：「(〜する)ことができる」「〜(ら)れる」「〜得る」

ⓒ 他動性の有無による分類 2000 기출 2005 기출 2009 기출

	特徴		例
自動詞	・他の対象へ働きかけない(他動性がない)。 ・ヲ格の目的語(対象)を取らない。 ・直接受身にならない。		
	意志的 自動詞	・主体の意志・意図によって動作を行う。 ・ヲ格が目的語(対象)を表さず、経路・通過域・起点・時間などを表す。	走る　泳ぐ　歩く　飛ぶ 散歩する　渡る　出る　過ごす
	非意志的 自動詞	・主体の意志・意図は含まれない。 ・形態的・意味的に類似した他動詞を持つものがある。 ・自他の対応がある。	ある　かかる　うまれる　腐る 光る　割れる　落ちる　閉まる
他動詞	・他の対象へ働きかけて意志(意図)的にその出来事を引き起こす(他動性がある)。 ・対象を表すヲ格(たまにはニ格)の名詞句を取る。 ・直接受身になる。		割る　落とす　閉める 食べる　聞く　読む　噛(か)みつく
(自他) 両用 動詞	・サ変動詞の一部 ・使役形で他動詞を作ることもある。		摩擦が生じる−摩擦を生じる 花屋が開店する−花屋を開店する
	・「開(ひら)く」「増(ま)す」「伴(ともな)う」「巻(ま)く」「噴(ふ)き出す」「生じる」 2009 기출		つぼみが開く−つぼみを開く 危険が伴う−危険を伴う 渦が巻く−渦を巻く

● ヲ格名詞句が対象を表さない動詞の例
　公園を散歩する(経路)
　空を飛ぶ(経路)
　橋を渡る(通過域)
　家を出る(起点)
　休みの日をのんびり過ごす(時間)

● 対応する他動詞がない場合、使役形で他動詞を作ることもある。
　例 水温が上昇した−
　　　水温を上昇させた

ⓔ 必須成分の数による分類

　ⓐ **補語**：述語に意味を加えていく語で述語が出来事(事態)を描写するのに必要な要素。必須補語と副次補語に分けられる。

　ⓑ **必須補語(一次補語)**：出来事の成立においてなくてはならない成分であり、「項」でその数を示す。

　ⓒ **格体制(格枠組み)**：ある語が取る必須補語のリスト。「が、を」のような格助詞で表す。

　ⓓ **項**：文にとって必ず必要な成分。「2項動詞」とはその必須成分が二つ必要な動詞という意味になる。

		文にとって必要な成分(項)の数と格体制	例
0項動詞	なし	V	吹雪く　春めく　停電する…
1項動詞	一つ	〜がV	降る　温まる　暴れる 光る　冷える　吹く…
2項動詞	二つ	〜が〜をV	助ける　着る　食べる　見る 書く　作る　こわす　なぐる…
		〜が〜にV	かみつく　反対する　甘える 頼る　あこがれる　ぶつかる…
		〜が〜とV	けんかする　戦う　結婚する 付き合う…
3項動詞	三つ	〜が〜に〜をV	あげる　くれる　教える 紹介する　与える　借りる 送る…
4項動詞	四つ	〜が〜から〜に〜をV	移す　改める　運ぶ 訂正する　変える…

必須補語と副次補語

1. 必須補語

   文が成立するために最低限必要な補語である。必須成分とも言う。

例	必須補語
太郎が田中を殴った。	太郎が・田中を
太郎が田中に会った。	太郎が・田中に
太郎が展示品に触った。	太郎が・展示品に
太郎が花子と結婚した。	太郎が・花子と
太郎が会社から出る。	太郎が・会社から

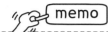

太郎に奥さんが要る。	太郎に・奥さんが
太郎が花子に花束をあげた。	太郎が・花子に・花束を
太郎が本社から大阪支店に移動した。	太郎が・本社から・大阪支店に
太郎が東京から大阪に拠点を移した。	太郎が・東京から・大阪に・拠点を
太郎が歴史に詳しい。	太郎が・歴史に
太郎が花子と親しい。	太郎が・花子と
太郎がピアノが上手だ。	太郎が・ピアノが

2. 副次補語
   ① 出来事の成立に最低限必要であるとは言えない補語のことで副次成分とも言う。
   ② 時間、場所、原因、目的、場面… など、出来事の意味が伝えられる最小限の基本文に様々な状況を加えるため、状況語とも言う。

㉠ 語彙的意味による分類

		特徴	例
状態性動詞		存在・能力・必要・思考・感情・感覚などの状態を表す。「存在・能力・必要」は「ている」形にならない。	ある　いる　できる　要る　思う　考える　感じる　愛する　痛む　苛立つ
非状態性動詞	動作動詞	始まりから終わりまで一定の時間内に続く動作を表す動詞	読む　書く　笑う　泣く　洗う　話す　焼く　叩く
	変化動詞	その動作の完了後、動作が起こる前と後で変化が起こる動詞	死ぬ　(電気が)つく　消える　触る　届く　決まる　行く　来る　着く　移る　見つかる　始まる　終わる　結婚する
	現象動詞	自然現象・作用などを表す。	降る　咲く

<ruby>金<rt>きん</rt></ruby><ruby>田<rt>だ</rt></ruby><ruby>一<rt>いち</rt></ruby><ruby>春<rt>はる</rt></ruby><ruby>彦<rt>ひこ</rt></ruby>(1950)の動詞分類 [2008 기출] [2021.B 기출]

1. 状態動詞：状態を表す。「～ている」の形にならない。

   例 ある　いる　(可能の)できる　要する　値する など

2. 継続動詞：ある時間内続いて行われる種類の動作・作用を表す。

   「～ている」の形になり、「動作の進行中」であることを表す。

   例 読む　書く　笑う　泣く　散る　降る　咲く など

3. 瞬間動詞：瞬間に終わってしまう動作・作用を表す。

   「～ている」の形になり、動作・作用が終わって「その結果が残っている」ことを表す。

   例 死ぬ　(電気が)つく　消える　届く　決まる　見つかる　始まる　終わる など

4. 第四種の動詞：時間の観念を含まず、形容詞のようにその物事の様子・性質・

   形状・印象を表す。常に「～ている」の形で用いられる。

   例 そびえる　すぐれる　ずば抜ける　ありふれる　似る　(水が)<ruby>澄<rt>す</rt></ruby>む

   (角が)<ruby>尖<rt>とが</rt></ruby>る　高い鼻をする など

ㅂ その他の動詞分類

　ⓐ やりもらい動詞(授受動詞)

　　(i) 物事の授受を表す動詞。「移動物」を対象(直接目的語)に取り、ヲ格で示す。

　　(ii) 「与え手(贈り手)」と「受け手(もらい手)」のどちらかが主語(主格)になる。

　ⓑ 相互動詞

　　(i) 「～と…する」の形を取り、主語(主体)だけでは出来事が成立せず、「～と」に立つ

　　　相手がいて初めて成立する。

　　(ii) 「～と」を「～と一緒に」と置き換えることはできない。→ 意味が変わってしまう。

　　　例 結婚する　離婚する　けんかする　論議する　動詞のマス形+合う

　ⓒ 所動詞

　　(i) 受身にならない自動詞のことである。

　　(ii) 「ある」「見える・聞こえる」のような無意志動詞、可能動詞、「要る」「似合う」「(匂

　　　いが)する」などがある。

　ⓓ 生産動詞

　　(i) ヲ格名詞句がその動作の結果によってできる動詞である。

　　　例 「穴をあける」の「あける」「お湯を沸かす」の「沸かす」「パンを焼く」の「焼く」

　　　　「ごはんを炊く」の「炊く」

전공일본어

memo

④ 不規則な活用をする動詞

㋐「する・くる」：サ行変格活用動詞(サ変動詞)/カ行変格活用動詞(カ変動詞)

㋑「愛する・略する」など：サ変動詞と5段動詞(愛す・略す)の活用が混在している。

㋒「信ずる・案ずる」など：サ変動詞と1段動詞(信じる・案じる)の活用が混在している。

㋓「いらっしゃる・おっしゃる・なさる・くださる・ござる」：マス形と命令形が「イ」になる。

㋔「行く・問う」：テ形が「行って」「問うて」になる。

㋕「すべる・しゃべる」：命令形が「すべろ・しゃべろ」になることがある。

㋖「くれる」：命令形が「くれ」になる。

㋗「ある」：動詞の否定形が存在しない(「ない」はイ形容詞)。

(2) 名詞

① ものごと(人・もの・出来事など)を指し表す語(名前をつける)。

② 活用をせず、格助詞を伴って文の主語・目的語などの成分になる。

③ 日本語の名詞は単数・複数の区別が義務的ではない。

cf. 村田さんたち：村田さんが複数いるわけではない。

④ 名詞の種類

	特徴	例
普通名詞	最も典型的な名詞	日本語学校　先生　学生…
固有名詞	人名や地名などの名前を指す名詞	田中さん　日本　東京…
代名詞 (人称・物・ 場所・再帰)	人やものや場所の代わりに用いられる名詞	私　お前　彼　彼女　これ それ　あれ　どれ　ここ　そこ あそこ　どこ　こちら　そちら あちら　どちら　自分　自身…
時の名詞	時を表す名詞	今日　昨日　来週　毎日…
形式名詞	実質的な意味が殆どなく、普通修飾語を伴って現れる名詞	はず　よう　つもり　こと もの　わけ　ため…

⑤「時の名詞」は副詞的に用いられることもあるが、「今日が原稿の締め切りだ」や「毎日を楽しく過ごす」のように格助詞を伴うことができることから名詞として扱う。形式名詞も、同じ理由から名詞として扱うことができる。

⑥ 形式名詞の多くは、モダリティ表現や複文の接続部分で用いられる。 2002 기출

　例 森さんは家にいるはずです。cf. そんなはずがない。

　　寒くなったため暖房を入れた。cf. ためになる本

　　熱が40度もあるのですから、苦しいわけです。cf. では、そのわけを教えよう。

⑦ 名詞の意味によってモノ名詞、コト名詞、ヒト名詞、トコロ名詞などに分類することもある。

例　＊ドアに行く。→ドアのところに行く。… ドアはトコロ性のないモノ名詞で移動動詞「行く」の行き先になり得ないため「～のところ」をつけて空間化

(3) 形容詞

① 名詞を修飾したり、主語の性質(状態・特性)を述べたりする。

② イ形容詞もナ形容詞も活用するが、ナ形容詞は辞書形として特に決まった形がない。

2018.B 기출

③ 動詞を修飾する用法もある(副詞的用法)。

例　・今日は朝早く起きた。　　・公園で子供が元気に遊んでいる。

→「早く」や「元気に」は、[学校文法]でも日本語教育でも副詞とはせず、「早い」「元気(だ)」という形容詞の活用形として扱っている。規則的に「～く」「～に」の形になるので、形容詞の活用形の一つとしてみなす。

④「形容動詞」という名称について：ナ形容詞のことを[学校文法]で形容動詞と言うのは、動詞のラ行変格活用に似た「なり」と「たり」型活用があったことによるもので、特に動詞という性質を持っていたことによるものではない。

⑤ 感情形容詞と人称　2004 기출　2008 기출

㋑「嬉しい・楽しい・悲しい・寂しい・憂うつだ」のように人の感情を表す形容詞および希望を表す「～たい」の主語には3人称が来ない(2人称質問文では可能)。

㋺ 3人称主語の場合、「～がる」「～そうだ/ようだ」「～とみえる」などのように表現しないといけない。

例

私は寂しい。	彼女は寂しがっている。	彼女は寂しそうだ。 彼女は寂しいようだ。
私は旅行に行きたい。	彼女は旅行に行きたがっている。	彼女は旅行に行きたそうだ。
私は読書が楽しい。	彼女は読書を楽しむ(×楽しがる)。	彼女は読書が楽しいようだ。

⑥ その他

㋑「同じ」：連体形になる時、「…な」の形にならない。

㋺「閑静だ・粗野(そや)だ」など：「…な」の形(連体形)はあるが、「…に」の形(連用形)はない。

㋩「ト・タル」類の形容詞(不完全形容詞)：「堂々・平然」など。元来「堂々と」「平然と」などの形が動詞「あり」に結びついた「堂々たり・平然たり」が終止形。現代語では連体形「堂々たる・平然たる」になり、副詞では「堂々と・平然と」の形になる。

memo

❖ 動詞のラ行変格活用：文語動詞の活用形式の一つである。語形が「有ら・有り・有り・有る・有れ・有れ」と五十音図ラ行のラ・リ・ル・レ四段の音で語形変化するが、終止形がイ段になるのが他の動詞と異なる。「あり」「居(お)り」「侍(はべ)り」「いまそかり」などがある。

② 「古く・遠く・近く・遅く」など：イ形容詞の連用形が転成名詞になった例である。このうち一部は名詞を修飾する時、「〜の」になる。

例 近くのコンビニ/家から近いコンビニ ＊近いコンビニ

> 「遠い／近い」は「駅から遠い人」「学校に近い人」のように基準点を任意に取ることができるが、「遠く／近く」は「遠くのほうを見た」「近くの人が駆け寄った」のように、文脈中の現在地を基準にする。そのため、「遠い／近い」は「(東京を基準点として)九州は大阪より遠い」と 比較表現ができるが、「遠く／近く」はできない。「韓国は中国より近くの国だ」とは言えない。「近くの店」は現在地を基準としてそこからすぐの所にある店。「近い店」は「ある店よりも近い店」「もっと近い店」のように、他の店を基準にしてそれより近い距離にある店の意。
>
> 〔森田良行(1989)『基礎日本語辞典』(pp.782〜783)角川書店〕

(4) 副詞

① 動詞・形容詞・他の副詞を修飾し(連用修飾)、動作・状態の様子や程度、話し手の気持ちを表す働きをする語

② 活用のない語で、日本語では特定の形式で副詞を見分けることは普通できないが、「ゆっくり」および擬声語・擬態語の「ざあざあ」などは、「と」が後接して「ゆっくりと」や「ざあざあと」という形を取ることがある。

cf. 「早く」や「元気に」などは、「早い」と「元気だ」という形容詞の活用形で、副詞として認めない。

③ 擬音語・擬態語の場合、「…と」と「…に」には意味上の差がある。

例 ペンキをべたべたと塗った。… 動作の様子

ゴム製品がべたべたになった。… 結果の状態

	特徴	例
様態副詞 (情態副詞) 2005 기출	動詞にかかって動作や状態の様子を表す。 「〜(と)」の形が多い。	・黒い車がゆっくり(と)近づいてきた。 ・おもちゃをわざとこわした。 ・すぐに参ります。 ・しばらく休ませてください。

程度副詞	動詞・形容詞・副詞にかかって、量や程度がどれぐらいなのかを限定する。	・お酒をたくさん飲みすぎて、とても気分が悪い。 ・非常にゆっくり話してくれた。 ・もっと早く来てください。 ・かなりうるさいですね。
誘導副詞 (陳述副詞) 2009 기출	述語の表す陳述の仕方を限定して話し手の気持ちを表す。	・彼は{たぶん・きっと}来るでしょう。 ・そんなことは決してないと思います。 ・もしかしたら株価は落ちるかもしれない。 ・どうか母の病気が治りますように。

④ 副詞の名詞的用法

　㋐「…だ」の形で述語になる。

　　例 もう少しだ。　まだです。　やぁ、しばらくですね。　かなりゆっくりだなあ。

　㋑「…の」の形で名詞を修飾することもある。

　　例 せっかくの日曜日。　かなりの長期間。　もしもの話。

(5) 接続詞

① 活用がなく、名詞(句)同士や節同士をつないだり、文として一度句点で区切ってから新たな文をつないだりする時に用いる語

　例 答案は黒または青のボールペンでお書き下さい。… 名詞と名詞をつなぐ

　　イギリスで2年間留学生活をして、そして帰ってきた。… 節と節をつなぐ

　　昨日はとても寒かった。だが、今日は暖かい。… 文と文をつなぐ

② 動詞や形容詞などに直接続く形式は、複文における接続詞ではなく接続形式として扱われる。

　例 昨日はとても寒かったが、今日は暖かい。

③ 文と文の関係にしたがって接続詞の機能を分類すると次のようになる。〔庵功雄ほか(2000, 2001)〕

　㋐ 順接関係

　　ⓐ [原因・理由－帰結]型：原因・理由を表す複文と共通する関係で、前件と後件をつなぐ。

	意味と用法	例
だから 1999 기출 2002 기출	・後件に事実・話し手の判断・命令・依頼・意志など色々な表現を述べることができる。	・この字はまだ習ってない。だから読めない。 ・もう締め切りです。だから、早くしてください。

それで＝で そのため(に)	・通常、後件に来るのは事実である。 ・後件が判断・命令・依頼・意志などの場合は使えない。	・1日中雨が降った。{それで/そのため}、洗濯物が乾かなかった。 ・毎日残業なんだ。{それで/そのため}、帰りが遅い。
そこで	・後件に来るのは話し手のすでに行なった意志的行為を表す表現に限られる。 ・後件が判断・命令・依頼・意志などの場合は使えない。	・なかなか会えない。そこで、メールを書いた。 ・もうすぐ年の瀬だ。＊そこで、デパートは人々で混雑しているだろう。(判断) ・具合が悪いんです。＊そこで、早退させてください。(依頼)
したがって ゆえに	・論理的な説明に用いられる接続詞 ・前件に理由、後件に帰結として話し手の判断を述べる。 ・後件に命令・依頼・意志は使えない。	・日本には火山が多い。したがって、地震が多いのだ。 ・角Aは直角、角Bは30度である。ゆえに、角Cは60度である。
それゆえ(に)	・主に前件に原因、後件に帰結としての事実を述べる場合(少し硬い表現)	・A校に合格する自信があった。それゆえに、B校には願書を出さなかった。
その結果	・前件に原因、後件に帰結としての事実を述べる場合に使う。(少し硬い表現)	・故郷に昨年大きな工場ができた。その結果、美しかった川の水が汚染されてしまった。

だから・それで・そのため

1. 事実
   昨日は体調が悪かった。{だから/それで/そのため}、会社に行けなかった。

2. 判断
   もうすぐ年の瀬だ。{だから/＊それで/＊そのため}、デパートは人々で混雑しているだろう。

3. 依頼
   具合が悪いんです。{だから/＊それで/＊そのため}早退させてください。

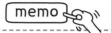

相手の発言を受けて使う「だから」と「それで」

1. 相手から理由を聞いて、納得したことを表す。…帰結に当たる事実をすでに知っている状況

   A：ののかちゃんは2歳からピアノを習っているそうですよ。

   B：なるほど。{だから/それで}、音感がいいのか。…プロミネンス（卓立）が置かれる

2. 相手に発言の続きを述べるように促す。…目上の人に使うと失礼

   A：今日は彼女の誕生日なんだ。

   B：{だから？/それで？}（↑）

3. 相手に自分の主張を再度強調して述べる。…「だから」だけの用法で使う相手とか場面に要注意

   A：お小遣い足りないんだ。あと1万円ちょうだい。

   B：だから、ゲームやめなさい。昨日も言ったでしょ。

ⓑ [条件－帰結]型：「～と、～なら」などの条件を表す複文と共通する関係で、前件と後件をつなぐ。

	意味と用法	例
すると （書き言葉）	・前件が契機になって後件が起こる。 ・前件が契機になって後件を発見。	・ノックをした。すると、中から返事が返ってきた。 ・ドアを開けた。すると、知らない人が立っていた。
それなら それでは （それじゃ） だったら では（じゃ） **2001 기출**	・前件を前提に推論した帰結を後件に述べる。 ・会話の中で相手の発言を受ける。 ・「すると」の後件には命令とか意志などを使うことはできない。 ★場面・話題を転換する用法は「それでは」だけ。	・A：久しぶりに外食にしようか。 　B：{それなら/それじゃ}、食堂を予約しよう。 ・A：締め切りは30日です。 　B：{すると/それなら/それでは}、あと2週間ありますね。 　B：{＊すると/それなら/それでは}、私も手伝いますよ。

ⓒ [結果・帰結－原因・理由]型：理由述べの接続詞の典型で前件の原因・理由を後件に述べる。

	意味と用法	例
というのは というのも なぜなら なぜかというと 2001 기출	・理由述べの他に、緩やかに前件の背景になる状況(聞き手の知らない情報)を述べる場合にも使われる。 ▶「というのも」の方が「前件の内容が当然だ」というニュアンスが強い。 ・後件には理由を述べるから、文末表現は「からだ」か「のだ」になる。	・今夜うちに来ませんか。<u>というのは</u>、おいしいケーキをたくさん買ってきたんです。 ・現金は持ち歩いていない。{<u>なぜなら/なぜかというと/というのは/というのも</u>}携帯だけでもぜんぜん不自由しないからだ。 ・車はあるけど通勤には使わない。{<u>なぜなら/なぜかというと/というのは</u>}、適当な駐車場がないからだ。
だって	・くだけた会話でだけ使われる。 ・主に相手に理由を問われて答える。 ・相手から非難されたり何らかの行為を促されたりした時に、自分の態度の理由を述べる。	・A：あれ、珍しく早く起きたんだね。どうしたの？ B：<u>だって</u>、今日は大事な会議があるんだ。 ・A：ちょっと、野菜もちゃんと食べなさい。 B：<u>だって</u>、おいしくないんだもん。

ⓛ 逆接関係　1999 기출　2004 기출

	意味と用法	例
・けれども類 けれども・けれど でも・しかし しかしながら (硬い表現) だが・が だけど(話し言葉)	・単に前件と後件を相反する事柄、対比的な事柄として並べる場合に使われる。 ・後件には事実のほかに、話し手の判断、命令・意志とか様々な表現が来る。	・どっちも同じだと思っていた。<u>しかし</u>、その考えは間違っていた。 ・彼は丈夫そうに見える。<u>けれども</u>よく病気をする。 ・日常会話はできます。<u>だけど</u>、難しい話はよくわかりません。 ・彼は着き次第手紙を書く、と言った。<u>だが</u>、手紙は来なかった。

	意味と用法	例
・それなのに類 それなのに・な のに(話し言葉) それにしては それが それにもかかわ らず にもかかわらず (硬い表現) ところが	・前件から予想される ものとは反対の内容 に対する話し手の驚 き・不満を表す。 ・後件に来るのは基 本的に事実で、話し 手の判断、命令・意 志の表現は使えない (疑問・禁止は可能)。 ・相手の発言を受けて 使うことはできない。	・人の何倍も勉強している。 それなのに成績はちっとも上がらない。 ・正式に漢字を学んだことがない。それにし ては、漢字がよく分かる。 ・朝からとてもいい天気だった。 それが、午後から急に雨が降ってきた。 ・山田さんは過労で倒れたことがある。 それにもかかわらず、毎晩残業している。 ・野球を見ようとテレビをつけた。ところが、 停電でテレビはつかなかった。
・それでも類 でも・それでも それにしても とはいえ・とは いうものの(硬い 表現)	・前件を認めたうえ で、それに対立する 考えを後件に述べる 場合に使われる。 ・後件は話し手の判断 とか感情の表現にな る。	・二日酔いで頭が痛い。 でも、会社を休むほどではない。 ・お酒が体に悪いことはよくわかっている。 それでもやめられない。 ・東京の物価は高い。 それにしてもあの店は高すぎる。 ・学校は勉強するところだ。 とはいえ、勉強だけでは楽しくない。 ・参加することに意義がある。 とはいうものの、やはり勝ちたいものだ。

ⓒ 並列・添加関係

	意味と用法	例
そして それから それに 2001 기출 2006 기출	・モノや事柄を付加的に述べる のに使う。 ・多くの場合置き換え可能。	・タイ、中国、{そして/それから/ それに}日本を旅行した。 ・あの店は値段が高い。{そして /それから/それに}料理もまず い。
	・会話で言い忘れたことを後か ら付け加えるような場合は、「そ れから」が自然。	・連絡は以上です。……あ、{○そ れから/？そして/？それに}、次 の会合は予定通りに行います ので、よろしく。
	・「そして、それから」には時間的 に連続して起こる二つの出来 事をつなぐ用法がある。	・ピアノ演奏が始まった。{そして /それから}、花嫁とその父親が 登場した。 ・映画を見た。{そして/それから} 買い物をした。

memo

また (硬い表現)	・一つのモノや事柄に関する別の情報を付け加える場合に使う。 ・名詞を追加するときには使えない。	・彼は英語の先生でもあり、また詩人でもある。 ・あの店は値段が高い。{また/そして/それから/それに}料理もまずい。 ・タイ、中国、また日本を旅行した。(×)
そのうえ しかも おまけに さらに	・「そして」の意味に「～だけでなく～も」という感情を強調する場合に使われる。 ★このうち、名詞の付加に用いられるのは「さらに」だけ。	・彼女は美人でスタイルがいい。{そのうえ/しかも/おまけに/さらに}センスもいい。 ・練習は月、水、金{×そのうえ/×しかも/×おまけに/○さらに}土曜日の4日間である。
そればかりか そればかりでなく のみならず	・「そのうえ」に似ているが、硬い文体。 ・「そればかりか、そればかりでなく」は話し言葉でも使えるが、「のみならず」は殆ど書き言葉。	・倒れていた私をタクシーに乗せ、そればかりか病院までつきそってくれました。 ・科学の発展は自然を破壊した。のみならず人類を一瞬にして破滅させる可能性まではらんでいる。
それどころか	・「そればかりか」に似ているが、前件に比べてはるかに重大で極端な事柄として後件を付け加える表現。 ・相手の予想と反対の事柄を示すことも可能。	・半年もダイエットをしたけど、全然痩せなかった。{それどころか/?そればかりか}、逆に2キロも太ってしまった。 … 予想と反対の結果
および ならびに 2006 기출	・名詞の並列・添加にだけ使われる。 ・改まった硬い表現。	・日本は本州、北海道、九州、四国および多くの島々からなる。 ・住所、氏名、ならびに電話番号を記入すること。
かつ	・モノや人の性質とか様子を並列的に述べる場合に用いる硬い表現。 ・話し言葉も可能。	・高山さんは優秀な医者でかつ研究者でもある。 ・非常の場合は、冷静かつ迅速に対応してください。

⊙ 節や文ではなく名詞の並列・添加にだけ使われるものは接続詞ではないとみる立場もある。

memo

ⓔ 選択関係

	意味と用法	例
または	・名詞・句・文を並べ、助詞「か」とほぼ同じ意味を示す。 ・選択肢が名詞で三つ以上ある場合は最後の選択肢の前に「または」が来る。	・電話、<u>または</u>電子メールで連絡します。 ・電子レンジで温めてください。<u>または</u>、フライパンで炒めてもいいです。(＝温めるか、炒める) ・電子レンジ、フライパン、<u>または</u>オーブンで調理してください。
それとも	・選択疑問文(相手に選択を要求する疑問文)で選択肢を示す場合に使う。	・コーヒーにしますか、<u>それとも</u>、紅茶にしますか。
あるいは ないしは もしくは	・「または」とほとんど同じ意味の硬い表現 ★「あるいは」は、「かもしれない」とか可能性を表す表現と一緒に用いて、「もしかすると」に近い意味を表すこともある。	・電話、{<u>あるいは/ないしは/もしくは</u>}電子メールでご連絡いたします。 ・電子レンジで温めてください。{<u>あるいは/ないしは/もしくは</u>}、フライパンで炒めてもいいです。 ・この雲の様子では、<u>あるいは</u>午後から雪になるかもしれない。

ⓜ 補足関係

	意味と用法	例
なお	・前件に関連して比較的重要な情報を補足する場合に使う。	・来月の10日に会議を開きます。<u>なお</u>、時間はのちほどお知らせします。
ただし ただ	・前件で述べたことの例外とか但し書きを述べる場合に使う。	・投資しましょう。<u>ただし</u>、条件がある。 ・技術、体力ともに申し分ない。<u>ただ</u>、精神力が弱い。
もっとも	・前件の内容およびそれから予想されることを一部訂正したり、条件を付けたりするような場合に使う。 ・後件の文末は殆ど「〜が、〜けど」の形。	・いよいよ初滑りだ。<u>もっとも</u>、雪があればの話だが。 ・毎日5時まで会社で働いている。<u>もっとも</u>、土曜、日曜は休みだが。

ちなみに	・中心的な話題からは外れる が、参考になるような情報を補 足する場合に使う。	・本学には学部生が4000名、大学院生 が60名在学しています。ちなみに、そ のうち3割が女性です。
	・後件が参考になる情報を求め る質問になる場合もある。	・A：本学には学部生が4000名、大学 院生が60名在学しています。 B：ちなみに、そのうち女性は何割ぐら いですか。

Ⓗ 補充説明(要約・言い換え・例示)

	意味と用法	例
つまり	・要約と補足説明の両方に使える。	・太郎君は母の兄の子供、つまり、私 のいとこです。 ・彼は決まりを守らないし、人の言うこ とに耳を貸さない。つまり、自己中心 的な男なんです。
要するに	・言いたいこと、それまで述べてき たことを要約して述べる。	・彼は決まりを守らないし、人の言う ことに耳を貸さない。要するに、自己 中心的な男なんです。
すなわち	・補足説明のために単語とか文を 別のことばで言い換える表現(書 き言葉)。	・日本は四季、すなわち春・夏・ 秋・冬がはっきりしている。 ・太郎君は母の兄の子供、すなわち、 私のいとこです。
例えば	・具体例を挙げるのに使われる。	・今度は家庭式料理、例えばおでんと か手巻き寿司なんかを出しましょう。
いわば	・モノや事柄を比喩を使って端的に 説明する場合に使う。 ・後ろに比喩の「ようだ」が来ること が多い。	・夫婦げんかは、いわばレクリエーシ ョンのようなものだから、心配するこ となどない。

➡ 「要するに・すなわち・つまり」の後件によく用いられる「のだ」は「言い換え」の用法

➡ 「いわば」は「言うならば、言ってみれば」という条件節が接続詞化したもので、それら に言い換え可能

㋭ 話題転換(前の文とは関係ない内容)

	意味と用法	例
ところで	・話題転換の代表的な接続詞。 ・会話でも、文章の中でも使われるが、後件には質問文が来ることが多い。 ・「話は変わりますが」と同じような意味。	・寒くなりましたね。<u>ところで</u>、お父さんの具合はいかがですか。 ・お陰様でこちらはみんな元気です。<u>ところで</u>、先日粗品をお送りしたのですが届いているのでしょうか。
	・同じ話題に関する不足した情報についてさかのぼって尋ねる場合にも使われる。	・A：(お菓子を受け取って)有難う。おいしそうね。 　B：おいしいよ。あのへんの名産だからね。 　A：<u>ところで</u>、どこへ行ってきたんだっけ？
それでは では じゃ	・場面を転換する接続詞で、後件に勧誘とか意志の表現を用いて、新しい行為に入ることを宣言するときに使う。	・皆さん集まりましたね。<u>それでは</u>始めましょう。 ・<u>じゃ</u>、行ってまいります。
さて	・「それでは」と似ているが、独り言でも使える。	・もう6時か。{○<u>さて</u>/？じゃ}、夕飯を作ろう。
それは さておき それは そうと	・「ところで」と似ているが、独り言でも使える。硬い表現。	・今度のホテルはとてもいいそうですよ。食事も豪華らしいし…。{<u>それはさておき</u>/それはそうと}、そろそろ出発しないと集合時間に間に合わないよ。

➡ 「ところで」と「それでは」などは普通互いに置き換えられない。

　　例 ……そうですね。{ところで / ＊では}、今日は資源ごみの日でしたっけ？

　　　　皆さん集まりましたね。{それでは / さて / ＊ところで}始めましょう。

◎ 対比

	意味と用法	例
一方	関連する二つの事柄を対比的に並べて述べる。	・妹の良子は家庭主婦である。{<u>一方</u>/＊逆に/＊反対に}、妹の花子は会社を経営している。
逆に/ 反対に	文字通り二つの事柄が相反する場合のみに限って使われる。	・カーテンは夏には日除けになります。{？一方/<u>逆に</u>/反対に}、冬には防寒の機能を果たします。

memo

(6) 助詞

① 単独では用いられず、名詞や動詞などの他の語に後接する。

② 助詞の種類

㉠ 格助詞

ⓐ 文の中核を成す動詞に対する名詞句の関係を表す。

ⓑ 述語の意味によって様々な役割で使われ、それぞれの名詞句を動詞などの述語と結び付ける働きをする。

ⓒ 「が・を・に・と・で・へ・から・まで・より」がある。

ⓓ 副次補語を表す格助詞(時間、場所、原因、目的、場面など)：文の表す意味に様々な状況を加える。

ⓔ 格助詞の意味

	意味	例
ガ格	主語(主体)	鳥が鳴く。
	対象 … 主語を表さない「ガ」	英語がわかる。 日本語ができる。 お金が要る。 水が飲みたい。 故郷が恋しい。 マイホームがほしい。 歌が上手だ。 彼女が好きだ。
二格	時間	8時に出る。
	存在の場所	公園に子供がいます。
	帰着点	成田空港に着きました。 山の頂上に登りました。
	行為の結果が存在する場所	机の上に置いてください。 建物の屋上にボールを投げた。
	相手	友だちに電話する。
	目的	映画を見に行く。
	変化結果	信号が赤になる。
	原因・理由	病気に苦しむ。
	比較の基準	母に似ている。
	出どころ	先生に説明を聞く。
	動作主 … 古典文法の形式	○○氏の母堂には、○○月○○日に逝去されました。…「母堂」가 主格에서 与格으로 交替

ヘ格	方向	どちらへ行かれますか。学校へ行きます。
	帰着点	ロッカーへ入れる。
	相手	友だちへ電話する。
ト格	相手	友だちと買い物に行く。
	結果	被告人が無罪となった。
	比較の基準	母と似ている。
デ格	行為・出来事の場所	学食でラーメンを食べました。 5時から会議室で会議があります。
	材料	小麦粉でパンをつくる。
	手段	鉛筆で書く。
	原因・理由	恐怖で震える。
	状態	全力で問題解決に取り組む。
	主語(主体)… 組織・機関	警察で行方を捜査しています。
ヲ格	対象	コーヒーを飲む。
	通過点・経路 2000 기출	高い山を越えていくと海が見えてくる。 この電車は池袋を通りますか。 公園を散歩したり、運動場を走ったりします。 廊下を走らないでください。
	出発点・起点	毎朝7時に自宅を出た。 去年、大学を卒業しました。
マデ格	行き先・行為の範囲	駅まで駆けつけていきました。
カラ格	出発点・起点	9時に会社から帰ってきました。 そのドアから出てください。
	主語(主体)… 情報の出処	受賞者の発表は、校長先生から行います。
	原料	ワインはブドウから作られる。
	変化前の状態	信号が赤から青に変わった。
	事柄の原因	タバコの消し忘れから火事になった。
ヨリ格	比較	犬より猫のほうがかわいい。
	限定(否定)	もうあきらめるより仕方がない

ⓕ 名詞と名詞の関係を表す「の」の用法は、格助詞とする立場と連体助詞として特別に扱う立場がある（連体格助詞という用語も使われる）。

意味	例	説明
所有	これは妹のかばんです。	・所属関係を表す：「学校の建物」 ・人物関係を表す：「田中さんのお兄さん」 ・全体と部分の関係を表す：「冷蔵庫のドア」
内容説明	哲学の本を買いました。	・「野菜のスープ」のように前の名詞が後の名詞の材料であるものがある。
位置基準	銀行の隣にカフェがある。	・「前後・左右・上下・東西南北・隣」のような方向を表す名詞が後に来て前の名詞との位置関係を表す。
作成者	先日の音楽会で、バッハの音楽を聴きました。	・後の名詞が「絵、論文、作品」など、生産物の場合、前の名詞が後の名詞の作成者を表すこともあるが、「田中さんの絵」のようにいくつかの解釈が可能な場合もある（作成者か所有か）。
同格	課長の村田です。	・「課長である村田」のように「である」に置き換えられる。 例「イギリスの首都のロンドン」 「形見の時計」
準体助詞	この辞書は友だちのです。	・「友だちの辞書」と置き換えられる。

ⓖ 格助詞の使用によって文の意味が異なってくることもある。

例「塗る」（A）壁にペンキを塗る。…「塗る」の対象は「ペンキ」、格助詞「に」は塗られたペンキが存在する場所

（B）壁をペンキで塗る。…「塗る」の対象は「壁」、格助詞「で」は手段

ⓗ 二重「ヲ」各の制限　2007 기출

例 花子を教える＋英語を教える → 花子に英語を教える。

壁を塗る＋ペンキを塗る → 壁にペンキを塗る。

息子を本を読ませた。→ 息子に本を読ませた。

先生を案内する＋銀座を案内する → 先生に銀座を案内する。

cf. 先生を銀座に案内する。

ⓘ「によると、にとって、に対して」などもその働きから格助詞の一種としてみなす（複合格助詞）。

㉡ 複合格助詞

  ⓐ 複数の語が結びついて一つの助詞として機能するもので後置詞とも言う。

  ⓑ 「について」「に対して」「をめぐって」などがある。

  ⓒ 格助詞の意味をよりはっきり表したり、格助詞だけでは表しきれない意味を表したりする。

  ⓓ 書き言葉のほうで好まれる傾向があるが、話し言葉においても使われる。

㊁ 並列助詞(並立助詞)

  ⓐ 名詞と名詞を対等な関係で並べて示す助詞。「列挙」と「選択列挙」の用法がある。

  ⓑ 「と、や、か、とか、だの、やら」などがある。

    例 夕飯は{パスタとピザ/パスタやピザ}を食べた。

    今日も彼はパスタかピザを食べたはずだ。

㊂ 終助詞

  ⓐ 文末に置かれ、聞き手や出来事に対する話し手の態度を表す助詞。

  ⓑ 「ね、よ、よね、か、わ、ぞ、さ」などがある。

    ▶ 「かしら・わ・わよ」は主に女性がよく使う終助詞

  ⓒ 主な終助詞の機能　2005 기출

機能	例
疑問	いま、何時ですか。
反語	二度と来るか。
禁止	よそ見をするな。
感動	きれいだな(なあ)。
勧誘	一緒に行こうよ。
念押し	それ、約束だよ。
呼びかけ	雨よ、降れ。

㊃ 取り立て助詞

  ⓐ 格助詞と複合するか、もしくは置き換わることによって話し手の気持ちを表現する助詞。

  ⓑ 「は、も、だけ、しか、ばかり」などがある。

memo

◐ 複合格助詞も格助詞と同じく名詞句に付いて述語との関係を表す。形式としては「格助詞＋テ形/連用形」の形が多いが、「～と一緒に」のように「格助詞＋名詞＋格助詞」の形もある。

◐ 取り立て助詞は、[学校文法]では係助詞・副助詞と呼ばれている。

ⓒ 取り立て助詞の機能

機能	助詞	例
主題・対比	は なら	サントスさんはブラジル人です。 君なら、きっと合格できる。
並立・列挙	も	田中さんは性格もいいです。
意外さ	も まで	ビールを10本も飲んだんですか。 そこまでしてくれるとは思わなかった。
限定	しか だけ・ばかり	昨日から水しか飲んでいない。 あと一回だけやらせてください。
例示	でも など・なんか	明日、映画でも見ませんか。 小道具なら、これなどはいかがですか。
極端な例示	さえ でも	お水さえ喉を通らない。 小学生でもわかる問題だ。
話し手の評価	くらい(ぐらい) なんか・なんて・など	ラーメンぐらい、すぐ作れるよ。 お前なんかに俺の気持ちがわかるもんか。

ⓗ 接続助詞

　ⓐ 前後の文(または節)をつなげて、その意味関係を示す助詞。

　ⓑ 「が、から、ので、けれど、のに、と、なら、し」などがある。

　ⓒ 日本語教育では、[学校文法]でいう接続助詞の「て」や、「たら」「ば」などについて
　　は動詞の活用形として扱っている。

ⓘ 間投助詞

　ⓐ 文中において語調を整え、強調したり詠嘆の意を添えたりする助詞。

　ⓑ 「な(なあ)、ね(ねえ)、さ」などがある。

(7) 指示詞〔庵功雄ほか(2000, 2001)〕

　① 現場指示

　　㋐ 話の現場に存在する事物を指し示す時の「コ・ソ・ア」の使い方(「コ・ソ・ア」の直接
　　　的用法)。

　　㋑ 話し手から(物理的・心理的に)近いものを「コ」列指示詞、遠いものを「ア」列指示詞で
　　　示す。

ⓒ 融合型と対立型に分けられる。

(A) 融合型(領域共有型)	(B) 対立型(領域対立型)
話し手が聞き手と同じ領域にいると感じている	話し手が聞き手とは違う領域をそれぞれ持っていると感じている
ⓐ 話し手と聞き手の領域にあるもの 　　→「コ」列 ⓑ 話し手と聞き手の領域から、やや遠いもの　→「ソ」列 ⓒ 話し手と聞き手の領域から、「ソ」列で表すより遠いと感じるもの　→「ア」列	ⓐ 話し手が自分の領域に属すると思うもの　→「コ」列 ⓑ 話し手が聞き手の領域に属すると思うもの　→「ソ」列 ⓒ 話し手が、話し手・聞き手のいずれの領域にも属さないと思うもの　→「ア」列

② 文脈指示　2000 기출　2005 기출　2010 기출　2023.B 기출

ⓐ 指すものが話の現場ではなく談話やテキストの中に出てくるときの「コ・ソ・ア」の使い方

ⓑ 聞き手の存在が問題となる対話における文脈指示とそれが問題とならない文章中の文脈指示の二つがある。

(A) 聞き手の存在が問題となるとき、話し手と聞き手が共に直接知っているものは「ア」列で指し、そうでないものは「ソ」列と「コ」列で指す。	
例 昨日田中に会ったんだけど、あいつは……。 （「～という」は使用不可）	例 A：昨日田中という人に会ったんだけど、そいつは……。(聞き手が知らない人を指す。「こいつ」も使用可能) B：そうですか。その人はどんな人ですか。(話し手が知らない人を指す。「×あの人」)

(B) 聞き手の存在が問題とならない「独り言」→「ア」列
　　例 {○あのレストラン/×そのレストラン}の料理はまずかったなあ。

(C) 会話中に度忘れした場合、または話し手が言いにくい語の代用 →「ア」列
　　例 この前貸してやったあれなんだけど、いつごろ返してもらえる？

ⓒ 対話における「ソ」列と「コ」列の使い分け

　ⓐ 話し手が自分の発話についてどのような距離感覚を持っているかによって

　（ i ） 話し手がこれから話すことを指し示す時 →「コ」列

　　　例 これは、誰にも言わないでね。実は、来月結婚することになったの。

　（ ii ） 話し手がすぐ前に話したことを指し示す時 →「コ」列

　　　例 実は来月、結婚することになったの。でも、これはまだ秘密だよ。

　（iii） 話し手がすぐ前に話したことを指し示す時、聞き手が了解したと判断すれば
　　　　→「ソ」列

　　　例 さっき、交通事故を見たんだ。それを見て気を付けなきゃって思ったよ。

memo

ⓑ 相手の発言内容をその場で受けて指し示す時 →「ソ」列

　例 A：花子さん、来月に結婚するんですって。

　　B：それは、初耳だな。相手は誰？

ⓒ 相手の発言をその場で受けて指し示す時にその話題を自分のものとして感じれば →「コ」列

　例 A：昨日、浅草2丁目で大火事があったんですよ。

　　B：えー！それって、本当ですか。

　　A：ええ、けが人も多く出たようですね。

　　B：これはたいへんだ。2丁目には祖母が住んでいるんですよ。

ⓔ 対話における「コ」列と「ソ」列と「ア」列の使い分け　2000 기출

ⓐ 話し手のみがよく知っているものは「コ」列を使って指し示し、それを聞き手が受ける時は「コ」列ではなく「ソ」列を使う。その後、聞き手もよく知っていることが確認されたら話し手は「ア」列を使う。

　例 A：娘の友だちに花子ちゃんという子がいてね。この子はなかなか頭が良くて……。

　　B：あら、{その/×この}子なら、私も知ってるわ。

　　A：ええ、{あの/×この}子がね、東大に受かったんだって。

ⓑ 話し手も聞き手も知っている物事については「ア」列を使用することが普通だが、直前の話の内容を受けて「ソ」を使う場合もある。

　例 A：ゆうべ、ネットフリックスで韓国の映画、見たよ。

　　B：アカデミー賞を授賞したもの？

　　A：いや、{あれ/それ}じゃなくて、もっと新しいやつ。

ⓜ 文章における文脈指示：「ア」列は使われない。基本的には「ソ」列、たまに「コ」列も使用

ⓐ「これ」と「それ」：原則的に直前の要素を指す時に、「コ」列も「ソ」列も使用できる。

	使用場面	例
「これ・それ」	直前に出た要素を指して述べる場合	・新方式の入試を行う大学が増えている。{これ/それ}は、学生を集めるための工夫であろう。
「これ」	前に出た事柄の理由・原因を詳しく述べる場合《これは〜からだ・ためだ》の文型	・会社が倒産した。{○これは/?それは}円高の影響で営業利益が減少したためである。cf. くつを買った。{これ/それ}は面接用である。

	使用場面	例
「それ」	名詞句の一部だけを受ける場合	・男性の平均寿命は女性のそれより短い。
	先行詞が「もの・こと」などで終わり、その直後で指すものを受ける場合	・私が大学で学びたいこと、それは人生の目標だ。

ⓑ「この」と「その」

	使用場面	例
「このN」	指すものが前の文の内容・発言そのものである場合	・「天は人の上に人を作らず。人の下に人を作らず」{○この/×その}言葉は慶應義塾の創始者福沢諭吉のものである。
	指すものを言い換える場合	・私はコーヒーが好きだ。この飲み物はいつも香りがいい。
	特定時代を指す場合	・江戸時代は武士の時代だ。この時代、人口の1割が武士だった。
「そのN」	「そのN」を含む文の内容が、指すものを含む前の文の内容と逆接的・対比的である場合	・吉田君は小学生のとき、とても背が低かった。その吉田さんが今はクラスで一番背が高い。
	意味的に「～の」が必要な、相対性を持つ名詞の場合	・コロナウイルス予防用のワクチンは開発されたばかりで、その効果はまだ分かっていない。
	▶上の場合でも、指すものが文相当の内容で、その事柄の<結果・理由・原因>を指す時は「このN」でもいい。	・東京都の知事に小池氏が当選した。{○この結果/○その結果}全国で初めての女性知事が誕生した。

㊉ 観念指示

　ⓐ 話し手と聞き手の記憶の中にある物事を示す談話上の指示。

　ⓑ 研究者によって、「ア」列指示詞には文脈指示用法が存在せず、「話し手・聞き手双方の記憶中に存在する事物を指示(吉本 1992)」する「観念指示用法」をア系指示詞の基本的用法と主張する研究も多い。

　ⓒ 情報が話し手の頭の中にのみあって聞き手はそれがはっきり分からない場合の指示。

○ 相対性を持つ名詞：それだけでは何を指すかが決まらず、常に「～の」に当たる部分が必要な名詞

例 A：来週の日曜日、映画見に行かない？

B：いいねぇ。じゃあ、ついでにまたあれ食べに行きましょうよ。

　ⓓ 聞き手の存在しない「独り言」

　　例 こんなはずじゃなかったのに。これじゃ、もう全て終わりだ。

③ **前方照応/後方照応**

　㉠ 照応：文の中の、あるいは一貫性のある文連続の中で特定の語が他の文の具体的な対象を指すこと。

　㉡ 前方照応：指すものが指示詞より先に出てくる(先行詞＋指示詞)。

　㉢ 後方照応

　　ⓐ 指すものが指示詞より後から出てくる(指示詞＋先行詞)。通常「コ」列が使われ、指すものはほとんど「文」である。

　　　例 こんな話がある。2025年には人口の3分の1が高齢者になるというのだ。

　　ⓑ 書き言葉では「ソ」列が使われることもある。

　　　例 人はそれと気づかないうちに、他人を傷つけてしまうことがある。

　　ⓒ 指示詞の指すものの内容が何かについて注意が向けられる談話上の機能(前置き)を果たす。

　　　例 これはうわさだけど、さくらちゃん、来月結婚するそうだよ。

(8) その他の品詞

① **補助動詞**

　㉠ 別の動詞に後続して文法的機能を果たす動詞で、それ自体の本来の意味は保っていない。

　㉡ 本動詞であったものが文法化して語彙的意味を失い、文法的機能を果たすようになった。

　㉢ 補助動詞の例

　　ⓐ 断定：「私は日本人である」の「ある」

　　ⓑ アスペクト：「風が吹いている」の「いる」

　　ⓒ 敬意：「本を読んでいらっしゃる」の「いらっしゃる」

　　ⓓ モダリティ：「迎えに来てください」の「くださる」

　　ⓔ 「～てある、～ておく、～てしまう、～ていく、～てくる、～てあげる、～てもらう」など

② **補助形容詞**

　㉠ 補助動詞のように他の語にくっついて補助的な役割を果たす。

◆ 前置：文章や談話などで、本題に入る前に述べること。また、その言葉。
例 ちょっとお話があるんですが、今よろしいですか。
少しうるさいのですが、音を小さくしていただけませんか。

◆ 補助動詞と補助形容詞は[学校文法]では自立語とみている。

  ⓛ 補助形容詞の例：「高くない」の「ない」、「聞いてほしい」の「ほしい」、「〜やすい」「〜が
  たい」「〜にくい」など

   cf. 動詞の否定を表す「ない」は助動詞

③ **数量詞** 2001 기출

  ㋐ 数量を表す単語または句。日本語では数詞のほか、助数詞を付けた単語の形を
  含めて言う。

  ⓛ 相対的な量を表す「たくさん・少し・一部・全部」、また疑問詞の「いくら・何人」など
  を含めて言う見方もある。

  ㋒ 数詞の種類

   ⓐ 基数詞(数量詞)：個数・数量・度数などを表すもの(2本・5回)と、ものの属性を表
   すもの(50度の湯・2メートルの人)がある。

   ⓑ 序数詞：順序を表す。例 一番　第2　三つ目　4等

数量詞の遊離

数量詞が修飾される名詞から離れて動詞にかかる副詞のように用いられる現象。数
量詞は連用修飾語としても連体修飾語としても使われるが、前者の用法においてこの
現象がみられ、後者の用法とは意味的にも差が出る。また、数量詞の遊離はガ格とヲ
格名詞句以外では不自然。

例 ・100ページの本を読んだ(連体修飾語)

  … 特定の名詞(本)を修飾。名詞と不可分の関係を持つ。(100ページの本)

  ・本を100ページ読んだ(連用修飾語) → 数量詞の遊離

  … 不特定の名詞(本)を修飾。単純に名詞の数を表す。(100ページは本の一部)

  ・3機の飛行機に乗った(連体修飾語)。→ ＊飛行機に3機乗った(連用修飾語)。

---

④ **助動詞**

  ㋐ 日本語教育では助動詞という用語を使わず、動詞の活用として扱っている。

  ⓛ [学校文法]における助動詞の分類

意味	助動詞	未然形	連用形	終止形	連体形	仮定形	命令形	接続
使役	「せる」	せ	せ	せる	せる	せれ	せろ せよ	五段・サ変動詞の未然形
	「させる」	させ	させ	させる	させる	させれ	させろ させよ	上記以外の動詞の未然形

memo

	基本形	未然形	連用形	終止形	連体形	仮定形	命令形	接続
受け身 可能 自発 尊敬	「れる」	れ	れ	れる	れる	れれ	れろ れよ	五段・サ変動詞の未然形
	「られる」	られ	られ	られる	られる	られれ	られろ られよ	上記以外の動詞の未然形「せる・させる」の未然形
打ち消し (否定)	「ない」	なかろ	なかっ なく	ない	ない	なけれ	—	動詞の未然形 動詞型活用の助動詞の未然形 1999 기출 2002 기출 2004 기출 2008 기출 2018.A 기출
	「ぬ(ん)」	—	ず	ぬ(ん)	ぬ(ん)	ね	—	
推量 意志	「う」	—	—	う	(う)	—	—	五段・形容詞・形容動詞の未然形 一部の助動詞の未然形
	「よう」	—	—	よう	(よう)	—	—	五段以外の動詞の未然形 一部の助動詞の未然形
打消 推量 打消 意志	「まい」	—	—	まい	(まい)	—	—	五段・助動詞「ます」の終止形 五段以外・一部助動詞の未然形
希望	「たい」	たかろ	たかっ たく	たい	たい	たけれ	—	動詞の連用形 助動詞「せる・させる・れる・られる」の連用形
	「たがる」	たがら	たがり たがっ	たがる	たがる	たがれ	—	
過去 完了 存続	「た(だ)」	たろ (だろ)	—	た (だ)	た (だ)	たら (だら)	—	用言の連用形 ほとんどの助動詞の連用形
様態	「そうだ」	そうだろ	そうだっ そうで そうに	そうだ	そうな	そうなら	—	動詞の連用形 形容詞・形容動詞の語幹 助動詞「せる・させる・れる・られる」の連用形など
伝聞		—	そうで	そうだ	—	—	—	用言の終止形 ほとんどの助動詞の終止形
たとえ 推定 例示	「ようだ」	ようだろ	ようだっ ようで ように	ようだ	ような	ようなら	—	用言の連体形 一部の助動詞の連体形 助詞「の」 連体詞「この・あの・その・どの」

推定	「らしい」	—	らしかっ らしく	らしい	らしい	らしけれ	—	動詞・形容詞の終止形 形容動詞の語幹、体言 一部の助動詞の終止形、一部の助詞
丁寧	「ます」	ませ ましょ	まし	ます	ます	ますれ	ませ まし	動詞の連用形 動詞型活用の助動詞の連用形
断定	「だ」	だろ	だっ で	だ	(な)	なら	—	体言、一部の助詞 【だろ・で・なら】動詞・形容詞・一部の助動詞の終止形
丁寧な断定	「です」	でしょ	でし	です	(です)	—	—	体言、助詞、形容動詞の語幹など 【でしょ】動詞・形容詞・一部の助動詞の終止形

(9) 品詞間の連続性　2021.B 기출

日本語に限らず多くの言語において品詞は連続した部分を持つ。

例 「好く」と「好き(だ)」… ほぼ同じ意味

「ある」「できる」「優れる」「異なる」「違う」など … 状態を表す点で形容詞的な動詞

memo

○ 転成によって作られた語
も派生語の一種とみな
す立場もある。

3 品詞の変化

(1) 転成

ある品詞が本来の文法的機能を失って、別の品詞に代わること。そのような方法で作られた語を転成語という。

例 「つゆ(露)」(名詞) → 「つゆ知らず」(副詞)

「考える」(動詞) → 「考え」(名詞)

「帯びる」(動詞) → 「帯」(名詞)

「遠い」(形容詞) → 「遠く」(名詞)

(2) 派生

① ある語から意味または品詞を異にする別の語が生じること。品詞を変えるものと変えないものがある。

② 派生語は、接辞が語基(語根・内容形態素)に付くことで作られる。

③ 派生の種類

○ ただし、形容詞の副詞化
は、[学校文法]でも日本
語教育でも品詞が変わ
ったものとは認めず、形
容詞の活用形の一つと
して扱う立場を取ってい
る。

	派生のタイプ		接辞	例
固有語	品詞が変わる	形容詞の名詞化	−さ −み	高さ 深さ 上品さ うまみ 重み 楽しみ
		形容詞の副詞化	−く −に	早く 静かに(形容詞の副詞的用法)
		名詞の形容詞化	−っぽい −げ	子供っぽい 大人気(おとなげ)だ
		名詞の動詞化	−びる −めく −ぐむ	大人びる 春めく 涙ぐむ
	品詞が変わらない		お− ご− か− み−	お金 ご褒美(ほうび) か弱い か細い(ほそ) 御仏(みほとけ)
漢語	漢語接頭辞+語基		「不−」「未−」「無−」「非−」など	不可能 未完成 無意識 非常識(名詞「常識」→ な形容詞「非常識」)
	語基+漢語接尾辞		「−度」「−産」「−化」「−的」「−用」「−風」「−性」「−式」など	完成度 国内産 世界化 国際的 科学的 輸出用 インド風 弾力性 結婚式

(3) 複合

① 単一語(単純語)と単一語が合成されること。そのような方法で作られた語を複合語という。

② 複合語になって意味と品詞が変わるものがある。

例 読み書き　乗り降り … 動詞の語基二つ → 名詞
　　草取り … 草を取る行為
　　塵取り … 塵を集める道具

3 文の種類

1 日本語の文の特徴

(1) 語順

① 語順は自由なほうであるが、一般的に主語は文頭、述語は文末に位置する。

② 修飾語が被修飾語の直前に位置する。

(2) 「主語－述語」「主題－解説」 2004 기출 2021.A 기출

① 述語の表す事態(動作・状態・変化など)の主体として主語がある。

② 文の中に「～は」で取り立てられる「主題」があり、それについての解説が続く。

③ 「～は」と「～が」の比較

「～は」		「～が」	
主題	対比(対照)	主語(主格)	対象(対象格)
私はミラーです。	お茶は飲むけど、コーヒーは飲まない。	雨が降り始めた。私がしておきます。	テニスが好きだ。

(3) 文法カテゴリー 2022.B 기출

① 文の成立に必要な構成要素を文法的特徴によって分類したもので、文法範疇_{はんちゅう}とも言う。

② 文の中で必ず表さなければならない文法的意味で、言語によって人称、数、極性(肯否)、ヴォイス、テンス・アスペクト、モダリティなどが表される。

③ 日本語は、人称や数の表示が義務的ではなく、述語部分に文法的意味を表す形態素が連鎖していく特徴がある。

(4) 省略

① 格助詞をはじめ、文脈からわかるものはよく省略される。

例 (あなたは)行く?… 主語の省略

私(は)、行かない。… 格助詞の省略

先生は(来る)?… 述語の省略

② 文の後半を省略した文末表現がある(言いさし)。

例 「〜ば。」「〜たら。」「〜のに。」「〜だけど。」「〜んですが。」「〜から。」など

③ 不特定主語は普通省略される。

例 (誰かが)風邪をひくとよく疲れる。　(誰かが)芝生に入ると(誰かが)罰せられる。

(5) 無生物主語構文

① 自動詞構文

例 お風呂がわいた。

ご飯がたけた。

電気がついてる。

本がカバンに入らない。

② 受身構文

例 ワインはブドウから作られる。

法隆寺は7世紀に創建された。

③ 他動詞文や使役文では無生物名詞が主語になると不自然になる。

例 ??バスが私を駅まで連れていきました。

??薬が私を治してくれました。

④ 「この写真は、私に子供の日々を思い出させます。」

「新聞は、3人がその交通事故で死んだと伝えています。」

memo

2 いろいろな文

(1) 文の機能による分類

① 平叙文：述べ立てる文　　　例 毎朝ジョギングをします。

② 疑問文：質問文・尋ねる文　例 毎朝ジョギングをしますか(しませんか)。

③ 命令文：働きかける文　　　例 毎朝ジョギングをしなさい(してください)。

④ 勧誘文：誘いかける文　　　例 毎朝ジョギングをしませんか(しましょう)。

(2) 述語タイプによる分類

① 動詞述語文

② 形容詞述語文

③ 名詞述語文

疑問文の種類　2017.B 기출

1. **判定疑問文**

   「はい」「いいえ」で答えられるYESNO疑問文。(〜ですか。〜ますか。〜でしたか。〜ましたか。)

   例 これもあの人の本ですか。

   　先生の車はあれですか。

   　大学の寮は新しいですか。

   　おばあさんはお元気ですか。

   　佐藤さんはゲームをしますか。

   ▶ ただし、このうち、「はい、そうです」「いいえ、違います」で答えられるのは名詞述語文とノダ文のみ。

   　例 これもあの人のですか。－ はい、そうです。

   　　先生の車はあれですか。－ いいえ、違います。

   　　大学の寮は新しいですか。－ はい、{新しいです／ x そうです。}

   　　佐藤さんもゲームをするんですか。－ ええ、そうなんですよ。

2. **疑問詞疑問文**

   「だれ・どれ・何・いつ・どう・どこ」といった疑問詞を含んでいるWH疑問文。

   焦点が疑問詞におかれ、答えるときにはそれに対応する返答をすれば良い(「はい」「いいえ」で答えられない)。

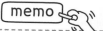

述語文の機能

	通常の機能	特殊な機能	
名詞 述語文	主題になる物事の属性を解説する。 例 田中さんは先生だ。	田中さんが 先生だ。	＝大勢の人の中でほかならぬ田中さんが先生だ。
形容詞 述語文	主題になる物事の属性を解説する。 例 田中さんはきれいだ。	田中さんが きれいだ。	＝大勢の人の中で田中さんが特にきれいだ。意外ときれいだ。
動詞 述語文	主語と述語の表す事態を述べる。 例 田中さんが食べた。	田中さんは 食べた。	＝料理を食べない人が大勢いる中で田中さんが食べた。
	ハ：既知の情報についてその属性を伝える。 ガ：相手にとって新しい情報を伝える。	ハもガも、ある人や物、事態を特定して指す。田中さん以外の人を排除し、田中さんと他人を対照(対比)させる。	

取り立て助詞

1. 述語と名詞句との意味関係(格)を表さず、出来事(事態)に対する話し手のとらえ方を表す機能をする助詞。

2. 文中の要素に付いてその要素や、その要素が表す出来事などに対する話し手のとらえ方を暗示することを「取り立てる」と言い、そういう機能をする助詞を「取り立て助詞」と言う。取り立て助詞は、前提となる事柄の他に、それに対する話し手のとらえ方を表す。

   例 は も だけ しか ばかり くらい・ぐらい こそ さえ すら だって でも など なら なんか のみ まで

3. 取り立て助詞で取り立てられる要素は名詞句のほかにも、動詞・副詞などがある。そのうち「は」と「も」は形容詞や「名詞だ」を取り立てることもできる。

   例 まだストーブを使うほど寒くはない。
   優しくないし、親切でもない。
   当社の社員ではあるが派遣である。

○ 「～は」：旧情報、既知情報
「～が」：新情報

○ 「前提」：文中で話し手が事実であることを知っている部分

○ 「含意」：出来事に対する話し手のとらえ方に潜んでいる暗示的な意味
例 「太郎しか試験に合格しなかった。」…「太郎が試験に合格した」という事柄(命題)を前提に、「太郎以外の人は試験に合格しなかった」ということを含意

(3) 文の構造による分類

　① **単文**：述語が一つある文。

　② **複文**：複数の節から構成される文。主節と従属節に分かれる。

(4) 文の意味による分類

　① **存在文**：存在の場所が文頭に来て存在を表す。

　　　例 つくえの上にパソコンがある。

　② **所有文**：所有を表す。所有しているものによって色々な構文がある。

　　　例 田中さんにはお孫さんがいる。

　　　　太郎は日光に別荘がある。

　　　　花子には才能がある。

　③ **所在文**：存在文を主題化したもの。

　　　例 貴重品は金庫の中にある。

(5) 主語・主題の有無による分類

　① ＜有題文＞と＜無題文＞

	「主題」は文で述べたい内容の範囲を定めたもの。主題以外の部分が「解説」。
	《主題文＝有題文》：主題を持つ文 …「主題(題目)」について述べる　　《無主題文＝無題文》：主題のない文 … 発見した内容をそのまま述べる
例	・飲み会は、私が予約しておくね。 ・ワールドカップは、ブラジルが優勝するのかな。　　・花見の季節が近づいてきました。 ・テニスが好きな人大募集！

　② ＜現象文＞と＜判断文＞

　　㋐ 三尾砂(1948)の分類。事態をとらえる話し手の態度による分類で仁田義雄(1991)では「述べ立て文」の中に＜現象描写文＞と＜判断文＞を入れて説明している。

　　㋑ 現象文

　　　ⓐ 目前の現象(自然現象など)を知覚してそのまま描写する文。無題文。

　　　ⓑ 恒常的な事態ではない、一時的にとらえた事態を表現する。

　　　ⓒ 総体的(generic)主語(＝一般主語)は来ない。

　　　　　例 雨が降っている。　空がきれいだ。

　　　　　　→ [〜が…]が全体となって一つの出来事を表す。

© 判断文

ⓐ 過去の経験に基づいて何かについて話し手の判断を入れて言う文。有題文。

ⓑ 恒常的な事態、一時的な事態について、過去の経験に基づいて判断する。

ⓒ 総体的(generic)主語も使える。

　　例 象は鼻が長い。あの桜はきれいだ。→ [～は…]の構造で、話し手が「～」について「…」と判断し、説明している。

いろいろな文法的意味と「は」・「が」 2012 기출 2021.A 기출

文法的意味	は	が
疑問文(疑問詞の位置)	帰ったのは誰ですか。	誰が帰りましたか。
総称(generic)主語/ 個別(individual)主語	桜の花はきれいですね。 鈴虫はいい声で鳴きます。	桜の花がきれいですね。 鈴虫がいい声で鳴いています。
特定(specific)主語/ 不特定(non–specific)主語	見知らぬ人が近づいてきた。その人は首からカメラを下げている。	大勢の日本人が海外旅行に行く。
主節の主語/ 従属節の主語	父は[寝ている時]出かけた。	[父が寝ている時]出かけた。
肯定文/否定文	Q：机の上に財布がありますか。 A：いいえ、財布はありません。	あっ、私の財布がありません。 (現象文)
対比/排他	お茶は飲みますが、コーヒーは飲みません。	彼が幹事です。

● 「排他」の用法は「総記」とも呼ばれる。

まとめ 1. 「いつ、どこ、誰、何」などの不定詞(疑問詞)の前は「は」、後は「が」

2. 従属節の主語は「が」が基本(対比の場合は例外)。ただ、引用文は一つの文として扱われるため「は」でもかまわない。

　　例 おそらく{彼は来ない}と思う。

　　　{飛行機は定刻に着陸した}という報告がありました。

3. 否定文では「は」を使用する傾向が高い。

③ ＜指定文＞と＜措定文＞〔野田尚史(1996)〕

㉠ 主格名詞と述語名詞の意味的な関係による分類。

㉡ 指定文(specificational sentences)

ⓐ 主格名詞と述語名詞が同一のものであることを表す。(主格名詞＝述語名詞)

ⓑ 「AはBだ。」とした場合、A＝Bの関係、つまり「BがAだ。」が成り立つ。

ⓒ 「～は」が主題を表す。

▶「AはBだ。」は＜顕題文＞で、「BがAだ。」は主題が隠れている＜陰題文＞である。

例 彼は田中さんです。＝田中さんが彼です。

社長は私です。＝私が社長です。

㉢ 措定文(predicational sentences)

ⓐ 述語が主格名詞の属性を表す。形容詞文に近い意味を表す。

▶「AはB」：Aは指示対象を、Bは属性。

ⓑ 「A∈B(AはBに属する)」の関係を表す。「BがAだ。」は成り立たない。

例 桜は花です。≠花が桜です。

私は学生だ。≠学生が私だ。

くもは害虫です。≠害虫がくもです。

④ ＜うなぎ文＞

㉠ 奥津敬一郎(1978)が名づけたもの。

㉡ 「僕はうなぎた」のように、「XハYダ」の構造を持ちながら「YがXの属性を表すのでもなく(措定文でない)、またXで表される内容をYだと指定するとも解釈できない(指定文でもない)文を指す。

㉢ 「僕はうなぎだ」は「ぼく(について)は、(何を食べるかというと)うなぎだ」という意味。

㉣ こういう「～です」は同一語句の使用を避ける戦略的な使用であり、[A is B.]の関係を表さない＜非同定文＞である。(指定文と措定文は＜同定文(identification sentence)＞)

同定文と指定文と措定文

例		同定文	指定文	措定文
あれは63ビルです(63ビルがあれだ)。	A＝B	○	○	×
幹事は田中さんだ(田中が幹事だ)。	A＝B	○	○	×
くもは害虫です(＊害虫がくもだ)。	A∈B	○	×(B≠A)	○
くじらは哺乳類です(＊哺乳類がくじらだ)。	A∈B	○	×(B≠A)	○
明日、僕は会社です。私はうなぎです。	A≠B	×	—	—

「が」と「は」の使い分け

1. 新情報と旧情報の原理－新情報には「が」、旧情報には「は」
   例 昔々、おじいさんとおばあさんがおった。おじいさんは山へ芝刈りに、おばあさんは川へ洗濯に行った。

2. 現象文と判断文の原理－現象文には「が」、判断文には「は」
   例 雪が降っている。あの桜はとてもきれいだ。

3. 文と節の原理－文末までかかるときは「は」、節の中は「が」
   例 昨日彼女が作ったケーキは、とてもまずかった。

4. 対比と排他の原理－対比のときは「は」、排他のときは「が」
   例 ビールは飲めますが、ウイスキーは飲めません。
   彼がアメリカ人です。

5. 措定と指定の原理－措定には「は」、指定には「は」か「が」
   例 チワワは犬です。
   あなたのペンはどれですか？/どれがあなたのペンですか？

〔野田(1996) pp.108-112〕

4 文法カテゴリー

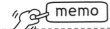

◆ 有標理論 2024.B 기출 :
プラハを拠点に構造主義言語学を発達させたプラハ学派によって20世紀の言語学に大きな影響を与えた理論。

言語にはあらゆるレベルにおいて対立する項目があるが、文法や語彙などの対立する形式においてある特徴を積極的に表すものを有標という。その対立するものの一方が他方に依存する関係にある場合、有標と無標の関係が成立するという考え方が有標理論の中核。

1 有標と無標　2024.B 기출

① 他の部分がまったく同じである二つの形態について、一方が持っている素性を他方が持っていない時、素性を持っている方を有標(marked)、持っていない方を無標(unmarked)と言う。

② 有標性は傾向であり、すべての言語項目が有標と無標で割り切れるようなものではない。

③ 有標性の高さ

	有標性が低い ━━■■■■ 有標性が高い	
語形	より単純 例 辞書形	文法的意味を表す特定の形がある
意味	より一般的な意味を表す	特殊の文法的意味しか表し得ない
普遍性	多くの言語に見られる	言語によって違う
使用頻度	頻繁に使われる(当たり前)	必要な時に限って使われる

④ 有標性と文法カテゴリ　2022.B 기출

文法カテゴリ		無標	有標	備考
命題	ヴォイス	辞書形	たたく	たたかれる	受身が有標
			たたく	たたかせる	使役が有標
	アスペクト		たたく	たたいている	継続相が有標
	丁寧さ		たたく	たたきます	デス・マス体が有標
	テンス		たたく	たたいた	過去が有標
	肯否		たたく	たたかない	否定が有標
対事的モダリティ			たたく	たたくだろう	推量が有標
対人的モダリティ			たたく	たたけ	命令表現が有標

▶ 日本語の辞書形は、「非受身・非使役・完成相・非丁寧・非過去・肯定・断定・述べ立て」という文法的意味を持つ。

2 テンス(時制)

(1) 現代日本語のテンス体系

	ル 形		タ 形
	非過去		過去
	現在	未来	
動作性述語	教えている	教える	教えた
状態性述語	ある	(ある)	あった
	若い	(若い)	若かった
	学生だ	(学生だ)	学生だった

(2) テンスとは　2012 기출

① 発話時を基準にしてある出来事(事態)が、時間軸上のどこに位置するか(発話時より前か後か)、その事態の時間的位置づけを表す文法カテゴリー。

② 発話時を基準にして、以前に事態を位置づける<過去>と、以後に事態を位置づける<未来>、発話時と同時に事態を位置づける<現在>に分かれるが、標準日本語では、基本的に<過去>か<非過去(未来・現在)>かの対立となる。

　㋐「スル」: 状態動詞をのぞく動作動詞の場合、発話時を基準にして基本的に未来の出来事であることを表す。

　㋑「シタ」: 発話時を基準にして基本的に過去の出来事であることを表す。

③ 終止形では、<発話時>を基準軸とする絶対テンスである。(テ形はテンスについて中立である。)

　例　図書館へ行って、参考文献をコピーしました。

　　　図書館へ行って、参考文献をコピーしてください。

● 本書では、「スル」と「シタ」はサ変動詞「する」の活用ではなく、動詞を代表する形として使っている。「シテイル」と「シテイタ」も同じである。

④ 特定時間において実現されない出来事はテンスから解放される。… 超時制(tenseless)

	自然法則・不変の真理	格言・ことわざ	例として文に使われたもの
例	・1日は24時間である。 ・地球は太陽のまわりをまわる。 ・春になると、桜が咲く。 ・水は100度で沸騰する。	・出る杭は打たれる。 ・芸は身を助く(助ける)。 ・猿も木から落ちる	・読む・書くはいいですが、話す・聞くはまだまだです。 ・結婚する・しないは人の勝手。

⑤ ムード的意味と関わりつつ、過去形(シタ、シテイタ)が現在か未来のことを表したり、非過去形(スル、シテイル)が過去のことを表したりする。

㋑ これから会議にいかなくちゃ。さて、会議は何時<u>でした</u>か。

ああ、こんなところに<u>あった</u>ね。そんなに探してたのに。

あら、二人とも<u>来ていた</u>んですか。困ったな。

そしたらあの人、なんと言ったと思う。私、お稽古、嫌いなの。例の調子で<u>言う</u>んですもの。ぞっとしたわ。

あら、行列が<u>通る</u>。どこへ行くのかしら。

さあ、<u>買った</u>、<u>買った</u>。

そういえば、冷蔵庫にビールが<u>ありました</u>。持ってきましょう。

⑥ タ形の二つの意味　2003 기출

質問	答え		タ形の意味
昨日昼ごはんを食べましたか。	はい、食べました。	○	過去
	はい、もう食べました。	×	
	いいえ、食べませんでした。	○	
	いいえ、まだ食べていません。	×	
(午後1時ごろに) 昼ごはんを食べましたか。	はい、食べました。	○	完了
	はい、もう食べました。	○	
	いいえ、食べませんでした。	×	
	いいえ、まだ食べていません。	○	

⑦ **相対テンス**：日本語の従属節のテンスは主節の出来事との相対的な時間関係で決まる相対テンスである。

㋑ 時間を表す従属節の相対テンス 2012 기출   2025.B기출

ⓐ	ハワイに行った時、水着を買った。 (行く→買う)	・「買った」時点を基準に「行く」が前 ・相対テンスとして「シタ」形を使っている。
ⓑ	ハワイに行く時、水着を買った。 (買う→行く)	・「買った」時点を基準に「行く」が後 ・相対テンスとして「スル」形を使っている。
	▶ 発話時を基準にすると「ハワイに行く」も「水着を買う」も過去の出来事になる。	
ⓒ	来週会った時にゆっくり話しましょう。(会う→話す)	・「話す」時点を基準に「会う」が前 ・相対テンスとして「シタ」形を使っている。
	▶ 発話時を基準にすると「会う」も「話す」も未来の出来事になる。	
ⓓ	映画を見る前に食事をした。 (食事 → 映画)	・「食事をした」時点を基準に「映画を見る」が後 ・相対テンスとして「スル」形を使っている。
	▶ 発話時を基準にすると「映画を見る」も「食事をする」も過去の出来事になる。	

㋺ 名詞修飾節の相対テンス 2009 기출   2017.A 기출

ⓐ	その店で {働いていた/働いている} 男性がテレビに出た。	・主節と名詞修飾節のテンスがともに過去。… 絶対テンス ・「出た」時点を基準に同時を表す。… 相対テンス
ⓑ	田中さんは英語が {×話せた/○話せる} 人を探していた。	・主節のテンスは過去。… 絶対テンス ・名詞修飾節の述語が状態性述語で主語の恒常的な属性を表すため、過去テンスにならない。 ・「探していた」時点を基準に同時を表す。… 相対テンス
ⓒ	今日は着物を {○着た/×着る/ ○着ている} 人が多い。	・主節のテンスは発話時と同じ現在。… 絶対テンス ・名詞修飾節の述語が装着関連の動詞(被る・しめるなど)であるため、「シタ」でも「シテイル」でもかまわない。 ・「多い」時点を基準に同時を表す。… 相対テンス
ⓓ	青い目を {○した/×する/ ○している} 少女を見かけた。	・主節のテンスは発話時より前の過去。… 絶対テンス ・名詞修飾節の述語が恒常的な身体の性質を表す動詞であるため、「シタ」でも「シテイル」でもかまわない。 ・「見かけた」時点を基準に同時を表す。… 相対テンス
ⓔ	彼は {○優れた/×優れる/ ??優れている} 作品を多数残した。	・主節のテンスは発話時より前の過去。… 絶対テンス ・名詞修飾節の述語が主体の恒常的な属性を表す形容詞的な動詞であるため、「シタ」でも「シテイル」でもかまわないが、名詞を修飾するときは「シタ」になることが多い。 ・「残した」時点を基準に同時を表す。… 相対テンス

◉ 金田一春彦(1950)では、「優れる、そびえる、似る、ありふれる、ずば抜ける」のような動詞を「第四種の動詞」と呼んでいる。

3 アスペクト(相)〔工藤真由美(1995)〕

(1) アスペクトとは

　① 動詞のあらわす出来事(事態)の内的時間(時間的展開段階)の違いを表し分ける文法カテゴリー。

　② 日本語においては完成相と継続相の対立として表れる。

　　㋑ 完成相「スル」：動詞のあらわす動作・変化を、その始まりから終わりまで丸ごと「ひとまとまり」で差し出す。

　　　　例 彼はさっき運動場を走った。時計がとまった。

　　㋺ 継続相「シテイル」：動詞のあらわす動作・変化を、持続過程(をなす局面)の中にある姿で差し出す。

　　　　例 彼はさっき運動場を走っていた。時計がとまっている。

　　㋩ 継続相「シテイル」の意味

　　　　ⓐ 基本的意味：〈動作継続〉〈結果継続(結果残存)〉

　　　　ⓑ 派生的意味：〈パーフェクト〉〈反復〉〈単純な状態〉

　③ 現代日本語動詞のテンス・アスペクト体系

テンス ＼ アスペクト	完成相	継続相
非過去形	スル	シテイル
過去形	シタ	シテイタ

(2) 動詞の語彙的意味とアスペクト

　① 日本語の動詞は、継続相において〈動作継続〉と〈結果継続〉を表すが、この違いは動詞の表す語彙的な意味の違い(動作・変化)から生じる。

　② 動詞の語彙的な意味によるアスペクトの意味

	動作動詞	変化動詞
継続相の意味	動作の進行中の局面を取り出している	変化後の結果の局面を取り出している
例	洗っている　飲んでいる 歩いている　話している 焼いている　食べている	腫れている　濡れている 枯れている　消えている 痛んでいる　結婚している

(3) 動詞の分類
① 金田一春彦(1950)の動詞分類
㋐ 状態動詞:「ある、できる」など。「～ている」をつけることができない。形容詞に近い。
㋑ 継続動詞:「書く、読む」など。ある時間内続いて行われる動作・作用を表す動詞。
「～ている」をつけることができるし、つけると、動作が進行中であることを表す。
㋒ 瞬間動詞:「死ぬ、(電気が)つく」など。瞬間に終わってしまうような動作・作用を表す
動詞。「～ている」をつけることができるし、つけると、動作・作用が終わってその結果
が残存していることを表す。
㋓ 第四種の動詞:「そびえる、優れる」など。ある状態を帯びることを表す動詞。常に
「～ている」形で状態を表す。
② 工藤真由美(1995, 2014)
㋐ 運動動詞
ⓐ 動的な事態(動作・出来事)を表す主体動作動詞と主体変化動詞と主体動作客体
変化動詞をまとめて言うもの。
ⓑ 大きく〈動作動詞〉と〈変化動詞〉に分けられる。運動動詞は静的な〈状態動詞〉や
〈存在動詞〉などと対立する。
㋑ 主体動作動詞
ⓐ 主体の動作のみをとらえる動詞。「歩く、遊ぶ」のような自動詞も、「飲む、叩く」のよ
うな他動詞もある。
ⓑ 金田一春彦(1950)では、主体動作客体変化動詞と主体動作動詞が一括されて
「継続動詞」になっている。
㋒ 主体動作客体変化動詞
ⓐ 主体の観点からは動作を、客体(対象)の観点からは変化をとらえる動詞。
ⓑ 「殺す、開ける、壊す」のような他動詞で、客体の側に変化をもたらす主体の動作
をとらえている。
㋓ 主体変化動詞
ⓐ 主体の観点から変化をとらえている動詞で「死ぬ、来る、座る、開く」のような内的
限界をもつ自動詞。
ⓑ 金田一春彦論文では「瞬間動詞」に該当する。
㋔ 状態動詞
ⓐ 一時的な静的現象を表す動詞で、「思う、心配する、悲しむ」のような心理活動を
表す動詞や「照る、吹雪く」のような自然現象を表す動詞が含まれる。

ⓑ このタイプの動詞は、アスペクト対立がくっきりとは成立しない。

ⓗ 存在動詞

　ⓐ 「ある、いる、存在する」のような存在を表す動詞。

　ⓑ このタイプの動詞は、アスペクト対立が成立しない。

ⓘ 特性動詞・関係動詞

　ⓐ 「似合う、ありふれる、勝る、優れる」のように特性を表す動詞と、「値する、相当する、違う、異なる、示す」のように関係を表す動詞がある。

　ⓑ このタイプの動詞は、アスペクト対立が成立せず、テンス対立も成立しないことが多い。

▶ **内的限界動詞**：そこに至れば必然的に運動が終了し、主体または客体に必然的結果が生じる内的終了限界をもつ動詞 … 死ぬ　切る　殺す

▶ **非内的限界動詞**：どこで終わっても、運動が成立したといえる、必然的結果を生じないタイプの動詞 … 食べる　走る　見る
（ただし、「歩く、読む」のような非内的限界動詞でも「駅まで歩く」「10ページ読む」のように外的限界づけは可能）

---

(4) 動作動詞のアスペクト

① 主体動作客体変化動詞

　㋐ 「**動作**」とは

　　ⓐ 客体に働きかけてその物に何らかの変化を引き起こす、人間の意図的かつ物理的な運動

　　ⓑ 主体の運動は時間的な長さを持つ過程として把握 → 瞬間的な動作をも継続相に巻き込んでいる。

　㋑ 「**動作**」の構成要素（意味特徴）

　　ⓐ 客体へ働きかける主体

　　ⓑ 主体の働きかけを受ける客体

　　ⓒ 過程としての働きかけ

　　ⓓ 客体に生じてくる新しい状態

　㋒ 動作動詞の継続相は、客体へ働きかけていく過程として進行中の動作を差し示し、〈動作継続〉というアスペクト的意味を表す。

　㋓ この動詞の完成相は、客体が新しい状態へ移行することによって完結する動作を差し出すことができる。

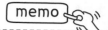

ⓜ 「あける・しめる・おく・かざる」

 ⓐ 継続相が〈結果継続〉を表すことができる。

  囫 花子は部屋のかべに、母のおおきな写真をかざっていた。

   署長はぬらしたタオルを机のうえにおいていた。

 ⓑ 動作動詞が主体の動作と客体の状態変化をともに語彙的な意味に含みこんでいるという事実を語る例である。

 ⓒ しかし、アスペクトの実現にあたって、動作動詞は「主体が客体に働きかける」という意味特徴が本質的である。(変化動詞は「主体の状態を変える」という特徴が本質的)

② **主体動作動詞**

 ㋐ 主体動作動詞の継続相は、〈動作継続〉というアスペクト的意味を表す。

 ㋑ 主体動作動詞の種類

	説明	例
ⓐ	客体への働きかけが、客体に新しい状態をもたらさずに単なる機械的な動きに導き入れるにとどまる動詞	コマを回す　鐘を鳴らす 本を揺する　鈴を振る
ⓑ	客体に働きかけても、その客体に何の変化を引き起こさない動詞 ▶ 客体の状態に変化をもたらさないため、この動詞の完成相は、客体の変化を含んでいない。	触る　撫でる　擦る　掻く　殴る 叩く　引く　　押す 囫 太郎は花子の肩を抱いた。 cf. 太郎は原書を一冊出して開(ひら)いた。
ⓒ	客体に働きかけていかない動詞	見る　眺める　嗅ぐ
ⓓ	客体を持たない動作を言い表す動詞	踊る　舞う　歌う　描く
ⓔ	ものの非意志的な現象(出来事)を表す動詞	流れる　まわる　ゆれる　きらめく 光る　吹く　降る

 ㋒ 「見る、覗く、聴く、嗅ぐ」のような動詞および「話す、読む、尋ねる、答える/叱る、褒める、ののしる、おだてる」のような動詞も、人間の意志的な動作をとらえているという点で動作動詞に分類される。しかし、これら動詞も、動作が対象の状態に変化をもたらすわけではなく、動作は目標を達成することで終了する。また、その目標達成は、動詞の語彙的な意味によって表現されない。したがって、これら動詞は終わりの限界を持たない非内的限界動詞となる。

memo

再帰動詞

1. 自分の動作が自分自身に働きかけて、自分自身の状態になんらかの変化をもたらす動詞で、「着る、脱ぐ、はく、被る」のような装着関連動詞が代表的である。

2. 継続相は、文脈によって〈動作継続〉と〈結果継続〉の意味を表すことができる。
   例 お客さんは青いTシャツを着ています。
   　　お客さんは今隣の部屋で着物を着ています。

3. しかし、再帰動詞の継続相は〈結果継続〉を表すのが普通であって、〈動作継続〉を表すには条件が必要である。
   (▶ 動作が行われている空間または付帯状況を表すナガラとの共起などの文脈的な条件)

4. 「髪にリボンを結ぶ」「首にネックレスをかける」のような場合も、動作主体の部分が対象になると再帰動詞と同じく振舞う。
   (▶ 対象が他人のものだったら継続相は〈動作継続〉を表す。)

(5) 主体変化動詞のアスペクト

① 「**変化**」：一つの物の「前の状態から新しい状態への移行、一つのあり方の変更」

② 日本語の変化動詞は、その移行をモメントとしてとらえ、それを時間的な長さを持つものとしてとらえていない。

③ 主体変化動詞の完成相は、新しい状態の実現を点として差し出す。

④ 主体変化動詞の継続相は、新しい状態へ移行していく過程を表すことはできない(変化を点としてとらえているから)。その結果、主体変化動詞の継続相は、変化によって生じてくる新しい状態(結果)の持続、〈結果継続〉を差し出す。

⑤ 「行く、来る、帰る」のような移動動詞の「シテイル」
   主語が「〜に/へ」で表される場所に移動し、基準時においてその場所にいることを表す。
   例 太郎は中国に行っています。(= 太郎は中国に行きました。+ 太郎は今、中国にいます。)
   　　次郎は私の家に来ています。(= 次郎は私の家に来ました。+ 次郎は今、私の家にいます。)
   　　→〈結果継続〉を表す(主語がいる位置の「変化」を表す)。

動詞の種類	シテイル形のアスペクト的意味	例
状態動詞 (存在・可能など)	シテイル形にならない (アスペクトの対立がない)	「ある・いる」 可能動詞
動作・現象(出来事) を表す動詞	動作の継続	叩く　割る　見る 走る　話す　降る
変化動詞	結果状態の継続	死ぬ　割れる 溶ける　結婚する

シテイル形のアスペクト的意味 `2012 기출` `2021.B 기출`

※ 動作を表す動詞は現在を表すときにシテイル形を使わなければならない(スル形を使うと
未来)。一方、シテイル形を持たない状態動詞はスル形で現在を表す。
　例 机の上に辞書がある。… 現在

⑹ 状態動詞とアスペクト

① 変化動詞の継続相が表す≪状態≫は、変化の結果として一時的に生じてきたもので、
長続きはしない。

② 変化の結果として生じてきた≪状態≫ではない≪ただの状態≫を指し示す動詞もある。

③ 人間の生理・心理を表す動詞

人間の生理的な現象を表す動詞	人間の心理的な現象を表す動詞
ふるえる　しびれる　痛む　うずく むせぶ　汗ばむ　ほてる　くらむ くらくらする　つかれる　どきどきする	苛立つ　あきれる　驚く　困る うかれる　たまげる　めいる　たかぶる なごむ　やすらぐ　たいくつする　迷う

④ このように生理的・心理的な現象をとらえている動詞は≪動作≫も≪変化≫も表しておら
ず、一時的に起こってくる ≪ただの状態≫を差し出している≪状態動詞≫である。

⑤ 状態動詞の継続相は、〈継続の中の状態〉を言い表し、完成相も〈ただの状態の継続〉
を表す。

　→ 完成相と継続相の対立がない。状態動詞の表す≪状態≫は、それ自身が限界を持
たない継続的なものであるため、完成相において状態の終了を言い表すことがで
きない。

⑥ 「ある、いる」のような存在動詞を含めて状態動詞は、スル形で現在テンスを表すことが
できる。

4 전공일본어

memo

⑦ 状態動詞における完成相と継続相 2021.B 기출

継続相のない動詞	継続相のみで使われる動詞	完成相と継続相の対立のない動詞
存在動詞・ 可能動詞など	特性を表す動詞 （形容詞的）	関係を表す動詞
ある　要る　居る できる　〜すぎる （叔父に)当たる など	優れる　そびえる 似る　凝る　など	反する　違う　異なる　属する ※「スル」＝「シテイル」

(7) **シテイル形の派生的用法** 2012 기출

① **パーフェクト相**

㉠ 基準時より先行して起こった出来事の効力や痕跡が基準時まで残っている。

㉡ 完了および経験・記録と呼ばれることもある。

完了	・会議場に到着したのは5時であった。研究会は終わっていて、すでに雑談が始まっていた。 ・家にかけつけたとき、みんなが泣いていた。父はもう20分前に死んでいたのだ。 ・10年後は、私はもう人妻になっているはずよ。
経験・記録	・証人は去年5月10日にアメリカへ行っています。渡米経験がないだなんてウソに決まってます。 ・彼女は2年前にすでに1度離婚している。これは二度目の離婚である。 ・私は2001年に結婚しています。 ・犯人は三日前にこの食堂で食事をしている。 ・その本ならもう3回も読んでいる。

○ 反復相という用語もある。

② **習慣相**

㉠ 幅広い期間において繰り返し起こる複数の出来事を、一つの過程として表す。

㉡ 「毎日、よく、時々、〜ごとに」のような頻度を表す言葉と一緒に使われる。

㉢ シテイル形とスル形の対立が中和することが多い。

　　例 彼は毎日公園を散歩しています。（＝散歩します）

　　　 彼女は週末ごとに実家へ行っている。（＝行く）

　　　 このごろ人がよくガンで死ぬ。（＝死んでいる）

　　　 あの子はいつもマンガばかり読んでいる。（＝読む）

　　　 昔は人がよく結核で死んでいました。（＝死にました）

㊁ 過去だけの習慣を表すこともできる。

　　　例 私は若いころ、よく、あの喫茶店で友達と話していた。

　㊄ 長時間にわたって行われる行為、職業などを表す。

　　　例 私は夜間大学に通っています。

　　　　日本文学を学んでいるんです。

　　　　兄は大学で日本語を教えています。

③ **単なる状態**

　時間の中での展開性を問題にせず、ものの性質や空間的配置関係をとらえる。

　　例 この道は曲がっている。

　　　昔、このあたりに川が流れていた。

　　　南のほうに高い山がそびえています。

(8) 複合動詞のアスペクト 2023.B 기출

① **「～始める」**： 動作や出来事が開始し、ある程度実現したことを表す。

② **「～かける」**： 動作や出来事の直前、または開始の局面を表す(完遂・完結を含意しない)。

③ **「～だす」**： 開始を表す「～始める」とほぼ同じように使えるが、動詞の意向形と使われるとやや不自然。

　　例 これから料理を{食べ始めよう/?食べだそう}。

④ **「～終わる」**： 終了を表すが、次の場合は使えない。

　㋐ 必然的な限界点のない動作や出来事を表す動詞

　　　例 ＊今朝一人で公園を走り終わった。

　㋑ 「いる・ある」のような状態動詞

　㋒ 「割れる、死ぬ」のような変化動詞

　　　例 ＊ゴキブリが死に終わった。

　㋓ 「行く、来る」のような移動動詞

　　　例 ＊私は学校へ行き終わった。

⑤ **「～終える」**： 「～終わる」とほぼ同義だが、「読む」のような意志動詞としか使えない(書き言葉)。

⑥ **「～やむ」**： 終了を表す形式で、無意志的な出来事を表す動詞にのみ後接する。

　　例 雨が{＊降り終わった/＊降り終えた/○降りやんだ}。

⑦ **「～続ける」**： 動作や出来事が終了していないということを表し、ル形で未来を表す(cf.「～続けている」は現在)。

memo

memo

(9) その他

① 動作主の意図によって生じた客体の状態の変化　2017.B 기출

	特徴	例
して ある	・客体の状態に変化をもたらす他動詞に限られる。 ・動作主の意図的な行為の結果で生じた変化。 ・ある動作をしたことの「効果」が「発話時(基準時)」にも継続していることに焦点があるため、「~てある」形になる。	・換気のため、窓は閉めてあります。 ・寒いので窓は{○閉めてある/×閉まっている}。 ・この漢字は一生懸命練習してある。 　＊ゴミが落ちてあります。… 動作主の存在が含意されない。
して おく	・「ある目的のために予めある行為を行う」という意味を表す。 ・自動詞とも使えるが、無意志動詞とは使えない。 ・ある動作を「する」ことに焦点があるため、発話時を基準にテンスが決まる。	・試験のために、たくさん勉強をしておきました。 ・単語もすべて覚えておく。 ・来週までにこの本を{○読んでおきます/×読んである}。

「~てある」vs「~られている」　2010 기출　2011 기출　2017 기출

1. 対応する自動詞を持つ他動詞、場所の「~に」と共に使われる他動詞ではほとんど同じ意味で使われる。
   例 部屋には鍵が{かけられている/かけてある}。
   　　机の上にお花が{飾られている/飾ってある}。

2. 「~てある」には動作主の存在という含意があるが、受身文のように動作主を「~に/によって」などで表すことはできない。
   例 部屋には鍵がかけてある。
   　　＊部屋には誰かによって鍵がかけてある。
   　　→ 部屋には誰かによって鍵がかけられている。

memo

② 基準時を中心とした漸進的・反復的な行為・事態　2018 기출

してくる	基準時以前から基準時への推移・変化を表す。	・ここ5年間ずっと一つの問題に取り組んできました。 ・投票へ行く若者がだんだん少なくなってきました。
	開始の局面を表す。	・突然雨が降ってきました。 ・ようやくわかってきました。 ・山が見えてきました。
していく	基準時から基準時以後への推移・変化を表す。	・これからはもっと大きな視野で対象を見ていきましょう。 ・地球のオゾンは少なくなっていきます。

③「〜てしまう」：意図的な動作の完了を表す。…「意に反して」の意味を持つ場合は論外

④「〜るところだ」　2005 기출 ：動作を始める直前の局面を表す。

⑤「〜ているところだ」：意志的な動作を表す動詞に付いて〈動作の継続〉を表す。

⑥「〜たところだ」　1998 기출 ：完了直後の局面を表す。

⑦「〜たままだ」　2010 기출 ：完了後、その結果が存続している局面を表す。

⑧「〜ようとする」/動詞のマス形+「〜だす」「〜はじめる」：開始の局面を表す。

memo

◎ モダリティの名称は学者
によって異なるが、本書
では一般に知られてい
る名称を複数取り入れ
ている。

4 モダリティ(ムード、叙法)

(1) 文の構造
① 文は言語活動の単位であり、一定の述べ方の形で事柄を表すものである。

② 文の構造は命題とモダリティの組み合わせになっている。

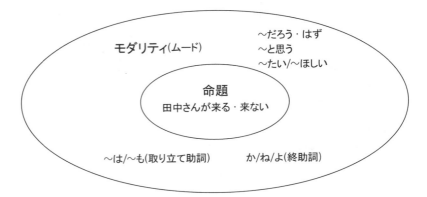

(2) 命題とモダリティ 2002 기출

① **命題**：文の内容としての事柄。話し手によって現実と関係付けられる。

② **モダリティ**

㋐ 事柄を話し手がどのように述べるか(現実とどのように関係付けるか)という述べ方。命題
を包む形をしている。

㋑ その関係付けのはたらきによって、文はコミュニケーションを成り立たせる役目を果
たす。

ⓒ モダリティの分類〔森山・安達(1996)などを参照〕

命題内容に対する話し手の判断のあり方を表すもの【対事的モダリティ/判断のモダリティ/命題めあてのモダリティ】			聞き手に対する発話態度・伝達態度を表すもの【対人的モダリティ/発話・伝達のモダリティ/聞き手めあてのモダリティ】
モダリティの種類		代表的な形式	
(A) 真偽判断のモダリティ(認識的モダリティ)	a. 確言(断定)	特になし	(A) 述べ立て (B) 表出(意志・願望) (C) 働きかけ 　(命令・依頼・禁止・勧誘) (D) 疑問・問いかけ・確認 (E) 強調
	b. 推量(非断定)＝断定しない	だろう まい	
	c. 蓋然性判断	かもしれない 2025.B기출 にちがいない	
	d. 証拠性判断	らしい ようだ (〜し)そうだ	
	e. 当然性判断	はずだ 2025.B기출	
	f. 伝聞	(〜する)そうだ	
	g. 説明(関連づけ)	のだ/わけだ	
(B) 価値判断のモダリティ(当為・評価のモダリティ)	a. 適当・当然	べきだ/ものだ ほうが良い(すれば良い)	
	b. 当為・必要	なければならない ざるをえない	
	c. 容認・非容認	〜してもいい 〜してはいけない	

memo

(3) 文の述べ方

① 文は、聞き手に対する話し手の述べ方によって、次のように分けられる。

事柄の実現に関して聞き手に働きかける話し手の気持ち → 〔対人的モダリティ〕

文の種類	文の機能	例
述べ立てる文 (平叙文)	出来事やありさまを聞き手につたえる	今年の桜はきれいでした。
たずねる文 (疑問文)	知らないことを聞き手にたずねる	今年の桜はきれいでしたか。
働きかける文 (請誘文)	聞き手に何かをさせるために働きかける。	一緒に山のぼりに行きましょう。 もっと明るい所へ行きなさい。
表出の文	話し手の意志や願望を述べる。	明日は早く出勤しよう。 コーヒーが飲みたい。 あした天気になれ。

(注) 1. 請誘文を「働きかけ(命令)」と「誘いかけ(勧誘)」に分ける立場もある。

2. 頼む文(依頼文)を命令文の一種としてみる立場もある。

② **述べ立てる文**：現象文、判断文などがある。

③ **たずねる文**：疑問文

　㋐ 疑問詞を使うもの〔WH疑問文〕と使わないもの〔YES・NO疑問文〕がある。

　　例 山の向こうに一人で行きましたか。－ はい/いいえ。

　　　 山の向こうに誰と行きましたか。－ ○○さんと一緒に行きました。

　㋑ 疑問詞があれば「か」がつかなくても疑問文になる。

　　例 私のケーキを食べたのは誰だ。

　㋒ 述べ立て文をしり上がりのイントネーションに変えるとたずねる文になる。

　　例 お化けって怖い(?)

④ **働きかける文**(請誘文)

　㋐ 命令する文〔命令文〕と誘いかける文〔勧誘文〕がある。

　　例 早く食べろ。

　　　 あっちへ行きなさい。

　　　 おい、あそこで一杯やろう。

　　　 ねえ、ラーメンでも食べましょう。

　㋑ 頼む文(依頼文)：命令する文の一種類

　　例 ここでちょっと待ってください。

　　　 その本、貸してくれませんか。

　　　 もうけんかはやめてくれ。

memo

ⓒ「働きかけ」と関連した【意思疎通基本表現】

【意思疎通基本表現】		例
行為要求	指示	待ちなさい。待て。 (学校で)明日8時までに来てください。 早く起きて。早く起きなさい。 ここに名前を書いてください。
	禁止	あぶないですから、さわらないでください。 ペットはごえんりょください。 人に迷惑かけたら、だめですよ！
	依頼	すみませんが、まどを開けてもらえませんか。 その本、貸してくれませんか。 もう少しゆっくり話してもらえませんか。 このカメラの使い方を教えていただけますか。 写真、お願いできますか。 すみませんが、ちょっと待ってください。/少々お待ちください。
	勧め・勧誘	あした映画を見に行きませんか。 よかったら、これどうぞ。 一緒に帰りましょう。 お茶でもどう？/どうですか。/いかがですか。
	助言・提案	早く帰ったほうがいいですよ。 今日はお風呂に入らないほうがいいと思いますけど。 うちに帰って休んだほうがいいんじゃない？ インターネットで調べるのはどうですか。 先生に聞いてみたら？
	許可	ここで写真を撮ってもいいですか。 くつをぬがなくてもいいです。
	警告	あぶない！ 気をつけて！
配慮・意思伝達	苦情	もう少し静かにしてもらえませんか。
	激励	がんばれ。/がんばってね。/がんばってください。 早く元気になってくださいね。

○「だろう・でしょう」には「推量」のほかに「確認」の用法もある。「推量」の「〜でしょう」は「〜と思います」と置き換えることもできる。また、親疎関係などを考慮すると「だろう・でしょう」の使い方には気をつける必要がある。

(4) 対事的モダリティ：命題に対する話し手のとらえ方

(A) 真偽判断のモダリティ(認識的モダリティ)

① **断定と非断定**：認識的なもの。命題の真偽に対する話し手の判断。

② 文は、話し手の現実に対する認識の仕方によって断定的な文と非断定的な文に分けられる。

	特徴	例
断定の文 (言い切り文)	出来事やありさまをはっきりと述べる文。確かな事柄。	明日は雨が降る。 姉はきのう東京につきました。
非断定の文	事実を確認できないときに推量したり想像したりして述べる文。不確かな事柄。	明日は雨が降るだろう。 姉はきのう東京についたようだ。

③ **推測**

㋐ 推量 2011 기출 ：発話時を基準に推し量ること。命題に対する話し手の判断。過去形不可能。

例 明日は雨が降るだろう。

　　姉はきのう東京についたでしょう。

　　今晩台風が来るかもしれない。… 可能性

　　彼はきっと金持ちに違いありません。… 確信に近い推量(第一印象に基づく独断的な考え)

㋑ 推定 2009 기출 ：ある証拠に基づき、そのように推測され得る様子があることを述べる。命題に対する話し手の判断ではあるが、客観的。過去形可能。

例 どうも風邪を引いたらしい。

　　今晩にも台風が来そうだ。

　　さっきからノックをしているんですけど、どうやら部屋にはいないようです。

　　みんな家へ帰ったみたいだ。

A Plus⁺ 「ようだ・らしい・そうだ」の用法　1998 기출　2000 기출　2001 기출　2005 기출　2019.A 기출

	比況(比喩)	彼女はまるで人形のようだ。… かわいさを人形にたとえる
ようだ 2023.A 기출	推測	あの人はどうやら日本人のようだ。… 状況による判断
	例示	君のようにまじめな人に会いたい。 … まじめな人の例に君をあげる
	目的	家が持てるよう(に)がんばっています。…「状態動詞 + ように」
	標識・引用	早く来るよう(に)言われました。
	自然な変化	やっと話せるようになりました。…「~ようになる」
らしい	典型(いかにも…)	山田さんはとても女らしい。 … 女の典型としての性質を持っている
	推測	彼によると、あの人は芸術家らしい。
そうだ	推測	今にも雨が降りそうだ。 … 否定は「そうにない」「そうもない」 見るからにおいしそうだな。 … 否定は「そうではない」「そうでもない」
	伝聞	田中さんは来年定年だそうだ。

○「らしい」の「典型」の用法は接尾辞としてのものである。

「ない」につく「そうだ」　2005 기출

1. 形容詞の「ない」「よい」の語幹「な」「よ」に続く場合だけは、その間に「さ」を入れて表現する。

　例 お金が な-さ-そうだ。

　　天気が よ-さ-そうだ。

2. 助動詞の「ない」の場合は「さ」を入れないで、次のようになる。

　例 彼は 何も わから-な-そうだ。

〔村上本二郎(1999)『初歩の国文法 口語・文語』〕

④ **確信**：論理や既存知識に基づいて考えた結果得られた話し手の判断を示す。

　例 天気予報で来週まで梅雨が続くと言っていたから、明日も雨が降るはずだ。

　　日曜日だから先生はお休みのはずなのに、研究室に明かりがついている。

⑤ **伝聞・引用**：ある事柄について他人から聞いたことを表す。客観的。

　　例 彼は国へ帰ると言っていました。

　　　　彼は国へ帰るそうですよ。

「はずだ」と「〜にちがいない」

	特徴	例
はずだ 2017,A 기출 2019,A 기출 2025,B기출	・話し言葉・書き言葉両方使用 ・論理や既存知識に基づいて考えた結果得られた確信で、その理由や背景を知って納得。 ・結果から原因を推測する時には使えない。	・＊先生、明日は学校に来るはずですか。 ・＊私は明日ここに来るはずだ。 ・明日は雨が降る{に違いない/?はずだ}。 ・地面が濡れている。きのう雨が降った{Oに違いない/×はずだ}。
〜にちがいない	・論理や既存知識に基づいて考えた結果得られた確信のほか、直感的な確信も示す。	

(B) **価値判断のモダリティ(当為的モダリティ)** 2004 기출 2010 기출 2011 기출

① 事柄の実現に対する話し手の気持ちが反映されている文。

② 命題の内容を当然なものとしてとらえる話し手の気持ちを表す。

③ 「べきだ、ものだ、ことだ、〜といい、なければならない、なくてもいい」などがある

適当・当然	べきだ/ものだ/ことだ ほうが良い(すれば良い)	お年寄りには敬意を払うものだ。 自分でやれることをやるべきだ。 図書館の中では静かにすることだ。
当為・必要	なければならない ざるをえない	国民は皆、税金を納めなければならない。 責任を取って辞職せざるを得ない。

(5) **モダリティ表現の制約**

① 理由を表す「〜から」と「〜ので」

「〜から」	後件にいろいろなモダリティが来る。	うるさいから静かにしろ。
「〜ので」	後件に「命令」のように強い意志を表す表現は来ない。	??うるさいので静かにしろ。 電車が来るから後ろに下がりなさい。 ??電車が来るので後ろに下がりなさい。

② 条件節の「～ば」

　㋑ 前件と後件の主語が異なるか、前件が状態を表す場合には様々なモダリティ表現が来る。

　㋺ ただし、その場合も「命令」のように強い意志を表す表現は来ない。

　　例 もし彼に会ったらこれを渡してください。　＊もし彼に会えばこれを渡してください。

　　　北海道へ行ったらスキーをしよう。　　　？北海道へ行けばスキーをしよう。

　　cf. 彼女が来れば、すぐに出かけよう。

　　　　部屋が暑ければ、ドアを開けてください。

⑥ モダリティと陳述副詞

① 陳述副詞とは

　㋐ モダリティのような述語の陳述的意味を補足・強調し、文の意味を明確にする副詞で誘導副詞とも言う。

　㋑ 文のモダリティの表現に参加する機能を果たす。

② 陳述副詞のモダリティ

モダリティ	機能	陳述副詞の例	文
願望・当為	依頼・勧誘など	どうぞ	お遊びがてら、どうぞ私のところにお立ち寄りください。
	希望・当為など	ぜひ	ぜひ合格したいものです。
条件・譲歩	仮定	もし	もし、何かあったら、お電話ください。
	逆条件	どんなに いくら	どんなに頑張っても、1週間には無理です。 いくら待っても帰ってこない。
	譲歩	もちろん たとえ 2011 기출	もちろん精一杯努力しますが、不十分な点もあるかと存じます。 たとえ誰に頼まれてもそんな仕事は引き受けません。
認識的モダリティ	推量	きっと たぶん おそらく どうも もしかしたら ひょっとしたら	きっと合格したことに違いない。 たぶん今日中には帰ってこられないでしょう。 どうも人の出入りがあったのではないだろうか。 ひょっとしたら、彼は狙（ねら）われているのかもしれない。

memo

(7) テンスとモダリティ

① ムードの「タ」

㋐ 出来事が発話時以前にあったことを表す過去テンスのタ形ではない。

㋑ 出来事の実現に、話し手の気持ちを結合させた特殊の「タ」をムードの「タ」と呼ぶ。

② ムードの「タ」の意味　2000 기출　2009 기출　2018.A 기출

例	意味	
・さあ、買った、買った。 ・邪魔だよ、どいたどいた!	差し迫った命令、急な要求	
・しまった、あしたは試験だった! ・そういえば、冷蔵庫にビールがありました。持ってきましょう。	想起(思い出し)	二つをまとめて 想起と呼ぶ 立場もある
・お名前は何でしたっけ? ・あしたの会議は3時からでしたよね。	再確認	
・ああ、こんなところにあった。 ・「バスはまだ?」「ほら、来た来た!」	発見(期待・予想していたことの実現)	
・ああ、本当に疲れた。 ・さあ、困った。 ・お腹、空いたな。 ・それはよかった。	発話時の感情や感覚の表出 (主観的判断・評価・気持ち)	
・よし、そいつは俺が買った!	意思決定の宣言	
・そうだったんですか。	理解・納得	
・普通の人間なら即死していたよ。	反事実	

(8) 説明のモダリティ〔庵功雄ほか(2000, 2001)〕

① 文と先行文脈との関連付けを表すもので、ある事柄がそれを取り巻く状況と関連があることを示す。

②「のだ」文が代表的であるが、認識的モダリティに入れる立場もある。

③「のだ」文の主な機能　2021.B 기출

機能	先行文の<理由>を表す。	発話を取り巻く状況の<解釈>を表す。 (状況に対する話し手の解釈)
例	・昨日は学校を休みました。頭が痛かったんです。(「昨日学校を休んだ」という先行文の理由を述べる。) ・昨夜2時間ぐらい停電した。クーラーの使い過ぎで電力不足になってしまったのだ。(停電の理由を述べる。)	− 朝起きて道路がぬれているのを見て ・ゆうべ、雨が降ったんだ。 − 一人で泣いている子供を見て ・きっと、迷子になったんだ。… <解釈> (「一人で子供が泣いている」という状況を「(その子供は)迷子になった」と解釈して関連付ける)

形式	「のです(んです)」「のだ(んだ)」「のである」の全ての形が可能(聞き手との関係などで使い分けられる)。	聞き手の存在は問題とならないため、通常「のだ(んだ)」だけが使われる。
発話対象	話し手が聞き手に対して述べる。	話し手が自分自身に対して述べる。
共通点	【どうしてPであるのかというと、Qなのだ】という意味で、基本的に同一。	

④ いろいろな「のだ」文

機能	説明	例
言い換え	先行文の内容を言い換える(意味的に等価)。	・明日は卒業式だ。明日からは社会人なのだ。
発見	具体的なものではない、情報などを発見したことを表す。	・へえ、こんな本があるんだ。 ・あっ、富士山が見えるんだ。(山が見えるという事実に気づく。)
	「過去形＋のだ」:発話時以前に発見すべきだったと、発話時に話し手が感じていることを表す。	・このボタンを押せばよかったんだ。 ・明日会議があったんだ。
先触れ	話し手が聞き手に何らかの厄介をかける申し出をする時に聞き手の心理的な負担を軽減させる機能。	・先生、お話があるんです。お部屋に伺ってもよろしいでしょうか。
前置き	関連づける内容が後件として後からきて、その前に「～が」節と「～のだが」節形式で表す。	・駅前で個展をやっているんですが、よかったら見に来てください。
命令・認識強要	命令を表す(目下の相手に)。	・さっさと帰るんだ。＝さっさと帰る。
	相手に対する激励や非難を表す。	・(君は)こんなに一生懸命勉強したんだ。試験に落ちるはずがないよ。 ・君は大学生なんだ。もっと勉強しなさい。
	自分自身を納得させるときもある。	・(俺は)こんなに一生懸命勉強したんだ。試験に落ちるはずがないよ。
決意	決意を述べて意志を表明する。	・今日から勉強するんだ！

memo

5 ヴォイス(態)

(1) ヴォイス `2001 기출` `2003 기출`

① 述語動詞の指し示す動作をめぐる、主に〔動作主VS対象〕と〔主語VS目的語〕との関係に係わる文法カテゴリー。

② 動詞の形に「(ら)れる」や「(さ)せる」などをつけることによって、格関係が規則的に変わる文法形式をいう。

③ 同じ出来事をどちらの立場からとらえるかによって生じる表現の対応方式

「AがBを殴る」という出来事について		
受身：Bの立場	能動：Aの立場	使役：Cの立場
「BがAに殴られる」	「AがBを殴る」	「CがAにBを殴らせる」

④ **ヴォイスの種類**

  ㉠ 動作の主体が主語、対象が補語 → 能動態(active voice)：[動作主＝行為の仕手]に視点が置かれる

  ㉡ 対象が主語、動作の主体が補語 → 受動態(passive voice)：[対象＝行為の受け手]に視点が置かれる

  ㉢ 動作の主体に対して動作を指示するものが主語 → 使役態(causative voice)

⑤ 動作の主体(仕手)と対象(受け手)のどちらを主語にするかはコンテキストによって決まる。ヴォイスについては、常に意味・形態・構文の三つのレベルを視野に入れて考える必要がある。

⑥ **ヴォイスの認定基準**

  例「太郎が次郎を殴った」vs「次郎が太郎に殴られた」

㉠ 文の意味構造	主語の文法役割の交替	主語が、能動文では動作主であるのに対して、受身文では動作の受け手になる。
㉡ 名詞句の統語形式	格の交替	「殴る」という動作をする「太郎」に付く格がガ格からニ格に替わり、「殴られる」側の「次郎」の格もヲ格からガ格に変化する。
㉢ 動詞の形態	形態的に何かが付加されて派生	受身形は能動形にない–areruという有標の形態素を含む。

  ▶ 上の条件をすべて満たす文は最も典型的なヴォイス形式と言える。

⑦ **広義のヴォイス**：自動詞と他動詞、相互、再帰、可能、希望、自発、授受表現、「～てある」などをヴォイスに含める立場もある。

(2) 日本語の受身文

① 直接受身

㋐ 直接対象(直接目的語「ヲ格」・「ニ格」)を取る他動詞の受身。能動と受動の対立が最も典型的。

> 例 ・太郎が次郎を呼ぶ。→ 次郎が太郎に呼ばれる。
>
> ・犬が子供にかみついた。→ 子供が犬にかみつかれた。

㋑ 能動文のヲ格やニ格の名詞句が受身文の主語になる。

㋒ 動作主は「に」で表されるが、「書く・作る・建てる・発明する・設計する・壊す・破る」など、何かを生産したり破壊したりすることを表す動詞は「によって」が使われる。 2011 기출

> 例 ノートルダム大聖堂が火災によって破壊された。
>
> そのチームは相手チームによって守備の隙をつかれた。

㋓ 原料などを表す場合、「から」が用いられる。

> 例 ワインはぶどうから作られる。　cf. この机は木で作られている。(＊木から)

㋔ 動作主を表す必要のない場合、「に」・「によって」が普通省略される。

> 例 この寺は100年前に建てられたものだ。
>
> 輸入品には高い関税がかけられる。

受身文で動作主の格がニ格でない場合 2011 기출

	動詞の特徴	例
カラ格	「(AがBにCを)渡す、送る、与える」など、何かを受け取る人がニ格で表される動詞 (受身文の動作主がニ格で表されると混乱が生じるため)	・委員長から参加者全員に記念品が渡された。 ・国民の権利は国から与えられるものでなく獲得するものだ。
カラ格・ニ格	直接接触をしない動作を表す他動詞の受身文の場合には「カラ格」でも「ニ格」でも良い。	・歩いていたら見知らぬ人{から/に}話しかけられた。 ・友だち{から/に}パーティーに招待された。 ・花子はみんな{から/に}とても愛されている。

memo

~に よって 2011 기출	「(AがBを)作る、建てる、書く、編む」など生産物が生じる動詞の場合 (生産物を受け取る人がニ格で表される可能性があるため)	・源氏物語は紫式部によって書かれた。 ・法隆寺は聖徳太子によって建てられた。 ・このオペラはプッチーニによって作曲された。

② 間接受身

㉠ 持ち主の受身

ⓐ 持ち主が受身文の主語になる受身文である。

ⓑ 動作主がモノ(ひと)の所属物に働きかけるが、何を対象にするかによって文のパターンが異なってくる。

　例 弟が私の携帯を壊した。→ 私は弟に携帯を壊された。

　　電車の中で誰かが私の足を踏んだ。

　　→ 私は電車の中で誰かに足を踏まれた。(＊私の足が踏まれた。)

　　誰かが私の財布を盗んだ。

　　→ 私は誰かに財布を盗まれた。(??私の財布が盗まれた。)

ⓒ 持ち物のタイプによる受身文の特徴

能動文のヲ格	能動文	受身文
「頭」など、身体部位	(誰かが)私の頭をたたいた。	「私の頭がたたかれた」ではなく、持ち主の受身の「私は頭をたたかれた」となる。
「かばん」などの持ち物、「息子」などの関係者	(誰かが)私のかばんを盗んだ。 (誰かが)私の息子をほめた。	「私のかばんが盗まれた」や「私の息子がほめられた」のように直接受身でも言えるが、持ち主の受身を使うと、主語の「私」が間接的な影響を受けていることがはっきりしてくる。

ⓛ 第三者の受身

    ⓐ 能動文に示されていない第三者が受身文の主語になる。

    ⓑ 他動詞と自動詞両方からつくられ、ある事件・事態によって迷惑や被害を被ったという含みを持つ(迷惑の受身)。

      例 雨が降った。→ 太郎は雨に降られた。

        隣の家の赤ちゃんが一晩中泣いた。

        → 私は隣の家の赤ちゃんに一晩中泣かれた。

        隣の人が夜遅くまでピアノを弾いた。

        → 私は隣の人に夜遅くまでピアンを弾かれた。

    ⓒ 原因・理由のテ節を含む複文の後件に被害を被ったことを表す表現を伴うことが多い。

      例 買ったばかりの車を汚されて、本当に頭にきた。

        隣の家の人に何時間も大声で騒がれて、困った。

    ⓓ ただし、自動詞受身文がいつも迷惑の意味を表すわけではない。

      例 涼しい風に吹かれて、気持ちよかった。

        きれいな女性にほほえまれてドキドキした。

        先生に喜ばれると、けっこううれしい。

③ **受身にできない動詞**

    ㋑ 能力を表す動詞:「できる」および動詞の可能形

    ㋺ 自発的な意味を持つ動詞:「見える、聞こえる、売れる」

    ㋩ 意向形を持たない無意志動詞で、動詞の表す動作が他のものに影響を与えない状態動詞:「ある、要る」

    ㋥ 既に受身の意味を持っている動詞:「教わる、見つかる」

受身にならない所動詞〔三上章(1953)〕

1. 動詞を<受身形を持つ能動詞(のうどうし)>と<受身形を持たない所動詞(しょどうし)>に分けている。

2. 「能動詞」の「いる」「死ぬ」は自動詞受動文を作る。

3. 「所動詞」は、受け身にならない自動詞であって、「ある」「売れる」「もうかる」などを受身にして「会議にあられた」「著書に売れられた」「金にもうかられた」などと言えない。

4 전공일본어

memo

- 打ち拉がれる：激しい打撃や精神的な苦痛などによってやる気を失ったり、またはがっかりしている。

- 気圧される：相手の勢いに負ける。気分的に圧倒される。

- 囚われる：感情や考えがあるものに拘束されて、自由な発想を妨げられる。

④ もっぱら受身形で使われる動詞(能動形で使われにくい) `2005 기출`

　㋐「(悪夢に)うなされる」(??悪夢がうなす)

　㋑「(悲しみに)打ち拉がれる」「(感動に)打ちのめされる」

　㋒「(彼女の魅力に)魅せられる」(魅せる＝魅了する)

　㋓「相手の剣幕に気圧される」

　㋔「先入観にとらわれる」「目先のことにとらわれる」

　㋕「(火事で)焼け出される」(＝火災で家を焼かれ住む所をなくす)

　㋖ その他、「足を取られる」「気を取られる」「身につまされる(他人の不幸が我が事のように思われる)」など、身体部位を含む慣用表現

⑤ 受身文を使う必要がある場合

　㋐ 動作主側より動作の受け手側について何かを言いたい場合

　　　例 田中さんは山下さんに殴られてけがをしました。

　㋑ 複文で、前件の主語と後件の主語をそろえる必要がある場合

　　　特に付帯状況の「ながら、つつ」と原因・理由および継起的な「て」の場合には主語は必ずそろえる。

　　　例 みんなに愛されて彼女は幸せそうでした。

　　　　cf. ??みんなが愛して彼女は幸せそうでした。

　　　　年齢を聞かれると29歳と答えることにしている。

　　　　cf. ??年齢を聞くと29歳と答えることにしている。

　　　　＊彼が私を殴りながら、私は「いつか見返してやる」と思った。

　　　　　→ 彼に殴られながら、私は～

　㋒ 動作主が分からなかったり不問である場合(物・事を主語にする「非情の受身」)

　　　例 この歌は広く歌われている。

　　　　この雑誌は多くの人に読まれている。

　　　　国立美術館で現代アート展が開かれます。

　　　　家の前にゴミが捨てられている。

　㋓ 不特定の人が何かの動作をし、話し手がその動作を受ける場合

　　　例 見知らぬ人に道を尋ねられました。cf. ?見知らぬ人が私に道を尋ねました。

　　　　道を歩いているとき、ある男の子に声をかけられた。

　㋔ 談話の観点から、本文中に挙げたもの以外の対象に視点が置かれている場合にも受身文が用いられる。

　　　例 問題の解決が(委員会によって)急がれた。

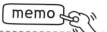

日本語の主語のハイアラーキー(hierarchy)

1. 話し手を主語にした方がより自然に感じられる。

2. 意識を持った人などの有情物が主語になるのが自然である。(非情の受身では物・事が主語)

　　例 ピアノが花子さんによって弾かれた。…主語を花子という人にしないと不自然

　　　木が切られる。… 自然(動作主は不問)

 まとめ

	直接受身		間接受身	
能動文のヲ格やニ格の名詞句が受身文の主語になる。			能動文にない名詞句が受身文の主語になる。	
能動文	兄が 弟を しかる。	兄が 弟に 話しかける。	能動文	隣の人が(大声で)騒ぐ。
受身文	弟が 兄に しかられる。	弟が 兄に 話しかけられる。	受身文	私は 隣の人に(大声で)騒がれる。
被害の意味がないという意味的な特徴から中立受身と呼ばれることもある。			「私」は「隣の人の騒ぎ」によって影響(＝迷惑)を受ける存在として文に現れる。→ 迷惑受身とも呼ばれる。	

持ち主の受身(間接受身の一つに入れる立場もある。)		
持ち主の受身の主語は、対応する能動文のヲ格名詞句やニ格名詞句に対応しない。 → 能動文にない名詞句が受身文の主語になる。… 間接受身と同様だが迷惑を意味するとは限らない。		
	能動文	受身文
例	知らない人が私の頭をたたいた。 … 受身文の主語が能動文ではノ格で表される	私は知らない人にいきなり頭をたたかれた。 … 受身文の主語：能動文のヲ格名詞である「頭」の持ち主
	先生が私の息子をほめて(私は)うれしかった。	私は息子を先生にほめられてうれしかった。
「頭」や「息子」が主語の「私」の身体部位や所有物または関係者であるという特徴から持ち主の受身と呼ばれる。		

(3) 日本語の使役文

① 動作主のみならず、その動作の遂行を指示する使役主が存在する。

② 使役文における動作主の格は、「を」と「に」の二つがある。

 例 部下が仕事をする。→ 上司が部下に仕事をさせる。(~が~に~を~使役動詞)

 例 部下が本社へ行く。→ 上司が部下を本社へ行かせる。(~が~を~使役動詞)

③ 強制・指示の使役が典型だが、「好きなようにやらせておく」という許可や放任などの意味合いを持つものもある。

使役の種類	例	特徴
強制・指示	・親が子供に部屋を掃除させた。 ・先生が学生にピアノの練習をやらせる。 ・私は嫌がる子供を無理やり歯医者に行かせた。 ・5時には子供を必ず家へ帰らせることにしている。	使役文の主語が影響力をもち、それを行使している(動作主の意志は無視される)。 → 使役文の典型
許可	・子供には1日に1時間だけPCゲームをさせている。 ・反論が言いたい人には言わせておきます。 ・具合が悪かったので早く帰らせてもらった。	使役文の主語が動作主へ働きかける影響力が弱い(動作主の意向を考慮する)。 授受表現と共に使われることが多い。
誘発 (感情の原因)	・音楽が私を悲しませる。 ・冗談を言ってみんなを笑わせた。 ・よけいなことを言って彼女を怒らせてしまった。	使役文の主語が原因になって起こる出来事の場合が多い。 動詞は感情を表す動詞で、動作主は感情を持つヒト名詞。
放任・放置	・暗くなったのに、子供を外で遊ばせているなんて。 ・冷蔵庫に入れ忘れて、野菜を腐らせてしまった。	動作主の意向をそのままにする。 非情名詞の場合は「放置」の意味になる。
責任	・お待たせしてどうもすみません。 ・とんでもないミスで、子供にケガをさせてしまった。 ・戦争で息子を死なせてしまった。 ・こんなところで客を待たせるのか。	使役主が何も動作主に働きかけたり許可を与えたりしていない。 責任の所在が自分にある時は後悔を、相手にある時は非難を表すことが多い。
機械	・彼はその話を聞いて、車を走らせた。 ・機械を動かせて(=動かして)製品をつくる。	人ではなく機械に働きかける場合。他動詞構文と使役構文の中間に位置する。

④ 自・他の対応と使役　2005 기출

　㋑ 自・他の対応する動詞の場合、他動詞は出来事の成立に直接的に働きかけ、自動詞の使役文は間接的に働きかける。

　　　例　太郎が部屋に入る。太郎は次郎を部屋に入れた。… 直接的

　　　　　　太郎は次郎をホテルに入らせた。… 間接的

　㋺ 対応する自動詞のない他動詞の場合、他動詞は出来事の成立に直接的に働きかけ、その使役文は間接的に働きかける。

　　　例　花子が着物を着る。母は花子に着物を着せた。… 直接的

　　　　　　母は花子に着物を着させた。… 間接的

⑤ 他動詞と使役動詞との違い　2012 기출

　㋑ 他動詞の対象は、動作主が直接的にコントロールできる存在である。

　㋺ 使役文の動作主(ヲ格・ニ格)は動作を意志的に行う動作主であるため、使役動詞は対象(動作主)を間接的にしかコントロールできない。

　　　例　先生は校庭に旗を{立てた／＊立たせた}。

　　　　母親が赤ちゃんにミルクを飲ませた。

　　　　母親が娘にドレスを{着せた・着させた}。

　　　　母親は子供を6時に起こした。VS 母親は子供を6時に起きさせた。

　　　　母親は子供を6時に自分で起こした。VS 母親は子供を6時に自分で起きさせた。(自分は誰か)

⑥ 長形使役と短形使役

　㋑ 「飲ませる」(長形)と「飲ます」(短形)

　㋺ 短形使役動詞は1グループ(5段動詞)動詞の活用をし、主にテ形とタ形として使用される。

⑦ 使役にできない動詞

　㋑ 「ある、要る、できる」のように動作性のない状態動詞

　㋺ 無意志動詞で、対応する他動詞を持つ動詞

　　例

開く(VS開ける)	つく(VSつける)	とける(VSとかす)
＊ドアを開かせる	＊電気をつかせる	＊氷をとけさせる

　cf. 自動詞で、対応する他動詞がない場合、使役形が他動詞の代用として用いられる。

　　　例　はしる → はしらせる

　　　　花が咲く → 花を咲かせる

◎ 自・他の対応する動詞を「自他対応動詞」という。

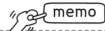

⑧ **再帰態**(reflexive voice)

㉠ 自分自身またはその部分(所属物や身体部分など)に対する動作をする場合のヴォイス

㉡ 意味的に使役性(強制・指示)はないが構文的には再帰態の形をしている。

　　囫 足をぶらぶらさせる。目を光らせながら話を聞いている。

㉢ 動作主を主語に、動作対象を目的語に示す点では能動構文と同じだが、受身文を作らない。

㉣ 述語が対象と一緒になって動作主の動作を表し、自動詞相当になることもある。

　　囫 手をあげる → 挙手する

使役文の動作主の格 [2007 기출]

	特徴	例
自動詞	基本的にはヲ格でもニ格でも良い。	・父は息子{を/に}川で泳がせた。
自動詞	<ヲ格とニ格の使い分け>	
自動詞	【ヲ格】動作主の意向を考慮しない使役 【ニ格】動作主の意向が入る余地を残している使役	・太郎は次郎にわざと転ばせた。…「わざと」という「動作主の意志」が入る → ニ格
自動詞	★動作主の意向に逆らって「させる」場合には、ヲ格もニ格も使われる。	・父は嫌がっている息子{を/に}無理やり泳がせた。
自動詞	★動作主が動作を意志的に起こす場合は、ニ格のほうが自然(ヲ格でもまったく不自然でない場合もある)。	・監督は選手{?を/○に}わざと試合に負けさせた。 ・そんなに行きたいのなら君{?を/○に}行かせてやるよ。 ・次は僕{?を/○に}やらせてください。
自動詞	意志を持たないものに対してはヲ格しか使えない。	・倒れていた車いす{○を/×に}立たせた。 ・鎌倉まで車{○を/×に}走らせた。
自動詞	「道を歩く」「空を飛ぶ」など通過域を表すヲ格がある場合、ニ格が使われる。	・太郎は次郎{×を/○に}危険な道を通らせた。
他動詞	ニ格で表される(他にヲ格があるため)。	・先生は生徒たち{×を/○に}作文を書かせた。

(4) 使役受身表現　2009 기출　2018.B 기출　2024.B 기출

① 自らの意志ではなく他の人に強制されて行なった動作であることを表す。

② 強制する人はニ格で表される。

　　例 大学病院では予約をしていても、1時間は待たされる。

　　　子供のごろ、母に嫌いな野菜を食べさせられた。

　　　店員の勧めで、要らないものまで買わされてしまった。

③ 何らかの原因によって感情や思考が引き起こされることを表す用法もある。

　　例 多くのことを考えさせられた映画だった。

　　　ドラマの最終回の内容にはがっかりさせられた。

　　　子供向けのアニメだと思っていたが、意外と感動させられた。

(5) 授受表現とヴォイス

① 同じ出来事を、どちらを主語、どちらを目的語にして表すかの対立で表す点でヴォイスの一種と言える。

② 「してもらう」構文と使役文

　㋐「人に何かをさせる」という意味では共通している。

　㋑ 人に何かを頼むときや、また目上の人の行為については使役ではなく「してもらう/していただく」のほうがいい。そのとき、主語は何らかの恩恵(利益)を被る。

　　例 私は林さんに仕事を手伝ってもらった。

　　　友だちにピアノを弾いてもらった。

　　　課長の奥さんに料理を教えていただいた。

③ 「させてもらう」構文

　㋐ 動作主(話し手)が他人から許可を得て自分のために何らかの行為をする。

　　例 頭が痛かったので早めに帰らせてもらった。

　　　写真を撮らせていただけませんか。

　㋑ 謙譲表現としてよく使われる。

　　例 そろそろ帰らせていただきます。

　　　それでは発表させていただきます。

　㋒ 聞き手に許可を求める必要がなく、また話し手にとってその行為が利益にならない場合に使うとやや不自然になる。

　　例 ?私から話させてもらいます。 → 私からお話しします。

(6) アスペクトとヴォイス

① 「〜が置いてある」

㉠ 動作の結果、動作の対象であったものが主語になっているという点で受身と共通している。

㉡ しかし、「置いてある」は動作主を文に表すことができない。

例 *本が先生{に・によって}つくえの上に置いてある。

② 「〜ている」と「〜られている」 2017 기출

㉠ 能動文では〈動作継続〉を表す動詞が受身文になると〈結果継続〉を表すようになることがある。

㉡ 〈結果継続〉も受身文も、客体の変化に焦点を当てた表現である。

例 花子がテーブルの上にお皿を並べている。…〈動作継続〉

テーブルの上にお皿が並べられている。…〈結果継続〉

㉢ 動作主(主体)の存在を含意する場合、「〜てある」構文で表現される。

例 テーブルの上にお皿が並べてある。

㉣ 自動詞の継続相の〈結果継続〉の意味は偶然な結果が存在することを表すが、それと対を成す他動詞の受身形の場合は意図的な動作の影響を受けてそういう結果がもたらされたという意味を表す。

例 家に帰ったら、窓ガラスが割れていた。

家に帰ったら、窓ガラスが割られていた。

(7) 可能構文

① 可能構文の3種類

㉠ 【〜に…が 可能形】: 古い形。現在の自発表現の主な構文形式。

例 彼女にはそんな状況が耐えられる。

私にはこれ以上英語が話せません(できません)。

㉡ 【〜は…が 可能形】: 受身文形式からの分化。かなり新しい現象。

例 彼は恥ずかしさで顔が上げられなかった。

㉢ 【〜は…を 可能形】: 対象にガ格ではなくヲ格を使う。

例 私は妻を引き止められない。(「私は妻が引き止められない」では対象が不明)

② 可能構文の特徴

㉠ 意志動詞に限って作られる。

例 *雨が降れる。/ *病気が治れる。

㉡ 主語は有情物に限られる。

例 *このカバンは小さすぎて本が入れない。cf. 本が入らない。

© 対象を表すヲ格がガ格になることが多い。

　　例 英語{を/が}話せる。

② 主語を「ニ格」で表すことがある。

　　例 あなたには信じられますか。

　　　私にできることがあったら、いつでも教えてください。

③ 「見える」「聞こえる」は可能動詞ではなく、自発の意味を表す動詞である。

④ 「ら抜き言葉」

　　例 読まれる → 読める　　見られる → 見れる

　　cf. サ付き(サ入れ)言葉：「帰らせていただきます」

(8) 自発構文

① **自発とは**：何かが自然に(独りでに)ある状態になることを言う。

② 自発を表す動詞：「見える・聞こえる・煮える・思われる・案じる」など。

　　例 この窓から山が見える。

③ 動詞によって可能形を使ったり受身形を使ったりする。

　㋐ 可能形を使用(最も一般的)

　　例 魚が釣れる。　糸が切れる。　家が焼ける。　あの映画は泣ける。

　㋑ 受身形を使用

　　例 犯人はこの道を通ったと{考えられる/思われる}。　夏休みが待たれる。

(9) 視点

① 話の場面への話し手のかかわり方や行為の見方。授受表現・受身表現・指示詞などの文法形式に影響を与える。

② **視点のハイアラーキー**(hierarchy)

　㋐ 日本語の視点は、話し手とかかわっていて、話し手の視点は通常主語に優先的に置かれる。

　㋑ 「やる・あげる」は与え手、「くれる・もらう」は受け手にそれぞれ話し手の視点がある。

　㋒ 「くれる」の受け手は主語の位置にならず、「もらう」の受け手は主語の位置になる。

③ **視点の移行**：話し手が参加しない授受の場合は、1人称の話し手の視点が出来事の中に移行(＝動作主と同じ場所に移行)し、そこから眺めて「ウチ → ソト」の授受か、「ソト → ウチ」の授受かに従って「やる・くれる・もらう」を使い分ける。

④ **授受表現と視点** [2005 기출] [2011 기출] [2025.A기출]

　㋐ 「あげる・もらう・くれる」を単独で使うモノの授受も、授受動詞を補助動詞として使う恩恵の授受も視点は変わらない。

memo

◎ 「くれる」の文において話し手の視点が主語ではなく受け手(ニ格)に置かれるのは特異な現象である。

ⓒ 話し手が参加しない授受の場合、話し手の視点は通常主語に置かれるため、第三者同士の授受表現では与え手(主語)の立場になって「あげる」を使うようになる。しかし、受け手(ニ格)に「ウチ」の人が来ると「あげる」ではなく「くれる」を使わないといけない。(話し手の視点がニ格に移動)

> 例 太郎がお花をくれた。… 受け手は話し手あるいは話し手のウチの人
>
> 太郎はお花をあげた。… 受け手は話し手ではない第三者でソトの人

ⓒ 授受動詞が補助動詞として使われる場合、本動詞の表す動作の恩恵(利益)が受け手(ニ格)に向けられる。ここで「~てくれる」の視点も、ニ格に置かれる。

> 例 私は太郎に英語を教えて{あげた/＊くれた}。
>
> 太郎が花子に英語を教えて{あげた/＊くれた}。
>
> 太郎が私に英語を教えて{くれた/＊あげた}。

私が太郎に本をあげる		私が太郎に本をもらう		太郎が私に本をくれる	
話し手(与え手)	私	話し手(受け手)	私	話し手(受け手)	私
動作主(与え手)	私	動作主(与え手)：ニ格に1人称不可能	太郎	動作主(与え手)：ガ格に1人称不可能	太郎
話し手＝与え手		話し手≠与え手			
話し手(与え手)に視点		話し手(受け手)に視点		話し手(受け手)に視点	
話し手の視点が主語に置かれる				話し手の視点が主語に置かれない	

⑤ **視点と動詞の方向性** `2006 기출`

㉠ 話し手への求心的方向性を表す動詞

ⓐ 友だちは私に本をくれた。

ⓑ 私の妹は友だちに本をもらった。

ⓒ 友だちが私に手紙をよこした。

(＊私は友だちに手紙をよこした。)

ⓓ 私は田中さんからそのニュースを聞いた。

(??田中さんは私からそのニュースを聞いた。)

㉡ 話し手からの遠心的方向性を表す動詞(話し手への求心的方向性を表す文では不自然)

ⓐ 私は母に電話をかけた。

(??母は私に電話をかけた。)

ⓑ 私は田舎の母にみかんを送った。

(??田舎の母は私にみかんを送った。)

ⓒ 私は通りがかりの人に話しかけた。

(??通りがかりの人が私に話しかけた。)

→「～てくる」「～てくれる」「～(ら)れる」を用いて話し手への求心的方向性を表すことができる。

直示(ダイクシス deixis)

発話される場面によって指示する内容が決定される言語表現で、人称直示、時間直示、場所直示、談話直示、社会直示がある。

1. 人称直示：人物を指定するもの。例「私」「あなた」「彼」「社長」…

2. 時間直示：時間を指定するもの。例「今日」「明後日」「今週」「来月」「来年」…

3. 場所直示：場所を指定するもの。例「ここ」「そこ」「あそこ」「右」「上」「前」…

4. 談話直示：指示詞の文脈指示用法
   ①「コ」列：直前直後の内容。
   ②「ソ」列：話し手と聞き手のいずれかにしかない情報、あるいは仮定の内容。
   ③「ア」列：話し手と聞き手のいずれも知っている情報、あるいは記憶の内容。

5. 社会直示：社会的要素を指定するもの。例 敬語表現

言葉のゆれ 2022.A 기출

2015年の文化庁の調査では、可能形を使うときに「見られる」「出られる」より「見れる」「出れる」を使用すると答えた人のほうがはじめて多くなった。これは母音語幹動詞(Ⅱグループ動詞)と「来る」の可能形から「ら」を落とす言い方で「ら抜き言葉」といわれるが、「られる」の持つ意味の負担を減らそうとする意識から生まれたものと思われる。

このように、ある語が変化する過程で本来の形とは異なる変異形(バリエーション)が生じ、両者が並存する状態になったとき、これを言葉の「ゆれ」と言う。

「ゆれ」の原因には言語的なものの他に、地域的なものや個人的なものなど、様々なものがあるが、このような変異形についての文法性の判断は複数の話者のあいだで異なる場合がある。

5 複文

1 複文の構造

(1) 複文とは

① 複数の節(述語とそれに伴う様々な要素のまとまり)から構成される文。普通主節と従属節に分けられる。

② 主節と対等な関係にある節は並列節と言う。

③ 従属節：主節以外の節で、主節に対して従属的にかかっていく節(原因・理由、目的、条件などを表す)。名詞修飾節、副詞節、引用節などがある。

(2) 日本語の従属節の階層〔南不二男(1974, 1993)〕

① 従属節の内部にどのような要素を含むことができるかということを基準に、次のように複文を分類している。

② 従属文の従属度(陳述性の度合い)を把握することができる。

		従属節の種類	含まれる要素	例
より副詞的 ＝文としての度合いが低い＝従属度が高い	A類	しながら(付帯条件) しつつ して(情態副詞的用法) 形容詞の連用形(副詞的用法)	ガ格以外の格成分 ヴォイス (およびそれと関連する副詞成分)	お風呂に入って寝てしまった。 音楽を聞きながら、勉強した。 ＊音楽を聞いていながら、勉強した。… アスペクト ＊ラジオを聞かないながら、勉強した。… 肯否 ＊ラジオを聞きましながら、勉強した。… 丁寧さ ＊ラジオを{聞く/聞いた}ながら、勉強した。… テンス ＊ラジオを聞くだろうながら、勉強した。… 対事的モダリティ

命題レベルでは完成しているが、話し手の判断を表し得ない(文として不完全)	B類	しながら(逆接) して/し(原因・理由) して/し(継続・並列) すると/すれば/したら するなら しても せず/せずに/しないで 〜ので、〜のに	A類のすべて ガ格 アスペクト テンス 肯否 丁寧さ (およびそれと関連する副詞成分)	知っていながら知らないふりをする。 明日雨が降らなければ試合は行われる。 雨に降られていたのに試合を続けた。 何も言わずに出ていった。
題述関係を表し得る(文により近くなる)	C類	して/し(逆接) 〜から 〜が、〜けれど 〜し	A類とB類のすべて 主題 対事的モダリティ (およびそれと関連する副詞成分)	兄は就職し、弟は進学した。 花子は多分来るだろうが、僕は彼女に会いたくない。
文としての度合いが高い(文相当)	D類	直接引用節(他の文の成分であることを除くと独立文)	対人的モダリティをはじめ、すべての要素	彼女は僕に「一緒に行こう」と言った。

memo

2 名詞修飾節(連体修飾節)

(1) 日本語の名詞修飾節

① **名詞修飾節とは**：ある名詞がどのようなものかを詳しく言うために、その名詞の前で名詞を修飾する節

例 [廊下を走っている]人　[庭に植えた]野菜　[日本語を教える]仕事

② 名詞修飾節がどこから始まるかを表現する形態上の特徴はない。

例 太郎はきのう父に買ってもらった携帯をこわしてしまった。

太郎はきのう[父に買ってもらった]携帯をこわしてしまった。…「父」にプロミネンス

太郎は[きのう父に買ってもらった]携帯をこわしてしまった。…「きのう」にプロミネンス

③ 名詞修飾節のガ格は「ノ」に変えられる。(ガノ交替・ガノ可変・ガノ変換)

例 [太郎が好きな]果物 → [太郎の好きな]果物

[果物が好きな]太郎 → [果物の好きな]太郎

＊[パトカーの３台止まっている]家 … 数の前のガ格

＊[さっきオートバイのすごいスピードで通った]道 … 修飾節と被修飾語の間に長い語句がはさまっている場合

④ 名詞修飾節の中の「ている」は「た」に置き換えられることがある。

名詞修飾節内のテンス・アスペクト

1. 文末のテンス・アスペクトと基本的に同じ意味を表す。文末の場合と同様、タ形とテイル形の意味は異なる。

例 太郎が昨日読んだ本　cf. 太郎は昨日その本を読んだ。

…「タ形」は、名詞修飾節においても「読む」という行為が過去に行われたことを表す。

例 太郎が今読んでいる本　cf. 太郎は今その本を読んでいます。

…「テイル形」は、名詞修飾節においても現在行われていることを表す。

2. 「～ている」を「～た」に置き換えられる場合 ：(眼鏡を)かける、やせる、(青い目を)する、腐るなど

    例. あの眼鏡を{かけた/かけている} 人は山下さんです。

    　　{腐った/腐っている}お菓子を食べておなかをこわした。

    ▶ 上にあげた動詞の名詞修飾節が被修飾名詞の状態を表す時、名詞修飾節内の夕形は文末の夕形とは異なる意味を表す(文末では、「た形」は過去の動作や変化、「テイル形」は現在の状態を表す)。

    　　例 山田さんは眼鏡を{#かけた/かけている}。お菓子が{#腐った/腐っている}。

3. 「～ている」を「～ていた」に置き換えられる場合

    名詞修飾節の出来事と主節の出来事が同時で、主節のテンスが過去の場合は「～ている/～ていた」のどちらでも言い表せる。

    　　例 音楽を聴いてい{る/た}ところに電話がかかってきた。

◎ 「#」：与えられた文脈において不適切な表現を意味する。

⑤ 名詞修飾節の制限(内の関係でも外の関係でも同様)

　㋑ 主題を表す取り立て助詞「ハ」は使えない(対照の「ハ」は可能)。

　　例 ＊[太郎は作った犬小屋]がかわいい。＊[魚は焦げる]においがする。

　　　[息子には厳しい]父親。　　　　　　[宴会は欠かさず出席する]人。

　　　[太郎は利用するけど次郎は利用しない]学生食堂。

　㋺ 命令形や「か」「よ」などの終助詞、丁寧体は入ることができない。

　　例 ＊[こっちへ来い]君。　　cf. こっちへ来い、君。… 呼びかけであれば可能

　　　＊[降るよ]雨。　　　　　　＊[残暑が厳しいね]夏。

　　　＊[明日食べます]パン。　　＊[夜道でも安全でした]昔の日本。

　㋩ 対人的モダリティ表現(働きかけ・表出など)は入らない。

　　例 ＊[友だちと行こう]旅。

　　　cf. 判断を表す対事的モダリティ表現は基本的に名詞修飾節内に入るが、「だろう」はやや不自然。

　　例 [すでにタンスにしまっておいたかもしれない]洋服。

　　　?[もうすぐ来るだろう]バスはどこ行きですか。

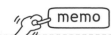

memo

(2) 名詞修飾節の種類

① 「内の関係」と「外の関係」：名詞修飾節(寺村秀夫(1975)の用語では連体修飾節)と、それに
よって修飾される被修飾名詞(主名詞)との関係。

内の関係の名詞修飾 文の中のある名詞句を修飾する名詞修飾		外の関係の名詞修飾 文の要素以外を修飾する名詞修飾	
これは[田中さんが買ってきてくれた]本です。	[花子がこわした]カメラはどれですか。	隣の部屋から[テレビを見て笑ってる]声が聞こえる。	田中さんが私に[昨日休んだ]理由を聞いた。
{田中さんが本を買ってきてくれた。}	{花子がカメラをこわした。}	＊{声がテレビを見て笑っていた。}	＊{理由が昨日休んだ}

内の関係と外の関係　　2022.B 기출

寺村秀夫(1975)は、底の名詞(被修飾名詞)が連体節内で格関係(ガ格・ヲ格・ニ格・デ格等)を持つか否かに着目して、複文を「内の関係」と「外の関係」に分類した。

1. 内の関係(英語の「関係節」に対応)：名詞修飾節と被修飾名詞(＝主名詞Head Noun、底)との間に格関係が認められるもの。

   例 昨日彼女が書いた手紙（昨日彼女が手紙を書いた。)…「内の関係」
   → 「手紙」に格助詞「ヲ」を伴って文を作ることができる。修飾節と被修飾名詞の間に格関係があるという意味。

2. 外の関係(英語の「同格節」に対応)：名詞修飾のうち、修飾節と被修飾名詞(＝主名詞Head Noun、底)との間に格関係が認められないもの。

   例 彼女が手紙を書いた話（＊彼女が話に手紙を書いた。)…「外の関係」
   外の関係の名詞修飾節は、次の二つに分けられる。

   ① 同格節(＝内容節)：修飾節が 被修飾名詞の内容を表すもの。
   例 あの会社がもうすぐ倒産するという噂 … つなぎ表現が使われることが多い
   ▶ つなぎ表現：「という、といった、というような、といったような、との」

   ② 補充節：修飾節と被修飾名詞が因果関係・相対的関係をなすもの。
   単純に修飾節が主名詞の内容を詳しく説明しているといった構造ではない。
   例 毎日練習した結果 …「毎日練習した」は結果をもたらした原因

② 「内の関係」の用法

制限的(限定的)用法	非制限的(非限定的)用法
いくつかある中から選ぶ制限的な意味を持つ用法	既に分かっている名詞句に情報を付加的に与える用法
例 大橋さんが<u>いつも行く</u>図書館は県立図書館です。	例 大橋さんが<u>よく行く</u>県立図書館は大学の隣にある。
▶ ただ「図書館は県立図書館です」と言うと、どの図書館が特定されているか分からない。他の図書館と区別するために、「大橋さんがいつも行く」という名詞修飾節を付けて限定する必要あり。	▶ 「県立図書館」は特定できるものであるが、「大橋さんがいつもそこへ行く」という情報を付け加えている。

③ 「外の関係」の用法

㋑ 名詞修飾節が被修飾名詞の内容を表す。

名詞修飾節の機能	「という」の使用	被修飾名詞(主名詞)
発話・思考の内容を表す	使用したほうがいい	発話や思考を表す名詞 手紙 噂 依頼 意見 考え 信念 訴え… (形式名詞「こと」に置き換えられることもある)
		・すぐ帰省せよという手紙を受け取った。 ・自分が潔白であるという信念を強く持っている。 ・大学の図書館を日曜も使えるようにしてほしいという意見がある。 ・マリーさんが国に{?帰る/帰るという}うわさを聞いた。 ・マリーさんが国に帰るという{うわさ・こと}を聞いた。
被修飾名詞の具体的な内容を表す	どちらでもいい	仕事 経験 事故 事実 記憶 可能性 癖 特徴 性格 方法 必要…
		・円高になる可能性が出てきた。 ・すぐにも対処する必要がある。 ・海外で日本語を教える仕事に応募した。 ・特急列車が車に{衝突する/衝突するという}事故があった。
感覚・知覚の内容を表す	使用しない	感覚や知覚を表す名詞 音 味 におい 痛み 写真 絵 様子 感じ…
		・入り口には富士山が{写っている/×写っているという}絵が飾ってあった。 ・遠くに電車が{走る/×走るという}音が聞こえる。 ・少女がピアノを{弾いている/×弾いているという}ルノワールの絵は有名だ。

memo

　　Ⓛ 名詞修飾節が全体で名詞のような働きをする。

　　　　ⓐ 名詞修飾節は内容を表さない。「NのN」という関係を持っている。

　　　　ⓑ 内容を表さないから、「という」は使用しない。

　　　　　　例 彼女が退社した理由を知っていますか。(= 退社の理由)

　　　　　　　　景気が低迷している原因は、どこにあるのか。(= 低迷の原因)

　　　　　　　　A社と合併した結果、業績が回復した。(= 合併の結果)

　　　　　　　　株価が上がったおかげで景気がよくなった。(= 株価上昇のおかげ)

(3) 相対性名詞を修飾する名詞修飾節

　　① **相対性名詞**：それ自体は具体的な時点・地点を指し示さず、修飾成分や文脈などに

　　　補充されることで具体的な意味が決まる名詞

　　　　㋐「前日・翌日・~前・~後」など、相対的な時間を表す名詞

　　　　㋑「隣・前・後ろ・左・右・横」など、相対的な位置関係を表す名詞

　　　　㋒「結果・残り・帰り」など、他の行為が前提になる名詞

　　② 相対性名詞を修飾する名詞修飾節は、内容説明がその名詞自身ではなく、その名詞

　　　と相対的な関係にある他の名詞に向けられる。

　　　　例 コンピュータを買った3日後に壊れた。(= 買った日から3日後)

　　　　　　寝ている横に子どもの寝顔がある。(= 寝ている場所の横)

　　　　　　今私たちが立っている下を車が通っているのです。(= 立っている場所の下)

　　　　　　競馬場へ行った帰りに居酒屋に寄りました。(= 行った所からの帰り)

(4) 文の名詞化

　　①「の」による名詞化

　　　　㋐ 強調構文の主語

　　　　　　例「太郎がきのうレストランで花瓶を割った。」の分裂文

　　　　　　ⓐ きのうレストランで花瓶を割ったのは太郎だ。

　　　　　　ⓑ 太郎がきのうレストランで割ったのは花瓶だ。

　　　　　　ⓒ 太郎がレストランで花瓶を割ったのはきのうだ。

　　　　　　ⓓ 太郎がきのう花瓶を割ったのはレストラン(で)だ。

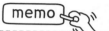

強調構文＝分裂文(Cleft sentence)
（ぶんれつぶん）

1. 文の中のある要素を強調するために抜き出し、コピュラ文を主節とする複文に変換した形の文。

2. 【～のはXだ】という文型を取り、Xを強調する。
   - 例 私が先週買ったのはこの本です。
     田中さんがこのカメラを買ったのはあの店(で)です。

3. 「の」は形式上は名詞であり、それに前接する節は名詞修飾節になる。

4. 【～のは】は<前提>で旧情報であり、文で最も伝えたい新しい情報になる<焦点>は主節【Xだ】の「X」である。

5. 理由を強調する強調構文【～のは…からだ】において、質問に答える時に前提の部分はよく省略される。
   - 例 A：どうして、映画に行かなかったんですか。
     B：(映画に行かなかったのは、)急におなかが痛くなったからです。

㋺ 名詞節：「の」を利用して文を名詞化したもの(分裂文ではない)
  - 例 病人の前でタバコを吸わないのは当然だ。
    バスが来るのを待っているんです。
    ジョギングをするのが私の日課です。
    友だちが大声を出したのに驚きました。
    知らない男が部屋を出ていくのが見えました。

㋩ 名詞の代わりになる「の」(準体助詞)
  - ⓐ 動詞に修飾される「の」
    - 例 洗ったの(＝皿)は食器棚に入れてください。
  - ⓑ イ形容詞に修飾される「の」
    - 例 赤いカバンは3万円、黒いの(＝かばん)は2万5千円です。
  - ⓒ ナ形容詞に修飾される「の」
    - 例 魚は新鮮なの(＝魚)がいいです。
  - ⓓ 名詞に修飾される「の」
    - 例 これは太郎の傘で、あれは花子の(＝の傘)です。

② 形式名詞「こと」と「の」

　㉠ 形式名詞

　　ⓐ 実質的な意味を持たない名詞

　　ⓑ 単独では主語や名詞述語になることができないが、節などで限定すれば可能になる。（節によって限定される性質があるため「接辞」ではなく「名詞」である。）

　㉡ 形式名詞「こと」の用法

　　ⓐ 可能：フランス語を<u>話すこと</u>ができる。

　　ⓑ 習慣：たまに漫画を<u>読むことがあります</u>。

　　ⓒ 経験：3度ほどソウルへ<u>行ったことがあります</u>。

　　ⓓ 必要：今さらそんな<u>言い訳をすることはありません</u>。

　　ⓔ 決定：やはり<u>参加すること</u>にしました。

　　ⓕ 部分的了解：<u>おいしいこと</u>はおいしいんですが、値段がねえ……。

　㉢ 形式名詞「こと」と「の」の使い分け 〔2008 기출〕 〔2010 기출〕

	文の成分	述語になる語/例
「こと」・「の」	真偽・可能性を表す述語の主語	当然だ　確実だ　本当だ 正しい　うそだ…
	評価・感情的判断などを表す述語の主語	驚くべきだ　悲しい　嬉しい 心配だ　必要だ…
	思考・感情の対象【～こと/のを】	疑う　考える　知る　悲しむ 喜ぶ　忘れる　望む…
「の」だけ使用	知覚・感覚を表す述語の主語【～のが…】 知覚・感覚を表す述語の対象【～のを…】	〔主格〕見える　聞こえる 　　　　感じられる 〔対格〕見る　（聞く）　感じる 　　　　止める　手伝う
	強調構文【～のは～だ】の主語	例 コーヒーをこぼしたのは太郎だ。
「こと」だけ使用	【Xすること・のはYだ】の述語「Y」	今日しなければならない{こと/の}は <u>銀行へ行くことだ</u>。
	～すること{がある/ができる/にする/になる}などの文型	

cf.「知る、信じる、考える、疑う、後悔する、願う」などの動詞は、対象に「こと」と「の」を取る以外、引用の「と」を補語として取ることもできる。

3 文の接続〔庵功雄ほか3人(2000)〕

(1) 並列接続と従属接続

並列接続	従属接続
複数の動作や事柄を、重要度に差をつけずに並べて示す表現のしかた。 テ形や連用接続などがある。	複数の動作や事柄を、ある一方を中心にしてもう一方は補助的に並べて示す表現のしかた。 テ形やカラ・ノデ、タメニ・ヨウニなどがある。
例 おじいさんは山へ行って、おばあさんは川へ行きました。	例 早くうちに帰ってご飯を食べましょう。

(2) 「～て」の意味と用法　2009 기출

① 「～て」は、「PてQ」の文型を作って、動作や事柄の継起や並列を表す(P・Qは節を表す)。

② PとQの述語の種類や内容によって、P(テ形を含む節)の意味は様々に解釈される。

	テ形の意味	特徴	例
従属関係	付帯状況	Qをする時に他の動作または状態Pが伴われる。 同一主語。主題は現れない。	・手を上げて道路を渡った。 ・暑かったので、窓を開けて寝ました。
	手段	Pの動作を手段にQをする。同一主語。主題は現れない。	・牛乳パックを使っておもちゃを作った。
	仮定	「PをするとしたらQ」という意味。	・駅まで歩いて10分。
	継起	主節の主語と異なる独自の主語を持つことが可能。 主題は現れない。	・早くうちに帰ってごはんを食べましょう。
	原因・理由		・子供が生まれて、家がにぎやかになりました。
並列関係	逆接	PとQの内容が逆接関係である。	・知っていて教えてくれない。
	対比	PとQの内容が対比をなす。	・夏は涼しくて冬は暖かい。
	並列	主語はもちろん独自の主題を示すことも可能。(最も文に近い＝文的度合いが高い)	・太郎は就職して、次郎は大学院に入りました。 ・おじいさんは山へ行って、おばあさんは川へ行きました。 ・この図書館は、広くて、新しい。

memo

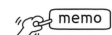

③ 文的度合いの高い並列や原因・理由の「〜て」のほうが一番丁寧形になりやすい。
　㊀ 娘は東京で就職しまして、息子はアメリカに留学しました。… 並列
　　事情がありまして、欠席させていただきます。… 原因・理由
　　(駅のアナウンス)特急電車は、降りまして右の3番ホームに参ります。… 継起

④ **原因・理由を表すテ形の制約** `2011 기출`：主節に意志・勧誘・依頼などのモダリティ表現が来ない。
　㊀ ＊暑くて窓を{開けよう・開けましょうか・開けてください・開けませんか}

⑤ **テ形接続と連用接続**
　「〜て」による節は、述語が動詞かイ形容詞の場合、連用中止形に置き換えられる(書き言葉的)。文体の違いのほかにも、テ形接続は主に従属的な関係で結ばれるのに対して連用接続は単なる並列接続を表す。
　㋐ 同時に成立する事柄を並立させる場合
　　㊀ 太郎はよく{遊び/?遊んで}、よく勉強する。
　㋑ 全く別の事柄を並行させて述べる場合
　　㊀ 外は風が{吹き出し/?吹き出して}、太郎は布団に入った。

⑥ **「ないで」と「なくて」の接続** `2010 기출`
　㋐ 名詞とイ/ナ形容詞は「なくて」のみ、動詞は「ないで」と「なくて」の二つの形がある。
　㋑ 「なくて」は、「並列」および「原因」を表す。
　　㊀ 予定の列車に間に合わなくて、次ので行った。
　㋒ 「なくて」は名詞や形容詞にも接続可能。
　　㊀ 料理がおいしくなくて、半分残した。… 原因・理由
　　　彼は医者ではなくて、看護士です。… 並列
　㋓ 「ないで」は、「並列」のほかに、「付帯状況」や「手段」などの意味を表す。
　　㊀ ゆうべはとても疲れて[着替えもしないで]寝てしまった。… 付帯状況
　　　次の英文を[辞書を使わないで]訳しなさい。… 手段
　㋔ 「〜ずに」は「〜ないで」の書き言葉だが、並列の意味では使いにくい(「ず」は可能)。
　　㊀ 太郎は{○合格しないで/○合格せず/×合格せずに}、次郎は合格した。… 並列

memo

● 連用中止形：[学校文法]の用語。中止法に用いられる用言の連用形を言う。動詞ではマス形の形となる。

● 動詞の否定形「なくて」の書き言葉「ず」は「並列」と「原因」の意味を表す。なお、「しなくて」は「せず」、「いなくて」は「おらず」になる。

「〜ないで」「〜なくて」の使い分け

意味	テ形	対応する否定形
付帯状況	窓を閉めて寝ました。	→ 窓を{○閉めないで/＊閉めなくて}寝ました。
手段	包丁を使って料理をした。	→ 包丁を{○使わないで/＊使わなくて}料理をした。
継起	―	(対応する否定の形はない)
原因・理由	彼が来て安心した。	→ 彼が{＊来ないで/○来なくて}心配した。
並列	太郎は合格して次郎は合格しなかった。	→ 太郎は{合格しないで/合格しなくて}、次郎は合格した。

(3) 従属接続：原因・理由の「から」「ので」

① 「から」

前件の性格	例
㋐ 後件に表された事柄の原因	昨日は体調が悪かったから、早めに布団に入った。 雨が降ったから、道がぬれているのです。 └ 事実そのものの原因　　└ (見て確認した)事実
㋑ 後件に表された話し手の判断や意図の根拠(どうしてそのように考えているのか、その理由を述べる)	今日は日曜日だから、田中さんは家にいるだろう。 この道は車がよく通るから、気をつけてね。 └ 発話の根拠・理由　　└ 発話内容(働きかけ) 今はお歳暮の季節ですから、デパートは混んでいるでしょう。 └ 話し手の判断の根拠・理由　　└ 話し手の判断

② 「ので」

前件の性格	例
㋐ 後件に表された事柄の原因	昨日は仕事が休みだったので、映画を見に行きました。 └ 事実そのものの原因　　└ 事実
㋑ 後件に表された話し手の判断や意図の根拠(どうしてそのように考えているのか、その理由を述べる)	風邪を引いたので、水泳の練習は見学させてください。 └ 発話の根拠・理由　　└ 発話内容(働きかけ) 全員そろったようですので、会議を始めたいと思います。 └ 話し手の意図の根拠・理由　　└ 話し手の意図

③ 理由を表さない「から」「ので」

 ⓐ 後件で示される行為の前提になる情報を提供する。

 ⓑ 後件は、命令・依頼・勧誘など、相手に何らかの行為を要求する表現が来る。

  例 必ず明日返すから、1万円貸してください。

   折り返しお電話いたしますので、少々お待ちください。…「から」より丁寧

④ 「から」と「ので」の比較

 ㋐ 「から」は終止形に接続(~だから)、「ので」は連体形に接続(~なので)。

 ㋑ 「~だ/です」の前は「から」を使う。(理由を表す強調構文)

  例 遅れたのは、電車が止まった{からです/*のでです}。

 ㋒ 従属節が丁寧形である場合、「から」が自然である。(「ので」は「なので」)

  例 新鮮です{から/?ので}召し上がってもいいです。

 ㋓ 「ので」の前には判断モダリティ要素が表れない。

  例 ~*{だろう/でしょう/まい}ので…。

 ㋔ 使用条件のまとめ

使用条件	~から	~ので
ⓐ 話し手の判断を表す「だろう」に後接できるかどうか	可能	不可能
例 道路が混んでいるだろう{から/×ので}、早めに出発しよう。		
ⓑ 理由を尋ねる質問に対して答えるか、理由を確認するために質問する場合	可能	不可能
例 ・A：どうして図書館が混んでいるのですか。 　　B：試験が近い{から/×ので}です。 ・試験が近い{から/×ので}、図書館が混んでいるのですか。 ・図書館が混んでいるのは試験が近い{から/×ので}だ。 ▶「~から」は「~ので」と違って疑問文の焦点になることができる。		
ⓒ 後件が命令・勧誘・意志・推量などの場合	自然	不自然
例 ・時間がない{○から/？ので}、急げ。… 後件が丁寧形のときは「ので」も自然 ・明日は早い{○から/？ので}、もう寝よう。… 同上		

(4) 従属接続：「ため(に)」 2010 기출 2017.B 기출

① 目的を表す「〜ため(に)」

　㋐ 意志動詞に接続して主節の目的を表す。(前件と後件の動作主は同一)

　　　例 私はパソコンを買うためにアルバイトをしている。

　㋑ 人物や団体を表す名詞や抽象名詞などに接続して利益を表すこともある。(Nのために)

　例 彼は家族のために毎日働いている。

　　　わが社では安全のために役員が毎晩見回りをしている。

② 理由・原因を表す「〜ため(に)」

　㋐ 前件は意志的な動作ではなく、前件と後件の動作主は異なっていても良い。

　　　例 子供が熱を出したために授業を欠席した。

　㋑ 事柄の原因を表すことはできるが、判断の根拠を表すことはできない。したがって、

　　　後件に話し手の判断や命令・依頼などの表現が来ることはない。

　　　例 ・雨が降っているために道がぬれている。

　　　　・雨が降ってしまったため、運動場の使用は禁止します。

　　　　・＊雨が降っているためにサッカー試合は中止でしょう。… 判断

　　　　・＊雨が降っているために傘を持っていきなさい。… 命令

memo

◎「ために」節の内容は自分の意志で実現できる事柄になる。ある状態になることを目指すときは「ように」を使用しないといけない。
例 よく聞こえるように大きな声で言った。

memo

④ 条件表現 `2009 기출` `2010 기출` `2019.B 기출` 〔庵功雄ほか3人(2000)〕

(1) **条件とは**

① 二つの事柄(前件と後件)の依存関係、後件が前件に依存して起こるという関係を表す。

② 条件を表す従属節には「～と・～ば・～たら・～なら節」がある。

例 携帯電話が{あると/あれば/あったら/あるなら}、いつでも連絡できます。

(2) **「～と」**

① **基本用法**

㉠ 反復的・恒常的に成り立つ依存関係(Pが起これば通常Qが起こるという関係)を表す。

例 春になると、花が咲きます。… ＜自然現象＞

毎朝起きると、コーヒーを飲みます。… ＜習慣＞

お金を入れてボタンを押すと、切符が出てきます。… ＜機械の操作と結果＞

㉡ 後件に意志や希望・命令・依頼などの表現が来ることはない。

例 ＊花が咲くと、花見に行くつもりだ。→ 花が咲いたら、花見に行くつもりだ。

＊ごはんができあがると、呼んでください。→ ごはんができあがったら、呼んでください。

② **事実的条件を表す「～と」**

㉠ 前件がきっかけとなって後件が起こったという関係を表す。

㉡ 前件も後件も既に起こった事柄(＝事実)を表す。

例 窓を開けると、冷たい空気が入ってきた。

友だちにメールを送ると、すぐ返事が来た。

③ **発見を表す「～と」**：前件の動きをした結果、後件の事柄を発見したという関係を表す。

例 角を曲がると、すぐ彼女のマンションが見えた。

④ **同じ主体の連続した動作(順次動作)を表す「～と」**：条件表現の典型から外れた用法で、二つの事柄間の継起関係を表す。

例 男は家の中に入ってくると、断りもせずに上がり込んできた。

彼は手をあげて店員を呼ぶと、コーヒーを注文した。

(3) 「～ば」

① **基本用法**

　㋐ 恒常的に成り立つ依存関係だけでなく、仮定条件にもよく用いられる。

　　　例 品質さえよければ、売れます。… 恒常的な依存関係

　　　　もし雨が{降れば/＊降ると}、遠足はどうしますか。… 仮定条件

　㋑ ことわざに代表されるような一般的法則によく用いられる。

　　　例 ちりも積もれば山となる。急がば回れ。三人寄れば文殊_{もんじゅ}の知恵。

　㋒ 原則として後件に意志・希望・命令・依頼などの表現が来ることはない。

　　　(★「～たら」との違い)

　　　例 {＊帰ってくれば/帰ってきたら}、必ず手を洗いなさい。

　㋓ ただし、前件の述語が状態性述語の場合、および前件と後件の主体が異なる場合は例外。

　　　例 わからないことがあれば、いつでも聞いてください。

　　　　父が許してくれれば、彼女と結婚するつもりです。

　㋔ 前件も後件も既に起こっている事実的条件を表すことはできない。

　　　(★「～と」との違い)

　　　例 薬を{＊飲めば/飲むと}、すぐ治りました。

② **反復・習慣を表す「～ば」**

　　例 天気がよければ毎朝散歩する。仕事もすれば、遊びもする。

③ **最低条件を表す「～ば」**：前件に「さえ」を伴って、後件が成立するための最低条件を示す。

　　例 お金さえ{○あれば/＊あると/？あったら}、大満足だ。

④ **反事実的条件を表す「～ば」**

　㋐ 現実と異なる事柄(実際には起こっていない事柄)を仮定し、後悔・残念な気持ちを表す。

　㋑ 「～たら」と置き換えられる場合もある。

　　　例 あと1,000円{あれば/あったら}、このコートが買えるのに。

　　　　もっと早く{会えれば/会えたら}よかったのに。

⑤ **確定条件を表す「～ば」**

　㋐ 前件が成立した場面で後件を新たに認識したという意味を表す時に使われる。

　㋑ 詩歌や小説など、やや古めかしい文学的表現で、話し言葉ではたいてい「～てみれば」の形で使われる。

　㋒ 事実を知って、「それももっともだ」「やっぱりそれが当然だ」という気持ちを表す。

　　　例 実際会ってみれば、うわさほどの美人ではなかった。

　　　　言われてみれば、それも正しい話だと思う。

memo

5 전공일본어

⑥ 勧め・助言を表す「〜ば」

㉠ 言いさし表現で、話し言葉で相手に何かの行為を勧める時に使われる。

㉡ 上昇調イントネーションになる。

㉢ 「〜たら」「〜たらどう」と置き換えられる。

例 そんなに頭が痛いの？今日は会社休めば？（休んだらどう？）

とにかくやってみれば？

いちおう着てみれば？

⑦ 「〜ば」と焦点

㉠ 「〜ば」は、前件に焦点のある条件文に最もふさわしい形式である。

㉡ したがって、後件の成立のためにはどんな前件が必要かを述べるような文によく使われる。

例 ・A：どうすれば、くつが安く買えますか。

B：バーゲンの時期まで待てば、安く買えますよ。… 安く買えるためには待つ必要あり

・このボタンを{押せば/押すと}、コピーできます。

▶「〜ば」：コピー機の使い方を尋ねられた時の答えとして適切（使用に必要な条件を提示）

「〜と」：一般的な使い方を説明している感じ（反復的・恒常的に成り立つ依存関係を説明）

㉢ 「〜ば」の文では後件に望ましい事柄が来ることが多く、望ましくない事柄の場合は「〜ば」は使いにくい。

例 徹夜{？すれば/〇すると/〇したら}、体調が悪くなる。

(4) 「〜たら」

① 基本用法

㉠ 特定の一回的な依存関係を表す。前件が実現した場合に後件が実現する、または実現するよう求めるという意味を表す。

例 ・雨が{降ったら/降れば}、試合は中止です。

→ ＜前件が成立するかどうかわからない仮定条件＞（「〜ば」に置き換え可能）

・3時に{なったら/＊なれば}、散歩に行きましょう。

→ ＜前件が成立することが分かっていて、実現した場合を仮定して話し手の希望を表出＞

ⓛ 後件に意志・希望・命令・依頼などが来る文でも用いることができる。

　　例 山田さんに会ったら、よろしく伝えてください。

② **事実的条件を表す「〜たら」**

　ⓗ すでに起きた事実で、前件の事柄が後件の事柄をもたらすきっかけになっている。

　ⓛ 前件が成立した時点において後件の事柄を話し手が認識したり、前件の事柄を
　　きっかけに新しい事柄が起こったりする。

　ⓒ 事実的条件の「〜と」と置き換えられる。

　　例 窓を{開けたら/開けると}、冷たい風が入ってきた。

　　　 ふぐを{食べたら/食べると}舌がしびれた。

(5) **「〜なら」(「のなら」「のだったら/んだったら」)**

① **基本用法**

　ⓗ 相手の発言を受けて、それに基づく帰結として自分の意見を述べたり助言したり、
　　何かを依頼したりする。

　　例 ・A：明日、東京へ行きます。
　　　　　B：東京なら、羽田空港のほうが便利ですよ。
　　　 ・A：ちょっとスーパーへ行ってくる。
　　　　　B：スーパーへ行くのなら、しょうゆを買ってきて。

　ⓛ その場の状況を踏まえて前件に仮定内容を述べる場合も、後件はそれに基づく帰
　　結になる。

　　例 もしスーパーへ行くのなら、しょうゆを買ってきて。

　　　 近いなら歩いて行きましょう。

　　　 大学生ならこれぐらいの漢字は読めるはずです。(取り立ての「〜は」と置き換えられる)

　ⓒ 後件には判断・意志・命令・要求・提案・評価など、話し手の主観的態度を表す
　　モダリティ表現が来る。

memo

memo

「～たら」vs「～なら」

～たら	～なら
パリへ行ったら、おしゃれな服を買おう。	パリへ行くなら、おしゃれな服を買おう。
・服を買う場所はパリである。 …「パリへ行く → 服を買う」という前後関係を表す	・服を買う場所はパリとは限らない。 …「パリへ行く → 服を買う」という前後関係が表されない
[飲酒運転禁止の標語]『飲んだら、乗るな。乗るなら、飲むな。』	
「飲んだら」=「飲んだあとは」 …「飲む→乗る」という前後関係を表す	「乗るなら」=「乗るまえには」 …「飲む→乗る」という前後関係が表されない

② **前件のテンス**：「～と・～ば・～たら」と違って、前件の述語にタ形と辞書形のいずれも用いることができる。

「～なら」vs「～と・～ば・～たら」

例	時間的順序	事柄の前後関係
旅行に行ったのなら、写真を見せてください。	前件 → 後件	ある事柄を仮定することから導かれる帰結(話し手の判断)を後件に述べる表現。したがって、成り立つ事柄の前後関係からある程度自由である。
旅行に行くのなら、カメラを持っていくといいですよ。	後件 → 前件	
旅行に行くと、食欲が出る。 旅行に行けば、嫌なこともすっかり忘れる。 旅行に行ったら、高校のときの友だちにばったり会った。	前件 → 後件	事柄と事柄の依存関係を示す表現。したがって、成り立つ事柄の前後関係を必ず守らないといけない。

※ ただし、前件の述語が状態性述語の場合は、上で述べた違いは薄まり、4形式とも使える場合がある(意味は同じではない)。
　　例 携帯電話が{あれば・あると・あったら・あるなら}いつでも連絡できます。

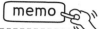

(6)「〜と・〜ば・〜たら・〜なら」のポイントまとめ

① 使える範囲が最も広いのは「〜たら」である。

②「〜たら」が使えないケース：前件の事柄を受けて「それが事実であれば」という意味の仮定条件を表し、後件にその帰結(話し手の判断、命令、希望、意志など)を述べる場合は「〜なら」または「のだったら(んだったら)」を使う。(「〜たら」を使うと、非文になるか意味が変わる。)

「〜なら」	「〜たら」	備考
市役所へ行くなら、地下鉄が便利だ。	＊市役所へ行ったら、地下鉄が便利だ。	「たら」使用不可
進学するなら、この本を読めばいい。 (本を読む → 進学する)	進学したら、この本を読みなさい。 (進学する → 本を読む)	前件と後件の前後関係が変わる。

③「〜たら」でも良いが、他の形式のほうがより自然な場合

	お勧め表現	「〜と」の使用	例
前件に焦点のある条件文の場合	「〜ば」	不適切	誰に{聞けば/？聞くと}、先生の住所がわかるでしょうか。
後件が成立するための最低条件を表す場合	「〜ば」		お金さえ{払えば/＊払うと}だれでも入会できます。
反事実的条件を表す場合	「〜ば」		あと10分早く{出れば/？出ると}、バスに間に合ったのに。
恒常的・一般的な条件の場合	「〜ば」 「〜と」	可能	駅から近ければ、便利です。 春になると、観光客が増えます。

(7) 逆条件

① 逆条件とは：広い意味で、前件から予想されるものとは反対の事柄が後件に来るような関係を表す。逆接条件とも言う。

cf. 譲歩文：「〜ても」や「〜のに」で結ばれた逆接の複文をいう用語で、主に対応する条件文や理由文との関係から使われる用語である。

○ 関西方言では「〜たら」がよく使われるなど方言差もあるので、要注意。

memo

② 逆接を表す「ても」と「のに」

ても	時間があっても行きません。 (⇔時間があれば行きます。)	条件文の「前件 → 後件」という関係が成り立たない。 「～ても」：前件が成立するかどうか分からない仮定的な場合に使用(仮定条件)
	薬を飲んでも治りません。 (⇔薬を飲めば治ります。)	㋐ たとえ薬を飲んでも治りません。 (条件文の「前件 → 後件」という関係が成り立たない。) ★「～ても」：前件が成立するかどうか分からない仮定的な場合に使用(仮定条件) ㋑ 薬を飲んだけれども治りません。 (理由文の「前件 → 後件」という関係が成り立たない。) ★「～ても」：前件が既に成立したと分かっている事実的な場合に使用(確定条件)
のに	時間があるのに行きません。 (⇔時間があるので行きます。)	理由文の「前件 → 後件」という関係が成り立たない。 「～のに」：前件が既に成立しているか、成立すると分かっている事実的な場合に使用(確定条件)

(8)「～ても」

① 逆条件で、仮定条件でも確定条件でも使われる。(「~のに」「~けれども」には仮定条件の用法はない。)

　㉑ 雨が降<u>っても</u>、試合は行われます。

　　お金がな<u>くても</u>、カードで買い物ができます。

② 仮定的な逆接では、「たとえ」「もし」「万一」などの仮定を表す副詞と共起することが多い。

　㉑ たとえ結果が<u>不合格でも</u>、がっかりすることはないよ。

③ 複数の前件を並べて使うことも可能 …【テ形＋取り立て助詞「も」】の構成

　㉑ 雨が降<u>っても</u>、雪が降<u>っても</u>、試合は行われます。

　　この皿は特殊ガラスで作られたので、<u>落としても</u>、<u>ぶつけても</u>、割れません。

④「疑問語(疑問詞)～ても」：同類に属するすべての前件について、後件との逆接関係が成り立つことを意味する。

　㉑ 何が起<u>こっても</u>、試合は行われます。

従属節(前件)		主節(後件)
雨が降っても	⇒ 何が起こっても、	試合は行われます。
風が吹いても		
(…同類の前件…)		

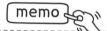

例 この皿は、どんな衝撃を与えても割れません。

　　こんな名画は、いくらお金を払っても買えないだろう。

⑤ 逆接とは言えない「～ても」…【テ形＋取り立て助詞「も」】の構成

　　例 湯を{冷ますと(冷ましても)}水ができるし、氷を溶かしても水ができる。… 前件と後件

　　の間に逆接関係不成立

従属節(前件)	主節(後件は同じ)
⇒ ⓐ 湯を冷ましても(湯を冷ますと) 　 ⓑ 氷を溶かしても(氷を溶かすと)	水ができる。 水ができる。
▶ 後ろの条件文(ⓑ)では必ず「～ても」を用いなければならない(前のⓐでは「～と」でも「～ても」でも良い)。	

(9)「～のに」

① **事実的な逆接**を表す(唯一の用法)。

② 前件から予想されるものとは食い違う事柄が後件で事実として成立することを表す。

　　例 半年もダイエットをしたのに、ちっともやせませんでした。

　　　ののかちゃんは、まだ3歳なのに、九九を言えるそうだ。

③ 多くの場合、それに対する驚きや不満が後件に表現される。

　　例 このスイカ、高かったのに、全然甘くない。

④ 「～のに」とモダリティ表現の制約

　　㋐ 後件に命令・依頼・意志などの表現は来ない。

　　　例 ＊もう8時なのに、もう少し寝ていなさい。　＊もう8時なのに、もう少し寝ていよう。

　　　※ ただし、「ある行為をしないこと」を命令したり依頼したりする表現(＝禁止の表現)

　　　　は、「～のに」の後件に来る。ただし、既にその行為をしようとしている人に対し

　　　　て言う場合に限られる。

　　　例 風邪を引いているのに、そんな格好で出かけるな。

　　㋑ 後件に「だろう」「かもしれない」などの話し手の判断を表す表現は来ない。

　　　例 ＊日曜日なのに、先生は研究室にいる{だろう/かもしれない}。

　　㋒ 質問の表現

　　　例 ＊会社は休みなのに、出勤しますか。

　　　※ ただし、「のだ」を用いた質問は可能。(「のだ」の関連づけの機能によるもの。)

　　　例 会社は休みなのに、出勤するんですか。

memo

⑤ **終助詞的用法**の「～のに」

　　㋑ 予想外の発話や状況に対し、前件だけを述べて話し手の驚きや意外感を表す。

　　　　例 A：山田さん、今プールで泳いでいるよ。

　　　　　　B：えっ、まだ朝の6時なのに。

　　㋺ この場合、後件に当たるのは、相手の発話内容だけでなく、状況になることもある。

　　　　例（店が閉まっているのを見て）今日は定休日じゃないのになあ。

⑽「～けれども（～けれど、～けど、～が）」（まとめて「～けれども」で示す）

　① 意味の違いはなく、「～けれども」「～けれど」「～けど」の順でより話し言葉的になる。

　②「が」は書き言葉・話し言葉の両方で使われる。

　③ **事実的な逆接**に用いられる。（「～のに」と置き換え可能。）

　　　例 毎日アルバイトをしている{が/のに}、なかなかお金がたまりません。

　　　　朝から図書館に出かけた{けど/のに}、休館だった。

　　　　私はせっかち{だが/なのに}、妻はのんびり屋だ。

　④ 逆接の意味がまったくない「～けれども」の用法。（広い意味で前置きの一つ。）

　　㋑ 前件で、後件に述べる事柄の話題を示す。

　　　　例 さっき話した件ですけど、内緒にしてくださいね。

　　㋺ 前提となる情報を示す。

　　　　例 日本には火山が多くあるけれども、桜島もその一つです。

　　㋩ 相手に質問や依頼などをすることを予告する。

　　　　例 ちょっとお尋ねしますが、市役所はこの近くですか。

　⑤ **終助詞的用法**

　　㋑ 上で述べた前置きの用法の前置き部分だけを述べたもので、「～けれども」の部分
　　　だけを述べる。

　　㋺ 続きである後件の部分を復元することも可能である。

　　　　例 すみません、切符を間違えて買ったんですけど。

　　　　（～んですけど、払い戻してください。）

　　　　明日の会合、ちょっと都合が悪いんですが。

　　　　（←んですが、欠席してもいいですか。）

　　㋩ 後件の部分を聞き手に察してもらおうとするもので、質問や依頼をする場合に婉曲
　　　な言い回しをするために用いる。

「〜けれども」と「〜のに」		
	「〜けれども」	「〜のに」
逆接の意味の度合い	あまり強くなく、むしろ前件と後件を対比的に並べて示しているような場合もある。	事実的な逆接を表すのが唯一の用法
	例 私はせっかち{で/だが}、妻はのんびり屋だ。	例 私はせっかちなのに、妻はのんびり屋だ。
驚き・不満・意外感などの含み	後件が予想と食い違う事柄であることに対する驚き・不満・意外感は表されない。	後件が予想と食い違う事柄であることに対する驚き・不満・意外感を表す場合が多い。 例 このスイカ、高かったのに、全然甘くない。
後件の制約	特にない。	・命令・依頼・意志などの表現は不可能 ・「だろう」「かもしれない」などの話し手の判断を表す表現は不可能 ・質問の表現は不可能(「のだ文」は可能)

6 待遇表現

1 語用論(pragmatics)

(1) 語用論とは

① 言語学の一分野で、言語表現とそれを用いる人や文脈との関係を研究する分野である。運用論ともいう。

② 言語学における語用論の位置づけ

	研究分野	研究例
音韻論	・ある言語に存在する音や、その発声方法、組み合わせによる発音の変化などを研究。	・連濁、連声 ・長音、モーラ、アクセントなど
統語論 (構文論)	・単語を並べて文をつくるときのルールを研究。	・格体制、動詞の種類、主語・主題、テンス・アスペクト、モダリティ、ヴォイスなど
意味論	・語または文の意味を研究。 ・「Colorless green ideas sleep furiously. (無色の緑色の考えが猛烈に眠る)」のように、文法的に正しい順に単語を並べても意味不明な文は存在する。したがって、文法だけでなく、意味的にも正しい文をつくらないといけない。	・類義・反義関係 ・多義語・同音異義語 ・文法化、意味の変異 ・メタファー、メトニミーなど
語用論	・ある表現が、実際の人間社会において、どのような場面でどのような機能をもち、どのような意味合いで使われ、実生活の中で人にどう認知されるか、などを明確にする。 ・例えば、「Are you alright?」という発話は、アメリカでは、「大丈夫ですか?」という相手への気遣いだが、イギリスでは、「元気ですか?」という挨拶として使われる。	・「Can you open the window?」：窓を開ける能力が相手に備わっているかどうかを確認するのではなく、窓を開けてほしいという依頼の意味合いを持つ。 ・「すみません、今何時か分かりますか?」：yes/no疑問文であるが、時刻を教えてほしいという依頼表現として使われる。

(2) 語用論の研究

① 直示体系(ダイクシス deixis)

㋐「わたし」「あなた」「ここ」「今」など、話し手を中心とした聞き手・空間・時間などにかかわる言語表現。

㋑ 物理的な空間や時間のほか、談話の中でも使い分けがなされ、その様相が検討されてきた。

　　例「敬語」「行く・くる」「やりもらい表現」など

② 発話行為(Speech act)理論

㋐ 1960年代、J・L・オースティン(John Langshaw Austin)が発話行為(Speech act)理論で語用論の基礎を築く。

㋑「発話は単に陳述だけでなく、依頼・警告・約束など様々な行為を遂行するために用いられる」と主張した。

㋒ 発話を〈発話行為・発話内行為・発話媒介行為〉の三つに分けて分析。発話の遂行性、言語の力に注目した、言語行為の分析として有名である。

	説明	例「この部屋、ちょっと寒いね」
発話行為 (locutionary act)	文法的に適切な文を構成する行為	「この部屋、ちょっと寒い」という文法的に適切な文を構成する発話行為
発話内行為 (illocutionary act)	発話において、発話行為とは別に遂行される行為	「寒いから暖房を入れてくれ」と依頼するという発話内行為
発話媒介行為 (perlocutionary act)	発話によって、相手の感情や行動に影響を与える行為	「寒いから暖房を入れてくれ」と頼まれてストーブを点けるといった発話媒介行為

㋓ オースティンの後継者、J・R・サール(John Rogers Searle)は、言語行為を分類し、それぞれが成立する条件(適切性条件)を検討した。例えば、「Can you open the window?」のように、字義的な言語行為(質問)とは異なる言語行為(依頼)を遂行する間接的言語行為(indirect speech act)に関して、その成立条件を論じた。

memo

③ **協調の原理(Cooperative principle)理論**

　㋐ ポール・グライス(Paul Grice)の理論。 `2012 기출`

　㋑ コミュニケーションを成功させるための会話の格率(maxim)を唱えた。

　　ⓐ 量(Quantity)の格率：求められているだけの情報を伝え、必要以上の情報を与えてはいけない。

　　ⓑ 質(Quality)の格率：偽(ぎ)であると信じていること、証拠を欠いていることを言ってはいけない。

　　ⓒ 関連性(Relation)の格率：関連のある発話のみをしなさい。

　　ⓓ 様態(Manner)の格率：曖昧な表現や多義的になる表現を避け、簡潔明瞭に話しなさい。

④ **関連性理論(Relevance theory)**

　㋐ スペルベル&ウィルソン(Sperber & Wilson)の理論。

　㋑ グライスの理論を継承し、関連性について研究。最適な関連性とは、できるだけ少ない労力で最大の情報が得られることだと主張した。

⑤ **ポライトネス理論(Politeness theory)**

　㋐ ブラウン&レビンソン(Brown&Levinson)の唱えた、コミュニケーションにおける対人配慮に関する理論。

　㋑ 「フェイス」(face)という概念を使ってポライトネス理論を展開した。

　　▶ 「フェイス」：人間一人ひとりが主張したい社会的な自己イメージ(基本的要求)のことで、積極的フェイス(positive face)と消極的フェイス(negative face)がある。

　㋒ 依頼・批判のような、フェイスを脅かす言動(＝Face Threatening Act(FTA))においては言語形式や内容に配慮がなされるが、それには世界の諸言語に普遍的な特徴があると主張した。氏によると、FTAを口にするときは、その脅威に対処するための様々な戦略(ストラテジー)が用いられる。最近の日本語学では、尊敬語、謙譲語、丁寧語などの敬語においてポライトネス理論における位置づけも議論されている。

● 格率は公理と訳されることもある。また、グライスは、発話者が聞き手に伝えようとした意図を「発話の含意」と呼んでいる。この四つの格率に違反している発話を聞いたら、話し手の発話の含意が文字通りの意味とは別のところにあることが分かる。

● ポライトネスは相手との関係を保つための配慮であり、敬意表現の一つである。

(3) 語用論の一分野としての待遇表現

① **待遇表現**

　㋐「待遇表現」とは

　　ⓐ 人間関係や場面に対する話し手の気遣いによる表現。

　　ⓑ「話し手がその場の人間関係や場所柄・状況などについての気配りを土台にして選ぶ色々な表現、つまり、敬語も含むもっと広い範囲の言葉選びの事実、およびそこで選ばれる具体的な言語表現を総称した言い方。〔文化庁1996〕

　㋑「待遇表現」と敬語

　　ⓐ 尊敬語や謙譲語、丁寧語などの敬語は「敬語表現」の一つであり、敬語表現は「待遇表現」の中に含まれる。

　　ⓑ 文化庁では、敬語表現の働きについて、次の六つが示されている。

　　　❶ 相手との立場や役割の異同を示す。

　　　❷ 相手との関係が親しいか否かを示す。

　　　❸ 場面が改まっているか否かを示す。

　　　❹ 伝える内容の性格を示す。

　　　❺ 相手の気持ちや状況に応じて思いやりを示す。

　　　❻ 自分らしさを示す。

　　ⓒ 円滑なコミュニケーションのためには、上下親疎の人間関係及びその場の状況や雰囲気を認識し、どんな場面でどんな相手にどのような語を使うべきかを常に意識しながら適切な待遇表現を選択しないといけない。

② **非言語としての敬語表現**

　㋐ 音声や文字ではなく、表情・態度・動作、あるいは物品の授受などによって表現される敬語表現で、「敬語行動」とも言われる。コミュニケーションの観点からみて、言語としての敬語表現と密接な関係がある。

　㋑「敬語行動」の例

　　「お辞儀をする・会釈する」「にっこりとほほ笑む」「プレゼントを渡す」など。

　㋒「おはようございます」「ありがとうございます」のような敬語表現に伴って行われることが多く、敬語表現と敬語行動が不一致するとコミュニケーション上の問題になる。

　　例「笑顔で弔辞を読む。」

　㋓ 日本語教育において「自分と相手」、「話題」、「人間関係」や「場」の状況を認識し、適切な題材と内容を選択して適切な敬語を用いることで正しい談話を構成する、一連の「敬語表現」の教育はたいへん重要なことである。

2 敬語 〔1998 기출〕〔2002 기출〕〔2003 기출〕〔2009 기출〕〔2010 기출〕〔2011 기출〕〔2018.A 기출〕

(1) 敬語の分類のしかた

① 「3分類」：尊敬語・謙譲語・丁寧語

② 「5分類」：尊敬語・謙譲語・丁寧語・丁重語・美化語

5分類			3分類
敬語	素材敬語	尊敬語	尊敬語
		謙譲語	謙譲語
	対者敬語	丁重語	
		丁寧語	丁寧語
敬語に準じるもの		美化語	

③ 文化庁の分類(2007)

5分類		3分類
尊敬語	「いらっしゃる・おっしゃる」型	尊敬語
	相手側又は第三者の行為・ものごと・状態などについて、その人物を立てて述べるもの	
謙譲語Ⅰ	「伺う・申し上げる」型	謙譲語
	自分側から相手側又は第三者に向かう行為・ものごとなどについて、その向かう先の人物を立てて述べるもの	
謙譲語Ⅱ（丁重語）	「参る・申す」型	
	自分側の行為・ものごとなどを、話や文章の相手に対して丁重に述べるもの	
丁寧語	「です・ます」型	丁寧語
	話や文章の相手に対して丁寧に述べるもの	
美化語	「お酒・お料理」型	
	ものごとを、美化して述べるもの	

(2) **素材敬語と対者敬語** 2008 기출 2019.A 기출

① 敬語は敬意を表す対象によって、大きく素材敬語と対者敬語の二つに分かれる。

　㋑ 素材敬語：話題の人物(話の素材となる人物)・もの・事柄に関する敬語

　　例 尊敬語、謙譲語

　㋺ 対者敬語：聞き手に対する敬語

　　例 デス・マス体

②「5分類」では、対者敬語は、丁重語と丁寧語に分けられる(丁重語は謙譲語Ⅱと呼ばれる)。

話題の人物と聞き手が異なる場合

1. 尊敬語・謙譲語は素材敬語なので、聞き手が誰であるかとは関係ない(話題の人物と関係あり)。

　例 先生はもうお帰りになったの？ … 話題の人物「先生」に対する敬意のみ。

　　先生はもうお帰りになりましたか。… 話題の人物「先生」に対する敬意と共に聞き手に対する敬意も表現されている。

2. 聞き手が敬語を使う必要のない人である場合には尊敬語・謙譲語は省かれる傾向がある。

　例 きのう先生の研究室に伺ったよ。→ きのう先生の研究室に行ったよ。

　　　… 聞き手が親しい友達なので、先生を立てるための謙譲語を省略している。

---

(3) **尊敬語** 2002 기출 2012 기출

① 主語の動作・状態を直接高める表現。相手または話題の人物への敬意を表したり、その人物の所有物や動作・状況などを高める表現。

② **動詞の尊敬語**

　㋑ 特別な形：いらっしゃる、召し上がる、おっしゃる、ご覧になる、なさる など

　㋺【お+動詞のマス形＋になる】

　　例 待つ → お待ちになる　教える → お教えになる

　　▶ マス形が1音節の動詞(見る、着るなど)は除外。2音節以上でも、特定の形がある動詞はあまり使わない。

　㋩ 動詞のナイ形+れる・られる

　　例 待たれる　教えられる

memo

ⓔ いろいろな尊敬語表現の例

お(ご)〜になる 〜(ら)れる お(ご)〜なさる お(ご)〜です お(ご)〜くださる お(ご)〜ください(ますか・ませんか)	社長がお呼びになっています。 田中先生はきのう韓国に来られました。 来週会長がこちらにご訪問なさる予定です。 社長がお呼びです。 ご検討くださるようにお願いいたします。 この鉛筆でお書きください(ますか・ませんか)。

③ **名詞の尊敬語**：お時間　お電話　お名前　お宅　お仕事　お部屋　お食事　お留守
お手紙 など / ご住所　ご両親　ご兄弟　ご家族　ご意見　ご協力 など

④ **形容詞の尊敬語**：お忙しい　お元気　お暇　お寂しい　お早い / ご多忙　ご心配
ご不満　ご満足 など

(4) **謙譲語**　1998 기출　2004 기출　2025.A 기출

① 自分や主語の動作・状態を低め、間接的に他人を高める表現。動作の主体を低める
ことにより、相対的に動作の受け手に対する敬意を表現する。

　例 私はゆうべ社長を車でお送りしました。… 動作の受け手である「社長」に対する敬
　　　意を表す。

② 動作の受け手が存在しない動作に謙譲語を用いることはない。

　例 ＊昨日図書館に伺った。

　cf. 昨日先生の研究室に伺った。…「先生」に対する敬意を表す

○「いただく」：「食べる・飲む」の意味では丁重語(謙譲語Ⅱ)、「もらう」の意味では謙譲語(謙譲語Ⅰ)。

③ **動詞の謙譲語**(「5分類」を基準に)

　㋑ 特別な形：伺う　申し上げる　拝見する　さしあげる　存じ上げる など

　　cf.「参る、申す、おる、いただく、いたす」は5分類では丁重語(謙譲語Ⅱ)に当たる。

　㋺【お＋動詞のマス形＋する】　例 お待ちする　お教えする

　　【ご＋動詞のマス形＋する】(漢語動詞)　例 ご案内する

　㋩ いろいろな謙譲語表現の例

お(ご)〜する/いたす お(ご)〜申し上げる お(ご)〜いただく お(ご)〜いただきたい お(ご)〜いただけ{ます/ません}か	お荷物をお持ちいたします。 深くお詫び申し上げます。 ご指摘いただきました。 話をお聞かせいただきたい。 お待ちいただけ{ます/ません}か。

④ **名詞の謙譲語**：お電話　お話　ご相談　ご連絡　ご案内など

(5) 丁重語（謙譲語Ⅱ） 2022,A 기출

① 動作の主体を低めることにより聞き手に対する敬意を表す表現。

② 「3分類」では、丁重語は謙譲語に含められている。

  例 私はただ今自宅に<u>おります</u>。…「おる」：「3分類」では謙譲語、「5分類」では丁重語
    先日仕事で東京に<u>参りました</u>。…「参る」：「3分類」では謙譲語、「5分類」では丁重語

③ 動詞の丁重語

  ㋑ 特別な形：参る　申す　いたす　おる　存じる　など

  ㋺【～いたす】：例 報告いたす　出発いたす　連絡いたす　など

④ 名詞の丁重語：拙著　小社　弊社　粗茶　など

「おる」「参る」は謙譲語、丁重語？

例 今私は自宅にいます（おります）。これから会社に行きます（参ります）。

1. 「自宅にいる」状態と「会社に行く」という動作は、受け手が存在しない。敬意の対象に
   なっているのは聞き手のみになる。

2. したがって、上の例における「おる」「参る」は謙譲語ではなく、対者敬語の丁重語（謙
   譲語Ⅱ）として分類できる。

▶「参る」と「伺う」

  a. 先日仕事で大阪に{〇参りました/＊伺いました}。（→ 丁重語：動作の受け手なし）

  b. 先日先生のお宅に{参りました/<u>伺いました</u>}。（→ 謙譲語：動作の受け手あり）

▶「申す」と「申し上げる」

  a. 私は山田太郎と{〇申します/＊申し上げます}。（→ 丁重語：動作の受け手なし）

  b. 皆様にお礼を{申します/<u>申し上げます</u>}。（→ 謙譲語：動作の受け手あり）

  ⇒ 動作の受け手が存在しない場合、謙譲語「伺う・申し上げる」は使えない。

memo

◆ 文化庁（2007）では、謙譲
  語Ⅱの特定形の主な例
  として、次のような言葉
  をあげている。
  ・参る（←行く・来る）
  ・申す（←言う）
  ・いたす（←する）
  ・おる（←いる）
  ・存じる（←知る・思う）

memo

○ 「でございます」も丁寧語。

(6) 丁寧語

① 丁寧な言葉づかいで聞き手への敬意を表す表現なので対者敬語の一つ。

② 文末の「です・ます」のような丁寧な形(「デス・マス体」)が代表的。

例 先生がいらっしゃったから、お茶を<u>お出しした</u>よ。… 話題の人物、「先生」に対する敬意のみを表現

先生がいらっしゃったから、お茶を<u>お出しし</u>ましたよ。… 話題の人物に対する敬意と共に聞き手への敬意も表現

(7) 美化語 2001 기출

① 上品で美しい言葉遣いにするために使われる表現で、準敬語とも言う。特に女性のほうで頻繁に使われる。

例 お花　お酒　お茶　お金　お菓子　お野菜　お勉強　お天気　おすし　お店
お食事　お手洗い　お安い　お寒い　ごはん …

②「3分類」では、名詞に「お」がついた形は、丁寧語に含まれるが、文末の「です・ます」とは性質が異なる。

▶ 独り言でも言えるなど、聞き手への敬意を表すために使われるものではない。

③ 厳密には素材敬語でも対者敬語でもないが、日本語教育では敬語に準じるものとして扱われている。

例 [独り言で] <u>お菓子</u>でも買いに行こうかな。<u>お茶</u>でも入れようかしら。

[客に] <u>お茶</u>をお入れしましたので、どうぞ。

(8) 接頭辞「オ・ゴ」の使用

① 原則として和語には「オ」が、漢語には「ゴ」が付くが、「お天気、お食事」など、例外もある。

和語	お所　お心づかい　お考え　お招き　お知らせ　お勤め　お尋ね お望み　お着き　お力添え　お許し　お答え　お湯　お鍋　お皿 お箸　お忙しい　お暑い　お高い	
漢語	音読するもの	ご住所　ご配慮　ご意見　ご招待　ご通知　ご勤務　ご職業 ご質問　ご希望　ご到着　ご協力　ご許可　ご回答　ご利用 ご着席　ご都合
	日常的に使う語	お宅　お茶　お盆　お肉　お料理　お弁当　お菓子　お食事 お洋服　お布団　お電話　お時間　お風呂　お世話　お勉強

② 単語によっていくつかの段階がみられる。

「お/ご」を付けるのが普通のもの	男女差・個人差があるもの	普通は付けないもの	絶対付けないもの
お茶　ご祝儀	お米　お花	おジュース　お机	教科書　パソコン

③ 聞き手や目上の人などの行為および、関連した物事に「オ・ゴ」を付けて敬意を表す。

　　例 お帰り　お考え　お話　お仕事　お便り　お時間　お若い　お美しい

　　　ご家族　ご意見　ご研究　ご病気

④ 謙譲語としても使う。

　　例 お電話する　お礼申し上げる　お願いする　お祝いする

　　　ご報告する　ご案内する　ご連絡する

⑤ 「オ・ゴ」を付けると意味が変わったり、なくなるものがある。

　　例 おかず　おにぎり　おなか　おかげ　おまけ　ごはん

⑥ 「オ・ゴ」を付けない場合

　　㋑ 外来語(ただし、美化語として付ける場合もある)

　　㋺ 音節数が多くて長い単語

　　　例 ＊おこうもり傘　＊おじゃがいも　＊おほうれんそう

　　㋩ 「お」で始まる単語

　　　例 ＊お美味しい

　　㋥ 自然現象

　　　例 ＊お雨　お雪

　　㋭ 公共施設など

　　　例 ＊お/ご学校　＊お/ご駅　＊お/ご会社

　　㋬ 意味的に品のない単語、軽蔑の意味を含んでいる単語

　　　例 ＊おまぬけ　＊おくず　＊おゴミ

3 敬語使用の実際

(1) 二重敬語　2007 기출

① 一つの語について同じ種類の敬語を二重に使ったもの。

　例「お読みになられる」:「読む」→「お読みになる」[尊敬語]→「〜れる」[尊敬語]

② 二重敬語の使用は適切ではないとされているが、語によっては習慣として定着しているものもある。

　例 [尊敬語] お召し上がりになる　お見えになる

　　[謙譲語] お伺いする　お伺いいたす　お伺い申し上げる

(2) 敬語連結

① 二つ以上の語をそれぞれ敬語にして、接続助詞「て」でつなげることを「敬語連結」と言う。

　例「お読みになっていらっしゃる」

　　読んでいる:{読む→お読みになる}+{いる→いらっしゃる}

② 敬語連結は、意味的な不合理のないものは基本的に許容されるが、不適切なものもある。

　㋐ 許容される敬語連結の例:「お読みになっていらっしゃる」「お読みになってください」「お読みになっていただく」など

　㋑ 不適切な敬語連結の例

　　ⓐ ?「先生のところに伺ってくださる/伺っていただく」

　　　?「隣の窓口で伺ってください」

　　　→ 謙譲語「伺う」の使用が不適切であるため、「伺ってくださる・伺っていただく」全体も不適切な表現になる。

　※ ただし、第三者の行為を述べる場合は適切な敬語になることもある。

　例「林さんが先生のところに伺ってくださいました。」

　　「林さんに先生のところに伺っていただきました。」

　　「鈴木さん、すみませんが、先生のところに伺ってくださいませんか。」

　　→ 林さん・鈴木さんの行為に「伺う」を用いることで<向かう先>の「先生」を立て、また「くださる」「いただく」を使って「林さん」や「鈴木さん」を立てている。「先生」に比べて「林さん」や「鈴木さん」が「別に立てなくても失礼に当たらない人物」であればこの敬語の使用は適切なものになる。

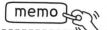

ⓑ ?「先生が私をご案内してくださる」

　→ 先生の行為「案内する」を謙譲語「ご案内する」で述べることで「私」を立てることになってしまい、結果として「ご案内してくださる」全体が不適切な表現になる。（「ご案内していただく」も同じ）

　※ ただし、この場合についても第三者の行為を述べる場合は適切な敬語になることもある。

　　例「林さんが先生をご案内してくださいました。」

　　　「林さんに先生をご案内していただきました。」

　　　「鈴木さん、すみませんが、先生をご案内してくださいませんか。」

敬語の使用と「ウチ・ソト」 2022.A 기출

言葉の使い分けには様々な社会的な要因がある。敬語の使用においては、「上下関係」や「親疎関係」などを考慮しないといけないが、日本語では話題の人物が目上の人でも尊敬語を使わないことがある。

日本語の敬語においては「上下関係」より「ウチ・ソト」の概念が優先される。「ウチ」は話し手だけでなく話し手の身内まで含む概念である。「ソト」は「ウチ」と対立する概念であるが、日本語では敬語を使うとき、「ソトに対してウチのものを高めてはならない」というルールがある。このように、話し手と話題の人物の関係だけでなく、話題の人物がウチかソトかによってその使用が決まる敬語を「相対敬語」という。一方、韓国語の素材敬語では話し手と話題の人物との関係だけで敬語の使用が決まるが、このような敬語は「絶対敬語」という。

6　전공일본어

memo

4　いろいろな待遇表現

(1) 人称代名詞

普通の言葉	改まった言葉
わたし・あたし・ぼく・おれ	わたくし
わたしたち	わたくしども
あなた・きみ・おまえ	あなた(さま)・おたく(さま)
この人	この方・こちらの方
この人たち	この方々・こちらの方々
先生たち	先生方

(2) 「うち」と「ソト」に関する待遇表現　2009 기출　2017.A 기출

「内」	「外」	「内」	「外」
家族	ご家族	おば	おばさん
父・おやじ	お父さん/さま	いとこ	おいとこさん
母・おふくろ	お母さん/さま	孫(まご)	お孫さん
夫・旦那(だんな)	ご主人(さま)	この人	この方
妻・家内・女房	奥さん/さま	みんな	みなさん・皆様(みなさま)
祖父	おじいさん/さま	会社のもの	会社の方
祖母	おばあさん/さま	藤原	藤原さん・藤原様
子供	お子さん/さま	社長の酒井	酒井社長
息子	息子さん/さま	教師	先生
娘	娘さん・お嬢さん/さま	医者	お医者さん
兄弟	ご兄弟	教授の山田	山田教授
兄	お兄さん/さま	名前	ご芳名
姉	お姉さん/さま	拙著(せっちょ)	高著
弟	弟さん/さま	弊社(へいしゃ)	貴社・御社(おんしゃ)
妹	妹さん/さま	粗茶(そちゃ)	ご馳走
親類	ご親戚	粗餐(そさん)	ご馳走
おじ	おじさん/さま	意見	ご意見

(3) 日時と時間に関する待遇表現

普通の言葉	改まった言葉	普通の言葉	改まった言葉
今日・きのう	本日・昨日(さくじつ)	おととし	一昨年(いっさくねん)
あした	明日(みょうにち)	ゆうべ	昨夜(さくや)
おととい	一昨日(いっさくじつ)	けさ	今朝(こんちょう)
あさって	明後日(みょうごにち)	あしたの朝	明朝(みょうちょう)
次の日・次の次の日	翌日(よくじつ)・翌々日	今	ただいま
去年	昨年	このあいだ	先日(せんじつ)
さっき・後で	先ほど・後(のち)ほど	これから	今後

(4) 副詞と形容詞の待遇表現

普通の言葉	改まった言葉	普通の言葉	改まった言葉
すごく・とても	大変・非常に	とても〜ない	到底(とうてい)〜ない
ちょっと・すこし	少々	どう	いかが
早く	お早めに	いくら	如何(いか)に
本当に	誠(まこと)に	いい	よろしい
すぐ	早速・早急に・至急	ぜんぜん	全(まった)く・一向(いっこう)に
ゆっくり	ごゆっくり	いちばん	最(もっと)も

5 敬語動詞一覧 2000 기출 2001 기출 2005 기출 2010 기출

普通語	尊敬語	謙譲語
する	なさる	いたす(謙譲語Ⅱ)
来る	いらっしゃる おいでになる 見える お見えになる お越しになる	まいる(謙譲語Ⅱ) (目上の所へ)伺う 上がる
行く	いらっしゃる おいでになる	まいる(謙譲語Ⅱ) (目上の所へ)伺う 上がる
〜てくる/〜ていく	〜ていらっしゃる	〜てまいる(謙譲語Ⅱ) (目上の所へ)〜て上がる
持ってくる/いく	持っていらっしゃる	持ってまいる(謙譲語Ⅱ) (目上の所へ)持って上がる ご持参する
いる	いらっしゃる おいでになる	おる(謙譲語Ⅱ)
〜ている	〜ていらっしゃる	〜ておる(謙譲語Ⅱ)
訪ねる/訪問する	―	伺う 上がる
言う	おっしゃる	申す(謙譲語Ⅱ) 申し上げる
思う 知る	思(おぼ)し召(め)す	存じる(謙譲語Ⅱ)
知っている	ご存じだ	存じて(いる・おる)(謙譲語Ⅱ) 存じ上げて(いる・おる)
食べる/飲む	あがる 召し上がる	いただく(謙譲語Ⅱ)
着る	召(め)す お召しになる	―
風邪を引く	(お)風邪を召す	―
年を取る	お年を召す	―
気に入る	お気に召す	―
聞く	(〜が)お耳に入る	(目上の話を)伺う/承(うけたまわ)る 拝聴(はいちょう)する
会う	―	お目にかかる

見せる	—	お目にかける ご覧に入れる
見る 〜てみる	ご覧になる 〜てごらんになる	拝見(はいけん)する
借りる	—	拝借(はいしゃく)する
やる/あげる (〜てやる/〜てあげる)	—	あげる　差し上げる (〜て差し上げる)
もらう (〜てもらう)	—	いただく ちょうだいする 賜(たまわ)る (〜ていただく)
くれる (〜てくれる)	下さる (〜てくださる)	—
分かる　引き受ける	—	承知(しょうち)する　かしこまる

부록

日本地図・行政区域と県庁所在地

北海道

北海道地方

青森

秋田　岩手

山形　宮城

東北地方

中部地方

福島

新潟

富山　栃木

石川　群馬　茨城

中国地方　福井　長野　埼玉

鳥取　岐阜　山梨　東京

島根　岡山　兵庫　京都　滋賀　愛知　静岡　神奈川　千葉

広島　大阪　三重

山口　香川　奈良　　関東地方

福岡　愛媛　徳島　和歌山

佐賀　大分　高知　近畿地方

長崎　熊本

宮崎

鹿児島　四国地方

沖縄

九州地方　　　　　　　　沖縄

行政区域と県庁所在地

北海道地方	ほっかいどう　さっぽろし 北海道〔札幌市〕			
東北地方	あおもり　あおもりし 青森県〔青森市〕 やまがた　やまがたし 山形県〔山形市〕	あきた　あきたし 秋田県〔秋田市〕 みやぎ　せんだいし 宮城県〔仙台市〕	いわて　もりおかし 岩手県〔盛岡市〕 ふくしま　ふくしまし 福島県〔福島市〕	
関東地方	とうきょう と 東京都〔東京(新宿区)〕 いばらき　み とし 茨城県〔水戸市〕 さいたま　　　し 埼玉県〔さいたま市〕	とちぎ　うつのみやし 栃木県〔宇都宮市〕 ち ば　ちばし 千葉県〔千葉市〕	ぐんま　まえばしし 群馬県〔前橋市〕 か ながわ　よこはまし 神奈川県〔横浜市〕	
中部地方	ながの　ながのし 長野県〔長野市〕 いしかわ　かなざわし 石川県〔金沢市〕 しずおか　しずおかし 静岡県〔静岡市〕	にいがた　にいがたし 新潟県〔新潟市〕 ふくい　ふくいし 福井県〔福井市〕 やまなし　こうふし 山梨県〔甲府市〕	とやま　とやまし 富山県〔富山市〕 ぎ ふ　ぎふし 岐阜県〔岐阜市〕	あいち　なごやし 愛知県〔名古屋市〕
近畿地方	きょうと ふ　きょうとし 京都府〔京都市〕 み え　つし 三重県〔津市〕 し が　おおつし 滋賀県〔大津市〕	おおさかふ　おおさかし 大阪府〔大阪市〕 なら　ならし 奈良県〔奈良市〕 ひょうご　こうべし 兵庫県〔神戸市〕	わかやま　わかやまし 和歌山県〔和歌山市〕	
中国地方	とっとり　とっとりし 鳥取県〔鳥取市〕 ひろしま　ひろしまし 広島県〔広島市〕	しまね　まつえし 島根県〔松江市〕 やまぐち　やまぐちし 山口県〔山口市〕	おかやま　おかやまし 岡山県〔岡山市〕	
四国地方	とくしま　とくしまし 徳島県〔徳島市〕 こうち　こうちし 高知県〔高知市〕	か がわ　たかまつし 香川県〔高松市〕 え ひめ　まつやまし 愛媛県〔松山市〕		
九州地方	ふくおか　ふくおかし 福岡県〔福岡市〕 か ごしま　か ごしまし 鹿児島県〔鹿児島市〕 さ が　さがし 佐賀県〔佐賀市〕	おおいた　おおいたし 大分県〔大分市〕 くまもと　くまもとし 熊本県〔熊本市〕 おきなわ　なはし 沖縄県〔那覇市〕	みやざき　みやざきし 宮崎県〔宮崎市〕 ながさき　ながさきし 長崎県〔長崎市〕	

2022改定教育課程(槪要)

2022 개정 교육과정 제2외국어 교과의 특징

① [2015 개정 교육과정]에서는 언어 기능마다 딸려 있었던 〈언어 문화〉를 별도로 독립 설정

② 학습 요소 중에서 의사소통 기본 표현의 카테고리를 단순화

　예 [2015 개정 교육과정] 인사/소개/배려 및 태도 전달/정보 요구/행위 요구/대화 진행/언어 문화

　　 [2022 개정 교육과정] 인사 · 소개/배려 · 의사 전달/정보 교환/행위 요구/대화 진행

③ 일원화되어 있었던 내용 체계를 듣기/말하기/읽기/쓰기/문화의 5영역으로 나누어 각각 제시

④ 「내용 체계」는 "핵심 아이디어"를 중심으로 각 영역별로 〈지식 · 이해, 과정 · 기능, 가치 · 태도〉의 3범
주로 구성

　(注) 핵심 아이디어: 학습자가 교과 내용을 실제 생활과의 연관성 하에 범교과적으로 학습 내용을 연결
하여 새롭게 창출할 때 출발점이 되는 아이디어

1. 제2외국어 교과의 3가지 역량

① コミュニケーション能力(의사소통 역량)

② 相互文化理解能力(상호문화 이해 역량)

③ デジタル基盤IT活用能力(디지털 기반 정보 활용 역량)

　cf. 이는 2022 개정 교육과정 총론에서 제시한 6개의 핵심역량인 ① 自己管理 ② 知識情報処理

　③ 創造的思考 ④ 審美的感性 ⑤ 協力的疎通 ⑥ 共同体力量을 반영하여 설정한 것임.

2. 제2외국어 교과 각 과목의 총괄 목표

① 世界各地域の多様な言語と文化を、相互文化的観点から理解する。

② 生活の中で接する様々なテーマ · 主題について、協力的に意見を交わすコミュニケーション能力を培う。

3. 제2외국어 교과 각 과목의 세부 목표

① 学習者が関心と興味を持つテーマ · 主題について、多様なメディアと資料を通して深く探求し、生徒の
自己主導的な学習を促進できるようにする。

② 環境教育や持続可能な発展に関する教育および生態転換教育など、融合的な観点から教科の学習
テーマ · 主題を設定する。

③ 異文化に対する包容的な見方と協力的な共同体意識を教科の内容体系に盛り込むことで、第2外国語学習を通してグローバルな諸問題について互いに意見を協力的に交換し合いながら問題を解決していける共同体力量を育てられるように指導する。

4. 제2외국어 교육과정의 체제

(1) 성격

　① 디지털 혁신을 바탕으로 한 21세기의 특징

　② 외국어 교육의 필요성과 중요성, 그리고 해당 과목의 특성

(2) 목표: 제2외국어 학습을 통해 함양하고자 하는 능력

(3) 내용 체계

　(가) 언어

　　① 언어 재료(발음 및 철자, 어휘, 문법, 의사소통 표현)에 대한 규정 및 수준의 정도를 총괄적으로 제시

　　② 듣기, 말하기, 읽기, 쓰기의 언어 4기능과 문화로, 총 5개 영역으로 구성

　　③ 상황에 따라 언어 4기능을 자유롭게 조합하여 활용

　　④ 외국어 회화 영역은 듣기와 말하기 능력을 초점화하여 구성

　(나) 문화

　　① 상호문화 이해 역량을 강조

　　② 한국어도 활용할 수 있게 하여 공동체 의식 및 포용적으로 소통하는 태도를 함양

　　③ 외국어 문화 영역은 해당 언어(권) 문화를 상호문화적 관점에서 폭넓게 이해

　(다) 성취 기준

　　① 학생들이 할 수 있어야 하거나 할 수 있기를 기대하는 결과나 도달점으로 진술

　　② '내용 체계'의 내용 요소와 연계성을 고려하여 세 가지 범주 중 두 가지 이상의 범주를 결합하여 영역 성취기준을 마련

　(라) 교수 · 학습 및 평가의 방향

　　교과 역량을 달성하기 위한 구체적인 방향과 방법을 제시

　(마) 성취기준 해설

　　학교 현장에서 성취기준이 잘 구현될 수 있도록 설명

　(바) 성취기준 적용 시의 고려 사항

5. 제2외국어과 핵심 아이디어

(1) 내용 체계 표에 제시된 구체적인 내용을 학습해야 하는 이유 및 학습의 근거나 방향성을 지시

(2) 내용 체계의 세 가지 범주, ① **지식 · 이해**, ② **과정 · 기능**, ③ **가치 · 태도**의 측면을 포괄하는 수준에서 영역별로 2~3개 내외의 문장으로 기술

知識 · 理解	• 음성 · 음운 측면 • 문장 단위를 고려한 통사적인 측면 • 포괄적인 의사소통 단위를 고려한 의사소통 측면(【의사소통 기본 표현】 참조)
過程 · 技能	• 외국어 학습을 위한 지식의 이해와 적용을 가능하게 하며, 외국어 학습의 결과로 학생들이 교과 내용으로 수행할 수 있는 구체적인 능력을 포함하여 제시
價値 · 態度	• 언어의 4기능과 문화를 학습 과정에서 습득하게 되는 교과 내용과 관련된 태도나 해당 영역의 학습을 통해 학생들이 내면화할 수 있는 가치나 태도를 기술

6. 「생활 일본어」 과목의 내용 체계

> ※ 내용 체계는 아래 제시된 '언어 재료'를 기반으로 한다.
>
> ※ 문법은 일본에서 간행된 '日本語文法事典(日本語文法学会編)', '新版日本語教育事典(日本語教育学会編)', '現代日本語文法(日本語記述文法研究会編)' 등의 내용을 참고한다.
>
> • 발음 및 문자: 일본어 표준 발음과 일본의 현대가나표기법(現代かなづかい) 등을 따른다.
>
> • 어휘: 고등학교 보통 교과 일본어과 교육과정의 [별표 I]에 제시된 기본 어휘를 중심으로 200개 내외의 낱말을 사용하도록 권장한다. (참고로 2015 개정 교육과정에서는 250개)
>
> • 문법: 「생활 일본어」 교육과정에 제시된 【의사소통 기본 표현】의 문법 내용을 참고한다.
>
> • 의사소통 표현: 「생활 일본어」 교육과정에 제시된 【의사소통 기본 표현】을 중심으로 다룬다.

(1) 聴く

核心アイデア	• 音声的特徴に気をつけながら文を聴き、ことばを識別したり意味を把握することが基本である。 • 相手の話に共感しながら耳を傾ける態度は円滑なコミュニケーションにつながる。	
範疇 \ 区分		内容要素
知識 · 理解		• 音声的特徴 (清音 · 濁音, 長音 · 短音, 拗音, 拍(モーラ)など) • ことば (基本的意味) • 簡単で易しい句 (ことばの結合関係) • 簡単で易しい文

	・あいさつ・**紹介**（出会い・別れ, 外出・帰宅, 訪問, 食事, お祝い, 自己紹介, 他人の紹介, 家族の紹介など） ・**配慮**・**意思伝達**（感謝, 謝り, 称賛, 激励・慰労, 断り・遠慮, 謙遜, 残念, 承諾・同意など） ・**情報の交換**（存在・場所, 時間・とき, 選択, 趣味・**関心**, 確認など） ・行為要求（勧誘, 警告など） ・談話進行（言いよどみ, 相づち, **感嘆**, 声かけなど）
過程・技能	・**発音を聴いて文字やことばを識別する** ・ことば・**句**・**文を聴いて意味を理解する** ・適切に反応する ・キーワードや大意を把握する
価値・態度	・**内容に興味を持ち、積極的に参加する**態度 ・**相手の話に対する尊重と耳を傾ける**態度 ・**多様な観点と意見に共感して受け入れる態度**

(2) 話す

範疇 \ 区分	核心アイデア	・明確な意思伝達のためには音声的な特徴に気をつけて話すことが重要である。 ・基礎的な表現を状況に応じて話すことは円滑なコミュニケーションにつながる。

範疇　　区分	内容要素
知識・理解	・音声的特徴（清音・濁音, 長音・短音, 拗音, 拍(モーラ)など） ・ことば（基本的意味） ・簡単で易しい句（ことばの結合関係） ・簡単で易しい文 ・**あいさつ**・**紹介**（出会い・別れ, 外出・帰宅, 訪問, 食事, お祝い, 自己紹介, 他人の紹介, 家族の紹介など） ・**配慮**・**意思伝達**（感謝, 謝り, 称賛, 激励・慰労, 断り・遠慮, 謙遜, 残念, 承諾・同意など） ・**情報の交換**（存在・場所, 時間・とき, 選択, 趣味・**関心**, 確認など） ・行為要求（勧誘, 警告など） ・談話進行（言いよどみ, 相づち, **感嘆**, 声かけなど）
過程・技能	・音声的特徴に気をつけながら話す ・**描写したり説明する** ・状況に応じて話す
価値・態度	・**相手に配慮し尊重し合う態度** ・他人と相互作用するとき、**協力し合いながら意思疎通をする態度** ・**積極的に話す態度**

(3) 読む

範疇＼区分	核心アイデア	・簡単で易しい資料を音声的特徴に気をつけながら音読することは**自然な発話**に役立つ。 ・簡単で易しい資料を読んでキーワードや内容を把握することは**文章読解力を育てる**上で基本になる。

範疇＼区分	内容要素
知識・理解	・ひらがな, カタカナ ・音声的特徴 (清音・濁音, 長音・短音, 拗音, 拍(モーラ)など) ・ことば (基本的意味) ・簡単で易しい句 (ことばの結合関係) ・簡単で易しい文 ・簡単で易しい会話文 ・簡単で易しいテキスト (携帯のメール, 電子メール, SNS, 招待状, メモ, ポスター, 看板, 標示板, まんが, 日記, お知らせ, 広告文など)
過程・技能	・声を出して音読する ・**ことば・句・文の意味を理解する** ・会話, 文章, **デジタルテキストの情報**を把握する
価値・態度	・読解資料に対する**興味** ・**多様な観点と意見に共感して受け入れる態度**

(4) 書く

核心アイデア	・**語法に合わせてことば・句・文を書くことは作文の基本である。** ・**状況と目的に応じて文章を書くことは正確なコミュニケーションのために必要である。**

範疇＼区分	内容要素
知識・理解	・ひらがな, カタカナ ・現代仮名遣い ・現代日本語文法 ・ことば (基本的意味) ・簡単で易しい句 (ことばの結合関係) ・簡単で易しい文 ・簡単で易しい会話文 ・簡単で易しいテキスト (携帯のメール, 電子メール, SNS, 招待状, メモ, ポスター, 看板, 標示板, まんが, 日記, お知らせ, 広告文など)

過程・技能	・**表記法**に従って書く ・**語法**に合う文を書く ・**状況と目的**に応じて書く
価値・態度	・作文に対する**興味と自信**

(5) 文化

核心アイデア	・日本文化に対する理解は、円滑なコミュニケーションの基本になるもので、文化的感受性を育てるためのベースになる。 ・相互文化的観点に基づいて日本文化を理解することは、日本を理解し日本と交流する上で役に立つ。

範疇＼区分	内容要素
知識・理解	・言語文化（呼称の仕方, 表現的特徴など） ・非言語文化（身振り, 手振りなど） ・日本の簡略な概観（行政区域, 地理, 人口など） ・日常生活文化（家庭生活, 学校生活, 交通, 衣食住, 年中行事, 祭, スポーツ, 幸運・祈願, 環境など） ・大衆文化（歌, まんが, アニメーション, ドラマ, 映画など）
過程・技能	・文化の内容を理解する ・文化の内容を調査・整理して**報告書をまとめる** ・**文化の内容を意思疎通の状況に活用**する ・**韓国と日本の文化の共通点と違いについてオンライン・オフラインで意見を共有**する
価値・態度	・日本文化に対する**好奇心** ・日本文化の多様性に対する**認識と包容** ・相互文化的観点を認知

7. 선택 중심 교육과정 중 「일본어」 과목의 내용 체계

> ※ 내용 체계는 아래 제시된 '언어 재료'를 기반으로 한다.
>
> ※ 문법은 일본에서 간행된 '日本語文法事典(日本語文法学会編)', '新版日本語教育事典(日本語教育学会編)', '現代日本語文法(日本語記述文法研究会編)' 등의 내용을 참고한다.
>
> • 발음 및 문자: 일본어 표준 발음과 일본의 현대가나표기법(現代かなづかい) 등을 따른다.
>
> • 어휘: [별표Ⅰ]에 제시된 기본 어휘를 중심으로 450개 내외의 낱말을 사용하도록 권장한다. (참고로 2015 개정 교육과정에서는 500개)
>
> • 문법: [별표Ⅰ]에 제시된 문법 요소와 [별표Ⅱ]에 제시된 【의사소통 기본 표현】의 문법 내용을 참고한다.
>
> • 의사소통 표현: [별표Ⅱ]에 제시된 【의사소통 기본 표현】을 중심으로 다룬다.

(1) 聴く

範疇＼区分	内容要素
核心アイデア	・音声的特徴に気をつけながら文を聴き、ことばを識別したり意味を把握することが基本である。 ・文章や会話を聴いて内容を把握したり推論することは聴解力の向上に役立つ。 ・**相手の話に耳を傾けて共感する態度**は円滑なコミュニケーションのベースになる。
知識・理解	・音声的特徴 (清音・濁音, 長音・短音, 拗音, 拍(モーラ)など) ・ことば (基本的・派生的意味) ・簡単な句 (ことばの結合関係, 慣用的表現) ・簡単な文 ・**あいさつ・紹介** (出会い・別れ, 外出・帰宅, 訪問, 食事, 年末, 新年, お祝い, 自己紹介, 他人の紹介, 家族の紹介など) ・**配慮・意思伝達** (感謝, 謝り, 称賛, 激励・慰労, 断り・遠慮, 謙遜, 残念, 苦情, 承諾・同意, 希望・意志, 目的, 意見述べ, 訂正・否定など) ・**情報の交換** (存在・場所, 時間・とき, 選択, 比較, 方法・理由, 状態, 趣味・**関心**, 能力・可能, 経験, 確認, 案内, 推測, 伝言, 状況の説明など) ・行為要求 (**依頼・指示**, 禁止, 勧誘, 助言・提案, 許可, 警告など) ・談話進行 (言いよどみ, 相づち, **感嘆**, 声かけ, 聞き返し, 話題の**展開**・転換など)
過程・技能	・**発音を聴いて文字やことばを識別する** ・ことば・**句**・文の意味を理解する ・適切に反応する ・キーワードや大意を把握したり推論する ・**内容を把握する**

価値・態度	・**内容に興味を持ち、積極的に参加する**態度
	・相手の話に対する**尊重と耳を傾ける**態度
	・**多様な観点と意見に共感して受け入れる**態度

(2) 話す

核心アイデア	・明確な意思伝達のためには音声的な特徴に気をつけて話すことが重要である。
	・**多様な表現**を状況に応じて話すことはコミュニケーションにおいて重要な要素である。
	・言語文化をふまえて**相手に配慮**しながら話すことは円滑なコミュニケーションにつながる。

範疇　区分	内容要素
知識・理解	・音声的特徴 (清音・濁音, 長音・短音, 拗音, 拍(モーラ)など)
	・ことば (基本的・派生的意味)
	・簡単な句 (ことばの結合関係, 慣用的表現)
	・簡単な文
	・**あいさつ・紹介** (出会い・別れ, 外出・帰宅, 訪問, 食事, 年末, 新年, お祝い, 自己紹介, 他人の紹介, 家族の紹介など)
	・**配慮・意思伝達** (感謝, 謝り, 称賛, 激励・慰労, 断り・遠慮, 謙遜, 残念, 苦情, 承諾・同意, 希望・意志, 目的, 意見述べ, 訂正・否定など)
	・**情報の交換** (存在・場所, 時間・とき, 選択, 比較, **方法・理由**, 状態, 趣味・**関心**, 能力・可能, 経験, 確認, 案内, 推測, 伝言, 状況の説明など)
	・行為要求 (**依頼・指示**, 禁止, 勧誘, 助言・提案, 許可, 警告など)
	・談話進行 (言いよどみ, 相づち, **感嘆**, 声かけ, 聞き返し, 話題の**展開**・転換など)
	・言語文化 (依頼の仕方, 承諾・断りの仕方, 呼称の仕方, 表現的特徴など)
	・非言語文化 (身振り, 手振りなど)
過程・技能	・音声的特徴に気をつけながら話す
	・**描写したり説明する**
	・意思を表現したり情報を伝える
	・状況に応じて話す
	・地位や親しさ, **言語文化などの違い**を理解して表現する
価値・態度	・**言語文化の違いに配慮して相手を尊重する**態度
	・他人と相互作用するとき, **協力し合いながら意思疎通**をする態度
	・**積極的に話す**態度

(3) 読む

範疇 \ 区分	内容要素
核心アイデア	・多様な資料を音声的特徴に気をつけながら音読することは**自然な発話**に役立つ。 ・多様な資料を読んで主題や意味を把握することは**文章読解力を育てる**上で基本になる。
知識・理解	・ひらがな, カタカナ, 漢字(音読み・訓読み) ・音声的特徴(清音・濁音, 長音・短音, 拗音, 拍(モーラ)など) ・ことば (基本的・派生的意味) ・簡単な句 (ことばの結合関係, 慣用的表現) ・簡単な文 ・簡単な会話文 ・簡単なテキスト(携帯のメール, 電子メール, SNS, 招待状, メモ, ポスター, まんが, 看板, 標示板, 図表, 日記, お知らせ, 広告文, 説明文, 紹介文など)
過程・技能	・**声を出して音読**する ・ことば・**句・文の意味を理解**する ・キーワードや大意を把握したり推論する ・**詳しい内容を把握**する ・デジタルテキストを読んで理解する
価値・態度	・読解資料に対する**興味** ・**多様な観点と意見に共感して受け入れる態度** ・**他人の経験と見解を尊重する態度**

(4) 書く

範疇 \ 区分	内容要素
核心アイデア	・**ことば, 学習用漢字, 簡単な文を書く**ことは作文の基本である。 ・**状況と目的を考慮しながら会話文や文章を語法に合うように書く**ことは正確なコミュニケーションのために必要である。 ・地位や親しさなどを考慮して**相手に配慮しながら文章を書く**必要がある。
知識・理解	・ひらがな, カタカナ, 学習用漢字 ・現代仮名遣い ・現代日本語文法 ・ことば (基本的・派生的意味) ・簡単な句 (ことばの結合関係, 慣用的表現) ・簡単な文

	・簡単な会話文
	・簡単なテキスト（携帯のメール, 電子メール, SNS, 招待状, メモ, ポスター, まんが, 看板, 標示板, 図表, 日記, お知らせ, 広告文, 説明文, 紹介文など）
過程・技能	・**学習用漢字を正しく書く** ・**表記法に従って書く** ・**語法に合う文を書く** ・**状況と目的に応じて書く** ・地位や親しさ, 言語文化などの違いを考慮して書く
価値・態度	・作文に対する**興味**と自信 ・**地位や親しさなどを考えて相手に配慮**する態度

⑸ 文化

核心アイデア	・日本文化に対する理解は、円滑なコミュニケーションの基本になるもので、文化的感受性を育てるためのベースになる。 ・相互文化的観点に基づいて日本文化を理解することは、日本を理解し日本と交流する上で役に立つ。
範疇＼区分	内容要素
知識・理解	・言語文化（依頼の仕方, 承諾・断りの仕方, 敬語表現, 呼称の仕方, 表現的特徴など） ・非言語文化（身振り, 手振りなど） ・日本の簡略な概観（行政区域, 地理, 人口, 気候など） ・日常生活文化（家庭生活, 学校生活, 社会生活, 交通および通信, 衣食住, 年中行事, スポーツ, 祭, **幸運・祈願**, 環境など） ・大衆文化（歌, まんが, アニメーション, ドラマ, 映画など） ・その他（観光名所, **主要人物**など）
過程・技能	・文化の内容を理解し、**直接**かつ**間接的に経験**する ・文化の内容を調査・整理して**コンテンツを制作**する ・文化の内容を意思疎通の状況に活用する ・**メディアを活用して文化の内容や情報をオンライン・オフラインで伝達・共有**する
価値・態度	・日本文化に対する**好奇心** ・日本文化の多様性に対する**認識と包容** ・相互文化的観点を認知

意思疎通基本表現

○ 고등학교 교육과정에서 다루도록 권장하는 의사소통 기본 표현이다.

○ 예시 표현은 문장의 구조, 문법 사항 등을 참고할 수 있도록 제시하였다.

○ 예시 표현은 지위나 친밀도 등을 고려하여 상황에 맞게 사용하도록 한다.

○ 정중체 중심으로 제시하였으나, 교수 · 학습 상황에 따라 보통체도 사용할 수 있다.

○ 필요에 따라 예시로 제시되지 않은 상황이나 주제를 설정할 수 있으며, 축약 표현 등 제시되지 않은 표현도 사용할 수 있다.

○ 응답 표현은 일부 '一'으로 제시하였으며, 상황에 따라 제시하지 않은 표현도 사용할 수 있다.

1. あいさつ · 紹介	
가. 出会い · 別れ	おはよう。/ おはようございます。 こんにちは。 こんばんは。 ひさしぶり。/ おひさしぶりです。 元気 ？/ 元気ですか。/ お元気ですか。 　－うん、げんき。/ はい、おかげさまで。 バイバイ。 じゃあね。/ またね。 じゃあ、また。/ では、また。/ では、また明日。 気をつけてね。/ お気をつけて。 さよ(う)なら。 元気でね。/ お元気で。 では、失礼します。 おやすみ。/ おやすみなさい。 お大事に。 おつかれ。/ おつかれさま。/ おつかれさまです。/ おつかれさまでした。 (お)体に気をつけてください。 高橋さんによろしく。/ 高橋さんによろしくお伝えください。
나. 外出 · 帰宅	いってきます。 　－気をつけてね。/ いってらっしゃい。 ただいま。 　－おかえり。/ おかえりなさい。

다. 訪問	ごめんください。 いらっしゃい。/ いらっしゃいませ。 ようこそ(いらっしゃいました)。 どうぞあがって。/ どうぞあがって ください。/ どうぞおあがりください。 おじゃまします。 失礼します。
라. 食事	いただきます。 ごちそうさま。/ ごちそうさまでした。
마. 年末	今年もお世話になりました。 来年もよろしく。/ 来年もよろしくお願いします。 よいお年を。/ よいお年をお迎えください。
바. 新年	新年あけましておめでとうございます。 昨年はいろいろとお世話になりました。 今年もよろしくお願いします。
사. お祝い	おめでとう。/ おめでとうございます。
아. 自己紹介	こんにちは。 はじめまして。 キム・スジです。/キム・スジと申します。 韓国から来ました。 (どうぞ)よろしくお願いします。 こちらこそ(どうぞ)よろしくお願いします。
자. 他人の紹介	ともだちの鈴木さんです。 こちらは 佐藤さんです。
차. 家族の紹介	(私の)母です。 4人家族です。

2. 配慮・意思伝達	
가. 感謝	(どうも)ありがとう。/ (どうも)ありがとうございます。 　– どういたしまして。 (どうも)ありがとうございました。 昨日は手伝っていただき、とても助かりました。 お世話になりました。
나. 謝り	ごめん。/ ごめんなさい。 (どうも)すみません。 　– いえいえ。 (どうも)すみませんでした。 たいへん失礼しました。 もうしわけありません。 もうしわけありませんでした。 ごめいわくをおかけいたしました。
다. 称賛	日本語が上手ですね。 すごいですね。 その服、よく似合(って)いますね。
라. 激励・慰労 （励まし・労わり）	がんばれ。/ がんばってね。/ がんばってください。 だいじょうぶですよ。 気にすることないよ。 中村さんならできますよ。 きっとうまくいきますよ。 はやく元気になってくださいね。 それは大変ですね。/ それは大変でしたね。
마. 断り・遠慮	それはちょっと……。 すみませんが、あしたはちょっと……。 土曜日は友だちと約束があって……。 すみません、今日はじゅくがあるので……。 それはちょっと難しそうです。 もうけっこうです。 ありがとうございます。(もう)だいじょうぶです。/ (もう)じゅうぶんです。/ もうおなかがいっぱいです。
바. 謙遜	いいえ、まだまだです。 いいえ、そんなことありません。 いいえ、とんでもないです。 いいえ、それほどでもありません。

사. 残念	ざんねんですね。/ ざんねんでしたね。 山田さんに会えなくてざんねんです。
아. 苦情	こまったなあ。 それはちょっと困るんですが……。 すみません。あのう、カレー、まだですか。 すみません。もう少し静かにしてもらえませんか。/ いただけませんか。
자. 承諾・同意	ええ、いいですよ。 はい、どうぞ。 はい、わかりました。 はい、そうしましょう。 ええ、よろこんで！ 来週ならだいじょうぶです。
차. 希望・意志	新しいスマホがほしいです。 日本に留学したいです。 パソコンがうまく使えたらなあ。 夏休みには勉強も運動もがんばります。 冬休みにボランティアをするつもりです。 週末、コンサートに行こうと思っています。
카. 目的	原宿に買い物に行きます。 留学するために英語を勉強しています。 もっと速く泳げるように、毎日練習しています。
타. 意見述べ	花見をするのは楽しいですよ。 家族が一番大切だと思います。
파. 訂正・否定	いいえ、違います。 そうじゃないです。/ そうじゃありません。 そこじゃなくて、ここです。

3. 情報の交換

가. 存在・場所	佐藤さんいますか。 山田さんはいらっしゃいますか。 　－すみません。いま、ちょっと出かけておりますが。 この近くに銀行はありますか。 　－あの本屋のとなりにありますよ。
나. 時間・とき	いま、何時ですか。 昼休みは12時からです。 アルバイトは何時までですか。 宿題はいつまでに出せばいいですか。 駅までどのくらいかかりますか。 　－10分ぐらいです。
다. 選択	何にする？／何にしますか。 　－カツどんに する。／アイスコーヒーにします。 何がいいですか。 　－ぼくはコーラがいいです。 どれにしますか。 どれがいいですか。
라. 比較	バスと電車とどちらがはやいですか。 　－電車のほうがはやいです。 スポーツの中で何が一番好きですか。
마. 方法・理由	これはどうやって食べますか。 空港までどう行ったらいいですか。 北海道まで新幹線で行けますか。 なんで行かないんですか。 どうして日本語を勉強しているんですか。 　－日本の文化が好きだからです。
바. 状態	どうしましたか。 　－ここに来る途中でケータイをなくしてしまいました。 どうしたんですか。 　－歯が痛いんです。 最近、どうですか。
사. 趣味・関心	しゅみは何ですか。 　－ゲームです。／音楽を聞くことです。 どんなスポーツが好きですか。

아. 能力 · 可能	日本語ができますか。 英語は話せますが、中国語はあまり話せません。 図書館でまんがを借りることはできますか。 　– はい、借りられます。 (お)さしみは食べられますか。 　– 少し苦手です。
자. 経験	パーティーは楽しかったです。 すもうを見たことがありますか。 　– いいえ、一度もありません。 あのカフェに、もう行ってみましたか。
차. 確認	これでいいですか。 あしたの練習は5時からですよね。 キムさんもパーティーに行きますか。 わかりました。宿題は明日までですね。
카. 案内	あそこが甲子園です。 京都駅前からバスに乗って、清水寺に行きます。 そこの角を右に曲がると、コンビニがありますよ。 ここは車をとめられないことになっています。
타. 推測	あの映画はおもしろそうです。 きっと合格できるでしょう。 夏休みに日本へ行くかもしれません。 パクさんは風邪をひいたようです。 だれか来たみたいです。
파. 伝言	田中先生、来月結婚するんだって。／ 結婚するそうです。 あの店はおいしいらしいです。 キムさんが「明日また来ます」と言っていました。 加藤先生は明日いらっしゃるとのことです。

하. 状況の説明	来週日本へ行く予定です。 音楽を聞きながら、コーヒーを飲んでいます。 写真をとったり、絵をかいたりします。 この道はいつも空いているんですよ。 電車の中にかばんを忘れてしまいました。 おなかが痛いので、病院へ行きました。 ちょっと体の具合が悪くて……。 頭も痛いし、熱もあるんです。 いつも6時に起きます。 いま帰ったところです。 試験が終わったばかりです。 先生はもうお帰りになりました。 来月、ひっこしすることにしました。 ごはんを食べないで、うちを出ました。

4. 行為要求

가. 依頼・指示	写真、おねがいできますか。 もう少しゆっくり話してもらえませんか。／いただけますか。／いただけませんか。 レポートは明日までに出してください。 ここに名前を書いてください。／ここに名前をお願いします。
나. 禁止	あぶないですから、さわらないでください。 ペットはごえんりょください。 人にめいわくをかけたら、だめ(です)よ！
다. 勧誘(お勧め)	よかったら、これどうぞ。 お茶でもどう？／どうですか。／いかがですか。 明日映画を見に行きませんか。 　－はい、ぜひ。／いいですね、行きましょう。 　－明日はちょっと……。 今週の土曜日にパーティーがあるんですが、ご都合はいかがですか。 　－今週の土曜日でしたら、だいじょうぶですよ。 いっしょに帰りましょう。
라. 助言・提案	先生に聞いてみたら？ 今度の旅行、名古屋なんかどう？ インターネットで調べるのはどうですか。 早く帰ったほうがいいですよ。 今日はお風呂に入らないほうがいいと思いますけど。 うちに帰って休んだほうがいいんじゃない？
마. 許可	ここで写真をとってもいいですか。 くつをぬがなくてもいいです。
바. 警告	あぶない！ 気をつけて！

5. 談話進行

가. 言いよどみ	ええ、/ ええと、……
	あのう、……
	うーん、……
	そうですね(え)。
나. 相づち	うん。/ うんうん。
	へえ。
	なるほど。
	そうそう。
	そうですか。/ そうですね。
다. 感嘆	すごい！
	わあ！
	わーい！
	やったー！
	よかった！
	しまった！
	えー！
	ほんとう？
라. 声かけ	ねえねえ、……
	あのう、すみません。
	ちょっといいですか。/ ちょっとよろしいですか。
	ちょっとお時間いただけますか。
마. 聞き返し	え？
	なに？
	和室って何ですか。
바. 話題の展開・転換	それで？ / それから？
	ところで、…… / 話は変わりますが、……

○ 이 표에 제시된 기본 어휘의 사용을 권장한다.

○ [의사소통 기본 표현]에 제시한 인사말은 기본 어휘로 간주한다.

○ 수사, 요일, 날짜, 과목명, 국가명, 고유명사(인명, 지명 등) 및 감탄사는 기본 어휘로 간주한다.

 (예 ひとつ, 社会, 体育, うん, ううん, ええと, さあ, なるほど, へえ, まあ, もしもし 등)

○ 동사나 형용사에서 파생되는 명사(형), 부사(형)는 기본 어휘로 간주한다.

 (예 休み, 通り, 晴れ, 青, 近く, 多く 등)

○ '명사와 명사, 명사와 동사의 명사형, 동사의 명사형과 명사'가 결합된 복합어는 기본 어휘로 간주한다.

 (예 朝ご飯, 昼休み, 売り場, 買い物, 乗り物, 忘れ物 등)

○ 상황에 따라 자연스러운 대화를 위해 장·단음으로 표기하는 것도 허용한다.

 (예 ほんと, ねえ, はーい 등)

○ 조사와 조사가 결합된 복합 조사는 기본 어휘로 간주한다.

 (예 ~には, ~かな, ~よね 등)

○ 낱말이 결합하면서 연탁 현상이 일어나는 경우도 기본 어휘로 간주한다.

 (예 昔話, 予定どおり, 一人暮らし 등)

○ 복합동사로 쓰이는 다음 낱말은 기본 어휘로 간주한다.

 (예 ~合う, ~終わる, ~すぎる, ~出す, ~続ける, ~直す, ~始める)

○ 기본 어휘로 제시된 동사에서 파생된 연어는 기본 어휘로 간주한다.

 (예 ~について, ~にとって, ~によって, ~として 등)

○ 문화적 내용(의식주, 전통문화 등)과 관련된 어휘는 기본 어휘로 간주한다.

 (예 着物, そば, アパート, 旅館, 茶道, 歌舞伎 등)

○ 일본 고유의 연중행사, 기원, 생활 문화, 관습 등과 관련된 어휘는 기본 어휘로 간주한다.

 (예 お正月, 成人の日, 花見, こいのぼり, 祭り, 神社, 絵馬, まねきねこ, 歳暮, 年賀状, すもう 등)

○ 국제적으로 널리 통용되는 낱말, 화폐 및 수량 단위는 기본 어휘로 간주한다.

 (예 USB, DVD, SNS, ¥, cm, kg, ㎥ 등)

○ 조사와 조동사는 '~'을, 조어 성분(접두어, 접미어, 조수사 등)은 '-'을 붙여 표시하였다.

○ 쓰기와 읽기를 권장하는 학습용 한자는 '( )'로, 읽기를 권장하는 표기용 한자는 '〈 〉'로, 의미 구별을 위한 한자는 '[ ]'로 표시하였다. 이때 수사, 날짜, 요일은 학습용 한자로 분류한다.

あ

あいさつ
アイスクリーム
あいだ(間)
あいて〈相手〉
あう(会う)
あう(合う)
あおい(青い)
あかい(赤い)
あがる(上がる)
あかるい(明るい)
あき(秋)
あく(開く)
あける(開ける)
あげる(上げる)
あさ(朝)
あさって
あし(足)
あじ(味)
あした・あす(明日)
あそこ
あそぶ(遊ぶ)
あたたかい・あったかい
あたま(頭)
あたらしい(新しい)
あちら
あつい〈暑い・熱い〉
あつい〈厚い〉
あつまる(集まる)
あつめる(集める)

あと(後)
あに(兄)
アニメ
あね(姉)
あの
あぶない〈危ない〉
あまい〈甘い〉
あまり
あめ(雨)
あやまる[謝る]
あらう〈洗う〉
あらわす〈表す〉
ある
あるく(歩く)
アルバイト・バイト
あれ
あわせる(合わせる)
あんな
あんない(案内)

い

いい・よい
いう(言う)
いえ(家)
いかが
いく・ゆく(行く)
いくつ
いくら
いけない
いしゃ(医者)
いじょう〈以上〉

いす
いそがしい
いそぐ(急ぐ)
いたい(痛い)
いたす
いただく
いちご[苺]
いちばん(一番)
いつ
いっしょ
いっしょうけんめい
いっぱい
いつも
いなか〈田舎〉
いぬ(犬)
いのる〈祈る〉
いま(今)
いみ(意味)
いもうと(妹)
いや
いらっしゃる
いりぐち(入口)
いる[居る]
いる(要る)
いれる(入れる)
いろ(色)
いろいろ
いわう〈祝う〉
ーいん(員)
インターネット・ネット

う

〜う・よう
うえ(上)
うかがう[伺う]
うけつけ(受付)
うける(受ける)
うごく(動く)
うしろ(後ろ)
うすい
うた(歌)
うたう(歌う)
うち
うつ〈打つ〉
うまい
うまれる(生まれる)
うみ(海)
うる(売る)
うるさい
うれしい
うんてん(運転)
うんどう(運動)

え

え〈絵〉
エアコン
えいが(映画)
えき(駅)
エコ
えらぶ〈選ぶ〉
ーえん(円)
えんりょ

お

おー
おいしい
おおい(多い)
おおきい(大きい)
おおぜい
おかあさん(お母さん)
おかしい
おきる(起きる)
おく(置く)
おくさん〈奥さん〉
おくる(送る)
おくれる
おこす(起こす)
おこなう〈行う〉
おこる〈怒る〉
おこる(起こる)
おじいさん
おしえる(教える)
おす〈押す〉
おそい
おちゃ(お茶)
おちる(落ちる)
おっしゃる
おと(音)
おとうさん(お父さん)
おとうと(弟)
おとこ(男)
おとす(落とす)
おととい

おとな(大人)
おどる
おどろく
おなか
おなじ(同じ)
おにいさん(お兄さん)
おねえさん(お姉さん)
おばあさん
おぼえる〈覚える〉
おみやげ(お土産)
おもい(重い)
おもいだす(思い出す)
おもう(思う)
おもしろい
およぐ(泳ぐ)
おりる〈下りる・降りる〉
おる[居る]
オレンジ
おわる(終わる)
おんせん〈温泉〉
おんな(女)

か

〜か
〜が
カード
かい(会)
ーかい(回)
ーかい(階)
かいぎ〈会議〉
がいこく(外国)

かいしゃ(会社)

かいだん〈階段〉

かいわ(会話)

かう(買う)

かう〈飼う〉

かえす〈返す〉

かえる〈変える・代える・替える〉

かえる(帰る)

かお(顔)

かかる

かく(書く)

がくせい(学生)

ーかげつ(か月)

かける

かさ

かざる

かし〈菓子〉

かじ(火事)

かしゅ(歌手)

かす(貸す)

かぜ(風)

かぜ〈風邪〉

かぞく(家族)

かた(方)・ーかた(方)

かたい

かたかな

かたち(形)

かたづける〈片づける〉

かつ(勝つ)

ーがつ(月)

かっこいい

がっこう(学校)

かど(角)

かなしい〈悲しい〉

かならず〈必ず〉

かね(金)

かのじょ〈彼女〉

かばん

カフェ

かぶる

かまう

かみ(紙)

かみ[髪]

カメラ

〜かも

かもく〈科目〉

かよう〈通う〉

〜から

からい〈辛い〉

カラオケ

からだ(体)

かりる(借りる)

〜がる

かるい〈軽い〉

かれ〈彼〉

カレーライス・カレー

かわ(川)

ーがわ〈側〉

かわいい

かわる〈変わる・代わる・替わる〉

ーかん(間)

ーかん〈館〉

かんがえる(考える)

かんきょう[環境]

かんじ(漢字)

かんたん〈簡単〉

がんばる

き

き(木)

き(気)

きいろい(黄色い)

きく(聞く)

きこえる(聞こえる)

きせつ〈季節〉

きた(北)

きたない

きっと

きっぷ〈切符〉

きのう(昨日)

きびしい

きぶん(気分)

きまる(決まる)

きめる(決める)

きもち(気持ち)

きゃく(客)

きゅう(急)

きゅうしょく〈給食〉

ぎゅうにゅう〈牛乳〉

きょう(今日)

きょうしつ(教室)

きょうだい(兄弟)
きょうみ
きょねん(去年)
きらい
きる(着る)
きる(切る)
きれい
ぎんこう(銀行)

く

ぐあい(具合)
くうこう〈空港〉
くすり(薬)
くださる
くだもの〈果物〉
くち(口)
くつ
くに(国)
くもる
くらい〈暗い〉
～くらい・ぐらい
くらす〈暮らす〉
クラス
くらべる〈比べる〉
くる(来る)
くるま(車)
くれる
くろい(黒い)
くわしい
ーくん(君)

け

けいけん〈経験〉
ケーキ
ケータイ・けいたい
ゲーム
けが
けさ(今朝)
けしき〈景色〉
けす〈消す〉
けっこう[結構]
けっこん〈結婚〉
～けど・けれど
げんかん〈玄関〉
げんき(元気)
けんこう〈健康〉

こ

こ(子)
ーこ〈個〉
ごー
こうえん(公園)
ごうかく〈合格〉
こうこう(高校)
こうさてん〈交差点〉
こうつう〈交通〉
こうばん〈交番〉
こえ(声)
コーヒー
コーラ
ここ
ごご(午後)

こころ(心)
ござる
ごぜん(午前)
こたえる(答える)
ごちそう
こちら
コップ
こと(事)
ことし(今年)
ことば〈言葉〉
こども〈子供〉
この
このあいだ(この間)
このごろ
ごはん〈ご飯〉
コピー
こまかい〈細かい〉
こまる〈困る〉
ごみ
こむ
ごらん
これ
これから
ころ・ごろ[頃]
こわい[怖い]
こわす
こわれる
こんげつ(今月)
コンサート
こんしゅう(今週)

こんど(今度)
こんな
こんばん〈今晩〉
コンビニ

さ

ーさ
ーさい〈歳〉
さいきん〈最近〉
さいご〈最後〉
さいふ〈財布〉
さがす〈探す〉
さかな(魚)
さがる(下がる)
さき・さっき(先)
さく〈咲く〉
さくねん(昨年)
さくら
さす
さそう
ーさつ[冊]
サッカー
さびしい
さむい〈寒い〉
さら〈皿〉
さわる[触る]
ーさん・さま〈様〉
ざんねん
さんぽ〈散歩〉

し

～し
じ(字)
ーじ(時)
しあい(試合)
しあわせ〈幸せ〉
しお[塩]
～しか
しかし
しかる
じかん(時間)
しき〈式〉
しけん(試験)
じこ〈事故〉
しごと(仕事)
じしょ〈辞書〉
じしん〈地震〉
しずか〈静か〉
しぜん〈自然〉
した(下)
じだい(時代)
したしい(親しい)
じつは〈実は〉
しっぱい〈失敗〉
しつもん(質問)
しつれい(失礼)
じてんしゃ(自転車)
じどうしゃ(自動車)
しぬ(死ぬ)
じぶん(自分)

しまう
しまる〈閉まる〉
しめる〈閉める〉
しゃしん(写真)
シャツ
じゃま
シャワー
ーしゅう(週)
じゆう(自由)
しゅうかん〈習慣〉
じゅうしょ(住所)
ジュース
じゅうぶん(十分)
しゅうまつ(週末)
じゅぎょう〈授業〉
じゅく[塾]
しゅくだい〈宿題〉
しゅじん(主人)
しゅっせき(出席)
しゅっぱつ(出発)
しゅみ
じゅんび〈準備〉
ーじょう〈場〉
しょうかい〈紹介〉
しょうがっこう・しょうがく
(小学校・小学)
しょうしょう(少々)
じょうず(上手)
しょうたい〈招待〉
じょうぶ

しょうゆ
しょうらい〈将来〉
ジョギング
しょくじ(食事)
しょくどう(食堂)
しらせる(知らせる)
しらべる〈調べる〉
しる(知る)
しろい(白い)
－じん・にん(人)
しんごう(信号)
じんこう(人口)
しんせつ(親切)
しんねん(新年)
しんぱい〈心配〉
しんぶん(新聞)

す
すいえい(水泳)
ずいぶん
スーツ
スーパー
スカート
すき(好き)
スキー
すぎる〈過ぎる〉
すく(空く)
すぐ
すくない(少ない)
すごい
すこし(少し)

すずしい
すすむ〈進む〉
～ずつ
すっかり
ずっと
すてき
すてる
すばらしい
スプーン
スポーツ
ズボン
スマートホン・スマホ
すむ(住む)
する
すわる〈座る〉

せ
せ・せい〈背〉
－せい(生)
せいかつ(生活)
せいと〈生徒〉
せかい(世界)
せき(席)
せつめい(説明)
ぜひ
せまい〈狭い〉
～せる・させる
せわ(世話)
せんげつ(先月)
せんしゅう(先週)
せんせい(先生)

ぜんぜん
せんたく[洗濯]
せんぱい[先輩]
ぜんぶ〈全部〉

そ
そう
そうじ
～そうだ
そうだん〈相談〉
そこ
そして・そうして
そだてる〈育てる〉
そちら
そつぎょう〈卒業〉
そと(外)
その
そば[側]
そら(空)
それ
それから
それで
それでは
それなら
それに
そろそろ
そんな

た
～た
～だ
～たい

たいかい(大会)
だいがく(大学)
だいじ(大事)
だいじょうぶ
だいすき(大好き)
たいせつ(大切)
だいたい
たいてい
だいどころ〈台所〉
だいぶ
たいふう〈台風〉
たいへん〈大変〉
たかい(高い)
だから
たくさん
タクシー
〜だけ
だす(出す)
たすかる〈助かる〉
たすける〈助ける〉
たずねる
ただしい(正しい)
ーたち
たつ(立つ)
たてもの(建物)
たてる(立てる・建てる)
たとえば
たのしい(楽しい)
たのしむ(楽しむ)
たのむ

たぶん
たべる(食べる)
たまご
ため
だめ
〜たら
〜たり
たりる〈足りる〉
だれ
たんじょうび〈誕生日〉
ダンス
だんだん

ち
ちいき〈地域〉
ちいさい(小さい)
ちかい(近い)
ちがう〈違う〉
ちかてつ〈地下鉄〉
チケット
ちこく[遅刻]
ちず〈地図〉
ちち(父)
ちゃわん
ーちゃん
ーちゅう・じゅう(中)
ちゅうい(注意)
ちゅうがっこう・ちゅうがく
(中学校・中学)
ちゅうし(中止)
ちゅうしゃ〈駐車〉

ちょうど
ちょっと

つ
つかう(使う)
つかれる[疲れる]
つき(月)
つぎ〈次〉
つく(着く)
つく
つくえ
つくる(作る)
つける
つごう〈都合〉
つたえる〈伝える〉
つづく〈続く〉
つづける〈続ける〉
つとめる
つまらない
つめたい〈冷たい〉
つもり
つよい(強い)
つれる〈連れる〉

て
て(手)
〜て
〜で
ていねい[丁寧]
テーブル
でかける(出かける)
てがみ(手紙)

できる
でぐち(出口)
〜です
テスト
てつだう(手伝う)
テニス
では
デパート
〜ても
でも
てら(寺)
でる(出る)
テレビ
てん(点)
てんいん(店員)
てんき(天気)
でんき(電気)
でんしゃ(電車)
でんわ(電話)

と
〜と
ーど(度)
ドア
トイレ
どう
どうして
どうぞ
どうぶつ(動物)
どうも
とおい(遠い)

とおる〈通る〉
〜とか
とき(時)
ときどき(時々)
とくい〈得意〉
とくに(特に)
とくべつ(特別)
とけい(時計)
どこ
ところ〈所〉
ところで
とし(年)
としょかん(図書館)
とちゅう〈途中〉
どちら
とても
とどく〈届く〉
とどける〈届ける〉
どなた
となり
どの
とまる〈止まる・泊まる〉
とめる〈止める・泊める〉
ともだち(友だち)
ドラマ
とり(鳥)
とる〈取る・撮る〉
どれ
どんな

な
〜な
ない・〜ない
なおす〈直す・治す〉
なおる〈直る・治る〉
なか(中・仲)
ながい(長い)
なかなか
〜ながら
なく〈泣く・鳴く〉
なくす
なくなる
なさる
なぜ
なつ(夏)
〜など
なに・なん(何)
なまえ(名前)
〜なら
ならう(習う)
ならぶ〈並ぶ〉
ならべる〈並べる〉
なる
なれる〈慣れる〉
〜なんて
なんで

に
〜に
にあう〈似合う〉
におい

にがて〈苦手〉
にぎやか
にく(肉)
ーにくい
にし(西)
にち(日)・ーにち(日)
にっき(日記)
にもつ〈荷物〉
にゅういん(入院)
にゅうがく(入学)
ニュース
にる〈似る〉
にわ〈庭〉
にんき(人気)
にんぎょう(人形)

ぬ
ぬぐ

ね
～ね
ねがう〈願う〉
ネクタイ
ねこ〈猫〉
ねだん
ねつ〈熱〉
ねむい
ねる〈寝る〉
ーねん(年)

の
～の
ノート

のこる〈残る〉
のせる〈乗せる・載せる〉
～ので
のど
～のに
のぼる(上る・登る)
のむ(飲む)
のりかえる〈乗り換える〉
のる(乗る)

は
は〈歯〉
～は
ば(場)
～ば
ばあい〈場合〉
パーティー
はいる(入る)
～ばかり
はく[履く]
はこ〈箱〉
はこぶ〈運ぶ〉
はし[箸]
はし(橋)
はじまる(始まる)
はじめ〈初め・始め〉
はじめて〈初めて〉
はじめる(始める)
ばしょ〈場所〉
はしる(走る)
バス

はずかしい
バスケットボール・バスケ
バスてい〈バス停〉
パスポート
パソコン
はたらく〈働く〉
はっきり
はっぴょう〈発表〉
はな(花)
はな〈鼻〉
はなす(話す)
はは(母)
はやい(早い・速い)
はらう〈払う〉
はる(春)
はれる(晴れる)
はん(半)
ばん〈晩〉
ーばん(番)
パン
ばんぐみ〈番組〉
ばんごう〈番号〉

ひ
ひ(日)
ひ(火)
ピアノ
ひがし(東)
ーひき[匹]
ひく〈引く・弾く〉
ひくい〈低い〉

ひこうき〈飛行機〉
ひだり〔左〕
びっくり
ひっこす
ひと〔人〕
ひどい
ひま
びょういん〔病院〕
びょうき〔病気〕
ひらがな
ひらく〔開く〕
ひる〈昼〉
ビル
ひろい〔広い〕
ひろう〈拾う〉

ふ
ーぶ〔部〕
プール
ふえる〈増える〉
ふかい〈深い〉
ぶかつ〈部活〉
ふく〈服〉
ふくざつ
ふくしゅう〈復習〉
ふくろ〔袋〕
ぶちょう〔部長〕
ふつう〈普通〉
ふとい〔太い〕
ふね〈船〉
ふべん〈不便〉

ふゆ〔冬〕
ふる〈降る〉
ふるい〔古い〕
プレゼント
ふろ〈風呂〉
ーふん〔分〕
ぶんか〔文化〕
ぶんかさい〈文化祭〉

へ
〜へ
へいき〈平気〉
へた〔下手〕
べつ〔別〕
ベッド
ペット
へや〔部屋〕
へる〈減る〉
へん〔辺〕
へん〈変〉
ペン
べんきょう〔勉強〕
へんじ〈返事〉
べんとう〈弁当〉
べんり〈便利〉

ほ
ほう〔方〕
ぼうし
ホームステイ
ボール
ほか〔外・他〕

ぼく
ほしい
ほそい〈細い〉
ボタン
ホテル
〜ほど
ほとんど
ほめる
ボランティア
ほん〔本〕
ーほん〔本〕
ほんとう〔本当〕

ま
まい〔毎〕ー
ーまい〈枚〉
まいる
まえ〔前〕
まがる〈曲がる〉
まける〈負ける〉
まじめ
〜ます
まず
また
まだ
まだまだ
まち〈町・街〉
まちがえる〈間違える〉
まつ〔待つ〕
まっすぐ
〜まで

まど(窓)
まにあう(間に合う)
まま・〜まま
まもる〈守る〉
まるい〈丸い〉
まわる
まんが
まんなか

み

みえる(見える)
みがく
みかん
みぎ(右)
みじかい(短い)
みず(水)
みせ(店)
みせる(見せる)
〜みたいだ
みち(道)
みつかる〈見つかる〉
みつける〈見つける〉
みどり[緑]
みな・みんな
みなみ(南)
みまい
みみ(耳)
みる(見る)

む

むかえる〈迎える〉
むかし〈昔〉

むずかしい〈難しい〉
むすこ
むすめ
むり〈無理〉

め

め(目)・ーめ(目)
ーめい(名)
めいわく
メール
めがね
めしあがる
めずらしい
メニュー

も

〜も
もう
もうす〈申す〉
もえる
もし
もちろん
もつ(持つ)
もっと
もどる〈戻る〉
もの(物)
もらう
もんだい(問題)

や

ーや(屋)
〜や
やきゅう(野球)

やく〈焼く〉
やくそく(約束)
やさい〈野菜〉
やさしい〈優しい〉
やさしい〈易しい〉
やすい(安い)
ーやすい
やすむ(休む)
やせる
やはり・やっぱり
やま(山)
やむ(止む)
やめる(止める)
やる
やわらかい

ゆ

ゆ〈湯〉
ゆうがた〈夕方〉
ゆうびんきょく〈郵便局〉
ゆうめい(有名)
ゆき(雪)
ゆっくり
ゆめ〈夢〉

よ

〜よ
ようい(用意)
ようじ(用事)
〜ようだ
よこ
よごれる

よしゅう〈予習〉
よてい〈予定〉
よぶ〈呼ぶ〉
よほう〈予報〉
よむ(読む)
よやく〈予約〉
〜より
よる(夜)
よる[寄る]
よる[因る・由る・依る]
よろこぶ〈喜ぶ〉
よろしい
よわい〈弱い〉

ラーメン
らいげつ(来月)
らいしゅう(来週)
らいねん(来年)
〜らしい

リサイクル
りっぱ
りゆう〈理由〉
りゅうがく〈留学〉
りよう〈利用〉
りょう[寮]
りょうしん〈両親〉
りょうり(料理)
りょこう(旅行)
りんご

るす〈留守〉

れ
れいぞうこ
れきし〈歴史〉
レストラン
レポート
〜れる・られる
れんしゅう〈練習〉
れんらく〈連絡〉

〜わ
わかい〈若い〉
わかる(分かる)
わかれる〈別れる・分かれる〉
わすれる〈忘れる〉
わたし・わたくし(私)
わたす〈渡す〉
わたる〈渡る〉
わらう〈笑う〉
わるい(悪い)

を
〜を

참고문헌

庵功雄ほか(2000)『初級を教える人のための日本語文法ハンドブック』スリーエーネットワーク

庵功雄ほか(2001)『中上級を教える人のための日本語文法ハンドブック』スリーエーネットワーク

庵功雄(2001)『新しい日本語学入門』スリーエーネットワーク

庵功雄(2003)『『象は鼻が長い』入門―日本語学の父 三上章―』くろしお出版

市川保子(2005)『初級日本語文法と教え方のポイント』スリーエーネットワーク

市川保子(2007)『中級日本語文法と教え方のポイント』スリーエーネットワーク

大関浩美・名部井敏代・森博英・田中真理・原田美千代 (2015)『フィードバック研究への招待』
くろしお出版

岡崎敏雄・長坂和彦(1990)「日本語教育における ティーチャー・トーク ： ティーチャー・トークの質的
向上に向けて」『広島大学教育学部紀要』第 2 部39号

岡部英夫(2006)『日本語教育能力検定試験に合格するための基礎知識50』アルク

奥津敬一郎(1978)『「ボクハウナギダ」の文法-ダとノ』くろしお出版

蒲谷宏・川口義一・坂本恵(1998)『敬語表現』大修館書店

加瀬次男(2001)『日本語教育のための音声表現』学文社

工藤真由美(1995)『アスペクト・テンス体系とテクスト』ひつじ書房

工藤真由美(2014)『現代日本語ムード・テンス・アスペクト論』ひつじ書房

国広哲弥(1982)『意味論の方法』大修館書店

窪薗晴夫・太田聡(1998)『音韻構造とアクセント』 研究社

グループジャマシイ(1998)『日本語文型辞典』 くろしお出版

国際交流基金(2010)『日本語教授法シリーズ11「日本事情・日本文化を教える」』 株式会社ひつじ書房

小林ミナ(1998) 日本語教師分野別シリーズ『よくわかる教授法』アルク

近藤安月子(2008)『日本語教師を目指す人のための日本語学入門』研究社

佐々木泰子(編)(2007)『ベーシック日本語教育』ひつじ書房

佐治圭三・真田信治(2004) 日本語教師養成シリーズ 4『文法、語彙、日本語史』東京法令出版

佐治圭三・真田信治(2004) 日本語教師養成シリーズ 5『日本語教授法』東京法令出版

定延利之(1999) 日本語教師分野別シリーズ『よくわかる言語学』アルク

真田信治(1999) 日本語教師分野別シリーズ『よくわかる日本語史』アルク

小学館(1984)『日本大百科全書：ニッポニカ』

水津昭子・足立登志也・水谷宗行 (2013)「熟練教師と学生の教室談話の違い―児童への要求と児童の発
言に対する応答の談話分析を通して―」『教育実践研究紀要』13

高橋太郎(1978) 国立国語研究所 日本語の文法(上)(下)

高橋太郎(2005)『日本語の文法』ひつじ書房

高橋龍雄(1934)『国語学原論』中文館書店

高見沢孟(監修)(2016)『増補改訂版 新·はじめての日本語教育1』アスク出版

高見沢孟(監修)(2004)『新·はじめての日本語教育 基礎用語辞典』アスク出版

玉村文郎(1989)『日本語の語彙·意味(講座 日本語と日本語教育)』明治書院

寺村秀夫(1975)『連体修飾のシンタクスと意味 その 1』『日本語·日本文化』4

寺村秀夫(1982)『日本語のシンタクスと意味』1 くろしお出版

寺村秀夫(1984)『日本語のシンタクスと意味』1 くろしお出版

寺村秀夫(1991)『日本語のシンタクスと意味』3 くろしお出版

日本語教育学会(1982)『日本語教育事典』大修館書店

野田尚史(1996)『新日本語文法選書 1 はとが』くろしお出版

原沢伊都夫 (2012)『日本人のための日本語文法入門-これだけは知っておきたい日本語の基本』
　　　　講談社現代新書

姫野伴子·小森和子·柳澤絵美(2015)『日本語教育学入門』研究社

ヒューマンアカデミー(2017) 日本語教育能力検定試験完全攻略ガイド第4版 翔泳社

ヒューマンアカデミ(2021)『日本語教育能力検定試験完全後略ガイド第5版』翔泳社

藤原雅憲(2004)『よくわかる文法』アルク

藤原雅憲(1999) 日本語教師分野別シリーズ『よくわかる文法』アルク

牧野成一(2001) OPI の理論と日本語教育『ACTFL-OPI 入門』アルク

真下三郎ほか監修(2002)『改定新版 新編日本文学史』第一学習社

益岡隆志 田窪行則(1992)『基礎日本語文法 ―改訂版―』くろしお出版

町田健(2001) シリーズ·日本語のしくみを探る3『言語学のしくみ』研究社

町田健·井上優(2002) シリーズ·日本語のしくみを探る 1『日本語文法のしくみ』研究社

町田健·加藤 重広(2001) シリーズ·日本語のしくみを探る 4『日本語学のしくみ』研究社

町田健·加藤 重広(2004) シリーズ·日本語のしくみを探る 6『日本語語用論のしくみ』研究社

町田健·籾山洋介(2002) シリーズ·日本語のしくみを探る 5『認知意味論のしくみ』研究社

町田健·籾山洋介(1995) 日本語教師トレーニングマニュアル 3『よくわかる言語学入門』バベル·プレス

三尾砂(1948)『国語法文章論』三省堂

水谷信子(1993)「『共話』から『対話』へ」『日本語学』12巻 3号 明治書院

南 不二男(1974)『現代日本語の構造』大修館書店

南 不二男(1993)『現代日本語文法の輪郭』大修館書店

村野井 仁(2006)『第二言語習得研究から見た効果的な英語学習法・指導法』大修館

村上本二郎(1999)『初歩の国文法 口語・文語』昇龍堂出版

森田良行(1989)『基礎日本語辞典』角川書店

森田良行(2007)『助詞・助動詞の辞典』東京堂出版

文部科学省『中学校学習指導要領(平成29年告示)解説』

山田敏弘(2004)『国語教師が知っておきたい日本語文法』くろしお出版

桂島宣弘ほか 1人(정태준외1인訳)『사진과 함께 보는 日本事情入門』다락원

교육부(2022) 2022개정교육과정 제2외국어 일본어

교육부(2022) 초・중등학교 교육과정(교육부 고시 제2022-33호, 2022.12.22.)

김숙자 외 4인(2010)『사진으로 보고 가장 쉽게 읽는 일본 문화』시사일본어사

김용진 외 4인(2018)『과정중심평가로 대학 간다 2』이담

민광준(2002)『일본어음성학입문』건국대학교 출판부

민혜정(2009)『신전공일본어』현대고시사

안용주訳(2006)『일본어교육방법론』시사일본어사

윤상실 외 2인(2002)『일본어학의 이해』J&C

이향란(2008)『일어학개론』어문학사

서울특별시 교육청(2017) 중학교교과학습평가시행계획

손대준(2006)『일본의 역사와 문화』시사일본어사

전경희(2016)『과정중심수행평가의 방향과 과제』 한국교육과정개발원 이슈페이퍼 (CP 2016-02-4)

정상철 외 2인(2005)『기초일본어문법』J&C

정상철 외 12명(2020)『현대 일본어 기초문법』한국외국어대학교 출판부

정형(2009)『사진 통계와 함께 읽는 일본 일본인 일본문화』다락원

천호재(2014)『일본문화의 이해와 일본어교육』역락

최윤정 외 2인(2012)『사진과 함께하는 일본문화』동양북스

최재철(1995)『일본문학의 이해』민음사

한국교육과정평가원(2017)「교육과정・교육평가 국제동향 연구사업」[5월 교육동향]

한미경 외 2인(2006)『일본어의 역사』한국일본어대학교 일본연구소 일본연구총서

홍민표 외 3인『고등학교일본문화』경기도 교육청

Corder, S. P. 1981 : *Error Analysis and Interlanguage*. Oxford: OUP.

Cummins, J . 1979 : *Cognitive/Academic Language Proficiency, Linguistic Interdependence, the Optimum Age Question and Some Other Matters*. Working Papers on Bilingualism, No. 19.

Cummins, J. 1984 : *Bilingualism and special education*: Issues in assessment and pedagogy (Vol. 6). Taylor & Francis Group.

Mehan, H. 1979 : *Learning lessons: Social organization in the classroom*. Cambridge, MA: Harvard University Press.

O'Malley, J. M. & Chamot, A. U., 1990 : *Learning Strategies in Second Language Acquisition*. Cambridge, U.K.: Cambridge University Press.

Oxford, R. L., 1990: *Language Learning Strategies*: What Every Teacher Should Know. Boston: Heinle & Heinle.

https://www.mitsumura-tosho.co.jp/kyokasho/s_kokugo/index.html(『国語1』『国語2』『国語3』光村図書）

https://www.jpf.go.jp/j/project/japanese/index.html(国際交流基金 日本語教育）

https://www.bunka.go.jp/seisaku/bunkashingikai/kokugo(文化庁 文化審議会国語分科会）

동소현 편저
- 한국외국어대학교 일본어통번역학과 강사
- 희소고시학원(쌤플러스) 일본어 강사

하재필 감수
- 부산대학교 일어일문학과 교수

교원 임용고사   개정판

완전공략 가이드
전공 일본어

편저자 동소현
감　수 하재필
펴낸이 김장일
펴낸곳 우리교과서

개정판 2쇄 발행 2025년 2월 10일

편　집 이효정
디자인 스노우페퍼

우리교과서 서울시 금천구 가산디지털2로 165, 1405호
문의 02-866-7535
팩스 02-6305-7036
신고번호 제396-2014-000186호

정가 50,000원

ISBN 979-11-87642-43-5